LATEINAMERIKANISCHE FORSCHUNGEN

Beihefte zum Jahrbuch für Geschichte Lateinamerikas

Herausgegeben von
Thomas Duve, Silke Hensel, Ulrich Mücke,
Renate Pieper, Barbara Potthast

Begründet von
Richard Konetzke (†) und Hermann Kellenbenz (†)

Fortgeführt von
Günter Kahle (†), Hans-Joachim König,
Horst Pietschmann, Hans Pohl, Peer Schmidt (†)

Band 43

Gouvernementalität im Zeichen der globalen Krise

Der Transfer des portugiesischen Königshofes nach Brasilien

von

Debora Gerstenberger

2013

BÖHLAU VERLAG KÖLN WEIMAR WIEN

Gedruckt mit freundlicher Unterstützung
der Deutschen Forschungsgemeinschaft (DFG) und
der Geschwister Boehringer Ingelheim Stiftung fur Geisteswissenschaften
in Ingelheim am Rhein

Bibliografische Information der Deutschen Nationalbibliothek:
Die Deutsche Nationalbibliothek verzeichnet diese Publikation in der
Deutschen Nationalbibliografie; detaillierte bibliografische Daten sind
im Internet über http://portal.dnb.de abrufbar.

Umschlagabbildung:
Gravur von Gregório Francisco de Queiroz „Alegoria à retirada do
Príncipe D. João para o Brasil (1817)".
Reproduktion aus: Araújo, Ana Cristina, As invasões francesas e a
afirmação das ideias liberais, in: José Mattoso/Luís Reis Torgal/
João Roque (Hrsg.), História de Portugal,
Bd. 5: O Liberalismo, Lissabon: Ed. Estampa, 1993, S. 17–43, S. 25.

© 2013 by Böhlau Verlag GmbH & Cie, Köln Weimar Wien
Ursulaplatz 1, D-50668 Köln, www.boehlau-verlag.com

Alle Rechte vorbehalten. Dieses Werk ist urheberrechtlich geschützt.
Jede Verwertung außerhalb der engen Grenzen des
Urheberrechtsgesetzes ist unzulässig.

Korrektorat: Frank Schneider
Gesamtherstellung: WBD Wissenschaftlicher Bücherdienst GmbH, Köln
Gedruckt auf chlor- und säurefreiem Papier

ISBN 978-3-412-22156-0

pour Joël Glasman, un grand ami

Inhaltsverzeichnis

Abbildungsverzeichnis 9
Abkürzungsverzeichnis 10

1. Einleitung 11
   1.1 Aufbau und Thesen der Arbeit 24
   1.2 Stand der Forschung: Der Transfer des Hofes in der
       Historiographie 32

Teil I: Verkehrungen der räumlichen Ordnung

2. Aufbruch zu einer alten Raumordnung 49
   2.1 Utopie und Realität: historische Voraussetzungen des
       Transfers 49
   2.2 Verhandlungen, Entscheidung, Abreise (November 1807) 61
   2.3 Öffnung der brasilianischen Häfen und Bruch mit dem
       „Kolonialpakt" 72

3. Rückkehr zu einer neuen Raumordnung 88
   3.1 Debatten um die Residenz des Monarchen 88
   3.2 Liberale Revolution in Portugal (1820) und Rückkehr Joãos
       (1821) 98
   3.3 Der Bruch der luso-brasilianischen Einheit (1822) 106

Teil II: Ordnung der Verkehrung

4. Theorie: die Gouvernementalität des Imperiums 125
   4.1 Die (Nicht-)Territorialität des Imperiums 125
   4.2 Hauptstädte als Zentren und „Abgründe" des Imperiums 128
   4.3 Die Polizei: Ausdruck und Garantin der „guten Ordnung" 132

5. Rio de Janeiro, die neue Hauptstadt 136
   Die Intendência Geral da Polícia in Rio de Janeiro 138
   Die Quellen 143
   5.1 Die französische und die hispanoamerikanische „revolutionäre"
       Gefahr 145
       5.1.1 (Polizeiliche) Zensurpraktiken 147
       5.1.2 Territorialisierung und Nationalisierung 158

       5.1.3 Die Internalisierung der revolutionären Gefahr 168
　　5.2 Das Problem der Sklaverei 175
       5.2.1 Polizeiliche Vigilanz- und Bestrafungspraktiken 179
       5.2.2 Intensivierung des othering 186
       5.2.3 Transformationen der Beziehungen zwischen Staat,
             Sklavenhalter und Sklave 194
　　5.3 Interaktionen mit „imperialistischen" Briten 206
       5.3.1 Die rechtliche Sonderstellung der Briten 212
       5.3.2 Briten und die „gute Ordnung" in Rio de Janeiro 219
       5.3.3 Die britische Präsenz in Rio de Janeiro und Buenos
             Aires im Vergleich 229

6. Lissabon, die verlassene Hauptstadt 241
　Die Intendência Geral da Polícia in Lissabon 244
　Die Quellen 250
　6.1 Die „jakobinische" Gefahr 255
       6.1.1 Auftritt des „Volkes" 255
       6.1.2 Territorialisierung und Nationalisierung 281
       6.1.3 Individualisierung und Exterritorialisierung der Gefahr ... 304
　6.2 Die Krise und die „gefährlichen" Zirkulationen 321
       6.2.1 Die Krise Portugals aus der Sicht der Governadores
             do Reino 321
       6.2.2 Reaktionen der Untertanen auf die ökonomische Krise 330
       6.2.3 Kontrolle der Zirkulation von Nachrichten.................... 345

7. Abermals: die Revolution in Portugal 369

Schlussbetrachtungen und Ausblicke 377

Danksagung 401

Literaturverzeichnis 403
　Archivalische Quellen 403
　Gedruckte Quellen und Quellensammlungen 405
　Darstellungen 407

Register 443

Abbildungsverzeichnis

Abbildung 1: Kupferstich von Francisco Bartolozzi „Embarque da família real para o Brasil" (1807) 70

Abbildung 2: Gravur von Gregório Francisco de Queiroz „Alegoria à retirada do Príncipe D. João para o Brasil" (1817) 71

Abbildung 3: Brasilien im September 1822 118

Abbildung 4: Revolutionsschauplätze aus Sicht der imperialen Regierung in Rio de Janeiro 175

Abbildung 5: Revolutionsschauplätze aus Sicht der Interimsregierung in Lissabon 356

Abkürzungsverzeichnis

AHI Arquivo Histórico do Itamaraty (Rio de Janeiro)
AHU Arquivo Histórico Ultramarino (Lissabon)
ANRJ Arquivo Nacional do Rio de Janeiro (Brasilianisches Nationalarchiv in Rio de Janeiro)
BNL Biblioteca Nacional de Lisboa (Portugiesische Nationalbibliothek in Lissabon)
BNRJ Biblioteca Nacional, Rio de Janeiro (Brasilianische Nationalbibliothek in Rio de Janeiro)
cód. códice (Band)
cx. caixa (Kiste)
DHI Documentos para a História da Independência
e-JPH e-Journal of Portuguese History
FO Foreign Office (Britisches Außenministerium)
HAHR Hispanic American Historical Review
IAN/TT Instituto dos Arquivos Nacionais/Torre do Tombo (Portugiesisches Nationalarchiv in Lissabon)
IGP Intendência Geral da Polícia (Polizeiintendanz in Lissabon)
IHGB Instituto Histórico Geográfico Brasileiro
JLAS Journal of Latin American Studies
LARR Latin American Research Review
mç. maço (Bündel)
MNE Ministério dos Negocios Estrangeiros (Außenministerium)
MR Ministério do Reino (Innenministerium, wörtlich: Ministerium des Reiches)
PC Polícia da Corte (Polizeiintendanz in Rio de Janeiro)
pct. pacote (Paket, Bündel)
RBH Revista Brasileira de História (São Paulo)
RIHGB Revista do Instituto Histórico Geográfico Brasileiro
ZHF Zeitschrift für Historische Forschung

1. Einleitung

Am 29. November 1807 zog der portugiesische Monarch João aus, sein Glück in Brasilien zu suchen. An Bord der Flotte, die ihn von Lissabon nach Rio de Janeiro brachte, befanden sich seine Habseligkeiten, seine Minister, 15 000 seiner Untertanen sowie, in Kisten verpackt, sämtliche Paraphernalia des Staates. General Andoche Junot, Anführer der napoleonischen Truppen, die am selben Tag in Lissabon einmarschierten, sah sich durch den Exodus der gesamten Regierung einer unerwarteten Lage ausgesetzt: Anders als dies in Spanien der Fall gewesen war, fand er in Portugal keinen Monarchen vor, den er hätte entthronen, und keine Krone, die er hätte usurpieren können. Beide, Monarch und Krone, befanden sich bereits auf dem Ozean und gelangten auf dem amerikanischen Kontinent in Sicherheit.

Nachdem João und die königliche Familie samt Gefolge ihr Ziel nach langer Überfahrt im März 1808 erreicht hatten, wurden die Träume der Portugiesen wahr: Brasilien entpuppte sich zunächst als sicherer Hafen für die in Europa bedrängte portugiesische Monarchie, die neue Hauptstadt Rio de Janeiro verwandelte sich binnen weniger Jahre in ein „tropisches Versailles".[1] Erst 1821 sah sich der Monarch infolge der Liberalen Revolution in Portugal (August 1820) gezwungen, nach Lissabon zurückzukehren. In Rio de Janeiro verblieb indes sein Sohn, Kronprinz Pedro, der im September 1822 die Unabhängigkeit Brasiliens proklamierte und umgehend als Pedro I zum Kaiser gekrönt wurde. Brasilien behielt – im Gegensatz zu den meisten spanischen Ex-Kolonien, die sich als Republiken konstituierten – bis 1889 die Staatsform der Monarchie bei.

Für das 200. Jubiläum des Hoftransfers wurde 2008 in Rio de Janeiro eine Sonderkommission unter der Leitung des Historikers Alberto da Costa e Silva eingesetzt. Das Festprogramm umfasste Ausstellungen, Theaterstücke, wissenschaftliche Kongresse sowie Präsentationen wissenschaftlicher Neuveröffentlichungen. Romane interpretierten das historische Ereignis künstlerisch, auch die Medien berichteten ausgiebig: Fernsehsender lancierten Dokumentarserien und alle gängigen Zeitungen und Wochenzeitschriften publizierten

---

1   Der Ausdruck „tropisches Versailles" wurde von Manuel de Oliveira Lima 1908 geprägt und von der US-amerikanischen Historikerin Kirsten Schultz wieder aufgegriffen. Lima, Manuel de Oliveira, D. João VI no Brasil, Rio de Janeiro ⁴2006 [zuerst 1908]; Schultz, Kirsten, Tropical Versailles. Empire, Monarchy, and the Portuguese Royal Court in Rio de Janeiro, 1808–1821, New York 2001.

Sonderausgaben zum Hoftransfer.² Die unbeschwerte, ja euphorische Freude der Brasilianer und insbesondere der *cariocas* (Bewohner Rio de Janeiros) über die „historisch einmalige Umkehrung im Verhältnis von Metropole und Kolonie"³ drückte sich unter anderem darin aus, dass gleich drei Sambaschulen des *grupo especial* bei ihrer Show zum Karneval 2008 die Ankunft des portugiesischen Monarchen thematisierten.⁴ Die *sambas enredo* (Karnevals-Sambas mit Text) priesen die Gründung des alttestamentlichen „Fünften Imperiums", die Verwandlung Rio de Janeiros in ein „tropisches Paradies" und den Abschied aus dem Status der Kolonie (*adeus colônia, pois o Brasil agora é capital*).⁵ Der Bürgermeister von Rio de Janeiro, Cesar Maia, bezeichnete João im November 2007 in mehreren Interviews als „wichtigsten *carioca* aller Zeiten".

Nicht nur in der populären Erinnerung, auch in der Wissenschaft wird der Hoftransfer traditionell mit dem Beginn einer Nationalkultur in Verbindung gebracht. Antonio Candido, einer der bedeutendsten zeitgenössischen brasilianischen Intellektuellen, setzte den Transfer des Hofes mit dem Beginn der

---

2   CARVALHO, José Murilo de, D. João e as histórias dos Brasis, in: RBH 28/56, 2008, S. 551–572, S. 552. Die Stadtregierungen Rio de Janeiros und Lissabons organisierten eine gemeinsame Ausstellung, die zuerst in Lissabon, dann in Rio zu sehen war, vgl. GARCÍA, Lúcia/João BASTO, Rio & Lisboa. Construções de um Império [Ausstellungskatalog], Lissabon 2008. Neuere literarische Bearbeitungen: MACIEL, Alejandro, Diários de um rei exilado. A saga da fuga para o Brasil da família real portuguesa nos diários de D. João VI, São Paulo 2005; CASTRO, Ruy, Era no tempo do rei. Um romance da chegada da Corte, Rio de Janeiro 2007.

3   KOSSOK, Manfred, Der iberische Revolutionszyklus 1789–1830. Bemerkungen zu einem Thema der vergleichenden Revolutionsgeschichte, in: Matthias MIDDELL (Hrsg.), Manfred Kossok. Ausgewählte Schriften, Bd. 2, Leipzig 2000, S. 1–19, S. 19. Das Konzept der „Umkehrung" wurde früh geprägt. Der brasilianische Politiker und Philosoph Sílvio Romero (1851–1914) sprach in Bezug auf den Hoftransfer von einer „brasilianischen Umkehrung" (*inversão brasileira*). Demnach verwandelte sich Brasilien durch den Transfer in die Metropole und Portugal in die Kolonie, vgl. GUIMARÃES, Jucia Maria Paschoal, A Historiografia e a Transferência da Corte portuguesa para o Brasil, in: RIHGB 168/436, 2007, S. 15–28, S. 20.

4   Hierbei handelte es sich um eine seltene Ausnahme, da es normalerweise nicht erlaubt ist, dass mehrere Sambaschulen in derselben Liga das gleiche Thema inszenieren. Der *grupo especial* ist die höchste Liga der Sambaschulen.

5   Der *samba enredo* der Sambaschule São Clemente lautete: „O reino então se mudou/ Meu Rio se transformou/Num grande centro de ‚Real' beleza/Um verdadeiro paraíso tropical ... Adeus colônia, pois o Rio é capital". Die Sambaschule Mocidade titelte: „O quinto império, de Portugal ao Brasil uma utopia na história". In dem Text der Sambaschule Imperatriz Leopoldinense hieß es: „Cruzaram mares/Chegaram ao Brasil/São novos ares, progresso e a transformação".

brasilianischen Aufklärung (*época das luzes*) gleich.⁶ Die Sichtweise, dass João nationale Einheit und Fortschritt nach Brasilien gebracht habe, ist in der Historiographie weit verbreitet.⁷ Der Transfer gilt gemeinhin als Grund für einen „weichen" Übergang in die Unabhängigkeit unter Beibehaltung eines monarchischen Systems und dient als Erklärung dafür, dass die zentrifugalen Kräfte der Provinzen in Brasilien – im Gegensatz zu den hispanoamerikanischen Gebieten – zugunsten einer nationalen Einheit gebannt werden konnten.⁸ José Murilo de Carvalho formulierte die These, dass es „ohne den Transfer des Königshofes heute kein Brasilien" gäbe.⁹

Während brasilianische Interpretationen des Hoftransfers einen grundlegenden Teil der Nationalgeschichtsschreibung darstellen, sind portugiesische Publikationen zu diesem Thema vergleichsweise rar. Hier dominiert bei der Beschreibung der Ereignisse zwischen 1807 und 1821 das Gefühl der „Verlassenheit" (*abandono*) oder gar der „drückenden Verwaisung" (*pesada orfandade*);¹⁰ die brasilianische Unabhängigkeit wird in der portugiesischen Geschichtsschreibung als traumatischer Bruch interpretiert.¹¹ Es ist kaum verwunderlich, dass die Feierlichkeiten zum 200. Jubiläum in Lissabon weniger enthusiastisch ausfielen.¹²

---

6 CANDIDO, Antonio, Formação da Literatura brasileira. Momentos decisivos, Bd. 1, São Paulo 1959, S. 233.
7 SILVA, Maria Beatriz Nizza da, D. João. Príncipe e Rei no Brasil, Lissabon 2008, S. 108; CARVALHO, D. João e as histórias dos Brasis, S. 554. In den 1960er- und 1970er-Jahren erschienen Aufsätze mit Titeln wie „D. João und die intellektuelle Emanzipation Brasiliens" und „D. João und der Beginn der brasilianischen Modernität", PONDÉ, Francisco de Paula e Azevedo, D. João VI e a emancipação intelectual do Brasil, in: RIHGB 279, 1968, S. 114–135; REIS, Artur César Ferreira, D. João e os primórdios da Modernidade Brasileira, in: Ocidente. Nova série 80/396, 1971, S. 277–288.
8 CARVALHO, José Murilo de, Political Elites and State Building. The Case of Nineteenth-Century Brazil, in: Comparative Studies in Society and History 24/3, 1982, S. 378–399, S. 382.
9 CARVALHO, D. João e as histórias dos Brasis, S. 555.
10 SILVA, Raquel Henriques da, A Cidade, in: Ana Maria RODRIGUES/Joaquim Soeiro de BRITO (Hrsg.), D. João e o seu Tempo, Lissabon 1999, S. 53–58, S. 56; SOUZA, Iara Lis Carvalho, D. João VI no Rio de Janeiro. Entre festas e representações, in: TOSTES/BITTENCOURT (Hrsg.), D. João VI, S. 50–63, S. 56.
11 PROENÇA, Maria Cândida, A independência do Brasil. Relações externas portuguesas, 1808–1825, Lissabon 1987, S. 19.
12 Zwar gab es am 8. bis 10. Oktober 2007 und 4. bis 6. Dezember 2008 wissenschaftliche Tagungen in Lissabon. Erstere, die unter dem Titel „A saída da corte para o Brasil" im Centro Científico e Cultural de Macau stattfand, wurde von unterschiedlichen Institutionen (Archive, Universitäten, Kulturzentren, Botschaften, Stadtregierung) organisiert und gefördert. Letztere unter dem Titel „Portugal, Brasil e a Europa Napo-

Der Hoftransfer und seine – auch im akademischen Bereich – unterschiedlichen Interpretationen sind ein Paradebeispiel für die Relativität historischer Erklärungen und nähren die Überzeugung, dass es an keinem Ort zu keiner Zeit eine Sichtweise der Vergangenheit gibt, der die Qualität zukäme, weltumspannend und allgemeinverbindlich zu sein.[13] Besonders große Diskrepanzen zwischen Erzählungen über ein und dasselbe historische Ereignis scheinen dann zu bestehen, wenn sie jeweils in unterschiedlichen nationalen Kontexten entstehen. Bei der Fülle von Publikationen zum Thema Hoftransfer ist das Fehlen einer portugiesisch-brasilianischen Perspektive durchaus bemerkenswert. Wissenschaftlern ist es bisher nicht gelungen, eine gemeinsame Sicht der Geschehnisse im ersten Viertel des 19. Jahrhunderts zu entwickeln.[14] Gegenseitiges Desinteresse oder Ressentiments stehen dieser Unternehmung noch immer im Wege.[15] Abgesehen von einer *gemeinsamen* Interpretation, die intensive akademische Kooperation erfordern würde, existieren zudem kaum Einzelstudien, in denen historische Subjekte auf beiden Seiten, also in Portugal *und* Brasilien, zur Sprache kommen.[16]

Den meisten Erzählungen ist zudem gemein, dass der Hoftransfer in ihnen als Vorgeschichte zur politischen Emanzipation Brasiliens auftaucht; sie enden mit der brasilianischen Unabhängigkeit, die somit aufgrund der narrati-

---

leónica" vom Instituto de Ciências Sociais (ISC) der Universidade de Lisboa und des Instituto Superior Ciências do Trabalho e da Empresa (ISCTE). Beide Tagungen zeichneten sich allerdings durch die nahezu totale Abwesenheit einer nicht-akademischen Öffentlichkeit aus.

13 LANDWEHR, Achim, Einleitung. Geschichte(n) der Wirklichkeit, in: DERS. (Hrsg.), Geschichte(n) der Wirklichkeit. Beiträge zur Sozial- und Kulturgeschichte, Augsburg 2002, S. 9–27.

14 PEDREIRA, From Growth to Collapse: Portugal, Brazil, and the Breakdown of the Old Colonial System (1760–1830), in: HAHR 80/4, 2000, S. 839–864, S. 839. Die meisten Arbeiten über das portugiesische Imperium in der Frühen Neuzeit sind in einseitiger nationaler Perspektive verfasst, BETHENCOURT, Francisco/Diogo Ramada CURTO, Introduction, in: DIES. (Hrsg.), Portuguese Oceanic Expansion, 1400–1800, Cambridge/New York/Melbourne et al. 2007, S. 1–18, S. 9f.

15 SECCO, Lincoln, A „Revolução Liberal". O Império português da Abertura dos Portos à Regeneração (1808–1851), in: OLIVEIRA/RICUPERO (Hrsg.), A Abertura dos Portos, S. 196–219, S. 204; SILVA, Maria Beatriz Nizza da, Movimento constitucional e separatismo no Brasil (1821–1823), Lissabon 1988, S. 5. Charles Bishko beklagte bereits 1956 die „gegenseitige Ignoranz" iberischer und ibero-amerikanischer Forscher, BISHKO, Charles Julian, The Iberian Background of Latin American History: Recent Progress and Continuing Problems, in: HAHR 36/1, 1956, S. 50–80, S. 51.

16 FERNÁNDEZ SEBASTIÁN, Javier, Algumas notas sobre história conceptual e sobre a sua aplicação ao espaço atlântico ibero-americano, in: Ler História 55, 2008, S. 5–15, S. 5.

ven Struktur als Höhepunkt der Geschichte erscheint.[17] Diese Interpretationen tendieren dazu, die Geschichte so darzustellen, als laufe sie mit finalem Determinismus zwangsläufig auf ein bestimmtes Ziel zu.[18] Da es allzu selbstverständlich und also nicht der Rede wert scheint, wird kaum je hervorgehoben oder auch nur festgestellt, dass das Imperium in der Zeit *zwischen* dem Exodus des portugiesischen Monarchen und der Unabhängigkeit Brasiliens seine geographische Gestalt und das politische System des *Ancien Régime* beibehielt. Dabei ist, wie Stuart B. Schwartz bemerkte, an der gesamten Geschichte des portugiesischen Kolonialreiches weniger erstaunlich, dass es letztlich auseinanderbrach, als vielmehr, dass die Portugiesen es so lange zusammenhielten.[19] An diese Überlegungen schließen die Analysen der vorliegenden Arbeit an: Erstens sollen portugiesische und brasilianische Sichtweisen gleichberechtigt gewürdigt und synthetisiert werden, zweitens wird die durchaus erstaunliche Existenz des Imperiums in der Zeit zwischen 1808 und 1821 besondere Beachtung finden.

Befreit man sich bei der Betrachtung des portugiesischen Hoftransfers von einer nationalen Perspektive und rückt das Imperium in den Vordergrund, ergeben sich neue Blickwinkel und Möglichkeiten der Interpretation. Selbstverständlich ist die Geschichte eines Imperiums nicht per se besser oder objektiver als die Geschichte eines Nationalstaates. Keine Analyseeinheit wird jemals den ultimativen Rahmen für historische Untersuchungen darstellen.[20] Es drängen sich jedoch, sobald man den politisch-geographischen Maßstab verändert, andere Fragen an die Vergangenheit auf. Da Geschichtsschreibung immer ein Produkt der Gegenwart ist, können bestimmte Fragen samt den entsprechenden Antworten als zeitgemäßer empfunden werden als andere.

Die wissenschaftliche Beschäftigung mit Imperien und imperialen Räumen hat in jüngster Zeit stark zugenommen.[21] Das Interesse an der Ausübung

---

17 SLEMIAN, Andréa/João Paulo Garrido PIMENTA, O „nascimento político" do Brasil. As origens do Estado e da nação (1808–1825), Rio de Janeiro 2003, S. 10.
18 Der Ausdruck „finaler Determinismus" ist entlehnt aus: KOPF, Elias, Abhängige Wirtschaft, Politik und Korruption. Die erste kubanische Republik 1909–1925, Frankfurt a. M. 1998, S. 13.
19 SCHWARTZ, Stuart B., The Economy of the Portuguese Empire, in: BETHENCOURT/ CURTO (Hrsg.), Portuguese Oceanic Expansion, 1400–1800, S. 19–48, S. 44.
20 BENTLEY, Jerry H., Von der Nationalgeschichte zur Weltgeschichte, in: Comparativ 12/3, 2002, S. 57–70, S. 59f.
21 HOPKINS, Anthony G., Back to the Future. From National History to Imperial History, in: Past & Present 164, 1999, S. 198–243, S. 243; COOPER, Frederick, Empire Multiplied. A Review Essay, in: Comparative Studies in Society and History 46/2, 2004, S. 247–272, S. 247. Auch das Interesse an „zusammengesetzten Monarchien" hat deutlich zugenommen, BICALHO, Maria Fernanda, Dos „Estados nacionais" ao „sentido da colonização": história moderna e historiografia do Brasil colonial, in: Mar-

von Herrschaft über große Entfernungen und kontinentale Grenzen hinweg ist groß, und dieses Interesse ist mit der erhöhten Aufmerksamkeit für das Phänomen Raum verbunden. Auch wenn die Erkenntnis, dass wir in einem „Zeitalter des Raumes" leben, keinesfalls so neu ist, wie häufig suggeriert wird,[22] sind Geschichte, Macht und (geographischer) Raum Kategorien, die insbesondere seit 1989 und dem Ende der bipolaren Teilung der Welt vermehrt zusammen gedacht werden: „Power does indeed have a history. But it is one that can *only* be understood through its changing geography."[23]

Die Frage nach räumlichen Ordnungen wird in einer Zeit gestellt, in der „Globalisierung" Modewort und in aller Munde ist. Die Art und Weise, wie sich angesichts von Globalisierungsprozessen das Verhältnis von Territorium und staatlicher Souveränität verschiebt, ist zum Beispiel zentral für die politikwissenschaftlichen Fachrichtungen *Geopolitics* und *Political Geography*.[24] In dem Moment, in dem sich Grenzen und Räume durch neue wirtschaftliche, kulturelle, soziale Vernetzungen verändern, überlagern oder vermeintlich gar verschwinden, ist das gesellschaftliche und wissenschaftliche Interesse an ihrer *historischen* Konstituierung groß.[25]

---

tha ABREU/Rachel SOIHET/Rebecca GONTIJO (Hrsg.), Cultura política e leituras do passado: historiografia e ensino de história, Rio de Janeiro 2007, S. 67–87.

22 Bereits am 14. März 1967 konstatierte Michel Foucault, dass „[u]nsere Zeit" sich als „Zeitalter des Raumes" begreifen ließe, und fährt fort: „Wir leben in einem Zeitalter der Gleichzeitigkeit, des Aneinanderreihens, des Nahen und Fernen, des Nebeneinander und des Zerstreuten", FOUCAULT, Michel, Von anderen Räumen, in: Jörg DÜNNE/Stephan GÜNZEL (Hrsg.), Raumtheorie. Grundlagentexte aus Philosophie und Kulturwissenschaften, Frankfurt a. M. 2006, S. 317–329, S. 317.

23 AGNEW, John, Political Power and Geographical Scale, in: Yale H. FERGUSON/Barry JONES (Hrsg.), Political Space. Frontiers of Change and Governance in a Globalizing World, Albany 2002, S. 115–129, S. 127. Hervorhebung im Original.

24 NEWMAN, David, Geopolitics Renaissant: Territory, Sovereignty and the World Political Map, in: DERS. (Hrsg.), Boundaries, Territory, and Postmodernity, London 2002, S. 1–16.

25 Richard Little weist auf die Notwendigkeit einer Historisierung politischer Räume hin, LITTLE, Richard, Reconfiguring International Political Space, in: FERGUSON/JONES (Hrsg.), Political Space, S. 45–60, S. 45f. Auch in der Geschichtswissenschaft gibt es den deutlichen Trend, räumliche Aspekte zu akzentuieren, KOCKA, Jürgen, Sozialgeschichte und Globalgeschichte, in: Matthias MIDDELL (Hrsg.), Dimensionen der Kultur- und Gesellschaftsgeschichte, Leipzig 2007, S. 90–101, S. 92; BENTLEY, Von der Nationalgeschichte zur Weltgeschichte, S. 57. Anthony Giddens wies bereits 1984 darauf hin, dass die Geographie nicht den Geographen überlassen werden dürfe, da die räumlichen Konfigurationen des sozialen Lebens ebenso bedeutend seien wie die Dimensionen der Zeitlichkeit, GIDDENS, Anthony, Die Konstitution der Gesellschaft. Grundzüge einer Theorie der Strukturierung, Frankfurt/New York 1997, S. 422 [original: The Constitution of Society, 1984].

Aufgabe der historischen Wissenschaften sollte nicht sein, die Menschheit damit zu trösten, dass Räume schon früher chaotisch und überlappend waren, und dass menschliches Handeln schon immer in Räumen geschah, die sich auch durch globale Vernetzung auszeichneten.[26] Die Fixierung auf den „Götzen Globalisierung" darf nicht dazu verleiten, den nationalen Container durch einen planetarischen zu ersetzen,[27] denn dies wäre kaum förderlich für die analytische Schärfe einer wissenschaftlichen Untersuchung. Es bietet sich jedoch an, danach zu fragen, wie bestimmte Prozesse der Vernetzung und Interaktion beschaffen waren und welche Auswirkungen sie für das Bestehen oder das Auseinanderbrechen von staatlichen Entitäten hatten. Der Blick in die Vergangenheit kann mit anderen Worten dazu beitragen, bestimmte Prozesse der (politischen) Raumkonstruktion sowie ihrer Veränderung und Neuformierung genauer zu fassen und besser zu verstehen. Sieht man nun die Aufgabe der Geschichtswissenschaft darin, Globalisierungsprozesse auf diese Weise historisch verständlich zu machen, dann gewinnt das Thema Imperialismus große Bedeutung. Denn Imperialgeschichte wird üblicherweise als „Geschichte des neuzeitlich entstehenden globalen Zusammenhangs" gesehen.[28]

Diese Beobachtung scheint auf den ersten Blick uneingeschränkt auf das portugiesische Imperium im ausgehenden 18. und beginnenden 19. Jahrhundert zuzutreffen. Der Transfer des portugiesischen Hofes, in Brasilien immer wieder enthusiastisch gefeiert, war seinerzeit eingebettet in eine Krise beider iberischer Monarchien, die sich über Jahrzehnte hinzog. Die napoleonischen Invasionen, der Peninsularkrieg und die Liberale Revolution in Portugal (1820) sind in einen historischen Kontext eingebunden, der geprägt war von dem Ringen Großbritanniens und Frankreichs um die „Weltherrschaft". Auch die Unabhängigkeit Brasiliens 1822 war kein von der Weltgeschichte abgekoppeltes Ereignis. Nach Jahrhunderten der europäischen Herrschaft erlangten, beginnend mit der Amerikanischen Revolution von 1776, mit wenigen Ausnahmen alle Kolonien in der Neuen Welt innerhalb von etwa 50 Jahren die politische Unabhängigkeit.[29]

---

26 ENGEL, Ulf/Matthias MIDDELL, Bruchzonen der Globalisierung, globale Krisen und Territorialitätsregimes – Kategorien einer Globalgeschichtsschreibung, in: Comparativ 5/6, 2005, S. 5–38, S. 21.
27 COOPER, Frederick, What is the Concept of Globalization Good for? An African Historian's Perspective, in: African Affairs 100, 2001, S. 189–213, S. 191.
28 OSTERHAMMEL, Jürgen, Imperialgeschichte, in: Christoph CORNELISSEN (Hrsg.), Geschichtswissenschaften. Eine Einführung, Frankfurt a. M. 2000, S. 221–232, S. 221–223.
29 COSTA, Emília Viotti da, Da monarquia à república: momentos decisivos, São Paulo 1999, S. 19.

Eric Hobsbawm prägte für diese Zeit das Konzept des „Zeitalters der Revolutionen",[30] wobei er von einer „dualen Revolution" ausging. Demnach führten die eher ökonomische Industrielle Revolution in Großbritannien und die eher politische Französische Revolution zu einem „Triumph der kapitalistischen Industrie" und zu einem Aufstieg der „siegreichen Bourgeoisie" – Ereignisse, die weltweit tief greifende Veränderungen in Ökonomien, Gesellschaften und politischen Systemen verursacht haben.[31] Zeitgenössischen Globalhistorikern wie Christopher Bayly zufolge stellte die Zeit zwischen 1720 und 1820 (und im engeren Sinne jene zwischen 1780 und 1820) die erste „Weltkrise" (*world crisis*) und damit eine Wende der Weltgeschichte dar, wobei in seiner Sichtweise das „Zeitalter der atlantischen Revolutionen" einen konstitutiven Bestandteil dieser Weltkrise ausmachte, weil aufgrund der engen Verbindungen und der zum Teil dichten Netzwerke politische und ideologische „Schockwellen" zwischen den Zentren des Atlantiks hin- und herliefen und auch Auswirkungen auf Asien und Afrika zeitigten.[32]

Zweifellos *war* die atlantische Welt Veränderungen unterworfen, von denen das Ende der europäischen Kolonialherrschaft und der Übergang vom *Ancien Régime* zu konstitutionellen Regierungen wahrscheinlich zu den bedeutendsten gehörten. Viele lateinamerikanische Historiker haben daher das Konzept des Zeitalters der Revolutionen übernommen.[33] Solche Meistererzählungen über atlantische Revolutionen und globale Krisen sowie die damit verbundenen Periodisierungen haben ihren Reiz, denn sie befriedigen ein menschliches Grundbedürfnis nach sinnstiftenden Erzählungen. Aber Periodisierungen haben auch ihre Tücken, nicht nur, weil sie naturgemäß von Verallgemeinerungen leben, sondern auch, weil sie in der Regel eine eurozen-

---

30 HOBSBAWM, Eric J., The Age of Revolution, 1789–1846, New York 1964.
31 URIBE-URAN, Victor, Introduction – Beating a Dead Horse?, in: DERS. (Hrsg.), State and Society in Spanish America during the Age of Revolution, Wilmington 2001, S. xi–xxi, S. xi.
32 BAYLY, Christopher A., Die Geburt der modernen Welt. Eine Globalgeschichte 1780–1914, Frankfurt a. M. 2008, S. 59 und S. 110–152 sowie ENGEL/MIDDELL, Bruchzonen der Globalisierung, S. 29. Jürgen Osterhammel und Niels P. Petersson datieren die „atlantische Krise" auf 1765–1825 und sprechen von einem „Ping-Pong kreuz und quer über den Atlantik hinweg", OSTERHAMMEL, Jürgen/Niels P. PETERSSON, Geschichte der Globalisierung. Dimensionen, Prozesse, Epochen, München 2003, S. 49.
33 URIBE-URAN, Beating a Dead Horse?, S. xi. Das Konzept des „Zeitalters der Revolutionen" benutzen beispielsweise ALBERTONE, Manuela/Antonino De FRANCESCO (Hrsg.), Rethinking the Atlantic World: Europe and America in the Age of Democratic Revolutions, Basingstoke et al. 2009; MOSHER, Jeffrey, Political Struggle, Ideology, and State Building. Pernambuco and the Construction of Brazil, 1817–1850, Lincoln 2008, S. 6 und S. 11.

trische Sichtweise perpetuieren. Der Periodisierungsimpuls ist Eric van Young zufolge häufig geprägt von einer phänomenologisch-deskriptiven Tendenz und der nicht hinterfragten Annahme bestimmter Kausalitäten („post hoc, ergo propter hoc").[34]

Meistererzählungen und Großbegriffe scheinen aus diesen Gründen schwer vereinbar mit der Sozial- und Kulturgeschichte neuerer Prägung, die kausalen Erklärungen und großen Erzählungen eher skeptisch gegenüber steht. Sicher ist, dass die Krisen, die letztlich zur Ausbildung neuer Staaten in Lateinamerika führten, sich bei näherer Betrachtung nicht gleichförmig entfalteten. Die jeweiligen „Rebellen" gingen, wie Jeremy Adelman metaphorisch ausgedrückt hat, in ein Labyrinth hinein, ohne zu wissen, wie der Weg sich weisen und welchen Ausgang ihr Tun nehmen würde.[35] Wenn man die vielfältigen konstitutionellen, sozialen, ökonomischen und kulturellen Veränderungen in den Blick nimmt, die Diskussionen um Souveränität, das fragile Gleichgewicht, das den Übergang vom *Antigo Regime* zu neuen politischen Praktiken und Kategorien charakterisiert, erscheint der atlantische Raum eher als ein „gigantisches Laboratorium für politische Experimente"[36] und weniger als ein homogener Revolutionsschauplatz.[37]

Besonders problematisch ist das Konzept des „Zeitalters der Revolutionen", wenn man den Blick auf die luso-brasilianische Welt richtet, die im Gegensatz zur republikanischen Fragmentierung der spanischen Gebiete einen monarchisch-konservativen Weg beschritt. Auffällig ist, dass es in Brasilien nach dem Experiment der Transplantation des Regierungssitzes von Europa nach Amerika bis 1821 relativ wenige Anzeichen für die Loslösung von Portugal gab. Auch Kämpfe zwischen Republikanern und Royalisten, die für die spanischen Gebiete so charakteristisch waren, fehlten weitgehend (mit Ausnahme der Rebellion von 1817 in der nordöstlichen Provinz Pernambuco). Brasilien entzog sich der Logik, nach der sich die republikanische Staatsform als die fortschrittlichste und rationalste darstellte.[38] Die erst ab 1821 in Gang

---

34 VAN YOUNG, Eric, Was there an Age of Revolution in Spanish America?, in: Victor M. URIBE-URAN (Hrsg.), State and Society in Spanish America, Wilmigton, Del. 2001, S. 219–246, S. 220f.
35 ADELMAN, Jeremy, Sovereignty and Revolution in the Iberian Atlantic, Princeton/Oxford 2006, S. 7–12.
36 FERNÁNDEZ SEBASTIÁN, Algumas notas sobre história conceptual, S. 13.
37 Für einen differenzierten Blick auf das Zeitalter der Revolutionen plädiert auch: HENSEL, Silke, Was There an Age of Revolution in Latin America? New Literature on Latin American Independence, in: LARR 38/3, 2003, S. 237–249.
38 URIBE-URAN, Victor M., The Great Transformation of Law and Legal Culture: „The Public" and „the Private" in the Transition from Empire to Nation in Mexico, Colom-

gekommene Unabhängigkeitsbewegung war „weder nationalistisch im Wesen noch revolutionär in der Ausführung".[39] Sie verlief vergleichsweise unblutig,[40] sie war „eher ein Prozess denn ein Ereignis",[41] und dem portugiesischen Monarchen João (VI) gelang es trotz der Turbulenzen, seine Krone zu behalten, während die Mehrheit der übrigen Monarchen die ihrige einbüßte. Die historische Forschung hat – zum Teil unter der Fragestellung „Warum war Brasilien anders?"[42] – für dieses Phänomen regelmäßig den Begriff des „historischen Sonderfalls"[43] bemüht. Ganz gleich, ob es tatsächlich ein Sonderfall war (immerhin machte und macht Brasilien flächenmäßig knapp die Hälfte Südamerikas aus) – die Beschäftigung mit der Geschichte des portugiesischen Imperiums bietet die Möglichkeit, einige feststehende Annahmen über die „globale Krise" zu hinterfragen und die Geschichte des „Zeitalters der Revolutionen" kritisch zu prüfen.

Wenn es bei den Debatten um Imperien und imperialen Raum in der Vergangenheit vor allem um die Frage ging, warum und wie Souveränität (die sich immer auch territorial manifestiert) „gegen" das Imperium hergestellt und durchgesetzt wurde, so blieben die Fragen unbeantwortet, wie genau imperiale Staaten ihre Souveränität zunächst verteidigten und wie genau sie schließlich zerbrachen. Immerhin war zu der Zeit, als die großen Veränderungen in der atlantischen Welt begannen, sowohl für die Herausforderer als auch für die Verteidiger des *Ancien Régime* Souveränität untrennbar mit dem Imperium verbunden. Sie war *synonym* mit Imperium.[44] In jüngster Zeit wird daher vermehrt die

---

bia, and Brazil, 1750–1850, in: Joseph W. ESHERICK/Hasan KAYALI/Eric Van YOUNG (Hrsg.), Empire to Nation. Historical Perspectives on the Making of the Modern World, Lanham/Boulder/New York et al. 2006, S. 68–105, S. 89.

39 RUSSELL-WOOD, A. J. R., Colonial Roots of Independence, in: John LYNCH (Hrsg.), Latin American Revolutions 1808–1826. Old and New World Origins, Norman/London 1994, S. 331–343, S. 342; GRAHAM, Richard, Independence in Latin America. A Comparative Approach, New York/St. Louis/San Francisco et al. 1994, S. 59f.

40 MARQUES, A. H. Oliveira de, Geschichte Portugals und des portugiesischen Weltreichs, Stuttgart 2001, S. 361. Vgl. auch das Kapitel „Der unblutige Wandel in Brasilien, 1808–1831" in: RINKE, Stefan, Revolutionen in Lateinamerika. Wege in die Unabhängigkeit 1760–1830, München 2010, S. 257–287.

41 SZMRECXÁNYI, Tamás/José Roberto do Amaral LAPA, Apresentação, in: DIES. (Hrsg.), História econômica da Independência e do Império, São Paulo 2002, S. vii–xii, S. vii.

42 MAXWELL, Kenneth, Why was Brazil Different? The Contexts of Independence, in: DERS., Naked tropics. Essays on empire and other rogues, New York/London 2003, S. 145–171.

43 BERNECKER, Walther L., Kolonie – Monarchie – Republik: Das 19. Jahrhundert, in: Walter L. BERNECKER/Horst PIETSCHMANN/Rüdiger ZOLLER, Eine kleine Geschichte Brasiliens, Frankfurt a. M. 2000, S. 125–212, S. 139.

44 ADELMAN, Sovereignty and Revolution, S. 5 und S. 7.

Frage danach gestellt, wie Imperien auch unter massivem Druck überdauerten. Über viele Dekaden befanden sich diese fragilen Entitäten in Schwierigkeiten, und es gab mehrere Gelegenheiten, bei denen die Behauptung alternativer Souveränitäten einfacher gewesen wäre als zu der Zeit, da die Kolonien tatsächlich unabhängig wurden. Die Sichtweise, dass Revolutionen Imperien zerstörten, lässt sich daher umdrehen: Jeremy Adelman formulierte die These, dass es der Zerfall der Imperien war, der zu Revolutionen führte, und nicht etwa umgekehrt. Politisch-soziale Umbrüche erscheinen in seiner Sichtweise nicht als *Grund* für die Fragmentationen, sondern als ihre *Konsequenz*.[45]

Mit dieser These einher geht auch eine Neubewertung des Nationalismus in der Atlantischen Welt. Es hat lange Zeit einen Allgemeinplatz der Geschichtsschreibung dargestellt, dass die unterschiedlichen kreolischen Gemeinschaften ein „eigenes" Selbstbewusstsein entwickelten, eine nationale Identität, die dann in den Gegensatz zum Imperium geriet, zu dem sie sich nicht mehr zugehörig fühlten. Nationen stürzten demnach das Imperium zunächst in die Krise und ersetzten dann das dominante Modell der Souveränität.[46] Aus dem Zusammenbruch von Imperien entstanden in dieser Perspektive in einem kausalen Zirkelschluss – freilich „imaginierte" – Nationen.[47] Zahlreiche neuere Studien zu den lateinamerikanischen Staats- und Nationsbildungsprozessen haben indes ergeben, dass der (nicht-imperiale) Staat in der Regel der Nation vorausging.[48] Dies trifft insbesondere auf Brasilien zu, dessen nationale Identität erst ab Mitte des 19. Jahrhunderts von eigens hierfür gegründeten Institutionen geschaffen werden musste. Zur Zeit der Unabhängigkeit war in Brasilien die Identifikationsmöglichkeit „Nation" nur schwach ausgeprägt.[49] Die Behauptung, dass territoriale Neuordnungen allgemein und

---

45 Ebd., S. 7f. Vgl. auch COOPER, Frederick, Colonialism in Question. Theory, Knowledge, History, Berkeley, 2005, S. 168.
46 Vgl. zum Beispiel PAGDEN, Anthony, Identity Formation in Spanish America, in: Nicholas CANNY/Anthony PAGDEN (Hrsg.), Colonial Identity in the Atlantic World, Princeton 1987, S. 51–93; RIEU-MILLAN, Marie Laure, Los Diputados americanos en las Cortes de Cádiz, Madrid 1990, S. 407.
47 ANDERSON, Benedict, Imagined Communities. Reflections on the Origin and Spread of Nationalism, London 1983.
48 ESHERICK, Joseph W./Hasan KAYALI/Eric Van YOUNG, Introduction, in: DIES. (Hrsg.), Empire to Nation. Historical Perpectives on the Making of the Modern World, Lanham/Boulder/New York 2006, S. 1–34, S. 23; HAMNETT, Brian R., Process and Pattern: A Re-Examination of the Ibero-American Independence Movements, 1808–1826, in: JLAS 29/2, 1997, S. 279–328, S. 282.
49 MALERBA, Jurandir, Esboço crítico da recente historiografía sobre a independência do Brasil (c. 1980–2002), in: DERS. (Hrsg.), A Independência do Brasil. Novas Dimensões, Rio de Janeiro 2006, S. 19–52, S. 41.

jene der Atlantischen Welt im ersten Drittel des 19. Jahrhunderts im Besonderen primär unter dem Paradigma des Nationalen geschahen, muss also relativiert werden.

Bei Anwendung der Formel „Nation *versus* Imperium" wird zudem häufig übersehen, dass innerhalb eines Imperiums unterschiedliche Identitäten unter einem Dach existieren konnten. Gerade für die zusammengesetzten iberischen Monarchien war charakteristisch, dass Individuen und Gruppen nach Selbstbestimmung trachten und sich gleichzeitig als Teil des Imperiums sehen konnten – und genau dies häufig wollten. Ein großer Teil der Geschichte, in dem Nation und Imperium untrennbar miteinander verbunden waren, bleibt in einer dichotomischen Sichtweise ebenso im Dunkeln wie die Frage danach, wie es kam, dass Menschen in den Kolonien sich bewusst vom Imperium abgrenzten, bevor sie sich mit etwas anderem identifizierten.[50] Alles in allem lassen sich genügend Gründe finden, mit Frederick Cooper anzunehmen, dass es unter allen historisch wirksamen Kräften und Prozessen nicht nationale Bewegungen allein (und nicht einmal hauptsächlich) waren, die einem Imperium gefährlich werden konnten.[51]

Welche Kräfte, wenn nicht (nur) die nationalen, wurden also dem Imperium gefährlich? Wann und wo tauchten Brüche im imperialen System auf und wie waren diese Brüche beschaffen? Antworten auf diese Frage können nur aus einer Perspektive gefunden werden, die die luso-brasilianische *Einheit* in den Blick nimmt, die – nach ihrer kolonialen Vorgeschichte – 1815 mit der Gründung des „Königreichs Portugal, Brasilien und Algarve" auch staatsrechtlich institutionalisiert wurde und erst mit der Unabhängigkeitserklärung Brasiliens 1822 zerbrach. Will man die Fragen nach dem Überdauern des Imperiums klären bzw. die „Des-Identifizierung" der Untertanen auf beiden Seiten des Atlantiks beleuchten, ist es zudem ratsam, nicht direkt die Zeit der Unabhängigkeit zu fokussieren, sondern auch und vor allem jene Jahre, in denen die Einheit noch bestand. Genau diese Ziele verfolgt die vorliegende Arbeit.

In der Imperialgeschichte und auch in der neuen Globalgeschichte westlicher Prägung verbleibt die Entwicklung des portugiesischen Reiches in der Regel im Schatten der internationalen wissenschaftlichen Öffentlichkeit. Selbst Studien zur Atlantischen Geschichte sparen das portugiesische Reich gänzlich oder weitgehend aus,[52] und insgesamt haben sich nur wenige nicht-

---

50 ADELMAN, Sovereignty and Revolution, S. 8f.
51 COOPER, Colonialism in Question, S. 200f.
52 Vgl. zum Beispiel BAILYN, Bernard, Atlantic History: Concept and Contours, Cambridge 2005; ELLIOTT, John Huxtable, Empires of the Atlantic World. Britain and

portugiesischsprachige Autoren mit dem Transfer des Königshofes, mit der Joaninischen Periode (1808–1821) und/oder mit der Unabhängigkeit Brasiliens beschäftigt.[53] Andere – blutigere und spektakulärere – lateinamerikanische Separationsbestrebungen haben höhere Wellen innerhalb der internationalen Geschichtswissenschaft geschlagen. Steven Topik bemerkte ironisch, dass Brasilien zwar eine Unabhängigkeitsbewegung gehabt habe, dass zu ihr aber niemand erschienen sei.[54] Dies ist durchaus im doppelten Sinne zu verstehen: Weder erschienen damals revolutionären Zeitgenossen, noch erschienen hinterher – wenn man den internationalen Maßstab anlegt – Historiker zu ihrer Untersuchung. Vor allem die Beibehaltung der Sklaverei (bis 1888) und der Monarchie (bis 1889) trugen zu der Sichtweise bei, dass in Brasilien zunächst alles beim Alten blieb, während sich in Hispanoamerika alles veränderte.[55] Jorge Pedreira sieht den Hauptgrund für das Desinteresse an der Geschichte der portugiesischen Welt hingegen selbstkritisch bei sich und seinen Fachkollegen. Er bezeichnet portugiesische Historiker allgemein als uninteressiert an internationalen Debatten, weshalb die portugiesische Geschichte bis heute „marginal und peripher" geblieben sei.[56]

Wie das historische Ereignis der Übersiedlung des portugiesischen Monarchen vom Mutterland in die Kolonie jedoch lehrt, muss die Peripherie keineswegs immer Peripherie bleiben. Jetzt, da die Konstitution imperialer Räume im Mittelpunkt des wissenschaftlichen Interesses steht, wird deutlich, dass das Fehlen von „echten" revolutionären Ereignissen und von „echten" nationalen Bewegungen den Blick freigibt auf die größere politische Einheit. Der Erhalt des Imperiums, das heißt die alltägliche Erschaffung des imperialen Raums, rückt in den Vordergrund sowie die Frage, was eigentlich passierte, während scheinbar nichts passierte. Es sind in der luso-brasilianischen Geschichte so-

---

Spain in America, 1492–1830, New Haven, Conn./London 2007.
53 KRAAY, Hendrik, A visão estrangeira: a Independência do Brasil (1780–1850) na historiografia européia e norte-americana, in: István JANCSÓ (Hrsg.), Independência: História e historiografia, São Paulo 2005, S. 119–178, S. 132.
54 Zitiert nach ebd., S. 122.
55 COSTA, Wilma Peres, A Independência na historiografia brasileira, in: István JANCSÓ (Hrsg.), Independência: História e historiografia, São Paulo 2005, S. 53–118, S. 55; GUERRA, François-Xavier, Modernidad e Independencias. Ensayos sobre las revoluciones hispánicas, Madrid 1992.
56 PEDREIRA, Jorge M., The Internationalization of Portuguese Historiography and its Discontents, in: e-JPH 1/2, 2003, S. 1–3, S. 2. Ähnlich kritisch: MONTEIRO, Nuno G., Nobreza, revolução e liberalismo em Portugal: Portugal no contexto da Península Ibérica, in: Silvana CASMIRRI/Manuel Suárez CORTINA (Hrsg.), La Europa del sur en la época liberal. España, Italia y Portugal. Una perspectiva comparada, Cassino 1998, S. 131–150, S. 133.

wohl die ganz offensichtlich perspektivabhängige Beurteilung von Bruch und Kontinuität als auch das changierende, parallaktische Verhältnis von Zentrum und Peripherie, die für Historiker verlockende Möglichkeiten und Themen eröffnen.[57] In der vorliegenden Arbeit sollen einige dieser Möglichkeiten aus in mehrfacher Hinsicht „umgekehrten" Perspektiven ausgeschöpft werden.

1.1 Aufbau und Thesen der Arbeit

Form und Aufbau einer Erzählung, auch einer wissenschaftlichen, bestimmen maßgeblich ihren Inhalt und ihre Wahrheit.[58] Die vorliegende Arbeit gliedert sich in zwei Hauptteile, die jeweils unterschiedliche Zeitspannen beleuchten und unterschiedliche Ziele verfolgen. Die Besonderheit liegt darin, dass die Chronologie der Ereignisse aufgebrochen ist: Die Liberale Revolution in Portugal und die Unabhängigkeit Brasiliens werden im ersten Hauptteil thematisiert und stehen nicht am Ende der Erzählung. Somit ist es diesen gewichtigen historischen Ereignissen versagt, ex post alle Pfade der Analyse auf sich zu ziehen und kausale Erklärungen einzufordern. Es entsteht im zweiten Hauptteil Raum für die Beantwortung der Frage, was es in der Zeit zwischen 1808 und 1821 bedeutet hat, die imperiale Souveränität unter außerordentlichen Bedingungen zu erhalten. Der Aufbau der Arbeit gründet mit anderen Worten in der Hoffnung, dass eine Erzählstruktur, die nicht der Chronologie der Ereignisse folgt, einem finalen Determinismus und einer teleologischen Interpretation entgegenwirken kann.

Im ersten Hauptteil (Kapitel 2 und 3) erfolgt unter dem Titel „Verkehrungen der Ordnung" die Rahmenerzählung. Im Fokus stehen in Kapitel 2 in jeweils einem Unterkapitel zunächst die historischen Voraussetzungen des Hoftransfers von Lissabon nach Rio de Janeiro (2.1.), das Ereignis des Transfers selbst (2.2.) sowie die für die neue Ordnung des Imperiums noch wichtigere Öffnung der brasilianischen Häfen am 28. Januar 1808, bei der durch die Etablierung des Freihandels der alte „Kolonialpakt" abgeschafft wurde und ein neuer Wirtschaftsraum entstand (2.3.). Im dritten Kapitel des ersten Hauptteils werden, ebenfalls in drei Unterkapiteln, die Debatten um die Rückkehr Joãos nach Lissabon (3.1.), die Liberale Revolution in Portugal 1820 (3.2.)

---

57 RUSSELL-WOOD, A. J. R., Centers and Peripheries in the Luso-Brazilian World, 1500–1808, in: DANIELS/KENNEDY (Hrsg.), Negotiated Empires, S. 105–142, S. 121.
58 BARTHES, Roland, Le discours de l'histoire, in: Social Science Information 6/4, 1967, S. 63–75; WHITE, Hayden, The Historical Text as Literary Artifact, in: DERS., Tropics of Discourse, Baltimore 1978, S. 81–100.

und der Bruch der luso-brasilianischen Einheit, also die brasilianische Unabhängigkeit (3.3.), beleuchtet.

Die Fragestellungen des ersten Hauptteils befassen sich damit, unter welchen Voraussetzungen und durch welche Akteure es innerhalb des portugiesischen Machtraumes zur Ausprägung einer jeweils neuen räumlichen Ordnung kommen konnte, die maßgeblich mit dem Regierungssitz des Souveräns zusammenhing. Beide Transfers (hin und zurück) werden dabei nicht als *erklärende*, sondern als *zu erklärende* Phänomene und als Ergebnisse komplexer sozialer Prozesse verstanden. Im Hintergrund steht die Annahme, dass räumliche Ordnungen grundsätzlich veränderlich sind und von unterschiedlichen Menschen auf unterschiedlichen Ebenen auch verändert werden.[59] Wie der Ausdruck „Verkehrungen" deutlich macht, handelt es sich um Ereignisse, die von unterschiedlichen Personengruppen jeweils als „verkehrt" empfunden wurden und Konflikte auslösten. Neue räumliche Ordnungen sind ohne Neuverhandlung von Souveränität, Macht und Autorität, ohne Konkurrenz um Ressourcen und ohne die Herausbildung neuer Identitäten im Allgemeinen kaum zu haben.[60] Dies gilt wohl im Besonderen, wenn durch den Transfer der gesamten Regierungsmaschinerie von einem Kontinent auf den anderen das Verhältnis von Zentrum und Peripherie gewissermaßen auf den Kopf gestellt wird.

Die im ersten Hauptteil der Arbeit (Kapitel 2 und 3) analysierten Themen und Ereignisse wurden in der Forschung bereits ausführlich untersucht, wie der historiographiegeschichtliche Teil (Kapitel 1.2.) zeigen wird. Jedoch bietet es sich an, die Annahme der Existenz einer ersten „Weltkrise" bzw. „globalen Krise" und die These zur Entstehung von Nationen als Grund für den Zusammenbruch des Imperiums kritisch zu prüfen. Dadurch soll ein unvoreingenommener Blick darauf möglich werden, was und wer auf den imperialen Raum wirkte und wie genau dies im Zusammenhang mit den Geschehnissen in anderen Regionen der (Atlantischen) Welt stand.

Der zweite, gewichtigere Hauptteil der vorliegenden Arbeit (Kapitel 5 und 6) widmet sich unter dem Titel „Ordnung der Verkehrung" der Zeit *zwischen* den genannten Großereignissen, befasst sich also mit jener Periode, in der das luso-brasilianische Reich trotz der kontinentalen Verschiebung seines politischen Zentrums intakt blieb, wobei Brasilien (Kapitel 5) und Portugal (Kapitel 6) gleichgewichtig beleuchtet werden. Der zweite Teil wird maßgeblich inspiriert durch die Verwunderung darüber, dass zwischen der Abreise

---

59 ENGEL/MIDDELL, Bruchzonen der Globalisierung, S. 21.
60 Ebd., S. 12 und S. 26; SASSEN, Saskia, Globalization and Its Discontents. Essays on the New Mobility of People and Money, New York 1998; Löw, Martina, Raumsoziologie, Frankfurt a. M. 2001, S. 224–230.

Joãos 1807 und seiner Rückkehr nach Lissabon 1821 der politische Raum der luso-brasilianischen Einheit und also die Herrschaft des Monarchen auf beiden Kontinenten Bestand hatte. Hier geht es um das Gelingen von Herrschaft und die Beibehaltung der monarchischen, imperialen Souveränität unter zweifellos schwierigen Bedingungen.

Den Überlegungen über Einheit und Zerfall eines (transatlantischen) Staates liegt die mittlerweile weithin akzeptierte Einsicht zugrunde, dass politische Macht, das heißt die Herrschaft über ein bestimmtes Gebiet und seine Bewohner, nicht „natürlich" gegeben ist, sondern in vielfältigen Prozessen täglich neu eingefordert und gesichert werden muss. Mit anderen Worten: Staaten, auch Imperien, *sind* nicht, sondern *werden* von Menschenhand *gemacht*. Für die Antwort auf die Frage, wie dieses Gemachtsein konkret aussah, bietet sich ein kulturgeschichtlicher Zugriff an.[61] Denn es ist dezidiertes Anliegen der Kulturgeschichte des Politischen, scheinbare Selbstverständlichkeiten zu hinterfragen. Dabei ist Kulturgeschichte mehr am Weg als am Ergebnis interessiert; sie zieht im Allgemeinen das *Wie* dem *Warum* vor.[62]

Vorausgesetzt wird im zweiten Hauptteil, dass gerade die Zeit *zwischen* dem Hoftransfer (1807/08) und der brasilianischen Unabhängigkeit (1822) Aufschluss darüber gibt, was es bedeutete, „wie ein Imperium zu denken":

> We need to take seriously what it meant for a polity to think like an empire, to conjugate incorporation and differentiation, to confront problems of long-distance extension and recognize limits of control over large and diverse populations. Thinking like an empire was not the same as thinking like a nation-state, and while territorial and cultural conceptions of „the nation" were in some situations more powerful than in others – and at times had devastating effects – the imperative of acting like an empire-state within a global system of empire-states was a compelling constraint on the range of action.[63]

Trachtet man danach, zu erfahren, wie ein Imperium „dachte", impliziert dies in gewisser Weise automatisch eine Fokussierung auf das „Oben", denn Fragen nach Herrschaftsweisen zielen unweigerlich auf die Praxis der Herr-

---

61 Vgl. zum Beispiel ASCH, Ronald/Dagmar FREIST (Hrsg.), Staatsbildung als kultureller Prozess. Strukturwandel und Legitimation von Herrschaft in der Frühen Neuzeit, Köln 2005.
62 CONRAD, Christoph/Martina KESSEL, Blickwechsel: Moderne, Kultur, Geschichte, in: DIES. (Hrsg.), Kultur & Geschichte. Neue Einblicke in eine alte Beziehung, Stuttgart 1998, S. 9–40, S. 10.
63 COOPER, Colonialism in Question, S. 200.

schenden.⁶⁴ Aber ist es überhaupt angemessen, den Staat und dessen Sichtweise ins Zentrum der Betrachtungen zu stellen? Ergebnisse der historischen Forschung, so könnte ein Einwand lauten, besagen, dass „der Staat" in Lateinamerika chronisch schwach war und noch immer ist, da klientelistische Netzwerke und *Caudillo*-Systeme hier stets dominierten.⁶⁵ So zeichneten sich die lateinamerikanischen Staaten im 19. Jahrhundert durch eine politisch-administrativ und wirtschaftspolitisch äußerst begrenzte Reichweite aus.⁶⁶ Gerade für Brasilien mit seiner immensen territorialen Ausdehnung gilt, dass der „allgegenwärtige Staat" (*estado ubíquo*) immer abwesend war.⁶⁷ Auch jene frühen atlantischen Imperien, die den Nationalstaaten in Lateinamerika vorausgingen, waren keine monolithischen Blöcke noch waren sie allmächtig. Vielmehr waren sie „imaginierte globale Räume" bzw. „kosmopolitische Konglomerate" mit einer jeweils begrenzten Machtsphäre.⁶⁸

Die Antwort muss jedoch nicht trotzdem, sondern gerade deswegen lauten: Ja, es ist angemessen, den Staat „von oben" und aus der Perspektive der Herrschenden zu betrachten. Denn wenn man der Annahme seiner Schwäche uneingeschränkt zustimmt, wird die Verwunderung darüber, dass das Imperium existierte, nicht etwa kleiner, sondern umso größer. Und wenngleich es aus kulturhistorischer Perspektive streng genommen gar keine dichotomische Unterscheidung zwischen „oben" und „unten" geben kann, gilt dennoch, dass die Konstruktion von Staaten allgemein, und sicherlich auch der Erhalt von Großreichen, kein Prozess war, der „von unten" stattfand. Wolfgang Reinhard konstatierte: „Not even the rulers and certainly not the subjects ever intended

---

64 LÜDTKE, Alf, „Gemeinwohl", Polizei und „Festungspraxis". Staatliche Gewaltsamkeit und innere Verwaltung in Preußen, 1815–1850, Göttingen 1982, S. 22.
65 WALDMANN, Peter, Nachahmung mit begrenztem Erfolg. Zur Transformation des europäischen Staatsmodells in Lateinamerika, in: REINHARD (Hrsg.), Verstaatlichung der Welt?, S. 53–68, S. 54; CARVALHO, José Murilo de, Mandonismo, Coronelismo, Clientelismo: Uma Discussão Conceitual, in: Hans-Joachim KÖNIG/Marianne WIESEBRON (Hrsg.), Nation Building in Nineteenth Century Latin America. Dilemmas and Conflicts, Leiden 1998, S. 83–100.
66 TOBLER, Hans Werner, Die Entwicklung des mexikanischen Staates im 19. und 20. Jahrhundert, in: REINHARD (Hrsg.), Verstaatlichung der Welt?, S. 37–52, S. 39 und 43.
67 SOUZA, Candice Vidal e, A pátria geográfica. Sertão e litoral no pensamento social brasileiro, Goiânia 1997, S. 80.
68 COOPER, Colonialism in Question, S. 166. Vgl. auch GREENE, Jack P., Transatlantic Colonization and the Redefinition of Empire in the Early Modern Era, in: DANIELS/KENNEDY (Hrsg.), Negotiated Empires, S. 267–282, S. 270; BUSHNELL, Amy Turner/Jack P. GREENE, Peripheries, Centers, and the Construction of Early Modern American Empires. An Introduction, in: DANIELS/KENNEDY (Hrsg.), Negotiated Empires, S. 1–14.

to build a state. Rulers wanted an increase in their central power. When they were successful, the unintended consequence was the state. Subjects however never had the intention of increasing central power. Demand for more state on the part of political consumers was the exception and not the rule… With their activities, subjects served many different interests, first of all their own local ones and not those of the state."⁶⁹ Es scheint eine berechtigte Frage zu sein, wie die Vergrößerung bzw. der Erhalt der Zentralmacht des portugiesischen Reiches in den Jahren zwischen 1808 und 1821 eigentlich aussah.

Kulturgeschichte kann und sollte sich nicht darauf beschränken, Mikrogeschichten über den Alltag der „einfachen Leute" bereitzustellen.⁷⁰ Denn auch Politik ist ein kulturgeschichtliches Thema, und es sprechen keine vernünftigen Gründe dagegen, das Zentrum der Macht und die Staatsmaschinerie des Imperiums einer kulturhistorischen Analyse zu unterziehen.⁷¹ Freilich darf das Imperium dabei nicht als allmächtige Entität vorausgesetzt werden. „Die Politik" und „das Imperium" können in einer Kulturgeschichte des Politischen nicht als feststehende Wesenheiten auftauchen, sondern nur als Ergebnisse sozialer Handlungen, denn „[s]taatlich ausgeübte oder vermittelte Herrschaft und Gewalt sind als *soziale* Beziehungen und soziale *Praxis* zu erfassen".⁷² Nur indem politisch gehandelt wird, werden politische Strukturen hervorgebracht und wird das Politische hergestellt. Die Frage lautet in einer solchen Perspektive nicht unbedingt, *wer* oder *was* im politischen Terrain bestimmte Produkte (zum Beispiel den Staat) erzeugt und erhält, sondern *wie* solche Produkte (von wem) hervorgebracht und verteidigt werden.⁷³ Wenn dieser Handlungsraum

---

69 REINHARD, Wolfgang, No Statebuilding from Below! A Critical Commentary, in: Wim BLOCKMANS/André HOLENSTEIN/Jon MATHIEU (Hrsg.), Empowering Interactions. Political Cultures and the Emergence of the State in Europe 1400–1900, Farnham/Burlington 2009, S. 299–304, S. 301.
70 LANDWEHR, Achim, Diskurs – Macht – Wissen. Perspektiven einer Kulturgeschichte des Politischen, in: Archiv für Kulturgeschichte 85, 2003, S. 71–117, S. 75.
71 REINHARD, No Statebuilding from Below!, S. 299.
72 LÜDTKE, „Gemeinwohl", Polizei und „Festungspraxis", S. 39. Auch in der Politikwissenschaft wird vermehrt nach kulturellen Dimensionen von Herrschaft gefragt, RECKWITZ, Andreas, Die Politik der Moderne aus kulturtheoretischer Perspektive: Vorpolitische Sinnhorizonte des Politischen, symbolische Antagonismen und das Regime der Gouvernementalität, in: Birgit SCHWELLING (Hrsg.), Politikwissenschaft als Kulturwissenschaft. Theorien – Methoden – Forschungsperspektiven, Wiesbaden 2004, S. 22–56, S. 35.
73 LANDWEHR, Diskurs – Macht – Wissen, S. 103; DERS., Die Erschaffung Venedigs. Raum, Bevölkerung, Mythos, Paderborn 2007, S. 17. Vgl. auch STOLLBERG-RILINGER, Barbara, Was heißt Kulturgeschichte des Politischen?, in: DIES. (Hrsg.), Was heißt Kulturgeschichte des Politischen?, Berlin 2005, S. 9–24, S. 14.

im vorliegenden Fall das Imperium ist, so muss das Imperium dabei unbedingt als das gesehen werden, was es war: Ein fragiles Gebilde, das täglich neu erschaffen wurde, mithin täglich Gefahr lief, zu scheitern.

Auf diese Weise das Prozessuale einer politischen Einheit zu betonen, bedeutet in den Worten Foucaults, dass sich ein Staat „in seinem Überleben und … in seinen Grenzen nur von den allgemeinen Taktiken der Gouvernementalität her" verstehen lässt.[74] Der Begriff „Gouvernementalität" (*gouvernementalité*) vereint die Worte *gouverner* (regieren) und *mentalité* (Denkweise)[75] und meint allgemein die „Techniken des Regierens", die „Regierungsweise".[76] Jedem Staat liegt, damit er erfolgreich und souverän bestehen kann, nach Foucault ein gewisses Set an Praktiken zugrunde, das von den Beteiligten akzeptiert werden muss.[77] Diese spezifischen Techniken und Codes des Regierens zielen darauf ab, bestimmte Muster zu strukturieren, nach denen die Regierten ihre „privaten" Lebensformen legitim führen können.[78] Wenn dieser Grundsatz auch für Imperien gilt, so bedeutet dies, dass das Überleben des transatlantischen portugiesischen Reiches in der Zeit von 1808 bis 1821 maßgeblich von den Taktiken der Gouvernementalität abhing. Möglichkeiten und Grenzen der imperialen Herrschaft kommen genau dann zum Vorschein, wenn die Techniken der Gouvernementalität – ihr Erfolg, ihr Scheitern – sichtbar gemacht werden.

James C. Scott etablierte in seinem Werk „Seeing Like a State" die Metapher eines „kurzsichtigen" Staates. Jeder Staat ist demnach gezwungen, sich seine Gesellschaft durch (grobe) Simplifizierungen und Kategorisierungen „lesbar" (*legible*) zu machen.[79] Erfolgreiche Herrschaftspraktiken zeichnen

---

74 FOUCAULT, Michel, Sicherheit, Territorium, Bevölkerung. Geschichte der Gouvernementalität 1, Frankfurt a. M. 2006, S. 164; FOUCAULT, Michel, Staatsphobie, in: Ulrich BRÖCKLING et al. (Hrsg.), Gouvernementalität der Gegenwart. Studien zur Ökonomisierung des Sozialen, Frankfurt a. M. 2000, S. 68–71. Vgl. auch PAASI, Anssi, Territory, in: John AGNEW/Katharyne MITCHELL/Gerard TOAL (Hrsg.), A Companion to Political Geography, Malden, Mass./Oxford/Melbourne 2003, S. 109–122, S. 113.
75 LEMKE, Thomas/Susanne KRASMANN/Ulrich BRÖCKLING, Gouvernementalität, Neoliberalismus und Selbsttechnologien. Eine Einleitung, in: DIES. (Hrsg.), Gouvernementalität. Studien zur Ökonomisierung des Sozialen, Frankfurt a. M. 2000, S. 7–40, S. 8.
76 PIEPER, Marianne/Encarnación GUTIÉRREZ RODRÍGUEZ, Einleitung, in: DIES. (Hrsg.), Gouvernementalität. Ein sozialwissenschaftliches Konzept in Anschluss an Foucault, Frankfurt a. M./New York 2003, S. 7–21, S. 7; FOUCAULT, Staatsphobie, S. 70.
77 DEAN, Mitchell, Governmentality. Power and Rule in Modern Society, London/Thousand Oaks/New Delhi 2006, S. 16.
78 RECKWITZ, Die Politik der Moderne, S. 35.
79 SCOTT, James C., Seeing Like a State. How Certain Schemes to Improve the Human Condition Have Failed, New Haven et al. 1998.

sich dadurch aus, dass ihnen die Schaffung einer „Lesbarkeit" (*legibility*) durch Simplifizierungen und Kategorisierungen vorausgeht – oder vielmehr inhärent ist. Diese Idee aufgreifend, soll Ziel der vorliegenden Arbeit insbesondere im zweiten Hauptteil sein, die nach dem Transfer des Königshofes produzierte „Lesbarkeit" der portugiesischen Gesellschaften auf beiden Seiten des Atlantiks sichtbar zu machen.

Dem Imperativ Frederick Coopers folgend, dass Imperien am besten an den Grenzen ihrer Macht zu bemessen und zu analysieren sind,[80] wird es im zweiten Hauptteil der Arbeit gleichsam darum gehen, nicht nur die Möglichkeiten, sondern vor allem die *Grenzen* der portugiesischen imperialen Herrschaft zu beleuchten. Entsprechend soll das Augenmerk auf jenen sozialen Praktiken liegen, die auf beiden Seiten des Atlantiks die Einheit des portugiesischen Reiches und das monarchische Staatssystem gefährdeten, sowie auf jenen Herrschaftspraktiken, mit denen die Zentralregierung auf diese Gefahren reagierte.

Zur Beschreibung und Analyse der Machttechniken und der (all-)täglichen Aushandlung des Imperiums bedarf es eines konkreten Ortes bzw. mehrerer konkreter Orte und einer Methode. Denn nur vor Ort ist Herrschaft als soziale Praxis erkennbar.[81] Die Analysen des zweiten Hauptteils konzentrieren sich daher im Wesentlichen auf die beiden Zentren Rio de Janeiro und Lissabon und innerhalb dieser Zentren auf die Institution der Polizei, die jeweils als Ausdruck und Garant der (imperialen) Gouvernementalität verstanden wird.

Zur Beantwortung der Frage, *wie* im kolonialen Amerika regiert wurde, das heißt, wie die *Colonial Governance* und die koloniale *Gouvernementalité* beschaffen waren, ist das Polizei- und Milizwesen der englischen Kolonien bereits mehrfach ins Zentrum des wissenschaftlichen Interesses gerückt. Im Hinblick auf die portugiesischen Kolonien klafft hier jedoch noch eine Forschungslücke,[82] zu deren Schließung die vorliegende Arbeit beitragen soll. Zur genaueren Erklärung und zur theoretisch-methodischen Fundierung der eingenommenen Analyseperspektive werden dem zweiten Teil theoretische

---

80 COOPER, Colonialism in Question, S. 160. „We should understand ... the limits of imperial power, and especially the limits that derive from the structure of empire itself", ebd., S. 200f.
81 LÜDTKE, „Gemeinwohl", Polizei und „Festungspraxis", S. 23.
82 LEHMKUHL, Ursula, Regieren im kolonialen Amerika. *Colonial Governance* und koloniale *Gouvernementalité* in französischen und englischen Siedlungskolonien, in: Thomas RISSE/Ursula LEHMKUHL (Hrsg.), Regieren ohne Staat? Governance in Räumen begrenzter Staatlichkeit, Baden-Baden 2007, S. 111–133, S. 117; RUSSELL-WOOD, A. J. R., Introduction, in: DERS. (Hrsg.), Local Government in European Overseas Empires, 1450–1800, Bd. 23/1, Aldershot 1999, S. xix–lxxxi, S. xliv.

Überlegungen zu der Nicht-Territorialität des Imperiums, der ambivalenten Stellung von Hauptstädten innerhalb des imperialen Gefüges sowie zu der Funktion der Institution der Polizei vorangestellt (Kapitel 4).

Der Fokus auf die beiden wichtigsten Zentren der luso-brasilianischen Einheit und damit auf relativ begrenzte urbane Räume schließt keinesfalls die Berücksichtigung der großen Zusammenhänge aus. Im Gegenteil lassen sich kleinräumige Analysen gut mit globalgeschichtlichen Perspektiven verbinden. Eine wichtige Grundannahme der transnationalen Geschichte sowie der modernen Globalgeschichte lautet, dass es stets Interaktionen und Transfers zwischen unterschiedlichen Gemeinschaften sind, die historisch wirkungsmächtige Prozesse der Veränderung in Gang setzen.[83] Da die deskriptive Beschreibung der vermeintlich immer häufiger werdenden Interaktionen und der stetig wachsenden Verflechtung kaum einen Wert hat, wenn nicht gleichzeitig auch kulturgeschichtlich erforscht wird, wie diese Phänomene von Zeitgenossen interpretiert wurden und wie sie auf Herrschaftspraktiken wirkten, soll es in vorliegender Arbeit vor allem darum gehen, die Interaktion zwischen unterschiedlichen Gemeinschaften in den beiden politischen Zentren „vor Ort" empirisch nachzuweisen und gleichzeitig zu prüfen, auf welche Weise und in welchem Maße sie die Herstellung von Bedeutung und die Konstruktion von Wirklichkeiten beeinflussten.[84]

Es gibt keinen archimedischen Punkt, von dem aus Globalisierungsprozesse objektiv beurteilt werden könnten.[85] Geht es jedoch darum, die Konstitution und Neuformierung von imperialen Räumen als ein Merkmal der Globalisierung zu erforschen, so lässt sich aus Sicht der Regierung bzw. „des Staates" gut nachvollziehen, wie genau sich diese Interaktionen auf den portugiesischen Machtraum auswirkten und ob sie Katalysatoren des Wandels

---

83 BENTLEY, Jerry H., World History and Grand Narratives, in: Benedict STUCHTEY/ Eckhardt FUCHS (Hrsg.), Writing World History 1800–2000, Oxford 2000, S. 47–65, S. 58; MIDDELL, Matthias, Kulturtransfer und transnationale Geschichte, in: DERS. (Hrsg.), Dimensionen der Kultur- und Gesellschaftsgeschichte, Leipzig 2007, S. 49–72, S. 59; MIDDELL, Matthias, Der Spatial Turn und das Interesse an der Globalisierung in der Geschichtswissenschaft, in: Jörg DÖRING (Hrsg.), Spatial Turn. Das Raumparadigma in den Kultur- und Sozialwissenschaften, Bielefeld 2008, S. 103–123, S. 107.
84 LANDWEHR, Diskurs – Macht – Wissen, S. 72. Die Verbindung von Mikro- und Makroperspektive ist nach Ursula Lehmkuhl am besten geeignet, einen substantiellen Beitrag zur theoretischen Debatte um die Governance in Räumen begrenzter Staatlichkeit zu leisten, LEHMKUHL, Regieren im kolonialen Amerika, S. 120.
85 ECKERT, Andreas/Shalini RANDERIA, Geteilte Globalisierung, in: DIES. (Hrsg.), Vom Imperialismus zum Empire. Nicht-westliche Perspektiven auf Globalisierung, Frankfurt am Main 2009, S. 9–36, S. 9.

waren bzw. zunächst als solche wahrgenommen wurden. Denn wenn man voraussetzt, dass die Zentralregierung bestrebt war, ihre Macht und ihren Raum zu erhalten und zu vergrößern, muss sie sensibel gewesen sein für jene Ereignisse und Prozesse, die dieser Unternehmung entgegenstanden. Eine kulturhistorische Herangehensweise, welche die Prozesshaftigkeit und die Gemachtheit imperialer Herrschaft betont und die Interaktionen unterschiedlicher Gemeinschaften bei der Betrachtung bestimmter lokaler Realitäten prominent integriert, bietet somit die Gelegenheit, Prozesse der Globalisierung zu analysieren, ohne sie zu essentialisieren.[86]

1.2 Stand der Forschung: Der Transfer des Hofes in der Historiographie

Viel Tinte ist in den letzten 200 Jahren geflossen für die Beschreibung der Ereignisse, die sich zwischen 1807 und 1822 in Portugiesisch-Amerika zutrugen. Da der Transfer des portugiesischen Hofes von Lissabon nach Rio de Janeiro in der Historiographie untrennbar mit dem Beginn der Nationalgeschichte verknüpft ist, fehlt er in kaum einem Werk über Brasilien. Wenigstens eine große Kontroverse bei der Bewertung des Transfers scheint entschieden: Bei der Frage, ob es sich bei der Abreise des Monarchen im November 1807 um eine feige Flucht vor Napoleon oder um eine strategische Meisterleistung gehandelt habe,[87] dominiert in der modernen Forschung letztere Interpretation. Denn ganz gleich, ob man sie apostrophiert oder nicht – die Flucht sicherte für die Zeit bis 1822 die Integrität des Imperiums und der Monarchie.[88] Wie genau allerdings dieser Zusammenhalt beschaffen war und wie er gewährleistet wurde, ist aufgrund der eingangs erwähnten nationalen Fixierung kaum je in den Mittelpunkt wissenschaftlicher Analysen gerückt.

---

86 „Es muss nach Wegen gesucht werden, der Essentialisierung von Globalisierungsinterpretationen zu entgehen", ENGEL/MIDDELL, Bruchzonen der Globalisierung, S. 16.
87 Ein frühes Beispiel für erstere Interpretation ist: O'NEIL, Thomas, A concise and accurate account of the proceedings of the squadron under the command of the rear admiral Sir Sydney Smith, K. S. & C. effecting the escape of the royal family of Portugal to the Brazils, on November 29, 1807… London 1810.
88 Vgl. PINTO, Francisco de Paulo Leite, A saída da família real portuguesa para o Brasil a 29 de Novembro de 1807, Lissabon 1992; VICENTE, António Pedro, El príncipe regente en Brasil, causas y consecuencias de una decisión estratégica, in: Fernando José Marroni de ABREU (Hrsg.), Las invasiones napoleónicas y el mundo iberoamericano, Madrid 2008, S. 75–103.

Anhand der zahlreichen Abhandlungen über die luso-brasilianische Geschichte am Ende des 18. und Anfang des 19. Jahrhunderts lassen sich Konjunkturen nachvollziehen, die die professionelle Geschichtswissenschaft durchlief, und deren – freilich nicht-linearen Kurs – man *grosso modo* mit „von der Diplomatie- und Politikgeschichte (der berühmten ‚Geschichte großer Männer') über die Strukturgeschichte der 1930er- bis 1970er-Jahre bis zur Kulturgeschichte" beschreiben könnte.

Eine frühe Darstellung des Hoftransfers lieferte der Brite John Armitage in seiner *History of Brazil* 1837.[89] Er thematisierte den Antagonismus zwischen Portugal und Brasilien, der nach dem Transfer des Hofes entstand. Demnach nahm der Handel Portugals aufgrund der Öffnung der brasilianischen Häfen für den Freihandel (1808) stark ab, der „Neid" der Bewohner Portugals vor allem seit der Erhebung der ehemaligen Kolonie Brasilien in den Status des gleichberechtigten Königreichs (1815) hingegen stetig zu. Die Etablierung des Hofes in Rio de Janeiro bewertet Armitage positiv: Die Monarchie habe Brasilien vor der „Anarchie" bewahrt, in der die hispanoamerikanischen Nachbarn versunken seien.[90] Armitages Werk ist ein frühes Beispiel dafür, dass der Hoftransfer in der Geschichtsschreibung als *erklärendes* und nicht als ein *zu erklärendes* Phänomen auftaucht. Auch der finale Determinismus (die Unabhängigkeit ergab sich zwangsläufig aus den Rivalitäten) ist bereits hier zu finden.

Die Geschichte der professionellen Geschichtsschreibung beginnt in Brasilien mit Francisco Adolfo Varnhagen (1816–1878), der aufgrund seiner fünfbändigen „Allgemeinen Geschichte Brasiliens" (1853–1857)[91] als „brasilianischer Herodot" gilt.[92] Institutionell gehörte Varnhagen, Sohn eines deutschen Ingenieurs und einer Portugiesin, dem *Instituto Historico-Geographico Brasileiro* (IHGB) an, das 1838 nach dem Vorbild des 1834 gegründeten *Institut Historique de Paris* in Rio de Janeiro eingerichtet worden war. Der IHGB

---

89 ARMITAGE, John, History of Brazil. From the Period of the Arrival of the Braganza Family in 1808, to the Abdication of Don Pedro the First in 1831 (2 Bde.), Bd. 1, New York 1970 [zuerst: London 1836].
90 Zitiert nach KRAAY, A Independência do Brasil (1780–1850) na historiografia européia e norte-americana, S. 130.
91 VARNHAGEN, Francisco Adolfo de, História Geral do Brasil (5 Bde.), São Paulo 1975 [zuerst: Rio de Janeiro 1853–1857].
92 REIS, José Carlos, As identidades do Brasil: de Varnhagen a FHC, Rio de Janeiro 1999, S. 23. Zu Varnhagens Bedeutung für die Konstruktion des Staates und der Nation siehe: WEHLING, Arno, Estado, História, Memória: Varnhagen e a Construção da Identidade Nacional, Rio de Janeiro 1999; GUIMARÃES, Lucia Maria Paschoal, Francisco Adolfo de Varnhagen. História Geral do Brasil, in: Lourenço Dantas MOTA (Hrsg.), Introdução ao Brasil, Bd. 2: Um Banquete no trópico, São Paulo 2001, S. 75–96, S. 95.

hatte großen Einfluss auf die brasilianische Geschichtsschreibung und sollte bis 1931 die einzige Forschungseinrichtung der historischen Wissenschaft in Brasilien bleiben.[93]

In Varnhagens *Historia Geral do Brasil* werden die drei Jahrhunderte der portugiesischen Kolonisation entsprechend der Programmatik des IHGB als Prozess der Nationsbildung dargestellt. Der Autor konstatierte, dass der Hoftransfer eine „neue Ära" für Brasilien einläutete, da bei Ankunft des Hofes Brasilien von einer Kolonie zum „wahren Zentrum der Monarchie" aufgestiegen sei.[94] Der in die Neue Welt transplantierten Krone kam bei der „Zivilisierung" Brasiliens und beim Staatsbildungsprozess eine große Bedeutung zu. Ihre Präsenz garantierte den Sieg der europäischen „Zivilisation" über die „barbarischen" Autochthonen. Sowohl der Hoftransfer als auch die Unabhängigkeit sind bei Varnhagen natürliche Vorgänge. Dadurch, dass João bei seiner Rückkehr nach Lissabon den legitimen Thronerben Pedro (I) in Brasilien zurückgelassen habe, sei die Unabhängigkeit gelungen und die territoriale Einheit gesichert gewesen. Die Monarchie erscheint als (einzige) Macht, die die zentrifugalen Kräfte, den *Caudillismo* und die „Barbarei", die Varnhagen in den hispanoamerikanischen Gebieten ausmachte, zu bannen vermochte.[95] Auch hier ist auffällig, dass der Hoftransfer vor allem als *erklärendes* Phänomen der Geschichte auftaucht. Der Umstand, *dass*, und die Frage, *wie* das Imperium nach dem Transfer noch bis 1822 Bestand hatte, finden bei Varnhagen keine Beachtung.

Der aus Pernambuco stammende brasilianische Diplomat und Historiker Manuel de Oliveira Lima (1867–1928) verfasste zum 100. Jahrestag des Hoftransfers (1908) ein in der Originalausgabe dreibändiges, 800 Seiten starkes Werk mit dem Titel „D. João VI in Brasilien", das als erster Meilenstein in der Historiographie über die joaninische Zeit gilt.[96] João wird darin als der „wahre Begründer der brasilianischen Nation" gefeiert,[97] deren Genese in der Erzählung im Vordergrund steht. Oliveira Lima folgte Varnhagen sowohl thematisch als auch methodisch, indem er eine vorwiegend politik- und diplo-

---

93 GUIMARÃES, Lucia Maria Paschoal, Debaixo da imediata proteção de Sua Majestade Imperial: o Instituto Histórico e Geográfico Brasileiro, São Paulo 1994; CALLARI, Cláudia Regina, Os Institutos Históricos: do Patronato de D. Pedro II à construção do Tiradentes, in: RBH 21/40, 2001, S. 59–83.
94 VARNHAGEN, História Geral do Brasil, Bd. 5, S. 34 [zuerst: 1854].
95 COSTA, A independência na historiografia brasileira, S. 59.
96 LIMA, Manuel de Oliveira, D. João VI no Brasil, Rio de Janeiro 2006 [zuerst: 1908].
97 Ebd., S. 21. Vgl. auch TAVARES, Marcelo dos Reis, Oliveira Lima e a fundação da nacionalidade brasileira por Dom João VI, Franca, SP 2003.

matiegeschichtlich orientierte Perspektive einnahm.[98] Der Autor verfolgte das Ziel, den in der portugiesischen Historiographie in schlechtem Lichte dargestellten Prinzregenten zu „rehabilitieren". Dabei stellte Oliveira Lima die Staatsform der Monarchie, die er der Republik vorzog, positiv dar. Demnach war die Monarchie Joãos eine „gekrönte Demokratie".[99] Bei der Bewertung des Hoftransfers ist sein Urteil eindeutig: Eher solle man von einer „intelligenten und glücklichen Überführung (*trasladação*)" sprechen als von einem „feigen Desertieren".[100] Die „Überführung" des Hofes habe für Brasilien „außerordentliche Vorteile" politischer und ökonomischer Art gebracht.[101] Revolutionäre Brüche tauchen in der Königs-Biographie nicht auf, es überwiegt die Betonung der Kontinuität. Oliveira Lima konzipierte die Unabhängigkeit Brasiliens als wohl überlegten, geplanten Vorgang.

Auf der anderen Seite des Atlantiks, in Portugal, fielen die Geschichten über die Regierungszeit Joãos seit jeher negativ aus – sie standen zunächst im Zeichen des Krieges. Der Politiker, Richter und Historiker José Acúrsio das Neves (1766–1834) verfasste 1810/11 eine patriotisch exaltierte und polemisierende „Geschichte über die französischen Invasionen bis zur Restauration des Reiches".[102] In den 1830er-Jahren, in Zeiten des Kampfes zwischen Monarchisten und Republikanern, erschienen einige historische Werke über die Regierungszeit Joãos. Der Kleriker José Liberato Freire de Carvalho lehnte die Herrschaftsweise Marias I und Joãos dezidiert ab. Schon im Titel seines Werkes bekennt er sich zum Konstitutionalismus und prangert den britischen (militärischen und politischen) Einfluss an, den er als Grund für die „Dekadenz" Portugals ansah. Speziell die Regierungszeit Joãos, die in Portugal von Krieg, Invasion und der Flucht des Hofes nach Brasilien geprägt waren, schneidet in der Bewertung schlecht ab. Erst die Liberale Revolution von 1820 habe demnach zur „Regeneration" des Königreiches geführt.[103] Das Werk Carvalhos wurde

---

98 STEIN, Stanley J., The Historiography of Brazil 1808–1889, in: HAHR 40/2, 1960, S. 234–278, S. 236f.; MACHADO, José Pedro, O elogio de Francisco Adolfo Varnhagen por Oliveira Lima, in: Revista de Portugal Ser. A 29/222, 1964, 121–156.
99 LIMA, Manuel de Oliveira, O movimento de Independência 1821/1822, São Paulo 1922, S. 103.
100 LIMA, D. João VI no Brasil, S. 43. Vgl. auch COSTA MIRANDA, Manuel de Oliveira Lima: o „seu" D, João VI, S. 21; LEMOS, Esther de, Sobre o D. João VI de Oliveira Lima, in: Panorama 4/2, 1962, S. 11–17.
101 LIMA, D. João VI no Brasil, S. 465.
102 NEVES, José Acúrsio das, História geral da invasão dos franceses em Portugal, e da restauração d'este reino, Lissabon: Officina de Simão Thaddeo Ferreira, 1810–1811.
103 CARVALHO, José Liberato Freire de, Ensaio histórico-político sobre a Constituição e o Governo do Reino de Portugal; onde se mostra ser aquele reino, desde a sua origem, uma Monarquia Representativa, e que o Absolutismo, a superstição, e a influência da

zum Vorbild für andere Historiographen: Portugiesische Republikaner stellten in ihren Darstellungen den Absolutismus, den Ultramontanismus, den britischen Einfluss und die gesamte Bragança-Dynastie einschließlich João an den Pranger.[104] Teófilo Braga (1843–1924), ein vom Positivismus Auguste Comtes geprägter Jurist, Literaturwissenschaftler und zweimaliger Staatspräsident Portugals (1910–1911 und 1915), ging so weit, João aufgrund seiner Flucht nach Amerika einen „Vaterlandsverräter" (*traidor da Pátria*) zu nennen.[105] Wie dieser Ausdruck belegt, imaginierte Braga ex post zwei getrennte Nationen und Nationalstaaten, auch wenn diese bei Joãos „Flucht" nicht existierten.

Joaquim Pedro de Oliveira Martins (1854–1894), einer der bedeutendsten portugiesischen Historiker und Intellektuellen des 19. Jahrhunderts mit deutlich sozialistischer Tendenz, verfluchte die gesamte Bragança-Dynastie und zeichnete in seiner „Geschichte Portugals" (1880) ein karikatureskes Bild des Monarchen. Er erscheint als unförmiger, schmutziger Tölpel, der sich permanent gebratene Hähnchenschenkel in den Mund stopft, ein Bild, dass heute noch in vielen (brasilianischen) Filmen und TV-Serien perpetuiert wird.[106] Was die Bedeutung des Hoftransfers angeht, den er als von den Briten gewollt und herbeigeführt sah, schloss sich Oliveira Martins der brasilianischen These an, indem er ihn als maßgeblichen Schritt in Richtung Unabhängigkeit beschrieb.[107]

Insgesamt folgte die portugiesische Historiographie des 20. Jahrhunderts weitgehend der Interpretation des Oliveira Martins, wenn auch die harschen, satirischen Kritiken am Monarchen im Laufe der Zeit nachließen. Besondere Beachtung verdienen die Werke der beiden „Spezialisten der großen historischen Spannbreite",[108] Antonio Henrique de Oliveira Marques (1933–2007) und Joel Serrão (1919–2008). Ersterer kritisierte, dass die portugiesische Krone „vergaß", dass die „Zeit der Anomalie" mit dem Wiener Kongress (1815) vorbei und Portugal noch immer die „rechtmäßige Metropole" war. Aus diesem

---

Inglaterra são as causas da sua atual decadência, Paris: Casa de Hector Bossange 1830. Vgl. auch GUIMARÃES, A Historiografia e a Transferência da Corte portuguesa, S. 20.

104 CATROGA, Fernando, Positivistas e republicanos, in: Luís Reis TORGAL/José Maria Amado MENDES/Fernando de Almeida CATROGA, Historia da história em Portugal sécs. XIX e XX, Bd. 1: A história através da história, Lissabon 1998, S. 101–136, S. 126f.

105 GUIMARÃES, A historiografia e a transferência da Corte portuguesa, S. 21.

106 OLIVEIRA MARTINS, História de Portugal, Lissabon: Antonio Maria Pereira 1880, S. 260f. Zur modernen Variante des hähnchenvertilgenden João vgl. zum Beispiel CAMURATI, Carla (Regie), Carlota Joaquina, Princeza do Brazil, 35mm, 100 Min., Farbe, Brasilien 1995.

107 OLIVEIRA MARTINS, Joaquim Pedro, O Brasil e as colônias portuguesas, Lissabon 1880, S. 105f.

108 GUIMARÃES, A Historiografia e a transferência da Corte portuguesa, S. 23.

Grund erlitten Handel, Gewerbe und Finanzen Portugals in joaninischer Zeit großen Schaden, während die nun in Brasilien ansässige Regierung keine Mühe scheute, die Kolonie in die Kategorie eines „großen Imperiums" zu erheben. Innerhalb von kurzer Zeit sei „seltsamerweise" der Hof brasilianisch und nicht mehr portugiesisch gewesen.[109] Auch Oliveira Marques, der als einer der bedeutendsten portugiesischen Historiker gilt, vertrat die (brasilianische) Ansicht, dass die Verlegung des portugiesischen Regierungssitzes von Lissabon nach Rio zur „endgültigen Entstehung eines neuen Staates" geführt habe, der auf seine „Einheit als Nation pochte und politische Reife bewies".[110] Die These, dass die Monarchie den Impuls der Unabhängigkeit gebracht und zudem eine einigende Kraft auf Brasilien entfaltet habe, war somit auf beiden Seiten des Atlantiks fest in der Historiographie verankert.[111] Joel Serrão propagierte in seinem umfangreichen „Wörterbuch der Geschichte Portugals" (1963–1971) eine ähnliche Sichtweise: Während in Portugal der Krieg andauerte und die ökonomischen Aktivitäten drastisch abnahmen, marschierte Brasilien durch die „indirekte Stärke", die ihm die Präsenz des Königshofs verlieh, mit „großen Schritten" in Richtung Unabhängigkeit. Zwar stellte Serrão in einer biographischen Darstellung die Stärken des Monarchen João heraus, machte ihn jedoch gleichzeitig für die „unheilvollen Zeiten" in Portugal verantwortlich.[112] Es ist offensichtlich, dass Marques und Serrão dem Phänomen der imperialen Einheit zwischen 1808 und 1822 keine große Beachtung schenkten.

Dass die Episode des Hoftransfers in der Geschichtsschreibung im 20. Jahrhundert über mehrere Dekaden relativ geringe Beachtung fand, ist dem starken Einfluss der marxistischen Historiographie seit den 1930er-Jahren geschuldet: Politik- und Ereignisgeschichte wurden zugunsten der strukturellen Wirtschafts- und Sozialgeschichte vernachlässigt.[113] Gleichzeitig kam es

---

109 MARQUES, A. H. de Oliveira, História de Portugal desde os tempos mais antigos até o governo de Sr. Pinheiro de Azevedo, Bd. 1, Lissabon ⁸1978, S. 615f.
110 MARQUES, A. H. de Oliveira, Geschichte Portugals und des portugiesischen Weltreiches, Stuttgart 2001, S. 358. Über die bedeutendsten Werke Oliveira Marques' siehe FALCÓN, Francisco J. C./Marcus Alexandre MOTTA, Historiografia Portuguesa contemporânea, in: Jurandir MALERBA/Carlos Aguirre ROJAS, Historiografia contemporânea em perspectiva crítica, Bauru 2007, S. 187–257, S. 196–198.
111 Erst in allerjüngster Zeit gab es zu diesen Kausalitäten wieder kritische Stimmen, vgl. MELLO, José Octávio de Arruda, D. João VI no Brasil: mitos e revisões na independência, in: RIHGB 161/407, 2000, S. 173–186.
112 SERRÃO, Joel, D. João VI, in: DERS. (Hrsg.), Dicionário de História de Portugal, Porto 1985, S. 402f. Über die bedeutendsten Werke Joel Serrãos siehe FALCON/MOTTA, Historiografia Portuguesa contemporânea, S. 195f.
113 Für einen Überblick über die (frühe) marxistische Historiographie in Lateinamerika siehe VILABOY, Sergio Guerra, Os fundadores da historiografia marxista na América

zu einer Verschiebung des *Ortes* der historiographischen Produktion von den Historisch-Geographischen Instituten in die Universitäten.[114]

Caio Prado Júnior (1907–1990), der an der 1934 gegründeten Universidade de São Paulo (USP) lehrte, prägte die Geschichtsschreibung nachhaltig. Mit seinem Werk „Politische Entwicklung Brasiliens – eine materialistische Interpretation der Geschichte",[115] in dem er die politische Entwicklung Brasiliens von der Kolonialzeit bis zum Ende des Kaiserreichs (1889) beschrieb, legte er 1933 eines der ersten marxistischen Geschichtswerke Lateinamerikas vor, das nachfolgenden Historikergenerationen als eine Art Bibel diente.[116] Die Unabhängigkeit Brasiliens erscheint darin als das Ergebnis des ökonomischen Gegensatzes zwischen den brasilianischen Großgrundbesitzern und portugiesischen Merkantilisten („Bourgeoisie").[117] Die politischen Ereignisse einschließlich Hoftransfer und Unabhängigkeit werden relativ knapp in einem Kapitel mit dem Titel „Die Revolution" behandelt, wobei vor allem der britische Einfluss auf die portugiesische Politik herausgestellt wird.

Auch Celso Furtados (1920–2004) von der Dependenztheorie beeinflussten Werke waren außerordentlich wirkungsmächtig.[118] Seine *Formação Econômica do Brasil* (1959) erschien 2007 in der 34. Auflage. Mehr noch als Caio Prado Júnior, der die (Klassen-)Kämpfe innerhalb des luso-brasilianischen Reiches hervorhob, betonte Celso Furtado, der von 1949 bis 1957 Vorsitzender der *Divisão de Desenvolvimento da CEPAL* (UN) war, den internationalen Kontext und die historisch gewachsene Abhängigkeit Brasiliens von Großbritannien.[119] Den Hoftransfer brachte Furtado in Zusammenhang mit einem leichten Aufschwung der brasilianischen Wirtschaft in einer langen Phase der Stagnation (Mitte des 18. bis etwa Mitte des 19. Jahrhunderts).

Latina, in: Jurandir MALERBA/Carlos Aguirre ROJAS (Hrsg.), Historiografia contemporânea em perspectiva crítica, S. 315–349.
114 COSTA, A independência na historiografia brasileira, S. 74.
115 PRADO JÚNIOR, Caio, Evolução Política do Brasil – Ensaio de Interpretação Materialista da História, São Paulo 1933. Das Werk erschien später unter anderem Namen: PRADO JÚNIOR, Caio, Evolução política do Brasil e outros estudos, São Paulo ⁷1971.
116 GRAHAM, Richard, Construindo uma nação no Brasil do século XIX: visões novas e antigas sobre classe, cultura e Estado, in: Diálogos: revista do Departamento de História da Univ. Estadual de Maringá 5/1, 2001, S. 11–47, S. 23. Vgl. auch COSTA, A independência na historiografia brasileira, S. 76–81.
117 PRADO JÚNIOR, Evolução política do Brasil, S. 35ff.
118 FURTADO, Celso, Uma economia dependente, Rio de Janeiro 1956; FURTADO, Celso, Formação econômica do Brasil, São Paulo 1959. Siehe auch: OLIVEIRA, Francisco de, Celso Furtado. Formação econômica do Brasil, in: Lourenço Dantas MOTA (Hrsg.), Introdução ao Brasil. Um banquete no trópico, São Paulo 1999, S. 315–334.
119 Vgl. COSTA, A independência na historiografia brasileira, S. 81–83.

Das den meisten Werken der 1960er- und 1970er-Jahre zugrunde liegende Credo war, dass die Geschichte Brasiliens bzw. des portugiesischen Imperiums nur unter Berücksichtigung der internationalen ökonomischen Strukturen und der äußeren Abhängigkeiten erklärt werden könne. Das Ereignis des Hoftransfers diente meist dazu, größere soziale und ökonomische Strukturen offen zu legen. Entsprechend wurden auch in brasilianischen Schulbüchern die außenpolitischen Konstellationen stark hervorgehoben, die zum Transfer des Hofes führten, vor allem die Abhängigkeit der portugiesischen Politik und Wirtschaft von Großbritannien.[120]

Auch wenn während der Konjunktur der Strukturgeschichte die Ereignisgeschichte generell zurücktrat, wurden die brasilianische Unabhängigkeit und damit auch der Hoftransfer zu den einschlägigen Jubiläen thematisiert. Beim 150. Jubiläum der Unabhängigkeit erschienen einige Sammelbände,[121] in denen drei Tendenzen deutlich hervortreten: Erstens wurde die brasilianische Unabhängigkeit verstärkt in den sozialen und ökonomischen Kontext der lateinamerikanischen Unabhängigkeitsbewegungen gesetzt, zweitens gewannen gesellschaftliche Gruppen, die nicht den Eliten angehörten, an Bedeutung, drittens wurden regionale Differenzen im Prozess der Unabhängigkeit betont. In dem von Carlos Guilherme Mota und Fernando A. Novais herausgegebenen Band *1822: dimensões* (1972)[122] ist der sowohl meistzitierte als auch für das Thema des Hoftransfers bedeutendste Aufsatz derjenige von Maria Odila Silva Dias zur „Verinnerlichung der Metropole" (*A Interiorização da Metrópole [1808–1853]*). Die Autorin überwand darin die vereinfachenden Dichotomien, die in der Historiographie zwischen Großgrundbesitzern und Händlern sowie zwischen Europaportugiesen und „Brasilianern" etabliert worden waren. In ihrer Darstellung hatten Merkantilisten, denen sie ein großes politisches Gewicht zuschreibt, enge, auch familiäre Beziehungen zu den *Senhores da terra*, und es gab zudem seit dem ausgehenden 18. Jahrhundert Kooperationen zwischen Portugiesen aus Europa und jenen, die in Brasilien ansässig waren. Zugleich etablierte sie die bedeutende These, dass die Übersiedlung

---

120 FREIRE, Américo, O Tema da transferência da Corte portuguesa nos livros didáticos: notas de pesquisa, in: RIHGB 168/436, 2007, S. 29–43, S. 35.
121 RUSSELL-WOOD, A. J. R. (Hrsg.), From Colony to Nation: Essays on the Independence of Brazil, Baltimore 1975; MOTA, Carlos Guilherme (Hrsg.), 1822: Dimensões, São Paulo 1972; MAXWELL, Kenneth, Conflicts and conspiracies: Brazil and Portugal, 1750–1808, Cambridge 1973. Zur Bewertung dieser Sammelbände siehe SECKINGER, Ron L., Interpreting Brazilian Independence, in: LARR 12/1, 1977, S. 228–231.
122 Ausführliche Besprechungen des Sammelbandes finden sich bei: MALERBA, Ponderações teóricas, S. 102–105; COSTA, A independência na historiografia brasileira, S. 89–98.

des Hofes Teil eines Prozesses war, der bereits im 18. Jahrhundert begonnen hatte.[123] Der Transfer des Königshofes nach Brasilien, die „Verinnerlichung der Metropole", entsprach demnach den Interessen der in der brasilianischen Region Mitte-Süd (*Centro-Sul*)[124] ansässigen Eliten, die den Plan Rodrigo de Sousa Coutinhos, von Brasilien aus ein „neues mächtiges Imperium" aufzubauen, zu ihrem eigenen machten. Die Nationsbildung sieht Silva in engem Zusammenhang mit dem Prozess dieser „Verinnerlichung": Der imperiale Staat (Brasilien) und die nationale Einheit, die zur Zeit der Unabhängigkeit noch keine Realität darstellten,[125] konsolidierten in den 1840er- und 1850er-Jahren *in* Rio und *von* Rio *aus*. Die Eliten der anderen Provinzen verfügten demnach nicht über die Mittel, ein nationales Projekt zu entwickeln, und lehnten sich letztlich an den Königshof und die Kraft des Staates, die sich im *Centro-Sul* formiert hatte, an.[126]

Obschon die 1960er-Jahre ein „goldenes Zeitalter" ausländischer Brasilianisten waren, beschäftigten sich nur relativ wenige nicht-portugiesischsprachige Autoren mit der joaninischen Periode und/oder mit der Unabhängigkeit.[127] Unter ihnen sind Briten aufgrund der traditionell engen politischen und wirtschaftlichen Verbindung zahlenmäßig stark vertreten. Der Aufsatz von Alan K. Manchester, *The Transfer of the Portuguese Court to Brazil* von 1969, in dem er die Vorbereitungen für und die Verhandlungen um den Transfer sowie die Etablierung des Regierungsapparates in Rio de Janeiro beschreibt, ist ein noch immer viel zitierter Text.[128] Der Brite Leslie Bethell fasste 1987 die (brasilianische) Forschung zur Unabhängigkeit Brasiliens in seinem Kollektivband zu den lateinamerikanischen Unabhängigkeitsbewegungen zusammen.[129] Der Transfer, der Rio de Janeiro „über Nacht" in die Hauptstadt eines bis Goa und Macau reichenden Imperiums machte, war demnach ein „intelligentes" und „sorgsam geplantes politisches Manöver". Bethell konstatierte zudem, dass moderne brasilianische Historiker die

---

123 DIAS, Maria Odila da Silva, A interiorização da metrópole (1808–1853), in: Carlos Guilherme MOTA (Hrsg.), 1822: Dimensões, São Paulo 1972, S. 160–184, S. 177f.
124 Mit „Mitte-Süd" sind die Provinzen (Kapitanien) Rio de Janeiro, São Paulo und Minas Gerais gemeint.
125 DIAS, Interiorização da Metrópole, S. 161.
126 COSTA, A Independência na historiografia Brasileira, S. 98.
127 KRAAY, A Independência do Brasil (1780–1850) na historiografia européia e norte-americana, S. 132.
128 MANCHESTER, Alan K., The Transfer of the Portuguese Court to Brazil, in: Henry H. KEITH/S. F. EDWARDS (Hrsg.), Conflict and Continuity in Brazilian Society, Columbia 1969, S. 148–190.
129 BETHELL, Leslie, The independence of Brazil, in: DERS., The independence of Latin America, Cambridge/New York/Melbourne 1987, S. 155–194.

„Metropolisierung" der Kolonie betont hätten und dass Brasilien nach der dortigen Etablierung der Regierung tatsächlich keine Kolonie im engeren Wortsinne mehr gewesen sei, aber auch noch kein unabhängiger Staat. Insgesamt sei der Transfer des portugiesischen Hofes ein wichtiger Schritt in die Unabhängigkeit gewesen, da der *status quo ante* nicht mehr herzustellen gewesen sei.[130] Das Experiment einer dualen luso-brasilianischen Monarchie mit ihrem Zentrum in Südamerika scheiterte Bethell zufolge an den unüberwindbaren Konflikten zwischen Brasilianern und Portugiesen und der Unfähigkeit Joãos, sich vollständig Brasilien zuzuwenden (*"João was unable to commit himself wholly to Brazil"*).[131]

Als die Dependenztheorie in Lateinamerika an Einfluss verlor, kam es zu einer Abkehr von makroökonomischen Interpretationen der brasilianischen Geschichte.[132] Seitdem sind deutlich weniger erklärende Interpretationen erschienen, die etwa auf die Frage antworten, *warum* João samt seinem gesamten Hof in die Neue Welt übersiedelte oder *warum* Brasilien unabhängig wurde. In den vergangenen drei Dekaden, also nach dem *cultural turn* der 1980er-Jahre, entstand Jurandir Malerba zufolge in Brasilien eine „wahre Manie" für die Kulturgeschichte.[133] Dies ist evident in Monographien und Aufsätzen über die joaninische Periode, die unter anderem die öffentliche Gesundheit in Rio de Janeiro, die Gründung des Botanischen Gartens, die Festivitäten anlässlich der Akklamation des Monarchen zum König (1818), die Musik sowie Kunst und Kultur, etwa die „französische kulturelle Mission" (1816), behandeln.[134] Entsprechend stehen fragmentierte Geschichten, Alltags- und Mikrogeschichten hoch im Kurs, was sich im Hinblick auf den Hoftransfer und die joanini-

---

130 BETHELL, Independence of Brazil, S. 167–169.
131 Ebd., S. 174.
132 FRAGOSO, João, Para que serve a história econômica? Notas sobre a história da exclusão social no Brasil, in: Estudos Históricos 29, 2002, S. 3–28, S. 4. Vgl. auch FRAGOSO, João/Manolo FLORENTINO, História Econômica, in: Ciro CARDOSO/Ronaldo VAINFAS (Hrsg.), Domínios da História, Rio de Janeiro 1997, S. 27–43.
133 CARVALHO, D. João e as histórias dos Brasis, S. 568.
134 SILVA, Manoel Vieira da/Domingos Riveiro dos Guimarães PEIXOTO (Hrsg.), A Saúde Pública no Rio de Janeiro, Rio de Janeiro 2008; NEPOMUCENO, Rosa, O Jardim de D. João, Rio de Janeiro 2008; HERMANN, Jacqueline, The King of America. Notes on the Late Acclamation of D. João VI in Brazil, in: Topoi 3, 2007, S. 1–26; MARIZ, Vasco, A música no Rio de Janeiro no tempo de D. João VI, Rio de Janeiro 2008; CARDOSO, André, A música na corte de D. João VI. 1808-1821, São Paulo 2008; SCHWARCZ, Lília Moritz, O sol do Brasil: Nicolas-Antoine Taunay e as desventuras dos artistas franceses na corte de D. João, São Paulo 2008.

sche Zeit in zahlreichen Analysen der Einzelaspekte des sozialen und kulturellen Lebens ausdrückt.[135]

Anhand der Werke zweier Historikerinnen, die sich ausgiebig mit der joaninischen Zeit beschäftigt haben, Maria Beatriz Nizza da Silva und Leila Algranti Mezan, lässt sich jedoch zeigen, dass Sozial-, Kultur- und Politikgeschichte in Brasilien eng miteinander verzahnt sind. Maria Beatriz Nizza da Silva verfasste 1975 eine „klassische" sozialgeschichtliche Analyse zur Gesellschaftsstruktur in Rio de Janeiro in der Zeit zwischen 1808 und 1821.[136] Parallel dazu wandte sie sich der Geschichte der Vergemeinschaftung (*sociabilidade*) zu, indem sie die Zirkulation von Büchern, die Zensurpraxis und das Leseverhalten in der joaninischen Gesellschaft untersuchte, kurz: die Kulturgeschichte des Lesens erforschte.[137] Die Praktiken der Polizei in Rio de Janeiro beleuchtete sie Mitte der 1980er-Jahre, wobei sie die Dokumente der Polizeiintendanz für eine Alltagsgeschichte (*história privada*; „Privatgeschichte")[138] nutzbar machte. Auch Kulturinstitutionen und wissenschaftliche Akademien waren Objekte ihrer historischen Studien.[139] Großes Gewicht innerhalb ihrer Forschung hat die politische Kultur in der Zeit der Unabhängigkeit, die sie

---

135 BICALHO, História moderna e historiografia do Brasil, S. 83; LIMA, D. João VI no Brasil; MELLO, D. João VI no Brasil: mitos e revisões na independência. Im Jahr 2000 fand anlässlich der 500-Jahrfeier der „Entdeckung" Brasiliens ein Kongress im brasilianischen Nationalmuseum in Rio de Janeiro statt; der zugehörige Sammelband „D. João VI, ein in Brasilien akklamierter König" thematisiert die neu etablierten kulturellen und wissenschaftlichen Institutionen, die Festivitäten und die symbolische Repräsentation der königlichen Herrschaft und die Rolle der Frau in joaninischer Zeit. Es gibt unter den 30 Beiträgen nur wenige, die *stricto sensu* sozial- oder politikgeschichtlich orientiert sind, TOSTES/BITTENCOURT (Hrsg.), D. João VI.
136 SILVA, Maria Beatriz Nizza da, Análise de estratificação social. O Rio de Janeiro de 1808 a 1821, São Paulo 1975.
137 SILVA, Maria Beatriz Nizza da, Livro e sociedade no Rio de Janeiro (1808–1821), in: Revista de História (São Paulo) 24/46, 1973, S. 441–457; DIES., Produção, distribuição e consumo de livros e folhetos no Brasil colonial, in: RIHGB 314, 1977, S. 78–94; DIES., Cultura e sociedade no Rio de Janeiro (1808–1821), Brasília/São Paulo 1977; DIES., Cultura no Brasil colônia, Petrópolis 1981; SILVA, Maria Beatriz Nizza da, O comércio de livros de Portugal para o Brasil e a censura, in: RIHGB 164/419, 2003, S. 195–211; DIES., A Gazeta do Rio de Janeiro (1808–1822): Cultura e Sociedade, Rio de Janeiro 2007.
138 SILVA, Maria Beatriz Nizza da, A Intendência-Geral da Polícia: 1808–1821, in: Acervo 1/2, 1986, S. 187–204; DIES., Vida privada e quotidiano no Brasil: na época de D. Maria I. e D. João VI., Lissabon 1993.
139 SILVA, Maria Beatriz Nizza da, O papel das academias no Brasil colonial, in: Revista da Sociedade Brasileira de Pesquisa Histórica 1, 1983, S. 1–16. DIES., O pensamento científico no Brasil na segunda metade do século XVIII, in: Ciência e cultura 40/9, 1988, S. 859–868.

anhand von Zeitungen und politischen Pamphleten untersuchte.[140] In ihren Schriften betont sie an vielen Stellen die Bedeutung der ausländischen Elemente für die Kultur Brasiliens und insbesondere Rio de Janeiros.[141] Auch Leila Mezan Algranti hat sich intensiv der Geschichte der joaninischen Zeit in Rio de Janeiro bzw. in den Provinzen Rio de Janeiro, Minas Gerais und São Paulo gewidmet, wobei die von ihr gewählten Themen ähnliche sind: Sie beleuchtet die Praktiken der Polizei,[142] das Problem der Sklaverei[143] und die Zensurpraktiken.[144] Ihre Biographie über João (1987) weist schon im Titel („D. João VI. Die Hintergründe der Unabhängigkeit") darauf hin, dass sie seine Anwesenheit mit der Unabhängigkeit Brasiliens in Verbindung bringt.[145] Die Arbeiten der beiden Historikerinnen zeugen von einem deutlichen Trend: Wenn die „alte" Politikgeschichte in den letzten drei Dekaden auf die Bühne der Historiographie trat, dann häufig in einem kulturellen Gewand.[146]

Für die historiographische Produktion in Portugal gilt, dass vergleichsweise wenige Interpretationen vorliegen, die speziell den Hoftransfer und/ oder die Zeit zwischen 1807 und 1822 thematisieren. Pimenta bringt die brasilianische und portugiesische Geschichtsschreibung auf die Formel, dass

---

140 Silva, Maria Beatriz Nizza da, Formas de representação política na época da independência 1820–1823, Brasília 1988; Dies., Liberalismo e separatismo no Brasil (1821–1823), in: Cultura, história e filosofia 5, 1986, S. 155–177. Dies., Movimento constitucional e separatismo no Brasil (1821–1823); Dies., D. João no Brasil, in: Ana Maria Rodrigues/Joaquim Soeiro de Brito (Hrsg.), D. João e o seu Tempo, Lissabon 1999, S. 374–391.
141 Silva, Maria Beatriz Nizza da, Fazer a América. Franceses no Brasil (1815–1822), in: Revista de ciências históricas 10, 1995, S. 299–316.
142 Algranti, Leila Mezan, Os registros da polícia e seu aproveitamento para a história do Rio de Janeiro: Escravos e libertos, in: Revista de história 119, 1985–1988, S. 115–125; Dies., Slave crimes: The Use of Police Power to Control the Slave Population of Rio de Janeiro, in: Luso-Brazilian Review 25/1, 1988, S. 27–48.
143 Algranti, Leila Mezan, O feitor ausente. Estudo sobre a escravidão urbana no Rio de Janeiro, Petrópolis 1988.
144 Algranti, Leila Mezan, Os Bastidores da Censura na Corte de D. João. As disputas por honra e prestígio no exercício do poder, in: Tostes/Bittencourt (Hrsg.), D. João VI, S. 82–93; Dies., Livros de devoção, atos de censura. Ensaios de história do livro e da leitura na América portuguesa (1750–1821), São Paulo 2004.
145 Algranti, Leila Mezan, D. João VI. Os bastidores da Independência, São Paulo 1987.
146 Falcon, Francisco José Calazans, Teoria e história da historiografia contemporânea, in: José Jobson de Andrade Arruda/Luís Adão da Fonseca (Hrsg.), Brasil-Portugal: história, agenda para o milênio, Bauru/São Paulo 2001, S. 583–613, S. 591. Vgl. auch Ferreira, Marita de Moraes, A Nova „Velha História": O Retorno da História Política, in: Estudos Históricos (Rio de Janeiro) 5/10, 1992, S. 265–271.

die brasilianische eher das Ereignis der Unabhängigkeit fokussiere, während die portugiesische Gewicht auf die politische Bewegung des Liberalismus lege.[147] Tatsächlich thematisieren von jenen Werken, die sich mit der portugiesischen Kolonialgeschichte beschäftigen, nur wenige speziell die joaninische Zeit oder die brasilianische Unabhängigkeit.[148] Es existieren indes einige Studien über die portugiesische (Imperial-)Geschichte des späten 18. und frühen 19. Jahrhunderts. Hervorgehoben werden muss Valentim Alexandres Dissertation über die „Bedeutungen des Imperiums", namentlich die „imperiale und nationale Frage" in der Zeit zwischen 1796 und 1831.[149] Er vereinte auf 750 Seiten ereignis-, diplomatie- und wirtschaftsgeschichtliche Ansätze. Seine detaillierte, quellengesättigte und sowohl in Portugal als auch in Brasilien weithin rezipierte Studie ist auch für den Bereich der Kulturgeschichte relevant, da er an vielen Stellen auf Basis von Zeitungen und Pamphleten die öffentliche Meinung berücksichtigt, mithin Aspekte der (nationalen) Identitätsbildung in seine Analysen einbezieht. Ana Isabel Canas Delgado Martins hat 2007 eine an der University of London als Dissertation angenommene, mittlerweile aus dem Englischen ins Portugiesische übersetzte Studie vorgelegt, für die sie Quellen aus mehreren Archiven herangezogen hat, vor allem aus dem portugiesischen Nationalarchiv, dem portugiesischen Überseearchiv und dem Archiv des *Foreign Office* in London. Der Fokus ihrer archivkundlichen Arbeit liegt auf der Produktion und Archivierung sowie der transatlantischen Zirkulation von Regierungsdokumenten in der Zeit zwischen 1808 und 1822, berücksichtigt dabei auch relevante politische, diplomatische und insbesondere institutionsgeschichtliche Prozesse.[150]

---

147 PIMENTA, João Paulo G., A Independência do Brasil e o Liberalismo português: um balanço da produção acadêmica, in: Revista de Historia Iberoamericana 1, 2008, S. 66–103, S. 67. Einen Überblick über die neuere Liberalismusforschung in Portugal bietet: HESPANHA, António Manuel, An Introduction to 19th century Portuguese Constitutional and State History, in: e-JPH 2/2, 2004, S. 1–38.
148 CASTRO, A Independência do Brasil na historiografia portuguesa, S. 179. Eine Ausnahme stellt dar: MARTINS, Manuel Gonçalves, A Independência do Brasil (motivos), Braga 1988, S. 41–47.
149 ALEXANDRE, Valentim, Os Sentidos do Império. Questão Nacional e Questão Colonial na Crise do Antigo Regime, Porto 1993.
150 MARTINS, Ana Isabel Canas Delgado, The Archives of the Portuguese Government During the Residency of the Court in Brazil, 1808–1822, Dissertationsschrift University of London 2004; DIES., Governação e Arquivos: D. João VI no Brasil, Lissabon 2007.

Zum 200. Jubiläum des Hoftransfers erschienen in den Jahren 2007 und 2008 zahlreiche wissenschaftliche Abhandlungen und Quellenbände.[151] In einer Ausgabe der renommierten Zeitschrift des *Instituto Histórico Geográfico Brasileiro* erschienen 15 Aufsätze zu Ökonomie, Politik, Verwaltung und Kultur in joaninischer Zeit, von denen jedoch nur ein einziger beide Seiten des Atlantiks beleuchtet, wobei hier keine Archivquellen herangezogen werden.[152] Dies ist ein Indiz dafür, dass die historiographische Produktion auch heute weitgehend national(-staatlich) ausgerichtet ist.

In einem Land wie Brasilien, das über enorme geographische Ausmaße und extreme regionale Differenzen verfügt, erschien ein Phänomen stets als besonders erklärungsbedürftig: die territoriale Einheit, die in starkem Kontrast zur „Balkanisierung" der hispanoamerikanischen Gebiete im 19. Jahrhundert steht. Das „Wunder der Kohäsion"[153] wird noch immer kontrovers debattiert.[154] In der Forschung unstrittig ist, dass sich die portugiesische Krone zugunsten der Einheit der unterschiedlichen Teile des Reiches seit jeher auf eine Politik des Günste-Tauschs (*política de mercês*) mit den lokalen Eliten, insbesondere mit den Überseehändlern verließ.[155] João machte sich nach seiner Ankunft unverzüglich daran, die Eliten in Rio de Janeiro in sein Regie-

---

151 AZEVEDO, Francisca L. Nogueira de, Carlota Joaquina. Cartas inéditas, Rio de Janeiro 2007; BANDEIRA, Júlio/Pedro Corrêa do LAGO, Debret e o Brasil: obra completa, Rio de Janeiro 2007; LAGO, Pedro Corrêa do, Taunay e o Brasil: obra completa, 1816–1821, Rio de Janeiro 2008.

152 MENEZES, Lená Medeiros de, Relações Internacionais: mudanças dos dois lados do Atlântico (1801–1821), in: RIHGB 168/436, 2007, S. 109–126. Die Regel, dass nur eine Seite bei der Analyse der joaninischen Zeit Beachtung findet, wird von folgenden Ausnahmen bestätigt: SOUZA, Pátria Coroada; ABREU, Márcia, Livros ao Mar – Circulação de obras de Belas Letras entre Lisboa e Rio de Janeiro, in: Tempo 24, 2008, S. 74–97; BARBOSA, Maria do Socorro Ferraz, Liberais constitucionalistas entre dois centros de poder: Rio de Janeiro e Lisboa, in: Tempo 24, 2008, S. 98–125.

153 ZOLLER, Rüdiger, Präsidenten – Diktatoren – Erlöser: Das lange 20. Jahrhundert, in: Walter L. BERNECKER/Horst PIETSCHMANN/Rüdiger ZOLLER, Eine kleine Geschichte Brasiliens, Frankfurt a. M. 2000, S. 213–319, S. 318.

154 Einen guten Überblick über die Forschung liefert GRAHAM, Construindo uma nação no Brasil do século XIX. Vgl. auch die Replik: SCHWARCZ, Lilia Moritz, Um Debate com Richard Graham ou „com Estado mas sem Nação: O modelo imperial Brasileiro de Fazer Política", in: Diálogos. Revista do Departamento de História da Universidade Estadual de Maringá 5/1, 2001, S. 53–74.

155 BICALHO, Dos „Estados nacionais" ao „sentido da colonização", S. 73f.; SILVA, Ana Rosa Cloclet da, Inventando a Nação. Intelectuais Ilustrados e Estadistas Luso-brasileiros na Crise do Antigo Regime Português: 1750–1822, São Paulo 2006, S. 212; NEVES, Lúcia Maria Bastos Pereira das/Humberto Fernandes MACHADO, O império do Brasil, Rio de Janeiro 1999, S. 45.

rungssystem zu integrieren,[156] und führte damit die aus der Zeit der Reconquista stammende „politische Ökonomie der Privilegien" (*economia política de privilégios*) fort bzw. baute diese erheblich aus.[157] So verteilte er während seines 13-jährigen Aufenthalts in Rio mehr Adelstitel, als in den anderthalb Jahrhunderten der Bragança-Dynastie zuvor vergeben wurden.[158] Diese inflationäre Verleihung von Titeln und Würden ist als Technik der Krone, die Eliten an sich zu binden, beschrieben worden. Die Verleihung von Würden und Auszeichnungen war nach Jurandir Malerba das „einzige Dispositiv", das dem Monarchen für die Erhaltung seiner Herrschaft zur Verfügung stand.[159]

Es ist ein Allgemeinplatz der modernen Geschichtswissenschaft, dass Staaten nicht bestehen können ohne die symbolische Konstruktion einer Gemeinschaft etwa mittels Riten und Feiern. Auch und gerade Imperien mussten auf eine affektive, nicht nur interessengeleitete Loyalität der Untertanen gegenüber der Krone setzen, wobei der Rückgriff auf symbolische Ressourcen konstitutiv war.[160] Der Zusammenhang von Repräsentationstechniken und politischem Raum ist in den letzten Jahrzehnten stark betont worden. Demnach wurde die Macht des portugiesischen Monarchen in der neuen Hauptstadt inszeniert und gefestigt in der religiösen Liturgie (Predigten), in Theaterstücken, Musikstücken, Feuerwerken, Märschen, Prozessionen, dem Ritual des *Beija-Mão*.[161] Solche Feierlichkeiten waren in Kolonialzeiten nicht unbekannt, doch Häufigkeit und Ausmaß der Zeremonien (anlässlich von Geburtstagen, Taufen und vor allem der Akklamation Joãos zum König am 6. Februar 1818) stiegen durch die Präsenz des Monarchen in bis dato ungeahnte Dimensionen.[162] Unübersehbar sind die in jüngerer Zeit publizierten kulturgeschichtlichen Arbeiten, die sich mit symbolischen Dimensionen des Imperiums befassen, auf

---

156 MALERBA, Jurandir, Instituições da monarquia portuguesa decisivas na fundação do Império brasileiro, in: Luso-Brazilian Review 36/1, 1999, S. 33–48.
157 FRAGOSO, João/Maria Fátima Silva GOUVÊA/Maria Fernanda Baptista BICALHO, Uma Leitura do Brasil Colonial. Bases da materialidade e da governabilidade no Império, in: Penélope 23, 2000, S. 67–88; MANCHESTER, Alan K., The Growth of Bureaucracy in Brazil, 1808–1821, in: JLAS 4/1, 1972, 77–83, S. 82.
158 SCHULTZ, Tropical Versailles, S. 83. SOUZA, D. João VI no Rio de Janeiro, S. 56. Zum portugiesischen Adel und seiner (transatlantischen) Mobilität siehe MONTEIRO, Nuno Gonçalo, Optima pars: Elites ibero-americanas do Antigo Regime, Lissabon 2005.
159 MALERBA, Jurandir, A Corte no Exílio: Civilização e Poder no Brasil às Vésperas da Independência (1808–1821), São Paulo 2000, S. 203 und S. 212.
160 OSTERHAMMEL, Jürgen, Die Verwandlung der Welt. Eine Geschichte des 19. Jahrhunderts, München 2009, S. 613 und S. 664.
161 SOUZA, Pátria Coroada, S. 36.
162 Ebd., S. 53.

Brasilien fokussiert und beziehen selten die portugiesische Seite ein. Es liegt in der Natur der Sache, dass sie die *konstitutiven* Elemente des Imperiums betonen, das heißt jene Praktiken, die den Staat stärkten.

Anknüpfend an diese Bestandaufnahme sollen im zweiten Hauptteil der vorliegenden Arbeit jene Ereignisse und Prozesse im Mittelpunkt stehen, die die monarchische Souveränität und damit die imperiale Einheit in joaninischer Zeit aus Sicht der staatlichen Autoritäten *gefährdeten*, mithin jene Momente, in denen das Imperium an die Grenzen seiner Macht stieß. Zunächst sollen jedoch im folgenden Hauptteil die beiden „Verkehrungen" der räumlichen Ordnung (1807/1808 und 1820–1822) im portugiesischen Imperium näher erläutert werden.

Teil I: Verkehrungen der räumlichen Ordnung

2. Aufbruch zu einer alten Raumordnung

Eines führt die Geschichte des portugiesischen Hoftransfers deutlich vor Augen: Nicht in jedem europäischen Kolonialreich war es jederzeit selbstverständlich, dass sich der Sitz der Regierung im Mutterland befinden musste. Wie aber konnte die Verlegung des politischen Zentrums in die Kolonie geschehen? Zweifellos wurde der Hoftransfer im November 1807 durch einen Impuls von „außen" ausgelöst, namentlich durch die heranmarschierenden napoleonischen Truppen.[1] Es würde jedoch zu kurz greifen, die napoleonische Invasion als einzigen erklärenden Faktor für den Übergang von einer räumlichen Ordnung zur anderen heranzuziehen. Für ein besseres Verständnis des Ereignisses werden die folgenden drei Kapitel die Voraussetzungen des Transfers sowie seine wichtigste unmittelbare Konsequenz beleuchten. Die Betrachtung der Vorgeschichte ist der allgemeinen – und insbesondere für die räumlich-geographische Ausprägung von Staaten geltenden – Erkenntnis geschuldet, dass das Neue in der Geschichte selten ex nihilo kommt, sondern meist tief mit der Vergangenheit verzahnt ist.[2] Erst mit Kenntnis der historischen Tiefe des Vorhabens, das in Kapitel 2.1. entwickelt wird, werden die konkreten Verhandlungen und die Umsetzung des Transfers verständlich, die Thema von Kapitel 2.2. sind. In Kapitel 2.3. soll jenes Ereignis analysiert werden, das für die neue räumliche Ordnung entscheidend war: die Öffnung der brasilianischen Häfen für den Freihandel, eine Maßnahme, die innerhalb kürzester Zeit einen veränderten Wirtschaftsraum schuf.

2.1 Utopie und Realität: historische Voraussetzungen des Transfers

Der Plan der politischen Eliten, die Hauptstadt des portugiesischen Reiches nach Amerika zu verlegen, kam nicht erst bei Anrücken der napoleonischen

---

1 OLIVEIRA, Luís Valente de, Apresentação, in: Luís Valente de OLIVEIRA/Rubens RICUPERO (Hrsg.), A Abertura dos Portos, São Paulo 2007, S. 8–14, S. 11.
2 SASSEN, Saskia, Das Paradox des Nationalen. Territorium, Autorität und Rechte im globalen Zeitalter, Frankfurt a. M. 2008, S. 22.

Armee auf – vielmehr durchzieht die Idee der *translatio regis* die portugiesische Geschichte der Frühen Neuzeit wie ein roter Faden.³ Wissenschaftler, die sich mit portugiesischer Kolonialgeschichte befassen, weisen üblicherweise darauf hin, dass die Vorstellungen eines Paradieses⁴ und die Utopie eines „großen, mächtigen Imperiums" (*vasto e poderoso império*)⁵ eine große Rolle beim Transfer des Königshofes spielten. Die folgenden Ausführungen sollen darlegen, inwieweit (vermeintlich) utopische Vorstellungen die Raumkonstruktion des portugiesischen Reiches prägten.

Seit der so genannten Zeit der Entdeckungen, in der portugiesischen Seefahrern eine Vorreiterrolle zukam, wurde die „Neue Welt" mit Größe und Reichtum in Verbindung gebracht. Die Umbenennung dessen, was später als amerikanischer Kontinent in Erscheinung trat, von ursprünglich „andere Welt" (*Outro Mundo*) in „Neue Welt" (*Novo Mundo*) deutet bereits auf ein dieser Welt zugeschriebenes Innovationspotenzial hin.⁶ Portugals politische Kultur war seit dem 14. Jahrhundert durch die Überzeugung geprägt, dass man, wollte man etwas gelten, die Grenze zum Meer überwinden musste.⁷ Der Mythos des „irdischen Paradieses" wurde nach der „Entdeckung" im Jahr 1500 auch auf Brasilien projiziert. Der Gigant in der Neuen Welt fungierte schon früh als Kompensation für das kleine, schwache Portugal. Auch wenn die portugiesische Krone anfangs an dem peripheren Randgebiet des Imperiums, das außer dem namensgebenden Brasilholz noch nicht viel zu bieten hatte (es gab nur geringe Mengen Gold und viele „wilde" Indianer), wenig interessiert war,⁸ nahm Brasilien Fernando Arenas zufolge schon früh einen „Platz der Superlative" in den politischen, ökonomischen und kulturellen Dis-

---

3 GÓMEZ, Julio Sánchez, El otro año 8, in: MARRONI DE ABREU (Hrsg.), Las invasiones napoleónicas y el mundo iberoamericano, Madrid et al. 2006, S. 105–121, S. 113f.; SARAIVA, José Hermano, História concisa de Portugal, Mem Martins 1993, S. 267; SILVA, Inventando a Nação, S. 191; GUIMARÃES, A Historiografia e a Transferência da Corte portuguesa, S. 18.
4 HOLANDA, Sérgio Buarque de, Visão do paraíso. Os motivos edênicos no descobrimento e colonização do Brasil, Rio de Janeiro ⁴1985.
5 LYRA, Maria de Lourdes Viana, A utopia do poderoso império: Portugal e Brasil: Bastidores da política 1798–1822, Rio de Janeiro 1994; MANCHESTER, Transfer of the Portuguese Court, S. 148.
6 LYRA, Utopia do poderoso Império, S. 19.
7 SILVA, Mozart Linhares da, O Significado da Expansão ultramarina Lusitana para a Modernidade, in: Ágora 5/1, 1999, S. 33–58, S. 34f.
8 RUSSELL-WOOD, Centers and Peripheries, S. 106. Zwar gab seit 1530 bereits einige Zuckerrohrplantagen, jedoch waren die Erträge gering, NEWITT, Malyn D., A history of Portuguese Overseas Expansion, 1400–1668, London et al. 2005, S. 180.

kursen Portugals ein.⁹ Bereits 1550, als Portugal beinahe unter die Herrschaft Kastiliens geriet, gab es Pläne, den Hof nach Brasilien zu transferieren.¹⁰ 1580, nachdem Philipp II von Spanien schließlich erfolgreich den portugiesischen Thron übernommen hatte, riet ein Vertrauter dem portugiesischen Herausforderer Philipps, Antonio von Crato, Brasilien als Zufluchtsort zu wählen.¹¹

Woher kam diese bemerkenswerte Flexibilität, wenn es um den Sitz des Monarchen ging? Es stellt eine Besonderheit des portugiesischen Machtraumes dar, dass bedeutende Zentren schon kurz nach Beginn der Expansionen nicht nur im Mutterland florierten, sondern auch in Übersee. Goa verwandelte sich bereits ab den 1640er-Jahren in ein „Rom des Orients". Mit Ernennung des Vizekönigs Francisco de Almeida 1505 und der Übertragung weit reichender Machtbefugnisse war bereits zuvor ein „Export der organisierten Herrschaft" geschehen.¹² Die zahlreichen Rechte und Herrschaftspraktiken, die der Vizekönig innehatte bzw. ausübte, verliehen Goa sowohl juristisch als auch symbolisch einen Hauptstadtcharakter (*capitalidade*).¹³ Ab 1530 wurden weitere zentrale Verwaltungsorgane in Goa implementiert, wodurch sich dort immer mehr das typische Leben einer Hauptstadt entwickelte. Die Etablierung eines Erzbischofs als „Papst des Orients" (1557) bedeutete einen weiteren Schritt in diese Richtung.¹⁴ Diese politische und nun auch religiöse Hauptstadt in Indien war auch und vor allem eine Handelshauptstadt, eine *urbs cosmopolita*, die zu ihren goldenen Zeiten Anfang des 17. Jahrhunderts 300 000 Einwohner unterschiedlicher Provenienz zählte und Lissabon bei weitem überflügelte. „Wer Goa gesehen hat, braucht nicht mehr nach Lissabon", lautete ein portugiesisches Sprichwort im 16. Jahrhundert.¹⁵ Der Vergleich von Reiseberichten über Goa und Lissabon aus dem 16. und 17. Jahrhundert zeigt, dass die Menschen Goa mit einer Reihe von Attributen bedachten, die man norma-

---

9 ARENAS, Fernando, Utopias of Otherness: Nationhood and Subjectivity in Portugal and Brazil, Minneapolis/London 2003, S. xv–xvi.
10 CALOGERAS, João Pandia, Formação histórica do Brasil, São Paulo ⁷1967, S. 62.
11 SCHULTZ, Tropical Versailles, S. 16.
12 MACEDO, Jorge Borges de, A sociedade portuguesa no tempo de Camões, in: Diário de Notícias, Caderno 2, Domingo, 22. Dezember 1991, S. 2–3, S. 3.
13 Die *regalia* umfassten unter anderem Rechtsprechung, Abschluss internationaler Verträge, Münzprägung und den Gebrauch der königlichen Symbole, SANTOS, Catarina Madeira, Goa Quinhentista. A Cidade e a Capital, in: Dulce REIS (Hrsg.), Pavilhão de Portugal, Lissabon 1998, S. 93–114, S. 97.
14 Ebd., S. 104.
15 Im Original: „Quem viu Goa, não precisa de ver Lisboa", MOREIRA, Rafael, A Capital como Modelo: A Circulação Mundial das Formas, in: Dulce REIS (Hrsg.), Pavilhão de Portugal, Lissabon 1998, S. 191–200, S. 196.

lerweise einer imperialen Hauptstadt zuschrieb.[16] Eine solche „Haupstadtduplizierung" wurde jedoch nicht als Schwächung Lissabons wahrgenommen, sondern galt als Garantie für die Herrschaft in jenem Raum, der durch die *Carreira da Índia* eröffnet worden war.[17]

Eine weitere Besonderheit des portugiesischen Herrschaftsraumes war der ausgeprägte Bezug zum Wasser. Normalerweise, so Rafael Moreira, lese man heute die Weltkarte mit einem Fokus auf die Landmassen, die als das Positiv gesehen werden; die Meere dazwischen stellten entsprechend das Negativ dar. Den portugiesischen Eliten der Frühen Neuzeit sei jedoch viel eher das Meer eine (virtuelle) Heimat gewesen, während ihnen das als verhältnismäßig klein und unbedeutend wahrgenommene Territorium auf dem europäischen Festland als Ort der Unsicherheit und der Bedrohung durch andere europäische Mächte erschien.[18] Auch Manuel Hespanha und Maria Catarina Santos stellen fest: „[Beim portugiesischen] handelte es sich nicht um ein terrestrisches Imperium, sondern um ein ozeanisches, oder besser um ein Imperium, bei dem das Meer nicht die Grenze war, sondern die essenzielle Achse, die die Punkte auf dem Festland verband, um den eigentlichen Körper des Imperiums selbst."[19]

Diese Mentalität spiegelte sich in der Architektur wider. Zentrale Institutionen wie der königliche Palast (*Paço Imperial*) und der zentrale Handelsplatz (*Praça do Comércio*) befanden sich unmittelbar am Tagus; schwarz-weiße Wellenmuster in der Pflasterung der Plätze und Bürgersteige holten das Meer selbst ins Zentrum der Stadt. Lissabon war mit anderen Worten eine „amphibische Hauptstadt", ein Modell, das auch auf andere Städte des Reiches übertragen wurde.[20] Die enge Verbundenheit mit dem Meer sowie die Fähigkeit, andere bedeutende Orte neben Lissabon zu akzeptieren, machten Rafael Moreira zufolge möglich, dass die Lusiaden (*Os Lusíadas*) von Luís Vaz de Camões (1524–1580), die im fernen Macau entstanden, zum portugiesischen Nationalepos wurden. Auch dass der monarchische Hof 1807 mit der „größten Natürlichkeit" von Lissabon nach Rio de Janeiro übersiedelte, war seiner Meinung nach ein Phänomen, das in keinem anderen Kulturraum hätte stattfinden können.[21]

---

16 Santos, Goa Quinhentista, S. 96.
17 Ebd., S. 93.
18 Moreira, Capital como Modelo, S. 191.
19 Hespanha, António Manuel de/Maria Catarina Santos, Os poderes num império oceânico, in: António Manuel de Hespanha (Hrsg.), História de Portugal, Bd. 4: O Antigo Regime (1620–1807), S. 395–414, S. 395 und S. 408.
20 Moreira, Capital como Modelo, S. 191 und S. 195.
21 Ebd., S. 198.

Der erste portugiesische Monarch, der konkret an eine Übersiedlung seines Hofes nach Brasilien dachte, war João IV, als 1661 das Friedensabkommen zwischen Frankreich und Spanien Portugal zu bedrohen schien.[22] Als dieser 1640 die Bragança-Dynastie begründete, sprach er bereits von Brasilien als „Milchkuh" des portugiesischen Reiches.[23] 1630 hatte Vicente do Salvador, ein im brasilianischen Bahia geborener Mönch, in seiner „História do Brasil" den Transfer des Königshofes nach Brasilien als politisches Projekt entwickelt.[24] Der einflussreiche Endzeittheoretiker António Vieira (1608–1697), ein Jesuit und Vertreter des messianischen *Sebastianismus*,[25] entwickelte die Vorstellung von Brasilien als einem „gelobten Land" weiter und erweiterte sie um eine religiöse Dimension. Aus seiner Feder stammt das an das alttestamentliche Konzept im Buch Daniel (Dan 2; 7) angelehnte Projekt eines „Fünften Imperiums der Welt" (*Quinto Império do Mundo*),[26] das unter der direkten Ägide Gottes und Portugals bzw. dessen Souverän errichtet werden sollte. Eine Übersiedlung des Hofes war in Vieiras Augen das beste Rezept, die portugiesische Monarchie grundlegend zu erneuern, zu stärken. Das Fünfte Reich war die „Hoffnung Portugals".[27] Die Predigten Vieiras, in denen er biblische Prophezeiungen auf die konkrete politische und ökonomische Situation des portugiesischen Staates übertrug, waren Joel Serrão zufolge außerordent-

---

22 MAGNOLI, Demétrio, O corpo da pátria: imaginação geográfica e política externa no Brasil (1808–1912), São Paulo 1997, S. 81.
23 Zitiert nach BOXER, Charles Ralph, The Golden Age of Brazil: Growing Pains of a Colonial Society, 1695–1750, Manchester 1995, S. 324.
24 OLIVEIRA, Maria Lêda, Aquele imenso Portugal: a transferência da Corte para o Brasil (séculos XVII–XVIII), in: OLIVEIRA/RICUPERO (Hrsg.), A Abertura dos Portos, S. 284–305.
25 Der portugiesische König Sebastião (1554–1578) fiel bei der Schlacht in Alcácer-Quibir, und in der Folge geriet die portugiesische Krone in spanische Hände. Als Sebastianismus wird jene messianische Bewegung bezeichnet, deren Anhänger an die Wiederkehr des (doch noch lebenden) Sebastiãos als „Retter" Portugals glaubten. Vgl. BESSELAAR, Joseph Jacobus van den, O sebastianismo: história sumária, Lissabon 1987; DERS., António Vieira. Profecia e polêmica, Rio de Janeiro 2002.
26 VIEIRA, Antônio, História do Futuro. Livro Anteprimeiro. Prolegômeno a toda história do futuro, em que se declara o fim & se provam os fundamentos della, Lissabon: Of. Pedroso Galram 1718, S. 25, zitiert nach LYRA, Utopia do poderoso império, S. 121. Siehe auch HOLANDA, Visão do Paraíso, S. 142; MURARO, Valmir Francisco, O Brasil de António Vieira. Cenário do Quinto Império – I, in: Brotéria: cristianismo e cultura 156/4, 2003, S. 351–365; ALDEN, Dauril, Some Reflections on António Vieira: Seventeenth-Century Troubleshooter and Troublemaker, in: Luso-Brazilian Review 40, 2003, S. 7–16; GRAHAM, Thomas Richard, The Jesuit Antonio Vieira and his Plans for the Economic Rehabilitation of Seventeenth-Century Portugal, São Paulo 1978.
27 LYRA, Utopia do poderoso Império, S. 122.

lich wirkungsmächtig; das Konzept des Fünften Reiches beeinflusste das „lusitanische Denken" bis weit ins 20. Jahrhundert.²⁸

Es waren jedoch nicht allein Kleriker, die den (utopischen) Raum der Neuen Welt beschrieben und damit ein Neues Reich beschworen. Der portugiesische Diplomat Luís da Cunha (1662–1749) griff, ohne je selbst in Brasilien gewesen zu sein, diese Vorstellung wieder auf. Er riet dem portugiesischen Monarchen João V, seinen Hof auf dem „immensen Kontinent Brasilien", das ein „ressourcen- und bevölkerungsreiches" Land sei, zu etablieren, und dort den Titel „Herrscher des Westens" anzunehmen. Mitnehmen solle er zahlreiche Menschen beiderlei Geschlechts, die gewillt seien, zu folgen, samt einer „großen Zahl" von Ausländern. Seiner Meinung nach war der angemessenste Ort für eine neue Königsresidenz Rio de Janeiro, das in kürzester Zeit größer werden würde als Lissabon.²⁹ Cunha sah Portugal als das schwächste Glied, als „Achillesferse" des portugiesischen Reiches an. Portugal, so führte er an anderer Stelle aus, könne ohne Brasilien nicht überleben, Brasilien jedoch leicht ohne Portugal.³⁰ Mit seiner Aussage, der König möge Menschen „beiderlei Geschlechts" mitnehmen, geschah kaum zufällig eine Anspielung auf die alttestamentliche Arche Noah. Das „Rettungspotenzial Brasiliens"³¹ für Portugal wird hier um ein weiteres biblisches Bild ergänzt und verstärkt. Somit bestand die Wahl zwischen Weltgeltung, wie der von Cunha propagierte Titel „Herrscher des Westens" für den portugiesischen König deutlich macht – oder Untergang. In dem Zitat Luís da Cunhas wird auch die Verbindung von theologischen Vorstellungen mit wirtschaftlichen Überlegungen („ressourcenreich", „stark bevölkert") evident. Als Lissabon nach dem großen Erdbeben von 1755 in Schutt und Asche lag,³² dachte auch der „allmächtige" Staatsminister Pombal (José de Carvalho e Mello) (1699–1782) über eine Übersiedlung des Königshofes nach Rio de Janeiro nach.³³

Am Ende des 18. Jahrhunderts war Portugal ein kleines, im europäischen Vergleich ökonomisch rückständiges Reich am westlichen Rand des Konti-

---

28 SERRÃO, Joel, Art. „Regeneração", in: DERS. (Hrsg.), Dicionário de História de Portugal, Bd. 3, Lissabon 1968, Sp. 552–558.
29 CUNHA, D. Luís da, Instruções Inéditas de D. Luís da Cunha e Marco António de Azevedo Coutinho, Coimbra 1929, S. 211f., zitiert nach WILCKEN, Patrick, A Colony of a Colony. The Portuguese Royal Court in Brazil, in: Common Knowledge 11/2, 2005, S. 249–263.
30 Zitiert nach SILVA, Inventando a Nação, S. 87.
31 LYRA, Utopia do poderoso Império, S. 21.
32 Bei dem Erdbeben von 1755 kamen bis zu 100 000 Personen ums Leben, CHESTER, David, The 1755 Lisbon Earthquake, in: Progress in Physical Geography 25/3, 2001, S. 363–383, S. 363 und S. 373.
33 MAGNOLI, O corpo da pátria, S. 81; MANCHESTER, Transfer of the Portuguese Court, S. 174 (mit Fußnote 5).

nents mit begrenzten natürlichen Ressourcen und bescheidener militärischer (See-)Macht. Brasilien, die große reiche Kolonie, war mittlerweile zum Seniorpartner innerhalb des Reiches avanciert.³⁴ António Oliveira Marques fasste die Bedeutung Brasiliens für Portugal folgendermaßen zusammen: „Vom Ende des 17. Jahrhunderts bis 1822 bildete Brasilien das Kernstück des portugiesischen Weltreichs. Etwas zugespitzt könnte man sogar sagen, dass es die Essenz von Portugal selbst bildete."³⁵ Nach Gold- und Edelsteinfunden in Minas Gerais ab Mitte des 18. Jahrhunderts wurde Brasilien endgültig zum „Kronjuwel" des Imperiums³⁶ bzw. umgekehrt das Königreich Portugal zu einem „Parasit seiner amerikanischen Kolonie".³⁷

Mitglieder der politischen Elite rekurrierten in Krisenzeiten immer wieder auf eine räumliche Ordnung, in der der Sitz des Hofes und also das Zentrum des Reiches in Brasilien sein sollten, und verteidigten diese mit drastischen Formulierungen. So konstatierte Martinho de Melo Castro, portugiesischer Übersee- und Marineminister 1779, dass Portugal ohne Brasilien nur eine „unbedeutende Provinz Spaniens" sei.³⁸ Der Marquês de Alorna plädierte 1801, als sich die Verwundbarkeit Portugals im „Krieg der Orangen" (*guerra das laranjas*) gegen Spanien bemerkbar machte,³⁹ für einen Transfer des Hofes nach Brasilien. Die Monarchin Maria I und ihr Sohn, Prinzregent João, sollten nach Amerika gehen und „Kaiser" des „weiten Territoriums" (*vasto território*) werden, von wo aus sie „mit Leichtigkeit" die spanischen Kolonien erobern und alle europäischen Mächte „niederschmettern" könnten.⁴⁰ Auch Überseeminister Rodrigo de Sousa Coutinho, der im November 1807 mit dem Hof übersiedeln sollte, konstatierte bereits 1803, dass es besser sei, den

---

34 MAXWELL, Kenneth, Ideias imperiais, in: Francisco BETHENCOURT/Kirti CHAUDHURI, História da expansão portuguesa, Bd. 3: O Brasil na balança do império (1697–1808), Lissabon 1998, S. 410–419, S. 411.
35 MARQUES, Geschichte Portugals und des portugiesischen Weltreichs, S. 335. Vgl. auch SCHWARTZ, The Economy of the Portuguese Empire, S. 43.
36 BITTENCOURT, José Neves, Iluminando a Colônia para a Corte, in: TOSTES/BITTENCOURT (Hrsg.), D. João VI, S. 114–122, S. 120; RUSSELL-WOOD, Centers and Peripheries, S. 106.
37 MATOS, Odilon Nogueira de, A política econômica de D. João VI: suas linhas gerais, in: Kriterion 7/29–30, 1954, S. 430–447, S. 430; HENTSCHKE, Jens, La independencia de Brasil, 1817–22, in: Manfred KOSSOK (Hrsg.), Historia del Ciclo de las Revoluciones de España y América Latina (1790–1917), La Habana 1990, S. 41–45, S. 41.
38 LYRA, Utopia do poderoso império, S. 41.
39 PEDREIRA, From Growth to Collapse, S. 849.
40 Zitiert nach VILLALTA, Luis Carlos, 1789–1808: o império luso-brasileiro e os Brasis, São Paulo 2000, S. 33. Vgl. auch MANCHESTER, Transfer of the Portuguese Court, S. 174 (mit Fußnote 5).

Hof zu transferieren als Brasilien zu verlieren. Gleichzeitig prophezeite er, dass Portugal angesichts der Lage in Europa gar nichts anderes übrig bleibe, als ein „großes mächtiges Imperium in Brasilien" zu gründen.[41] Wenn es ein Charakteristikum imperialer Gebilde ist, grundsätzlich und insbesondere in Krisenzeiten am Primat des Zentrums festzuhalten und „zur Not" auf die Peripherie zu verzichten,[42] so trifft dies auch für das portugiesische Reich zu – allerdings mit der Besonderheit, dass hier das (imaginierte) Zentrum die Kolonie Brasilien und nicht das Mutterland war.

Woher aber wusste man, dass Brasilien der ideale Ort für die Gründung einer neuen Hauptstadt war? Wer produzierte und verbreitete dieses Wissen? Postkoloniale Theoretiker wie Edward Said haben überzeugend auf die Bedeutung der Imagination von bestimmten Räumen und die daraus entstehenden kartographischen Praktiken, die sich dann in der Produktion von „gewussten" Räumen und „harten" Fakten materialisieren können, für die Realisierung imperialer Projekte hingewiesen.[43] In seinem klassischen Werk „Mythos und Ware, Utopie und Praxis des Segelns vom 13. bis 18. Jahrhundert" betonte auch der portugiesische Historiker Vitorino Magalhães Godinho die Verbindung zwischen Utopie und Wissen; „phantastischen Vorstellungen" wurden demnach in konkrete Praxis bei der Konstruktion von Raum umgewandelt.[44]

Die zentralen Institutionen, die sich im 15. und 16. Jahrhundert mit der überseeischen Expansion, einem der größten Anliegen der portugiesischen

---

41 COUTINHO, Rodrigo de Souza, Quadro da Situação Política da Europa, Lissabon am 16. August 1803, abgedruckt in: Ângelo PEREIRA, D. João VI, Príncipe e Rei, Bd. 1: A Retirada da Família Real para o Brasil (1807), Lissabon 1953, S. 127–136, S. 131. Vgl. auch BETHELL, Independence of Brazil, S. 165; MAXWELL, Kenneth, The Generation of the 1790s and the Idea of a Luso-Brazilian Empire, in: Dauril ALDEN (Hrsg.), Colonial Roots of Modern Brazil, Berkeley 1973, S. 107–146; LYRA, Utopia do Poderoso Império, S. 117.

42 OSTERHAMMEL, Verwandlung der Welt, S. 608.

43 SAID, Edward, Orientalism, New York 1978. Zur Verbindung zwischen Wissen und Imperium siehe DRAYTON, Richard, Knowledge and Empire, in: Peter James MARSHALL (Hrsg.), The Oxford History of the British Empire, Bd. 2: The Eighteenth Century, Oxford: 1998, S. 231–252, S. 232, 236.

44 GODINHO, Vitorino Magalhães, Mito e Mercadoria, Utopia e Prática de Navegar, Séculos XIII–XVIII, Lissabon 1990, insbesondere S. 76–82. Die Akkumulation von Wissen war wesentlicher Bestandteil der gesamten „Entdeckungs-" und Eroberungsgeschichte, basierten doch alle Unternehmen auf den Beschreibungen, Karten, Logbüchern anderer, früherer Fahrten, kurz: auf schon etabliertem Wissen, ARRUDA, José Jobson de Andrade, Espaços de Riqueza e Pobreza na Formação do Mundo Contemporâneo, in: Maria da Graça Mateus VENTURA (Hrsg.), A definição dos espaços sociais, culturais e políticos no mundo ibero-atlântico (de finais do séc. XVIII até hoje), Lissabon 2000, S. 57–78, S. 62.

Krone, beschäftigten, waren die *Casa da Mina* und die *Casa da Índia*. Hier und in der *Aula da Arquitectura* am königlichen Hofe wurden die geographischen Kenntnisse gesammelt und archiviert. Ab dem 17. Jahrhundert trug das militärische Ingenieurwesen (*engenharia militar*) entscheidend sowohl zur Vermehrung der kartographischen, botanischen und anthropologischen Kenntnisse über die portugiesischen Überseegebiete als auch zur Sicherung derselben bei. Jener Bereich innerhalb des Ingenieurwesens, der sich mit der Vermessung und Inventarisierung von Territorien befasste, war vor allem auf die überseeischen Besitzungen gerichtet, unter denen Brasilien seit dem 17. Jahrhundert eine Sonderrolle einnahm.[45] Dies hatte einen kuriosen Effekt: Während über überseeische Gebiete im großen Maßstab Wissen produziert wurde, blieben geographische Kenntnisse über das eigene Land unterentwickelt. In europäischen Gefilden behielt die barocke, von der Kirche abgesegnete Kartographie des Duarte Nunes do Leão (1528–1608) Gültigkeit.[46] Portugal war bis Ende des 17. Jahrhunderts für die Portugiesen paradoxerweise ein nahezu unbekanntes Territorium.[47] Dieser Umstand ist verbunden mit der im 17. Jahrhundert aufkommenden Überzeugung, dass die außereuropäischen Gebiete, allen voran das brasilianische Bahia mit seinem Zuckerrohr, zum ökonomischen Wohlstand Portugals beitrugen. Entsprechend richtete sich die Aufmerksamkeit vermehrt westwärts über den Atlantik.[48] Mit der Möglichkeit einer Ausschöpfung von mineralischen Kostbarkeiten gewann das brasilianische Territorium im Südosten an Wertschätzung; die Wissensproduktion über dieses Gebiet nahm in Portugal schlagartig zu. Gemäß der nun anderen Gewichtung wurde die Kolonialhauptstadtfunktion 1763 von Salvador da Bahia im Nordosten auf Rio de Janeiro im Südosten des Landes

---

45 AFONSO, Aniceto/José Vincente SERRÃO/Rui CARITA, Introdução, in: João Maria de Vasconcelos PIROTO/Aniceto AFONSO/José Vicente SERRÃO (Hrsg.), Conhecimento e definição do território. Os Engenheiros Militares (séculos XVII–XIX) Lissabon 2003, S. 11–15, S. 12f. Zur wichtigen Rolle der Krone bei der Kolonisierung und Landverteilung Brasiliens siehe MENDES, Claudinei Magno Magre, A coroa portuguesa e a colonização do Brasil: aspectos da atuação do Estado na constituição da Colônia, in: História 16, 1997, S. 233–253.

46 LEÃO, Duarte Nuñez do, Descripção do Reino de Portugal, em que se trata da sua origem, Lissabon 1785 [zuerst: 1610].

47 MAGALHÃES, Joaquim Antero Romero, As descrições geográficas de Portugal 1500–1650. Esboço de problemas, in: Revista de história económica e social 5, 1980, S. 15–56, S. 54.

48 RUSSELL-WOOD, Centers and Peripheries, S. 106. 1618 konstatierte José António Gonçalves de Mello in seinen *Diálogos das Grandezas do Brasil*, dass Brasilien ein „Zentrum des weltweiten Handels" sei, MELLO, José António Gonçalves de, Diálogos das Grandezas do Brasil, Recife 1966 [zuerst 1618].

übertragen. Im 18. Jahrhundert fand die nun wissenschaftlich-empirisch ausgerichtete Beschäftigung mit portugiesischen überseeischen Territorien in modernen Institutionen statt,[49] wobei die *Academia Real das Ciências* (1779), die *Academia Real de Fortificação, Artilharia e Desenho* (1790), die *Sociedade Real Marítima, Militar e Geográfica* (1798), der *Real Corpo de Engenheiros* (1808–1812) und das *Archivo Militar* (1802)[50] die wichtigsten Einrichtungen waren.

Eng verbunden mit der Akkumulation von Wissen waren ökonomische Interessen; sie waren maßgeblich für die enge Vernetzung der Eliten auf beiden Seiten des Atlantiks verantwortlich. Dabei war die politisch und wissenschaftlich gefestigte und wenig in Frage gestellte „merkantilistische Einheit" von Portugal und seiner größten Kolonie einer der Hauptgründe für die Stabilität des portugiesischen Imperiums. Diese war verwoben mit der in der Aufklärung verfestigten Idee der „natürlichen Union" (*união natural*), nach der alle Teile des portugiesischen Reiches sich gegenseitig „dienen" sollten. In dieser Konzeption erschien das Reich als eine Einheit, zusammengesetzt aus sich ergänzenden Teilen, die durch ein gemeinsames Zentrum miteinander verbunden waren,[51] wobei der exklusiv über die Metropole laufende Handel den wichtigsten Pfeiler der portugiesischen Herrschaft darstellte.[52]

Die portugiesische Krone verließ sich nicht auf sozioökonomische Realitäten und die Loyalität der merkantilen Eliten allein, sondern versuchte, ihre Vorherrschaft auch durch die Kontrolle der Produktion und Zirkulation von Wissen zu festigen. Wissen, Voraussetzung sowohl für die Extraktion von Rohstoffen als auch für die Beherrschung von Territorien, wurde im eigenen Land produziert und bewacht. Universitäten, Zeitungen und Druckpressen waren – im Unterschied zu den spanischen und englischen Besitzungen auf dem amerikanischen Kontinent – in Brasilien verboten.[53] In kultureller Hinsicht blieb Brasilien während der Kolonialzeit daher ein peripheres Gebiet.[54] Söhne aus reichem Hause, die ein Studium absolvieren wollten, mussten dies an der Traditionsuniversität Coimbra im portugiesischen Mutterland tun.

---

49 Silva, Inventando a Nação, S. 151.
50 Afonso/Serrão/Carita, Introdução, S. 13.
51 Lyra, Utopia do poderoso império, S. 20. Zu Pombals Bemühungen um eine luso--brasilianische Ökonomie siehe Maxwell, Kenneth, Pombal and the Nationalization of the Luso-Brazilian Economy, in: HAHR 48/4, 1968, S. 608–631.
52 Alexandre, Sentidos do Império, S. 81f.
53 In den nordamerikanischen Kolonien gab es im ausgehenden 18. Jahrhundert einen hohen Grad an Literalität und sieben Universitäten, Drayton, Knowledge and Empire, S. 242.
54 Russell-Wood, Centers and Peripheries, S. 138; Graham, Independence in Latin America, S. 59f.

Staatsminister Marquês de Pombal nahm Zensurpraktiken ernst: Alle Drucker, Buchhändler und Händler mussten der 1792 von ihm eingerichteten Zensurbehörde (*Tribunal da Mesa Censória*), die „nützliche" Werke erlauben und „gefährliche" verbieten sollte,[55] Listen aller Bücher abliefern, über die sie verfügten; Todesstrafe drohte denjenigen, die ausländische Bücher und Schriften, vor allem aus Holland, importierten.[56] Die „Literarische Gesellschaft Rio de Janeiros" (*Sociedade Literária do Rio de Janeiro*), gegründet 1785 von Vizekönig Luís de Vasconcelos e Sousa, geriet wegen ihrer Beschäftigung mit aufklärerischen Werken und mit ihrer offenkundigen Sympathie für die Aufständischen in Minas Gerais (*Inconfidência Mineira*)[57] bald unter Verdacht: 1794 wurde sie unter dem neuen Vizekönig Conde de Rezende verboten, ihre Mitglieder wurden festgenommen.[58] Werke von Voltaire, Rousseau, Raynal wurden beschlagnahmt, damit sich „neue Meinungen" (*novas opiniões*) nicht verbreiteten.[59]

Die geistige „Unterentwicklung" Brasiliens wird in der Forschung als ein Grund für die Gelassenheit gesehen, mit der die portugiesische Krone in Europa auf Aufstände und separatistische Bewegungen (Maranhão [1648], Vila Rica [1720], die Inconfidência Mineira in Minas Gerais [1789], Salvador [1798], Pernambuco [1801]) in Brasilien reagierten.[60] So waren portugiesische Politiker stolz darauf, die „natürliche Union" der Gebiete aufrechterhalten zu

---

55 „Registro da criação de um tribunal da Mesa Censória, Livro de 12 capítulos da administração de Sebastião José de Carvalho e Melo, marquês de Pombal", Lissabon, ohne Datum [1792], ANRJ Diversos Códices – SDH, códice 1129, Livro 5, cap. 24, S. 78.
56 „Regulamento de [Sebastião José de Carvalho e Melo], para controlar o comércio de livros em Portugal", Lissabon, ohne Datum [1792], ANRJ Diversos Códices – SDH cód. 1129 Livro 5, cap. 7, S. 30–33.
57 Die Rebellion wurde getragen von einer aufgeklärten ökonomischen Elite; ihr fehlte jedoch die populäre Basis, vgl. PEREIRA, Paulo Roberto, Inconfidência Mineira: Derrota da utopia liberal, in: RIHGB 156/387, 1995, S. 331–341.
58 CARDOSO, A Gazeta do Rio de Janeiro, S. 380.
59 „Cartas, autos de inventário e mais documentos por ocasião do seqüestro de bens do bacharel Mariano José Pereira da Fonseca (futuro marquês de Maricá)", Rio de Janeiro am 6. Dezember 1794, ANRJ Diversos códices, cód. 759, S. 13–16v; „Cartas, autos de inventário e mais documentos referentes a Mariano José da Fonseca (marquês de Maricá)", Rio de Janeiro am 6. Dezember 1794, ANRJ Diversos códices, cód. 759, S. 1–1v; João de Figueiredo an den Conde de Resende, Vizekönig Brasiliens, Rio de Janeiro am 4. August 1799, ANRJ Vice-Reinado cx. 491, pct. 3. Zu den Zensurpraktiken siehe auch MAXWELL, Conflicts and Conspiracies, S. 201f.; MOTA, Carlos Guilherme, Atitudes e Inovação no Brasil: 1789–1801, Lissabon 1970, S. 125f.
60 BARMAN, Roderick James, Brazil: The Forging of a Nation, 1798–1852, Stanford 1988, S. 33. Für Einzelheiten zu den Aufständen siehe ALEXANDRE, Sentidos do Império, S. 80ff.

können: „Die Verbindung zwischen den portugiesischen Überseegebieten und der Metropole ist so natürlich, wie sie in jenen Kolonien, die sich von ihrem Mutterland getrennt haben, unnatürlich war", so Sousa Coutinho.[61]

Wie vorangegangene Betrachtungen gezeigt haben, war die Verbindung zwischen Portugal und seinen Kolonien indes alles andere als natürlich. Vielmehr war sie in einem mehrere Jahrhunderte andauernden Prozess von Menschenhand geschaffen worden. Die räumliche Ordnung, die aus bestimmten Gebieten dies- und jenseits eines Ozeans eine Einheit machte, innerhalb derer Brasilien eine zentrale Rolle spielte, war durch eine bestimmte Art der Wissensproduktion konstruiert worden.[62] Wenn einige Autoren betonen, dass es vor allem geopolitisches Kalkül war, das Brasilien in das Zentrum der politischen Überlegungen brachte,[63] stellen andere Autoren die wissenschaftlichen Fundamente der Ökonomie (namentlich des Merkantilismus) als Grund heraus, warum sich innerhalb des portugiesischen Imperiums eine schrittweise Umkehr des Verhältnisses von Zentrum und Peripherie vollzog.[64] Geschichtstheoretisch ist es jedoch kaum möglich, eine strikte Trennung der Bereiche Ökonomie, Politik, Religion und Kultur vorzunehmen, da sie ineinander greifen. So kommt beispielsweise Kultur nicht ohne ökonomische Dimensionen aus, umgekehrt die Wirtschaft aber auch nicht ohne symbolische Dimensionen.[65]

---

61 COUTINHO, Rodrigo de Sousa, Memória, S. 406, zitiert nach ALEXANDRE, Sentidos do Império, S. 85. Die Rezeption der US-amerikanischen Unabhängigkeit in der portugiesischen Presse beschreibt: KEITH, Henry Hunt, Independent America Through Luso-Brazilian Eyes: The „Gazeta de Lisboa" (1778–1779) and the „Correio Braziliense" (1808–1822) of London, in: Studies in Honor of the Bicentennial of American Independence, Lissabon 1978, S. 15–52.

62 Zur Bedeutung von Wissen bei der Konstruktion von Wirklichkeit und Raum: LANDWEHR, Achim, Das Sichtbare sichtbar machen. Annäherungen an ‚Wissen' als Kategorie historischer Forschung, in: DERS. (Hrsg.), Geschichte(n) der Wirklichkeit. Beiträge zur Sozial- und Kulturgeschichte des Wissens, Augsburg 2002, 61–89; DERS., Raumgestalter. Die Konstitution politischer Räume in Venedig um 1600, in: Jürgen MARTSCHUKAT/Steffen PATZOLD (Hrsg.), Geschichtswissenschaft und „performative turn". Ritual, Inszenierung und Performanz vom Mittelalter bis zur Neuzeit, Köln/Weimar/Wien 2003, S. 161–183.

63 FRAGOSO, João Luís Ribeiro/Manolo FLORENTINO, O arcaísmo como projeto. Mercado Atlântico, Sociedade Agrária e Elite Mercantil no Rio de Janeiro (1790–1840), Rio de Janeiro 1993, S. 63.

64 RUSSELL-WOOD, Centers and Peripheries, S. 118.

65 LANDWEHR, Diskurs – Macht – Wissen, S. 77. Jedes ökonomische Handeln bezieht sich auf Sinnkonstruktionen und produziert zugleich Sinn, BERGHOFF, Hartmut/Jakob VOGEL, Wirtschaftsgeschichte als Kulturgeschichte. Ansätze zur Bergung transdisziplinärer Synergiepotentiale, in: DIES. (Hrsg.), Wirtschaftsgeschichte als Kulturgeschichte. Dimensionen eines Perspektivenwechsels, Frankfurt a. M. 2004, S. 9–41, S. 13.

Zusammenfassend lässt sich sagen, dass das theologische Wissen um das „gelobte" Land, das politische Wissen um einen Machtzuwachs, das geographische Wissen um „unendliche" Weiten und das ökonomische (merkantilistische) Wissen über die enormen Reichtümer des brasilianischen Bodens zur Etablierung und Aufrechterhaltung einer räumlichen Ordnung beitrugen, die bereits lange vor dem tatsächlichen Hoftransfer eine Verlagerung des politischen Zentrums in die Neue Welt möglich machten.

Studien der *Critical Geopolitics* haben gezeigt, dass sich Leitbilder des Denkens über einen langen Zeitraum hinweg verdichten, bevor sie schließlich die internationale Geopolitik und das politische Handeln in einer bestimmten Art und Weise ausrichten, es „rahmen". Solche *framings* sind in der Lage, nicht nur kurzfristig, sondern oft über viele Jahrzehnte das Denken und Handeln in der internationalen Politik zu prägen. In einem solchen Fall erhalten geopolitische Leitbilder einen quasirealistischen Charakter; sie scheinen so „wirklich", dass ihre Konstruiertheit in Vergessenheit gerät.[66] Ein solcher Prozess des *framings* ist für den portugiesischen Machtraum nachweisbar. Wie das folgende Kapitel zeigen wird, war dieses *framing* bei der konkreten Umsetzung des Hoftransfers relevant.

2.2 Verhandlungen, Entscheidung, Abreise (November 1807)

Der Transfer des portugiesischen Königshofes nach Rio de Janeiro war, wie in den vorangegangenen Ausführungen deutlich wurde, lediglich die Krönung eines Prozesses, der Jahrhunderte zuvor begonnen hatte. Gleichzeitig stellte das Unternehmen eine „dramatische, außergewöhnliche und beispiellose" Antwort auf eine konkrete Krise in Portugal dar.[67] Wie genau verliefen die Verhandlungen um den Hoftransfer und wie verhielten sich die Akteure?

---

66 MATTISEK, Annika/Paul REUBER, Die Diskursanalyse als Methode in der Geographie – Ansätze und Potentiale, in: Geographische Zeitschrift 92/4, 2004, S. 227–242, S. 228. Vgl. auch SCHENK, Frithjof Benjamin, Mental Maps. Die Konstruktion von geographischen Räumen in Europa seit der Aufklärung, in: Geschichte und Gesellschaft 28, 2002, S. 493–514. Ein Überblick findet sich bei GEBHARDT, Hans/Paul REUBER/ Günter WOLKERSDORFER, Kulturgeographie – Leitlinien und Perspektiven, in: DIES. (Hrsg.), Kulturgeographie. Aktuelle Ansätze und Entwicklungen, Heidelberg/Berlin 2003, S. 1–30.
67 SCHULTZ, Kirsten, Royal Authority, Empire and the Critique of Colonialism: Political Discourses in Rio de Janeiro (1808–1821), in: Luso-Brazilian Review 37, 2000, S. 7–31, S. 7.

Im Rückblick verurteilte der portugiesische Politiker und Historiker José Acúrsio das Neves (1766–1834) die Abreise des Monarchen scharf. Er bezeichnet sie als „Akt der Feigheit", angezettelt von der britischen Regierung, die sich damit des Brasilienhandels bemächtigen wolle. João hätte, so Neves, auch auf die nah gelegene, militärisch leicht zu sichernde Insel Madeira ausweichen und auf diese Weise die Dynastie Bragança retten können – und zwar mit weitaus geringeren negativen Folgen für den (europa-)portugiesischen Handel.[68] Die Reihe der Möglichkeiten ließe sich fortsetzen: Der Prinzregent hätte auf die Kapverden ausweichen, nach Angola auswandern oder ins britische Exil gehen können. Die plausibelste Antwort auf die Frage, warum die Protagonisten diese Optionen gar nicht erst verhandelten, ist, dass ein Transfer des Hofes nach Brasilien aufgrund des im vorangegangenen Kapitel dargestellten *framings* die wahrscheinlichste, wenn nicht einzig mögliche Lösung darstellte.

Nach dem Entschluss Napoleons, gegen Portugal vorzugehen, um die Kontinentalsperre gegen England militärisch durchzusetzen (12. August 1807), hatte sich die Situation für Portugal zugespitzt. Portugal, traditionell alliiert mit Großbritannien, war durch die Kontinentalsperre, wie Talleyrand es ausdrückte, zwischen zwei „Schrecken" gefangen. Weder konnte es zwischen den britischen und französischen Forderungen wählen, noch konnte es den beiden Mächten militärisch etwas entgegensetzen.[69] Alan K. Manchester formulierte es folgendermaßen: „Portugal [was] caught like a shellfish in a tempest between the waves of England's seapower and the rock of Napoleon's armies."[70] Ein Schulterschluss mit Frankreich und eine Eingliederung in das kontinentale System Napoleons (inklusive der Schließung der Häfen für Briten) hätten unweigerlich die Kriegserklärung Großbritanniens nach sich gezogen und mit hoher Wahrscheinlichkeit dazu geführt, dass die Seemacht sich der portugiesischen Kolonien, insbesondere Brasiliens, bemächtigte.[71] Eine Kriegserklärung an Frankreich hätte den Einmarsch napoleonischer Truppen und die Absetzung des portugiesischen Monarchen bedeutet; diesem hätte dann möglicherweise ein ähnliches Schicksal wie den spanischen Königen Karl IV oder Ferdinand VII geblüht.

---

68 ARAÚJO, Ana Cristina, As invasões francesas e a afirmação das idéias liberais, in: José MATTOSO/Luís Reis TORGAL/João ROQUE (Hrsg.), História de Portugal, Bd. 5: O Liberalismo, Lissabon 1993, S. 17–43, S. 26.
69 PEDREIRA, From Growth to Collapse, S. 849.
70 MANCHESTER, Alan K., British Preëminence in Brazil: Its Rise and Decline, New York 1972, S. 54.
71 Ebd., S. 58.

Als sich abzuzeichnen begann, dass Portugal seine bewährte Politik der Neutralität nicht wahren konnte,[72] wurde umgehend die Idee des Hoftransfers nach Rio de Janeiro auf den Plan gebracht. Am 21. August analysierte João de Almeida de Mello de Castro (späterer Conde das Galvêas) die Situation und bezeichnete die sofortige Übersiedlung des gesamten Königshofes nach Brasilien als „einzige mögliche Lösung".[73] Fünf Tage später schlug der Hofrat dem Prinzregenten vor, seinen neunjährigen Sohn Pedro unverzüglich nach Brasilien zu senden und gleichzeitig die Übersiedlung des gesamten Hofes einzuleiten.[74] Inoffiziell hatten die Vorbereitungen für den Hoftransfer bereits rund vier Monate vorher begonnen. Percy Clinton Sydney Smythe (Viscount Strangford), der zu der Zeit britischer Gesandter in Lissabon war, berichtete erstmals am 2. August von „ungewöhnlichen Aktivitäten im Hafen".[75] Ende des Monats informierte er die Regierung in London darüber, dass der portugiesische Staatsminister António Araújo diese Aktivitäten mit den Vorbereitungen des Transfers des königlichen Hofes nach Amerika erklärt und gleichzeitig britische Hilfe angefordert habe für den Fall, dass dieser umgesetzt würde.[76] Am 8. September wiederholte der Gesandte in Lissabon die Aussage António Araújos, des portugiesischen Außen- und Kriegsministers, dass der Hoftransfer zur Etablierung eines „großen und mächtigen Imperiums" (*great and powerful Empire*) in Amerika führen würde, das am Anfang (*infancy*) von der Seemacht Großbritannien beschützt werden sollte.[77] Kaum zufällig stellt Araújo auch in dieser Krisensituation ein „mächtiges Imperium" in Aussicht.

---

72 NOVAIS, Fernando, Portugal e Brasil na crise do antigo sistema colonial (1777–1808), São Paulo 1979, S. 54f.
73 Sitzung des Hofrates vom 21. August 1807, ANRJ Pareceres, doc. 93, zitiert nach MANCHESTER, Transfer of the Portuguese Court, S. 149 und S. 174.
74 Sitzung des Hofrates vom 26. August 1807, ANRJ Pareceres, doc. 92, zitiert nach MANCHESTER, Tranfer of the Court, S. 174 (mit Endnote 6); Viscount Strangford (Percy Clinton Sidney Smythe), britischer Gesandter in Lissabon, an George Canning, britischer Außenminister (Foreign Secretary), Public Record Office, FO 63/55, Nr. 55, 70, 71, 75 und Strangford to Canning 63/56, Nr. 80, zitiert nach MANCHESTER, Alan K., The Paradoxical Pedro, First Emperor of Brazil, in: HAHR 12/2, 1932, S. 176–197, S. 178.
75 Strangford an Canning, 2. August 1807, FO 63/55, No. 43, zitiert nach MANCHESTER, Transfer of the Portuguese Court, S. 174.
76 Strangford an Canning, 29. August 1807, FO 63/55, No. 51, zitiert nach MANCHESTER, Transfer of the Portuguese Court, S. 174.
77 Strangford an Canning, Lissabon am 8. September 1807, FO 63/55, Nr. 63, zitiert nach WILCKEN, Patrick, Império à deriva. A corte portuguesa no Rio de Janeiro, 1808–1821, Rio de Janeiro 2005, S. 30.

Ganz einmütig geschah der Transfer indes nicht. Am portugiesischen Hofe existierten zwei „Parteien", die jeweils von einem der beiden einflussreichsten Minister im Kabinett des Prinzregenten repräsentiert wurden. Staatsminister António Araújo de Azevedo (zukünftiger Conde da Barca) stand der pro-französischen „Partei" vor, sein Antagonist Rodrigo de Sousa Coutinho (zukünftiger Conde de Linhares) und Bruder des portugiesischen Botschafters in London, Domingo de Sousa Coutinho, führte die pro-britische „Partei" an.[78] Sowohl vor als auch nach November 1807 gab es Differenzen darüber, ob man sich der kontinentalen oder der maritimen Macht, also Frankreich oder Großbritannien, zuneigen sollte.[79] Jedoch zeichneten sich die beiden Lager durch zwei gemeinsame Charakteristika aus: Erstens waren sie anti-konstitutionalistisch (absolutistisch[80]) eingestellt,[81] zweitens bezogen sie die Wahrung der politischen Souveränität Portugals nicht primär auf den europäischen Teil des Imperiums, sondern auf Brasilien. Ohne Brasilien, so war die einhellige Meinung der Angehörigen der englischen und der französischen Fraktionen, könne Portugal nicht existieren.[82] Bei allen Anwesenden, denen die prekäre Lage Portugals im britisch-französischen Konflikt bewusst war, herrschte Konsens darüber, dass die wichtigste Kolonie und der atlantische Kolonialhandel keinesfalls in Gefahr gebracht werden dürften. Alle portugiesischen Staatsmänner gleich welcher Ausrichtung akzeptierten daher die Idee des Transfers, da neben der Rettung der Bragança-Dynastie und der Wahrung des monarchischen Systems die Einheit des Imperiums das wichtigste Ziel war.[83] Der bereits von Sousa Coutinho 1803 formulierte Plan, das gesamte Reich von der Kolonie aus zu „retten", gab Jorge Caldeira zufolge letztlich den Ausschlag für die Rechtfertigung des Transfers.[84]

---

78 MANCHESTER, British Preëminence, S. 57f.; MAXWELL, Kenneth/Maria Beatriz Nizza da SILVA, A Política, in: Maria Beatriz Nizza da SILVA/Joel SERRÃO (Hrsg.), O império luso-brasileiro 1750–1822, Lissabon 1986, S. 333–441, S. 375f.
79 ALEXANDRE, Sentidos do Império, S. 133; SILVA, Inventando a Nação, S. 191.
80 Der Begriff „Absolutismus" wurde in den 1990er-Jahren in der Frühneuzeitforschung weitestgehend dekonstruiert, REINHARD, Wolfgang, Geschichte der Staatsgewalt. Eine vergleichende Verfassungsgeschichte Europas von den Anfängen bis zur Gegenwart, München 1999, S. 42; FREIST, Dagmar, Absolutismus, Darmstadt 2008, S. 113. In der portugiesischsprachigen Forschung wird der Begriff allerdings ohne Vorbehalte verwendet. Meistens bezieht er sich auf die formale Form der Regierung (weniger auf die Gesellschaft), das heißt „absolutistische Monarchie" ist schlicht der Gegensatz zur konstitutionellen bzw. parlamentarischen Monarchie.
81 ALEXANDRE, Sentidos do Império, S. 102.
82 SILVA, Inventando a Nação, S. 176 und S. 181f.
83 ALEXANDRE, Sentidos do Império, S. 93; SLEMIAN/PIMENTA, O „nascimento político" do Brasil, S. 18f.
84 CALDEIRA, Jorge, A Nação Mercantilista. Ensaio sobre o Brasil, São Paulo 1999, S. 269.

Bei den Debatten des portugiesischen Staatsrates (*Conselho de Estado*) im August und November 1807 über die beste politische Maßnahme, die angesichts des französischen Drucks zu wählen sei, differierten Rodrigo de Sousa Coutinho und António Araújo kaum in ihrem Urteil, dass es für die Rettung der „wichtigsten Besitzung" (*principal domínio*) das Beste sei, wenn João seinen Regierungssitz vorerst nach Brasilien verlegte.[85] Valentim Alexandre hat darauf hingewiesen, dass beide *partidos* am Hof nicht durch ökonomische Interessen unterschiedlicher Handelseliten geleitet wurden, also nicht für unterschiedliche Gruppen in Portugal sprachen: Da dieselben portugiesischen Großhändler „mit Leichtigkeit" sowohl nach Frankreich als auch nach England exportieren konnten, gab es in Portugal weder eine dezidiert „pro-französische merkantilistische Elite" (*burguesia mercantilista afrancesada*) noch eine „pro-britische merkantilistische Elite" (*burguesia mercantilista inglesa*).[86] Die Beratung des Staatsrates am 24. November 1807 brachte den positiven Beschluss zum Transfer des Hofes,[87] und es war bezeichnenderweise der „französisierte" Minister António Araújo, der den Transfer des Hofes letztlich vorantrieb.

Dem traditionell engsten Verbündeten Portugals, Großbritannien, blieben die Pläne des Hoftransfers keineswegs verborgen. Britische Diplomaten hatten bereits seit Mitte des 18. Jahrhunderts (nachweislich seit 1762) versucht, sich in die Verlegung des Regierungssitzes einzumischen.[88] Der britische Diplomat John Barrow bezeichnete 1792 bei einem Besuch in Brasilien das Land als eine der „fruchtbarsten Regionen der Welt". Wenn der Hof hierhin übersiedelte, entstünde seiner Einschätzung nach in kürzester Zeit ein „mächtiges Imperium" in Südamerika.[89] Seit Beginn des 18. Jahrhunderts war das lusobrasilianische Reich für Briten besonders interessant geworden. Aus Brasilien kam einerseits ein Großteil der Rohstoffe für die britische Textilindustrie, andererseits floss das brasilianische Gold im Tausch gegen Industriegüter von Portugal nach Großbritannien.[90]

In der Krisensituation von 1807 hatte die britische Regierung großes Interesse daran, dass Portugal der Forderung Napoleons, die Häfen für britische Schiffe zu schließen, nicht nachkam, und ließ sich daher auf den Handel ein: Portugal verzichtete auf die Schließung der Häfen, wenn im Gegenzug eine bri-

---

85 Silva, Inventando a Nação, S. 190.
86 Alexandre, Sentidos do Império, S. 127.
87 Silva, Inventando a Nação, S. 184.
88 Schultz, Tropical Versailles, S. 27; Bethell, Independence of Brazil, S. 166.
89 Maxwell, Kenneth R. A devassa da devassa: a Inconfidência Mineira: Brasil-Portugal, 1750–1808, Rio de Janeiro 1978.
90 Alexandre, Valentim, As ligações perigosas. O Império Brasileiro face às convulsões internacionais (1789–1807), in: Análise social 24/4–5, 1988, S. 965–1016, S. 966.

tische Eskorte für die Überbringung des Monarchen in die Neue Welt bereitgestellt würde. Die konkreten Verhandlungen über den Transfer zwischen George Canning (Bevollmächtigter Georges III) und Domingos de Sousa Coutinhos (Bevollmächtigter Joãos) mündeten in einem „geheimen Staatsvertrag" vom 22. Oktober 1807, mit dem die Übersiedlung des Hofes im Grunde bereits besiegelt wurde.[91] Zwar ist im Vertrag noch die Option eines Verbleibs des Prinzregenten in Europa vermerkt, sie war jedoch eher theoretischer Natur. Dem Wortlaut nach „informierte" der Prinzregent Portugals Seine Majestät George III über „seinen Entschluss, den Sitz (*Siège*) und das Vermögen (*Fortune*) der portugiesischen Monarchie nach Brasilien zu transferieren". Vier Mal taucht die Möglichkeit des Transfers nach Brasilien auf, die Möglichkeit des Verbleibs in Portugal findet nur zweimalige Erwähnung. Der britische König verpflichtet sich, den Prinzregenten und seine Familie sicher nach Brasilien zu eskortieren (Artikel II). Zwar wird im Vertrag immer wieder die „jahrhundertelange Freundschaft" zwischen Großbritannien und Portugal betont, das große Interesse der Briten, die Schließung der portugiesischen Häfen zu verhindern, wird jedoch mehr als deutlich, und die Gegenleistung für die Eskorte war nicht gering: Der britische König nahm sich das Recht heraus, die Insel Madeira bei Bedarf militärisch zu besetzen,[92] auch für den Fall, dass sich Portugal dafür entscheiden würde, den Krieg mit Frankreich zu verhindern und die Häfen für britische Schiffe zu schließen (Artikel III). Im zweiten Zusatzartikel wird für den Fall einer Schließung der Häfen für Schiffe unter britischer Flagge die Auflösung jeglicher Staatsverträge zwischen Portugal und Großbritannien angedroht.[93]

Drei Tage vor seiner endgültigen Abreise verkündete João seinen Untertanen per Dekret, dass er „mit allen Mitteln versucht habe, die Neutralität [im Konflikt zwischen Frankreich und Großbritannien] zu wahren". Doch nun marschierten überall im portugiesischen Reich französische Truppen, die „ganz speziell gegen seine königliche Person" ausgerichtet seien. Daher seien seine „treuen Untertanen" weniger gefährdet, wenn er sich aus „diesem Reich" zurückziehe.[94] Er verkündete in dem gleichen Dekret, dass er in die „Staaten von

---

91 Geheimer Staatsvertrag zwischen Portugal und Großbritannien vom 22. Oktober 1807, IAN/TT Casa Forte – Inglaterra cx. 2, No. 2.
92 Zur geopolitischen Bedeutung Madeiras während der napoleonischen Kriege siehe RODRIGUES, Paulo Miguel Fagundes de Freitas/António VENTURA, A política e as questões militares na Madeira: o período das guerras napoleónicas, Funchal 1999.
93 Geheimer Staatsvertrag, Article II Additionel, IAN/TT Casa Forte – Inglaterra cx. 2, No. 5.
94 Dekret vom 26. November 1807, abgedruckt in: PEREIRA, D. João VI príncipe e rei, Bd. 1, S. 279–281. Vgl. auch LUSTOSA, Isabel/Théo Lobarinhas PIÑEIRO, Pátria e Comércio. Negociantes portugueses no Rio de Janeiro, Rio de Janeiro 2008, S. 42f.

Amerika" gehen und seinen Hof in Rio de Janeiro installieren würde, bis in Europa der „allgemeine Frieden" (*paz geral*) wieder hergestellt sei. Eine Erklärung, warum Rio de Janeiro das Ziel seiner Reise sein würde, lieferte er nicht – möglicherweise, weil diese Option gar keiner weiteren Erklärung bedurfte. Die Aussage, dass die französischen Truppen es speziell auf seine Person abgesehen hätten, und er ausschließlich zum Wohle seiner Untertanen das Land zu verlassen gedenke, steht in einigem Widerspruch zu dem Umstand, dass João rund 15 000 seiner Gefolgsleute gleich mit einschiffen ließ.[95] Und trotz der Beteuerung des Monarchen, dass seine Abwesenheit nur eine vorübergehende sein würde (bis wieder Frieden herrsche), ließen die umfangreichen Umzugsvorbereitungen, die die Verladung der gesamten Maschinerie der Regierung, rund der Hälfte des in Portugal zirkulierenden Geldes (80 Millionen Cruzados), sämtlicher Paraphernalia des Staates sowie der gesamten königlichen Bibliothek (rund 60 000 Bände) bedeuteten, eine provisorische und kurzfristige Lösung vermutlich schon damals eher unwahrscheinlich erscheinen.[96]

Wie reagierten Zeitgenossen in Lissabon auf das beispiellose Unterfangen der Verlegung des gesamten Hofstaates? Die Berichte sind widersprüchlich, die Abreise ist mythenumrankt.[97] Ana Cristina Araújo zufolge ist es unmöglich zu wissen, was Zeitgenossen am 29. November 1807 „tatsächlich" empfanden. Fest steht, dass man in bestimmten Kreisen bereits einige Wochen vorher über die Pläne informiert war. Ein wohlhabender Kaufmann, Pedro Gomes, schrieb Anfang November 1807 seinem Schwiegervater, dass er sich um einen Platz für die Überfahrt bemühe. Dies sei jedoch kein leichtes Unterfangen, da es viele Menschen gebe, die nach Brasilien ausreisen wollten, und nur wenige Schiffe.[98] Luís da Cunhas Prophezeiung von 1734 erfüllte sich letztlich: Menschen beiderlei Geschlechts drängten auf die Schiffe, um dem Monarchen nach Rio de Janeiro zu folgen. Rio Seco, der Beauftragte für

---

95 In der Forschungsliteratur schwanken die Personenangaben zwischen 8 000 und 20 000, wobei die Zahl 15 000 am häufigsten genannt wird.
96 Für Einzelheiten über die Einschiffung der Güter und Menschen siehe GRAHAM, Richard, Commentary to MANCHESTER, Alan K., The Transfer of the Portuguese Court, in: Henry H. KEITH/S. F. EDWARDS (Hrsg.), Conflict and Continuity in Brazilian Society, Columbia 1969, S. 184–189; PEREIRA, D. João VI, Príncipe e Rei, Bd. 1, S. 121; MANCHESTER, British Preëminence, S. 67. Für eine detailliertere Auflistung der Dokumente und Bücher, die verschifft wurden, siehe SCHWARCZ, Lilia Moritz, A Longa Viagem da Biblioteca dos Reis: Do Terremoto de Lisboa à Independência do Brasil, São Paulo 2002 sowie WILCKEN, Império à Deriva, S. 38ff.
97 Zu den unterschiedlichen Varianten siehe SCHWARCZ, A Longa Viagem da Biblioteca dos Reis, S. 215ff.; MALERBA, A Côrte no Exílio, S. 199ff.
98 Pedro Gomes an seinen Schwiegervater, Conde de Cunha, 2. November 1807, abgedruckt in: PEREIRA, D. João VI, Príncipe e Rei, Bd. 1, S. 171.

die Reisevorbereitungen, berichtete unmittelbar vor der Abreise von Unruhe und Angst in den Straßen Lissabons und von Menschentrauben, die sich vor den neuesten Bekanntmachungen der Regierung bildeten. Eusébio Gomes, Kämmerer des Palastes in Mafra, schrieb in sein Tagebuch, dass am Hafen inmitten von „Tränen und Seufzern" viele Menschen zwischen Kästen und Kisten, Koffern und Truhen die ersehnte Ankunft der Schiffe diskutierten.[99] Thomas O'Neil berichtete von „Trauer" und „Existenzangst" in der Lissaboner Bevölkerung, als die Entscheidung des Prinzregenten publik wurde.[100] Andere Zeugen beschreiben die Szene der Abreise hingegen als unaufgeregt. Die Lissabonner Bevölkerung vermittelte demnach das Bild eines „schwatzhaften Volkes", das unerschrocken bis indifferent auf das Szenario des abreisenden Prinzregenten blickte.[101] Königin Maria I, die geistig verwirrte Mutter Joãos, mahnte angeblich zur Besonnenheit: „Geht langsam an Bord, sonst denken die Leute, dass wir fliehen."[102] Mehrere künstlerische Bearbeitungen, die wahrscheinlich offizielle Varianten der Wirklichkeit darstellen, zeigen den Moment kurz vor der Abfahrt: Der Kupferstich von Francisco Bartolozzi *Embarque da família real para o Brasil* (1807) zeichnet ein friedliches Bild vom Hafen; zwischen voll bepackten Kutschen steht João, umgeben von Ministern und Höflingen.[103] Zwei Kleriker im Vordergrund beobachten aufmerksam das Geschehen. Nichts auf diesem Bild deutet auf etwas Außergewöhnliches oder Dramatisches hin (siehe Abbildung 1). Eine Allegorie auf den Abzug des Hofes von Domingos Sequeira zeigt den Prinzregenten an der Seite der Vorsehung, dargestellt als Frau mit einem göttlichen Auge auf der Brust, die in Richtung Atlantik zeigt (siehe Abbildung 2).[104] In einem in London gedruckten portugiesischen Pamphlet wurde der „wunderbare Plan" von Rodrigo de Sousa Coutinho als „einziger Ausweg" bejubelt, da die portugiesische Regierung in Brasilien „vor der Tyrannei in Europa" sicher und Portugal daher „gerettet" sei.[105] Auch wenn Zeitgenossen angesichts des Hoftransfers wütend

---

99 Araújo, As invasões, S. 25.
100 O'Neil, A vinda da família real Portuguesa para o Brasil, S. 57.
101 Araújo, As invasões, S. 25.
102 Monteiro, Tobias, História do Império. A elaboração da Independência, Rio de Janeiro 1927, S. 59, zitiert nach Wilcken, Império à Deriva, S. 39.
103 Das Original befindet sich im Arquivo Histórico-Militar in Lissabon und wird beschrieben in: Araújo, As invasões, S. 26. Ein weiteres Gemälde von Nicolas Louis Albert Delerive, auf dem die Abreise des Prinzregenten abgebildet ist, bespricht: França, José-Augusto, Lisboa. História Física e Moral, Lissabon 2009, S. 487.
104 Araújo, As invasões, S. 27.
105 Anonym, Reflexões sobre a conduta do Príncipe Regente de Portugal, London: Off. De T. Harpes. 4 Crane Court, Oktober 1807, IAN/TT Série Azul, ms. 1884, zitiert nach Silva, Inventando a Nação, S. 192.

oder verzweifelt gewesen sein sollten: In den Dokumenten der Lissabonner Polizeiintendanz, in denen normalerweise jeder Tumult und jede „gefährliche" Bewegung in der Stadt – einschließlich streunender Hunde[106] – minutiös verzeichnet wurden, sind keine Aufstände oder blutige Konflikte in den Tagen vor und nach der Abreise verzeichnet.

Zusammenfassend lässt sich sagen, dass die anrückende napoleonische Armee durchaus eine reale Gefahr darstellte, und dass der Transfer des Königshofes ohne Zweifel eine Strategie war, die wichtigste Kolonie Brasilien zu retten und das *Ancien Régime* zu erhalten. Die Option hätte jedoch nicht offen gestanden, wenn die Raumbezüge, die ihr zugrunde lagen, nicht bereits lange vorher etabliert worden wären. Einen Hinweis darauf, wie selbstverständlich, ja automatisiert der Rückgriff auf die seit Jahrhunderten tradierte alternative räumliche Ordnung geschah, liefert der Umstand, dass sie schon beim ersten Anzeichen der Krise von den portugiesischen Staatsmännern diskutiert wurde. Einen weiteren Hinweis auf den bereits im Vorfeld festzustellenden quasirealen Charakter und die Akzeptanz der neuen Ordnung gibt die Bereitschaft zahlreicher Angehöriger der Eliten, dem Prinzregenten nach Amerika zu folgen.

Für eine befriedigende Erklärung, warum bei der Suche nach einer alternativen räumlichen Ordnung gerade diese und keine andere gefunden wurde, reicht es kaum aus, die Handlungen der Akteure unmittelbar vor dem Transfer zu untersuchen und auf die Pläne einer einzelnen Regierung (in diesem Fall diejenige Joãos) zurückführen. Vielmehr muss der Rahmen berücksichtigt werden, der die Bedingungen und Möglichkeiten (politischer) Entscheidungen vorgab. Weil jene Raumordnung, nach der die Hauptstadt Portugals in Brasilien liegen sollte, eine bereits seit dem 16. Jahrhundert im Denken der Portugiesen verankerte Vorstellung war, bildete sie im Vorfeld der napoleonischen Invasion eine „mögliche Realität"[107] und somit eine Art parallele räumliche Ordnung, auf die man in der akuten Gefahrensituation rekurrieren konnte. Der Transfer des Königshofes von Lissabon nach Rio de Janeiro stellte sich in den Augen der portugiesischen Staatsmänner als jene Lösung dar, die zunächst den geringsten Bruch im imperialen Raum verursachte, da durch ihn sowohl die Monarchie als auch die Integrität des Kolonialreiches erhalten werden konnten.

---

106 Polizeiintendant Lucas Seabra da Silva an Prinzregent João, Lissabon am 3. Juli 1807, IAN/TT IGP Livro 9, S. 76–77.
107 LYRA, Utopia do poderoso Império, S. 21; SANTOS, Afonso Carlos Marques dos, A Fundação de uma Europa Possível, in: TOSTES/BITTENCOURT (Hrsg.), D. João VI, S. 9–17. S. 10.

Abbildung 1   Kupferstich von Francisco Bartolozzi *Embarque da família real para o Brasil* (1807)
Reproduktion aus: Araújo, As invasões francesas e a afirmação das ideias liberais, S. 26.

Verhandlungen, Entscheidung, Abreise | 71

Abbildung 2 Gravur von Gregório Francisco de Queiroz *Alegoria à retirada do Príncipe D. João para o Brasil* (1817)
Reproduktion aus: Araújo, As invasões francesas e a afirmação das ideias liberais, S. 25.

2.3 Öffnung der brasilianischen Häfen und Bruch mit dem „Kolonialpakt"

Mindestens ebenso bedeutsam für die räumliche Neuordnung des portugiesischen Imperiums wie der Transfer des Königshofes von Europa nach Amerika war der Akt, der am 28. Januar 1808 in Salvador da Bahia vollzogen wurde: die *abertura dos portos*, die Öffnung der brasilianischen Häfen für den internationalen Freihandel. Mit einem einzigen kurzen Dekret verfügte der soeben aus Europa eingetroffene Monarch darüber, dass Händler „aller befreundeten Nationen" in allen Häfen Brasiliens mit Waren aller Art handeln durften. Das rund 300 Jahre alte koloniale Monopolsystem, bei dem jeder Handel über Portugal abgewickelt werden musste, hatte von einem Moment auf den anderen ausgedient. Anders als in den hispanoamerikanischen Gebieten, in denen der Monopolhandel mit Spanien Anfang des 19. Jahrhunderts schrittweise abgeschafft wurde, geschah der Übergang vom exklusiven zum freien Handel in Brasilien mit einer klareren Zäsur.[108]

Ganz ohne Pomp vollzog sich in der tropischen Januarhitze von Salvador da Bahia, was in der späteren Interpretation von Ökonomen, Historikern und Politikern, wenn nicht bereits die faktische Unabhängigkeit, so zumindest einen „wichtigen Schritt zur politischen Emanzipation"[109] oder eine „neue historische Phase"[110] Brasiliens markierte. Die klassischen Interpretationen des 20. Jahrhunderts werten die Öffnung der Häfen je nach Perspektive als Start- oder Fluchtpunkt der gesellschaftlichen und ökonomischen Transformationen, etwa als „Beginn der Unabhängigkeitsrevolution" (Caio Prado Júnior) oder als deutlichsten Ausdruck der Krise des *Antigo Regime*, die Ende des 18. Jahrhunderts einsetzte (Fernando Novais). Der portugiesische Historiker José Hermano Saraiva sprach von einem „ersten Schritt der ökonomischen Dekolonisation".[111]

---

108 LYNCH, John, As origens da independência da América espanhola, in: Leslie BETHELL (Hrsg.), História da América Latina, Bd. 3: Da independência até 1870, São Paulo 2001, S. 42f.
109 SECCO, A „Revolução Liberal", S. 198 (mit Fußnote 3); RUSSELL-WOOD, Colonial Roots of Independence, S. 334; DIAS, Interiorização da Metrópole, S. 165. Juscelino Kubitschek, 1956–1961 Staatspräsident von Brasilien, sprach davon, dass das Ereignis den „Beginn der nationalen Unabhängigkeit" markierte, KUBITSCHEK, Juscelino, [Geleitwort], in: Pedro CALMON, Sesquicentenário da abertura dos portos 1808–1958. O príncipe, o Economista e os Documentos, Rio de Janeiro 1958, S. 1.
110 PANTELÃO, Olga, A presença inglesa, in: Sérgio Buarque de HOLANDA (Hrsg.), História geral da civilização brasileira 2/1, São Paulo 1962, S. 64–99, S. 72.
111 Das Ende der Unabhängigkeitsrevolution datiert der Autor 1831 mit der Abdankung Pedros I, PRADO Júnior, Evolução política do Brasil; NOVAIS, Portugal e Brasil na crise do antigo sistema colonial; SARAIVA, História concisa de Portugal, S. 273.

Es ist paradox, dass der Öffnung der Häfen, obschon weithin als historische Zäsur gehandelt, in der Forschung verhältnismäßig wenig Aufmerksamkeit geschenkt worden ist.[112] Francisco Adolfo Varnhagen (1816–1878) verwandte in seiner *História Geral do Brasil* nur wenige Zeilen auf das Ereignis, und dies hat sich in den meisten historiographischen Darstellungen fortgesetzt.[113] Oft wird die *abertura* weder problematisiert noch kontrovers diskutiert, sondern als „natürliche Konsequenz der Anwesenheit des Hofes in Brasilien",[114] als „Notmaßnahme"[115] oder als eine „in Hast beschlossene"[116] „historische Unvermeidbarkeit"[117] gehandelt.

Erst in jüngster Zeit, anlässlich des 200. Jahrestages, wurde die Selbstverständlichkeit der Ereignisse verstärkt bezweifelt und die Frage nach der *abertura* neu gestellt.[118] Dabei folgen neuere Interpretationen meistens einer der drei Hauptlinien, die Manuel Pinto de Aguiar bereits 1960 aufgezeigt hat: Die Öffnung der Häfen wird demnach begründet erstens mit Notwendigkeiten der eigenen (brasilianischen) Wirtschaft, zweitens dem Wirken des liberalen Ökonomen und Staatsmannes José da Silva Lisboa (späterer Conde de Cairu) bzw. dem allgemeinen Glauben der portugiesischen Autoritäten an den Freihandel oder drittens mit dem britischen „imperialistischen" Druck.[119]

Aus heutiger Sicht und vor dem Hintergrund der intensiven Diskussion um globale Integration bzw. Desintegration lässt sich konstatieren, dass die Öffnung der Kolonie für das System des Freihandels in jenem Moment einen radikal veränderten Wirtschaftsraum schuf. Die im 19. Jahrhundert vollzogenen unterschiedlichen Einbindungen imperialer Räume in unterschiedliche Wirtschaftsräume („Weltmärkte") führten stets zu neuen Abhängigkeiten, er-

---

112 Ricupero, Rubens, O problema da Abertura dos Portos, in: Luís Valente de Oliveira/Rubens Ricupero (Hrsg.), A Abertura dos Portos, São Paulo 2007, S. 16–59, S. 17.
113 Vgl. zum Beispiel die acht Zeilen bei Barman, Forging of a Nation, S. 46.
114 Granziera, Rui Guilherme, Riqueza e Tradição na Independência, in: Tamás Szmrecxányi/José Roberto do Amaral Lapa (Hrsg.), História econômica da Independência e do Império, São Paulo 2002, S. 47–58, S. 52.
115 Alexandre, Sentidos do Império, S. 174.
116 Prado Júnior, Caio, História econômica do Brasil, São Paulo 2000.
117 Falcón und Mattos nannten 1972 die Öffnung der Häfen aufgrund der historischen Umstände „unvermeidbar und unaufschiebbar", Falcón, Francisco C./Ilmar Rohloff Mattos, O processo de Independência no Rio de Janeiro, in: Mota (Hrsg.), 1822: Dimensões, S. 292–339, S. 303.
118 Vgl. den Sammelband: Oliveira, Luís Valente de/Rubens Ricupero (Hrsg.), A Abertura dos Portos, São Paulo 2007.
119 Aguiar, Manuel Pinto de, A Abertura dos Portos. Cairu e os inglêses, Salvador 1960, S. 23f.

öffneten aber gleichzeitig neue Chancen.[120] Derartige ökonomische Veränderungen wirken auf die lokalen Verhältnisse ein und haben Konsequenzen für die Identitätsbildung jener sozialen Gruppen, die entweder von ihnen profitieren oder aber unter ihnen leiden; auf längere Sicht setzen sie neue Verräumlichungsprozesse in Gang, verändern mithin den politischen Raum.[121]

Da die Öffnung der brasilianischen Häfen am 28. Januar 1808 – und nicht etwa der Transfer des Hofes von Lissabon nach Rio – de facto die Etablierung einer neuen räumlichen Ordnung bedeutete und am „Anfang von Spannungen aller Art" stand, die in der Folge zwischen Portugal und Brasilien erwuchsen,[122] ist es ratsam, ihr Zustandekommen näher zu beleuchten. Ziel soll sein, Antworten auf folgende Fragen zu finden: Wozu und wem diente die Öffnung der brasilianischen Häfen? Wer sprach bei der Verhandlung? Von wo aus wurde gesprochen?

Es lohnt, zunächst einmal die Aufmerksamkeit auf den Wortlaut der insgesamt spärlich vorhandenen Quellen zu richten: Das erste Dokument ist eine „Darstellung" (*representação*) des Gouverneurs von Bahia, Conde da Ponte, die vom 27. Januar 1808 datiert. Sie enthält zwei zentrale Bitten, denen der Monarch „im Namen des Handels, der Landwirtschaft und zum Wohle all dieser Einwohner, und zum Wohle der königlichen Einkünfte" nachkommen müsse: erstens die Aufhebung des Embargos über die Ausfahrt von Schiffen und zweitens die Erlaubnis, „jede Art von Gütern" auszuführen. Andernfalls, so heißt es in dem Dokument, sei „der Handel bedroht, die Landwirtschaft verloren, die Einwohner der Misere und die königlichen Einkünfte der Stagnation ausgesetzt".[123] Die konzise *Carta Régia* vom 28. Januar 1808, die den ersten in der Neuen Welt entstandenen königlichen Erlass darstellt,[124] ist eine Reaktion Joãos auf dieses Schriftstück. Konkret geht der Monarch auf das Pro-

---

120 OSTERHAMMEL, Verwandlung der Welt, S. 665f.
121 BRENNER, Neil, Beyond State-Centrism? Space, Territoriality, and Geographical Scale in Globalization Studies, in: Theory and Society 28, 1999, S. 39–78, S. 43.
122 NOVAIS, Fernando, Notas para o estudo do Brasil no comércio internacional do fim do século XVIII e início do século XIX (1796–1808), in: DERS., Aproximações: estudos de história e historiografia, São Paulo 2005, S. 105; PEDREIRA, From Growth to Collapse, S. 850; SERRÃO, Joel, Os Remoinhos Portugueses da Independência do Brasil, in: MOTA (Hrsg.), 1822: Dimensões, S. 48–55, S. 48.
123 Gouverneur Conde da Ponte an João, Salvador am 27. Dezember 1807, in: CALMON, Pedro, Sesquicentenário da abertura dos portos 1808–1958. O príncipe, o Economista e os Documentos, Rio de Janeiro 1958, S. 102.
124 CARDOSO, José Luís, A transferência da Corte e a Abertura dos Portos: Portugal e Brasil entre a ilustração e o liberalismo econômico, in: Luís Valente de OLIVEIRA/Rubens RICUPERO (Hrsg.), A Abertura dos Portos, São Paulo 2007, S. 166–195, S. 179.

blem ein, dass der Handel der Capitania[125] Bahia durch „kritische Umstände in Europa unterbrochen und gesperrt" sei, und zwar mit „großem Schaden" für seine Untertanen und das königliche Finanzwesen (*Real Fazenda*). In dieser „wichtigen Angelegenheit" wolle er eine sofortige Maßnahme ergreifen, die geeignet sei, die Lage zu verbessern. „Einstweilig und provisorisch", bis ein „allgemeines" System etabliert sei, verfügte der Monarch das Folgende: Erstens, dass „alle und jedwede Lebensmittel, Güter und Handelswaren" (*todos e quaisquer gêneros, fazendas, e mercadorias*) an den Zollämtern Brasiliens zugelassen werden, die entweder in ausländischen Schiffen jener Mächte, die sich in „Frieden und Harmonie" mit der portugiesischen Krone befänden, oder in Schiffen der eigenen Untertanen transportiert werden, wobei für die Einfuhr 24 Prozent auf den Importwert gezahlt werden müsse (zuvor war die Einfuhr mit 30 Prozent besteuert worden[126]). Zweitens verfügte er, dass nicht nur die eigenen Untertanen, sondern auch Ausländer Lebensmittel und Kolonialprodukte (mit Ausnahme von Brasilholz und einigen anderen Gütern) ausführen durften, und zwar zu allen Häfen, die dazu geeignet schienen, Handel und Landwirtschaft zu „verbessern".[127] Es gehe darum, den „unterbrochenen und gesperrten" Handel, der seinen Untertanen „großen Schaden" zufüge, wieder zu aktivieren. João benutzte hier den Ausdruck „meus vassalos", also „meine Untertanen". Wer aber war hier genau gemeint? Auch wenn es nicht explizit erwähnt wird, ist es unwahrscheinlich, dass es um die Gesamtheit aller portugiesischen Untertanen dies- und jenseits des Atlantiks in Portugal und Brasilien ging. Gemeint waren vielmehr die Angehörigen der Landoligarchie in Bahia, die ihre Waren trotz der angesprochenen „kritischen Verhältnisse" nach Europa exportieren wollten. Die *Carta Régia* ist schließlich eine Antwort auf das Gesuch des Gouverneurs von Bahia, das in ihrem Namen verfasst wurde. Mit anderen Worten: Schon aus Form, Logik und Wortlaut wird ersichtlich, dass der ursprüngliche Impuls für die *abertura* offensichtlich von diesen Großgrundbesitzern ausging.[128]

---

125 Brasilien war in 15 koloniale Verwaltungseinheiten, in „Kapitanien" (*capitanias*), eingeteilt.
126 CARDOSO, A transferência da Corte e a Abertura dos Portos, S. 180. Ausnahmen stellten bestimmte Flüssigkeiten (*molhados*) dar, Weine, Schnäpse und Öle, für die die Händler den doppelten Zollsatz zahlen mussten.
127 *Carta Régia* von João an den Conde da Ponte, Bahia am 28. Januar 1808, zitiert nach CARDOSO, A transferência da Corte e a Abertura dos Portos, S. 194.
128 Alexandre spricht vom „Druck der lokalen Interessen", ALEXANDRE, Valentim, A carta régia de 1808 e os tratados de 1810, in: OLIVEIRA/RICUPERO (Hrsg.), A Abertura dos Portos, S. 100–121, S. 111.

Bahia war nach Rio de Janeiro und knapp vor Pernambuco die in ökonomischer Hinsicht zweitwichtigste Kapitanie Brasiliens. Der wertmäßige Anteil der Güter, die Portugal jeweils importierte und wieder exportierte, belief sich für die Zeit von 1796 bis 1808 für die Kapitanie Rio de Janeiro auf 28,7 Prozent, für Bahia auf 22,1 Prozent und Pernambuco auf 19,3 Prozent. Zum Vergleich: Alle Güter der asiatischen Besitzungen Portugals zusammen machten nur 14,3 Prozent des Gesamtvolumens aus.[129] Die wichtigsten Exportgüter Bahias waren Zucker, Tabak, Baumwolle und Leder,[130] wobei die Region beim Tabakexport quasi eine Monopolstellung genoss. Nicht nur beim Export, auch beim Import von portugiesischen Produkten lag Bahia in der Zeit zwischen 1796 und 1808 mit 21,2 Prozent an zweiter Stelle hinter Rio de Janeiro (29,9 Prozent) und importierte dabei alleine mehr als alle afrikanischen, asiatischen und Inselbesitzungen der Portugiesen zusammen.[131] Wie diese Daten deutlich machen, war Bahia ein Schwergewicht innerhalb des portugiesischen Wirtschaftssystems. Seine wichtigste ökonomische Einheit stellte die Zuckerrohrfarm (*engenho*) dar. Ende des 18. Jahrhunderts gab es in Bahia 260 *engenhos*, eine Anzahl, die auf brasilianischem Territorium nur von Pernambuco mit 296 *engenhos* übertroffen wurde. Auf jedem *engenho* gab es zwischen 80 und 1 400 Sklaven; in kaum einer anderen Region der Welt differierte das Verhältnis von Sklaven zu Freien so stark wie im Nordosten Brasiliens. Die Großgrundbesitzer zeichneten sich dadurch aus, dass sie einerseits ultrakonservativ, andererseits liberal eingestellt waren: Das sozioökonomische System der Zuckerproduktion basierte bis zur späten Abolition 1888 nahezu ausschließlich auf Sklavenarbeit.[132] Gleichzeitig verfochten die Großgrundbesitzer seit dem ausgehenden 18. Jahrhundert verstärkt europäische Ideen der Aufklärung und des Freihandels. Liberalismus hieß für sie vor allem die Lösung von den kolonialen Fesseln; eine Veränderung der sozialen Struktur und die Abschaffung der Sklaverei kamen nicht in Frage.[133] Auch wenn der

---

129 ARRUDA, José Jobson de Andrade, A produção econômica, in: Maria Beatriz Nizza da SILVA (Hrsg.), O Império Luso-brasileiro 1750–1822, Lissabon 1986, S. 85–153, S. 139. Die brasilianischen Regionen zusammen stellten insgesamt 83,7 Prozent der Exporte nach Portugal, ARRUDA, José Jobson de Andrade, A circulação, as finanças e as flutuações econômicas, in: Maria Beatriz Nizza da SILVA (Hrsg.), O Império Luso-brasileiro 1750–1822, Lissabon 1986, S. 154–214, S. 174f.
130 ARRUDA, José Jobson de Andrade, O Brasil no comércio colonial, São Paulo 1980, S. 189–208; PEDREIRA, From Growth to Collapse, S. 843.
131 ARRUDA, A circulação, as finanças e as flutuações econômicas, S. 173f.
132 FURTADO, Formação Econômica do Brasil, S. 67.
133 COSTA, Emilia Viotti da, Introdução ao estudo da emancipação política do Brasil, in: Manuel Nunes DIAS (Hrsg.), Brasil em perspectiva, São Paulo 1968, S. 64–125, S. 90–92.

Sklaven haltende Zuckerbaron, der sich die Maxime des Liberalismus auf seine Fahnen schrieb, aus heutiger Sicht ein Kuriosum sein mag: Erkenntnisse der modernen Kulturtransferforschung besagen, dass es keine falsche Interpretation des Fremden (auch nicht einer fremden Ideologie) gibt, sondern dass es üblicherweise bei Prozessen der Aneignung zu einer Selektion gemäß den eigenen Interessen kommt.[134] Während der Liberalismus in Europa ein Instrument der Bourgeoisie war, mit dem sie gegen die Macht der Könige, die Privilegien des Adels und die feudalen Institutionen kämpfte, schöpften in Brasilien die Angehörigen der Landoligarchie aus dem Liberalismus Argumente gegen den metropolitanen Monopolhandel. In dieser Selektion kommt der Wunsch der Großgrundbesitzer nach Unabhängigkeit von ökonomischen Restriktionen der portugiesischen Krone zum Ausdruck.[135]

Was bedeutet es nun, dass die „Untertanen" in dem Erlass nicht näher benannt und verortet werden? Ist dies nicht ein relativ sicheres Zeichen dafür, dass es in den Verhandlungen gelungen ist, die Interessen der auf brasilianischem Territorium agierenden Wirtschaftselite, die auf Export ausgerichtet war, als die Interessen der Gesamtheit der Portugiesen in unterschiedlichen Weltteilen zu verkaufen? Die Tatsache, dass in dem Dokument die Einwohner Brasiliens als pars pro toto für die Gesamtheit der Untergebenen stehen, deutet darauf hin, dass hier eine Verschiebung der wirtschaftlichen und politischen Kräfteverhältnisse schon vor dem Transfer des portugiesischen Hofes stattgefunden haben muss, und dass dies auch mit einem neuen Selbstbewusstsein der lokalen Großgrundbesitzer einherging. Auch bemerkenswert ist, dass die Anliegen der nicht näher verorteten Untertanen in den beiden entscheidenden Dokumenten mit den finanziellen Anliegen der Krone gekoppelt sind – sie werden zumindest jeweils im gleichen Atemzug und unmittelbar hintereinander erwähnt. Der Schaden, den der unterbrochene Handel und die kritische Situation für die Untergebenen haben, treffe demnach gleichsam das königliche Finanzwesen.

Insgesamt lässt sich konstatieren, dass die bahianischen Großgrundbesitzer mit ihrer Forderung nach der Öffnung der Häfen geschickt auf den Hoftransfer reagierten und die Politik des Monarchen in ihrem Sinne zu beeinflussen wussten. Auch wenn nicht viele Quellen überliefert sind, wird allein aus dem Ergebnis der Verhandlungen deutlich, dass offenbar eine Kongruenz bestand

---

134 MIDDELL, Kulturtransfer und transnationale Geschichte, S. 54. Vgl. auch COSTA, The Brazilian Empire, S. xxi.
135 COSTA, Political Emancipation of Brazil, S. 49 und S. 63; WEINSTEIN, Barbara, Slavery, Citizenship, and National Identity in Brazil and in the U.S. South, in: Don H. DOYLE/Marco A. PAMPLONA (Hrsg.), Nationalism in the New World, Athens/London 2006, S. 248–271.

zwischen den Interessen der Großgrundbesitzer Bahias und den Interessen des Prinzregenten, der durch die Erlaubnis des freien Handels seine (Steuer-) Einnahmen zu erhöhen gedachte. Leicht lässt sich hier eine neue geopolitische Orientierung der Krone ableiten, nämlich die Brasilianisierung der Wirtschaftspolitik: In Zeiten der Krise seines Imperiums wollte und konnte der Monarch auf die ökonomisch potenten Gruppen in der Neuen Welt setzen und dabei – zumindest vorerst – den „Kollaps der merkantilen Elite in Portugal",[136] die seit Jahrhunderten am Monopolhandel verdient hatte, in Kauf nehmen.

Viele Historiker haben als eigentlichen Drahtzieher hinter dem Bruch mit dem Kolonialpakt den brasilianischen Juristen und Intellektuellen José da Silva Lisboa (1756–1835), den späteren Conde de Cairu, gesehen. Er gilt als einer der einflussreichsten politischen Denker des ausgehenden 18. und frühen 19. Jahrhunderts und Begründer der politischen Ökonomie in Brasilien. Gebürtig aus Salvador da Bahia, ausgebildet an der portugiesischen Universität zu Coimbra, war er begeisterter Anhänger Adam Smiths und des Freihandels.[137] Den Freihandel stets als „beste Wirtschaft" propagierend, hatte er in seinem Werk *Princípios de Economia Política* (1804) bereits geschrieben: „Um wieder ein Übergewicht zu erreichen, das ihr auf der politischen Waage zusteht, reicht es, wenn die portugiesische Krone ihre Quellen des Reichtums öffnet."[138] In seinen 1808/09 erschienenen „Beobachtungen über den Freihandel in Brasilien", mit der die von João mitgeführte Druckpresse eingeweiht werden sollte, legt er seine Argumente noch ausführlicher dar. Das Werk, das bezeichnenderweise dem Prinzregenten João als „Befreier des Handels" gewidmet ist, verbindet liberale ökonomische Ideen mit einer konservativ-monarchistischen Staatsauffassung. Lisboa vertrat die Ansicht, dass die Freiheit des Handels, reguliert durch eine „moralische Rechtschaffenheit", das „belebende Prinzip" der sozialen Ordnung und der „natürlichste und si-

---

136 PEDREIRA, From Growth to Collapse, S. 850. Vgl. auch SERRÃO, Os Remoinhos Portugueses da Independência do Brasil, S. 48.
137 Zum Liberalismus Silva Lisboas siehe PAIM, Antônio, Cairu e o liberalismo econômico, Rio de Janeiro 1968; PEREIRA, José Flávio/Lupércio Antônio PEREIRA, Instituições jurídicas, propriedade fundiária e desenvolvimento econômico no pensamento de José da Silva Lisboa (1829), in: História 25/2, 2006, S. 192–213, S. 192f.; MÜCKE, Ulrich, José da Silva Lisboa. Conservatism and Liberalism between Europe and America, in: PIEPER, Renate/Peer SCHMIDT (Hrsg.), Latin America and the Atlantic World. Essays in Honor of Horst Pietschmann, Köln/Weimar/Wien 2005, S. 177–194.
138 PAULA, Nogueira de, José da Silva Lisboa. Princípios de Economia Política, Rio de Janeiro 1956, S. 102, zitiert nach CALMON, A abertura dos portos, ohne Paginierung (Übersetzung der Autorin).

cherste Weg" für den Wohlstand der Nationen sei. Das gesteigerte Volumen der zollpflichtigen importierten und exportierten Waren vergrößere demnach kontinuierlich die Einnahmen (*recursos*) und erwecke die Gewerbe (*indústrias*) des Landes aus der „Lethargie". Ganz smithianisch argumentiert Lisboa, dass der „wahre Geist" des Handels ein sozialer sei, und dass der Freihandel das „Wohl der Nation" garantiere.[139] Es kommt hier, wie bereits erwähnt, jedoch entscheidend darauf an, wer mit „Nation" gemeint ist. Das, was Lisboa als „Wohl der Nation" bezeichnet, ist unübersehbar in erster Linie das Wohl der portugiesischen Krone, in zweiter Linie das der Landoligarchie in Brasilien – und sicherlich nicht das der merkantilen Eliten, die bis dato in Portugal, aber auch in Brasilien, von dem exklusiven Monopolhandel profitiert hatten.

José da Silva Lisboa war bei den Verhandlungen in Salvador zugegen, und obwohl keine schriftlichen Zeugnisse vorliegen, gilt als wahrscheinlich, dass er dort als einer der Hauptberater des portugiesischen Monarchen fungierte.[140] Unwahrscheinlich hingegen ist, dass er gleich einem Deus ex maquina die Geschicke des Imperiums – das heißt seiner ökonomischen Ordnung – bestimmte. Vielmehr muss von entscheidender Bedeutung für die Durchsetzung der Öffnung der Häfen gewesen sein, dass die Prinzipien und Möglichkeiten des Freihandels zu diesem Zeitpunkt in der bahianischen Landoligarchie bereits bestens bekannt waren. Die *Representação*, die der Gouverneur vorlegte, belegt das Vorhandensein eines solchen Bewusstseins. Die Krone ihrerseits zeigte mit ihrem Antwortschreiben eine bemerkenswerte Flexibilität: Ebenso wie der Umzug des Hofstaates von einem Kontinent auf den anderen von einer großen Bereitschaft gezeugt hatte, die zur Verfügung stehenden geostrategischen Möglichkeiten auszuloten und umzusetzen, belegt die Öffnung der Häfen die Bereitschaft, auf veränderte Bedingungen des Handels zu reagieren.

Wie steht es nun um die These des britischen Drucks auf Portugal? In der Vergangenheit ist die *abertura* häufig dahingehend interpretiert worden, dass die *Carta Régia* zwar eine Öffnung der Häfen für alle befreundeten Nationen vorsah, dass damit in der Praxis jedoch ausschließlich oder vor allem Großbritannien gemeint gewesen sei, da es aufgrund der Kontinentalsperre ohnehin keiner anderen Nation Europas möglich war, mit Brasilien Handel zu treiben.[141] Diese Sichtweise lässt sich am ehesten auf jene historiographi-

---

139 LISBOA, Fernando da Silva, Observações sobre o comércio franco do Brasil, Rio de Janeiro: Impressão Régia 1808/1809.
140 MARTINS, Governação e Arquivos, S. 117.
141 Einigen Historikern zufolge ging die Öffnung der Häfen direkt auf die Aktionen von Briten zurück, vgl. zum Beispiel GRAHAM, Richard, Sepoys and Imperialists: Techniques of British Power in Nineteenth-Century Brazil, Inter-American Economic Affairs 23, 1969, S. 23–37, S. 24.

sche Tradition zurückführen, die stark von Theorien globaler Reichweite (Kapitalismus, Dependenztheorie) beeinflusst ist. In älteren Publikationen ist vielfach zu lesen, dass Portugal spätestens seit den Methuen-Verträgen von 1702 der „virtuelle Handels Vasall Großbritanniens"[142] war. Die Annahme, dass Großbritannien einen imperialistischen Druck auf Portugal ausgeübt und die Öffnung der Häfen erzwungen habe, vertritt aber (obwohl die großen Theorien „implodiert" sind[143]) auch heute noch zum Beispiel der brasilianische Wirtschaftshistoriker José Jobson de Andrade Arruda.[144] Nach dem aktuellen Stand der Forschung und im Zuge der Konjunktur von Theorien mittlerer Richweite (Verflechtung, akteurszentrierte Betrachtung) muss diese Sichtweise als einseitig und unpräzise, wenn nicht als unzulässig erscheinen, schon allein, weil Großbritannien und *das* portugiesische Imperium als Analyseeinheiten kaum noch in Frage kommen.

Behält man die konkreten Umstände des Ereignisses und die relevanten Akteure im Auge, ist die These des britischen Drucks kaum haltbar. Erstens waren weder britische Repräsentanten noch der pro-britisch eingestellte Berater Joãos, Rodrigo de Sousa Coutinho (Mitglied der „englischen Partei" am portugiesischen Hofe), bei den konkreten Verhandlungen um die Öffnung der Häfen anwesend.[145] Zweitens sorgte die plötzliche Öffnung der Häfen für „alle Nationen" bei britischen Diplomaten für nur eingeschränkte Begeisterung. Auf die Frage, ob die britische Regierung mit dem Dekret einverstanden sei, antwortete der Handelsattaché (*encarregado de negócios*) Hill, dass man zufriedener gewesen wäre, hätte man Großbritannien bessere Konditionen als anderen Nationen eingeräumt. Denn der geheime Staatsvertrag zwischen Portugal und Großbritannien vom 22. Oktober 1807, mit dem auch der Transfer des Hofes geregelt worden war, hatte lediglich die Öffnung eines einzigen Hafens, namentlich Santa Catarinas im Süden des Landes vorgesehen, und zwar ausschließlich für den britischen Handel.[146] Die *Carta Régia* ging also weit über die britischen Forderungen hinaus, ja lief diesen zuwider. Einige Historiker gehen so weit zu sagen, dass die Öffnung der Häfen den Versuch

---

142 MANCHESTER, British Preëminence, S. 16.
143 FALCÓN, Francisco, A identidade do historiador, in: Revista Estudos Históricos 9/17, 1996, S. 7–30, S. 12.
144 ARRUDA, José Jobson de Andrade, Uma colônia entre dois impérios. A abertura dos portos brasileiros 1800–1808, Bauru 2008.
145 Der britische Staatsminister Strangford sowie die engsten Berater des Prinzregenten – neben Coutinho war dies Araújo Azevedo von der „französischen Partei" – befanden sich auf Schiffen, die den direkten Weg nach Rio segelten und keinen Zwischenhalt in Salvador einlegten, RICUPERO, O problema da Abertura dos Portos, S. 22.
146 MANCHESTER, British Preëminence, S. 71.

darstellte, sich von der ökonomischen Vormachtstellung Englands – zumindest teilweise – zu befreien. Die Öffnung der Häfen für „alle befreundeten Nationen" war mit den Worten von Rubens Ricupero eine „seltene partielle Eklipse der britischen Hegemonie" über das luso-brasilianische Reich.[147]

Auch wenn ein direkter britischer Druck also kaum stattgefunden haben kann, ist die Abwesenheit britischer Staatsmänner am 28. Januar 1808 in Salvador noch kein Beweis dafür, dass die britische Politik keinerlei Einfluss ausgeübt hat. Im Sinne der *postcolonial studies* ist „English rule without the Englishmen", etwa durch eine Internalisierung imperialer Politik, durchaus möglich.[148] Wie aber lässt sich eine Internalisierung der britischen Politik in diesem Fall nachweisen oder widerlegen? Eine Betrachtung der in der Zeit *vor* 1808 ausgeübten Praktiken, die entweder auf die Durchsetzung des Monopolhandels und die Abwehr des Freihandels oder aber dessen Akzeptanz zielten, kann hier aufschlussreich sein.

Ebenso wie die spanische war die portugiesische Krone drei Jahrhunderte lang darum bemüht gewesen, ihre Besitzungen zum Schutz des exklusiven Handels hermetisch abzuriegeln. Wie illusorisch auch immer ein solches Vorhaben war,[149] zumindest dem Anspruch nach sollte ein geschützter Raum entstehen, innerhalb dessen Grenzen keine fremden Einflüsse die Entwicklung der Besitzungen in Übersee stören konnten.[150] Die Herrschaft über Brasilien auszuüben, jenen „üppigen Kontinent", der das „Kronjuwel" des portugiesischen Überseereiches darstellte, geschah in der Frühen Neuzeit vor allem über den Schutz der Küste, genauer: über die Kontrolle der Hafenstädte. Ein offizielles Verbot nicht-portugiesischer Schiffe in brasilianischen Häfen datiert bereits von 1591, Anfang des 18. Jahrhunderts wurde das Verbot aufgrund des Aufschwungs der Erz- und Edelsteingewinnung in Minas Gerais noch verschärft.[151] Doch nur in der Theorie war dieses Verbot absolut. Abgesehen davon, dass Schmuggelhandel wahrscheinlich weit verbreitet war, wurden auch die offiziellen Bedingungen für den Aufenthalt eines fremden Schiffes und sogar für den Warenhandel von und mit Ausländern stets neu verhandelt.

---

147 RICUPERO, O problema da Abertura dos Portos, S. 16–59. Eine Absage an die These des britischen Drucks erteilte auch AGUIAR, A Abertura dos Portos, S. 41.
148 Vgl. CONRAD, Sebastian, Deutsche Kolonialgeschichte, München 2008, S. 84.
149 JOHNSON, Lyman L./Susan Migden SOCOLOW, Colonial Centers, Colonial Peripheries, and the Economic Agency of the Spanish State, in: DANIELS/KENNEDY (Hrsg.), Negotiated Empires, S. 59–78, S. 68.
150 BÖTTCHER, Nikolaus, Monopol und Freihandel. Britische Kaufleute in Buenos Aires am Vorabend der Unabhängigkeit (1806–1825), Stuttgart 2008, S. 16.
151 WEHLING, Arno, Administração Portuguesa no Brasil de Pombal a D. João (1777–1808), Brasília 1986, S. 79.

Es lohnt, die Praxis der Abschottung oder eben Nicht-Abschottung zu beleuchten, das heißt die Gründe, die jeweils hinter konzedierten „Ausnahmen" standen: Wenn die Küste Brasiliens eine permeable Grenze war, wo tauchten dann schon vor der offiziellen Öffnung der Häfen Brüche und durchlässige Stellen auf?

Aufschlussreich zur Beantwortung dieser Frage sind die – in der Forschung in diesem Zusammenhang kaum beachteten – Dokumente des Zollamtes in Rio de Janeiro. In den Jahren zwischen 1791 und 1799 liefen durchschnittlich jährlich 25 nicht-portugiesische Schiffe in der Hauptstadt ein, in der Zeit zwischen 1800 und 1807 waren es bereits 54.[152] Die Analyse für die Zeit zwischen 1797 und 1807 zeigt, dass die Ankunft fremder Schiffe stets ein Ereignis von staatstragender Bedeutung war. Die zu diesen Anlässen produzierten Akten, die *Autos de embarcações em navios estrangeiros*, bestehen in der Regel aus etwa zehn bis 20 Seiten und umfassen neben Informationen über Schiffspersonal, Fracht und Itinerarium des jeweiligen Schiffes auch die Protokolle der Befragungen der Kapitäne.[153] Eine formalisierte Eingangsklausel weist jeweils darauf hin, dass die Akte auf Anordnung des Souveräns (für den betrachteten Zeitraum Königin Maria I bzw. Prinzregent João) angefertigt wurde; die Dolmetscher der Befragungen sowie die Protokollanten und Schreiber waren vereidigte Funktionäre der Krone. Die Analyse dieses Quellenkorpus enthüllt, dass fremde Schiffe in Notsituationen in Rio einlaufen durften (*arribada forçada*), etwa wenn der Mast gebrochen, ein anderer Teil des Schiffs beschädigt war oder die Besatzung unter Wassermangel litt.[154] Vor 1808 war es Aufgabe des jeweiligen Vizekönigs persönlich, den Notfall zu konstatieren und den Schiffen eine gewisse Anzahl von Tagen (meist 14 bis 20) im Hafen Rio de Janeiros zu gewähren.[155] Was den Handel anging, gab es von Regierungsseite zahlreiche Bestimmungen in Form von *Cartas Régias* oder *Avizos* (1711, 1715,

---

152 Pedreira, From Growth to Collapse, S. 856.
153 ANRJ, Vice-Reinado cx. 492–495 (*Autos de embarcações em navios estrangeiros*).
154 Oft tauchten mehrere Probleme gleichzeitig auf, etwa Mastbruch und Wassermangel, João Pedro Meyer an den Vizekönig von Brasilien, Conde de Rezende, Rio de Janeiro am 11. November 1806, ANRJ Vice-Reinado (Alfândega) cx. 495.
155 Conde de Rezende, Vizekönig von Brasilien, Rio de Janeiro am 11. Januar 1796, ANRJ, Vice-Reinado cx. 492, Pc. 1.; D. Fernando José de Portugal, Vizekönig von Brasilien, Rio de Janeiro am 19. Februar 1805, ANRJ, Vice-Reinado cx. 493. Hegten die Autoritäten den Verdacht auf Schmuggel oder auf unerlaubten Walfang, wurde die Fracht umgehend beschlagnahmt, Juiz e Ouvidor da Alfândega, Desembargador Jozé António Ribeiro Freire, an den Vizekönig von Brasilien, Conde de Rezende, Rio de Janeiro am 16. September 1799, ANRJ, Vice-Reinado cx. 495; Vizekönig Conde dos Arcos an Dezembargador Juiz e Ouvidor da Alfândega Antonio Ribeiro Freire, Rio de Janeiro am 20. April 1807, ANRJ Vice-Reinado, Alfandega, cx. 495.

1722, 1800, 1801, 1802), die jeweils „jede Art von Handel" mit Ausländern „absolut" verboten.[156] Generell wurde es Ausländern jedoch per „Gewohnheit" (*costume*) erlaubt, Waren zu verkaufen, damit sie von dem Erlös die Reparatur ihrer Schiffe zahlen und ihre Reise fortsetzen konnten, solange sie die doppelten Steuern (*direitos dobrados*) auf die verkauften Waren zahlten.[157] Auch einkaufen durften die Kapitäne in Brasilien, jedoch ausschließlich Lebensmittel und nur so viele, wie die Besatzung für die weitere Reise verbrauchen würde. Bis zu einem gewissen Grad war ausländischer Handel, wie es ein portugiesischer Zollbeamte 1806 ausdrückte, „immer" möglich, solange er unter der Aufsicht der Zollbehörde geschah und portugiesischen Interessen nicht entgegenstand.[158]

Die *Autos de embarcação* spiegeln eine deutliche Tendenz wider: Spanische Kapitäne wurden unnachgiebiger behandelt als ihre britischen Kollegen. In zahlreichen Fällen versuchten Spanier, ihre Güter in Rio abzusetzen. Ihnen wurde es in der Regel jedoch nur gestattet, Waren für den Wert zu verkaufen, den sie tatsächlich für die Reparatur des Schiffes benötigten,[159] wobei stets auf die Zahlung der doppelten Steuern auf die Waren gepocht wurde.[160] Wollte ein spanischer Kapitän „einige Güter" in Brasilien kaufen und sie in die spanischen Gebiete transportieren, erlaubte man ihm nur die für die Reise nötige Menge, die sich nach Anzahl der Besatzungsmitglieder und der Reisezeit bemaß. Zuvor prüften Funktionäre genau, welche Summe für die Reparatur des kaputten Schiffs gebraucht würde. Wenn ein spanischer Kapitän darum bat, darüber hinaus Waren zu verkaufen, wurde sein Gesuch mit dem

---

156 Vizekönig Conde dos Arcos an Dezembargador Juiz e Ouvidor da Alfândega Antonio Ribeiro Freire, Rio de Janeiro am 10. September 1806, ANRJ Vice-Reinado cx. 495; 29. Juni 1807, ANRJ Vice-Reinado, Alfândega, cx. 495.
157 Vizekönig Conde dos Arcos an den Juiz e Ouvidor da Alfândega, Antonio Ribeiro Freire, Rio de Janeiro am 14. Januar 1799, ANRJ Vice-Reinado cx. 495.
158 Antonio Ribeiro Freire an den Vizekönig Conde de Resende, Rio de Janeiro am 5. November 1806, ANRJ Vice-Reinado cx. 495. Die Regel, dass ausländische Schiffe unter bestimmten Umständen in brasilianischen Häfen landen durften, nutzten Briten bereits seit Mitte des 18. Jahrhunderts, ELLIS, Myriam, Norte-Americanos no Atlântico brasileiro – um inédito de José Bonifácio de Andrada e Silva sobre o conceito de mar territorial e o direito de pesca, in: Revista de História 46/94, 1973, S. 339–367, S. 345.
159 Antonio Ribeiro Freire an den Vizekönig Conde de Resende, Rio de Janeiro am 1. Oktober 1799, ANRJ Vice-Reinado cx. 495. Die im Folgenden zitierten Dokumente tragen denselben Absender und denselben Adressaten, weshalb nur die unterschiedlichen Daten angeführt werden.
160 8. Februar 1799, ANRJ Vice-Reinado cx. 495.

Hinweis, dass dies „per Gesetz verboten" sei, abschlägig beschieden.[161] Nur bei verderblichen Gütern, etwa bei Fleisch aus Montevideo, wurde bisweilen eine Ausnahme gemacht.[162] Die Bitte des Spaniers Manoel Jozé Galuso, ein portugiesisches Schiff mieten zu dürfen, damit er seine Waren aus Montevideo zu anderen Häfen bringen könne, wurde als „unverschämt" abgelehnt, da es „nach königlichem Gesetz" verboten sei, ausländische Waren in Brasilien abzusetzen außer in „absoluten Notfällen".[163]

Anders verfuhren die portugiesischen Autoritäten in den meisten Fällen mit britischen oder US-amerikanischen Schiffen: Im April 1800 schlug der Zollchef (*Juiz e ouvidor da Alfândega*) vor, dem Kapitän des englischen Schiffes *Gucen*, Benjamin Cook, auf dem Weg an das Kap der Guten Hoffnung zu erlauben, „einigen Tabak" zu laden, wobei der Kapitän versprochen hatte, im Zollamt die entsprechenden Steuern abzuführen. „Es ist klar, dass das Gesetz in jeder Kolonie und in jedem Hafen Amerikas jede Art von Handel mit Fremden verbietet", fügte er hinzu, „doch die aktuellen Bedürfnisse (*percizoens*) des Staates, die sehr notorisch sind, scheinen eine vorsichtige Anpassung der Toleranz zu erfordern".[164] In diesem Fall könne man den Handel dulden, da es sich um verderbliche Ware handele, die zudem in „größtem Überfluss" vorhanden sei und deren Ausfuhr „keinen empfindlichen Verlust für die nationale Ökonomie" bedeute. Die Aufweichung des Handelsverbotes wurde hier mit eigenen wirtschaftlichen Interessen, nämlich mit den „notorischen Bedürfnissen des Staates" begründet. 1806 wurde dem Kapitän des amerikanischen Schiffs *Hope*, Thomas White, erlaubt, Leder und Talg zu laden und nach Lissabon zu schiffen. Man müsse es ihm gestatten, heißt es in der Begründung des zuständigen Zollbeamten, da sonst die Waren verdürben. Außerdem würde auch den Briten, die in dem Dokument als „Alliierte" bezeichnet werden, dies stets gestattet, und zwar „ohne jeden Schaden für das königliche Finanzwesen (*Real Fazenda*)".[165] Ganz deutlich wird die Ungleichbehandlung von Spaniern und Briten in einem Dokument des Zollamts von Februar 1800: Einem spanischen Kapitän auf der Weiterreise nach Montevideo wird hier verboten, „einige Produkte des Landes" zu laden, und zwar mit der üblichen Begründung, dass es Ausländern nicht erlaubt sei, mehr als den nötigen Reiseproviant mitzunehmen, der an der Größe der Besatzung zu bemessen sei. Einem britischen Kapitän wird im nächsten Satz jedoch zugestan-

---

161 Vgl. 25. Februar 1799, 9. Juli 1799 und 15. Mai 1800, ANRJ Vice-Reinado cx. 495.
162 3. Oktober 1805, ANRJ Vice-Reinado cx. 495.
163 9. November 1804, ANRJ Vice-Reinado cx. 495.
164 22. April 1800, ANRJ Vice-Reinado cx. 495.
165 10. September 1806, ANRJ Vice-Reinado cx. 495.

den, Zucker und „andere Dinge des Landes" zu laden, wenn er unverzüglich beim Lissabonner Zoll die entsprechenden Steuern zahle.[166]

Insgesamt vermitteln die Akten des Zolls und die *Autos de Embarcação em navios estrangeiros* nicht den Eindruck, als sei Brasilien im Allgemeinen und Rio de Janeiro im Speziellen vor Januar 1808 vollkommen von der internationalen Schifffahrt und dem internationalen Handel abgeschottet gewesen. Die Konzedierung von Ausnahmen geschah nach eindeutigen Prinzipien: Briten und „amerikanischen Engländern" wurden Überschreitungen der Monopolhandelsgesetze eher erlaubt als Spaniern, das heißt für die „alliierte Nation" Großbritannien galten zwar formal die gleichen Gesetze, in der Praxis wurden ihre Angehörigen jedoch bevorteilt. Begründet wurden die Ausnahmen mit dem wirtschaftlichen Nutzen für den eigenen Staat: Zollbeamte stellten ein gewisses Maß an freiem Handel mit Briten als „nützlich" für die „nationale" Ökonomie dar. Da die Bezeichnung der „Engländer" (damit sind in den Dokumenten stets Briten gemeint) als „Alliierte" bzw. „Freunde" dabei entscheidend war, lässt sich ein enger Zusammenhang zwischen einer affektiven und einer wirtschaftspolitischen Dimension der Beziehung annehmen. Es waren also portugiesische Autoritäten (Beamte der Zollbehörde und Vizekönige), die in der Zeit zwischen 1797 und 1807 maßgeblich an einer Aufweichung der Monopolhandelsbestimmungen zugunsten britischer Überseehändler beteiligt waren: Sie konzedierten Sonderrechte, ohne dass britische Politiker hier einen messbaren „realen" Zwang ausgeübt hätten.

Die Gesamtbewertung der Öffnung der Häfen und der (vorerst ökonomischen) Neuordnung des imperialen Raumes muss mit der Feststellung beginnen, dass sie keinesfalls eine logische Folge des Hoftransfers war. Es kann keine monokausale Antwort darauf geben, warum sie passierte und wer „eigentlich" federführend war. Vielmehr müssen, wie sich gezeigt hat, unterschiedliche historisch wirksame Kräfte in Betracht gezogen werden.[167] Ebenso wichtig wie die Beschäftigung mit den – in diesem Fall konvergierenden – Interessen, die „hinter" der Öffnung der Häfen standen, ist möglicherweise die Beschäftigung mit dem Ort und dem Umstand, also dem *Setting*. Kaum von der Hand zu weisen ist, dass das wahrscheinlich *zufällige* Zusammentreffen der unterschiedlichen Personen den Verlauf der Geschichte maßgeblich beeinflusste.[168] Dabei ist bis heute ungeklärt geblieben, ob auf der langen Überfahrt von Lissabon nach Rio de Janeiro der Zwischenhalt des portugiesischen Monarchen in Salvador da Bahia im Januar 1808 geplant war oder nicht. Auch

---

166 18. Februar 1800, ANRJ, Vice-Reinado cx. 495.
167 Pedreira/Costa, D. João VI, S. 208f.
168 Ricupero, Problema da Abertura, S. 24.

die minutiöse Analyse der Logbücher durch Kenneth Light konnte keinen Aufschluss geben.[169] War es ein Sturm, der die *Príncipe Real* und einige andere Schiffe der königlichen Flotte von der Route abbrachte? War es der Wunsch des Monarchen, der einst wichtigsten kolonialen Handelsmetropole im Nordosten Brasiliens einen Besuch abzustatten, bevor er sein eigentliches Ziel Rio de Janeiro ansteuerte? All das ist ungewiss. Fest steht, dass die Mehrzahl der Schiffe, die den Hofstaat über den Atlantik transportierten, direkt nach Rio segelte und dass daher die Stippvisite des Monarchen in Salvador durchaus bemerkenswert ist. In der Folge entstand in Salvador eine – vermutlich für alle Beteiligten unerwartete – Situation, die es bestimmten Personen und Gruppen erlaubte, eine Sprecherposition einzunehmen und eine neue ökonomische Ordnung auszuhandeln. Dabei gilt zu bedenken, dass der Wunsch nach Freihandel innerhalb der Landoligarchie schon vorher existierte, dass er jedoch ohne das unerwartete Auftauchen Joãos vermutlich nicht ad hoc in Erfüllung gegangen wäre. Die Krise, die zu der Entscheidung für den Hoftransfer geführt hatte, eröffnete jenseits des Atlantiks die Chance, das ökonomische System des Imperiums mit einem „Streich" zu verändern.

Wenn man mit Anthony Giddens annimmt, dass *agency* nicht die Intention einer Person meint, sondern vielmehr die Möglichkeit (*capability*), etwas zu tun,[170] so war das unvermittelte und möglicherweise sogar ungeplante Erscheinen des Monarchen in Salvador ausschlaggebend dafür, dass bestimmte Personen ihre Vorstellungen an den (richtigen) Mann bringen konnten. Entscheidend ist, dass in dieser spezifischen Verhandlungssituation offenbar keine unterschiedlichen Vorstellungen aufeinander prallten: Die Landoligarchie in Bahia war für den Freihandel, ebenso der von Adam Smith beeinflusste Ökonom Silva Lisboa, der die Rolle des Beraters des Monarchen übernahm. Auch die „Freundschaft" zu den politisch alliierten Briten spielte eine Rolle. Zumindest hatten portugiesische Autoritäten nachweislich schon vor 1808 die Nützlichkeit des freien Handels mit eben diesen entdeckt. Es ist nicht zu übersehen, dass alle beteiligten Verhandlungspartner ihre Argumente aus dem Gedankengut der Freihandelsideologie schöpften – ohne deren Konjunktur und Aneignung durch die portugiesischen Eliten wäre die Öffnung der Häfen vermutlich nicht geschehen.

Jene Gruppen, deren Einkommen von der Monopolwirtschaft abhing, waren hingegen bei den Verhandlungen nicht beteiligt, zumindest hatten

---

169 LIGHT, Kenneth H., The Migration of the Royal Family of Portugal to Brazil in 1807–1808, Rio de Janeiro 1995; LIGHT, Kenneth, A Viagem da Família Real para o Brasil, 1807–1808, in: TOSTES/BITTENCOURT (Hrsg.), D. João VI, S. 108–112.
170 GIDDENS, Anthony, The Constitution of Society, Oxford 1995, S. 9.

ihre Angehörigen keine Sprecherposition inne. Erst einige Wochen nach der *abertura* reagierte die bahianische Händlergemeinde (*corpo de commercio da Bahia*), die zuvor vom Monopolhandel profitiert hatte, auf die neue, für sie nachteilige Situation und sandte ein Beschwerdeschreiben über die plötzliche ausländische Konkurrenz an den Monarchen nach Rio. Darin warf sie den Briten vor, nur am Handel interessiert zu sein und sich nicht an der „mühseligen Landwirtschaft" zu beteiligen.[171] Als Forderung an den Prinzregenten formulierten die Merkantilisten ein Verbot aller ausländischen Handelshäuser (*casas de negocios*), die sich innerhalb kürzester Zeit in Salvador etabliert hatten und deren Aktivitäten einer „Eroberung Brasiliens ohne Blutvergießen" gleichkamen.[172] Die Erfahrungen in Asien lehrten, so die Bittsteller, dass Briten sich stets auf Kosten der „nationalen Händler" bereicherten und letztlich fremde Gebiete, etwa Asien, „eroberten".

Ein Beschwerdeschreiben ist, zumal in einer nicht-konstitutionellen Monarchie, zunächst nur ein geduldiges Stück Papier, wenn es mangels wirksamen Drucks nicht von der Krone beachtet wird. Und doch: In der *Representação do corpo do commercio da Bahia* manifestierten sich erste Anzeichen des Unmuts über das neue Handelssystem (und die neue ökonomische Ordnung) des portugiesischen Reiches.[173] Die Öffnung der Häfen sollte sich, wie die folgenden beiden Kapitel zeigen werden, als ein Grund herausstellen, aus dem letztlich das Projekt des luso-brasilianischen Reiches scheitern würde.

---

171 Zitiert nach FREYRE, Gilberto, Ingleses no Brasil: Aspectos da Influência Britânica sobre a Vida, a Paisagem e a Cultura do Brasil, Rio de Janeiro 1948, S. 156.
172 „Representação" des *corpo de commercio da Bahia* an João [ohne Datum], BNRJ, Mss. I – 31,28,26. Vgl. auch SILVA, D. João VI, S. 42; FREYRE, Ingleses no Brasil, S. 156f.
173 COSTA, Political Emancipation of Brazil, S. 56.

3. Rückkehr zu einer neuen Raumordnung

Die räumliche Ordnung mit Rio de Janeiro als Regierungssitz und als politisches und ökonomisches Zentrum des portugiesischen Reiches blieb bis 1821 bestehen, genauer: bis João VI sich infolge der Liberalen Revolution in Portugal gezwungen sah, nach Lissabon zurückzukehren. Die Rückkehr des Monarchen nach Lissabon bedeutete jedoch nicht die Rückkehr zum alten System, wie es vor November 1807 bestanden hatte. Vielmehr führten die Auseinandersetzungen über den „richtigen" Ort des politischen Zentrums (der durch den Hoftransfer von Europa nach Amerika verschoben worden war) und den „richtigen" Wirtschaftsraum (der durch die Öffnung der Häfen auf eklatante Weise verändert worden war) im September 1822 zu der Unabhängigkeitserklärung Brasiliens. Kurz: Der von Europaportugiesen angestrengte Versuch, die alte räumliche Ordnung von vor 1808 wiederherzustellen, endete mit dem Bruch der luso-brasilianischen Einheit.

Es soll in den folgenden Ausführungen darum gehen, die Gründe und treibenden Kräfte dieser Ereignisse in den Blick zu nehmen. Konkret geht es in Kapitel 3.1. um die Bedeutung, die die portugiesischen Regierungen in Europa und Amerika dem Sitz des Monarchen beimaßen, und um die Debatten, die verstärkt nach 1814 um eben diesen geführt wurden. Kapitel 3.2. zeichnet die Liberale Revolution nach, die ihren Ursprung in Porto nahm, bald auf Lissabon übergriff und maßgeblich mit der „verkehrten" räumlichen Ordnung des Imperiums zu tun hatte. Gleichzeitig war die Revolution, wie das Kapitel auch zeigen wird, Voraussetzung für die Entstehung einer neuen Institution, in der die Aushandlung der räumlichen Ordnung geschah: die *Cortes*. War der Transfer des Königshofes von Lissabon nach Rio de Janeiro noch maßgeblich auf die Entscheidung des Monarchen und seiner Minister zurückzuführen gewesen, so war es nun das Parlament, das den Rücktransfer des Monarchen nach Lissabon forderte – und erreichte. Auf welche Weise die in den Cortes stattfindenden Debatten letztlich zur Desintegration des Imperiums führten, wird Thema des Kapitels 3.3. sein.

3.1 Debatten um die Residenz des Monarchen

Mit Ende des Peninsularkrieges (19. April 1814) und mit Beginn des Wiener Kongresses, der von September 1814 bis Juni 1815 dauerte, verlor der Aufenthalt des portugiesischen Souveräns in Brasilien seinen ursprünglichen Grund – und in den Augen der in Portugal Verbliebenen zunehmend auch seine Legitimation.[1] Kaum zeichnete sich im Dezember 1813 ab, dass die Alliierten den „gemeinsamen Feind" (*inimigo comum*) Frankreich tatsächlich besiegen konnten, drängten die Governadores do Reino, die während der Abwesenheit Joãos die Interimsregierung in Lissabon bildeten und den Auftrag hatten, mit „allen Mitteln" die Monarchie zu „retten" und das Königreich zu verteidigen, wortreich auf die Rückkehr des Monarchen: „Erlaube uns Eure Majestät aufgrund unserer Inbrunst und unserer Treue, dass wir mit angemessener Unterwürfigkeit in Eurem Bewusstsein den Ausdruck des demütigen Wunsches zu erneuern wagen, die Königliche Person und Seine erlauchte Familie wieder in diesen Reichen eingesetzt zu sehen, wie es ungeduldig Seine sehnsüchtigen und treuesten Untertanen wünschen und bedürfen."[2] Für die „Sicherheit und Beruhigung" seiner Besitzungen in Europa und mit Blick auf einen bald anstehenden großen Friedenskongress sei es außerdem „angebracht", dass der portugiesische Monarch sich zu diesem Termin an einem „weniger weit entfernten" Ort befinde. Die Situation der spanischen Monarchie schätzten die Governadores wegen der „großen Veränderungen" als „heikel" ein und die aufgrund dieser Veränderungen zu treffenden Vorsichtsmaßnahmen erforderten unbedingt die Präsenz des Monarchen (*Soberana Presença de V[ossa] A[alteza] R[eal]*) in Portugal.[3] Hierin drücken sich zwei Überzeugungen aus, die die portugiesische Sichtweise während der gesamten joaninischen Zeit prägten: Erstens die Annahme, dass die Anwesenheit des Monarchen die politische Lage in Portugal stabilisieren würde, und zweitens, dass Veränderungen im benachbarten Staat leicht auch den eigenen betreffen könnten.

Immer wieder betonten die Governadores in den Folgejahren die große Treue und die „außerordentlichen Opfer" der Portugiesen beim eigentlich aussichtslosen Kampf gegen den so mächtigen Feind, der als „Beispiel für ganz Europa" gedient habe. Zudem führten sie zur Legitimierung des monarchischen Sitzes in Lissabon das Argument der Tradition ins Feld, indem sie darum baten, dass João an seinen „alten Hof" (*Antiga Corte*), seinen „alten Sitz der Monarchie" (*antiga Sede da Monarquia*) oder auch an den zum Elativ gesteigerten „sehr alten Sitz der Monarchie" (*antiquissima Sede da Monarquia*)

---

1   SCHWARCZ, A longa viagem da biblioteca dos reis, S. 344.
2   Governadores an João, Lissabon am 12. Juli 1811, IAN/TT MR Livro 314, S. 204v–205. Die folgenden Zitate haben die gleichen Absender und den gleichen Adressaten, so dass jeweils nur auf die unterschiedlichen Daten und Archiv-Fundorte verwiesen wird.
3   23. Dezember 1813, IAN/TT MR Livro 315, S. 258v.

zurückkehren möge.⁴ Es werde, so hieß es regelmäßig, das „Glück der Völker Portugals" bedeuten, wieder unmittelbar von der „sanften und gerechten Regierung" des „virtuosesten aller Monarchen" geführt zu werden. Sie verdienten dieses Glück, weil sie sich mit „größter Aufopferung" dem „gigantischen Kampf" gegen Napoleon gestellt hatten.⁵ Während die Statthalter immer wieder auf die „beständige Treue der Portugiesen" (*constante lealdade dos Portuguezes*) und auf den „alten, immer treuen Sitz des lusitanischen Imperiums" (*antiga, e sempre leal Sede do Imperio Lusitano*) verwiesen, konstatierten sie gleichzeitig, dass (einzig) die Rückkehr des Souveräns das „Unglück" Portugals abwenden könne.⁶ Man habe den Krieg gegen Napoleon „triumphierend, aber verletzt" überstanden; die Wunden jedoch könnten nur die Zeit und die „väterliche Sorge" Seiner Majestät heilen.⁷

Seit 1814 waren Schmeicheleien, in denen das „Glück der Untertanen" untrennbar an die Präsenz des „geliebten Souveräns" gekoppelt wurde, und Lobpreisungen der Treue und Tapferkeit der „treuen Untertanen" regelmäßig Thema in den Korrespondenzen zwischen Lissabon und Rio de Janeiro; meist mündeten sie in der Bitte um die Rückkehr.⁸ Wenn etwa in Lissabon das Gerücht über die Rückkehr des Monarchen die Runde machte, was nach 1814 einige Male geschah, versicherten die Statthalter, dass die Untertanen „zahlreiche Freudentränen" vergossen und spontane Freudenfeuerwerke entfacht hätten, ganz so, als sei der Monarch bereits tatsächlich eingetroffen.⁹ Um seine Rückkehr zu erreichen, richteten sich die Governadores nicht nur an den Monarchen selbst, sondern auch an die nächst höhere Instanz: In den Abschlussformeln der insgesamt 677 Briefe, die sie an João adressierten, baten sie bisweilen Gott (oder „den Himmel") darum, den Monarchen und seine Familien zurückzusenden, da ihre Präsenz für die „Glückseligkeit des Reiches" (*felicidade destes Reinos*) bzw. den „Erhalt des Reiches" unbedingt notwendig

---

4   13. Juli 1816, IAN/TT MR Livro 317, S. 157–158; 26. September 1816, IAN/TT MR Livro 317, S. 221–222.
5   23. Dezember 1813, IAN/TT MR Livro 315, S. 258–259; 30. September 1814, IAN/TT MR Livro 316, S. 78–78v.
6   9. Juni 1817, IAN/TT MR Livro 318, S. 29–36.
7   17. September 1816, IAN/TT MR Livro 317, S. 238–245.
8   20. Oktober 1814, IAN/TT MR Livro 316, S. 84–85. Die Kriegserfahrungen, der „traumatische Verlust" des Prinzregenten und die Armut des Königreiches waren häufig Themen der Korrespondenz zwischen dem Prinzregenten in Rio und den Governadores in Lissabon, die über die „Verwaisung" des Volkes berichteten, SOUZA, D. João VI no Rio de Janeiro, S. 56.
9   Governadores an João VI, Lissabon am 8. Juli 1817, IAN/TT MR Livro 318, S. 25–27.

sei.¹⁰ Der Wunsch nach der Rückkehr des Monarchen wurde bisweilen beiläufig erwähnt, zum Beispiel in Halbsätzen wie jenem, dass eine bestimmte Regelung „bis zu der sehr erwünschten Rückkehr" des Monarchen gelte.¹¹ Wie wichtig die persönliche Präsenz des Souveräns war, drückt sich in folgender Formulierung aus: „Die Anwesenheit Ihrer Majestät ist absolut notwendig; jede [andere] Person der königlichen Familie wird die Sehnsucht (*saudade*) lindern …; [aber] in einer Monarchie ist die königliche Präsenz (*real presença*) absolut erforderlich."¹²

Zwar hatte João das Versprechen, das er seinen Untertanen bei seiner Abreise im November 1807 gegeben hatte, sofort nach Etablierung eines „allgemeinen Friedens" nach Europa zurückzukehren, von Rio de Janeiro aus mehrfach wiederholt. Er machte jedoch auch nach 1814 keinerlei Anstalten, sein tropisches Versailles zu verlassen. Stattdessen sandte er von Zeit zu Zeit Proklamationen, die zur Publikation in Portugal gedacht waren und in denen er versicherte, dass er für seine Untertanen in der Alten Welt noch immer „innige und wohltätige" Gefühle hege.¹³ Erhielt er die Nachricht, dass seine Proklamationen gedruckt worden waren und die Leute erfreut hätten, äußerte er sich wiederum „zufrieden" und lobte die Governadores überschwänglich, was diese einige Monate später wiederum – in einem transatlantischen Kreislauf der Lippenbekenntnisse – mit Dank bedachten.¹⁴ In dieser emotionsgeladenen Korrespondenz zwischen den Regierungen in Lissabon und Rio de Janeiro lässt sich politisches Kalkül ausmachen, genauer: In ihnen drückt sich der Disput über die (endgültige) Fixierung eines politischen Zentrums und damit über den „hegemonischen Ort der Macht in der luso-brasilianischen Welt"¹⁵ aus.

Nach 1814 kam es zunehmend zu einer Polarisierung zwischen denjenigen (Staatsmännern), die in Portugal die alte ökonomische, politische, kulturelle Zentralität Lissabons innerhalb des Imperiums wiederhergestellt wissen wollten, und jenen in Brasilien, die die Anwesenheit des Hofes in Rio de Janeiro befürworteten. Auch wenn der Ortswechsel des Monarchen das politische System nicht substanziell bzw. nicht formell geändert hatte,¹⁶ war sein Aufenthaltsort ein Politikum. In der Forschung heißt es häufig, dass Joãos

---

10   25. Oktober 1817, IAN/TT MR Livro 318, S. 98–100; 17. März 1817, IAN/TT MR Livro 317, S. 375–377.
11   31. Mai 1809, IAN/TT MR Livro 314, S. 34.
12   7. August 1817, zitiert nach ALEXANDRE, Sentidos do Império, S. 408.
13   Governadores an João, Lissabon am 30. September 1814, IAN/TT MR Livro 316, S. 78–78v.
14   Governadores an João, Lissabon am 20. Mai 1815, IAN/TT MR Livro 316, S. 147148.
15   SILVA, Inventando a Nação, S. 247.
16   ALEXANDRE, Sentidos do Império, S. 373.

Entscheidung, in Rio de Janeiro zu bleiben, die portugiesische Situation de facto verschlechterte.[17] Unübersehbar war der Aufenthaltsort des Monarchen von großer symbolischer Bedeutung. Das „Glück der Untertanen" war – mindestens in den Augen der Interimsregierung – eng an den Körper des Königs gebunden.[18]

Während es in Lissabon bei den Forderungen nach der Rückkehr des Monarchen vor allem darum ging, den ursprünglichen Status der Metropole und Sitz der Regierung wiederzuerlangen, stand bei den Positionen der Staatsmänner in Rio de Janeiro die Frage im Mittelpunkt, wie die Integrität des Reiches am besten gewahrt werden könne, wobei sie in der Regel gleichzeitig die Zentralität Brasiliens für das Reich betonten.[19] Nachdem der Frieden in Europa in greifbare Nähe gerückt war, bat der Monarch seinen Berater Silvestre Pinheiro Ferreira darum, eine Einschätzung über den adäquaten Sitz des Hofes zu geben. Die Frage nach Rückkehr oder Verbleib, so antwortete Pinheiro Ferreira am 16. April 1814, sei „ohne Zweifel eines der größten politischen Probleme, die ein Souverän je lösen musste". Es handele sich nicht nur darum, zu wissen, wo in den „weiten Besitzungen" der Krone der geeignetste Sitz des Monarchen liege, sondern vor allem darum, wie die „Flut an Übeln" beizulegen und zu zerstreuen sei, die der „revolutionäre Rausch" des Jahrhunderts gebracht habe. Das Beispiel der benachbarten Völker und die „falsch verstandene Politik", die derzeit Europa „verwüste", bedrohten die auf allen fünf Teilen der Welt gelegenen Staaten des Monarchen mit „Auflösung und totalem Ruin" (*dissolução e total ruína*). Ginge João nach Europa zurück, so das Fazit des Beraters, würde sich die Kolonie lossagen, bliebe er in Rio de Janeiro, würde sich Portugal erheben, sobald die dortigen Bewohner die Hoffnung verlören, ihren „geliebten Prinzregenten" je wiederzusehen. Denn in diesem Fall würden sie sich auf den Status einer Kolonie „erniedrigt" fühlen.[20]

Die schwierige Wahl zwischen der amerikanischen und europäischen Option des portugiesischen Imperiums hing aus Sicht der Regierenden von unterschiedlichen politischen und diplomatischen Erwägungen ab, unter denen die Gefahr der Unabhängigkeit Brasiliens und der Erstarkung des Liberalismus bzw. des Konstitutionalismus in Europa die beiden wichtigsten waren.[21]

---

17 HERMANN, The King of America, S. 3.
18 SOUZA, Pátria coroada, S. 21–38.
19 SILVA, Inventando a Nação, S. 249.
20 FERREIRA, Silvestre Pinheiro, „Proposta autografada sobre o regresso da Corte para Portugal e providências convenientes para prevenir a revolução e tomar a iniciativa na reforma política", in: RIHGB 47, 1884, S. 2.
21 Die Überlegungen zu den beiden Optionen bespricht ausführlich: ALEXANDRE, Sentidos do Império, S. 329–372.

Die Staatsmänner beobachteten – wie Silvestre Pinheiro Ferreiras Ratschlag zeigt – sowohl die Geschehnisse in Amerika als auch in Europa und verfügten über ein ausgeprägtes Krisenbewusstsein.

Der Monarch überließ die Entscheidung über Verbleib in Brasilien oder Rückkehr nach Portugal nicht nur einigen wenigen Beratern. Er ließ unter strikter Geheimhaltung, damit nichts an die Öffentlichkeit gelangte, in der Königlichen Druckerei Fragebögen drucken, die er unter einem größeren Kreis von Beratern und Angehörigen seines Hofstaats (Staatsminister, Kleriker, Adelige, Beamte, Angehörige der *Junta do Comércio*, Kämmerer etc.) verteilen ließ.[22] Diese sollten Fragen zum Rücktransfer des Hofes und insbesondere zur Lage in Europa beantworten: Wenn der „politische Horizont" in Spanien sich verdunkelte, würde dann Portugal nicht die Hoffnung verlieren, den Hof je wieder dort eingesetzt zu sehen? Bestand nicht die Gefahr, dass durch den „Taumel des Jahrhunderts" und „auf Vorschlag der Nachbarn" auch Portugiesen der „gefährlichen Versuchung" erlägen, ein Parlament einzuführen und damit all die „Gräuel", die in ganz Südeuropa (*todo o meio dia da Europa*) so erschütternde Beispiele gezeitigt hätten? Würden die Governadores, wenn Portugal sich am Liberalismus „ansteckte", die Kraft haben, die „schlecht Gesinnten" zurückzuhalten? Wenn es zu einem Aufstand käme, wie könnte man die Anbindung Portugals, der atlantischen Inseln und der anderen Kolonien an Brasilien noch garantieren? Wie sollte man von Brasilien aus die portugiesischen Truppen befehligen bzw. wie viele Jahre würde es dauern, eine brasilianische Armee und Marine aufzubauen?

Die Staatsmänner in Rio de Janeiro gingen so weit, über die Möglichkeit einer Trennung Brasiliens von Portugal nachzudenken. In diesem Fall stellte sich auch die Frage, welche Märkte Brasilien mit seinen Kolonialprodukten beliefern konnte, wenn nicht mehr Portugal. Trotz der im Fragebogen formulierten Bedenken und Zweifel sprach sich die Mehrheit der Befragten für einen Verbleib in Brasilien aus. Wenn es darum ging, den Ort als Residenz zu wählen, an dem am wenigsten Einfluss ausländischer Mächte zu erwarten war, so schien es für João und die Angehörigen des Hofes offenbar nirgendwo sicherer zu sein als in Rio de Janeiro.[23] Im Allgemeinen verfochten die wichtigsten Staats-

---

22 Der Bibliothekar der Königlichen Bibliothek, Santos Marrocos, berichtete seinem Vater im November 1815, dass Seine Majestät nicht zulasse, dass am Hofe über einen Rücktransfer gesprochen werde; aus diesem Grund gebe es auch keine Vorbereitungen zum Rücktransfer, Brief Nr. 76, in: MARROCOS, Luiz Joaquim dos Santos, Cartas de Luiz Joaquim dos Santos Marrocos, escritas do Rio de Janeiro à sua família em Lisboa, de 1811 a 1821, Rio de Janeiro 1934. Vgl. auch SILVA, D. João VI, S. 72.

23 Ebd., S. 71f. SCHWARCZ, A longa viagem da biblioteca dos reis, S. 304; FAORO, Donos do Poder, Bd. 1, S. 254.

männer um João (unter anderem der Conde da Barca, der Conde de Palmela und Silvestre Pinheiro Ferreira) daher den Verbleib des Monarchen in Rio de Janeiro und hielten an dem Projekt des „großen, mächtigen Imperiums" fest.[24]

Die Frage nach dem Verbleib des Monarchen war jedoch nicht nur eine Angelegenheit zwischen portugiesischen Politikern auf beiden Seiten des Atlantiks: Seit November 1813 drängte auch die britische Regierung darauf, dass der portugiesische Hof nach Lissabon zurückkehrte.[25] Am 2. April 1814 schrieb João nach London, dass der Aufbruch nach Europa eine Maßnahme von „großem Gewicht" sei, die er nicht voreilig treffen könne; zunächst wolle er die Ergebnisse der Verhandlungen in Europa abwarten.[26] Die britische Regierung gab sich damit nicht zufrieden: In einem Schreiben vom 27. Juli 1814 wurde der Prinzregent abermals aufgefordert, den Sitz seines Hofes nach Lissabon zu verlegen.[27] Der portugiesische Botschafter Conde de Funchal berichtete in diesem Zusammenhang aus London vom „Interesse aller Engländer, aller Parteien und vor allem des Außenministeriums" an der Rückkehr der portugiesischen Regierung nach Europa, ein Interesse, das in seinen Augen „bemerkenswert, aber nicht leicht zu erklären" war.[28] Für den Historiker Valentim Alexandre ist die Haltung der britischen Regierung jedoch kaum unergründlich: Briten waren seiner Meinung nach am Rücktransfer des Hofes interessiert, weil die portugiesische Regierung in Lissabon eher dem spanischen Druck ausgesetzt und daher auch stärker auf britische Hilfe angewiesen war. Auch fürchteten Briten einen zu großen Einfluss der portugiesischen Monarchie auf die spanischen Gebiete in Amerika.[29]

Die Hartnäckigkeit, mit der portugiesische Staatsmänner am Sitz des Monarchen in den Tropen festhielten, traf die „befreundete Nation" offenbar un-

---

24 Vargues, Isabel Nobre, O processo de formação do primeiro movimento liberal: a Revolução de 1820, in: José Mattoso (Hrsg.), História de Portugal, Bd. 5: O Liberalismo, Lissabon 1993, S. 45–63, S. 46. Die Idee des „mächtigen Imperiums" drückte sich nicht zuletzt darin aus, dass die Krone die Eroberung bzw. Verteidigung der Banda Oriental vorantrieb, Silva, Inventando a Nação, S. 245f.
25 Alexandre, Sentidos do Império, S. 289.
26 João an den Prinzregenten Großbritanniens, Rio de Janeiro am 2. April 1814, in: Biker, Julio Firmino Judice, Supplemento á Collecção dos tratados, convenções, contratos e actos publicos celebrados entre a corôa de Portugal e as mais potencias desde 1640, compilados, coordenados e annotados pelo visconde de Borges de Castro e continuada por Julio Firmino Judice Biker, Bd. 20, Lissabon 1880, S. 44.
27 Prinzregent Großbritanniens an João, London am 27. Juli 1814, in: Biker, Suplemento à Coleção de Tratados, Bd. 20, S. 46–49.
28 Conde do Funchal an João, London am 4. Juli 1814, IAN/TT MNE, Correspondência da Legação de Portugal em Inglaterra cx. 45 (ohne Nummerierung).
29 Alexandre, Sentidos do Império, S. 287–305.

vorbereitet. Strangford, der britische Diplomat und Bevollmächtigte am Hofe Joãos, schrieb im Februar und Juni 1814 Briefe nach London, in denen er die Einschätzung lieferte, dass der portugiesische Monarch mit „einigem Druck" zum Rücktransfer bereit sein würde.[30] Die nach Erhalt des zweiten Briefes entsandte britische Flotte (bestehend aus drei Schiffen unter dem Kommando John Beresfords), die im Dezember 1814 in Rio de Janeiro eintraf und die die portugiesische Regierung zurück nach Lissabon transportieren sollte, kehrte im April 1815 nach Großbritannien zurück. An Bord befand sich jedoch nicht João – sondern Strangford.[31]

Anstatt sich den Forderungen der britischen Regierung und der Governadores zu beugen, entschied sich der portugiesische Monarch im Dezember 1815 dazu, einen neuen Staat zu gründen, in dem Brasilien eine gleichberechtigte Stellung neben Portugal einnehmen sollte. Die Etablierung des „Vereinigten Königreiches von Portugal, Brasilien und Algarve" (*Reino Unido de Portugal, Brazil, e Algarves*) wurde am 16. Dezember 1815 per Gesetz (*Carta de lei*) festgeschrieben und im Januar 1816 mit einer *Carta Régia* der Interimsregierung in Portugal kundgetan.[32] Der Vorschlag zur Gründung des transatlantischen Staates stammte, so berichteten zwei portugiesische Bevollmächtige, Conde de Palmela (Pedro de Souza Holstein) und António Saldanha da Gama, unabhängig voneinander, vom französischen Außenminister Talleyrand. Beide portugiesischen Diplomaten schlossen sich seiner Ansicht an, dass damit die Verbindung zwischen Portugal und Brasilien gestärkt und die „Idee der Kolonie" eliminiert werden könne.[33] Die Umsetzung des Vorschlags hatte politische, diplomatische und symbolische Gründe: Die Enthebung Brasiliens aus dem Status der Kolonie und seine gleichzeitige Einbindung in das Ver-

---

30 Strangford an die britische Regierung in London, Rio de Janeiro am 20. Februar 1814 und am 21. Juni 1814, in: BIKER, Suplemento à Coleção de Tratados, Bd. 20, S. 94–95.
31 LUSTOSA, Insultos Impressos, S. 80.
32 Das Dokument ist abgedruckt in: BONAVIDES, Paulo/R. A. Amaral VIEIRA (Hrsg.), Textos políticos da história do Brasil. Independência – Império I, Fortaleza [o. D.], S. 26–28. Die Governadores bestätigten den Akt im Juli 1817, Governadores an João VI, Lissabon am 8. Juli 1817, IAN/TT MR Livro 318, S. 25–27. Das „Vereinigte Königreich" war nach Arno Wehling vom hispanischen Vorbild inspiriert, WEHLING, Arno, A Monarquia Dual Luso-Brasileira. Crise Colonial, Inspiração hispánica e criação do Reino Unido, in: TOSTES/BITTENCOURT (Hrsg.), D. João VI, S. 338–347.
33 LIMA, D. João VI no Brasil, S. 335. Oliveira Lima vermutet, dass die Idee des „Vereinten Königreiches" ursprünglich von Palmela stammte, auch wenn dieser sie in dem Dekret Talleyrand zuschrieb, ebd.; António Saldanha da Gama an António Araújo de Azevedo, zitiert nach CAPELA, José Viriato (Hrsg.), Política, administração, economia e finanças públicas portuguesas (1750–1820), Braga 1993, S. 100–101. Vgl. auch VARGUES, O processo, S. 46.

einigte Königreich betonten die transatlantische luso-brasilianische Einheit und sollten Zerfallstendenzen, die man in Spanisch-Amerika beobachtete, entgegenwirken. Nicht nur die Verbindung zwischen Brasilien und Portugal sollte dabei gestärkt werden, sondern auch die Anbindung der einzelnen brasilianischen Provinzen an die Zentralregierung in Rio de Janeiro. Zudem war jetzt, da alle Regierungsgeschäfte von Rio de Janeiro aus getätigt wurden, eine Legitimation nötig: Die Souveränität der portugiesischen Krone bei diplomatischen Verhandlungen in Europa war schlecht von einer Kolonie aus zu behaupten.[34]

Die Etablierung des *Reino Unido* und die Weigerung Joãos, nach Lissabon zurückzukehren, führten ab 1816 zu Spekulationen in der portugiesischsprachigen Londoner Exilpresse über einen Bruch zwischen Brasilien und Portugal.[35] In den Zeitungen *O Investigador Português* und *O Português* wurde verstärkt das Bild Portugals als britisches Protektorat verbreitet – solange keine „eigene" Regierung im Land war, sahen Zeitgenossen die Europaportugiesen den Briten „ausgeliefert".[36] José Liberato, Herausgeber des *Investigador Português*, veröffentlichte 1818 zahlreiche „Überlegungen über den Sitz der portugiesischen Monarchie" (*Considerações sobre a Sede da Monarquia Portuguesa*), die zum Teil aus Leserbriefen bestanden, die ihm (angeblich) Bewohner Lissabons zugesandt hatten.[37] Er selbst vertrat die Meinung, dass der Hof zurück nach Lissabon transferiert werden sollte, damit der Stadt wieder die Rolle des zentralen Umschlagplatzes des Handels zukäme. Doch auch die Möglichkeit einer Trennung Brasiliens von Portugal wurde in dieser Ausgabe thematisiert. Demnach verursachte ein Bruch keine allzu großen Unannehmlichkeiten, da Portugal sich auf die afrikanischen und asiatischen Besitzungen konzentrieren und die „koloniale Achse" von Amerika nach Afrika verschieben konnte.[38] José Liberato musste nach dieser Ausgabe seine Redaktionsarbeit quittieren – der *Investigador Português* wurde immerhin von der portugiesischen Botschaft in London bezahlt, die unter direktem Einfluss des Staatsministers Vilanova Portugal (in Rio de Janeiro) stand.[39]

---

34 SILVA, Inventando a Nação, S. 251–273.
35 SOUZA, Pátria Coroada, S. 75.
36 ALEXANDRE, Sentidos do Império, S. 304.
37 INVESTIGADOR PORTUGUÊS 84, Juni 1818, S. 441–442. Vgl. auch SOUZA, Pátria Coroada, S. 75.
38 Nach der Unabhängigkeitserklärung Brasiliens geschah tatsächlich eine Hinwendung zu Afrika auf einer Suche nach einem „neuen Brasilien", ALEXANDRE, Valentim, Velho Brasil – Novas Áfricas: Portugal e o Império (1808–1975), Porto 2000.
39 SOUZA, Pátria Coroada, S. 75.

Die Akklamation des Prinzregenten zum König João VI in Rio de Janeiro nach dem Tod Marias I (20. März 1816) bedeutete eine weitere Entfremdung zwischen Portugal und Brasilien. Von der ursprünglich für den 6. April 1817 vorgesehenen Krönung[40] erfuhren die Governadores erst im März 1817. Sogleich berichteten sie von der Organisation von Feuerwerken und religiösen Zeremonien (*Te Deums*) für den betreffenden Tag in Lissabon und „allen Städten und Dörfern" Portugals; das Ereignis sollte in allen Teilen des portugiesischen Reiches gleichzeitig zelebriert werden. Gleichzeitig drückten sie „tiefes Bedauern" darüber aus, nicht persönlich an der Zeremonie würden teilnehmen zu können, und erinnerten den Monarchen daran, dass sich Portugal seit dem 29. November 1807 in „traurigen Umständen" (*tristes circunstancias*) befinde. Mit Nachdruck machten die Statthalter in diesem Brief auf die „allgemeine Unzufriedenheit aller treuen Untertanen" (gemeint sind hier die Europaportugiesen) aufgrund des Aufenthaltes des Monarchen im Königreich Brasilien aufmerksam. Nach den „außerordentlichen Opfern" und der „Heldenhaftigkeit", die sie für die Rettung der Monarchie und die sofortige Rückkehr des Monarchen an den „alten Sitz" der Monarchie erbracht hätten, würde sich diese Unzufriedenheit zweifellos noch erhöhen, wenn sich die Nachricht einer außerhalb Portugals stattfindenden Krönung in Lissabon und allen anderen Teilen des Reiches verbreitete. Denn diese Nachricht, so die Statthalter, „ersticke" alle Hoffnung auf die Wiederkehr des Monarchen.[41]

Insgesamt lässt sich konstatieren, dass die Entscheidung der Krone, in Brasilien zu bleiben, zunächst eine erfolgreiche Strategie zur Erhaltung der portugiesischen Souveränität war.[42] Dennoch wird diese Entscheidung – mit gutem Grund – als ein Wendepunkt der Geschichte angesehen; der Verbleib des Monarchen stellte sich auf längere Sicht als Problem heraus bei dem Versuch, das Imperium zusammenzuhalten.[43] Eine Lösung, die alle zufrieden gestellt hätte, war kaum zu erreichen. Hipólito da Costa schrieb in seinem in London erscheinenden *Correio Braziliense*: „Die gesamte Verwaltung ist heute so organisiert, dass Portugal und Brasilien zwei unterschiedliche Staaten, aber demselben König unterstellt sind; daher ist die Residenz des Souveräns stets ein Stein des Anstoßes. Der Umzug des Königs nach Europa wird den Ort der

---

40 Wegen der Rebellion bzw. „Revolution" in Pernambuco wurde die Krönung auf den 6. März 1818 verschoben.
41 Governadores an João VI, Lissabon am 17. März 1817, IAN/TT MR Livro 317, S. 375–377.
42 HERMANN, The King of America, S. 3.
43 MALERBA, Esboço crítico, S. 34; VARGUES, O processo, S. 46.

Klagenden ändern, aber keine Lösung für die Übel sein."⁴⁴ Wie Recht Hipólito hatte, sollten die Ereignisse zwischen 1820 und 1822 zeigen.

3.2 Liberale Revolution in Portugal (1820) und Rückkehr Joãos (1821)

Revolutionen zu erklären, ist ein mühsames Geschäft. Wenn Historiker schon bei gewöhnlichen historischen Ereignissen (falls es diese geben sollte) mit einem komplexen Wirkungsgeflecht von Faktoren verschiedenster Art – individuellem Handeln, wirtschaftlichen Strukturen, rechtlichen Rahmenbedingungen, kulturellen „Hintergründen" – herausgefordert sind, mehrschichtige Situationen und Prozesse zu untersuchen, die Zusammenhänge zu verstehen und sich einen Reim auf das Ganze zu machen,⁴⁵ so gilt dies in besonderem Maße für gesellschaftliche Großereignisse wie revolutionäre Umbrüche. Häufig werden bei der historischen Betrachtung von Revolutionen die unterschiedlichen auslösenden Faktoren zugunsten einer übersichtlicheren Darstellung getrennt und unterschiedlichen Analyseebenen zugeordnet. António de Oliveira Marques gliederte beispielsweise seine Erklärungen zur portugiesischen Revolution, die in Porto am 24. August 1820 begann und am 15. September 1820 auf Lissabon übergriff, in drei Kapitel unter den Titeln „Die wichtigsten Ereignisse", „Verfassungen, Ideologien, politische Gruppen" und „Strukturen des alten Systems und neue Ordnung".⁴⁶

Aus einer Kombination unterschiedlicher Elemente dieser Ebenen konstruieren Historiker üblicherweise *Kausalitäten*. Die wohl konziseste, aber keineswegs schlechteste Interpretation für die Geschehnisse in Portugal findet sich in dem Comicbuch der brasilianischen Anthropologin und Historikerin Lília Moritz Schwarcz und des Zeichners Spacca in einem einzigen Panel: Demnach nährten die Abwesenheit der Königsfamilie, die Besetzung Portugals durch den französischen General Junot (November 1807 bis September 1808), die anschließende „Fremdherrschaft" durch britische Generäle und der in die Ex-Kolonie Brasilien „verlagerte" Handel den „Samen der Revolte". In der Sprechblase des dicken, bärtigen Portugiesen, der in dem Panel abgebildet ist, steht: „Alles in allem: Der Bragança kümmert sich nicht um seine

---

44 Hipólito da Costa, Correio Braziliense, April 1820, S. 263, zitiert nach Lustosa, Insultos Impressos, S. 65.
45 Sarasin, Philipp, Geschichtswissenschaft und Diskursanalyse, Frankfurt a. M. 2003, S. 28f.
46 Marques, Geschichte Portugals und des portugiesischen Weltreichs, S. 379–451.

Heimat."[47] Solche oder ganz ähnliche, wenn auch wortreichere Begründungen finden sich in allen gängigen historischen Überblickswerken. Auf struktureller Ebene werden meist die ökonomische Krise in allen Bereichen (Landwirtschaft, Manufakturwesen, Handel), die Inflation, die leere Staatskasse, die Schulden sowie die Reformunfähigkeit der Statthalterschaft betont.[48]

Als treibende Kräfte der revolutionären Ereignisse gelten in vielen Interpretationen die *negociantes*,[49] also die Angehörigen der portugiesischen merkantilen Eliten, die in den Hafenstädten Lissabon und Porto ansässig und auf den Überseehandel ausgerichtet waren, aber auch Gruppen von Unternehmern (*empresários industriais*) sowie Mitglieder aus Magistratur und Militär (es gab praktisch keine bäuerlichen Erhebungen auf dem Lande).[50] Nachdem für die *negociantes* das Ende des 18. Jahrhunderts und der Beginn des 19. Jahrhunderts eine Zeit der ökonomischen Prosperität bedeutet hatte,[51] waren sie seit der Öffnung der brasilianischen Häfen (Januar 1808) ihres Monopolhandels beraubt. Ohne den Protektionismus der Krone im „alten Kolonialsystem" hatten sie Schwierigkeiten, der ausländischen Konkurrenz standzuhalten; einige Wirtschaftshistoriker sprechen von einer „Unfähigkeit" der Händlerelite in Portugal, sich auf den internationalen Handel einzulassen.[52] Denn einen internationalen Handel im eigentlichen Sinne gab es in Portugal gar nicht. Die meisten in Lissabon ansässigen portugiesischen Händler machten keine direkten Geschäfte mit dem Ausland, sondern konzentrierten sich auf Transfergeschäfte innerhalb des Imperiums und damit auf die Privilegien, die ihnen der Kolonialpakt bescherte.[53] Da sie den Monopolhandel jahrhundertelang „gewohnt" gewesen waren und ihr Kapital nicht in eine andere Art des Handels investieren wollten, übten sie Pedreira zufolge sowohl vor der Revolution

---

47 „Em resumo: O Bragança não está nem aí para a Terrinha!", SCHWARCZ, Lilia Moritz/ SPACCA, D. João Carioca. A corte portuguesa chega ao Brasil (1808–1821), São Paulo 2007, S. 67.
48 VARGUES, O processo, S. 51.
49 Der *negociante* konnte auch im Transportwesen und in Versicherungs- und Bankgeschäften tätig sein; häufig war er gleichzeitig Manufakturbesitzer (*proprietário*), CUNHA, Carlos Guimarães da, Negociantes estrangeiros em Portugal no final do absolutismo (1790–1820), in: História (Lissabon) 22–23, 1980, S. 2–11, S. 5.
50 GODINHO, Vitorino Magalhães, Prix et Monnaie au Portugal 1750–1850, Paris 1955, S. 293–297; SILBERT, Albert, Le problème agraire portugais au temps des premières Cortès libérales (1821–1823), Paris 1968, S. 37–39.
51 CUNHA, Negociantes estrangeiros em Portugal, S. 4.
52 PEDREIRA, From Growth to Collapse, S. 850.
53 PEDREIRA, Jorge M., Negócio e capitalismo, riqueza e acumulação. Os negociantes de Lisboa (1750–1820), in: Tempo 8/15, 2003, S. 37–69, S. 51f.

als auch danach auf die Regierenden Druck aus, diesen wieder einzuführen.[54] Kurz: Der „Sinn" der portugiesischen Revolution lag – neben der Einrichtung eines Parlaments und also der Übertragung der Souveränität vom Monarchen auf die Nation – aus der Sicht vieler Wirtschaftshistoriker hauptsächlich darin, den *status quo ante*, das heißt den alten Wirtschaftsraum, wie er vor der Öffnung der brasilianischen Häfen bestanden hatte, wiederherzustellen.[55]

Viele Historiker halten jedoch die (rein) ökonomische Begründung der Revolution für unzureichend. José Hermano Saraiva ging so weit, den Begriff „bürgerliche Revolution" für die portugiesische Liberale Revolution abzulehnen. Zwar hatten viele ihrer Protagonisten Verbindungen mit dem (Übersee-)Handel, doch waren es nach seiner Definition nicht im strengen Sinne Bürger, die in Portugal die politische Macht anstrebten und erlangten: Das Bürgertum befand sich demnach im Niedergang (*declínio*), die „Mittelschicht" (*classe média*) bestand vorwiegend aus Grundbesitzern und einigen Adeligen. Die maßgeblichen „Revolutionäre" waren allesamt gebildet und in europäischen Universitäten und in Freimaurerlogen von ausländischen Ideologien geprägt worden. Ihr Liberalismus fußte weniger auf ökonomischen als vielmehr auf intellektuellen Prinzipien. Nur in diesem Sinne könne man die Revolution „bürgerlich" nennen: Es war eine aufgeklärte Revolution in einer Zeit, in der Aufklärung mit Bürgertum gleichgesetzt wurde. Nach Saraiva wurde diese Revolution aus der Theorie und nicht aus (ökonomischen) Realitäten geboren.[56] Emília Viotti da Costa und andere Historiker haben betont, dass es vorwiegend Freimaurer waren, die für die revolutionären Bewegungen im portugiesischen Machtraum (sowohl in Portugal als auch Brasilien) verantwortlich waren, weswegen ihnen ein „elitistischer" Charakter innewohnte.[57] Auch

---

54 PEDREIRA, From Growth to Collapse, S. 852 und 864. Vgl. auch ARRUDA, José Jobson de Andrade, Decadence or Crisis in the Luso-Brazilian Empire: A New Model of Colonization in the Eighteenth Century, in: HAHR 80/4, 2000, S. 865–878, S. 875f.; PEDREIRA, Os Negociantes de Lisboa, S. 68.
55 MAXWELL/SILVA, A Política, S. 387; LYRA, Utopia do poderoso império, S. 171ff.; LYRA, Maria de Lourdes Viana, A transferência da Corte, o Reino-Unido luso-brasileiro e a ruptura de 1822, in: RIHGB 168/436, 2007, S. 45–73, S. 62.
56 SARAIVA, História concisa de Portugal, S. 279.
57 COSTA, Political Emancipation of Brazil, S. 62. Vgl. auch SANTOS, Célia G. Quirino, As sociedades secretas e a formação do pensamento liberal, in: Anais do Museu Paulista XIX, 1965, S. 51–70; BARRETO, Célia de Barros, Ação das sociedades Secretas, in: História Geral da Civilização Brasileira, Bd. 2, S. 191–209; FALCÓN/MATTOS, O Processo de Independência no Rio de Janeiro, S. 311. Zur Rolle der Freimaurer im Prozess der brasilianischen Unabhängigkeit siehe auch BARATA, Alexandre Mansur, Maçonaria, sociabilidade ilustrada e independência do Brasil, 1790–1822, Juiz de Fora/São Paulo 2006, S. 177–188.

Vasco Pulido Valente sieht die Rolle der Bourgeoisie in der Revolution als „insignifikant" an; treibende Kräfte der Revolution waren demnach vor allem jene gebildeten Militärs und Magistrate, die für die Opfer bei den erfolgreichen Kämpfen gegen Napoleon (1808–1814) entschädigt werden wollten. In seiner Interpretation waren es gebildete Portugiesen aus Magistratur und Armee, die auf einen „Ausgleich" für die in den Kämpfen gegen napoleonische Truppen geleisteten Opfer drängten.[58] Die verspäteten Soldzahlungen trugen 1818/19 zur Verstärkung der Unzufriedenheit unter Militärs bei.[59]

Die wichtigsten Ereignisse der Revolution sind schnell zusammengefasst: Im Januar 1818 gründete sich in Porto die geheime, konspirative und parafreimaurerische Gemeinschaft *Sinédrio*, zunächst bestehend aus fünf Juristen und staatlichen Funktionären, vier Großhändlern bzw. Grundbesitzern (*proprietários*) aus dem Norden des Landes, zwei Militärs und einem Militärmediziner. Die meisten von ihnen waren studiert und gehörten freimaurerischen Organisationen an, weswegen die erwähnte These, dass die Freimaurerei in der Liberalen Revolution eine herausragende Rolle gespielt habe, durchaus ihre Berechtigung hat.[60] Zunächst verfolgte der *Sinédrio* das erklärte Ziel, die politische Situation und die „öffentliche Meinung" in Portugal und Spanien zu „beobachten" und eine etwaige Revolution in Portugal zu unterstützen, dabei aber die Bragança-Monarchie zu erhalten.[61]

Im Januar 1820 erstarkte die konstitutionelle Bewegung im Süden Spaniens: Fernando VII wurde von dem liberalen Offizier und Freimaurer Rafael de Riego gezwungen, auf eine Verfassung nach dem Modell von Cádiz (1812) zu schwören. Seit dem Frühjahr 1820 hatte sich der portugiesische *Sinédrio* in den Städten Porto, Lissabon und Coimbra um etliche Militärs und Zivilisten ausgeweitet.[62] Es kam zu einem „Parallelismus" der Geschehnisse in Spanien

---

58 VALENTE, Vasco Pulido, Ir prò maneta. A Revolta contra os Franceses (1808), Lissabon 2007, S. 107–109. Ähnlich urteilt auch TENGARRINHA, José, E o povo, onde está? Política popular, contra-Revolução e reforma em Portugal, Lissabon 2008, S. 100.
59 CARDOSO, António Monteiro, A revolução liberal em Trás-os-Montes (1820–1834). O povo e as elites, Porto 2007, S. 70.
60 MARQUES, A conjuntura, in: Portugal e a Instauração do Liberalismo, S. 551; VARGUES, O processo, S. 47f.
61 CARDOSO, A revolução liberal em Trás-os-Montes, S. 70.
62 MARTINS, Governação e Arquivos, S. 263f.; FALCÓN/MATTOS, O Processo de Independência no Rio de Janeiro, S. 311. Die Revolution war ein essenziell urbanes Phänomen, TENGARRINHA, E o povo, onde está?, S. 45. Nuno Monteiro beschreibt indes auch vereinzelte Widerstände gegen die herrschaftlichen Monopole auf dem Land, MONTEIRO, Nuno Gonçalo, Elites e Poder. Entre o Antigo Regime e o Liberalismo, Lissabon 2003, S. 219–232 und S. 301–312.

und Portugal,⁶³ zu einer „profunden Synchronie und Interaktion" der Ereignisse in den beiden iberischen Staaten.⁶⁴

Die bedeutendste Person des *Sinédrio* war Manuel Fernandes Tomás, der aus dem Kleinbürgertum stammte und Jurist und staatlicher Funktionär war. Eines der Mitglieder, Xavier de Araújo, beschrieb eine Sitzung, die Fernandes Tomás leitete, folgendermaßen: „Die Rede von Fernandes Tomás hat großen Eindruck auf mich gemacht… [M]it seiner stark akzentuierten Stimme zeichnete er den Zustand des Landes nach: ohne König, der es regiert, mit einem ausländischen General als Anführer der Streitkräfte …, unsere Abhängigkeit von Brasilien, und schließlich die Revolution in Spanien, die kürzlich glücklicherweise mit dem Schwur Fernandos VII auf die Verfassung von Cádiz geendet hatte. ‚Werden wir in diesem Zustand bleiben? Sollen wir weiterhin in Erniedrigung leben?', wiederholte er viele Male mit lauter Stimme."⁶⁵ Die bereits angeführten Gründe für die Revolution, die in der Forschung als wesentlich angegeben werden, sind in dieser zeitgenössischen Darstellung zu finden: Die Abwesenheit des Königs, die prekäre ökonomische Situation, die britische Einmischung in die portugiesische Politik und das spanische Vorbild.⁶⁶ Tomás wollte trotzdem keinen umfassenden sozialen Umsturz; vielmehr verteidigte er die Revolution mit der Begründung, einen „allgemeinen Aufstand" verhindern zu wollen.⁶⁷

Ab dem 1. Januar 1820 kam es zu Revolten in Spanien – Truppen marschierten nach Madrid und forderten die Wiedereinführung der Verfassung von Cádiz von 1812. Der britische General der portugiesischen Streitkräfte, Beresford, war ob dieser Ereignisse besorgt und segelte im April 1820 mit dem erklärten Ziel nach Rio de Janeiro, dem König persönlich den „erbärmlichen Zustand Portugals" darzulegen sowie ihn von der Notwendigkeit zu überzeugen, Maßnahmen zur „Besserung der Situation" durchzuführen.⁶⁸ Trotz der Ereignisse in Spanien und des Drängens Beresfords verharrte die portugiesische Zentralregierung in einem Zustand, den der britische Gesandte als

---

63 VENTURA, António, As guerras liberais 1820–1834, Matosinhos 2008, S. 7f.
64 CARDOSO, A revolução liberal em Trás-os-Montes, S. 70. Vgl. auch MACEDO, Jorge Borges de, História Diplomática de Portugal. Constantes e Linhas de Força, Lissabon 1987, S. 492.
65 Zitiert nach SARAIVA, História concisa de Portugal, S. 277.
66 SARAIVA, História concisa de Portugal, S. 277.
67 VALENTE, Ir prò maneta, S. 107–109.
68 E. Thornton an Lord Castlereagh, FO, 63/228, Separate, Secret and Confidential, Rio de Janeiro am 31. Mai 1820 und Nr. 23 vom 5. Mai 1820, zitiert nach BARMAN, Forging of a Nation, S. 63.

„absolutes Nichtstun" (*absolute inaction*) bezeichnete.[69] Nur wenige Konzessionen wurden gemacht: Die in Brasilien stationierten portugiesischen Truppen mussten nicht mehr von Lissabon aus bezahlt werden, und als Beresford Rio de Janeiro im August 1820 verließ, führte er Geld mit sich, mit dem er zumindest einen Teil der Solde, die acht Monate im Rückstand waren, bezahlen konnte.[70]

Diese Maßnahmen kamen zu spät. Während der Abwesenheit des Generals erhob sich auf Betreiben des *Sinédrio* erst in Porto, dann in Lissabon das Militär. Am 1. Oktober 1820 wurde die provisorische Regierung *Junta Provisional do Governo Supremo do Reino* eingerichtet, in der die Anführer der liberalen „Regeneration", wie die Revolution auch genannt wurde, regierten. Als Beresford am 10. Oktober im Hafen Lissabons eintraf, wurde er höflich des mitgebrachten Geldes entledigt und gemeinsam mit anderen britischen Generälen nach Großbritannien geschickt.[71] Am 11. November 1820 zwang eine Lissabonner Garnison die provisorische Regierung, die Verfassung von Cádiz von 1812 anzunehmen. Im Dezember 1820 fanden in Portugal gemäß dem spanischen System drei Wahlen statt, am 26. Januar 1821 trat das Parlament *Cortes Gerais Extraordinárias e Constituintes da Nação Portuguesa* zusammen, dessen erste Aufgabe die Ausarbeitung einer eigenen Verfassung als neue Basis der Monarchie war, die im Februar 1821 fertig gestellt wurde. Die Cortes bestimmten eine Interimsregierung und fünf Staatsminister, die das Reich bis zur Rückkehr des Königs führen sollten. Ende März 1821 setzte sich das Parlament aus 181 Abgeordneten zusammen: 100 für Portugal, 65 für Brasilien und 16 für die übrigen überseeischen Provinzen. Die Revolution war beendet.

Unabhängig davon, welche Gründe, Erklärungen und treibende Kräfte bei der Bewertung der portugiesischen Revolution in den jeweiligen Interpretationen letztlich in den Vordergrund gerückt werden, oder ob sie überhaupt als „Revolution" bezeichnet wird,[72] ist eines kaum von der Hand zu weisen: Die räumliche Ordnung spielte bei den Ereignissen eine entscheidende Rolle. Denn der „Sinn" der Erhebung lag vor allem darin, Lissabon wieder zum politischen Zentrum des Reiches zu machen. Wenn die aufständische Bewegung insgesamt keineswegs homogen war, so einte ihre Träger vor allem der Wille,

---

69 E. Thornton an Lord Castlereagh, FO 63/229, Rio de Janeiro am 26. Juli 1820 und am 31. Juli 1820, zitiert nach BARMAN, Forging of a Nation, S. 64. Siehe auch CLAYTON, Vilanova Portugal, S. 239–244.
70 BARMAN, Forging of a Nation, S. 64.
71 Ebd.
72 Ana Rosa Cloclet da Silva nennt die Ereignisse, die sich zwischen 1820 und 1822 zugetragen haben, nicht „Revolution", sondern „Schwächung des Imperiums beim Kampf um die Hegemonie", SILVA, Inventando a Nação, S. 286–336.

den Souverän wieder im eigenen Land zu haben. Der Zeitgenosse Marquês de Fronteira e de Alorna beschrieb dies so: „Die Ideen der Revolution waren allgemein. Burschen und Alte, Mönche und Weltliche, alle wollten [die Revolution]. Einige, die die Vorteile der repräsentativen Regierung kannten, wollten diese Regierung; und alle wollten den Hof in Lissabon, denn sie hassten die Vorstellung, eine Kolonie der Kolonie zu sein."[73]

Nach den Ereignissen von 1820 und insbesondere in dem Moment, in dem die Cortes erstmals einberufen wurden, traten die Differenzen und Antagonismen zwischen unterschiedlichen Gruppen in Portugal und Brasilien unverzüglich und nur allzu deutlich zutage. In Portugal forderten die Angehörigen der portugiesischen Eliten mit Nachdruck und unter Androhung seines Thronverlustes die Rückkehr des Monarchen und machten zur Bedingung, dass er sich dem konstitutionellen System beugte.[74] Die Frage stellte sich also erneut: Sollte der König in Rio bleiben oder nach Portugal zurückkehren? Er sollte in Brasilien bleiben, meinten Ende 1820 und Anfang 1821 die meisten seiner engsten Vertrauten, die hohen Beamten und Minister sowie die einflussreichen „brasilianischen" Großhändler, und zwar selbst dann, wenn dies die Loslösung von Portugal bedeuten würde.[75] Staatsminister Thomaz Antônio Villanova Portugal riet in einigen Stellungnahmen zum Verbleib mit der Begründung, dass Brasilien ein Territorium sei, auf dem nur „wenige Samen der neuen Ideen" ausgesät worden waren, und dass es daher für den Monarchen zweifellos eine „einfachere und angenehmere Residenz" böte.[76] Die gleiche Meinung wurde in dem anonym in der Königlichen Druckerei auf Französisch veröffentlichten Pamphlet „Le Roi et la Famille Royale de Bragance doivent-ils dans les circonstances présentes, retourner en Portugal, ou bien rester au Brésil?" vertreten, dessen Autor vermutlich der Franzose Cailhé de Geine war, der auch als Informant und Berater der Polizeiintendanz von Rio de Janeiro fungierte. In dem Pamphlet wurde die Ansicht vertreten, dass die Abreise des Monarchen der Unabhängigkeit Brasiliens Vorschub leisten würde. João könne, wenn er bliebe, „die Gesamtheit seiner königlichen Autorität in Brasilien bewahren und dort ein blühendes Imperium mit großem Gewicht auf der Waage der Welt" gründen.[77] Es sei möglich, in Bra-

---

73 FRONTEIRA, Marquês de, Memórias do Marquês de Fronteira e de Alorna, Bd. I und II, Coimbra 1926, S. 194–195, zitiert nach ALEXANDRE, Sentidos do Império, S. 452.
74 MOSHER, Political Struggle, Ideology, and State Building, S. 41; PEDREIRA/COSTA, D. João VI., S. 366.
75 SOUZA, Pátria Coroada, S. 91.
76 Zitiert nach LIMA, D. João VI no Brasil, S. 655.
77 VIANNA, Hélio, Um famoso panfleto de 1821: „le roi et la famille royale de Bragance doivent-ils, ..., retourner en Portugal ou bien rester au Brésil?", in: Revista do livro 7/26, 1964, S. 9–38.

silien das „alte System" aufrechtzuerhalten, da die hiesigen Bewohner nicht an Revolution dächten. Den Konstitutionalisten in Portugal müsse außerdem klar gemacht werden, dass Brasilien keinesfalls wieder zu einer Kolonie würde, und den Brasilianern müsse versichert werden, dass man „nicht ohne die Berücksichtigung ihrer Interessen" entscheide.[78] Am 20. Dezember 1820 traf der Conde de Palmela in Rio de Janeiro ein, der eine andere Meinung vertrat: Er riet dem Monarchen, das konstitutionelle System als „Tendenz fast aller Nationen Europas" anzuerkennen. Eine gemäßigte Verfassung sei der richtige Weg, gleichzeitig den Interessen der Revolutionäre und jenen des „alten Adels" (*antiga nobreza*) zu begegnen und schließlich die „Demokratie" voranzubringen.[79] Nach Meinung Valentim Alexandres drücken sich in der Haltung Villanova Portugals und Palmelas beispielhaft die beiden unterschiedlichen Konzepte des Imperiums aus: Während der Erste das Zentrum in Brasilien sah, sah der Zweite es in Portugal.[80]

Wenn João VI am 28. Oktober 1820 in einem Schreiben an die Governadores die portugiesischen Cortes noch als „illegal" bezeichnet hatte,[81] beugte er sich letztlich doch ihren Forderungen. Am 27. April 1821 stach er, begleitet von der königlichen Familie (bis auf Pedro und dessen Frau Leopoldine) und 4 000 weiteren Personen auf elf Schiffen sowie 500 Millionen Cruzados in See,[82] jedoch nicht ohne Protest der brasilianischen Eliten, unter anderem des Militärs: Ein Oberst schrieb vor Abreise des Monarchen, dass der Verbleib seiner Person und des Hofes „notwendig zum Erhalt der portugiesischen Monarchie" (*essencial para a manutenção da monarquia portuguesa*) sei.[83] Der französische Künstler Debret beschrieb die Ereignisse folgendermaßen: „Der König, ergriffen von einer panischen Furcht, vergaß das Glück, das es bedeutete, in Ruhe in Amerika zu regieren, und stimmte einer Abreise zu... [Er glaubte], dass seine Anwesenheit in Lissabon Ruhe und Gehorsam bringen würde."[84] In der Forschung wird als Grund für die Rückkehr Joãos meist angegeben, dass der Monarch beide Teile des luso-brasilianischen Reiches sichern wollte; hierzu sollte seine eigene Rückkehr nach Portugal und der Verbleib seines Sohnes in Brasilien beitragen. Der Überlieferung nach riet João seinem Sohn

---

78 SCHULTZ, Tropical Versailles, S. 237f.
79 Zitiert nach SILVA, Da revolução de 1820 à independência brasileira, S. 404.
80 ALEXANDRE, Sentidos do Império, S. 424.
81 João VI an die Governadores, Rio de Janeiro am 28. Oktober 1820, in: Documentos para a História da Independência, Bd. 1, Rio de Janeiro 1923, S. 174.
82 ALEXANDRE, Sentidos do Império, S. 440.
83 Memorandum des Oberst Francisco Cailhé de Olimal an König João VI, Rio de Janeiro [1820], ANRJ Diversos Códices SDH – „Caixas Topográficas", doc. 1.
84 DEBRET, Jean Baptiste, Viagem Pitoresca e Histórica ao Brasil, Bd. 2, 1965, S. 88–89, zitiert nach FALCÓN/MATTOS, O Processo de Independência no Rio de Janeiro, S. 292f.

und Thronfolger Pedro bei seiner Abreise, sich an die Spitze einer etwaigen Unabhängigkeitsbewegung zu stellen, damit Brasilien nicht in die Hand „irgendwelcher Abenteurer" gelange, sondern der Dynastie Bragança erhalten bliebe.[85] Falcón und Mattos zufolge ahnte João bereits die „historische Notwendigkeit" der Unabhängigkeit. Demnach bezog sich der Ausdruck „Abenteurer" auf die hispanoamerikanische „republikanische Gefahr", namentlich auf Bolívar.[86]

Am 3. Juli 1821 ankerte das Schiff „D. João VI" im Hafen Lissabons. Eine ausgewählte Delegation der Cortes begrüßte am 4. Juli 1821 den Monarchen und seine Familie an Bord des Schiffes. Noch ehe er portugiesischen Boden betreten durfte, musste er geloben, Verfassung und Parlament anzuerkennen. Die konstitutionellen Autoritäten hatten die Oberhand über den vormals allein regierenden König gewonnen.[87] Ebenso wie die Abreise des Monarchen nach Rio im November 1807 geschah seine Rückkehr ohne Tumulte. Nach dem *Te Deum* in der Sé-Kathedrale geleiteten ihn die Mitglieder der Stadtregierung (*Senado da Câmara*) bis zum *Palácio das Necessidades* und bis in den Saal, in dem die Cortes tagten, wo der Akt des Schwurs auf die Verfassung geschah.[88] Was nun anstand, war die Neuaushandlung der räumlichen Ordnung des Imperiums, bei dem das Verhältnis zwischen Portugal und Brasilien, Lissabon und Rio de Janeiro, eine entscheidende Rolle spielte. Die Zentralität Brasiliens, die die Herrschenden beim Transfer des Hofes 1808 sowie bei der Etablierung des „Vereinigten Königreiches" 1815 unterstrichen hatten, wurde dabei in Frage gestellt.[89]

3.3 Der Bruch der luso-brasilianischen Einheit (1822)

Der offizielle Bruch des politischen Raumes, also die Trennung Brasiliens von Portugal (oder vielmehr Portugals von Brasilien) ist eine komplexe Angelegenheit, deren zahlreiche Interpretationen ganze Bibliotheken füllen.[90] Die politische Emanzipation vom Ex-Mutterland Portugal erscheint je nach Perspektive und Ansatz als „Revolution" mit großem populären Zulauf, als „libe-

---

85 VARNHAGEN, História da Independência do Brasil, S. 57.
86 FALCÓN/MATTOS, O processo de Independência no Rio de Janeiro, S. 294.
87 VARGUES, O processo, S. 63; PEDREIRA/COSTA, D. João VI., S. 365.
88 Ebd., S. 366.
89 BARMAN, Forging of a Nation, S. 64.
90 Jurandir Malerba zählte 453 Monographien über die brasilianische Unabhängigkeit, die bis 2006 erschienen sind, wobei die „allgemeinen" Geschichten Brasiliens nicht inbegriffen sind, MALERBA, Esboço crítico, S. 21.

rale Revolution", „friedlicher Übergang" oder als „konservative Reaktion".[91] Emília Viotti da Costa bemerkte 1975, dass die Unabhängigkeit trotz der großen Energie, die Historiker in ihre Erforschung investiert hätten, noch immer schlecht erklärt und „resistent gegen Interpretationen und Analysen" sei.[92] Wenn damit gemeint war, dass es nicht die *eine* allumfassende Erklärung für die Unabhängigkeit gibt, dann gilt dies auch für die heutige und aller Voraussicht nach auch für die zukünftige historiographische Forschung. „Die Unabhängigkeit" ist ohnehin mittlerweile *„den* Unabhängigkeiten" gewichen, denn zunehmend werden die regionalen und sozialen Unterschiede bei der Betrachtung der Ereignisse von 1822 herausgestellt.[93] Antworten darauf, *warum* und *wie* die Unabhängigkeit geschah und welche Effekte sie hatte, fallen entsprechend unterschiedlich aus. Schon beim „eigentlichen" Datum der Unabhängigkeit gehen die Meinungen auseinander: Viele Historiker konstatieren, dass 1822 nicht das entscheidende Jahr gewesen sei, und verweisen auf 1808 (Öffnung der Häfen), 1815 (Etablierung des *Reino Unido*) oder 1831 (Abdankung Pedros I).[94]

Etabliert hat sich die These, dass sich die Unabhängigkeit Brasiliens in vielerlei Hinsicht in Europa vollzog. Sie war eine Reaktion auf den „liberalen Wind", der ab 1820 auf der Iberischen Halbinsel zu wehen begonnen hatte.[95] Der „fragile" Punkt des imperialen Projektes lag in Europa, und es war im Lissabonner Parlament, wo die luso-brasilianische Einheit schließlich scheitern sollte.[96] Wenn die Revolution von 1820 auch als Versuch des Ex-Mutterlandes gesehen werden kann, sich von der imperialen Regierung in Amerika zu befreien,[97] so zeugen die Ereignisse danach von dem Bestreben der portugiesischen Eliten, das Primat Portugals von vor 1808 wiederherzustellen und ein zentralisiertes, von Lissabon aus regiertes Kolonialreich zu schaffen. Mit anderen Worten: Die Ruptur gilt als Folge der Bemühungen der europa-portugiesischen Abgeordneten in den Cortes, Brasilien zu „rekolonisieren".[98]

---

91 COSTA, A independência na historiografia brasileira, S. 56.
92 COSTA, Political Emancipation of Brazil, S. 43.
93 Vgl. den knapp 1 000 Seiten starken Sammelband mit Aufsätzen über „die Unabhängigkeiten in den unterschiedlichen Teilen Brasiliens", JANCSÓ, István (Hrsg.), Independência. História e historiografia, São Paulo 2005.
94 MAXWELL/SILVA, A Política, S. 388; GRAHAM, Independence in Latin America, S. 103.
95 Vgl. zum Beispiel SLEMIAN/PIMENTA, O „nascimento político" do Brasil, S. 53; JANCSÓ, István, Brasil e brasileiros – Notas sobre modelagem de significados políticos na crise do Antigo Regime português na América, in: Estudos Avançados 22/62, 2008, S. 257–274, S. 268.
96 JANCSÓ, Construção dos Estados Nacionais na America Latina, S. 25.
97 MAXWELL/SILVA, A Política, S. 387; NEVES/MACHADO, O Império do Brasil, S. 40.
98 RUSSELL-WOOD, Colonial Roots of Independence, S. 13.

Als gesichert gilt ferner, dass die Unabhängigkeit weniger ein revolutionärer als vielmehr ein konservativer, dabei ebenso widersprüchlicher wie langwieriger Prozess war; Brasilien „stolperte" in die Unabhängigkeit, wie Roderick J. Barman es ausdrückte.[99]

Ziel der folgenden Ausführungen kann aufgrund der Komplexität des Themas nur sein, einige Argumentationslinien der modernen Forschung und die wichtigsten Ereignisse und Akteure aufzuzeigen sowie den Zusammenhang zwischen ihren Motiven mit den Voraussetzungen ihres Handelns näher zu beleuchten. Dabei soll der Prozess der politischen Emanzipation von der Abreise Joãos VI (25. April 1821) bis zur Proklamation der Unabhängigkeit (7. September 1822) bzw. bis zur Akklamation Pedros zum Kaiser Brasiliens (12. Oktober 1822) skizziert werden. Danach soll die politische Kultur der Zeit, namentlich die Entstehung einer politischen öffentlichen Sphäre, als bedeutende Voraussetzung für den Prozess der Unabhängigkeit herausgestellt werden.

Die Einberufung der *Cortes Geraes e Extraordinarias da Nação Portugueza* in Lissabon hatte zunächst keinen Einfluss auf die räumliche Gestalt des Imperiums. Noch bis Oktober 1821 waren sich die Abgeordneten einig darin, dass man das Projekt des luso-brasilianischen Imperiums (nun mit einem konstitutionellen System) weiterhin tragen könne,[100] was sich beispielsweise in der Bezeichnung der Abgeordneten als „große Familie der Portugiesen von beiden Hemisphären" (*portugueses dos dois lados do hemisfério, a grande família*) ausdrückte. Auf beiden Seiten des Atlantiks gab es (auch) die Sichtweise, dass die Cortes ein legitimes Forum wären, in dem der Pakt zwischen Brasilien und Portugal erneuert und die Konstruktion des seit dem 16. Jahrhundert und verstärkt seit Ende des 18. Jahrhunderts imaginierten „großen Imperiums" verwirklicht werden könne.[101]

Die Stimmung sollte umschlagen, als die Mehrheit der Abgeordneten „gegen" Brasilien in dem Sinne agierten, dass sie die merkantilen Interessen der in Portugal ansässigen Eliten vertraten und für die Wiedereinführung des „Kolonialpaktes" plädierten.[102] Die Verteilung der Sitze im Parlament war nachteilig für die Abgeordneten der brasilianischen Provinzen, die insgesamt über 75 Stimmen verfügten (von denen nur 65 wahrgenommen wurden), während die Europaportugiesen 100 Stimmen hatten. Ab Ende 1821 strebten

---

99 Vgl. das Kapitel „Stumbling into independence, 1820–1822", in: BARMAN, Forging of a Nation, S. 65–96.
100 SLEMIAN/PIMENTA, O „nascimento político" do Brasil, S. 75.
101 SOUZA, Pátria Coroada, S. 113.
102 RUSSELL-WOOD, Colonial Roots of Independence, S. 342.

die europaportugiesischen Abgeordneten danach, die von João VI in Amerika gewährten Privilegien abzuschaffen und Brasilien wieder – wenn auch nicht de iure, so doch de facto – zur Kolonie zu machen. Die Plenarsitzungen waren zunehmend geprägt von Gereiztheit und Feindseligkeit.[103]
Der Widerstand der „Brasilianer" entzündete sich zunächst an der am 28. September 1821 formulierten Forderung der Cortes, dass auch Prinzregent Pedro nach Lissabon zurückkehren müsse, denn für die „brasilianischen" Abgeordneten stand fest, dass die Prosperität Brasiliens an der Person des Prinzen hing.[104] Die Forderungen umfassten weiterhin die Auflösung der Gerichte (*tribunais*) in Rio und die direkte Unterstellung der einzelnen (vor allem nördlichen) brasilianischen Provinzen unter die Lissabonner Cortes.[105] Politisch einflussreiche Gruppen in Brasilien (bestehend aus Überseehändlern, Großgrundbesitzern, Angehörigen des Klerus, der Regierungsorgane und der Verwaltung), die wenig Interesse an der Wiederherstellung Lissabons als Zentrum des Imperiums hatten, waren gegen die Rückkehr Pedros nach Portugal. Seit Ende des 18. Jahrhunderts, und insbesondere nach dem Transfer des Hofes 1808, war es zu einer „Naturalisierung" der Interessen der staatlichen und privaten Eliten auf amerikanischem Boden gekommen. Vor allem in den Provinzen Rio de Janeiro, Minas Gerais und São Paulo war zahlreichen Überseehändlern, die an dem transatlantischen Handel verdienten, sowie Kleinhändlern, die Geschäfte zwischen der neuen Hauptstadt und den nahen Provinzen trieben, ein ökonomischer und sozialer Aufstieg gelungen. Dieser Aufstieg (der prinzipiell sowohl für gebürtige „Brasilianer" als auch für hinzugezogene Portugiesen möglich war) hing unmittelbar von der Präsenz eines Monarchen ab, der die Titel und Privilegien verlieh. Auch Regierungsangestellte und sogar Kabinettsmitglieder wie Villanova Portugal hatten in Brasilien „Wurzeln geschlagen" und hatten stärkeres Interesse an der amerikanischen Seite des Reiches.[106]

---

103 CUNHA, Pedro Octávio Carneiro da, A fundação de um império liberal, in: Sérgio Buarque de HOLANDA (Hrsg.), História Geral da Civilização Brasileira, Bd. II/1: O processo de emancipação, Rio de Janeiro 2001, S. 145f.; RUSSELL-WOOD, Colonial Roots of Independence, S. 34.
104 SLEMIAN/PIMENTA, O „nascimento político" do Brasil, S. 75f.; LUSTOSA, Insultos Impressos, S. 61.
105 MARTINS, Governação e Arquivos, S. 275; GRAHAM, Independence in Latin America, S. 130f.
106 SILVA, Inventando a Nação, S. 174; DIAS, Interiorização da Metrópole; CUNHA, A fundação de um império liberal, S. 147; MOSHER, Political Struggle, Ideology, and State Building, S. 51f.

Am 21. März 1821 verfassten Händler, alarmiert von der am 7. März veröffentlichten Bekanntmachung, dass João wegen „dringender Umstände" nach Europa zurückkehren würde, eine „Darstellung" (*representação*). Sie fürchteten, dass Brasilien, sobald die Verfassung in „jenem Land" konsolidiert wäre und der Monarch und „sogar" sein Sohn sich „für immer" absentierten, wieder wie eine Kolonie regiert und „wieder in totale Abhängigkeit des Hofes in Europa" geraten würde.[107] Gladys Sabina Ribeiro hat bei der ausführlichen Analyse der *representação* zwischen den Zeilen bereits die Androhung des Bruchs mit Portugal ausgemacht.[108] Ebenfalls zwischen den Zeilen ist ersichtlich, dass die Kaufleute ihre Unterstützung dem Monarchen nur im Falle eines Verbleibs zusicherten.[109]

In einem Schreiben, das in der Forschung als *Manifesto do Fico* bekannt ist, baten das „Volk" von Rio de Janeiro und die informelle Vereinigung der Händler und Goldschmiede (*Corpo de negociantes e ourives*) den Monarchen Anfang des Jahres 1822, das Dekret aus Lissabon zu missachten und in Brasilien zu bleiben, da sie die „Rekolonisation" Brasiliens durch Portugal fürchteten.[110] Die Angst vor dieser Rekolonisation trieb in der Tat die Öffentlichkeit in Rio de Janeiro um.[111] Von einer „Öffentlichkeit" kann ausgegangen werden, weil das Manifest rund 8 000 Unterschriften trägt. Wenn zu dieser Zeit in Rio de Janeiro rund 43 000 freie Personen lebten, von denen etwa 14 400 männlich und erwachsen (aber nicht notwendigerweise alphabetisiert) waren; machten 8 000 Personen hiervon immerhin fast 56 Prozent aus.[112]

Auch eine von der Stadtkammer São Paulos sowie vom Klerus und etlichen anderen *Paulistas* unterzeichnete *Representação* vom 24. Dezember 1821, die nach Rio de Janeiro gesandt wurde, drängte auf den Verbleib des Prinzregenten in Brasilien.[113] Der *Senado da Câmara* von Rio de Janeiro und ein

---

107 Zitiert nach MATHIAS, Herculano Gomes, Comércio. 173 anos de desenvolvimento: história da Associação Comercial do Rio de Janeiro (1820–1993), Rio de Janeiro 1993, S. 42. Vgl. auch FALCÓN/MATTOS, O processo de Independência no Rio de Janeiro, S. 294.
108 RIBEIRO, Gladys Sabina, A liberdade em construção: identidade nacional e conflitos antilusitanos no Primeiro Reinado, Rio de Janeiro 2002, S. 37.
109 LUSTOSA/PIÑEIRO, Pátria e Comércio, S. 178.
110 Rio de Janeiro am 2. und 9. Januar 1822, ANRJ Diversos Códices SDH – „Caixas Topográficas" 740.4, doc. 3, 2–4.
111 BERBEL, Márcia Regina, A retórica da recolonização, in: JANCSÓ (Hrsg.), Independência: História e historiografia, S. 791–808.
112 NEVES, Lúcia Maria Bastos P., Cidadania e participação política na época da independência do Brasil, in: Cadernos Cedes 22/58, 2002, S. 47–64, S. 55.
113 São Paulo [1821], ANRJ Diversos Códices SDH – „Caixas Topográficas" 740.4, doc. 9. Vgl. auch MARTINS, Governação e Arquivos, S. 275.

Repräsentant aus der südlichsten Provinz Rio Grande trugen dem Monarchen in einer Audienz die gleiche Bitte vor, woraufhin dieser am 9. Januar 1822 das berühmte „Fico" („ich bleibe") aussprach.[114] Gleichzeitig beschwor der Prinzregent die Bewohner Rio de Janeiros, „Einigkeit und Ruhe" (*união e tranqüilidade*) im Verhältnis zwischen Portugal und Brasilien zu wahren. Seine Entscheidung zu bleiben solle nicht als „Prinzip der Separation", sondern im Gegenteil als Zeichen der „unauflösbaren Verbindungen" (*laços indissolúveis*) beider Reiche gedeutet werden.[115] Gleichzeitig schrieb Prinzregent Pedro an seinen Vater in Lissabon, dass es „unmöglich" sei, Brasilien und Portugal mit Streitkräften zusammenzuhalten. Gemeinsame Handelsinteressen und „ehrliche" Reziprozität seien die beiden „wahren Garanten" der luso-brasilianischen Einheit. Wenn die Basis eine „moralische Kraft" sei, konstatierte er, wäre die Union unauflösbar, wenn sie nur „physisch" sei, also auf Gewalt basiere, wäre sie kurzlebig und die Unabhängigkeitserklärung „unausweichlich".[116] Noch im Februar 1822 scheint die moralische Basis stabil gewesen zu sein. Die Stadtkammer in Rio de Janeiro legte den Cortes in einem Schreiben dar, dass Pedro in Brasilien verbliebe, und bat um die Rücknahme der Dekrete vom 28. September 1821, machte jedoch fast zeitgleich auch einen Vorschlag zur Errichtung eines Denkmals zum Gedenken an den 26. Februar 1821, den Tag, an dem João auf die portugiesische Verfassung geschworen hatte und an dem die „politische Regeneration Brasiliens" begonnen habe.[117]

Die Haltung der brasilianischen Abgeordneten in Lissabon änderte sich mit Ankunft der Delegation aus São Paulo, die angeführt wurde von António Carlos Andrada Machado, dem Bruder des späteren „Patriarchen der Unabhängigkeit", José Bonifácio Andrada e Silva. Wenn die „Brasilianer" ihre In-

---

114 „Termo de vereação", Rio de Janeiro am 9. Januar 1822, ANRJ Diversos Códices SDH – „Caixas Topográficas" 740.4 doc. 4, 1.
115 Brief des Prinzregenten Pedro an die Bewohner Rio de Janeiros, Rio de Janeiro [12. Januar 1822], ANRJ Diversos Códices SDH – „Caixas Topográficas" 740.4, doc. 16. Das Dokument ist abgedruckt in: BONAVIDES, Paulo/R. A. Amaral VIEIRA (Hrsg.), Textos políticos da história do Brasil. Independência – Império I, Fortaleza [o. D.], S. 29–30. Zur Korrespondenz des Prinzregenten mit seinem Vater siehe: MACAULAY, Neill, Dom Pedro: The Struggle for Liberty in Brazil and Portugal, Durham 1986, S. 105–108.
116 Pedro I an João VI (in Lissabon), Rio de Janeiro am 23. Januar 1822, abgedruckt in: Pedro I, Cartas de D. Pedro I a D. João VI relativas à Independência do Brasil, coligidas, copiadas e anotadas por Augusto de Lima Junior, Rio de Janeiro 1941, S. 45.
117 Darlegung der Stadtkammer (*Senado da Câmara*) von Rio de Janeiro an die Cortes in Lissabon, Rio de Janeiro am 16. Februar 1822, ANRJ Diversos Códices SDH – „Caixas Topográficas" 740.4, doc. 10; Dies. an dies., Rio de Janeiro am 26. Februar 1822, ANRJ Diversos Códices SDH – „Caixas Topográficas" 740.4, doc. 11.

tentionen vor dem Parlament zuvor verbergen mussten, wurden sie durch die Anwesenheit der Abgeordneten von São Paulo in ihrem Bestreben nach mehr Autonomie gestärkt. Die Vertreter der einzelnen brasilianischen Provinzen, die im Parlament zuvor durchaus antagonistische Positionen vertreten hatten, stellten sich größtenteils hinter die Forderungen der selbstbewusst auftretenden *paulistas*.[118] Als Reaktion auf das Schreiben zogen die Lissabonner Cortes am 18. März 1822 die Forderung nach der Rückkehr Pedros zurück, drängten aber weiterhin auf die Auflösung der Regierungsorgane, die 1808 in Rio de Janeiro etabliert worden waren; die Regierungskompetenzen sollten allein in Lissabon liegen.[119] Außenminister Silvestre Pinheiro Ferreira äußerte sich im März 1822 in einem Bericht an die Lissabonner Cortes über die Meinungen der unterschiedlichen gesellschaftlichen Gruppen in Brasilien zum Sitz der Regierung. Die „Allgemeinheit" (*população em geral*) wünschte demnach eine Zentralregierung innerhalb des eigenen Landes, und einige wünschten die Union mit Portugal nur dann, wenn Brasilien weiterhin der Sitz der portugiesischen Monarchie sei.[120] Ungeachtet dieser deutlichen Signale legte eine Sonderkommission der Cortes (*Comité Especial sobre os Assuntos do Brasil*) im April 1822 einen Bericht vor, in dem die Handelsbeziehungen zwischen Brasilien und Portugal nach den Vorstellungen der *negociantes* aus Lissabon und Porto gestaltet werden sollten, was die brasilianischen Abgeordneten harsch kritisierten.[121] Sowohl die brasilianischen Abgeordneten als auch die dort „naturalisierten" Eliten in Brasilien sahen in den Maßnahmen, die von den Cortes in Lissabon getroffen und von einem Teil der portugiesischen Immigranten in Rio gestützt wurden, einen Versuch, die Zeit um 13 Jahre zurückzudrehen.[122] Die Stimmung im Parlament war zu diesem Zeitpunkt bereits so feindselig, dass die Abgeordneten aus Amerika einigen Sitzungen – auch aus „Angst um ihr Leben" – fernblieben.[123]

---

118 BOEHRER, George C. A., The Flight of the Brazilian Deputies from the Cortes Gerais of Lisbon 1822, in: HAHR 40/4, 1960, S. 497–512, S. 498; SLEMIAN/PIMENTA, O „nascimento político" do Brasil, S. 76f.
119 MARTINS, Governação e Arquivos, S. 277.
120 Bericht des Außenministers Silvestre Pinheiro Ferreira an die Cortes in Lissabon, Rio de Janeiro am 22. März 1822, ANRJ Diversos Códices SDH – „Caixas Topográficas" 740.1, doc. 4.
121 ALEXANDRE, O processo de independência do Brasil, S. 34f.
122 MAXWELL/SILVA, A Política, S. 388; GREENE, Transatlantic Colonization and the Redefinition of Empire, S. 268; SLEMIAN/PIMENTA, O „nascimento político" do Brasil, S. 77.
123 ALEXANDRE, O processo de independência do Brasil, S. 35.

Die Ereignisse im Mai und Juni 1822 markierten den Wendepunkt im Prozess der Separation zwischen Lissabon und Rio de Janeiro. Am 23. Mai 1822 sandten die Cortes eine Verstärkung für die bereits dort stationierten portugiesischen Truppen nach Salvador da Bahia, ungeachtet des Protests der brasilianischen Abgeordneten, die darin eine Maßnahme erkannten, Brasilien mit Gewalt zu unterwerfen.[124] Dies war möglicherweise der Punkt, nach dem es kein Zurück mehr gab.[125] Im Juni verabschiedeten die Cortes – trotz der Gegenstimmen aller brasilianischen Mitglieder – den Beschluss der „Sonderkommission für die Angelegenheiten Brasiliens", die Unterstützer einer autonomen Regierung in Brasilien juristisch zu belangen, unter anderen den moderaten Politiker José Bonifácio de Andrada e Silva. Den Gegenvorschlag der Abgeordneten aus der Provinz São Paulo, dass zukünftig zwei Parlamente in Lissabon *und* in Rio de Janeiro existieren, und dass die portugiesischen Provinzen in Afrika und Asien wählen dürfen sollten, welchem Königreich sie zugehörten, wurde vom Plenum der Cortes abgelehnt.[126] Diese Ablehnung war nach Russell-Wood ein Zeichen der politischen Kurzsichtigkeit der europaportugiesischen Abgeordneten, Charles R. Boxer sprach gar von „Verrücktheit".[127]

Nachdem Pedro am 3. Mai 1822 die ersten Beschlüsse des *Comité Especial para os Assuntos do Brasil* aus Lissabon erhalten hatte, verbot er die Ausführung jeglicher Anweisungen (Dekrete) ohne seine vorherige Zustimmung. Am 13. Mai 1822 nahm er den Titel „Ewiger Verteidiger Brasiliens" (*Defensor Perpétuo do Brasil*) an, der ihm von der Stadtkammer Rio de Janeiros angetragen wurde.[128] Am 3. Juni, wiederum unter Einfluss der Stadtkammer und nach der Versammlung von Repräsentanten der einzelnen Provinzen (*Conselho de Procuradores*), wurde die Einberufung einer verfassungsgebenden Versammlung beschlossen, die die Beibehaltung der portugiesischen Monarchie garantieren, aber gleichzeitig die Grundlagen für die Unabhängigkeit Brasiliens legen sollte. Die Einberufung eines eigenen Parlaments, in dem Repräsen-

---

124 MARTINS, Governação e Arquivos, S. 277.
125 RUSSELL-WOOD, Colonial Roots of Independence, S. 36.
126 Dieser Vorschlag wurde verlesen von Antônio Carlos Ribeiro de Andrada, Abgeordneter aus São Paulo, [Lissabon am] 17. Juni 1822, ANRJ Diversos Códices SDH – „Caixas Topográficas" 740.4, doc. 13. Vgl. auch MARTINS, Governação e Arquivos, S. 277. Zu den brasilianischen Abgeordneten siehe: TOMAZ, Fernando, Brasileiros nas Cortes Constituintes de 1821–1822, in: Carlos Guilherme MOTA (Hrsg.), 1822: Dimensões, São Paulo 1972, S. 74–101.
127 RUSSELL-WOOD, Colonial Roots of Independence, S. 34; BOXER, O Império marítimo português, S. 199.
128 BARMAN, Forging of a Nation, S. 92.

tanten aller brasilianischen Provinzen vertreten sein sollten (*Assembléia Geral de Representantes das Províncias do Brasil*), erschien den Bevollmächtigen der Provinzen Rio de Janeiro als ein „Anker, der das Schiff des Staates" sichern konnte, nachdem Brasilien durch die Beschlüsse des Lissabonner Kongresses „beeinträchtigt" worden war.[129]

Mitte August 1822 reiste Pedro nach São Paulo mit der Absicht, seine Autorität wiederherzustellen, die dort seit Mai 1822 in Zweifel gezogen wurde. Repräsentanten der Provinzen Rio de Janeiro, Minas Gerais und São Paulo (das heißt der Region „Mitte-Süd"), hatten formuliert, dass sie „für die brasilianische Sache" und zur Not auch gegen ihn kämpfen würden.[130] In Rio de Janeiro trafen unterdessen die Nachrichten über die Maßnahmen der Cortes in Lissabon ein, die jegliche Autonomie zu beenden suchten und die Unterstützer einer autonomen Regierung aus São Paulo juristisch belangen sollten. José Bonifácio de Andrada e Silva sandte umgehend einen Boten mit einer Nachricht an den Monarchen, dass eine „radikale Entscheidung" erforderlich sei.[131] Der Bote traf Pedro im Süden der Provinz São Paulo an, am Fluss Ipiranga. Am Ufer dieses Flusses, so die Überlieferung, rief der Prinzregent am 7. September die Worte „Unabhängigkeit oder Tod" (*Independência ou Morte*) aus.[132] Der Verfechter der konstitutionellen Monarchie und Gegner des „anarchischen" Republikanismus, José Bonifácio de Andrada e Silva, der zunächst Vizepräsident der Junta von São Paulo und später Außenminister im Kabinett Pedros war, wird in der Forschung regelmäßig als zentrale Figur („Patriarch der Unabhängigkeit" oder „Vater des Vaterlandes") herausgestellt.[133]

Bevor in Portugal die Nachricht über den Ausruf Pedros eintraf, fanden hier einschneidende Ereignisse statt: Die Abgeordneten der Bundesstaaten São Paulo und Bahia verweigerten die Unterzeichnung der Verfassung, die in ihren Augen für Brasilien eine Rückkehr zum Kolonialismus bedeutete.[134] Die illegale Abreise sieben brasilianischer Abgeordneter derselben Provinzen auf

---

129 Rio de Janeiro am 3. Juni 1822, ANRJ Diversos Códices SDH – „Caixas Topográficas" 740.4 doc. 12.
130 Manifest des Prinzregenten Pedro als Antwort auf die Bitten der Kapitanien Rio de Janeiro, Minas Gerais und São Paulo, Rio de Janeiro am 2. Juni 1822, ANJR SDH Diversos – „Caixas Topográficas", doc. 3.
131 MARTINS, Governação e Arquivos, S. 278.
132 Der 7. September ist noch heute – als Tag der Unabhängigkeit – ein nationaler Feiertag.
133 COSTA, Emília Viotti da, José Bonifácio: Homem e Mito, in: 1822: Dimensões, S. 102–159, S. 105.
134 TOMAZ, Brasileiros nas Cortes Constituintes de 1821–1822, S. 98.

einem britischen Schiff nach Falmouth sorgte im Oktober 1822 in Lissabon für Aufsehen.[135] Da sie zunehmend Angriffe auf Leib und Leben befürchteten, hatten sie zuvor im Parlament mehrfach um die offizielle Erlaubnis für ihre Abreise gebeten, sie aber nicht erhalten.[136] Im Hafen von Lissabon hatte man sie bei ihrer Flucht laut einem Polizeibericht an ihrem brasilianischen Dialekt erkannt, aber nicht mehr aufhalten können.[137] Der Umstand, dass diese Flucht keine großen Debatten in den Cortes auslöste, ja nur am Rande Erwähnung fand, ist für George Boehrer der Beweis, dass die europaportugiesischen Abgeordneten die Unabhängigkeit Brasiliens bereits als unvermeidlich ansahen.[138]

Am 22. September 1822 verfasste Pedro einen Brief an seinen Vater, in dem er konstatierte, dass die Brasilianer „nichts" von Portugal wollten („De Portugal nada, não queremos nada"), und dass die „sektiererischen, schrecklichen, machiavellistischen, zerstörerischen, scheußlichen, pestkranken" Cortes (*facciosas, horrorosas, maquiavélicas, desorganizadores, hediondas e pestíferas Cortes*) ab sofort nur noch für Lissabon zuständig seien.[139] Diese Worte ließen keinen Zweifel an der Entschlossenheit Pedros und der „brasilianischen" Elite, eigene Interessen zu verteidigen. Doch blieb die Angst bestehen, dass das Land wieder in den Kolonialstatus zurückfallen könnte. Die Eliten drängten daher darauf, den Status des Prinzregenten zu ändern:[140] Am 12. Oktober 1822 wurde Pedro von Alcântara als Pedro I zum ersten „Kaiser und Ewigen Verteidiger Brasiliens" (*Imperador e Defensor Perpétuo do Brasil*) akklamiert.[141]

---

135 BOEHRER, The Flight of the Brazilian Deputies, S. 497; GONÇALVES, Paulo Frederico F., Os deputados brasileiros e a assinatura da Constituição de 1822, in: Revista de ciências históricas 13, 1998, S. 293–321. Eine ältere Analyse, die aufgrund des Detailreichtums noch nützlich sein kann, liefert: CARVALHO, M. E. Gomes de, Os deputados brasileiros nas Cortes Geraes de 1821, Brasília 1979 [zuerst: Porto 1912].
136 Edward M. Wart an Canning, Lissabon am 5. Oktober 1822, PRO FO Portugal 63/252, zitiert nach BOEHRER, Flight of the Brazilian Deputies, S. 504.
137 Polizeiintendanz an das Justizministerium, Lissabon am 10. Oktober 1822, IAN/TT IGP Livro 25, S. 187v–188.
138 BOEHRER, Flight of the Brazilian Deputies, S. 504 und S. 512.
139 BONAVIDES, Paulo/R. A. Amaral VIEIRA (Hrsg.), Textos políticos da história do Brasil. Independência – Império I, Fortaleza [o. D.], S. 35–37, S. 36f.
140 „Ata da Vereação Extraordinária", Rio de Janeiro am 10. Oktober 1822, ANRJ Diversos Códices SDH – „Caixas Topográficas" 740.3 doc. 2, 10.
141 „Ata da aclamação de D. Pedro a Primeiro Imperador Constitucional do Brasil e seu Defensor Perpétuo", Rio de Janeiro am 12. Oktober 1822, ANRJ Diversos Códices SDH – „Caixas Topográficas" 740.3, doc. nº 2, 4–6; Proklamation Pedros I, Rio de Janeiro am 21. Oktober 1822, ANRJ Diversos Códices SDH – „Caixas Topográficas" 740.3 doc. nº 2, 7–8. Ausführlich zu diesem Ereignis: MACAULAY, Dom Pedro, S. 134f.; LUSTOSA, D. Pedro I.

Es war zunächst nicht abzusehen, dass die neue räumliche Ordnung des Imperiums nach der vermeintlich natürlichen Trennung zwischen einer amerikanischen und einer europäischen Gesellschaft geschehen würde, denn die Unabhängigkeitserklärung löste nicht überall in Brasilien Begeisterung aus. Einige Provinzen hatten stärkere ökonomische Beziehungen mit Portugal als untereinander; es gab für die jeweiligen Eliten wenige Gründe für eine nationale Integration.[142] So hatten die Autoritäten einiger Provinzen kurz nach der Revolution 1820 das „liberale", konstitutionelle Lissabon als ihren Bezugspunkt gewählt und das „absolutistische" Rio de Janeiro abgelehnt, indem sie ihre Loyalität den Cortes in Lissabon und nicht dem Prinzregenten Pedro in Rio de Janeiro beteuerten.[143] Die Kapitanie Pará im extremen Norden Brasiliens war die erste Provinz, die sich am 1. Januar 1821 zur konstitutionellen Regierung in Portugal bekannte. Am 10. Februar 1821 hatten auch Offiziere in Salvador da Bahia geschworen, die zukünftige, noch auszuarbeitende portugiesische Verfassung anzuerkennen und in der Zwischenzeit die spanische von 1812 anzunehmen.[144] Im September 1822 waren die Regierungen der nördlichen Provinzen (Pará, Maranhão, Piauí, Ceará), die zusammen etwa ein Viertel des brasilianischen Territoriums ausmachten, noch immer den Lissabonner Cortes treu – immerhin war die Kommunikation zwischen Pará oder Maranhão und Lissabon über den Atlantik schneller als die Kommunikation zwischen Rio de Janeiro und Lissabon (siehe Abbildung 3). Die Häfen von Montevideo im Süden und Salvador da Bahia im Nordosten waren von portugiesischen Truppen besetzt, in Salvador traf noch im Oktober 1822 Verstärkung ein. Die Regierung formierte mit Hilfe des britischen Ex-Kapitäns Thomas Cochrane eine Marine (*Marinha Imperial*), die sich als entscheidend für die territoriale Integration erweisen sollte.[145] Nach einigen kriegerischen Auseinandersetzungen wurden im November 1823 alle Provinzen durch imperiale „brasilianische" Kräfte kontrolliert.

Es war nicht irgendein Staat, den die Eliten in der Region „Mitte-Süd" (*Centro-Sul*) nach 1822 im Begriff waren zu gründen: Mit der Krönung

---

142 COSTA, Political Emancipation of Brazil, S. 66; SILVA, Inventando a Nação, S. 235; MAURO, A Conjuntura Atlântica e a Independência do Brasil, S. 39.
143 CARVALHO, Marcus J. M. de, Cavalcantis e Cavalgados: A Formação das Alianças Políticas em Pernambuco, 1817–1824, in: RBH 18/36, 1998, S. 331–365.
144 SILVA, Da revolução de 1820 à independência brasileira, S. 405.
145 Zur Marine und Thomas Cochrane siehe PAULA, Eurípides Simões de, Pequena nota sobre o papel da Marinha Imperial no Processo da Independência, in: Revista de História São Paulo 24/46, 1973, Nr. 94, S. 433–437; MACAULAY, Dom Pedro, S. 138–145; ALVES, Francisco das Neves, A ruptura Brasil – Portugal: a época da Revolta da Armada, in: Estudos ibero-americanos 24/2, 1998, S. 231–246.

Pedros zum Kaiser erfüllte sich in den Augen einiger Zeitgenossen jener Traum, den Portugiesen seit dem 16. Jahrhundert geträumt hatten: „Es ist endlich die Zeit gekommen, in der der Souverän Portugals den Titel des Kaisers annehmen soll, die … dem Heroismus Seiner erlauchten Vorfahren und der Ausdehnung Seiner Staaten entspricht. Brasilien, stolz, weil es den unsterblichen Prinzen hat, der die Güte hatte, seinen Sitz hier zu etablieren, erlangt heute einen wertvolleren Schatz als das Gold, das es birgt … Es wird nicht mehr eine maritime, vom Handel der Nationen ausgeschlossene Kolonie sein wie bisher, sondern vielmehr ein mächtiges Imperium, das der Mäßiger Europas werden wird, der Schlichter Asiens und der Beherrscher Afrikas."[146] Ein Abgeordneter der Lissabonner Cortes aus Bahia, Marcos Antônio de Sousa, kehrte nach Brasilien zurück, als der Bruch zwischen Portugal und Brasilien sich bereits als unvermeidlich herausgestellt hatte, und beschwor die Gründung des von dem „unsterblichen" Antônio Vieira visionierten „Fünften Imperiums".[147] Die Staatsform, auf die sich die politischen Eliten in Brasilien bezogen, war die des Imperiums: Von 1822 bis 1889 lautete die offizielle Bezeichnung des brasilianischen Staates „Império do Brasil". Doch auch in Portugal wollte man den Traum des großen, mächtigen Reiches nicht sofort aufgeben: Die Anerkennung der brasilianischen Unabhängigkeit durch die portugiesische Regierung geschah erst am 29. August 1825.[148]

Insgesamt lässt sich konstatieren, dass die Revolution von 1820 und der Bruch der luso-brasilianischen Einheit nicht in erster Linie geschahen, weil sich auf einer Seite des Atlantiks (oder gar auf beiden) *zuvor* eine Nation herausgebildet hätte. Bis 1821 kann weder in Portugal noch in Brasilien von einem Willen zum Nationalstaat ausgegangen werden. Márcia Berbel und Maria de Lourdes Lyra sprechen von einer „Unfähigkeit" der Eliten auf beiden Seiten, die duale Monarchie zu wahren.[149] Es ging von europäischer Seite darum, das Imperium zu erhalten, aber auf den Stand von vor 1808 zu bringen, das heißt den Wirtschaftsraum, der mit Öffnung der Häfen und Etablierung des Freihandels eine eklatante Änderung erfahren hatte, mittels Monopolen wieder zu

---

146 VASCONCELLOS, A. L. de B. A. e, Memorias sobre o estabelecimento do Império do Brasil, ou Novo Império Lusitano, in: Anais da Biblioteca Nacional 43/44, 1921, zitiert nach JANCSÓ, Construção dos Estados Nacionais na América Latina, S. 26.
147 Zitiert nach LYRA, A transferência da Corte, S. 52.
148 SERRÃO, Os Remoinhos Portugueses da Independência do Brasil, S. 49; MANCHESTER, Alan K., The Recognition of Brazilian Independence, in: HAHR 31/1, 1951, S. 80–96.
149 MALERBA, Esboço crítico, S. 32f.

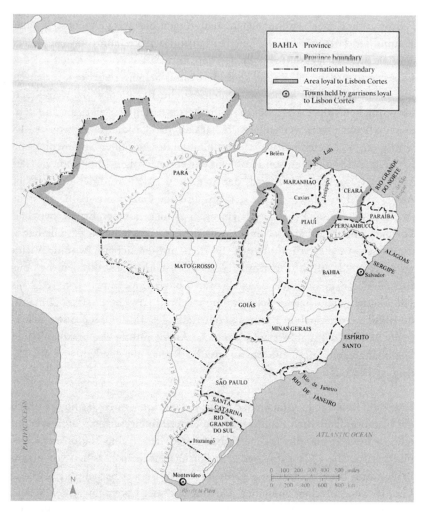

Abbildung 3   Brasilien im September 1822
Geographische Karte aus: Brazil, The Forging of a Nation, 1798–1852 by Roderick J. Barman © 1988 by the Board of Trustees of the Leland Stanford Jr. University. All rights reserved. Used with the permission of Stanford University Press, HYPERLINK "http://www.sup.org" www.sup.org.

„schließen" und die alte (politische und ökonomische) Zentralität Portugals wiederherzustellen. Von brasilianischer Seite aus ging es – als eine Reaktion auf diese Forderungen – vor allem darum, die mit Ankunft des Hofes erlangten Privilegien und den Freihandel zu erhalten. Zwar lassen sich problemlos nationalistische Züge bei den Debatten der Cortes ausmachen, doch ist der vielfach den portugiesischen Eliten zugeschriebene „merkantile Nationalismus", wie Valentim Alexandre betont, schon als Begriff irreführend, denn die merkantilen Eliten in Portugal brauchten und wollten unbedingt den Staat (bzw. die Protektion der Regierung in Handelsbelangen), nicht aber unbedingt die Nation.[150] *Grosso modo* lässt sich sagen, dass der in Portugal vorhandene Nationalismus weniger dadurch geprägt war, dass seine Anhänger sich auf das europäische portugiesische Territorium (als Nationalstaat) bezogen, sondern im Gegenteil dadurch, dass sie Brasilien nicht als autonome, von der Metropole getrennte Entität akzeptierten – oder auch nur erkannten.[151]

Es steht außer Frage, dass die unterschiedliche Verwurzelung der ökonomischer Interessen auf beiden Seiten des Atlantiks (bzw. die „Naturalisierung" der Interessen in Brasilien) maßgeblich zur Entzweiung des portugiesischen Machtraums beitrug, und diese These ist gut belegt. Üblicherweise wird die brasilianische Unabhängigkeit als ein Elitenphänomen begriffen, das heißt sie erscheint als ein Vorgang, der von (ökonomischen) Eliten „gemacht" und ausgehandelt wurde.[152] Die Bereiche Wirtschaft und Politik sind in wissenschaftlichen Darstellungen über die Unabhängigkeit Brasiliens in der Regel untrennbar miteinander verwoben.[153]

Viele Historiker haben jedoch davor gewarnt, wirtschaftliche Gründe bei der Analyse der Unabhängigkeit überzubewerten.[154] Carlos Guilherme Mota konstatierte bereits 1972, dass es im Falle Brasiliens schwierig zu entscheiden sei, zu welchem Teil die Emanzipation Brasiliens ökonomisch und zu welchem sie ideologisch motiviert war.[155] Möglicherweise gilt auch hier, dass

---

150 ALEXANDRE, Velho Brasil – Novas Áfricas, S. 11; ALEXANDRE, Sentidos do Império, S. 810.
151 Ebd., S. 803. Jene Gruppen in den Cortes, die in den Überseehandel involviert waren, gaben sich nach Alexandre konzilianter (und hatten weniger Rekolonisierungstendenzen) als jene Gruppen, die der intellektuellen Elite angehörten. Die Interessen der einzelnen Gruppen bespricht Alexandre ausführlich, ebd., S. 573–753.
152 Vgl. zum Beispiel FRAGOSO, João, „Elites econômicas" em finais do século XVIII: mercado e política no centro-sul da América lusa. Notas de uma pesquisa, in: JANCSÓ, István (Hrsg.), Independência: História e historiografia, São Paulo 2005, S. 849–880; FRAGOSO, João Luís Ribeiro, Homens de grossa aventura: Acumulação e hierarquia na praça mercantil do Rio de Janeiro (1790–1830), Rio de Janeiro 1992; DOHLNIKOFF, Miriam, Elites regionais e a construção do Estado nacional, in: István JANCSÓ (Hrsg.), Brasil, formação do Estado e da Nação, São Paulo 2003, S. 431–468; CARVALHO, Political Elites and State Building.
153 Vgl. zum Beispiel GORENSTEIN, Comércio e Política.
154 Vgl. zum Beispiel MAXWELL, Kenneth, Por que o Brasil foi diferente? O contexto da Independência, in: Carlos Guilherme MOTA (Hrsg.), Viagem incompleta. 1500–2000. A experiência brasileira. Formação: histórias, São Paulo 2000, S. 177–195.
155 MOTA, Carlos Guilherme, Europeus no Brasil à época da independência, in: DERS. (Hrsg.), 1822: Dimensões, Rio de Janeiro 1972, S. 56–73, S. 58.

eine scharfe Trennung zwischen ökonomischen, politischen und kulturellen Triebkräften gar nicht sinnvoll ist. Richard Graham plädierte unlängst dafür, bei der Interpretation des brasilianischen Staates und der brasilianischen Nation (und er bezieht sich insbesondere auf die Frage nach der territorialen Integrität Brasiliens) die materiellen und ökonomischen Interessen nicht als unmittelbar wirkmächtig einzuschätzen, sondern nur mittels der Politik, genauer: der politischen Kultur. So basiere die Ausübung von Herrschaft zweifellos auf ökonomischen Ressourcen, doch jegliche Autorität sei davon abhängig, ob sie als legitim anerkannt werde.[156] Die Forschung zur Unabhängigkeit Brasiliens hat sich, eben dieser Frage folgend, verstärkt auf die politische Kultur der Zeit konzentriert. Dabei sind die seit Etablierung der Pressefreiheit (31. März 1821) publizierten Zeitungen ins Blickfeld geraten. Wenn zuvor nur bis zu vier von der Regierung kontrollierte Zeitungen im gesamten portugiesischen Reich erlaubt gewesen waren, entstanden in Portugal innerhalb kürzester Zeit 39, in Brasilien 20 neue Zeitungen.[157] Zwar waren bereits am 17. Oktober 1820 die ersten Nachrichten über die portugiesische Revolution in Rio de Janeiro eingetroffen und hatten Diskussionen ausgelöst,[158] doch erst nach April 1821 begann das „Spiel der Meinungen und der Interessen"[159] zwischen Portugal und Brasilien, erst dann entwickelten sich in den urbanen Zentren „öffentliche Sphären der Macht".[160]

Die Zeit zwischen 1821 und 1823 zeichnete sich durch eine starke Partizipation der Presse bei den Debatten um das beste politische System aus. Die meisten der Zeitungen verfolgten einen klaren Bildungsauftrag und richteten sich vorwiegend an Besitzer kleiner Ländereien, Kleinhändler, Theatergän-

---

156 GRAHAM, Construindo uma nação, S. 25 und S. 32.
157 FRANCO, Graça, A Censura à imprensa (1820–1974), Lissabon 1993, S. 11. NEVES, Lúcia Maria Bastos Pereira das, A „guerra de penas": os impressos políticos e a independência do Brasil, in: Tempo 8/4, 1999, S. 41–66; CARDOSO, A revolução liberal em Trás-os-Montes, S. 101. Schon im Februar 1821, also vor Beginn der offiziellen Pressefreiheit, hatte es 17 Zeitungen in Lissabon gegeben, ROCHA, João L. de Moraes, O essencial sobre a imprensa em Portugal, Lissabon 1998, S. 26f.
158 SILVA, Da revolução de 1820 à independência brasileira, S. 397; LUSTOSA, Insultos Impressos, S. 24.
159 NEVES, Lúcia Maria Bastos Pereira das, Os panfletos políticos e a cultura política da independência do Brasil, in: István JANCSÓ (Hrsg.), Independência: História e historiografia, São Paulo 2005, S. 637–675, S. 639. Siehe auch NEVES, Lúcia Maria Bastos Pereira das, O império Luso-Brasileiro redefinido: o debate político da independência (1820–1822), in: RIHGB 156/387, 1995, S. 297–307; DIES., Corcundas e constitucionais: a cultura política da independência (1820–1822), Rio de Janeiro 2003.
160 NEVES, Cidadania e participação política na época da independência do Brasil, S. 49; CARVALHO, Political Elites and State Building, S. 380.

ger, Lehrer, kurz: an die schmale Mittelschicht. Der Konstitutionalismus, der auf den Prinzipien von Freiheit, Gleichheit und der Souveränität des Volkes fußte, wurde zu einem politischen „transatlantischen Diskurs", maßgeblich getragen und geformt von in Lissabon und Rio de Janeiro erscheinenden Zeitungen.[161] Isabel Lustosa verband in ihrem Werk die Geschichte der brasilianischen Unabhängigkeit mit der Geschichte der Entstehung der brasilianischen Presse, da sie in ihren Augen untrennbar zusammengehören.[162] Demnach fungierte die Presse beim Übergang zu einem unabhängigen Staat als „Laboratorium", aus dem neue Formen der Politik entstanden. Die Zeitungen berichteten dabei nicht über, sondern sie *produzierten* Ereignisse.[163] Es waren ihr zufolge maßgeblich Zeitungstexte, die zum Beispiel das Schicksal Brasiliens direkt an den Verbleib des Prinzregenten Pedro koppelten.[164] Über das feindselige Verhalten der europaportugiesischen Abgeordneten wurde ausführlich in der brasilianischen Presse berichtet; dies provozierte Gefühle der Empörung und Kränkung. So erregte beispielsweise die weithin verbreitete Polemik von Manuel Fernandes Tomás großen Ärger; er hatte Brasilien als „ein Land der Affen, der an der Küste Afrikas gefangenen kleinen Neger und der Bananen" dargestellt.[165] Durch Angriffe dieser Art aus Europa entstand in Brasilien bei unterschiedlichen Gruppen, die nicht notwendigerweise die gleichen Interessen und Meinungen vertraten, ein gewisses kollektives Gemeinschaftsgefühl: In kürzester Zeit wurden aus portugiesischen Untertanen Brasilianer – zunächst auf dem Papier, dann in der „Realität".[166] Ein „Krieg der Federn", wie Maria Lúcia Bastos das Neves die transatlantischen jour-

---

161 NEVES, Cidadania e participação política, S. 60; PEDREIRA/COSTA, D. João VI., S. 375; LUSTOSA, Insultos Impressos, S. 29; SILVA, Da revolução de 1820 à independência brasileira, S. 398–400. Die meisten Zeitungen erreichten die städtische Bevölkerung, pro Zeitung konnte man durchschnittlich mit 200 Abonnenten rechnen. Dennoch war ihre Wirkung enorm, LUSTOSA, Insultos Impressos, S. 27–32. Auch Predigten, öffentliche Reden und Diskussionen (etwa in Parks und auf der Straße), Aushänge und Pamphlete spielten eine große Rolle, SCHULTZ, Tropical Versailles, S. 236–238 und S. 266; MACAULAY, Dom Pedro: The struggle for Liberty, S. 105f.; SILVA, Da revolução de 1820 à independência brasileira, S. 398–401. Zur Bedeutung der politischen „Heftchen" (*folhetos*) siehe FAORO, Raymundo, Folhetos da independência, in: DERS. (Hrsg.), O debate político no processo da independência, Rio de Janeiro 1973, S. 8. Auffällig ist das Fehlen von ausführlichen Traktaten, also „dicken Büchern" über politische Theorien, MAXWELL/SILVA, A Política, S. 397ff.
162 LUSTOSA, Insultos Impressos, S. 16 und passim.
163 Ebd., S. 16.
164 Ebd., S. 62.
165 Zitiert nach BETHELL, Independence of Brazil, S. 181.
166 LUSTOSA, Insultos Impressos, S. 25f. RUSSELL-WOOD, Colonial Roots of Independence, S. 34.

nalistischen Debatten bezeichnete, entbrannte über die unterschiedlichen Positionen der europaportugiesischen und brasilianischen Abgeordneten.¹⁶⁷ Schließlich ergoss sich, so konstatiert sie metaphorisch, ein „verbaler Ozean der Unabhängigkeit" (*oceano verbal da independência*)¹⁶⁸ über den Atlantik. Beides ging der endgültigen politischen Trennung Brasiliens von Portugal zeitlich voraus, kurz: Der Separatismus wurde maßgeblich in den Zeitungen „geschmiedet".¹⁶⁹

Die Analysen der transatlantischen Debatten lassen sich durch die Erkenntnisse der modernen Kommunikationsforschung bekräftigen, wonach große gesellschaftliche Umbrüche immer auch Medienereignisse sind.¹⁷⁰ Es ist heute unstrittig, dass die Antagonismen zwischen den unterschiedlichen Gruppen in Portugal und Brasilien erst *sagbar* werden mussten, bevor sie historische Wirksamkeit erlangen konnten. Erst in dem Moment, in dem eine öffentliche Sphäre entstand, in der die Interessenskonflikte zwischen Portugiesen auf beiden Seiten des Atlantiks (und damit auch ihre Animositäten) offen ausbrachen, setzte sich ein Prozess in Gang, der letztlich zur Unabhängigkeit Brasiliens führte. Insgesamt lässt sich für den portugiesischen Machtraum daher Jeremy Adelmans eingangs angeführte These stützen: Nationen, oder vielmehr nationale Identifikationsmöglichkeiten und nationale Empfindungen, entstanden erst, *nachdem* und *weil* die politischen Strukturen des *Ancien Régime* an entscheidenden Stellen durchbrochen waren – die Desintegration der luso-brasilianischen Einheit begann immerhin erst nach der Etablierung eines Parlaments und der Pressefreiheit. Ein nationales Bewusstsein war also eher die *Folge* der Auflösung des Imperiums, weniger der *Grund*.¹⁷¹

---

167 Neves, A „guerra de penas", S. 42.
168 Lustosa, Insultos Impressos, S. 16.
169 Neves, Cidadania e participação política, S. 60; Alexandre, Sentidos do Império, S. 713–729.
170 Requate, Jörg, Medien und Öffentlichkeitsstrukturen in revolutionären Umbrüchen. Konstanten und Veränderungen zwischen der Französischen Revolution und dem Umbruch von 1989, in: Kurt Imhof/Peter Schulz (Hrsg.), Kommunikation und Revolution, Zürich 1998, S. 17–34, S. 17; Böning, Holger, Die Einbeziehung des „Volkes" in die öffentliche Kommunikation am Ende des 18. Jahrhunderts, in: Imhof/Schulz (Hrsg.), Kommunikation und Revolution, S. 35–46, S. 35f.
171 Ähnlich sieht Jeremy Adelman dies für das spanische Reich: „The breakdown of the Spanish empire in South America did not begin in the peripheries. It started in its core and issued its shockwaves outward. [...] [N]ascent political communities emerged *because* not *before* the Spanish empire imploded", Adelman, Sovereignty and Revolution, S. 219.

Der Umstand, dass die Union zwischen Portugal und Brasilien maßgeblich an den unvereinbaren Vorstellungen über einen „adäquaten" Wirtschaftsraum scheiterte, die Unabhängigkeit jedoch nicht allein auf ökonomische Interessen bestimmter Gruppen reduziert werden kann, beweist nicht zuletzt die transatlantische Korrespondenz Pedros (I) mit seinem Vater João VI in Lissabon. Im Januar 1822 beteuert der Sohn, dass er hart dafür kämpfe, die Union mit Portugal aufrechtzuerhalten und die Idee der Separation nicht den „dominierenden Geist" (*espírito dominante*) werden zu lassen. Gleichzeitig konstatierte er, dass die Zustimmung zur Ablösung eine Idee war, die bereits „in den Herzen der Amerikaner, von Nord- bis Südamerika" regierte.[172]

Es ist in den beiden vorangegangenen Kapiteln bereits mehrfach angeklungen, dass die portugiesischen Staatsmänner sowohl in Brasilien als auch in Portugal über ein ausgeprägtes Krisenbewusstsein verfügten und die Geschehnisse in den Nachbarstaaten argwöhnisch beobachteten. In ihren Augen konnte leicht eine „Ansteckung" mit revolutionären Bewegungen geschehen. Auch Pedros Brief an den Vater mit seinem Verweis auf den „dominierenden Geist" in Amerika offenbart eine solche Furcht. Ganz offensichtlich sahen die Herrschenden einen engen Zusammenhang zwischen (revolutionären) Ereignissen in anderen Staaten (insbesondere in Spanien und Hispanoamerika) und der politischen Lage im eigenen Staat.

Die Kapitel des ersten Teils haben gezeigt, dass alternative (räumliche) Ordnungen nicht ex nihilo kommen. Die Vermutung liegt also nahe, dass auch die Ereignisse der 1820er-Jahre nur unter Berücksichtigung bestimmter, bereits länger andauernder Prozesse verständlich werden. Es gehört zu den wenig beachteten Fragen der Geschichtsschreibung, wie „das Imperium" mit Ideen von Revolution und geopolitischer, territorialer Separation *vor* 1820 umgegangen ist, und ob diese in den Regierungstechniken der Portugiesen eine Rolle spielten. Die Ära der atlantischen Revolutionen hatte immerhin schon 30 Jahre vor der Rückkehr Joãos nach Lissabon begonnen, und der europaportugiesische Handel war bereits 14 Jahre zuvor, nämlich mit der Öffnung der Häfen, „kollabiert". Wenn im portugiesischen Reich scheinbar oder tatsächlich auch nach der Verlegung des Regierungssitzes zunächst alles ruhig blieb – wann und wie gelangten dann die Separation und andere „gefährliche" Ideen in die Herzen der Brasilianer und Portugiesen? Wie genau war der Zusammenhang zwischen den revolutionären Bewegungen in den

---

172 Pedro I an João VI (in Lissabon), Rio de Janeiro am 23. Januar 1822, in: Pedro I, Cartas de D. Pedro I a D. João VI relativas à Independencia do Brasil, coligidas, copiadas e antotadas por Augusto de Lima Junior, Rio de Janeiro 1941, S. 45.

anderen Staaten und den politischen Prozessen im portugiesischen Reich beschaffen? Im nun folgenden zweiten Hauptteil soll beleuchtet werden, wie sich die Regierungsweise im portugiesischen Machtraum in der Zeit zwischen 1808 und 1820 gestaltete, und wie die Herrschenden auf (vermeintliche) Bedrohungen reagierten.

Teil II: Ordnung der Verkehrung

4. Theorie: die Gouvernementalität des Imperiums

Ausgangspunkt für die Betrachtungen des nun folgenden Hauptteils ist der in der Historiographie vernachlässigte Umstand, dass die politische Integrität des luso-brasilianischen Reiches auch nach dem Hoftransfer bestehen blieb. Ziel ist es, Aspekte der – keineswegs selbstverständlichen – imperialen Einheit und der Beibehaltung der Monarchie in der Zeit zwischen 1808 und 1821 näher zu beleuchten. Für die Analyse der alltäglichen Herrschafts- und Machttechniken, die im Mittelpunkt stehen sollen, bedarf es konkreter Orte und einer Methode. Zur Fundierung der eingenommenen Analyseperspektive soll zunächst gezeigt werden, dass die Untersuchung von Herrschaftspraktiken in den beiden Hauptstädten Rio de Janeiro und Lissabon geeignet ist, Erkenntnisse über die Gouvernementalität des Imperiums zu liefern. Hierzu wird zunächst die Nicht-Territorialität der iberischen Imperien, insbesondere Portugiesisch-Amerikas, näher beleuchtet, danach die ambivalente Bedeutung von Hauptstädten für ihr jeweiliges Territorium theoretisch fundiert. Im dritten Abschnitt geht es darum, die Polizei, auf deren Dokumenten die Analysen maßgeblich basieren, als eine für die Fragestellung relevante Institution vorzustellen. Funktion und Bedeutung der frühneuzeitlichen Polizei werden hierzu theoretisch erläutert. Zusammengefasst geht es in den folgenden Ausführungen darum, die Praktiken der Polizei in den beiden Zentren, Lissabon und Rio de Janeiro, mit der Gouvernementalität des Imperiums in Beziehung zu setzen.

4.1 Die (Nicht-)Territorialität des Imperiums

Spricht man in den sozial- und geisteswissenschaftlichen Disziplinen von politischer Macht oder Herrschaft über einen bestimmten Raum, so kommt unweigerlich das Konzept der *Territorialität* auf den Plan, das die Verbindung von politischer Souveränität und fixem Territorium meint. Vielfach wurde und wird postuliert, dass (in Europa) staatliche Souveränität ohne fixe Grenzen, also ohne Territorialität, in der Zeit zwischen dem Westfälischen Frieden (1648) und etwa 1970 nicht möglich gewesen sei.[1] Territorialität wird folgendermaßen

---

1 Vgl. zum Beispiel MAIER, Charles S., Transformations of Territoriality, 1600–2000, in: Gunilla BUDDE/Sebastian CONRAD et al. (Hrsg.), Geschichte Transnational. Themen,

definiert: „[Territoriality is a] spatial strategy which can be employed to affect, influence, or control resources and people, by controlling area".²
Territorialität scheint auf den ersten Blick ein Konzept zu sein, das auf die Herrschaft über Imperien im Allgemeinen und auf die Herrschaft über Portugiesisch-Amerika im frühen 19. Jahrhundert im Speziellen kaum angewandt werden kann. Auf die Relativität von territorialen Grenzen – und damit von Territorialität – in Lateinamerika in der Zeit vor den Unabhängigkeitsbewegungen haben zahlreiche Historiker hingewiesen. Die Conquista war zunächst nicht territorial orientiert, sondern auf Menschen bezogen, da das Konzept einer linearen Grenze in ausgedehnten „Leerräumen" irrelevant war.³ Ganz besonders *un*territorial war in der Frühen Neuzeit das portugiesische Reich. António Manuel Hespanha schrieb ihm – auch im Vergleich zum spanischen – eine „spatiale Diskontinuität" zu.⁴

Von Beginn des 16. Jahrhunderts an stellte sich die portugiesische Besiedlungspolitik in der Tat anders dar als die spanische: Portugiesen „krallten sich

---

Tendenzen und Theorien, Göttingen 2006, S. 32–55; EVA, Fabrizio, International Boundaries, Geopolitics and the (Post)Modern Territorial Discourse: The Functional Fiction, in: Geopolitics 3/1, 1998, S. 32–52, S. 33f.; SASSEN, Saskia, Territory, Authority, Rights. From Medieval to Global Assemblages, Princeton 2006, S. 80; PAASI, Territory, S. 114.

2 PAASI, Ansi, Boundaries as Social Processes: Territoriality in the World of Flows, in: Geopolitics 3/1, 1998, S. 69–88, S. 72. Vgl. auch SACK, Robert D., Human Territoriality. Its Theory and History, Cambridge 1986; PAASI, Territory, S. 111.

3 KOSSOK, Manfred, Struktur und Funktion der „Grenze" in Spanisch-Amerika, in: Matthias MIDDELL (Hrsg.), Manfred Kossok. Ausgewählte Schriften, Bd. 1, Leipzig 1998, S. 273–283, S. 274 [Erstveröffentlichung: 1970]; BERNECKER, Walther L., Staatliche Grenzen – kontinentale Dynamik. Zur Relativität von Grenzen in Lateinamerika, in: Marianne BRAIG/Ottmar ETTE/Dieter INGENSCHAY/Günther MAIHOLD (Hrsg.): Grenzen der Macht – Macht der Grenzen. Lateinamerika im globalen Kontext, Frankfurt a. M. 2005, S. 11–38, S. 26ff. Erst mit den Staatsbildungsprozessen nach den Unabhängigkeiten erhielten Territorium und Grenzen einen neuen Gehalt. Territoriale Grenzen und nationale Identitäten bedingen sich gegenseitig, NEWMAN, David, Boundaries, in: John AGNEW/Katharyne MITCHELL/Gerard TOAL (Hrsg.), A Companion to Political Geography, Malden, Mass./Oxford/Melbourne 2003, S. 123–137, S. 130. Zu Grenzen speziell in Brasilien siehe RUSSELL-WOOD, A. J. R., Frontiers in Colonial Brazil: Reality, Myth, and Metaphor, in: Paula COVINGTON (Hrsg.), Latin American Frontiers, Borders and Hinterlands, Albuquerque 1990, S. 26–61; DERS., Fronteiras no Brasil Colonial, in: Oceanos 40, 1999, S. 8–20.

4 HESPANHA/SANTOS, Os poderes num império oceânico, S. 395. Vgl. auch HESPANHA, António Manuel, Centro e periferia nas estruturas administrativas do antigo regime, in: Ler história 8, 1986, S. 35–60.

wie Krebse an die Küste";[5] alle Zentren des Handels und der Macht (mit Ausnahme von Minas Gerais) waren Siedlungen in unmittelbarer Nähe der Atlantikküste, 90 Prozent der europäischen Bevölkerung lebte hier.[6] Das Projekt der „Westerweiterung" wurde erst im Laufe des 19. Jahrhunderts vor allem durch die *bandeirantes* vorangetrieben, private und halbstaatliche Gruppen, die sich gewalttätig durch den unwegsamen Urwald schlugen.[7] Historiker und Geographen sind sich darüber einig, dass Brasilien in vielerlei Hinsicht bis ins späte 20. Jahrhundert eine Fiktion darstellte, ein Territorium, das allein auf dem Papier existierte. Kurz: Für den amerikanischen Teil des portugiesischen Reiches waren zur Zeit des Hoftransfers infrastrukturelle Durchdringung, staatliche Kontrolle und eine (ökonomische, politische, kulturelle) Homogenisierung des Raumes, die als Voraussetzungen für Territorialität gelten, ausgeschlossen.[8]

Die Bedeutung und Beschaffenheit von Territorialität, insbesondere ihre Rolle in Prozessen der Globalisierung, wird von Geographen, Politikwissenschaftlern und Historikern in jüngster Zeit intensiv debattiert. Für die Interpretation des portugiesischen Reiches im frühen 19. Jahrhundert und also für die vorliegende Untersuchung sind jene neueren Forschungsansätze entscheidend, die politische Macht und insbesondere Regierungsgewalt nicht an Territorialität im Sinne der Herrschaft über einen bestimmten Raum in fixen Grenzen koppeln, sondern als Ensemble von Techniken ansehen, die auf die Normierung und Kontrolle sozialer Verhaltensweisen zielen.[9] Die physischraumbezogene Grundlage für staatliche Souveränität wird in dieser Perspektive stark relativiert: politische Macht – und also Souveränität – existiert nur in Form von ökonomischen, politischen, kulturellen Praktiken bestimmter

---

5 SILVA, Maria Beatriz Nizza da, A saga dos sertanistas, in: Oceano 40, 1999, S. 148–158, S. 148; GODFREY, Brian J., Modernizing the Brazilian City, in: Geographical Review 81/1, 1991, S. 18–34, S. 23.
6 EAKIN, Marshall C., Expanding the Boundaries of Imperial Brazil, in: LARR 37/3, 2002, S. 260–268, S. 260.
7 KERN, Arno Alvarez, Nas Fronteiras do Brasil Meridional: Jesuítas, Bandeirantes e Guaranis, in: Oceanos 40, 1999, S. 112–126.
8 EAKIN, Expanding the Boundaries of Imperial Brazil, S. 260; GAUER, Ruth Maria Chittó, A contribuição portuguesa para a construção da sociedade brasileira, in: Ágora: Revista do Departamento de História e Geografia 5/1, 1999, S. 7–31, S. 23; SOUZA, A pátria geográfica, S. 81.
9 Vgl. zum Beispiel ALLEN, John, Power, in: AGNEW/MITCHELL/TOAL (Hrsg.), A Companion to Political Geography, S. 95–107, S. 97ff. Regierung ist eine „historische Form der Macht, die über Subjekte und deren Freiheit operiert", LEMKE, Thomas, Eine Kritik der politischen Vernunft. Foucaults Analyse der modernen Gouvernementalität, Hamburg 1997, S. 200.

staatlicher Akteure, die sich wiederum auf Praktiken der Untertanen richten.[10] Im Ergebnis erscheint „der Staat" als ein geographisch, historisch und politisch konfiguriertes, sich stets transformierendes „Ensemble von Institutionen, Praktiken und Diskursen".[11]

Diese Institutionen, Praktiken und Diskurse sind gewiss nicht nur in Hauptstädten anzutreffen, und die Techniken des Regierens gehen nicht nur von der Regierung aus. Es gibt jedoch gute Gründe anzunehmen, dass Hauptstädte für die Regierung und die Regierungsweise eines Imperiums eine bedeutende Stellung einnahmen, da die Kontrolle des Raumes – gerade aufgrund der nicht vorhandenen Territorialität – maßgeblich von der Hauptstadt aus und durch die Hauptstadt erfolgte. Im Folgenden soll auf einer theoretischen Ebene das Verhältnis von Hauptstadt zum Imperium näher erläutert werden.

4.2 Hauptstädte als Zentren und „Abgründe" des Imperiums

In der modernen sozialwissenschaftlichen Forschung nehmen große Städte eine prominente Stellung ein. Saskia Sassen, die sich ausgiebig der Erforschung der *global cities* gewidmet hat,[12] bezeichnete die Stadt als „Hauptschauplatz der politischen Innovation" (*key site for political innovation*) und – in Anlehnung an Max Weber – als ein „Instrument historischen Wandels".[13] Historiker haben sich jedoch selten mit der Frage beschäftigt, wie die Bedeutung einer (Haupt-)Stadt zu einer bestimmten Zeit für einen bestimmten politischen Raum beschaffen war und wie sich diese Bedeutung im Laufe der Zeit gewandelt hat. Weitgehend unbeleuchtet ist bisher auch die Rolle von Hauptstädten in (außereuropäischen) Staats- und Nationsbildungsprozessen oder Unabhängigkeitsbewegungen.[14] Empirische Studien zu den transatlantischen Imperien im 18. und 19. Jahrhundert, die sich speziell der Rolle von urbanen Zentren in Bezug auf den jeweiligen imperialen Raum widmen, sind rar. Diese Beziehung bedarf also einer Reflexion. In den folgenden Ausführun-

---

10 PAASI, Territory, S. 109ff.; DEAN, Governmentality, S. 11.
11 PIEPER/GUTIÉRREZ RODRÍGUEZ, Einleitung, S. 10.
12 SASSEN, Saskia, The Global City. New York, London, Tokyo, Princeton/New York et al. 2001.
13 SASSEN, Territory, Authority, Rights, S. 67 und S. 69.
14 DAUM, Andreas W., Capitals in Modern History: Inventing Urban Spaces for the Nation, in: Andreas DAUM/Christof MAUCH (Hrsg.), Berlin – Washington 1800–2000. Capital Cities, Cultural Representation and National Identities, Washington 2005, S. 3–28, S. 8.

gen sollen zunächst allgemeine Charakteristika und Funktionen europäischer Hauptstädte in der Vormoderne kurz skizziert werden. Anschließend wird das bemerkenswert ambivalente Verhältnis von Hauptstadt und Imperium in den Blick genommen.

Eine Hauptstadt spielte im Europa der Vormoderne in Bezug auf das zugehörige Territorium eine Sonderrolle. Egal, wo sie geographisch lag – und sie lag häufig nicht in der Mitte, sondern an der Küste –, die Hauptstadt war Mittelpunkt eines Staates.[15] Sie besaß eine Ausstrahlung und Anziehung, die auf den zugehörigen politischen Raum eine einigende Kraft entfaltete oder dies dem Anspruch nach zumindest sollte. Ihre Besonderheit ergab sich primär aus ihrer *politischen Funktion*, und diese war seit dem Mittelalter eng verknüpft mit der Residenz des Monarchen.[16] Die Hauptstadt beherbergte die Staatsapparatur (Ministerien), die zentralen Behörden (den Hofrat, diplomatische Vertretungen, den obersten Gerichtshof, zentrale Archive etc.) und von ihr gingen die politischen Impulse aus, da die in der Hauptstadt gefassten Beschlüsse im gesamten Staat galten.[17] Hauptstädte hatten somit eine *integrative Funktion*: Sie schufen und symbolisierten die „richtigen" politischen Werte eines Staates.[18] Hauptstädte hatten eine *ökonomische Funktion*, da sie zentraler Umschlagplatz für den Handel waren und eine bevorzugte Stellung im Verkehrsnetz einnahmen. Für Kolonialreiche gilt, dass die Lage einer kolonialen Hauptstadt innerhalb der Kolonie nicht nur verwaltungstechnisch und geostrategisch sinnvoll sein musste: Kolonialmächte platzier-

---

15 SÁGVÁRI, Ágnes, Stadien der europäischen Hauptstadtentwicklung und die Rolle der Hauptstädte als Nationalrepräsentanten, in: Theodor SCHIEDER/Gerhard BRUNN (Hrsg.), Hauptstädte in europäischen Nationalstaaten, München/Wien 1983, 165–180, S. 165.
16 ENNEN, Edith, Funktions- und Bedeutungswandel der „Hauptstadt" vom Mittelalter zur Moderne, in: Theodor SCHIEDER/Gerhard BRUNN (Hrsg.), Hauptstädte in europäischen Nationalstaaten, München/Wien 1983, S. 153–164, S. 154f.; BÖHME, Helmut, Thesen zur „europäischen Stadt" aus historischer Sicht, in: Dieter HASSENPFLUG (Hrsg.), Die europäische Stadt – Mythos und Wirklichkeit, Münster 2002, S. 49–102, S. 50. Dies gilt auch für Hispanoamerika, BÜSCHGES, Christian, La Corte Virreinal en la América Hispánica durante la época colonial (periodo habsburgo), in: Actas do XII. congresso internacional da Associação de historiadores latinoamericanos europeus, Bd. 2, Porto 2001, S. 131–140.
17 GEYER, Martin H., Prime Meridians, National Time, and the Symbolic Authority of Capitals in the Nineteenth Century, in: Andreas DAUM/Christof MAUCH (Hrsg.), Berlin – Washington 1800–2000: Capital Cities, Cultural Representation and National Identities, Washington 2005, S. 79–100, S. 81.
18 DAUM, Capitals in Modern History, S. 13.

ten ihre Kolonialstädte an Orten, die auch den kommerziellen Interessen am besten dienten.[19]

Doch kraft ihrer administrativen und wirtschaftlichen Funktionen allein machte eine Hauptstadt noch keinen Staat, geschweige denn ein Imperium. Die Hauptstadt repräsentierte den Staat auch *kulturell*, beherbergt Akademien, Museen, Bibliotheken, Botanische Gärten. Sie verfügte mit dem Sitz der Kirche meist auch über eine besonders *sakrale* Bedeutung.[20] Die *performative Funktion* einer Hauptstadt impliziert, dass in ihr die politischen Ereignisse (Geburtstage, Hochzeiten, Begräbnisse von Monarchen) öffentlichkeitswirksam inszeniert wurden; hier fand die „Theatralisierung von Politik" statt. Auch die damit gekoppelten *repräsentativen* und *symbolischen Funktionen* waren der Hauptstadt eigen: Sie musste nach innen und außen den Eindruck eines starken Staates erwecken und Macht mit Kultur und Erinnerung in Verbindung bringen.[21] Die Beziehung der Hauptstadt zum Territorium war zudem eine *ästhetische*: Eine Hauptstadt musste die „Zierde des Territoriums" sein. Gleichsam musste sie eine *moralische* Vorbildfunktion hinsichtlich des Verhaltens der Leute erfüllen und das Beispiel für „gute Sitten" sein.[22] Kurz: Die Hauptstadt spielte in der Frühen Neuzeit eine herausragende Rolle für die räumliche, soziale und politische Ordnung eines Staates.

Lissabon und Rio de Janeiro verfügten aufgrund ihrer hauptstädtischen Funktionen am Anfang des 19. Jahrhunderts über eine besondere politische, kulturelle und ökonomische Gravitation. Sowohl für Lissabon als auch für Rio de Janeiro gilt, dass sie jeweils die größten und wichtigsten Hafenstädte ihres Territoriums waren.[23] Auf die außerordentliche Bedeutung von Hafenstädten im portugiesischen Reich hat Anthony R. J. Russell-Wood hingewiesen. Ihm zufolge waren Hafenstädte für die portugiesische Krone synonym zu Regierung: „For the Portuguese Crown, ports fulfilled two other major roles regarding both Brazil and the framework of empire. These two roles were de-

---

19 RINGROSE, David R., Capital Cities and their Hinterlands: Europe and the Colonial Dimension, in: Peter CLARK/Bernard LEPETIT (Hrsg.), Capital Cities and their Hinterlands in Early Modern Europe, Aldershot et al. 1996, S. 217–240, S. 236.
20 ENNEN, Funktions- und Bedeutungswandel der „Hauptstadt", S. 155.
21 DAUM, Capitals in Modern History, S. 16f.
22 FOUCAULT, Sicherheit, Territorium, Bevölkerung, S. 30–32.
23 SCHWARCZ, O modelo imperial Brasileiro de Fazer Política, S. 57. Auch Porto war in der Frühen Neuzeit ein wichtiger portugiesischer Hafen, BARROS, Amândio Jorge Morais, Oporto: The Building of a Maritime Space in the Early Modern Period, in: e-JPH 1, 2005, S. 1–13, S. 5. Dasselbe gilt für die brasilianischen Hafenstädte Salvador und Pernambuco. Im Bereich des Überseehandels waren jedoch Lissabon und Rio de Janeiro mit Abstand führend.

fense and administration. Ports were synonymous with government. Seats of Crown government were also in the ports."[24]

Die Beziehung von Städten und Imperien, das heißt die Beziehung von Städten, die Teil eines Imperiums sind, zu den größeren machtpolitischen Strukturen, war immer ambivalent: Von Städten aus wurden Imperien regiert und kontrolliert; sie waren eine wichtige Komponente in der Raumkonstruktion von Imperien. Von der (kolonialen) Hauptstadt aus wurde das Hinterland imperialer Räume erschlossen, nutzbar gemacht, von hier aus wurden Verbindungen zu anderen Städten des Reiches hergestellt.[25] Doch Städte waren immer auch Feinde des Imperiums, Orte, in denen es angezweifelt, geschwächt, bekämpft wurde. Karl Marx nannte die iberischen Revolutionen der frühen 1820er-Jahre „Stadtrevolutionen".[26] Für Lateinamerika gilt, dass politische Separationsbewegungen ab 1810 maßgeblich in den (kolonialen) Hauptstädten Buenos Aires, Mexiko-Stadt und Caracas erstarkten. Hafenstädte in Lateinamerika waren Russell-Wood zufolge die ersten Orte, in denen „neue Ideen" ankamen; sie waren anfällig für die „winds of change" aus Europa und Nordamerika.[27]

Roland Barthes wies darauf hin, dass die Stadt der Ort ist, an dem man „dem Anderen" begegnet.[28] Weil sie Treffpunkt unterschiedlicher Vorstellungen von dem „Selbst" und dem „Anderen" ist, können in ihr große politische Projekte scheitern: Hier stößt imperiale Herrschaft am ehesten an ihre Grenzen. Entscheidend hierfür ist Jane Jacobs zufolge, dass Imperialismus in jeglicher Form zwar immer ein globaler Prozess ist, doch notwendigerweise im

---

24 RUSSELL-WOOD, A. J. R., Ports of Colonial Brazil, in: F. W. KNIGHT/P. K. LISS, Atlantic Port Cities: Economy, Culture and Society in the Atlantic World, 1690–1850, Knoxville 1991, S. 196–239, S. 218. Zur Bedeutung der Hafenstadt als „zentrales Instrument der Globalisierung": AMENDA, Lars/Malte FUHRMANN, Hafenstädte in globaler Perspektive, in: Comparativ 17/2, 2007, S. 7–11, S. 7f.
25 BICALHO, Maria Fernanda, Cidades e elites coloniais. Redes de poder e negociação, in: Varia historia 29, 2003, S. 17–38, S. 38; RINGROSE, Capital Cities and their Hinterlands, S. 236.
26 Zitiert nach KOSSOK, Manfred, Revolution – Reform – Gegenrevolution in Spanien und Portugal (1808–1910), in: Matthias MIDDELL (Hrsg.), Manfred Kossok. Ausgewählte Schriften, Bd. 2, Leipzig 2000, S. 47–70, S. 58.
27 RUSSELL-WOOD, Ports of Colonial Brazil, S. 230.
28 BARTHES, Roland, Semiology and the Urban, in: M. GOTTDIENER/A. Ph. LAGOPOULOS (Hrsg.), The City and the Sign: An Introduction to Urban Semiotics, New York 1981, S. 87–98. Eine ähnliche Perspektive vertritt auch die moderne stadtsoziologische Forschung, HÄUSSERMANN, Hartmut/Walter SIEBEL, Stadtsoziologie, Frankfurt/New York 2004, S. 39f.

Lokalen und durch das Lokale realisiert wird,[29] wobei die Techniken der imperialen Raumbeherrschung insbesondere in Städten auf lokale, widerstrebende Realitäten stoßen. Just in den Hauptstädten offenbart sich, dass die „großen Ideen eines Imperiums" aus „labilen Techniken der Macht" bestehen,[30] genauer: aus „feinkörnigen raumbezogenen Techniken der Macht" (*fine-grained spatial technologies of power*) wie etwa der Planung und Polizierung des urbanen Raumes.[31] Gemäß dem Titel ihres Werkes „Edge of Empire" lautet ihre Hauptthese, dass die große Stadt oder die (koloniale) Hauptstadt stets gleichzeitig Zentrum und „Abgrund" (*edge*) eines Imperiums ist. Auch Lissabon, die verlassene, und Rio de Janeiro, die neue Hauptstadt, trugen diese Ambivalenz in sich.

Wie aber lassen sich Aspekte der Regierungsweise in den beiden Hauptstädten konkret fassen? Wie macht man die ambivalente Bedeutung Lissabons und Rio de Janeiros als Knotenpunkte der Macht und zugleich als Orte der Gefahr am besten sichtbar? Der folgende Abschnitt beschreibt die Institution der frühneuzeitlichen Polizei und ihre Bedeutung für die Gouvernementalität eines Staates. Die Betrachtungen dienen der theoretischen Reflexion und zeigen, dass die Polizeiakten aus Lissabon und Rio de Janeiro als maßgebliche Quellen für die Schreibung einer Imperialgeschichte dienen können.

4.3 Die Polizei: Ausdruck und Garantin der „guten Ordnung"

Im europäischen Denksystem der Frühen Neuzeit war die Polizei eine Institution, die die „Kräfte des Staates erhöhen" und gleichzeitig seine „gute Ordnung" aufrechterhalten sollte.[32] Das System der Polizei war eng gekoppelt mit der politischen Sphäre und insbesondere mit staatlicher Souveränität.[33] Wie die Verbindung der Regierungsweise eines Staates und der Polizei beschaffen war, hat Michel Foucault im ersten Teil seiner „Geschichte der Gouvernementalität" ausführlich dargestellt. Demnach war die Polizei eine der wichtigsten „technischen Ensembles" bei der „Gouvernementalisierung des

---

29 JACOBS, Jane, Edge of Empire. Postcolonialism and the City, London/New York 1996, S. 34f.
30 Ebd., S. 158.
31 Ebd., S. 21.
32 FOUCAULT, Sicherheit, Territorium, Bevölkerung, S. 452f.; LEMKE, Kritik der politischen Vernunft, S. 165.
33 DEAN, Governmentality, S. 92.

Staates",³⁴ da sie die Schaffung einer „kontrollierbaren Beziehung zwischen der inneren Ordnung des Staates und dem Wachstum seiner Kräfte" erlaubte.³⁵ Mit der Organisation einer zentralisierten Polizei verfügte der Souverän über eine Institution, mit der er seine Anordnungen geltend machen konnte. Die Polizei stand „unverhohlen der königlichen Macht nahe",³⁶ sie garantierte die „souveräne Ausübung der königlichen Macht über seine Untertanen", sie *verkörperte* die Gouvernementalität des Staates.³⁷

Ab dem 17. Jahrhundert richtete sich die Aufmerksamkeit der Polizei zunehmend auf eine „neue politische Persönlichkeit", die Bevölkerung, die im Merkantilismus als Bedingung des staatlichen Reichtums und somit privilegiertes Element staatlicher Politik firmierte.³⁸ Ziel aller Polizeiaktivitäten war, die Bevölkerung dazu zu bringen, ihre Tätigkeiten in den Dienst der „Vermehrung der Kräfte des Staates" zu stellen. Im Laufe des 18. Jahrhunderts übernahm die Polizei eine komplexe Disziplinierungsfunktion, bei der ihre Zuständigkeitsbereiche „tendenziell unendlich" waren,³⁹ da die Macht des Monarchen an die kleinsten in der Gesellschaft verstreuten Machtinstanzen geknüpft wurde; das gesamte Zusammenleben der Menschen sollte reglementiert werden. Das Leben zu sichern bedurfte „fortlaufender, regulierender und korrigierender Mechanismen", die es gleichzeitig in einem Bereich von „Wert und Nutzen" organisierten.⁴⁰ Das Polizeiwesen war dabei keineswegs ausschließlich repressiv, fungierte also nicht nur als Hilfstruppe der Justiz bei der Verfolgung von Verbrechern und der Kontrolle von Aufstandsbewegungen oder Revolten; vielmehr lag ihr Ursprung im Politikfeld der *Policey*, das heißt der innenpolitischen Sorge für das Gemeinwohl.⁴¹ Indem und nur *weil*

---

34 FOUCAULT, Sicherheit, Territorium, Bevölkerung, S. 165.
35 Ebd., S. 450f.
36 FOUCAULT, Michel, Überwachen und Strafen. Die Geburt des Gefängnisses, Frankfurt a. M. 2007, S. 276.
37 FOUCAULT, Sicherheit, Territorium, Bevölkerung, S. 462.
38 LEMKE, Kritik der Politischen Vernunft, S. 167. Vgl. auch CATROGA, Fernando, O poder paroquial como „polícia" no século XIX português, in: Pedro Tavares ALMEIDA/ Tiago Pires MARQUES (Hrsg.), Lei e ordem. Justiça penal, criminalidade e polícia (séculos XIX–XX), Lissabon 2006, S. 105–130, S. 106.
39 LEMKE, Kritik der politischen Vernunft, S. 166.
40 FOUCAULT, Michel, Der Wille zum Wissen. Sexualität und Wahrheit I, Frankfurt a. M. 1997, S. 171.
41 REINHARD, Geschichte der Staatsgewalt, S. 363; LANDWEHR, Achim, Policey im Alltag: die Implementation frühneuzeitlicher Policeyordnungen in Leonberg, Frankfurt a. M. 2000, S. 59f.

sie für das „Glück" des Untertanen sorgte, konnte die Polizei die Macht des Staates kräftigen.[42]

Nicht nur den Zusammenhang zwischen Gouvernementalität und Polizei, auch den Zusammenhang zwischen Polizei und Urbanität hat Foucault analysiert: „[I]m entscheidenden Sinn dieser Begriffe sind der Einsatz der Polizei und die Urbanisierung ein und dasselbe." Die Polizei war mit anderen Worten die Existenzbedingung für Urbanität.[43] Seit dem 17. Jahrhundert und verstärkt im 18. Jahrhundert waren der Markt und die ihn versorgende Infrastruktur (Verkehrsnetze) die zentralen Probleme eines Herrschers, mithin Probleme, die dezidiert städtisch waren. Gemäß dem in Europa vorherrschenden Merkantilismus bzw. Kameralismus war die Idee der politischen Effizienz der Souveränität (und damit die Effizienz der Hauptstadt) eng verknüpft mit der Intensität von Zirkulationen (Handelsverkehr).[44] Zirkulationen waren für die Städte im 18. Jahrhundert jedoch nicht nur Existenzbedingung, sondern auch Gefahr. Der durch die ökonomische Entwicklung notwendig gewordene Wegfall der Festungsmauern bewirkte in den Augen der Autoritäten, dass die Unsicherheit der Städte gesteigert wurde durch den Andrang von Bettlern, Vagabunden, Kriminellen, Dieben, Mördern. Es war notwendig, die Bewegungen von Personen und Waren zu organisieren, eine Aufteilung zwischen guter und schlechter Zirkulation vorzunehmen, die schlechte zu vermindern, die gute zu maximieren.[45] Die Kontrolle der Zirkulationen, die einen wesentlichen Bestandteil, ja, Voraussetzung der Gouvernementalität einer Stadt und damit auch eines Staates darstellte, wurde zum bevorzugten Gegenstand der Polizei. Die Probleme, die die Polizei in Angriff nahm, hatten vor allem mit Infrastruktur, Nahrungsmittelbeschaffung und Hygiene zu tun. Sie alle drehten sich letztlich um die entscheidende Frage: Wie muss etwas zirkulieren und wie darf es nicht zirkulieren?[46] Kurz: Die Polizei stellte sicher, dass die Dinge und Menschen „richtig" im (städtischen) Raum angeordnet waren und die „richtigen" Bewegungen machten. Eine Gesellschaft zu polizieren ist jederzeit eine *territoriale* Aktivität.

Wenn die Polizei in der Frühen Neuzeit eine bedeutende Rolle bei der Sicherung und Verteidigung politischer Systeme und Territorien spielte und jene Instanz war, die für die „gute" und „schlechte" Zirkulation in einer

---

42 FOUCAULT, Sicherheit, Territorium, Bevölkerung, S. 471; FOUCAULT, Überwachen und Strafen, S. 276. Vgl. auch SÜSSMANN, Johannes, Die Wurzeln des Wohlfahrtsstaats – Souveränität oder Gute Policey?, in: HZ 285, 2007, S. 19–47, S. 37.
43 FOUCAULT, Sicherheit, Territorium, Bevölkerung, S. 483.
44 Ebd., S. 30–32.
45 Ebd., S. 37, S. 52 und S. 101.
46 Ebd., S. 36, S. 100 und S. 486f.

Hauptstadt verantwortlich zeichnete, so scheint die Annahme nicht zu weit hergeholt, dass sie sich auch der Interaktion mit dem „Außen" annahm, dass sie also die Zirkulation von Menschen, Waren und Ideen nicht nur innerhalb der (Haupt-)Stadt, sondern auch die Bewegungen aus ihr hinaus und – noch entscheidender – in sie herein kontrollierte.

Die Hinwendung zu dieser Institution wird auf Basis der vorangegangenen theoretischen Überlegungen von der Annahme geleitet, dass sie Hinweise auf die Gouvernementalität des portugiesischen Imperiums gibt und insbesondere von jenen Zirkulationen von Menschen, Waren und Ideen zeugen, die als Gefahr für das politische System und den politischen Raum angesehen wurden. Kurz: Die Institution der Polizei und die von ihr produzierten Dokumente geben Aufschluss über Momente, in denen das Imperium „dachte", an die Grenzen seiner Macht zu stoßen.

5. Rio de Janeiro, die neue Hauptstadt

Wie bereits aufgezeigt wurde, war der Transfer des Königshofes nach Brasilien ein Projekt, das seit dem 16. Jahrhundert immer wieder in Portugal angedacht worden war und daher nicht losgelöst von Entwicklungen der *longue durée* betrachtet werden kann. Trotzdem brachte der Vorgang, einmal in Gang gesetzt, innerhalb kürzester Zeit tiefgreifende politische, ökonomische und kulturelle Veränderungen mit sich. Rio de Janeiro verwandelte sich von einer kolonialen Hauptstadt in die Hauptstadt eines Reiches, das sich bis Goa und Macau erstreckte.[1] Nach Ankunft des Hofes musste in aller Eile ein Regierungsapparat geschaffen werden, der es erlaubte, das Imperium von dort aus zu lenken. João und seine Berater konstruierten dabei sämtliche Ministerien und Institutionen nach Lissabonner Vorbild: Rio de Janeiro wurde zu einer „kopierten" bzw. „duplizierten" Hauptstadt.[2]

„Wo ich bin, ist das Zentrum", betonte der Prinzregent João in einem Brief an die Governadores.[3] Er wollte – oder musste – hiermit Zweifel an der Gültigkeit der von ihm gewählten neuen räumlichen Ordnung und der im *Ancien Régime* unauflöslichen Verbindung zwischen dem Ort der Residenz des Monarchen und der Zentralität eben dieses Ortes ausräumen.[4] Die neue „amerikanische" portugiesische Monarchie bedurfte einer glanzvollen und „zivilisierten" Hauptstadt nach europäischem Vorbild, um mit anderen zeitgenössischen Mächten (namentlich Frankreich und Großbritannien) mithalten zu können, darin waren sich königliche Funktionäre, exilierte Portugiesen und Angehörige der lokalen Elite einig.[5] Rio de Janeiro, obschon seit 1763 Zentrum des Vizekönigreichs Brasilien, war bei Ankunft Joãos im März

---

1　BETHELL, Independence of Brazil, S. 168.
2　WEHLING, Arno, Ruptura e continuidade no Estado brasileiro, 1750–1850, in: Carta mensal: problemas nacionais 49, 587, 2004, S. 45–67, S. 47. Die Verwaltungsstrukturen sind beschrieben bei MARTINS, Governação e Arquivos, S. 120f.; MANCHESTER, Growth of Bureaucracy in Brazil, 1808–1821, S. 79; SILVA, Análise de estratificação social, S. 17. Für eine zeitgenössische Bewertung der Etablierung des Staatsapparates in Rio de Janeiro siehe LISBOA, José da Silva, Observações sobre a prosperidade do Estado pelos liberaes principios da nova legislação do Brazil, Rio de Janeiro: Impressão Régia 1810, S. 11ff.
3　João an die Governadores, Rio de Janeiro am 1. Dezember 1808, ANRJ Negócios de Portugal cód. 252 vol. 1, S. 18v.
4　ENNEN, Funktions- und Bedeutungswandel der „Hauptstadt", S. 154.
5　SCHULTZ, Tropical Versailles, S. 101.

1808 denkbar weit von diesem Idealbild entfernt.[6] So musste die Stadt von einer „typischen Kolonialstadt"[7] mit ihren einstöckigen, zum Teil orientalisch-maurisch anmutenden Gebäuden und engen Straßen ohne Abwasser- und Müllbeseitigungssystem, in denen „prä-urbanes Chaos"[8] herrschte, in einen „Ort der Macht par excellence"[9] verwandelt werden. Durch die großen infrastrukturellen, geographischen und sozialen Transformationen während der joaninischen Zeit veränderte die Stadt in den Worten Mauricio Abreus „sowohl ihr Antlitz als auch ihren Inhalt".[10]

Das, was Kirsten Schultz die „Metropolisierung" Rio de Janeiros genannt hat, nämlich die Anpassung des urbanen Raumes und seiner Gesellschaft an die neue Hauptstadtrealität, geschah nach Ergebnissen der modernen Forschung maßgeblich durch die *Intendência Geral da Polícia*. Vor allem sie war es, die ab 1808 den urbanen Raum nach neuen ästhetischen Gesichtspunkten veränderte, aber auch in das komplexe System der sozialen Verhaltensweisen eingriff, etwa durch Repression von zuvor tolerierten sozialen Praktiken im öffentlichen Raum wie Bettelei und Vagantentum. Die Polizei sollte sich um die „guten Sitten", die Höflichkeit, den Glanz kümmern. Die Ausdrücke *boa polícia* („gute Policey") und *policiar* (polizieren) waren in joaninischer Zeit gleichbedeutend mit „Zivilisation" und „zivilisieren".[11]

Über die Polizei in Rio de Janeiro als „Zivilisationsagentur", aber auch als Repressionsinstrument ist schon viel geschrieben worden. Die meisten Analysen fokussieren dabei innergesellschaftliche Probleme und Spannungen und

---

6 PEDREIRA, Jorge/Fernando Dores COSTA, D. João VI. Um príncipe entre dois continentes, São Paulo 2008, S. 75.
7 NEVES/MACHADO, O Império do Brasil, S. 30.
8 ALENCASTRO, Luiz Felipe de, Vida Privada e ordem privada no Império, in: ALENCASTRO/NOVAIS (Hrsg.), História da Vida Privada no Brasil, Bd. 2, S. 11–94, S. 14. Zum Zustand Rio de Janeiros vor dem Transfer siehe auch ABREU, João Capistrano de, Chapters of Brazil's Colonial History 1500–1800, New York/Oxford 1997.
9 DOMINGUES, Ângela, Dom João, príncipe esclarecido e pai dos povos, e a fundação das colônias sueca de Sorocaba e suíça de Nova Friburgo, in: Luís Valente de OLIVEIRA/Rubens RICUPERO (Hrsg.), A Abertura dos Portos, São Paulo 2007, S. 122–147, S. 126.
10 ABREU, Mauricio de Almeida, Evolução urbana do Rio de Janeiro, Rio de Janeiro 1987, S. 35f. Vgl. auch MAGALHÃES, Roberto Anderson de Miranda, Alterações Urbanas na Área Central do Rio de Janeiro a partir da Chegada da Corte de D. João VI, in: TOSTES/BITTENCOURT (Hrsg.), D. João VI, S. 324–329.
11 SCHULTZ, Tropical Versailles, S. 101f. und S. 292. Vgl. auch NEVES/MACHADO, Império do Brasil, S. 33; SILVA, Intendência-Geral da Polícia, S. 199f.; HOLLOWAY, Thomas Halsey, Policing Rio de Janeiro. Repression and Resistance in a 19th-Century City, Stanford 1993, S. 36f.; COTTA, Francis Albert, Polícia para quem precisa, in: Revista de História da Biblioteca Nacional 14, 2006, S. 64–68.

richten ihr Augenmerk auf die Konstruktion und Transformation der brasilianischen Gesellschaft. Gemäß den theoretischen Vorüberlegungen war es die gleiche Institution, die die Gouvernementalität des Staates sicherte und sich um die (neuen) Zirkulationen in der Hauptstadt und – zumindest dem Anspruch nach – im gesamten Territorium zu kümmern hatte. Ziel der folgenden Betrachtungen soll es sein, die Institution der Polizei näher zu beschreiben und sie als Mittel der Gouvernementalität unter Bedingungen intensivierter Interaktionen mit der Außenwelt vorzustellen.

Die Intendência Geral da Polícia in Rio de Janeiro

Die *Intendência Geral da Policia da Corte e do Brasil* wurde kurz nach Ankunft Joãos am 5. April 1808 in Rio de Janeiro – wie alle anderen staatlichen Organe – nach Lissaboner Vorbild gegründet.[12] Vorrangiges Ziel der Krone war es, Recht und Ordnung, die zu Kolonialzeiten zu einem großen Teil in privater Hand lagen, in staatliche Gewalt zu bringen.[13]

Gemäß ihren europäischen Vorbildern lag der Zuständigkeitsbereich der Polizei nicht nur in der Wahrung der „guten Ordnung" und der „öffentlichen Ruhe" (*tranqüilidade pública*) und in der Verfolgung von Kriminellen, sondern reichte von der Vigilanz der Bevölkerung, der Durchsetzung von gesundheitspolitischen Maßnahmen, der Befriedung von Ehe- und Familienstreitigkeiten bis zur Rekrutierung von Soldaten.[14] Die Intendanz verfügte dabei über eine weit reichende legislative, exekutive und judikative Gewalt.[15] Im Einzelnen kümmerte sie sich um die Infrastruktur (Bau, Pflasterung und Beleuchtung von Straßen, Wasserversorgung, Trockenlegung von Sümpfen, Bau von Brücken und Kais, Wartung des öffentlichen Parks), Impfungen, Besteuerung und Kontrolle von Theatern, Lotterien, Transportwegen, Gaststätten, Kasinos. Im Bereich der Bevölkerungsvermehrung und -kontrolle hatte die Polizei Pässe auszustellen, Ausländer zu registrieren (bzw. zu „legitimieren") und Ein-

---

12 In Lissabon war 1760 unter Pombal ein Polizeisystem eingeführt worden, das dem Pariser Polizeisystem nachempfunden war, REINHARD, Geschichte der Staatsgewalt, S. 364f.; SUBTIL, José, Os poderes do centro. Governo e administração, in: António Manuel HESPANHA (Hrsg.), História de Portugal: O Antigo Regime, Bd. 4, Lissabon 1993, S. 157–271, insbesondere S. 174f.
13 MIRANDA, Ana Paula/Lana LAGE, Da polícia do rei à polícia do cidadão, in: Revista de História da Biblioteca Nacional 10, 2007, S. 44–47.
14 SILVA, Intendência-Geral da Polícia, S. 187.
15 HOLLOWAY, Policing Rio de Janeiro, S. 32; MACEDO, Roberto, Paulo Fernandes Viana. Administração do Primeiro Intendente-Geral da Polícia, Rio de Janeiro 1956, S. 27.

wanderer im Landesinneren anzusiedeln. Zudem verfolgten Polizisten Deserteure, Vaganten, Bettler, entflohene Sklaven und Unruhestifter, sie verhinderten Schmuggel, bekämpften Brände, bestraften Missetäter, legten Statistiken über die Bevölkerung an und organisierten die Festivitäten des Hofes, etwa anlässlich von Geburten, Taufen, Hochzeiten.[16] Ebenso wie die Polizeiinstitutionen in Europa sollten jene, die in Lateinamerika eingerichtet wurden, nach Möglichkeit alle Formen der Koexistenz der Menschen untereinander steuern und sich um das allgemeine Wohlergehen der (Hauptstadt-)Bevölkerungen kümmern; sie griffen entsprechend bevormundend und betreuend in zahlreiche Lebensbereiche ein und übten Wohlfahrtsfunktionen aus.[17]

Am 10. Mai 1808 wurde der Posten des *Intendente Geral da Polícia* mit Paulo Fernandes Vianna (1758–1821) besetzt, der dieses Amt bis kurz vor Abreise des Monarchen (Februar 1821) bekleidete.[18] Kein Amerika-Portugiese erlangte in der Regierungszeit Joãos einen so wichtigen Posten wie er, der gebürtig aus Rio stammte und an der portugiesischen Traditionsuniversität Coimbra Jura studiert hatte. Waren alle sonstigen hohen Regierungs- und Verwaltungsämter mit Männern besetzt, die der Monarch aus Portugal mitgebracht hatte,[19] war es offenbar von entscheidender Bedeutung, dass der Polizeiintendant eine mit den lokalen Verhältnissen vertraute Person war. Die Krone wusste offenbar, dass die Kontrolle über ein bestimmtes Territorium, die „Geographie der Vigilanz", maßgeblich von guten Kenntnissen des Raumes und seiner Bewohner abhing.[20]

Vianna wusste sich in seinen Berichten und Empfehlungen an das Kabinett wegen seiner „nativen" Kenntnisse über die Stadt, ihrer Gesellschaft und ihres geographischen Raumes als ideale Besetzung des Postens zu inszenieren; nicht selten brachte er zum Ausdruck, dass die aus Portugal immigrierten Regierungsmitglieder nicht in der Lage seien, die soziale Realität der

---

16 Den Höhepunkt der Organisation von Festivitäten markierte die Krönung Joãos zum König von Portugal, Brasilien und Algarve am 6. Februar 1818: SILVA, Cultura e sociedade, S. 57–61; FERREIRA-ALVES, Joaquim Jaime B., Festejos Públicos no Porto pela „Declaração da Regencia" de D. João, Príncipe do Brasil, in: TOSTES/BITTENCOURT (Hrsg.), D. João VI, S. 64–81, S. 70.
17 REINHARD, Geschichte der Staatsgewalt, S. 364.
18 „*Alvará, porque Vossa Alteza Real he Servido Crear no Estado do Brasil hum Intendente Geral da Polícia, na forma acima declarada*", Rio de Janeiro: Impressão Régia, [10. Mai 1808]. Vianna starb am 1. Mai 1821, kurz nachdem er sein Amt niederlegen musste.
19 MACEDO, Paulo Fernandes Vianna, S. 8f.
20 LOUSADA, Maria Alexandre, Public Space and Popular Sociability in Lisbon in the Early Nineteenth Century, in: Santa Barbara Portuguese Studies 4, 1997, S. 219–232, S. 222.

Stadt zu verstehen.²¹ So wurde Vianna der rechte Arm des Monarchen, der „Chefzivilisator"²² und Hüter des (städtischen) Raumes, wobei er in seinen eigenen Worten vor allem die „Sitten" und die „Perfektion" der Stadt verbessern wollte.²³ Vianna hatte, wie die hohen Richter und Staatsminister des portugiesischen Reiches, den Titel des *desembargador do paço* inne. Formal unterstanden ihm die Kriminalrichter (*juizes do crime*) der einzelnen urbanen Distrikte und der brasilianischen Provinzen.²⁴ Ihm unterstand auch die auf seine Initiative 1809 gegründete *Guarda Real da Polícia da Corte*.²⁵ Da die *Intendência Geral da Polícia* zum großen Teil administrative Funktionen ausübte, bedurfte es dieser schlagkräftigen und militärisch anmutenden, zum Teil berittenen Interventionstruppe unter dem Kommando von Oberst José Maria Rabelo, der das gleiche Amt zuvor in Lissabon ausgeübt hatte.²⁶ Wie in Lissabon war der Polizeichef eine Art Bürgermeister und gleichzeitig Sicherheitsminister der Stadt.²⁷ Letztlich oblag es ihm, soziale Handlungen als kriminell einzustufen und (Gefängnis-)Strafen zu verhängen.²⁸

Mit Vianna wählte der Monarch einen Funktionär, der zu allen wichtigen und einflussreichen Familien der Stadt gute Verbindungen hatte. Er war der Schwiegersohn von Brás Carneiro Leão, einem der einflussreichsten Großhändler der Stadt.²⁹ Dass die Polizei in Rio de Janeiro tatsächlich unverhohlen

---

21 Polizeiintendant Paulo Fernandes Vianna an den Kriegs- und Außenminister Conde de Linhares (Rodrigo de Sousa Coutinho), Rio de Janeiro am 3. Juli 1811, ANRJ PC cód. 323 vol. 3, S. 57.
22 COTTA, Polícia para quem precisa, S. 65.
23 Vianna an den Conde de Aguiar, 22. August 1815, ANRJ Diversos GIFI cx. 6J 79, ohne Nummerierung. Vgl. auch SCHULTZ, Tropical Versailles, S. 103 und S. 134.
24 HOLLOWAY, Policing Rio de Janeiro, S. 32.
25 „*Ofício*" von Vianna, Rio de Janeiro am 25. April 1809, ANRJ PC cód. 323 vol. 1, S. 43–50v; „*Criação Divisão Militar da Guarda Real da Polícia*",Vianna an Linhares, Rio de Janeiro am 15. Mai 1809, ANRJ PC cód. 323 vol. 1, S. 56–58. Vgl. auch MACEDO, Paulo Fernandes Vianna, S. 28–31.
26 COTTA, Polícia para quem precisa, S. 67. Die *Guarda Real da Polícia* und der tyrannische Major Miguel Nunes Vidigal (1745–1843) wurden durch das 1852/53 erschienene Werk „Memórias de um sargento de milícias" von Manuel Antônio Almeida (1831–1861) unsterblich gemacht, ALMEIDA, Manuel Antônio de, Memórias de um sargento de milícias, Rio de Janeiro 2006 [zuerst 1852/53].
27 MACEDO, Paulo Fernandes Vianna, S. 61.
28 HOLLOWAY, Policing Rio de Janeiro, S. 32.
29 GOUVÊA, Maria Fátima Silva, As bases institucionais da construção da unidade. Dos poderes do Rio de Janeiro joanino: administração e governabilidade no Império luso-brasileiro, in: István JANCSÓ (Hrsg.), Independência: História e historiografia, São Paulo 2005, S. 707–754, S. 724; SCHULTZ, Tropical Versailles, S. 105. Zu Elias Antô-

der königlichen Macht nahestand[30] und die Souveränität und Autorität des Monarchen schützte, lässt sich an der Beziehung zwischen João und Vianna exemplifizieren: Aus den Polizeidokumenten sowie aus Viannas persönlichem Resümee, das er am Ende seiner Amtszeit zog, wird ersichtlich, dass João ihn in Fragen der Sicherheit und des Schutzes der Monarchie und des Staates häufig persönlich konsultierte.[31] Wie eng Polizeichef Vianna auch von den Bewohnern Rio de Janeiros mit dem System des *Antigo Regime* in Verbindung gebracht wurde, zeigte sich Anfang des Jahres 1821, als in Rio die liberale Bewegung erstarkte: In dem Pamphlet „Verse gegen die Regierung von D. João VI" hieß es, dass zur Ruhe (*socego*) der Brasilianer und „im Interesse der Nation" José Maria Rebelo (der Chef der *Guarda Real da Polícia*) sterben und Paulo Fernandes Vianna „zu Staub" werden müsse.[32]

Anders als in anderen Städten Lateinamerikas, in denen die Polizei zu Beginn des 19. Jahrhunderts nach neueren Erkenntnissen relativ uneffektiv und unzuverlässig war,[33] ist in der Forschung kaum strittig, dass die von João 1808 eingesetzte Polizei in Rio de Janeiro verhältnismäßig präsent war und eine wichtige Institution moderner Staatlichkeit darstellte. Paulo Fernandes Viannas ist noch heute ein Protagonist der Erzählung, die in der Ankunft des Hofes einen Zivilisations- und Nationalisierungsschub für Brasilien sieht. Die starke Präsenz der brasilianischen Polizei fiel auch ausländischen Zeitgenossen auf. Während der Engländer John Mawe in seinem Reisebericht die meisten Dinge in Rio de Janeiro als rückständig und minderwertig bezeichnete, etwa den Handel, die Straßen, die Sitten und Gebräuche, betonte er, dass die bei Ankunft eingerichtete Polizei der Stadt „sehr gut reglementiert" sei. Es sei zu erwarten, dass sie bald genauso gut sein würde wie jede andere Polizei einer europäischen Hauptstadt.[34] Auch einige Werke des französischen Malers Jean-

---

nio Lopes und Brás Carneiro Leão, den beiden einflussreichsten Großhändlern Rio de Janeiros, siehe NEVES/MACHADO, Império do Brasil, S. 42.
30 FOUCAULT, Überwachen und Strafen, S. 273, S. 276.
31 Vianna an Villanova Portugal, Rio de Janeiro am 26. Oktober 1819, ANRJ PC cód. 323 vol. 5, S. 144v–145. Maria Fátima Gouvêa geht von einem Treffen des Monarchen mit Vianna an jedem zweiten Tag aus, GOUVÊA, Bases institucionais, S. 724.
32 ANONYM, „Versos contra o governo de D. João VI", BNRJ Ms. I–33,30,40, zitiert nach SCHULTZ, Tropical Versailles, S. 291f.
33 Vgl. RIEKENBERG, Michael, Nachlassende Staatsbildung: Das städtische Polizeiwesen in Guatemala im 19. Jahrhundert, in: Ibero-Amerikanisches Archiv 23/3–4, 1997, S. 243–262, S. 246; WALDMANN, Peter/Carola SCHMID, Der Rechtsstaat im Alltag. Die lateinamerikanische Polizei, Ebenhausen 1996, S. 13f.
34 MAWE, John, Travels in the Interior of Brazil, Particularly in the Gold and Diamond Districts of that Country…, Philadelphia 1816, S. 82.

Baptite Debrets, der 1816 in Rio eintraf, zeigen (zum Teil überdeutlich), dass es in Rio de Janeiro eine Polizei nach europäischem Vorbild gab.[35]

Eine der größten Herausforderungen für die Polizei war die exponentiell erhöhte Zirkulation. War Rio de Janeiro bereits seit dem ausgehenden 18. Jahrhundert der wichtigste und größte brasilianische Hafen für den Umschlag von Sklaven und Waren zwischen der brasilianischen Minenregion (Minas Gerais), Lissabon und der afrikanischen Küste gewesen, so stieg der „Fremdenverkehr" mit Ankunft des portugiesischen Königshauses und Beginn des Freihandels exponentiell an.[36] Bis 1807 waren ausländische Schiffe nur im begrenzten Umfang und inoffiziell in den Hafen von Rio eingelaufen. 1808 hingegen waren es schon 90 (und 765 portugiesische), 1810 bereits 422 (gegenüber 1 214 portugiesischen).[37]

Die Stadtbevölkerung Rio de Janeiros wuchs durch die Immigration von Händlern, königlichen Beamten und Funktionären und ausländischen Diplomaten, aber auch Handwerkern und Arbeitern sowie durch Binnenmigration in Brasilien drastisch an. Den rund 15 000 Portugiesen, die mit dem König nach Lissabon gezogen waren, folgten in joaninischer Zeit (1808–1821) 24 000 weitere; zudem strömten rund 4 000 Ausländer in die Stadt, die innerhalb Brasiliens zum beliebtesten Ziel der Emigranten wurde.[38] Innerhalb von 13 Jahren verdoppelte sich die Einwohnerzahl nahezu von etwa 60 000 Einwohnern im Jahr 1808 auf rund 113 000 in 1821, die Fläche verdreifachte sich beinahe.[39] Der merkantile Charakter der Stadt verstärkte sich un-

---

35 Cotta, Polícia para quem precisa, S. 65f. Auch die Gemälde des Deutschen Johann Moritz Rugendas zeigen eine bemerkenswerte Präsenz der Polizisten, Rugendas, Johann Moritz, Voyage pittoresque dans le Brésil, Paris: Engelmann 1827.
36 Cruz, Maria Cecília Velasco e, O porto do Rio de Janeiro no século XIX: Uma realidade de muitas faces, in: Tempo 4/8, 1999, S. 123–148, S. 130.
37 Lima, D. João VI no Brasil, S. 250f.; Neves/Machado, Império do Brasil, S. 37; Lustosa/Piñeiro, Pátria e Comércio, S. 91.
38 Rocha-Trinidade, Maria Beatriz, Portuguese Migration to Brazil in the Nineteenth Centuries: An International Cultural Exchange, in: David Higgs (Hrsg.), Portuguese Migration in Global Perspective, Toronto 1990, S. 32f.
39 Alden, Dauril, Late colonial Brazil, 1750–1808, in: Leslie Bethell (Hrsg.), Colonial Brazil, New York 1987, S. 289. Die Schätzung, dass Rio vor dem Transfer des portugiesischen Hofes rund 60 000 Einwohner gehabt habe, beruht in der Forschungsliteratur zum großen Teil auf dem Reisebericht John Luccocks. Die Daten für das Jahr 1821 sind hingegen relativ zuverlässig, vgl. Abreu, A evolução urbana do Rio de Janeiro, S. 39.

verzüglich[40] und in jedem Bereich des öffentlichen Lebens spielten Ausländer – einschließlich der unfreiwillig eingereisten Sklaven – eine Rolle.[41]

Es oblag der Polizeiintendanz in Rio de Janeiro, die Zirkulation der Auswärtigen, das heißt der portugiesischen Untertanen aus Portugal und aus anderen Provinzen Brasiliens sowie der Ausländer, zu organisieren. Paulo Fernandes Vianna war somit der „Chefkontrolleur" der Zirkulationen in Rio de Janeiro. Im Folgenden sollen die Polizeidokumente, die als maßgebliche Quellen der Analyse dienen, zunächst allgemein beschrieben werden. Anschließend wird auf das spezifische, in der vorliegenden Arbeit verwandte Korpus eingegangen.

Die Quellen

Im brasilianischen Nationalarchiv (*Arquivo Nacional do Rio de Janeiro*) existiert eine Fülle von Polizeidokumenten unterschiedlicher Art, die in der Zeit zwischen 1808 und 1822 angefertigt wurden. Es handelt sich um mehr als 60 Bücher (*códices* im Folianten-Format): Register und Verzeichnisse von Gefängnisinsassen und Ausländern, Passanfragen, Impfungen, Ausgaben und Einnahmen der Intendanz, Register der Delikte und Verbrechen und zugehörige Untersuchungen und Zeugenbefragungen sowie Verzeichnisse und Protokolle der Schlichtungsbemühungen bei Ehe- und Familienstreitigkeiten. Neben diesen *códices* gibt es zahlreiche Kisten (*caixas*) und Bündel (*pastas*), in denen lose Polizeidokumente und -korrespondenzen unterschiedlichen Inhalts – überwiegend unsystematisch – archiviert sind.[42] Ein Großteil der Dokumente, geschätzte 40 bis 50 Prozent, ist bis zur Unkenntlichkeit von Holzwürmern zerfressen.

Der große Bestand an Polizeidokumenten für die zu untersuchende Periode zeugt davon, dass das portugiesische Reich zu Beginn des 19. Jahrhunderts bereits ein „Imperium der Schriftlichkeit" war.[43] Die monarchischen Regierungen Europas hatten sich nach Michel Foucault seit dem 18. Jahrhundert zur Durchsetzung ihrer Macht mit einer „ununterbrochenen, allgegenwärtigen Überwachung und Beobachtung" ausgestattet; ein „unermesslicher"

---

40 Fragoso, Homens da grossa aventura, S. 337.
41 Silva, Análise de estratificação social, S. 129–138.
42 Polizeidokumente finden sich vor allem in den umfangreichen Quellenbeständen „Diversos – GIFI cx. 6J 83 und cx. 6J 79" sowie „Diversos códices – SDH".
43 Zum Zusammenhang zwischen Schriftlichkeit und Imperium im 19. Jahrhundert siehe: Innis, Harold A., Empire and Communications, Victoria/Toronto 1986 [zuerst 1950].

Polizeitext (Berichte und Register) sollte die Gesellschaften mittels einer komplexen dokumentarischen Organisation abdecken.[44] Dieses Verfahren wurde, wie die Existenz des umfangreichen Dokumentenbestands beweist, mit der Implementierung des Hofes und der Gründung der *Intendência Geral da Polícia* auch auf Brasilien übertragen.

Im Zentrum der Analysen der folgenden Kapitel stehen hauptsächlich Korrespondenzen der Polizeiintendanz mit der Regierung, das heißt mit dem Monarchen persönlich oder seinen Staatsministern sowie mit den Autoritäten der einzelnen Distrikte der Hauptstadt und unterschiedlichen Provinzen Brasiliens. Diese umfassen 13 jeweils etwa 250 Seiten starke Folianten.[45] Die zugrunde liegende Annahme lautet, dass es diese Korrespondenzen sind, die am zuverlässigsten Aufschluss über jene Akteure und Prozesse geben, die der „guten Ordnung" der Monarchie und des Imperiums (vermeintlich) entgegenstanden. Denn in ihnen wurden die Maßnahmen zur Bekämpfung der Gefahren verzeichnet. Wenn die Polizei eine Institution war, die die Ordnung des *Ancien Régime* nach dem Transfer des Hofes erhalten sollte, so wird in den von ihr hinterlassenen Zeugnissen auch das Ringen um das Fortbestehen der Monarchie und die Einheit des Imperiums sichtbar.

In Brasilien gibt es eine lange Tradition, Polizeidokumente für die Geschichtsschreibung fruchtbar zu machen. Historiker haben die im brasilianischen Nationalarchiv vorhandenen Dokumente der *Intendência Geral da Polícia* seit jeher als wichtige Quellen für die Analyse unterschiedlicher sozialer Wirklichkeiten in Rio de Janeiro gebraucht.[46] Ein Hauptgrund hierfür ist, dass diese Quellen auf mittlerer Ebene zwischen Mikroperspektive und anonymen (ökonomischen) Statistiken Einblicke in alltägliche Konflikte um Raum und Ressourcen gewähren und Zeugnisse der obrigkeitlichen Versuche zum Erhalt der „guten Ordnung" und der Art, wie die Gesellschaft organisiert werden sollte, darstellen.[47] In frühneuzeitlichen Polizeidokumenten wurden –

---

44 FOUCAULT, Überwachen und Strafen, S. 275.
45 „Registro de correspondência da Polícia aos ministros de Estado, juízes do crime, Câmaras etc.", ANRJ PC cód. 323 vol. 1–5; „Correspondências com diversas autoridades provinciais", ANRJ PC cód. 325 vol. 1–3; „Registro de ordens e ofícios expedidos da Polícia aos ministros criminais dos bairros e comarcas da Corte e ministros eclesiásticos", ANRJ PC cód. 329 vol. 1–5.
46 ALGRANTI, Os registros da Polícia e seu aproveitamento para a História do Rio de Janeiro; HOLLOWAY, Policing Rio de Janeiro, S. viif. Im übrigen Lateinamerika ist die Nutzung von Polizeidokumenten weniger verbreitet. Peter Waldmann und Carola Schmid konstatieren, dass es kaum soziologische und historische Abhandlungen über die lateinamerikanische Polizei gibt, WALDMANN/SCHMID, Der Rechtsstaat im Alltag, S. 5 und S. 9.
47 LOUSADA, Public Space and Popular Sociability in Lisbon, S. 222.

im Unterschied zu Gerichts- oder Verwaltungsakten – Verhaltensweisen, Einstellungen, verdächtige Verhaltensweisen von Individuen genau registriert.[48] In ihnen tritt das Verhältnis zwischen „dem Staat" und „der Gesellschaft" deutlich zutage.

Die Geschichte von Imperien ist bisher selten auf der Grundlage von Polizeidokumenten geschrieben worden. Für die Analyse von Polizeidokumenten nicht nur bei der Beschäftigung mit dem Alltag der „Ausgeschlossenen" und „Marginalen",[49] sondern auch bei der Schreibung einer Imperialgeschichte spricht jedoch, dass die Polizei zu joaninischer Zeit die wichtigste Instanz zur Kontrolle der Hauptstadt – sowie, dem Anspruch nach, im gesamten Territorium – war. Weil ein Polizeisystem einerseits zugeschnitten ist auf die gesellschaftlichen Hauptprobleme eines bestimmten Ortes,[50] und seine Aktivitäten andererseits auf den Erhalt des (gesamten) Staates zielen, spiegeln sich in den von der Polizei von Rio de Janeiro verzeichneten und an die Regierung kommunizierten Geschehnissen auch übergeordnete Machtkonstellationen samt den aus ihr erwachsenden Konflikte wider. Insbesondere die deutlich erhöhte Zirkulation von Menschen, Waren und Informationen, für die die Polizei zuständig war, lässt die berechtigte Annahme zu, dass in ihren Dokumenten „globale" Prozesse in ihren einzelnen – lokalen – Episoden sichtbar und somit auch analysierbar werden.

5.1 Die französische und die hispanoamerikanische „revolutionäre" Gefahr

In einer Retrospektive nach Ende seiner Amtszeit, in der er seine eigene Arbeit als Polizeiintendant bewertet, führte Paulo Fernandes Vianna den Kampf gegen revolutionäre französische und hispanoamerikanische Einflüsse als eine seiner wichtigsten Aufgaben an. Demnach war João in „kritischen Umständen" (*críticas ciscumstâncias*) nach Brasilien gekommen, als Frankreich alle europäischen Mächte „entsetzte" und über Nordamerika Botschafter auch nach Brasilien sandte, um hier die Ruhe zu stören und in Hispanoamerika „Unordnung" zu schüren. „Außerordentliche hohe Ausgaben" und eine „fein-

---

48 FOUCAULT, Überwachen und Strafen, S. 275.
49 PESAVENTO, Sandra, Muito além do espaço. Por uma história cultural do urbano, in: Estudos Históricos 8/16, 1995, S. 279–290, S. 280.
50 BRETAS, Marcos Luiz, A Guerra das Ruas. Povo e Polícia na Cidade do Rio de Janeiro, Rio de Janeiro 1997, S. 22. Vgl. auch MILLER, Wilbur R., Cops and Bobbies. Police Authority in London and New York 1830–1870, Columbus 1977, insbesondere S. 314–334.

maschige Überwachung" (*fina vigilancia*) seien nötig gewesen, diese Versuche zu vereiteln und eine „friedliche Residenz" des Monarchen in Brasilien zu sichern. Der Zustand der benachbarten Provinzen am Rio da Prata habe, so betont der Polizeiintendant, „enorme Sorgen, Kosten und Arbeit" verursacht, und zu einer „speziellen Policey" (*policia particular*) in Rio de Janeiro und im ganzen brasilianischen Reich gezwungen, die „nicht einfach" auszuüben gewesen sei. Was genau er mit der „speziellen Policey" meint, führt Vianna an dieser Stelle absichtlich nicht aus: Dies wisse nur der Monarch persönlich und nur er könne diesen „äußerst relevanten Dienst" bewerten, der unter seiner „ausdrücklichen Anordnung" etabliert wurde.[51]

Die von Vianna genannten Hauptprobleme für die Regierung Brasiliens sollen Thema der folgenden Analyse sein: die „jakobinische Gefahr" und die „Unordnungen" in den spanischen Kolonien, womit die mehrheitlich republikanisch gefärbten Autonomiebestrebungen gemeint waren, die ab 1810 in den hispanoamerikanischen Gebieten erstarkten. Wichtig scheint festzuhalten, dass die Gefahren für Brasilien im Allgemeinen und den Monarchen im Speziellen aus Sicht Viannas aus einem – wenn auch unterschiedlich lokalisierten – „Außen" kam. Im Zusammenhang mit den „kritischen Zeiten" benannte er kein innenpolitisches bzw. innergesellschaftliches Problem, sondern verwies auf ausländische, namentlich französische und hispanoamerikanische Momente als Unheil bringende, den Staat gefährdende Faktoren. Auch von Bedeutung soll im Folgenden die Lösungsstrategie sein, die in Viannas Retrospektive angesprochen wird: die „feinmaschige Vigilanz", das vermeintlich erste und beste Mittel gegen Gefahren und „Unordnungen".

Die bemerkenswert hohe Aufmerksamkeit der Polizei für das „ausländische Element" und speziell der Kampf gegen die „revolutionäre Propaganda" sind in der brasilianischen Historiographie bereits thematisiert worden.[52] Auch Zeitgenossen war sie aufgefallen: Luís Gonçalves dos Santos (1767–1844), bekannt als „Padre Perereca", ging in seinen *Memórias para servir à história do Reino do Brasil* so weit zu sagen, dass die gesamte Institution ausschließlich der „politischen Verteidigung Brasiliens vor französischem Einfluss" diente und dazu geschaffen worden war, aus den [brasilianischen] „Heimen" die „französischen Spione und Parteigänger der Franzosen zu entfernen" (*arredar dos nossos lares os espiões e partidaristas dos franceses*) und über die in Clubs

---

51 VIANA, Paulo Fernandes, Abreviada Demonstração dos Trabalhos da Policia em todo o Tempo que a servio o Dezembargador do Paço Paulo Fernandes Viana, in: RIHGB 55/1, 1892, S. 373–380, S. 379f.

52 PINHEIRO, J. C. Fernandes, Paulo Fernandes e a Policia de seu Tempo. Memoria apresentada ao Instituto Historico Geographico Brasileiro, in: RIHGB 39/2, 1876, S. 65–77; SILVA, D. João VI, S. 30–35.

und Gesellschaften vorgehenden „geheimen kriminellen Machenschaften" zu wachen. Demnach sollte die Polizei das „Eindringen verdächtiger Personen" verhindern.[53] Wie genau muss man sich aber den Kampf gegen die „revolutionären jakobinischen Einflüsse", die vermeintlich nur von außen eindrangen, vorstellen und was bedeuteten sie für die Gouvernementalität des Staates?

5.1.1 (Polizeiliche) Zensurpraktiken

Wenn die „revolutionäre Gefahr" in den Augen der Herrschenden aus Frankreich und Hispanoamerika kam, so bestand die Lösung für die Bannung dieses Problems darin, die Verbindungen dorthin zu kappen. Die wichtigste und effektivste Form der Interaktions- bzw. Kommunikations-Verhinderung in Rio de Janeiro war die Kontrolle der Presse. Diese war gerade erst etabliert worden: Am 13. Mai 1808 hatte der Prinzregent in Rio de Janeiro eine Königliche Druckerei (*Impressão Régia*) gegründet. Erst in dem Moment, als Brasilien Sitz des portugiesischen Königshofes und Zentrum des Reiches wurde, konnte ein solcher Schritt vollzogen werden. Zu Kolonialzeiten waren Versuche, in Brasilien eine Druckpresse zu etablieren, von der Regierung in Lissabon vereitelt worden: Die Lettern wurden beschlagnahmt, jede Drucktätigkeit unter Strafe gestellt.[54] Die neue Rolle Brasiliens als Zentrum des Reiches erforderte jedoch unbedingt eine textproduzierende Institution: Staatsminister António Araújo hatte kurz vor der Abreise aus Lissabon eine Presse in London erstanden und auf das Schiff *Medusa*, das Prinzregent João in die Neue Welt begleitete, verladen lassen. Im Dekret des Prinzregenten zur Gründung der *Impressão Régia* heißt es, dass er mit diesem Akt auf die „Notwendigkeit", in seinen „Staaten" (sic!) eine Druckerei zu haben, reagiere.[55]

Die Verwaltung der neu gegründeten brasilianischen Druckerei oblag, so sah es das Dekret vor, dem Außen- und Kriegsminister Rodrigo de Sousa Coutinho. Dieser setzte am 24. Juni 1808 eine dreiköpfige Direktion ein (José Bernardes de Castro, Mariano José Pereira da Fonseca und José da Silva Lisboa). Gleichzeitig schuf er eine mehrstufige Vorzensur (*censura prévia*), die in erster Instanz von seinem eigenen Ministerium ausgeübt wurde und keine

---

53 SANTOS, Luís Gonçalves dos, Memórias para servir à história do Reino do Brasil, Bd. 1, Rio de Janeiro 1943 [zuerst: Lissabon: Impressão Régia 1825], S. 251. Vgl. auch SILVA, Intendência-Geral da Polícia, S. 188; MACEDO, Paulo Fernandes Vianna, S. 18–21.
54 CARDOSO, Tereza Maria Fachada Levy, A Gazeta do Rio de Janeiro. Subsídio para a História do Rio de Janeiro, in: RIHGB 371, 1991, S. 341–435, S. 376.
55 Zitiert nach VINHOSA, Francisco, Brasil Sede da Monarquia. Brasil Reino, Bd. 2, Brasília 1984, S. 125.

Bücher und Papiere zum Druck zulassen sollte, die „gegen die Religion, die Regierung und die guten Sitten" verstießen.[56] In zweiter Instanz sollten vier Zensoren (Antônio de Arrebidas, Pater João Ansoni, Luiz J. de Carvalho e Melo und abermals José da Silva Lisboa) alle Werke prüfen. Die in der Zeit zwischen 1808 und 1821 in Rio hergestellten Druckwerke befanden sich damit unter strikter Bewachung durch Personen, die unmittelbar an den Hof gebunden waren; die Direktoren und Zensoren waren „treue Männer" (*homens bons*), also vom Monarchen persönlich handverlesene Beamte und Funktionäre.[57] Die zensorischen Schutzmaßnahmen, die das Unternehmen begleiteten, machen bereits deutlich, dass die Etablierung der Königlichen Druckerei keinesfalls zu verwechseln war mit der Etablierung der Pressefreiheit. Hipólito da Costa, der liberale portugiesische Publizist, der im Londoner Exil seinen *Correio Braziliense* herausgab, lobte den Staatsminister Rodrigo de Sousa Coutinho zunächst überschwänglich für die Gründung der *Impressão Régia*: „Spät, elendig spät, aber doch endlich, erscheinen Druckpressen in Brasilien; und ich gratuliere meinen Landsleuten aus vollem Herzen". 1809 nahm er, als er von der strikten Zensur erfuhr, ebenso enttäuscht wie erbost das Lob an den „nur vermeintlich aufgeklärten" Minister zurück.[58]

Auf brasilianischem Territorium blieb die Verbreitung von Druckpressen in joaninischer Zeit gering; sie lassen sich an einer Hand abzählen.[59] So erhielt der Geschäftsmann Ricardo Fernandes Catanho am 9. November 1816 die königliche Erlaubnis, eine Druckerei in Pernambuco (im Nordosten des Landes) einzurichten, was er aufgrund von finanziellen und personellen Problemen erst im März 1817 tat. Aufgrund der dortigen Revolution, deren Hauptanliegen die Unabhängigkeit von der Zentralregierung und die Etablierung einer Republik waren, verbot die Regierung die Druckerei umgehend wieder, da man fürchtete, dass Revolutionäre sich ihrer zu Propagandazwecken bedienten.[60]

Die ab September 1808 von der *Impressão Régia* erste in Brasilien gedruckte Zeitung, die *Gazeta do Rio de Janeiro*, sollte – mit zwei kurzfristigen Ausnahmen – bis 1821 die einzige zugelassene Zeitung in der Hauptstadt bleiben. Es ist wenig verwunderlich, dass das offizielle Presseorgan der portugiesischen Regierung nach neueren Forschungsergebnissen eine typische Zeitung des

---

56 Neves/Machado, Império do Brasil, S. 49.
57 Zur Gruppe der Zensoren siehe: Algranti, Os Bastidores da Censura na Corte de D. João.
58 Silva, D. João VI, S. 26.
59 1811 gab es in Bahia die Zeitschrift *Idade d'ouro*, Silva, Maria Beatriz Nizza da, A primeira gazeta da Bahia: idade d'ouro do Brasil, São Paulo/Brasília 1978.
60 Cardoso, A Gazeta do Rio de Janeiro, S. 390.

*Ancien Régime*⁶¹ war, die sich durch eine „schlaftrunkene Apathie"⁶² auszeichnete. Bereits 1836 hatte der britische Historiker John Armitage kritisiert, dass die *Gazeta* ausschließlich von den europäischen Königshäusern berichtete und sich nicht mit politischer Berichterstattung die Hände schmutzig machte.⁶³ Der erste Redakteur der *Gazeta*, der portugiesische Franziskanermönch Tibúrcio José da Rocha, war ein persönlicher Freund des Monarchen. Er war zunächst Angestellter der Königlichen Druckerei, ab 1811 schließlich stand er im Dienste des Außen- und Kriegsministeriums. In einem Brief von 1811 berichtete er, dass alle Texte aus ausländischen Zeitungen, die er übersetzen und abdrucken wollte, zunächst von João persönlich gelesen, dann an den Außenminister Rodrigo de Sousa Coutinho weitergegeben wurden. Entsprechend ihrer engen Verbindung mit der Regierung sahen die Inhalte der *Gazeta do Rio de Janeiro* aus. Sie umfassten vor allem Regierungsmitteilungen, Gesetzestexte, diplomatische Papiere, Berichte über das Kriegsgeschehen in Europa (insbesondere über die Erfolge der luso-britischen Armee gegen Napoleon) sowie anti-revolutionäre Propagandaschriften.⁶⁴

Besonders aufschlussreich für die Analyse der revolutionären Geschehnisse in der Atlantischen Welt und Brasilien sind die Auslassungen in der *Gazeta*. Während bisweilen Nachrichten über das politische Geschehen in den Vereinigten Staaten von Amerika erschienen,⁶⁵ waren jene über die Entwicklungen in den Nachbarländern beinahe inexistent. Die offizielle portugiesische Regierungszeitung zeichnete sich João Pimenta zufolge durch die „Abwesenheit einer seriösen Berichterstattung über die revolutionären Bewegungen in Hispanoamerika" aus.⁶⁶ Selbst die Revolution auf eigenem, brasilianischen Territorium (Pernambuco 1817) wurde zunächst monatelang vom Redakteur

---

61 Morel, Marco, Independência no papel. A imprensa periódica, in: István Jancsó (Hrsg.), Independência: História e historiografia, São Paulo 2005, S. 617–636, S. 630. Zu Presse und Zensur in joaninischer Zeit siehe auch: Meirelles, Juliana Gesuelli, Imprensa e poder na corte joanina. A Gazeta do Rio de Janeiroa (1808–1821), Rio de Janeiro 2008; Costella, Antônio Fernando, O contrôle da informação no Brasil: evolução histórica da legislação brasileira de imprensa, Petrópolis 1970; Ipanema, Cybele de, A Imprensa no Tempo de D. João, in: Tostes/Bittencourt (Hrsg.), D. João VI, S. 235–245.
62 Lustosa, Insultos Impressos, S. 26.
63 Armitage, John, História do Brasil, Rio de Janeiro 1965 [zuerst 1836], S. 40.
64 Silva, D. João. Príncipe e Rei no Brasil, S. 26f. Vgl. auch Schultz, Tropical Versailles, S. 71f.
65 Ebd.
66 Pimenta, João Paulo G., A política hispano-americana e o império português (1810–1817): vocabulário político e conjuntura, in: István Jancsó (Hrsg.), Brasil: Formação do Estado e da Nação, São Paulo 2003, S. 123–142, S. 123f.

in Rio de Janeiro verschwiegen und erst nach erfolgreicher Niederschlagung thematisiert.[67] Dass die Leser der *Gazeta* nichts über die Zustände des übrigen Lateinamerika erfuhren, war nicht dem Mangel an Informationen geschuldet. Die Korrespondenzen zwischen Außenminister Sousa Coutinho und dem portugiesischen Botschafter in Spanien, Conde de Palmela, lassen darauf schließen, dass die Regierung Joãos über die Revolutionen und Aufstände in den benachbarten spanischen Regionen gut Bescheid wusste. Palmela war der Meinung, dass die Regierung aufgrund der „Ernsthaftigkeit" dieser Unruhen, die auf „gefährlichen Prinzipien" (*princícios perigosos*) gründeten, vor allem in Caracas (1810), ausgesprochen vorsichtig sein müsse.[68]

Polizeichef Paulo Fernandes Vianna unterhielt, um auf die „Gefahr" aus den umliegenden Gebieten reagieren zu können, Verbindungen mit Polizeiintendanten in anderen hispanoamerikanischen Hauptstädten. Aus einigen Briefen ohne eindeutig identifizierbare Adressaten, die in der Nationalbibliothek in Rio de Janeiro archiviert sind, wird ersichtlich, dass Vianna regelmäßig per Post aus Buenos Aires, Montevideo und Lima über aktuelle politische Entwicklungen informiert wurde. Mindestens aus Buenos Aires erhielt er regelmäßig Zeitungsausschnitte. Im Gegenzug versandte er seinerseits Informationen und Zeitungsartikel aus Lissabon an die Autoritäten der Nachbarländer.[69] Es gab zudem einige Privatleute (vorwiegend Kaufleute), die von Buenos Aires aus über die revolutionären Geschehnisse an die Polizeiintendanz in Rio de Janeiro berichteten. Von einigen sind Forderungen nach Privilegien und Pensionen für diesen Informationsdienst dokumentiert, die sie an den portugiesischen Monarchen richteten.[70] Die Kunst des erfolgreichen Regierens lag in den Augen der portugiesischen Autoritäten darin, selbst möglichst genau über die Bewegungen in den hispanoamerikanischen Nachbargebieten informiert zu sein, aber diese Informationen nicht in die eigene Gesellschaft eindringen zu lassen.[71] Die republikanischen Bewegungen (und insbesondere deren Er-

---

67 Mäder, Maria Elisa/João Feres Júnior, América – Americanos, in: Ler História 55, 2008, S. 23–34, S. 28.
68 Palmela an Rodrigo de Sousa Coutinho, Madrid am 23. September 1810; Palmela an Rodrigo de Sousa Coutinho, Madrid am 20. Februar 1811, AHI, Documentos Avulsos, Legação em Cádis, zitiert nach Pimenta, A política hispano-americana e o império português, S. 124 (mit Fußnote 2).
69 M. J. G. [García?] an Vianna, [ohne Ort] am 18. Dezember 1818, BNRJ Ms I–28,31,24, no. 2. Vianna an M. J. G. [García?], Rio de Janeiro am 20. Dezember 1818, BNRJ Ms I–28,31,24, no. 1.
70 Vianna an den Innenminister Vilanova Portugal, Rio de Janeiro am 14. Mai 1818, ANRJ PC cód. 323 vol. 5, S. 117v–118.
71 Slemian/Pimenta, O „nascimento político" do Brasil, S. 22.

folge) sollten erst gar nicht in brasilianischen Medien thematisiert werden, da die Krone die Verbreitung „gefährlicher Ideen" fürchtete. Stand die *Gazeta do Rio de Janeiro* als einzig erlaubte Zeitung unter strikter Kontrolle der Regierung, blieb zunächst die Einfuhr und Zirkulation der in London produzierten portugiesisch-sprachigen Exilpresse (namentlich den Zeitschriften *Correio Braziliense* [1808–1822], *O Investigador Portuguez* [1811–1819], *O Portuguez* [1814–1826]) erlaubt. Am 1. Juni 1808 hatte Hipólito da Costa (1774–1823), der sich als wichtigster Journalist und Meinungsmacher des portugiesischen Machtraumes in joaninischer Zeit herausstellen sollte, „aus Patriotismus" seine Aufgabe als Redakteur in London begonnen. Er publizierte seinen monatlich erscheinenden *Correio Braziliense* mit der explizit formulierten Absicht, die brasilianischen Eliten „zu informieren und zu beeinflussen".[72] Geboren in der Colônia de Sacramento (im heutigen Uruguay, damals portugiesisches Gebiet) als Sohn einer aus Rio de Janeiro stammenden Familie, wollte er mit seiner Zeitung die „portugiesischen Amerikaner" darüber aufklären, was in Europa vor sich ging, und somit einer „weit entfernten und in Ruhe lebenden Nation (*nação sossegada*)" die Geschehnisse in Europa übermitteln, jenem Teil der Welt, den die „konfuse Ambition der Menschen" in den Status der „perfekten Barbarei" zu verwandeln im Begriff sei.[73] Hipólito, der 1803 von der portugiesischen Inquisition inhaftiert worden war und 1805 nach London fliehen konnte, war Freimaurer und Befürworter der konstitutionellen Monarchie und der Pressefreiheit. Gleichzeitig jedoch vertrat er eine anti-napoleonische Haltung. Er war scharfzüngiger Gegner des französischen Republikanismus und bis 1820 auch überzeugter Fürsprecher der Einheit des portugiesischen Imperiums. Aus diesen Gründen duldete die Regierung in Rio de Janeiro zunächst die Zirkulation des *Correio Braziliense* in Rio de Janeiro.[74]

Doch auch die Londoner Exilpresse blieb nicht von staatlicher Einwirkung unberührt: Der *Investigador Portuguez* wurde von Anfang an von der portugiesischen Krone subventioniert – er sollte als Gegengewicht zum *Correio Braziliense* fungieren. Ab 1812 unterstützte die Regierung in Rio auch Hipólito da Costa heimlich finanziell, damit er seine liberalen Ansichten in

---

72 MÄDER/FERES JÚNIOR, América – Americanos, S. 28f.
73 *Correio Braziliense* vol. I, 1808, S. 4.
74 NEVES, Lúcia Maria Bastos Pereira das, Napoleón Bonaparte y Brasil: política e imaginario (1808–1822), in: Fernando José Marroni de ABREU (Hrsg.), Las invasiones napoleónicas y el mundo iberoamericano, Madrid 2008, S. 19–73, S. 29f. Hipólito lehnte auch die „Revolution" von Pernambuco 1817 als schädlich für die „Einheit der Portugiesen" ab, MOSHER, Political Struggle, Ideology, and State Building, S. 29.

Zukunft „maßvoller" vertrete.⁷⁵ Das Verbot würde erst kommen, schrieb Außenminister Rodrigo de Sousa Coutinho an seinen Bruder, den portugiesischen Botschafter in London, wenn das Blatt zum „Aufruhr" führen oder als „Vehikel für Verleumdungen" dienen würde, was schließlich 1818 der Fall sein sollte. Denn in dem Moment, als das politische System ins Wanken zu geraten schien, was sich unter anderem in der bereits erwähnten „republikanischen" Revolution in Pernambuco 1817 zeigte, reagierte die Regierung in Rio mit einer noch drastischeren Zensur: Die Zirkulation und Einfuhr der Londoner Exilpresse wurde nun, soweit es ging, unterbunden. Der *Desembargo do Paço* verbot im Juli 1818 die Einfuhr der Zeitung *O Português* wegen ihrer „aufrührerischen Diskurse" (*discursos tão sediciosos e incendiários*). Das Blatt habe zum Ziel, das Volk aufzuhetzen, die „Harmonie in den Ordnungen des Staates" zu stören und Anarchie einzuführen. Jeder, der diese Zeitschrift besaß, wurde unter Androhung von Haftstrafe dazu aufgefordert, sie innerhalb von acht Tagen (in städtischen Bezirken) oder von 60 Tagen (in ländlichen Bezirken) bei den lokalen Behörden abzuliefern.⁷⁶ Dieses Verbot galt auch in den entlegenen Überseebesitzungen Portugals Diu, Damão, Macau und Moçambique. Auch dort sollten alle in Umlauf gekommenen Exemplare beschlagnahmt werden.⁷⁷ Im Oktober 1819 wurde von der Regierung in Rio auch die Einfuhr der in London erscheinenden Zeitschrift *Campeão ou o Amigo do Rei e do Pov*o verboten. Staatsminister Villa Nova Portugal begründet dies damit, dass es sich um ein „gefährliches und verkehrtes Schriftstück" (*perigoso e perverso escrito*) handelte, das „das Vertrauen der Leser in den König und seine Minister" erschütterte.⁷⁸ Auch in diesem Fall wurde das Verbot aufgrund der „subversiven Attacken gegen die weise und väterliche Regierung" des Monarchen auf alle anderen überseeischen portugiesische Territorien übertragen.⁷⁹ Die Gouverneure der einzelnen Provinzen meldeten gehorsam nach Rio de Janeiro, dass sie dieser Anordnung „unbedingt" Folge leisten würden.⁸⁰

---

75 SCHULTZ, Tropical Versailles, S. 90; DOURADO, Mecenas, Hipólito da Costa e o Correio Braziliense, Bd. 2, Rio de Janeiro 1957, S. 388–410.
76 *Edital* von Bernardo José de Souza Lobato, Rio de Janeiro am 26. Juli 1818, ANRJ, Mesa do Desembargo do Paço, cx. 230, pct. 1.
77 Vgl. zum Beispiel die Bestätigung über den Erhalt des Verbots von Manoel José Gomes, Goa, Indien, am 10. Dezember 1819, ANRJ, Mesa do Desembargo do Paço, cx. 230, pct. 1, S. 30.
78 Tomas Antônio Vila Nova Portugal an Pedro Machado de Miranda Malheiros, Rio de Janeiro am 14. Oktober 1819, ANRJ, Mesa do Desembargo do Paço, cx. 230, pct. 1.
79 Conde de Palmela, Rio de Janeiro am 31. Januar 1820, ANRJ, Mesa do Desembargo do Paço, cx. 230, pct. 1.
80 Francisco de Mello Póvoas, Vila de Maceió am 2. März 1820, ANRJ, Mesa do Desembargo do Paço cx. 230, pct. 1; Balthazar de Souza Botelho do Nascimento, Beiras

Selbst Angehörige der Eliten hatten in joaninischer Zeit Schwierigkeiten, politische Nachrichten aus Europa zu beschaffen, die über die Berichterstattung der *Gazeta* hinausgingen. In den Briefen an seinen Vater in Lissabon berichtete der Hofbibliothekar Luis dos Santos Marrócos häufig, dass er „sehnsüchtig" auf persönliche, aber auch politische und militärische Neuigkeiten aus Lissabon warte. Diese Sehnsucht wurde ihm zufolge von vielen der Exilierten geteilt; jedes Stück Papier (Zeitschriften, Einblattdrucke und „öffentliche Papiere" [*papeis públicos*]) aus Europa sahen sie als „Goldnuggets" an.[81] Aufgrund seiner Position am Hofe hatte Marrócos selbst Zugriff auf europäische Periodika, weswegen er häufig aufgesucht wurde. Neuigkeiten und Debatten aus Europa (etwa über die zukünftige Residenz des Monarchen und die Legitimität des Hoftransfers) zirkulierten in mehr oder weniger begrenztem Umfang durch solche Kanäle auch in Gaststätten und Geschäften, sehr zum Ärger von Polizeichef Vianna, der befand, dass derartige Informationen auf viele unterschiedliche Arten „missverstanden" werden könnten.[82]

Gemäß der Überzeugung, dass im Zweifelsfall keine (politische) Information die beste Information sei, wurden in joaninischer Zeit die bloße Lektüre von (ausländischen) Zeitschriften sowie Gespräche über politische oder gesellschaftliche Zustände in der Öffentlichkeit kriminalisiert. Im Dezember 1810 wurde ein „brasilianischer" bzw. portugiesischer Mann festgenommen, über den Polizeichef Vianna schrieb, dass er zwar „kein Parteigänger oder Spion der Franzosen" sei und auch keinen „revolutionären Geist" habe, aber ein „unbesonnener Redner" (*imprudente fallador*) sei.[83] Insbesondere nach 1817 wurden Einflüsse aus dem Nordosten Brasiliens in der Hauptstadt als Problem identifiziert und geahndet. So wurde ein Mann, der gebürtig aus Pernambuco stammte, von der Polizei verhaftet, weil er in der Hauptstadt „schlecht über die Regierung und die Religion" geredet hatte. Zur Strafe wurde er fünf Jahre in die Verbannung (*degredo*) nach Angola geschickt. Vianna belegt ihn in dem entsprechenden Begründungsschreiben mit folgenden Attributen: „schlechtes Benehmen, stolz, zügellos, Leser von Zeitungen" (*má conducta, orgulhoso, libertino, leitor de*

---

do Piauí am 1. Dezember 1818, ANRJ, Mesa do Desembargo do Paço, cx. 230, pct. 1.
81 Marrócos an seinen Vater in Lissabon am 29. August und 21. November 1812, Cartas, S. 97 und 112. Vgl. auch Schultz, Tropical Versailles, S. 71.
82 Schultz, Tropical Versailles, S. 72.
83 Vianna an den Juiz do Crime des Bezirks Candelaria, Dezembargador Agostinho Petra Bitancourt, Rio de Janeiro am 19. Dezember 1810, ANRJ Diversos GIFI 6J–78.

gazetas).⁸⁴ Die Quellen zeigen, dass „Redner" und „Zeitungsleser" Bezeichnungen für Kriminelle waren und zur Begründung von Verhaftungen oder Verbannungen dienen konnten.

Neben der Presse standen Bücher und andere Druckwerke aus dem Ausland, insbesondere aus Frankreich, unter scharfer Beobachtung, und auch die Kontrolle der „schönen Literatur" war rigide.⁸⁵ Schon zu Zeiten der Vizekönige hatte der Zoll in Rio de Janeiro über die Einfuhr von Druckwerken gewacht. Wenn beispielsweise Bücher „sittenwidrigen" Inhalts in Rio ankamen, wurden sie „in gutem Gewahrsam" gehalten oder verbrannt.⁸⁶ Doch sofort nach seiner Ankunft hatte João eine noch striktere Zensur nach Vorbild der portugiesischen etabliert. Es war nun Aufgabe der *Mesa do Desembargo do Paço* und der Polizei, die Einfuhr und Verteilung von (ausländischen) Texten zu kontrollieren und zu unterbinden.⁸⁷

Am 30. Mai 1809 veröffentlichte Polizeichef Paulo Fernandes Vianna eine erste einschlägige Bekanntmachung (*Edital*) zur Überwachung (*vigilância*) von Schriftstücken. Bevor ein Text, sei er handschriftlich oder gedruckt, in Rio in Umlauf gebracht werden durfte, musste eine Erlaubnis der Polizei eingeholt werden. Bei Zuwiderhandlung, ganz gleich, ob es sich um einen Ausländer oder um einen Einheimischen handelte, drohte eine Geldstrafe von 200 000 Réis und zusätzlich eine Gefängnisstrafe, da es in dieser Angelegenheit, wie Vianna betonte, um die „öffentliche Sicherheit" (*Segurança Pública*) ging.⁸⁸ Es handelte sich bei dieser Maßnahme um nichts anderes als die Etablierung einer polizeilichen Zensur über jeden Text, der in Brasilien an die Öffentlichkeit gebracht wurde.

Gewiss ist es problematisch, Polizeiverordnungen mit der Realität gleichzusetzen, da eine Differenz zwischen Norm und Wirklichkeit existiert.⁸⁹ Ei-

---

84 Vianna an den Conde de Arcos, Rio de Janeiro am 23. März 1819, ANRJ cód. 323 vol. 5, S. 108–108v.

85 Neves, Lúcia Maria Bastos P., O Privado e o Público nas Relações culturais do Brasil com França e Espanha no Governo Joanino (1808–1821), in: Tostes/Bittencourt (Hrsg.), D. João VI, S. 189–200; Abreu, Livros ao mar.

86 Juiz e Ouvidor da Alfandega, Dezembargador Jozé Antonio Ribeiro Freire, an den Vizekönig von Brasilien, Conde dos Arcos, Rio de Janeiro am 5. Oktober 1807, ANRJ Vice-Reinado cx. 495.

87 Neves/Machado, Império do Brasil, S. 49. Die Verbote trafen bisweilen auch englische Schriften wie beispielsweise die „Philosophical Magazines", Linhares an Aguiar, Rio de Janeiro am 27. November 1810, ANRJ Série Interior, IJJ¹ 701.

88 *Edital* von Vianna, Rio de Janeiro am 30. Mai 1809, ANRJ PC cód. 323 vol. 1, S. 85–85v. Siehe auch die Analyse des Dokuments bei Silva, Intendência-Geral da Polícia, S. 189.

89 Landwehr, Achim, „Normdurchsetzung" in der Frühen Neuzeit? Kritik eines Begriffs, in: Zeitschrift für Geschichtswissenschaft 48, 2000, S. 146–162, S. 152.

nen Beweis dafür, dass die oben zitierte oder irgendeine andere Verordnung tatsächlich durchgesetzt wurde, kann es kaum geben, da sich die Reaktionen der Untertanen auf den herrschaftlichen Willen kaum mit einem binären „befolgt" oder „nicht befolgt" beschreiben lassen.[90] Doch (frühneuzeitliche) Policeyordnungen zeichneten sich dadurch aus, dass sie einen gesellschaftlichen Gestaltungswillen aufwiesen und verändernd in das soziale Gefüge eingriffen.[91] Ganz gleich also, wie der vielfältige Umgang mit ihr letztlich „tatsächlich" aussah – die Verordnung gibt Aufschluss über die Gouvernementalität Brasiliens: Regierung und Polizei setzten nicht-autorisierte Texte (mit Nachrichten aus dem Ausland) unmittelbar mit der Gefährdung der „öffentlichen Sicherheit", ja, des gesamten Staates gleich. Die Regierungstechniken zielten entsprechend darauf, die Zirkulation solcher Texte zu verhindern.

Einen Anhaltspunkt dafür, dass die Verordnung eine gewisse Wirksamkeit hatte, liefert die Aufregung in jenen Momenten, in denen sie gerade nicht befolgt wurde: Einzelne Texte, wenn sie an der Institution der Polizei vorbei an die Bewohner Rio de Janeiros herangetragen wurden, konnten für Furore sorgen. So schrieb Vianna am 28. Mai 1809 dem Zollrichter (*Juiz da Alfândega*) anlässlich einer ihm vorliegenden, offenbar ins Land geschmuggelten Broschüre, dass alle verbleibenden Exemplare im Zollamt unter Verschluss gehalten werden sollten. Große Vorsicht sei geboten, damit keine weitere abhanden komme, denn seines Wissens waren bereits zwei Exemplare „gegen den Willen Seiner Majestät" in Umlauf gekommen.[92] In dem Schriftwechsel zwischen Zoll und Polizeichef wird der Titel dieser ominösen Broschüre nicht erwähnt, doch handelte es sich offensichtlich um einen Text, der als gefährlich für die Regierung und den Staat empfunden wurde. Den Zollbeamten wurde empfohlen, diese Sache mit „größter Geheimhaltung und Verschwiegenheit" zu behandeln. Die beiden abhanden gekommenen Broschüren sorgten noch für ein Nachspiel: Einige Tage nach dem Vorfall wetterte Vianna in einer erneuten polizeilichen Bekanntmachung gegen „einige Personen", die aus einem „falschen Freiheitsverständnis" (*liberdade mal entendida*) heraus „Druckwerke und Nachrichten" in die Stadt gebracht hatten, die keinesfalls in Umlauf hätten kommen dürfen.[93] Er ordnete an, seine Verfügung an die

---

90 Ebd., S. 154f.
91 LANDWEHR, Policey im Alltag, S. 59f.; DERS., Die Rhetorik der „guten Policey", in: ZHF 30, 2003, S. 251–287, S. 251.
92 Vianna an den Zollrichter Jozé Antonio Freire, Rio de Janeiro am 28. Mai 1809, ANRJ PC cód. 323 vol. 1, S. 71.
93 Vianna an Freire, Rio de Janeiro am 5. Juni 1809, ANRJ PC cód. 323, vol. 1, S. 76.

Türen des Zollamtes anzuschlagen.⁹⁴ Damit wollte er unmissverständlich klar machen, dass der Zoll keine Befugnis habe, Druckwerke ohne Zustimmung höherer Autoritäten in Umlauf zu bringen. In der Verfügung hieß es, dass man „an diesem Hof" (*nesta corte*) – und damit ist stets die gesamte Stadt Rio de Janeiro gemeint – die illegale Einfuhr von Druckerzeugnissen „unter keinen Umständen" dulden könne. Die Residenz- und Hauptstadt wurde somit als besonders schützenswert vor „gefährlichen Schriften" angesehen.

Im Februar 1811 bemängelte der Polizeichef die „fehlende Exaktheit" der Schiffsvisitationen. Diese müsse man sofort herstellen, vor allem angesichts der Krise, die man gerade bei den „Nachbarn dieses Kontinents" beobachte (*ainda mais na crise em q vemos os nossos vesinhos daquelle continente*). Vianna bat konkret um eine Verschärfung der Bestimmungen und eine strengere Prüfung aller Schiffe, ganz gleich welcher Art, bei denen in Zukunft jeder gefasst werden sollte, der sich ohne „Auftrag" (*despacho*) vorfände. Diese Verschärfung sollte nicht nur die Emigration von Personen und die Flucht von Schuldigen (*réus*) und „verdächtigen Personen" auf auslaufenden Schiffen verhindern; die Visitationen auf ankommenden Schiffen sollten zudem gewährleisten, dass sogleich jene gedruckten Papiere (*empressos*) beschlagnahmt werden konnten, die man hier „mit einem Risiko für die öffentliche Sicherheit" verteilen wolle. Diese Papiere sollten in der Polizeiintendanz eingeschlossen werden, samt Vermerk, welcher Passagier sie wann und auf welchem Schiff eingeführt habe. Diese vorgeschlagenen Maßnahmen bezeichnete Vianna am Ende des Schreibens als „absolut dringend unter den gegebenen Umständen" und „äußerst wichtig" für den „königlichen Dienst" (*real serviço*).⁹⁵ Ganz offensichtlich bestand in den Augen des Polizeichefs ein enger Zusammenhang zwischen der Verbreitung von aus dem Ausland eingeschmuggelten Texten und der Gefahr der Anzweiflung der königlichen Autorität und etwaig daraus resultierenden politischen Veränderungen.

Die Autoritäten vermuteten, die intellektuelle Elite sei leicht von französischen Idealen zu beeinflussen. Domingos de Sousa Coutinho, portugiesischer Botschafter in London, hatte bereits 1807 an den britischen Außenminister Canning geschrieben, dass das „jakobinische Gift" einen Weg in das Blut „einiger Bewohner Brasiliens" gefunden habe.⁹⁶ 1810 wurden in einer einzigen

---

94 Es ist typisch für frühneuzeitliche Policeynormen, dass ihre Kenntnis sowohl bei den Normadressaten als auch zunächst den Norm*anwendern* gewährleistet sein musste, LANDWEHR, Die Rhetorik der „guten Policey", S. 261.
95 Vianna an den Überseeminister Conde das Galvêas, Rio de Janeiro am 2. Februar 1811, ANRJ PC cód. 323 vol. 3, S. 10v.
96 CAPELA, Política, administração, economia e finanças públicas portuguesas (1750–1820), S. 86.

Schiffsladung 500 Kampfschriften gegen das napoleonische Frankreich in Rio eingeführt. Käufer dieser Schriften waren vorwiegend exilierte Portugiesen, die sich über die Geschehnisse in Europa informieren wollten. Wenn die in Rio de Janeiro ansässigen Buchhändler, zwei an der Zahl,[97] anti-napoleonische Heftchen aus Portugal importierten, weil sie sich hohe Verkaufszahlen und Gewinne davon versprachen, so waren jene, die in Rio (nach-)gedruckt wurden, vor allem auf Rodrigo de Sousa Coutinhos' Aktivitäten zurückzuführen. Die Liste der von Buchhändlern in Rio de Janeiro beworbenen Bücher anti-napoleonischen Inhalts umfasst insgesamt mehr als hundert Titel, was darauf schließen lässt, dass staatliche Akteure einigen Aufwand für diese Art der Propaganda betrieben.[98]

Die Kontrolle der Presse in Rio de Janeiro und allgemein die deutlich erhöhte Alarmbereitschaft der portugiesischen Autoritäten sind Ausdruck des Bewusstseins über die Krise des politischen Systems des *Ancien Régime* im atlantischen Raum. Die portugiesische Krone legte mittels der Verschärfung der Zensurpraktiken, bei denen die Institution der Polizei eine große Rolle spielte, alles daran, „revolutionäre" Ideen nicht auf ihr Territorium gelangen zu lassen. Wie in den Polizeidokumenten wiederholt zum Ausdruck kommt, war die Hauptstadt ein Ort, in der man ganz besonders darauf achten musste, dass kein „gefährliches" Gedankengut eindrang.

Wenn die Zirkulation von Informationen ein Charakteristikum der Globalisierung ist, die sich insbesondere in Krisenzeiten intensiviert,[99] so muss es als eine maßgebliche Taktik der Gouvernementalität der portugiesischen Regierung in Zeiten der (von ihnen als solche empfundenen) Krise gelten, eine „Deglobalisierung" mittels Abgrenzung bzw. Steuerung der Informationsströme vorzunehmen. Bestimmte Druckwerke durften keinesfalls in portugiesisches Territorium eindringen, während anti-napoleonische Schriften im Innern vermehrt in Umlauf gebracht wurden. Den portugiesischen Autoritäten in Brasilien scheint bewusst gewesen zu sein, dass Macht – auch – die Monopolherrschaft über die öffentliche Meinung ist.[100] Auch wenn, oder gerade weil die neuere Forschung überwiegend die Ansicht vertritt, dass es bis 1820 we-

---

97 NEVES, O Privado e o Público, S. 191. 1821 war die Zahl der Buchhändler in Rio de Janeiro auf elf gestiegen, NEVES/MACHADO, Império do Brasil, S. 48.
98 SILVA, D. João VI, S. 36f.
99 ENGEL/MIDDELL, Bruchzonen der Globalisierung, S. 16. Zum Zusammenhang zwischen Kommunikationsverdichtung und Revolution siehe beispielsweise POPKIN, Jeremy, Revolutionary News: the Press in France 1789–1799, Durham et al. 1990.
100 ARENDT, Hannah, Imperialismus: die politische Weltanschauung der Bourgeoisie. Thomas Hobbes und der kapitalistische Markt, in: Hans-Ulrich WEHLER (Hrsg.), Imperialismus, Köln 1970, S. 56–65, S. 57.

gen der Zensur noch keine „öffentliche Meinung" in Rio de Janeiro gab,[101] ist es bemerkenswert, dass in den Quellen die Gefährdung der Souveränität der Krone unmittelbar und explizit mit der Verbreitung einzelner ausländischer revolutionärer Schriften in Verbindung gebracht wird.

5.1.2 Territorialisierung und Nationalisierung

Neben der rigiden Reglementierung dessen, was in der Hauptstadt gelesen werden durfte bzw. sollte, gab es ab 1808 eine strikte Kontrolle der persönlichen Kontakte mit dem Ausland, das heißt der Menschen, die in Brasilien ein- und ausreisten. Bei dem Versuch, die „gute Ordnung" zu erhalten, richtete sich die Aufmerksamkeit der Autoritäten ganz besonders auf Ausländer; vor allem sie wurden verdächtigt, „jakobinische Ideale" zu vertreten und zu verbreiten.[102] Es existierten Listen von allen im Hafen Eintreffenden, die stets auch dem Außenminister oder dem Übersee- und Marineminister zugestellt wurden.[103] Die Polizeiintendanz führte Buch über die „Polizeiliche Legitimation der Ausländer" (*legitimação dos estrangeiros na Polícia*), in dem für jedes Individuum der Tag der Einreise und der „Vorstellung bei der Polizei", Name, Naturalität (*naturalidade*) und Motiv der Einreise eingetragen wurden sowie Angaben über lokale Kontaktpersonen bzw. Bürgen (wörtlich: „Angabe über Personen, die den Einreisenden kennen").[104]

---

101 MOREL, Marco, La génesis de la opinión pública moderna y el proceso de independencia (Rio de Janeiro, 1820–1840), in: François-Xavier GUERRA/Annik LEMPÉRIÈRE et al. (Hrsg.), Los espacios públicos en Iberoamérica. Ambigüedades y problemas. Siglos XVIII–XIX, Mexiko-Stadt 1998, S. 300–320, S. 303.
102 NEVES, O Privado e o Público, S. 191f.
103 Vianna an Linhares, Rio de Janeiro am 18. Mai 1809, ANRJ PC cód. 323, vol. 1, S. 60v–61. Der Argwohn der Autoritäten wurde von manchem britischen Reisenden negativ bewertet: „Brasilien ist das einzige Land auf der Erde, China und Japan ausgenommen, in dem man so viel Misstrauen bei Annäherung fremder Schiffe zeigt", GRANT, Andrew, Beschreibung von Brasilien, nebst dem am 19. Februar 1810 zu Rio-de-Janeiro zwischen Sr. Britannischen Maj. und Sr. Königl. Hoheit, dem Prinz-Regenten von Portugal, abgeschlossenen Freundschafts-, Handels- und Schifffahrts-Vertrage, aus dem Franz. übers. und mit den Berichtigungen des Navrro d'Andrade, Weimar: Landes-Industrie-Comptoir 1814.
104 *Ofício* vom 20. März 1808, ANRJ cód. 370 vol. 1, S. 1. Guilherme Auler hat aus der Dokumentation der Polizei für die Zeit von 1808 bis 1822 alle ausländischen Einreisenden alphabetisch mitsamt Beruf, Herkunft und Ziel aufgelistet. Insgesamt verzeichnen die Bücher der Intendanz 4 234 nicht-portugiesische Reisende, viele von ihnen auf Durchreise nach Montevideo oder Buenos Aires – oder in umgekehrter Richtung nach Cádiz. Demgegenüber standen für den gleichen Zeitraum rund

Jeder Ausländer, der im Hafen von Rio de Janeiro ankam, musste sich sogleich beim Polizeiintendanten melden. Tat er dies nicht, drohte eine Gefängnisstrafe, wie Vianna wiederholt an die Kriminalrichter (*juizes criminais*) der einzelnen Distrikte der Stadt meldete. Dies galt explizit auch für die Angehörigen der „befreundeten Nation England".[105] Nach persönlicher Aufforderung des Monarchen wurden sowohl für die portugiesische Regierung als auch für den britischen Botschafter Lord Strangford spezielle Listen nur der eingereisten Briten übermittelt.[106] Auch die Ausreise aus Rio ins Ausland oder in andere Regionen Brasiliens wurde durch die Polizei reglementiert: Jeder In- oder Ausländer musste einen Pass beim Polizeiintendanten beantragen, wenn er etwa nach Bahia oder auch nur ins benachbarte Umland Rio de Janeiros reisen wollte. Wer, wohin auch immer, ohne Pass oder Passierschein reiste, machte sich strafbar.[107]

Jede Bewegung in die Hauptstadt herein und hinaus war, wenn man sich den institutionellen Aufwand vor Augen führt, eine Staatsangelegenheit, die idealiter von der Polizei in Zusammenarbeit mit der Regierung (meist mit dem Außen- und Kriegsministerium) reguliert wurde. Die Überwachung der Bewegungen von Individuen innerhalb des brasilianischen Territoriums hatte zum Ziel, „Übeltäter" und „Verdächtige" schnellstmöglich festzunehmen. Offenbar waren diese Maßnahmen in den Augen der Autoritäten von einem gewissen Erfolg gekrönt: Die „intensive Vigilanz" (*muita vigilância*) hatte, so formuliert es Vianna beispielsweise in einem Dankesschreiben an den „sehr aufmerksamen" Kommandanten des Prahibuna-Regiments für seine „guten Dienste" am Souverän, den Erfolg, dass Kriminelle, Sklaven und „andere Per-

---

24 000 portugiesische Ankömmlinge, AULER, Guilherme, Registro de estrangeiros 1808–1822, Rio de Janeiro 1960, S. 7.

105 Vianna an die *Juizes Criminais* der Stadtteils São José, Santa Rita, Candellaria und Sé, Rio de Janeiro am 20. Mai 1809, ANRJ PC cód. 323 vol. 1, S. 63; Vianna an Linhares, Rio de Janeiro am 9. Mai 1809, ANRJ PC cód. 323 vol. 1, S. 37–37v.

106 Vianna an den britischen Botschafter Lord Strangford, Rio de Janeiro am 6. Juni 1809, ANRJ PC cód. 323, vol. 1, S. 75v.

107 Passangelegenheiten werden verhandelt in folgenden Dokumenten: Vianna an Fernando Jozé de Portugal, Rio de Janeiro am 17. Juni 1808, ANRJ Diversos GIFI 6J–78 (Polícia da Corte 1808), Brief ohne Paginierung; Vianna an Linhares, Rio de Janeiro am 2. Juni 1809, ANRJ PC cód. 323 vol. 1, S. 74; Vianna an Fernando Jozé de Portugal, Rio de Janeiro am 16. Februar 1811, ANRJ Diversos GIFI 6J–78 (Polícia da Corte 1808), Brief ohne Paginierung; Vianna an Linhares, Rio de Janeiro am 25. April 1809, ANRJ PC cód. 323 vol. 1, S. 31v. Der Portugiese Manuel de São José wurde ohne Pass aufgegriffen und festgenommen, Vianna an Manuel Francisco Coelho, Rio de Janeiro am 5. Mai 1809, ANRJ PC cód. 323 vol. 1, S. 40–40v.

sonen ohne Pass" sich nicht unbemerkt von einem Distrikt in den anderen bewegen konnten.[108]

Gemäß den eingangs zitierten Worten des Polizeichefs rangierten „Spione" oder „Parteigänger" der Franzosen auf der Liste der zu Verhaftenden bzw. Auszuweisenden ganz oben.[109] Entscheidend für den Verdacht der Spionage war dabei vor allem die „nationale" Zugehörigkeit: Franzosen wurden in der Regel ohne weitere Begründung festgenommen, weil sie qua Staatsangehörigkeit verdächtig waren.[110] In einem Polizeidokument von April 1809 heißt es beispielsweise: „Pedro Polin wurde festgenommen und zur Polizeiintendanz gebracht, weil er Franzose ist und in einer Wirtschaft in dieser Stadt (*nesta corte*) aufgegriffen wurde."[111] Dieses Vorgehen gegen Franzosen erklärt sich freilich damit, dass Frankreich bis zum Wiener Kongress 1815 offizieller Kriegsgegner und Angehörige dieses Staates also Feinde waren. Das Vokabular des Polizeichefs ließ allerdings keinen Zweifel an einem radikalen Ziel: Im Juli 1811 schlug er Staatsminister Conde de Linhares vor, die beiden Franzosen Luiz Nicolas und Joze Marenier, die sich „seit langem" wegen des Verdachts der Spionage im Gefängnis befänden, mit einem Kriegs- oder Postschiff über Portugal nach England zu schicken, damit Brasilien von „diesem Volk", das er für Brasilien als „sehr schädlich" einstufe, „gesäubert" würde (*limparmos o Brazil desta Raça q julgo aqui muito prejudicial*).[112] Vianna gab gleichzeitig zu, keinerlei Beweise für irgendeine Schuld oder Spionagetätigkeit zu haben. Selbst wenn der Verdacht nicht fundiert war, zog es der Polizeiintendant also offenbar vor, Franzosen von Brasilien fernzuhalten, gefangen zu nehmen oder auszuweisen.[113] Seltene Ausnahme in dieser Hinsicht stellten Franzosen dar, die eine Zugehörigkeit zum portugiesischen Staat nachweisen konnten:

---

108 Vianna an den Kommandanten des Prahibuna-Regiments, João António Villasboas, Rio de Janeiro am 17. Dezember 1810, ANRJ PC cód. 323 vol. 2, S. 35–35v. Praibuna ist ein Distrikt an der Küste im heutigen Bundesstaat São Paulo.
109 Santos, Memórias para servir à história do Reino do Brasil, Bd. 1, S. 251; Mello Barreto, João Paulo de/Hermeto Lima, História da polícia do Rio de Janeiro. Aspectos da Cidade e da Vida Carioca, Bd. 1: 1565–1831, Rio de Janeiro 1939, S. 179.
110 Vianna an den *Juiz do Crime* des Stadtbezirks São José, Rio de Janeiro am 2. November 1809, ANRJ PC cód. 323 vol. 1, S. 165v; Vianna an Linhares, Rio de Janeiro am 28. März 1809, ANRJ PC cód. 323 vol. 1, S. 15–16.
111 Vianna an Linhares, Rio de Janeiro am 24. April 1809, ANRJ PC cód. 323 vol. 1, S. 30v.
112 Vianna an Linhares, Rio de Janeiro am 30. Juli 1811, ANRJ PC cód. 323 vol. 3, S. 60–60v.
113 Vianna an Linhares, Rio de Janeiro am 30. Juli 1811, ANRJ PC cód. 323 vol. 3, S. 60–60v. Vgl. auch Silva, Intendência-Geral da Polícia, S. 190; Silva, Franceses no Brasil; Neves, Napoleón Bonaparte y Brasil, S. 43f.

1810 wurde einem Franzosen, der gebürtig aus Bordeaux stammte, allerdings in Portugal „naturalisiert" war, erlaubt, in Rio einzureisen.[114] Einige wenige Franzosen, die bereits vor 1808 in Rio ansässig waren, scheinen weiterhin in der Stadt geduldet worden zu sein, wie etwa der Uhrmacher João Batista Pletie, der 1810 wegen eines mutmaßlichen Uhrenraubes die polizeiliche Aufmerksamkeit auf sich zog, wobei er seine Unschuld beteuerte und versicherte, dass er die besagte Uhr rechtmäßig in Bahia erstanden habe. Vianna ordnete an, dass über sein Benehmen (*comportamento*) sowohl in Rio als auch in Bahia nachgeforscht würde; falls er sich als Dieb entpuppen sollte, könne man ihn in der Hauptstadt „nicht mehr dulden".[115]

Nicht nur über Franzosen, die in Rio de Janeiro ansässig waren oder an Land gingen, versuchte Polizeichef Vianna größtmögliche Kontrolle auszuüben. Auch jene, die in anderen brasilianischen Häfen einliefen, gaben Anlass zu Investigationen. Im Juni 1808 riet Vianna den Autoritäten in Salvador da Bahia, auf einen Franzosen zu achten, der bereits die Polizei in Lissabon beschäftigt hätte und der einen Passierschein für Brasilien von General Junot bei sich führte. Er sei im portugiesischen Setúbal an Bord eines Schiffes gegangen und habe einen Zwischenstopp auf Madeira gemacht, doch Vianna war nicht sicher, welchen brasilianischen Hafen er ansteuern würde. Da er garantiert „unheilvolle und niederträchtige Ansichten" habe, die „öffentliche Ruhe des Staates" stören und „alles in diesem Staat ausspionieren" wolle, riet er dem zuständigen Beamten, ihn in dem Moment zu verhaften, in dem er von Bord ginge, all seine Papiere und Korrespondenzen zu beschlagnahmen und zu analysieren. Neben diesem konkreten Fall rief der Polizeichef zu einer allgemeinen Wachsamkeit gegenüber jedem Franzosen auf, der in Bahia landete, vor allem, wenn der Verdacht bestünde, dass die Person ein Soldat sei. „Es ist unbedingt nötig, Spione zu haben, um stets jede Information in Erfahrung zu bringen, die Unruhen in diesen Staat bringen könnte, sei es zu Land oder Wasser."[116] In dieser Bemerkung zeigt sich, was Vianna in seiner Retrospektive mit „spezieller Policey" gemeint hatte: Er sprach von einem Netzwerk von Polizeispionen, die im Dienste der Regierung Ausländer und andere Verdächtige beschattete.

Im September 1808 wurde die Warnung vor eintreffenden Franzosen und Italienern wiederholt. Alle Verdächtigen sollten umgehend verhaftet werden,

---

114 *Requerimento* von João Baptista Hugon an die Regierung Brasiliens, stattgegeben in Rio de Janeiro am 31. August 1810, ANRJ Diversos GIFI 6J–78 (Polícia da Corte 1808), Brief ohne Paginierung.

115 Vianna an den *Juiz do Crime* des Stadtviertels São José, Luiz Joaquim Duque Estrada, Rio de Janeiro am 5. Dezember 1810, ANRJ PC cód. 323 vol. 2, S. 6v–7.

116 „É muito necessário ter espias para este fim e para descobrir sempre qualquer notícia que possa trazer inquietação neste Estado, e por todas as vias de terra e de mar."

und zwar mit Papieren und „allem anderen", das sie bei sich trügen.[117] Im November 1809 gerieten einige Franzosen, die seit langer Zeit in Bahia residierten, unter Spionageverdacht, unter ihnen ein Abbé, der in der Öffentlichkeit „gefährliche Meinungen" verbreitet hatte. Staatsminister Rodrigo de Sousa Coutinho bestätigte, dass es in Bahia eine „große Dunkelziffer an Personen" gebe, die der französischen Partei verschrieben seien. All die Gerüchte sollten gut untersucht, der Abbé nach Rio de Janeiro gebracht werden. In Bezug auf die ansässigen Franzosen solle man die größte Vorsicht walten lassen und herausfinden, ob sie Parteigänger Napoleons seien.[118] Obwohl die Aktivitäten und Maßnahmen der Polizeiintendanz sich insgesamt vorwiegend auf die Hauptstadt und die unmittelbare Umgebung konzentrierten, zeigen diese Beispiele, dass, wenn es darum ging, revolutionäre Ideen zu bekämpfen, ihr Zuständigkeitsbereich sich auch auf weit entfernte Territorien erstreckte.[119] In diesen Fällen offenbarte sich der eigentliche Zuständigkeitsbereich der Polizei, der dem offiziellen Titel nach „Hof und Staat" waren.

Unter den Verdacht, jakobinische oder revolutionäre Ziele zu verfolgen, gerieten nicht nur Franzosen, sondern auch Ausländer anderer Herkunft: Ende April 1808 stellten sich zwei Ausländer vorschriftsmäßig bei der Polizei in Rio de Janeiro vor: ein Luís Perimondo aus Genf, der in Lissabon eine Tabakfabrik besaß und nun in Brasilien Schnupftabak herzustellen wünschte, und ein gewisser Herr Coquete, der angab, in Porto geboren zu sein, in Lissabon eine Goldschmiede zu besitzen und dort ein „angesehener Mann" zu sein. Vianna berichtete dem Außenminister, dass er es persönlich nicht für nötig halte, die beiden zu inhaftieren, da die Männer derart in Lissabon verwurzelt seien, dass sie „wahrscheinlich keine revolutionären Ideen" hätten. Wenn die Regierung jedoch anderer Meinung sei oder sich an dem Verhalten der Eingereisten etwas änderte, könne er die beiden sofort verhaften, beteuerte der Polizeichef dienstbeflissen.[120] Eine Aufenthaltserlaubnis in Rio de Janeiro gewährte der Polizeiintendant hingegen relativ bereitwillig jenen Ausländern, die vor Napoleon in die Neue Welt geflüchtet waren, wie beispielsweise im Januar 1809 dem Kaufmann Jozé Midosi, der aus Rom stammte und nach eigenen Angaben „Gewalt und System" der französischen Herrschaft nicht ertragen konnte.[121]

---

117 19. September 1808, ANRJ PC cód. 318, S. 76v.
118 SILVA, Inácio Accioli de Cerqueira e Silva, Memórias históricas e políticas da Província da Bahia, Bd. 3, Salvador 1931, S. 234.
119 SILVA, Intendência-Geral da Polícia, S. 200; MACEDO, Paulo Fernandes Vianna, S. 24.
120 Vianna an Linhares, Rio de Janeiro am 27. April 1808, ANRJ PC cód. 318, S. 5v–6.
121 Vianna an João und Aguiar, Rio de Janeiro am 28. März 1809, ANRJ Diversos GIFI (Polícia da Corte 1809), Dokument ohne Paginierung.

Auch portugiesische Untertanen gerieten in Schwierigkeiten, wenn sie mit vermeintlichen Revolutionären in Kontakt standen, und bisweilen reichte zur Begründung der Inhaftierung, dass jemand mit einem Franzosen geredet hatte, so wie ein gewisser Simão Marohe, der im Juli 1809 aus Bahia nach Rio de Janeiro gekommen war und sich durch „Kommunikation mit Franzosen" verdächtig gemacht hatte (*sospeitozo de communicação com Francezes*).[122] Er wurde bis auf weiteres inhaftiert, bis sich später herausstellte, dass seine Gesprächspartner nicht Franzosen, sondern Österreicher gewesen waren.[123] Da Staatsminister Sousa Coutinho offensichtlich noch vorsichtiger war als der Polizeichef, sah er auch in allen Personen, die aus den französischen Kolonien stammten, Jakobiner: So bat er Vianna um Informationen über einige in Rio ansässige Schwarze aus Martinique. Vianna informierte den Staatsminister darüber, dass es derer nur vier in der Hauptstadt gebe, die zudem schon seit vielen Jahren hier wohnten: der eine sei staatlicher Angestellter der *Ouvidoria-Geral do Crime*, der andere Barbier, der Französisch bei „wichtigen Familien" (*famílias graves*) unterrichte, der dritte gebe Florettstunden, der letzte sei ein armer Schuhmacher.[124]

Das Franzosen- bzw. Jakobiner-Problem war, wie eingangs erwähnt, eine Angelegenheit, die die portugiesischen Autoritäten durch eine „feinmaschige Vigilanz" zu lösen gedachten. Doch das Problem kam nicht nur aus Frankreich. Als gefährlich galten auch und vor allem die direkten Nachbarn aus Hispanoamerika. Ab 1810 wurden amerikanische und europäische Spanier, die mit den spanischen Kolonien in Verbindung standen, pauschal für verdächtig gehalten und unter den Ausländern am stärksten kontrolliert.[125] Ein Spanier erregte immer Aufsehen, und zwar nicht nur, wenn er – wie ein gewisser José Consuelo – als Frau verkleidet in den Straßen Rios umherlief und aus diesem Grund sofort inhaftiert wurde.[126]

---

122 Vianna an General João Baptista de Azevedo Coutinho Montesoury, Rio de Janeiro am 27. Juli 1809, ANRJ cód. 323 vol. 1, S. 107v–108.
123 Vianna an den Botschafter Schwedens, Augustin Hoffman, Rio de Janeiro am 14. Oktober 1809, ANRJ PC cód. 323 vol. 1, S. 152.
124 ANRJ PC cód. 318, S. 76–77.
125 Silva, D. João VI. Príncipe e Rei no Brasil, S. 33–35; Neves, O Privado e o Público, S. 192. Bereits seit dem 17. Jahrhundert waren Portugiesen und Spanier immer wieder am Río de la Plata aufeinandergestoßen und der Konflikt um die „Banda Oriental" wurde ab 1816 wieder akut, Pimenta, João Paulo, O Brasil e a „experiência cisplatina" (1817–1828), in: Jancsó (Hrsg.), Independência: História e historiografia, S. 755–790.
126 Registro de prisão contra José Consuelo, ohne Ort [Rio de Janeiro] ohne Datum [zwischen 1809–1815], ANRJ PC cód. 401, ohne Paginierung.

Auch wenn die „jakobinische Gefahr" nach 1815 gebannt war, stellten die Vorgänge in den hispanoamerikanischen Gebieten nach wie vor ein Problem dar. Bewegungen von (amerikanischen) Spaniern innerhalb Brasiliens, das heißt von einer Kapitanie in die andere, wurden nach wie vor argwöhnisch beobachtet.[127] Von der *Guarda Real da Policia* aufgegriffen wurde 1817 Vincente Ferra, der angab, spanischer Matrose zu sein. Da er jedoch kein Schiff benennen konnte, dem er zugehörte, und außerdem zusammen mit zehn Vagabunden (*vadios*) auf dem Hügel Morro de Santo Antonio aufgefunden worden war, schickte Vianna ihn in den Dienst der Marine und bescherte ihm damit das Schicksal, das man „gewöhnlich anderen Vagabunden" gab.[128] Beschwerden von Spaniern bei ihrer diplomatischen Vertretung in Rio de Janeiro darüber, dass sie, nur weil sie Ausländer waren, von Patrouillen festgenommen und verhaftet wurden, waren häufig.[129]

Antonio Isla war einer von jenen, die in der Festung auf der Ilha da Cobra in Einzelhaft gehalten wurden, weil sie Nachrichten über den Bruch der portugiesischen Regierung mit Spanisch-Amerika verbreitet hatten. Sowohl seine offiziellen (Reise-)Dokumente als auch seine privaten Papiere wurden beschlagnahmt. Er gab an, Buchhalter in der ehemaligen (also königstreuen) Regierung von Buenos Aires und Hilfskapitän im dortigen Hauptquartier gewesen zu sein. Er war in Buenos Aires gestartet und wollte auf einem Handelsschiff von Rio Grande über Pernambuco nach Lissabon reisen. In Pernambuco war er jedoch festgenommen und 2 000 km zurück nach Rio de Janeiro transportiert worden. Hier untersuchten und analysierten Beamte alles, was er bei sich trug, ohne dass irgendein Verdacht bestätigt werden konnte. Der einzige Fund von Bedeutung war ein Eintrag über die Ankunft des portugiesischen Monarchen und die Furcht, dass die Portugiesen das Rio da Prata-Gebiet einnehmen könnten. In seinen Aufzeichnungen fügte er hinzu, dass die Portugiesen „betört" seien von diesem Projekt, aber wenig informiert über die militärischen Kräfte, die dort existierten. Vianna berichtete dem Außenminister, dass die Festnahme Islas sowohl die in Rio ansässigen Spanier als auch jene Portugiesen „erschreckt" habe, die Handel mit dieser Region trieben und täglich Nachrichten erhielten, die auch sie kompromittieren könnten.[130]

Häufig wusste der Polizeichef selbst nicht genau, wie er mit den verhafteten Spaniern verfahren sollte, so zum Beispiel mit Rafael de Palacio, den

---

127 Vianna an Staatsminister Villanova Portugal, Rio de Janeiro am 18. Februar 1818, ANRJ PC cód. 323 vol. 5, S. 15–15v.
128 Vianna an den Außen und Kriegsminister João Paulo Bezerra, Rio de Janeiro am 18. Oktober 1817, ANRJ PC cód. 323 vol. 5, S. 5.
129 Neves, O Privado e o Público, S. 192.
130 Vianna an Linhares, ANRJ, PC cod. 318, vol. 1, S. 42–46.

man inhaftierte und dessen Portemonnaie sowie eine „geschlossene Kiste" in seinem Besitz man beschlagnahmte. Vianna versuchte, Informationen über ihn zu erlangen, erfuhr allerdings nur, dass er mit einigen Händlern in Kontakt stand, die mit dem Rio-da-Prata-Gebiet Geschäfte machten, weshalb er auf weitere Anweisungen des Außenministers wartete.[131] Dieser schien insgesamt noch panischer auf Kontakte mit Spanisch-Amerika zu reagieren als der Polizeichef selbst: Er ordnete an, dass jener Maßnahmen vorschlagen sollte, wie „jede Kommunikation" im Hafen Rios mit spanischen Schiffen verhindert werden könne. Zur Begründung hieß es, man müsse vermeiden, dass „schlechte Menschen" darüber redeten, was die Portugiesen am Río de la Plata vorhätten. Der Staatsminister sprach sich gleichzeitig dafür aus, die Zwangsversendung von Deserteuren dorthin zu stoppen – ebenfalls mit dem Ziel, jegliche Kommunikation und Interaktion mit Rio de Janeiro zu unterbinden. In seinem Antwortschreiben befand Vianna diese Maßnahmen für übertrieben; seiner Meinung nach konnte man mit einem Kriegsschiff all jene Fahrzeuge überwachen, die an der Küste ankerten, aber nicht in einen Hafen einliefen, um daraufhin jene zu beschlagnahmen, die sich als spanisch erwiesen. Auf diese Weise, so Vianna, könne man verhindern, dass Deserteure oder Nachrichten nach Buenos Aires gelangten.[132] Interessant ist, dass die Überwachung der Kommunikation in beide Richtungen gleich wichtig war: Nicht nur die eintreffenden Nachrichten (über Rebellion und Unabhängigkeit), auch die abgehenden Informationen (über Pläne der portugiesischen Okkupation der Banda Oriental) sollten, zumindest dem Anspruch nach, unter totaler Kontrolle stehen.

Wie vollständig oder unvollständig die Umsetzung dieses Anspruchs auch immer gelang – in jedem Fall wurde der Handel der in Rio ansässigen Geschäftsleute, auch der britischen, durch die Furcht des Staatsministers vor Interaktionen beeinträchtigt. Der spanische Lotse (*piloto*) Lourenço Joze Marenclote beschwerte sich darüber, als er in Rio von dem *Juiz do Crime* des Viertels Candelária festgenommen und verhört wurde, dass seine Reisepläne durch diese „Störung" (*embaraço*) vereitelt würden. Er hatte einen Vertrag mit dem Briten John Curtis unterzeichnet, wonach er am folgenden Tag nach Buenos Aires aufbrechen sollte; dieser Vertrag drohte nun zu platzen.[133] Zuvor hatte der Lotse einige Monate krank bei einem spanischen Händler namens Fran-

---

131 Vianna an Linhares, Rio de Janeiro, ANRJ PC cód. 318, vol. 1, S. 66–67.
132 Vianna an Linhares, Rio de Janeiro am 17. August 1808, ANRJ, PC cód. 318 vol. 1, S. 121–123.
133 Vianna an Linhares, Rio de Janeiro am 7. Januar 1811, ANRJ PC cód. 323 vol. 2, S. 60.

cisco Fernandes Varela verbracht, und Vianna befand ihn letztlich für „wahrhaftig unschuldig" (*verdadeiramente innocente*). Der Außenminister jedoch bestand auf seiner Inhaftierung; da es „allen Verdacht" gegen ihn gebe, müsse er zudem „geheim [im Gefängnis] gehalten werden" (*devendo ser mantido no segredo*). Vianna antwortete wiederum, dass er absolut nichts gegen den Spanier in der Hand habe, da es weder Zeugen noch kompromittierende Papiere gäbe, und bat den Staatsminister um konkretere Hinweise.[134] In einem letzten Schreiben in dieser Sache riet er schließlich dazu, Marenclote freizulassen, da der anfängliche Verdacht seiner Ansicht nach auf eine Namensverwechslung zurückzuführen war.[135]

Dieser und ähnliche Fälle lassen auf eine Diskrepanz zwischen Rodrigo de Sousa Coutinho und Paulo Fernandes Vianna bei der Bewertung der „spanischen Gefahr" schließen. Der Außenminister verdächtigte Spanier pauschal und plädierte im Zweifelsfall für eine Verhaftung, auch wenn diese den eigenen (portugiesischen) oder britischen wirtschaftlichen Interessen entgegenlief, die er üblicherweise vehement vertrat. Der Polizeichef hingegen sah Spanier prinzipiell als unschuldig an. Sie seien auf freien Fuß zu setzen, wenn keine konkreten Beweise vorlägen. Auch wenn nicht jeder Spanier sofort inhaftiert wurde, galt letztlich doch die Anordnung des Staatsministers, dass ihm sämtliche Informationen über alle Spanier zugespielt und dass sie von Vianna verhört werden sollten.

Auf Befehl des Staatsministers festgenommen wurde auch Vicente Lans im April 1811, ein Handwerksmeister, der auf einer Galeere nach Rio gelangt war. Seine Staatsangehörigkeit war nicht eindeutig zu klären: Vianna hielt ihn, da alle Papiere und Passierscheine darauf hindeuteten, für einen Spanier, der durch französische Gebiete in die Vereinigten Staaten gereist war. Der Außenminister sah ihn jedoch als Franzosen an und bestand daher auf seine Verbannung aus Brasilien. Vianna verzichtete in diesem seltenen Fall auf die Ausführung dieser Anordnung, weil er die spanische Nationalität für bewiesen hielt. Er versicherte jedoch dem Staatsminister, dass Vicente Lans unter seiner Bewachung stehe und erneut in die Polizeiintendanz vorgeladen werde, so dass die Möglichkeit bestehe, neuen Anordnungen zu folgen.[136] Offenbar ließ man dem Polizeiintendanten einen gewissen Spielraum bei der Einschätzung von Personen.

---

134 Vianna an Linhares, Rio de Janeiro am 6. Januar 1811, ANRJ PC cód. 323 vol. 3, S. 7v.
135 Vianna an Linhares, Rio de Janeiro am 10. Januar 1811, ANRJ PC cód. 323 vol. 3, S. 8v–9.
136 Vianna an Linhares, Rio de Janeiro am 24. April 1811, ANRJ PC cód. 323 vol. 3, S. 42v.

Nicht nur die Ein-, sondern auch die Ausreise von Spaniern stand idealiter unter rigider Kontrolle. Im Juni 1811 zeigt Vianna einige Beamte an, die für die Registrierungen im Hafen zuständig waren, weil sie zwei Spanier ohne Pass an Bord des US-amerikanischen Schiffs „Tiger" gelassen hatten. Dabei sei eigentlich ihre Aufgabe, Leute, die ohne Pass auf ein Schiff gelangen wollten, als Verdächtige zu verhaften. Er riet dem Prinzregenten, den besagten Beamten den Sold zu streichen und sie zu entlassen. Durch ihre „Aufmüpfigkeit" im Dienst gebe es keine effektive Polizierung im Hafen, und mit ihnen sei das „hohe Ziel", für das die Polizei so hart arbeite, nicht zu erreichen.[137] Es ist nicht schwer zu erraten, was hier mit „hohem Ziel" gemeint ist: die totale Kontrolle der Ein- und Ausreise von (ausländischen) Individuen. Einige Monate später, möglicherweise aufgrund dieser beiden entwischten Spanier, verfasste Vianna eine Mitteilung an den Außenminister, in der er explizit formuliert, die Ausreise aus dem Hafen von Rio de Janeiro sei nur mit einem Pass der *Intendência Geral da Polícia* möglich; ein durch die ausländischen diplomatischen Vertreter (*Ministros Estrangeiros*) ausgestellter Pass reiche keinesfalls aus. Er legt als Hauptgrund dar, dass „verdächtige Personen" ansonsten leichter unentdeckt ausreisen könnten, und bittet darum, dass der Staatsminister diese Mitteilung dem Monarchen vorlegen solle. Die von Vianna gemachten Vorschläge solle der Prinzregent durch seine „patriotischen Überlegungen" (*Patrioticas reflexoens*) verbessern und sich dann um den Erlass der nötigen (neuen) Ordnungen kümmern.[138]

In den Polizeidokumenten spiegelt sich eine Tendenz deutlich wider: eine verstärkte Territorialisierung des portugiesischen Machtraumes in Amerika, die sich vor allem in einer stärkeren Kontrolle der ein- und ausreisenden Individuen ausdrückte – und zwar mitunter entgegen ökonomischen Interessen. Der Fokus der polizeilichen Aufmerksamkeit richtete sich insbesondere auf Angehörige anderer Nationalitäten. Vor allem Franzosen, Europa-Spanier und Amerika-Spanier wurden verdächtigt, „den Staat" zu schädigen. Dabei war eine stärkere Abgrenzung von portugiesischen Untertanen und allen anderen die Folge.

Dieser Befund ist deshalb von Bedeutung, weil es seit jeher eine entscheidende, ja, lebensnotwendige Fähigkeit imperialer Gebilde darstellte, unterschiedliche gesellschaftliche Gruppen und kulturelle Andersartigkeit zu inkorporieren. Freilich war es immer schwierig für ein Imperium, die rich-

---

137 Vianna an Linhares, Rio de Janeiro am 12. Juni 1811, ANRJ PC cód. 323 vol. 3, S. 51.
138 Vianna an Linhares, Rio de Janeiro am 13. September 1811, ANRJ PC cód. 323 vol. 3, S. 74v–75.

tige Balance zu finden zwischen Inkorporation und Differenzierung unterschiedlicher Gruppen, zwischen der Ausnutzung bestehender (ökonomischer) Netzwerke und Patronagesysteme und der Bildung neuer.[139] Der nach dem Hoftransfer kategorisch vollzogene Ausschluss von Ausländern, und zwar ausschließlich aufgrund ihrer (ursprünglich) anderen Herkunft, war jedenfalls keine typische Handlungsweise eines Imperiums. Die Kontrollen und Exklusionen, die Tendenzen der Territorialisierung und Nationalisierung darstellten, bedürfen noch einer genaueren Untersuchung: Warum richtete sich die Aufmerksamkeit so stark auf die „von außen" eindringenden Personen? Wie lassen sich die Gefahren für die Souveränität, die die portugiesischen Autoritäten sahen und fürchteten, genauer beschreiben und analysieren?

5.1.3 Die Internalisierung der revolutionären Gefahr

Wie in den zitierten Dokumenten bereits angeklungen ist und wie sich noch zeigen wird, waren es vor allem Äußerungen über die Regierung, die einen Ausländer – als eine Gefahr für den Staat – in den Fokus der polizeilichen Aufmerksamkeit geraten ließen. So wurde Francisco de Castro, Lotse des spanischen Schiffes Nova Izabel, von Vianna verhaftet, weil er sich „der [portugiesischen] Regierung verdächtig gemacht hatte". Dem Antrag des Schiffskommandanten, Agostinho Guareh, den Lotsen freizulassen, gab Vianna nicht statt. Eine sorgfältige Untersuchung könne nicht innerhalb weniger Tage geschehen, der Kommandant müsse folglich einen anderen Lotsen finden.[140] Nachdem nach und nach der Kapitän des Schiffes, der spanische Botschafter und der portugiesische Monarch persönlich in den Fall verwickelt wurden und der Lotse kurz vor der Freilassung stand, ordnete der Prinzregent die Verhaftung eines anderen Spaniers, Manuel Cogoij, an, der in einem Verhör den besagten Lotsen wegen „staatsgefährdender" Äußerungen denunzierte. Vianna betonte, der spanische Botschafter müsse nun einsehen, dass keine Nachsicht geübt werden dürfe, wenn es sich darum handle, „Übel" zu verhindern, die die „öffentliche Sicherheit" gefährdeten. Schließlich habe der Lotse nicht nur die portugiesische, sondern auch die Regierung Fernandos VII verbal angegriffen. Die Nova Izabel werde, so der Polizeichef, nicht durch

---

139 COOPER, Colonialism in Question, S. 201.
140 Vianna an Linhares, Rio de Janeiro am 29. September 1811, ANRJ PC cód. 323 vol. 3, S. 78v.

das Fehlen des dritten Lotsen beeinträchtigt. Ohnehin habe der Kapitän „eher aus einer Laune" heraus denn aus Notwendigkeit auf diesen bestanden.[141] Wenn Vianna mit den Spaniern, die aus Europa kamen, unnachgiebig nur dann umging, wenn er einen konkreten Verdacht hegte, so legte er gegenüber amerikanischen Spaniern in der Regel ein harscheres Verhalten an den Tag: Im Juni 1811 wurde Juan Paulino Lagosta festgenommen, der gebürtig aus Buenos Aires stammte und seit vielen Jahren eine Apotheke in Rio de Janeiro führte. Paulo Fernandes Vianna erklärte die Festnahme folgendermaßen: „Er wurde nicht [nur] wegen gefährlicher Korrespondenzen (*correspondências perigosas*) festgenommen, sondern [auch], weil er geschwätzige Konversationen (*conversações indiscretas*) in seiner Apotheke geführt hat, in denen er voll des Lobes und der Freude über die Geschehnisse in Buenos Aires war, dessen System weder von uns noch von einem ehrbaren Untertanen irgendeiner Nation gelobt werden darf." Die positive Einstellung des Apothekers gegenüber dem „skandalösen Geschehen" am Río de la Plata leitete der Polizeichef direkt von seiner Herkunft ab: Da er aus „dieser Stadt [Buenos Aires]" stamme, sei er „angetan" von dem „revolutionären Geist", der dort entsprungen war.[142] Gefangen gehalten auf einer kleinen Insel vor Rio de Janeiro, der Ilha das Cobras, bat Lagosta in einer Bittschrift (*requerimento*) an den Monarchen, nach Rio zurückkehren, seine Apotheke verkaufen und anschließend nach Montevideo reisen zu dürfen. Doch der von João konsultierte Vianna sprach sich dagegen aus. Der Gefangene könne aus dem Gefängnis heraus jemanden bestimmen, der in der Hauptstadt die Geschäfte für ihn abwickle, hieß es zur Begründung. Man dürfe seinem Gesuch nicht stattgeben, da er verdächtig war, über die Geschehnisse in Buenos Aires „Nachrichten zu verbreiten" und „gerne Unterhaltungen" zu führen.[143] Vianna setzte hinzu: „Wenn diese Maßnahme nicht ergriffen wird, wie kann ich dann zeigen, dass ich den revolutionären Geist missbillige und alle Verkünder dieses Systems (*propagadores daquele sistema*) von hier entfernen will?" Deutlich kommt hier die Angst Viannas vor revolutionären Bewegungen in Brasilien zum Ausdruck, die in seinen Augen offenbar schon durch Gespräche eines einzigen Individuums aus Buenos Aires mit anderen Mitgliedern der urbanen Bevölkerung ausgelöst werden konnten.

Einige Monate später wurde der Fall nochmals verhandelt. Juan da Motta Lagosta hatte entgegen den Empfehlungen des Polizeichefs die Erlaubnis des

---

141 Vianna an Linhares, Rio de Janeiro am 6. Oktober 1811, ANRJ PC cód. 323 vol. 3, S. 81.
142 Vianna an Linhares, Rio de Janeiro am 17. Juni 1811, ANRJ PC cód. 323 vol. 3, S. 54–54v.
143 Vianna an Linhares, Rio de Janeiro am 12. August 1811, ANRJ PC cód. 323 vol. 3, S. 63v–64.

Außenministeriums erhalten, „einige Male" nach Rio überzusetzen und sich in den Straßen frei zu bewegen, damit er sich dort um die Abwicklung seiner Geschäfte kümmern konnte. Eine dieser Gelegenheiten nutzte er, um dem Monarchen persönlich eine weitere Bittschrift zu überbringen, in der er darum bat, entweder noch Aufschub zu erhalten oder in Rio de Janeiro bleiben zu dürfen. Der Prinzregent lehnte dieses Gesuch ab, und der mittlerweile spürbar ungeduldige Polizeichef betonte, dass der Spanier bereits alle Fristen überzogen habe und nun nicht länger bleiben dürfe als bis zur Abfahrt des nächsten Schiffes, das ihn in ein spanisches Gebiet brächte. Wohin, sei ganz egal, denn wichtig sei vor allem, *dass* er ausreise.[144]

Nicht in jedem Fall war Vianna indifferent, wenn es um den Zielort eines Ausreisenden ging. Ein gewisser Luiz Penchou, ebenfalls Spanier, hatte um einen Passierschein nach Buenos Aires gebeten, das zu dieser Zeit von einer autonomen Junta regiert wurde, und seine politische Einstellung vermeintlich damit verraten, dass er bemerkte, nicht nach Montevideo reisen zu „können". Vianna verweigert ihm aufgrund dieser Bemerkung, offenbar nur aufgrund des Verbs „können", zunächst den Pass für Buenos Aires. Auch sein eigener (spanischer) Botschafter habe Penchou den Pass nach Buenos Aires verweigert, da er die dortige Regierung nicht anerkenne, so Vianna, und unter den „derzeitigen Umständen" habe er große Bedenken, ihm den Schein auszustellen. Wissend, dass der Minister in der Vergangenheit immer für eine Ausreise „dieser Menschen" plädiert habe (Panchous Bruder hatte zuvor einen Passierschein erhalten), bat Vianna den Außenminister um eine Entscheidungshilfe in dieser Sache und wiederholte, dass es ihm „nicht richtig" erscheine, Panchou nach Buenos Aires gehen zu lassen.[145]

Der Amerikaspanier José Ellauri wurde im Dezember 1811 festgenommen, weil er sich der Polizei durch „respektlose Gespräche über die königliche Familie" verdächtig gemacht hatte und außerdem die „hiesigen Geister" derart verderbe, dass sie am Ende „jede Revolution" guthießen. Auch Ellauri ersuchte den portugiesischen Monarchen in einer Bittschrift um seine Freilassung, damit er vor seiner unfreiwilligen Ausreise noch einige Dinge erledigen könne. Doch der Polizeiintendant, der auch in dieser Angelegenheit als Berater fungierte, war – wieder aus Gründen der Sicherheit – strikt dagegen: Der Spanier müsse unverzüglich verschifft werden, und zwar ohne dass er sich vorher noch einmal mit den Bewohnern der Hauptstadt „vertraut machen"

---

144 Vianna an Linhares, Rio de Janeiro am 19. Oktober 1811, ANRJ PC cód. 323 vol. 3, S. 85.
145 Vianna an Linhares, Rio de Janeiro am 21. September 1811, ANRJ PC cód. 323 vol. 3, S. 77v–78.

(wörtlich: „familiarisieren") konnte. Wenn er auch nur ein einziges Mal „frei in den Straßen der Stadt" erschiene, würde dies einen „Skandal" heraufbeschwören.[146]

Der Wortlaut der eben zitierten Dokumente suggeriert, dass mindestens die Amerikaspanier Lagosta und Ellauri (wenn nicht auch alle anderen) in den Augen des Polizeichefs in der Lage waren, sich mit den Bewohnern der Stadt zu „familiarisieren" und innerhalb des urbanen Raums leicht Gehör zu verschaffen. Wenn der Polizeiintendant den Männern die Fähigkeit zusprach, die Geister der lokalen Bevölkerung zu „verderben" und damit der „Revolution" zugeneigt zu machen, so bedeutet dies, dass Lagostas und Ellauris Worte aus seiner Sicht „im Wahren" lagen oder zumindest in absehbarer Zeit dort liegen konnten. Das Verkünden des anderen (nicht-monarchischen) Systems und die „respektlose Rede" über den Souverän waren also deshalb so gefährlich, weil die Bewohner Rio de Janeiros diesen Worten Glauben zu schenken bereit waren. Es ging dabei, und dies ist entscheidend, nicht um einen kleinen oder graduellen Wandel der Gesellschaft; aus Sicht Viannas führten Aussagen, die das Herrschaftssystem und die Autorität der königlichen Familie in Frage stellten, vielmehr unweigerlich zu einem umfassenden Umsturz, einer Revolution, wenn sie von vielen in Rio de Janeiro gehört wurden. Nicht nur ihre Worte, sondern bereits die physische Anwesenheit einer vermeintlich revolutionären Person auf den Straßen Rios bedeutete aus der Perspektive des Ordnungshüters bereits eine große Gefahr. Die Präsenz der Amerikaspanier war von so hoher symbolischer Bedeutung, dass schon das „freie Gehen" auf der Straße einem Angriff auf das portugiesische Staatssystem gleichkam. Der einzige Weg, die Revolution zu verhindern, lag darin, die Unheil bringenden „Verkünder" aus der Gesellschaft zu entfernen.

Für ein besseres Verständnis dieses bemerkenswerten Umstands ist es hilfreich, sich den wichtigen Grundsatz der Historischen Diskursanalyse zu vergegenwärtigen, nach dem bestimmte Weltbilder in bestimmten Grenzen des *Sagbaren* existieren und nur innerhalb dieser Grenzen existieren können. Dabei sind diese Weltbilder nicht statisch, sondern können sich ändern, und dies geschieht vorwiegend in der Auseinandersetzung mit der Umgebung oder im Konflikt mit anderen Weltbildern.[147] Wenn jedes Herrschaftssystem (als ein Teil des Weltbildes) sich in der Auseinandersetzung mit seiner Umgebung bewähren muss, so war der oberste Ordnungshüter Rio de Janeiros bereits in den

---

146 Vianna an Linhares, Rio de Janeiro am 7. Dezember 1811, ANRJ PC cód. 323 vol. 3, S. 88v–89.

147 LANDWEHR, Achim, Geschichte des Sagbaren. Einführung in die historische Diskursanalyse, Tübingen 2001.

ersten Jahren nach dem Hoftransfer offensichtlich der Meinung, dass die monarchische Herrschaftsform sich nicht (mehr) ohne Weiteres gegen das autonome, nicht-monarchische System, das in angrenzenden Territorien etabliert worden war, würde behaupten können. Vielmehr gestand er einzelnen Texten und Personen, die von diesem anderen politischen System zeugten, ein großes Veränderungspotenzial zu. Wenn ein Ausländer etwas über die Vorgänge in Buenos Aires *sagte*, war es in den Augen der Polizei ein Ereignis,[148] und zwar ein gefährliches. Gleiches gilt für harmlose Praktiken wie das Umhergehen, wenn diese von bestimmten Ausländern getätigt wurden.

Die Frage, ob alle Ausschluss- und Repressionsmechanismen erfolgreich waren oder nicht, ob also tatsächlich alle vermeintlich subversiven oder revolutionären Individuen ausgewiesen oder zum Schweigen gebracht werden konnten, kann getrost vernachlässigt werden. Entscheidend ist vielmehr, dass dieser Ausschluss, der vor allem auf eine Verhinderung der Interaktion mit der Region am Rio da Prata im Allgemeinen und die Eliminierung bestimmter Redeweisen über eben dieses Gebiet im Besonderen zielte, ein wichtiges Kennzeichen der Gouvernementalität in Brasilien darstellte. Dies deutet darauf hin, dass mindestens die Autoritäten, die die Geschehnisse in der Außenwelt aufmerksam beobachteten, sich der Selbstverständlichkeit ihres eigenen politischen Systems keinesfalls mehr sicher waren; ein politischer Wandel wurde von der Polizei als möglich oder sogar wahrscheinlich angenommen und gefürchtet, worauf schon der regelmäßige Gebrauch von Ausdrücken wie „Krise" oder „unter den derzeitigen [prekären] Umständen" hindeutet.

Bei der Analyse der Polizeiakten wird daher schnell deutlich, dass für die Herrschenden das, was die Bewohner Rio de Janeiros (und ganz Brasiliens) lasen, schrieben und sprachen, von entscheidender Bedeutung für Bestehen oder Untergang des Staates und der Monarchie war. Auffällig ist das stark erhöhte Bewusstsein über die (vermeintlich) prekäre Situation des eigenen Staates und der Grad der Souveränitätspanik, der sich in den Dokumenten deutlich widerspiegelt. Die intensive Beschäftigung der Polizeiintendanz mit der Zirkulation von Informationen („Nachrichten", „Neuigkeiten", „Gespräche") ist insofern bemerkenswert, als sie unmittelbar auf die Erhaltung des bestehenden politischen Systems zielten. Anders: Der bemerkenswerte polizeiliche Einsatz und der immense dokumentarische Aufwand zeugen eindeutig von der Ansicht der portugiesischen Autoritäten, dass das politische System (und implizit auch die Integrität des luso-brasilianischen Reiches) *nur dann* auf-

---

148 „Etwas sagen ist ein Ereignis", FOUCAULT, Michel, Der Mensch ist ein Erfahrungstier. Gespräch mit Ducio Trombadori, Frankfurt a. M. 1996, S. 87.

rechterhalten werden konnte, wenn man mittels Vigilanz und Eliminierung einzelne Sprecher und Texte kontrollierte. Die Gouvernementalität zeichnete sich maßgeblich durch die Bemühung aus, einen Ausschluss bestimmter Redeweisen aus der eigenen Gesellschaft zu erreichen, indem man den Staat und den Souverän (vermeintlich) *gefährdende* Texte und Personen beschlagnahmte oder durch Ausweisung oder Inhaftierung aus dem öffentlichen Raum fernhielt. Die Gefahr für die Integrität der Monarchie und des Staates lauerte in den Augen der Ordnungshüter insbesondere *außerhalb* des eigenen Territoriums, was dazu führte, dass man sich darauf konzentrierte, die Interaktion der eigenen Gesellschaft mit Ausländern zu kontrollieren und idealiter zu verhindern. *Die* Furcht vor Gesprächen Einzelner, aus einem anderen politischen System stammenden Individuen mit Mitgliedern der eigenen Gemeinschaft beweist vor allem, dass deren Aussagen bereits als im Wahren liegend akzeptiert wurden.

Es stellt sich die Frage, inwieweit die Herrschenden die revolutionäre „Gefahr", die sie internalisiert hatten, durch die entsprechende Ausrichtung ihrer Praktiken verstärkten. Denn das explizite Verbot (von Redeweisen) ist unter allen Prozeduren der Ausschließung die sichtbarste.[149] Aus diesem Grund gehört die Zensur zu den paradoxen Praktiken: Das grundlegende Paradox besteht darin, dass sie gerade jenen Gegenstand, den sie zum Schweigen bringen will, durch ihre Aufmerksamkeit aufwertet und ins Rampenlicht rückt.[150] Die Frage nach dem Erfolg der polizeilichen Überwachung in Rio de Janeiro ist daher keineswegs leicht zu beantworten. Fest steht, dass die von Polizeichef Vianna befürchtete Revolution in Brasilien vorerst nicht eintrat. Was hingegen eintrat, waren eine verstärkte Nationalisierung und Territorialisierung, die vom Zentrum des Imperiums aus betrieben wurden.

Nach dem Wiener Kongress 1815 und nach Ende der „französischen Gefahr" änderte sich die Lage in Brasilien spürbar; die Art der polizeilichen Kontrolle musste nach Ansicht des Polizeichefs angepasst werden. Im November 1816 richtete Vianna ein Schreiben an João, der nach dem Tod seiner Mutter Maria I (20. Februar 1816) mittlerweile zum König ernannt worden war, in dem er ihm „Pläne zur Verbesserung der Policey"[151]

---

149 FOUCAULT, Michel, Die Ordnung des Diskurses. Inauguralvorlesung am Collège de France, 2. Dezember 1970, Frankfurt a. M. 1991, S. 11.
150 JELAVICH, Peter, Methode? Welche Methode? Bekenntnisse eines gescheiterten Strukturalisten, in: Christoph CONRAD/Martina KESSEL (HRSG.), Kultur & Geschichte. Neue Einblicke in eine alte Beziehung, Stuttgart 1998, S. 141–159, S. 151f.
151 „Plano de melhoramento geral do estabelecimento da Polícia do Reino do Brasil, que apresenta o Intendente Geral Paulo Fernandes Vianna, e a que serve de demonstração a representação que o acompanha na data de 24 de Novembro de 1816, Vianna an

vorschlug, die einen „besseren Dienst" der *Intendencia Geral da Policia* im „Reich Brasilien" ermöglichen und vor allem zu „mehr Sicherheit und Geschick" in den wichtigsten Bereichen, vor allem in der „hohen Politik" beitragen sollen. Zunächst resümierte er die Tätigkeiten seiner Institution in den vergangenen Jahren: Bei Gründung der *Intendência* sei der Zustrom der Ausländer (*estrangeiros*) in brasilianischen Häfen gering gewesen. Man habe die Namen und Berufe jener registriert, die einreisten, und ihr Benehmen beobachtet. Trotz der „zahlreichen Spione", die aus Frankreich entsandt worden waren, habe man „unangenehme Ereignisse" verhindern können. Interessant ist hier die Begründung: Von den zahlreichen französischen Spionen hätten sich „wenige oder keiner" getraut, Brasilien anzugreifen, da die hier ausgeübte Vigilanz weithin bekannt gewesen sei, wie er selbst immer wieder von ausländischen Reisenden gehört habe. Mit den „wenigen" ihm zur Verfügung stehenden öffentlichen Mitteln habe er zudem die Spionage ausgeübt, die ihm erforderlich erschienen sei. Diese zielte darauf, umfassende Kenntnisse über alle Personen, die in brasilianischen Häfen ankamen, ihre Schicksale (*destinos*) und ihre Lebensart zu erlangen. Aufgrund des erhöhten Zustroms an Menschen schlug Vianna etliche infrastrukturelle Maßnahmen vor (Bau von Straßen und Brücken im Landesinneren), die helfen sollten, die „weiten Distanzen" zu überwinden, den Handel und die Kommunikation zu erleichtern und die Völker zu „zivilisieren" und zu „perfektionieren".

Am Ende der Verbesserungsvorschläge sprach Vianna einen weiteren Punkt an, der ihm besonders gravierend erschien und mit dem die Rechtfertigung für die Beantragung vieler weiterer Dienstposten und Polizeikräfte (die in einer beiliegenden Anlage aufgelistet wurden) erheblich an Überzeugung gewinnen musste: die zahlenmäßig überlegenen Sklaven. Diese „Gefahr", die der Polizeichef als besonders große Herausforderung für das Funktionieren des Staates ansah, soll Thema des nächsten Kapitels sein.

João VI, Rio de Janeiro am 24. November 1816, ANRJ Diversos GIFI 6J–83, Dokument ohne Nummer.

Abbildung 4 Revolutionsschauplätze aus Sicht der imperialen Regierung in Rio de Janeiro
Geographische Karte von Tina Gerl nach Entwurf der Verfasserin.

5.2 Das Problem der Sklaverei

Es ist kaum verwunderlich, dass Polizeiintendant Paulo Fernandes Vianna das „Problem" der Sklaven in seinen „Plänen zur Verbesserung der Policey" als eines der gravierendsten beschrieb. Wenn es nach Karl Marx in jeder Gesellschaft eine regionale und besondere Macht gibt, die tief in ihr Gewebe eingeflochten ist und dem modernen Staatsapparat vorausgeht,[152] so war dies

---

152 Siehe die Interpretation bei: Foucault, Michel, Die Maschen der Macht, in: Ders., Analytik der Macht, hrsg. v. Daniel Defert/François Ewald, Frankfurt a. M. 2005, S. 240–263, S. 220–239, S. 225. In Pernambuco entwickelte sich die Sklaverei zu-

in Brasilien im frühen 19. Jahrhundert die Macht der Sklaverei. In keiner anderen lateinamerikanischen Gesellschaft waren Sklaven so zahlreich wie in Brasilien und keine Ökonomie – mit Ausnahme vielleicht von Kuba – hing so sehr von unfreiwilliger (Plantagen-)Arbeit ab wie die brasilianische.[153] Der atlantische Sklavenhandel zwischen der afrikanischen Westküste und Amerika war seit dem 15. Jahrhundert eines der lukrativsten Geschäfte der portugiesischen merkantilen Eliten. Bei der Konstruktion des brasilianischen Imperiums und später der Nation, die man als sekundäre und tertiäre Mächte bezeichnen könnte, waren die aus der Sklaverei resultierenden praktischen und weltanschaulichen Probleme von herausragender Bedeutung und jederzeit ein Politikum.[154]

Es stellt eine fest etablierte These der brasilianischen Geschichtsschreibung dar, dass jede Art von politischem Wandel, so überhaupt gewollt, stets nur so weit umgesetzt werden konnte, wie dies die Institution der Sklaverei zuließ.[155] Einige entscheidende Wendepunkte der brasilianischen Geschichte sind untrennbar mit der Sklaverei verbunden. So gilt die Zustimmung der Eliten der einzelnen Provinzen zu einer monarchischen Lösung und zur Zentralregierung in Rio de Janeiro nach 1822 nicht zuletzt als Ausdruck der Angst vor Sklavenrevolten bzw. einem sozioökonomischen Umbruch,[156] und auch das Ende der Monarchie 1889 wird üblicherweise in engen Zusammenhang mit dem Ende der Sklaverei (1888) gebracht.[157] Die brasilianische Gesellschaft

---

nächst jenseits der direkten Kontrolle der portugiesischen Krone, ZEUSKE, Michael, Sklaven und Globalisierungen. Umrisse einer Geschichte der atlantischen Sklaverei in globaler Perspektive, in: Comparativ 13/2, 2003, S. 7–25, S. 15.

153 CARVALHO, Political Elites and State Building, S. 380; FLORENTINO, Manolo, Aspectos sociodemográficos da presença dos escravos moçambicanos no Rio de Janeiro (c.1790–c.1850), in: João FRAGOSO/Luís RIBEIRO/Manolo FLORENTINO (Hrsg.), Nas rotas do império. Eixos mercantis, tráfico e relações sociais no mundo português, Vitória 2006, S. 193–244, S. 193.

154 WEINSTEIN, Barbara, Slavery, Citizenship, and National Identity in Brazil and the United States South, in: Don H. DOYLE/Marco Antonio PAMPLONA (Hrsg.), Nationalism in the New World, Athens 2006, S. 248–271, S. 248. Vgl. auch CASTRO, Hebe Maria da Costa Mattos Gomes de, Escravidão e cidadania no Brasil monárquico, Rio de Janeiro 2000.

155 MALERBA, Jurandir, Os brancos da lei. Liberalismo, escravidão e mentalidade patriarcal no Império do Brasil, Maringá 1994, S. 141; BETHELL, Independence of Brazil and the Abolition of the Brazilian Slave Trade, S. 118; BOXER, Charles Ralph, Relações raciais no império colonial português 1415–1825, Porto 1977, S. 102f.

156 CARVALHO, Political Elites and State Building, S. 380.

157 BETHELL, Leslie, The Abolition of the Brazilian Slave Trade: Britain, Brazil and the Slave Trade Question, 1807–1869, Cambridge 1970; HENTSCHKE, Jens R., Sklavenfrage und Staatsfrage im Brasilien des 19. Jahrhunderts, in: Walther L. BERNECKER

und insbesondere die Eliten waren bis zu diesem Datum João Fragoso und Manolo Florentino zufolge in hohem Maße durch die Sklaverei kompromittiert: Es handelte sich um eine „Sklavengesellschaft" (*sociedade escravista*), die auf der sozioökonomischen Differenz zwischen denjenigen, die aus der Sklavenhaltung Kapital zogen, und allen anderen freien Menschen basierte.[158] Sowohl auf dem Land als auch in den Großstädten waren brasilianische Wirtschaft und Gesellschaft zur Zeit des Hoftransfers in hohem Maße von der Sklaverei geprägt.[159]

Seit dem Transfer des portugiesischen Königshofes war die Sklavenfrage keine Angelegenheit mehr, die allein die portugiesische Politik beschäftigte. Die Forderungen, den Sklavenhandel zu unterbinden, wurden von der britischen an die portugiesische Regierung herangetragen.[160] Neben philanthropischen Bestrebungen, die seit dem ausgehenden 18. Jahrhundert durch die Vereinigungen der Quäker im britischen Atlantik an Durchsetzungskraft gewonnen hatten, gab es hierfür auch ökonomische Gründe: Briten fürchteten die Konkurrenz der kubanischen und brasilianischen Kolonialprodukte für jene der Kleinen Antillen, die seit dem *Act for the Abolition of the Slave Trade* von 25. März 1807 zunehmend ohne Sklavenarbeit produziert werden mussten.[161]

Das erste portugiesische Abkommen mit Großbritannien, den Sklavenhandel einzuschränken, datiert von 1808; der Freundschafts- und Handelsvertrag zwischen der portugiesischen und britischen Krone von 1810 sah eine „graduelle Abolition des Sklavenhandels in portugiesischen Besitzungen" vor. 1811 und 1812 gab es die ersten Angriffe der britischen Marine auf portugiesische Sklavenschiffe im Golf von Guinea, ab dem Wiener Kongress 1815 übte Großbritannien verstärkt Druck auf die portugiesische Regierung aus, den Sklaven-

---

(Hrsg.), Lateinamerika-Studien 32: Amerikaner wider Willen, Frankfurt a. M. 1994, S. 231–260, S. 231; DRESCHER, Symour, Brazilian Abolition in Comparative Perspective, in: HAHR 68/3, 1988, S. 429–460.

158 FRAGOSO/FLORENTINO, O arcaísmo como projeto, S. 88. In der Forschung wird unterschieden zwischen „Gesellschaft mit Sklaven" und „Sklavengesellschaft". Die brasilianische Gesellschaft fiel bis 1888 eindeutig in die zweite Kategorie. Kennzeichnend für eine „Sklavengesellschaft" ist, vereinfacht gesagt, dass alle Angehörigen der Eliten Sklavenbesitzer sind.

159 FERNANDES, Florestan, O negro no mundo dos brancos, São Paulo 1972; FERNANDES, Florestan, A integração do negro na sociedade de classes, Bd. 1, São Paulo 1965, S. 6.

160 GRAHAM, Sepoys and Imperialists, S. 28. Offiziell war es Briten ab dem 1. Mai 1808 verboten, mit Sklaven zu handeln, GUENTHER, British Merchants in Brazil, S. 33–59.

161 ALEXANDRE, Sentidos do Império, S. 271.

handel gänzlich zu unterbinden.[162] Jedoch zeitigten diese Anstrengungen wenig Wirkung. Die portugiesische Regierung bewies eine erstaunliche Resistenz und fand stets Mittel und Wege, die Abkommen zu unterlaufen. Die Abschaffung des Sklavenhandels geriet in Brasilien mit den Worten von Lília Moritz Schwarcz zu einem „Bummelstreik".[163] Alexandre Valentim erklärt die Unnachgiebigkeit der portugiesischen Regierung mit ihrer Überzeugung, nur durch die Verteidigung der Interessen der Eliten und also durch Aufrechterhaltung der Sklaverei die Monarchie sichern zu können.[164] Trotz der Abkommen mit Großbritannien nahm die Verschleppung von Afrikanern (vorwiegend junger Männer aus Zentral- und Westafrika) in joaninischer Zeit eher zu als ab.[165]

Die Frage danach, wieso und wie der Sklavenhandel trotz des massiven politischen und militärischen Drucks von britischer Seite bis in die 1860er-Jahre praktisch ungehindert weiterblühte, hat João Pedro Marques jüngst überzeugend beantwortet. Demnach waren nicht (nur) ökonomische Strukturen und Interessen „automatisch" für die Beibehaltung des Sklavenhandels und der Sklaverei verantwortlich, sondern maßgeblich eine spezifische politische Kultur, in der „Auslassung und Schweigen" (*omission and silence*) eine große Rolle spielten. Seine Hauptthese lautet, dass es einen „Tolerationismus" und eine „Abwesenheit eines Willen zur Abolition" gegeben habe, die der portugiesischen (politischen) Kultur inhärent waren und die sich in der sprachlichen Analyse der politischen Debatten nachweisen lassen.[166] Marques' Studie lässt sich in einen Trend der Abolitionismusforschung einreihen, der rein ökonomische Begründungen ablehnt und verstärkt Wahrnehmungen und Denkstile einbezieht, kurz eine Wende der Sozialgeschichte des Abolitionismus zu stärker diskurstheoretisch inspirierten Ansätzen markiert.[167]

---

162 MARQUESE, Rafael de Bivar, Escravismo e Independência: a ideologia da escravidão no Brasil, em Cuba e nos Estados Unidos nas décadas de 1810 e 1820, in: István JANCSÓ (Hrsg.), Independência: História e historiografia, São Paulo 2005, S. 809–828, S. 809, S. 816 und S. 820; ALEXANDRE, Sentidos do Império, S. 270f.

163 SCHWARCZ, A longa viagem da biblioteca dos reis, S. 317. Vgl. auch PRADO, Maria Emília, A questão liberal no Brasil do século XIX: análise política e considerações sobre o projeto de mudanças proposto por Joaquim Nabuco, in: Comunicação & política 9/2, 2002, S. 91–104, S. 96.

164 ALEXANDRE, Sentidos do Império, S. 303.

165 SOUZA, Pátria Coroada, S. 54. ALGRANTI, Police Power to Control the Slave Population, S. 28.

166 MARQUES, João Pedro, The Sounds of Silence. Nineteenth-Century Portugal and the Abolition of the Slave Trade, New York/Oxford 2006.

167 MEISSNER/MÜCKE/WEBER, Schwarzes Amerika, S. 174. Vgl. zum Beispiel auch LIENHARD, Martin, Der Diskurs aufständischer Sklaven in Brasilien 1798–1838. Versuch einer „archäologischen" Annäherung, in: Comparativ 13/2, 2003, S. 44–67.

Der englische Reisende John Barrow sprach 1792 davon, dass der „geheime Zauber", der ermöglichte, dass „hundert Schwarze von einem Weißen terrorisiert und unterworfen werden", in Brasilien nicht mehr wirke.[168] Er ging – unter dem Eindruck der Haitianischen Revolution von 1791 – von einer allgemeinen Krise der Sklaverei aus. De facto waren seit dem ausgehenden 18. Jahrhundert an unterschiedlichen Orten Protestbewegungen und Rebellionen erstarkt, die die Institution der Sklaverei in Frage stellten.[169] Barrow hatte mit seinem Urteil jedoch Unrecht – die Sklaverei in Brasilien blieb bis 1888 bestehen. An diesen Befund lassen sich entscheidende Fragen anschließen: Wie ging die sekundäre Macht, die durch die Übersiedlung des Hofes in der Zeit zwischen 1808 und 1821 in besonderer Weise mit ihr konfrontiert war, mit der primären Macht um? Wie wurde die Sklaverei im und durch das Imperium verhandelt? Welche waren aus Sicht der Autoritäten jene Akteure und Ereignisse, die dem „geheimen Zauber" gefährlich werden konnten? In welchen Momenten „dachte" das portugiesische Reich an gefährliche Transformationen des Sklavereisystems?

In den folgenden Kapiteln soll es darum gehen, den Umgang der Polizei in Rio de Janeiro mit Sklaven als Technik der Gouvernementalität zu beschreiben und zu analysieren. Nach einer allgemeinen Betrachtung der polizeilichen Praktiken im Umgang mit Sklaven soll vor allem zwei Dingen auf den Grund gegangen werden, erstens der Intensivierung des *othering* als Folge der Etablierung und Ausweitung der imperialen Macht in Brasilien, zweitens der Frage, ob – und wenn, auf welche Weise – Transformationen der Machtverhältnisse als Folge einer Krise der Institution der Sklaverei eintraten.

5.2.1 Polizeiliche Vigilanz- und Bestrafungspraktiken

Rio de Janeiro war in joaninischer Zeit und in der gesamten ersten Hälfte des 19. Jahrhunderts *die* Sklavenstadt Südamerikas schlechthin.[170] Von 1808 bis 1821 trafen 253 760 Sklaven im Hafen Rios ein (das entspricht mehr als der doppelten Einwohnerzahl der Stadt im Jahr 1821), von denen viele weiter

---

168 Zitiert nach MAXWELL, Kenneth, Motins, in: Francisco BETHENCOURT/Kirti CHAUDHURI, História da expansão portuguesa, Bd. 3: O Brasil na balança do império (1697–1808), Lissabon 1998, S. 399–409, S. 405. Vgl. auch GOMES, Flávio, Experiéncias atlánticas e significados locais: idéias, temores e narrativas em torno do Haiti no Brasil Escravista, in: Tempo 7/13, 2002, S. 209–246, S. 211.
169 MARQUESE, Escravismo e Independência, S. 809.
170 KARASCH, Slave Life in Rio de Janeiro, passim; KLEIN, Herbert, The Middle Passage. Comparative Studies in the Atlantic Slave Trade, Princeton 1978, S. 54.

verschifft oder zu Lande in andere Regionen Brasiliens und Amerikas gebracht wurden.[171] Schätzungen über den Anteil der Sklaven an der hauptstädtischen Bevölkerung variieren, werden jedoch für das Jahr 1808 im Allgemeinen mit ungefähr 50 Prozent angegeben.[172] Einige Reiseberichte aus dem Jahr 1817 geben den Anteil der schwarzen Bevölkerung mit drei Viertel an, wobei freilich die Hautfarbe „schwarz" nicht automatisch mit dem Sklavenstatus gleichgesetzt werden kann.[173] Wenn sich die Einwohnerzahl Rio de Janeiros zwischen 1808 und 1821 verdoppelte, so verdreifachte sich im gleichen Zeitraum der Anteil der Sklaven.[174]

Ein hartnäckiger Mythos der Historiographie besagt, dass Sklaven in Brasilien besser behandelt wurden als in den britischen oder französischen Kolonien.[175] In der modernen Forschung gilt lediglich als gesichert, dass die Einsatzgebiete von Sklaven in den urbanen Zentren Brasiliens heterogen waren und Chancen für einen sozialen Aufstieg in den Bereichen des Handwerks,

---

171 RIBEIRO, Gladys Sabina, A Cidade em Branco e Preto: Trabalhadores portugueses na Corte do Rio de Janeiro no Início do Século XIX, in: TOSTES/BITTENCOURT (Hrsg.), D. João VI, S. 260–274, S. 262f. Insgesamt wurden in Brasilien etwa fünf Millionen Sklaven importiert, 3,5 Millionen davon vor 1800, CONRAD, Robert Edgar, World of Sorrow, The African Slave Trade to Brazil, Baton Rouge/London 1986, S. 25f.
172 ALGRANTI, Police Power to Control the Slave Population, S. 28.
173 ALGRANTI, Police Power to Control Slave Population, S. 28. Im Jahr 1808, so berichtete John Luccock, lebten etwa 1 000 freie Schwarze (*negros forros*) in der Stadt. Andere Schätzungen gehen von bis zu 9 000 Individuen aus. Die Dokumente über die Verhaftungen zwischen 1810 und 1821 zeigen, dass allein 9 444 *forros* im Sklavengefängnis *Calabouço* waren, ALGRANTI, Registros da Polícia, S. 120.
174 RIBEIRO, Gladys Sabina, A Cidade em Branco e Preto: Trabalhadores portugueses na Corte do Rio de Janeiro no Início do Século XIX, in: TOSTES/BITTENCOURT (Hrsg.), D. João VI, S. 260–274, S. 263. Anderen Schätzungen zufolge waren 1799 ein Drittel der 45 000 Einwohner Sklaven, 1821 die Hälfte der rund 80 000 Einwohner, FLORENTINO, Aspectos sociodemográficos da presença dos escravos moçambicanos, S. 196f.
175 Gilberto Freyre postulierte zuerst die These der „milden" brasilianischen Sklaverei: FREYRE, Gilberto, Social Life in Brazil in the Middle of the Nineteenth Century, in: HAHR 5/4, 1922, S. 597–630, S. 607. Vgl. auch FREYRE, Gilberto, Casa Grande & Senzala. Formação da família brasileira sob o regime de economia patriarchal, Rio de Janeiro 1933. Diese These wurde von anderen unterstützt, vgl. TANNENBAUM, Frank, Slave and Citizen. The Negro in the Americas, New York 1946. Seit den 1960er-Jahren haben Historiker überzeugend widersprochen, vgl. COSTA, Emília Viotti da, Da senzala à colonia, São Paulo 1966; CARDOSO, Fernando Henrique, Capitalismo e escravidão no Brasil meridional, São Paulo 1962; BOXER, Relações raciais no império colonial português, S. 121.

Gewerbes und der Dienstleistungen boten.[176] Sklaven arbeiteten häufig in den Haushalten ihrer Herrschaften, zum Teil übten sie aber auch ein eigenes Gewerbe aus und mussten als *escravos de ganho* ihren Besitzern einen Großteil des Verdienstes abgeben. Weibliche Sklaven wurden mit selbst gefertigten Waren oder Nahrungsmitteln zum Verkauf auf die Straße geschickt oder zur Prostitution gezwungen, männliche Sklaven verrichteten unterschiedliche Hilfs- und Facharbeiten in den Häusern und in Tavernen, auf Plätzen und Märkten, in den Straßen sowie im Hafen.[177] Sklaven waren ein nicht wegzudenkender Bestandteil des urbanen Raumes, und die massive Präsenz von schwarzen und dunkelhäutigen Menschen hat europäische Reisende und Künstler wie Rugendas, Debret und Leithold nachhaltig beeindruckt.[178]

Nach Ankunft des Monarchen und im Zuge der großen Veränderungen, die Rio de Janeiro durchlief, nahmen Vigilanz, Kontrolle und Repression – schon allein durch die Schaffung der Institution der Polizei – deutlich zu. Das erklärte Ziel des Polizeichefs war, Sklavenaufstände zu vermeiden und Sicherheit und Ordnung der Gesellschaft aufrechtzuerhalten.[179] Eine Methode, den Widerstand von Sklaven zu verhindern, stellten in joaninischer Zeit Praktiken der Abschreckung dar. So wurde die Gewalt gegenüber Sklaven in Rio de Janeiro auf öffentlichen Plätzen inszeniert: Ein Sklave, der seinen Herrn laut Berichten des Gerichts im Oktober 1798 mit einem Messer attackiert, ihm das Ohr abgeschnitten und schließlich mit Stichen ins Herz getötet hatte, wurde 1810 nach seinem Geständnis zum Tode am Galgen verurteilt. Zur Begründung hieß es, dass sein Weiterleben ein „gefährliches Beispiel" für andere Sklaven abgäbe. Nach dem Erhängen, so beschlossen es die Funktionäre des Hofes (*Desembargo do Paço*), solle sein Körper verstümmelt und die Einzelteile „öffentlich zur Schau" gestellt werden, bis sie „verrotten" würden (*até que o tempo as consumisse*).[180]

---

176 Meissner/Mücke/Weber, Schwarzes Amerika, S. 115–117; Schmieder, Ulrike, Die Sklaverei von Afrikanern in Brasilien, in: Comparativ 13, 2003, S. 26–43, S. 40; Nishida, Mieko, Manumission and Ethnicity in Urban Slavery: Salvador, Brazil, 1808–1888, in: HAHR 73/3, 1993, S. 361–392; Mattoso, Katia M. de Queirós, Être esclave au Brésil, XVIe–XIXe siécles, Paris 1979, S. 213.
177 Schmieder, Sklaverei von Afrikanern in Brasilien, S. 31f.
178 Silva, Cultura e sociedade, S. 80; Araújo, João Hermes Pereira de, As primeiras Obras de Debret e Taunay pintadas no Brasil, in: Tostes/Bittencourt (Hrsg.), D. João VI, S. 202–207.
179 Algranti, Police Power to Control the Slave Population, S. 44.
180 „Autos do réu e preso Albano", angefertigt von Francisco Lopes de Souza de Faria Lemos, Rio de Janeiro am 3. April 1810, ANRJ Mesa do Desembargo do Paço cx. 219, pct. 1, doc. 2.

Von allen gesellschaftlichen Gruppen standen Sklaven mit Abstand am häufigsten im Fokus der polizeilichen Aufmerksamkeit. Der von Leila Mezan Algranti untersuchte Bestand des brasilianischen Nationalarchivs zu den Verhaftungen in der Zeit zwischen 1810 und 1821 (*Relação de prisões feitas pela Policia [1810–1821]*) zeigt, dass fast 80 Prozent aller Verhafteten Sklaven waren. Ein großer Teil der übrigen zwanzig Prozent waren freie Schwarze (*negros forros/libertos*); nur etwa vier Prozent waren freie Weiße.[181] Allein diese Zahlen deuten darauf hin, dass die Aktivitäten der Polizei zu einem großen Teil auf die Kontrolle und Disziplinierung der Sklaven zielten.

Die während der joaninischen Zeit geahndeten Delikte der Sklaven lassen sich einteilen in kriminelles Verhalten gegen Besitz (Raub, Diebstahl), Gewaltdelikte (Messerstechereien, Schlägereien) und Delikte gegen die öffentliche Ordnung. Die meisten Verhaftungen (41 Prozent) geschahen aufgrund der Gefährdung der öffentlichen Ordnung, was Leila Algranti zufolge auf eine hohe Priorität bei der Polizei schließen lässt, die „gute Ordnung" und die Unterwürfigkeit der versklavten Bevölkerung zu erhalten.[182] Diese Kategorie umfasste Delikte wie Trunkenheit, „unanständiges" Verhalten, Glücksspiele, Herumtreiberei (*vaidagem*), Besäufnisse, Waffenbesitz, Versammlungen, bei denen Kampfkunst in Capoeira-Runden praktiziert wurde, Missachtung der Sperrstunde, Beleidigungen von Polizeipatrouillen, Bedrohungen von Soldaten mit einem Messer und Flucht.[183]

Flucht stellte in Rio de Janeiro – wie überall in Lateinamerika – die bedeutendste Form des Widerstands der Sklaven dar:[184] Flüchtige und wieder eingefangene Sklaven machten 15,5 Prozent aller Verhaftungen und 20,8 Prozent der Verhaftungen von Sklaven aus.[185] Die vergleichsweise große Bewegungsfreiheit der Sklaven in der Stadt verschaffte ihnen Möglichkeiten, mit dem Boot über Wasser oder ins Hinterland Rio de Janeiros mit seinen zahlreichen Hügeln und Wäldern zu flüchten und zu hoffen, beizeiten als Freier

---

181 ALGRANTI, Police Power to Control the Slave Population, S. 27; ALGRANTI, Registros da Polícia, S. 120.
182 ALGRANTI, Police Power to Control the Slave Population, S. 27f.
183 Zahlreiche Verzeichnisse dieser Delikte finden sich unter anderem in den Folianten ANRJ PC cód. 403 vol. 1 und cód. 327.
184 MEISSNER/MÜCKE/WEBER, Schwarzes Amerika, S. 143–150. Häufig wurden das „schlechte Benehmen" (*má conduta*) des Sklaven pauschal mit „Raub, Flucht und anderem" erklärt, vgl. zum Beispiel das Schreiben des Antonio Felipe Soares de Andrada de Brederode, inspetor de crime da corte e casa, Rio de Janeiro am 21. September 1817, ANRJ Ministério da Justiça, cx. 774, pct. 3.
185 ALGRANTI, Police Power to Control the Slave Population, S. 27f. und 36f.

(*liberto/forro*) durchzugehen.[186] Die Polizei in Rio de Janeiro brachte große Energie dafür auf, entflohene Sklaven zu fassen, denn sie waren erstens ein wertvoller Besitz (und häufig selbst Objekte des Diebstahls[187]) und zweitens eine ernsthafte Gefahr für die „öffentliche Ordnung".[188] Aus diesem Grund bezeichnete Vianna zu Beginn seiner Amtszeit entlaufene Sklaven als eines der wichtigsten Probleme. Das Einfangen war für ihn gleichbedeutend mit der Sicherstellung des „Respekts vor dem Recht der Herren über die Sklaven".[189] Eine der Lösungen sah er in der Beschäftigung von mehr „Kapitänen des Urwaldes" (*capitães de mato*).[190] Dies waren Privatpersonen, die mit einer Gruppe – häufig bestehend aus Sklaven, freien Schwarzen, Dunkelhäutigen sowie Indigenen – Sklaven jagten und dafür Kopfgelder kassierten. Ein *capitão do mato* wurde vom Polizeichef persönlich ausgewählt und vorgeschlagen, da man sich seiner Loyalität sicher sein musste.[191] Der Erfolg der Sklavenjagd hing, wie es in einigen Dokumenten explizit heißt, von der Mitwirkung der Indigenen ab, die aufgrund ihrer Kenntnisse des Territoriums für die Missionen als „sehr wichtig" bezeichnet wurden.[192] Hier wird deutlich, dass „der Staat" in wesentlichen Bereichen von Kenntnissen der autochthonen Bevölkerung und von ihrer Bereitschaft zur Kooperation abhing. Die Kosten für das Wiedereinfangen wurden den jeweiligen Sklavenhaltern in Rechnung gestellt. Solange der

---

186 Viele der entflohenen Sklaven wurden per Zeitungsannonce gesucht. Statistiken hierüber sind rar, doch allein 1826 wurden 925 entflohene Sklaven gefasst, KARASCH, Slave life in Rio, S. 304; ALGRANTI, Registros da Polícia, S. 118.
187 Die des Sklavendiebstahls Bezichtigten waren häufig „Zigeuner", Vianna an den *Juiz do Crime* des Stadtviertels da Sé, Rio de Janeiro am 21. September 1817, ANRJ PC cód. 329 vol. 4, S. 48v–49; João Inácio da Cunha an den Generalmajor Miguel Nunes Vidigal, Rio de Janeiro am 1. März 1813, ANRJ PC cód. 327 vol. 1 [1811–1815].
188 ALGRANTI, Police Power to Control the Slave Population, S. 36f.
189 Vianna an den Kommandanten des Distrikts Taguaí, Luiz Barbosa de Sá Freire, Rio de Janeiro am 26. Januar 1821, ANRJ PC cód. 326, vol. 3, S. 94v.
190 Vianna an Aguiar, Rio de Janeiro am 6. September 1809, ANRJ PC cód. 323 vol. 1, S. 122v–123.
191 Vianna an den Kommandanten der Ilha do Governador, Rio de Janeiro am 21. April 1809, ANRJ PC cód. 323 vol. 1, S. 29–29v; Vianna an Linhares, Rio de Janeiro am 2. Mai 1809, ANRJ PC cód. 323 vol. 1, S. 34–34v.
192 Vianna an Linhares, Rio de Janeiro am 19. Dezember 1810, ANRJ PC cód. 323 vol. 2, S. 38v–39. João Ignácio da Cunha an den Oberhauptmann des Dorfes Mangaratiba, Rio de Janeiro am 2. April 1822, ANRJ PC cód. 326 vol. 3, S. 133; José Roberto Pereira da Silva an den Gouverneur der Kapitanie Pernambuco, Caetano Pinto de Miranda Montenegro, Vila das Alagoas am 18. August 1815 Série Interior IJJ9 241, S. 54–54v.

Besitzer seinen Sklaven nicht auslöste, blieb er in Haft und wurde in der Regel zu öffentlicher Arbeit gezwungen.[193]

Der Umstand, dass Privatpersonen sich in joaninischer Zeit häufig an die Regierung oder direkt an die *Intendência Geral da Polícia* und die *Guarda Real da Polícia* wandten, wenn Probleme mit Sklaven auftraten, lässt darauf schließen, dass die Zentralisierung der Staatsmacht mindestens in diesem wichtigen Bereich bereits kurz nach der Etablierung des Hofes in Rio de Janeiro funktionierte. So bat die Großgrund- und Sklavenbesitzerin Augusta Maria im April 1809 die Regierung darum, ihre Sklaven mit Polizeigewalt wieder unter Kontrolle zu bringen: Durch eine Intrige ihres „Mulattensklaven" Feliciano (*Feliciano Mulato*) sei es zu Ungehorsam gekommen. Nun drängte sie darauf, dass die Polizei den flüchtigen Feliciano fasste. Vianna stimmte einer polizeilichen Intervention zu, da seiner Meinung nach der Ungehorsam der Sklaven in Brasilien (*neste país*), die sich über jede „geringfügige Bestrafung" beschwerten, nicht geschürt werden dürfe.[194] Außerdem äußerte er die Befürchtung, dass der Flüchtige andere Sklaven anstiften könnte.[195] Auch zahlreiche andere Personen der Oberschicht, die im urbanen Raum lebten, wandten sich an die *Guarda Real*, etwa mit der Bitte, „jegliche Tänze der Neger" (*todos os bailes de negros*) zu unterbinden, da sie in „Unordnung" und „Besäufnissen" endeten und die Bewohner der Stadt „störten".[196]

Ein weiteres Problem aus Sicht der Autoritäten waren die *quilombos*, soziale Gemeinschaften, die aus entflohenen oder freigelassenen Sklaven bestanden und einer Siedlung oder einem Dorf von fünf bis 20 Bewohnern, im Ausnahmefall bis zu 1 000 Individuen, ähnelten.[197] Mit dem Anstieg der

---

193 Vianna an den *Dezembargador Ouvidor da Comarca* Joze Parrozo Pereira, Rio de Janeiro am 27. Juli 1809, ANRJ PC cód. 323 Vol 1, S. 108v; Vianna an den Generalkapitän Rio de Janeiros, José Pereira Guimarães, Rio de Janeiro am 13. Juli 1808, ANRJ PC cód. 318, S. 39v.
194 Vianna an Aguiar, Rio de Janeiro am 19. April 1809, ANRJ Diversos GIFI 6J–78 (Polícia da Corte 1809), Dokument ohne Paginierung.
195 Ohne Zeichen, ohne Datum, gehört aber zu den folgenden Dokumenten: Vianna an Aguiar, Rio de Janeiro am 19. April 1809, ANRJ Diversos GIFI 6J–78 (Polícia da Corte 1809), Dokument ohne Paginierung.
196 *Requerimento* von João Inácio da Cunha an Oberst Miguel Nunes Vidigal, Rio de Janeiro am 3. April 1821, ANRJ PC cód. 327 vol. 1, S. 95v.
197 *Quilombos* existierten während der Zeit der Sklaverei in ganz Brasilien. Zu geographischen Aspekten siehe ANDRADE, Manuel Correia de, Os Quilombos e a Questão Territorial, in: DERS., Brasil: Realidade e Utopia, Recife 2000, S. 61–82. Zur Konstruktion der *quilombos* als kriminalisierten Raum siehe CAMPOS, Andrelino, Do quilombo à favela. A produção do „espaço criminalizado" no Rio de Janeiro, Rio de Janeiro 2005.

Sklaveneinfuhr stieg auch die Anzahl der *quilombos* in der Umgebung Rio de Janeiros, und sie wurden in joaninischer Zeit als Gefahr für die „öffentliche Ruhe" und die Bevölkerung allgemein angesehen.[198] Die *capitães do mato* waren diejenigen, die sich auch um solch vermeintlich subversive Gemeinschaften kümmerten.[199] Erklärtes Ziel der Polizei war es, die *quilombos* „mit aller Kraft auszulöschen"[200] oder, wie es bisweilen bescheidener heißt, die „häufigen Attacken der Quilambolas (Bewohner eines *quilombos*)" zu unterbinden.[201]

In 14 Prozent der Fälle waren Gewaltdelikte Anlass der Verhaftungen, darunter gab es allerdings wenige Morde. Auffällig ist Algranti zufolge, dass die Gewalt sich meist gegen den eigenen Herrn richtete; Delikte, die auf einen Hass gegen *die* Sklavengesellschaft als solche schließen lassen, fallen statistisch kaum ins Gewicht.[202] Der aus Portugal immigrierte Bibliothekar des Monarchen, Luís dos Santos Marrocos, der die Beziehung zwischen Herr und Sklave in Brasilien grundsätzlich als „gefährlich" ansah, berichtete in den Briefen an seinen Vater in Lissabon indes regelmäßig über von Sklaven verübte Morde und Vergewaltigungen.[203] Ob diese Berichte übertrieben waren oder nicht (in den Polizeidokumenten finden sich keine entsprechenden Hinweise) – die Furcht vor Übergriffen scheint bei den Eliten in jedem Fall vorhanden gewesen zu sein. Das Bewusstsein darüber, dass die gesellschaftliche Ordnung von der Kontrolle über die Sklaven abhing, drückt sich in etlichen Polizeidokumenten aus.

---

198 Vianna an Linhares, Rio de Janeiro am 2. Mai 1809, ANRJ PC cód. 323 vol. 1, S. 34–34v; João Inácio da Cunha an den Generalmajor Miguel Nunes Vidigal, Rio de Janeiro am 4. September 1822, ANRJ PC cód. 327 vol. 1, S. 99v.
199 Vianna an Linhares, Rio de Janeiro am 2. Mai 1809, ANRJ PC cód. 323 vol. 1, S. 34–34v.
200 Vianna an den Kommandanten des Distrikts, Sargento-Mór João Luiz Perreira Vianna, Rio de Janeiro am 11. Januar 1811, ANRJ PC cód. 323 vol. 2, S. 65.
201 Conde de Palma (Francisco de Assis Mascarenhas), Gouverneur von Minas Gerais, an den Generalkapitän von Vila Rica, Antônio Culalio da Rocha Brandão, Vila Rica am 12. Februar 1811, ANRJ Série Interior IJJ9 468. Besitzer von Tavernen fungierten regelmäßig als Informanten der Polizei, bisweilen aber auch umgekehrt als Informanten der *quilambolas*, KARASCH, Slave life in Rio, S. 311. Um solche Interaktionen zu verhindern, ordnete Vianna in einem Fall die Schließung der Taverne eines gewissen Tristão José Duarte an, die „im Wald" eröffnet worden war. Tavernen gehörten nach Vorstellung der Polizei an die „allgemeinen Straßen" (*estradas gerais*), wo sie den Reisenden nützlich waren, Vianna an den Oberst Domingos Francisco Ramos Filho, Rio de Janeiro am 13. Juni 1819, ANRJ PC cód. 326 vol. 3, S. 40.
202 ALGRANTI, Police Power to Control the Slave Population, S. 35.
203 MARROCOS, Luiz Joaquim dos Santos, Cartas de Luiz Joaquim dos Santos Marrocos, escritas do Rio de Janeiro à sua família em Lisboa, de 1811 a 1821, Rio de Janeiro 1934, insbesondere die Briefe 8, 33, 57 und 126.

5.2.2 Intensivierung des othering

Neben der Verfolgung und Ahndung von Straftaten, die von Sklaven verübt wurden, zielte ein großer Teil der polizeilichen Energie und Aufmerksamkeit auf die Vigilanz und Repression von unerwünschten (Freizeit-)Praktiken der Sklaven im urbanen Raum. Kaum im Amt, entschied der Polizeichef im Mai 1808 eine Verschärfung der Sperrstunde; Sklaven durften sich nach Sonnenuntergang nicht mehr auf den Straßen oder an öffentlichen Orten (zum Beispiel Tavernen) aufhalten. Zudem brauchten sie nun einen Passierschein, um von einem städtischen Distrikt in den anderen zu gelangen.[204] Zusätzlich ordnete der Polizeichef die Schließung der Wirtshäuser, Spielhäuser und Läden nach 22 Uhr an, und zwar explizit, um „Versammlungen von Müßiggängern und Sklaven" zu verhindern. Nach Meinung Viannas „korrumpierten" diese Etablissements unbescholtene Personen und machten daher „schlechte Bürger" (*fazem maus cidadãos*). Ein Gastwirt, der die Bestimmungen nicht befolgte, musste 1 200 Réis pro Person zahlen, die noch in seinem Etablissement angetroffen wurde.[205] Der richtige Umgang der Sklaven, aber auch der Freien, mit Zeit und Raum war in Rio de Janeiro der joaninischen Zeit Quelle zahlreicher Auseinandersetzungen.[206]

In vielen Dokumenten wird ein direkter Zusammenhang zwischen der Präsenz des Monarchen und der notwendigen größeren Vigilanz der Sklaven geschaffen: Im Oktober 1808 betonte Vianna, dass nun, da der Monarch in Rio de Janeiro residiere, die Überwachung der Sklaven im öffentlichen Raum rigider sein müsse.[207] Besonders alarmiert waren die Polizei-Offizianten

---

204 ALGRANTI, Police Power to Control the Slave Population, S. 27. Vianna an den Juiz do Crime des Stadtviertels St. Rita, Lourenço Borges, Rio de Janeiro am 9. Dezember 1810, ANRJ PC cód. 323 vol. 2, S. 14–14v. *Ofício* von Vianna an den Generalmajor José Maria Rebello de Andrade Vasconcelos e Souza, Rio de Janeiro [1811–1815], ANRJ PC cód. 327 vol. 1, S. 83.
205 *Edital* von Vianna, Rio de Janeiro am 7. Mai 1808, ANRJ PC cód. 318, S. 11v.
206 Neudefinitionen von Regelungen, die Raum und Zeit betreffen, führen in der Regel zu Konflikten, HARVEY, David, Between Space and Time. Reflections on the Geographical Imagination, in: Annals of the Association of American Geographers 80/3, 1990, S. 418–434, S. 420. Zur Bedeutung der Straßen und Tavernen als „öffentliche" Orte vgl. BARREIRO, José Carlos, A rua e a taberna: algumas considerações teóricas sobre cultura popular a cultura política: Brasil, 1820–1880, in: História 16, 1997, S. 173–184.
207 Vianna an Fernando Jozé de Portugal, Rio de Janeiro am 6. Oktober 1808, ANRJ Diversos GIFI 6J-78 (Polícia da Corte 1808), Brief ohne Paginierung. Vgl. auch ALGRANTI, Police Power to Control the Slave Population, S. 38; REIS, Slave resistance in Brazil, S. 133.

bei bestimmten Sklavenversammlungen, den Capoeira-Runden (*rodas de capoeira*).²⁰⁸ Nicht nur Sklaven, sondern explizit „alle Neger und Mulatten" sollten davon abgehalten werden, auf diese Art auf den Straßen zu „spielen", und die Patrouillen waren angehalten, jede „spielende" Gruppe hochzunehmen, die Teilnehmer zum Sklavengefängnis *calabouço*²⁰⁹ zu bringen, zur „Korrektion" auszupeitschen oder zur öffentlichen Arbeit zu verpflichten.²¹⁰ Die Zwangsarbeit hatte laut Vianna zwei entscheidende Vorteile: Man konnte die Verhafteten erstens für den Staat „nützlich" machen und zweitens konnten sie von den Besitzern einfacher identifiziert werden, als wenn man sie ins Gefängnis und damit außer Sichtweite brachte.²¹¹ Im Zentrum der polizeilichen Vigilanz standen, wie sich in zahlreichen Quellen ausdrückt, vor allem die großen öffentlichen Plätze der Stadt (Rocio da Sé, Rocio dos Ciganos, Carioca, Santa Rita, São Domingos, Praças do Capim, São Francisco de Paula, São Joaquim e Praia dos Mineiros),²¹² die als Orte der Repräsentation besonders wichtig waren.²¹³

Die Einschränkung der sozialen Praktiken der Sklaven – Capoeira und sonstige „Unordnungen" – fand insbesondere in Verbindung mit religiösen Feiertagen und buchstäblich staatstragenden Anlässen statt.²¹⁴ Nach dem Tod der Königin Maria I am 20. März 1816 ordnete Vianna noch im Oktober an, den Sklaven anlässlich des religiösen Rosario-Festes (7. Oktober) auf den

---

208 Algranti, Police Power to Control the Slave Population, S. 27–29; Macedo, Paulo Fernandes Vianna, S. 54–56; Holloway, Thomas Halsey, „A Healthy Terror": Police Repression of Capoeiras in Nineteenth-Century Rio de Janeiro, in: HAHR 4/69, 1989, S. 637–676.
209 Im *Calabouço* (Sklavengefängnis) von Rio de Janeiro wurden im Jahr 1822 den Sklaven 50 bis 300 Peitschenhiebe verabreicht, den Sklavinnen (ca. 14 Prozent der Bestraften) 100 bis 200, ANRJ PC cód. 383, Bilhetes do Calabouço 1822, zitiert nach Schmieder, Sklaverei von Afrikanern in Brasilien, S. 33. 415 bestrafte Sklaven sind aufgeführt, unter ihnen 58 Frauen, ebd.
210 Vianna an den Kommandanten der *Guarda Real da Polícia*, José Maria Rebello de Andrade Vasconcelos e Souza, Rio de Janeiro am 9. Oktober 1816, ANRJ PC cód. 327 vol. 1, S. 70.
211 Algranti, Police Power to Control the Slave Population, S. 42f.
212 Vianna an den Kommandanten der *Guarda Real da Polícia*, Oberst José Maria Rebello de Andrade Vasconcellos e Sousa, Rio de Janeiro am 5. September 1817, ANRJ PC cód. 327 vol. 1, S. 76v. Vianna an den Kommandanten der *Guarda Real da Polícia*, Rio de Janeiro am 26. Januar 1819, ANRJ PC cód. 327 vol. 1, S. 82–82v.
213 Curtis, James R., Praças, Place, and Public Life in Urban Brazil, in: Geographical Review 90/4, 2000, S. 475–492, S. 477.
214 Vianna an den Kommandanten der *Guarda Real da Polícia*, Oberst José Maria Rebello de Andrade Vasconcellos e Sousa, Rio de Janeiro am 6. April 1816, ANRJ PC cód. 327 vol. 1, S. 67.

Straßen „jegliche Art des Tanzes und des Spiels" zu verbieten.[215] Zur Durchsetzung dieser Anordnung ließ er nach eigenen Angaben „Tag und Nacht" durch die Stadt patrouillieren und „jede Art der Vergnügung" während der einjährigen Trauerzeit unterbinden.[216] Auch wenn dieses Ziel im Bereich der Utopie angesiedelt werden muss, wird allein aus dem Anspruch ein wichtiger Grundsatz der Herrschaftsausübung deutlich: Die *Höflichkeit* der Hauptstadt sollte gewährleistet, die symbolisch-repräsentative Ordnung der Monarchie auch von Sklaven respektiert werden.

Dieser Grundsatz kam in zahlreichen Episoden zum Tragen. Im Mai 1809, just am Geburtstag des Prinzregenten, ereignete sich ein Skandal im Theater, den Polizeichef Vianna ausführlich kommentierte: Ein dunkelhäutiges Dienstmädchen (*criada parda*) des Gerichtsrates Francisco Batista Rodrigues hatte die Loge des Theaters betreten. Es kam nach Aktenlage augenblicklich zu einem Tumult unter den Theaterbesuchern und Vianna war der Meinung, dass dieses Ereignis einen „Angriff gegen die Policey", die es im Theater unbedingt zu erhalten gelte, und „gegen den Anstand selbst" (*contra a decência mesmo*) darstellte. Der Dienstmagd wurde unter Androhung einer Gefängnisstrafe Hausverbot im Theater erteilt.[217] Der Polizeichef nutzte diese Gelegenheit, dem Kriminalrichter eine bessere Kontrolle des Theaters vorzuschlagen, und plädierte dafür, dass die Polizei an den Tagen, an denen Vorstellungen stattfanden, schon „lange" vor Beginn des Stückes in den Logen präsent sein sollte, damit „jegliche Unordnung" vermieden werden konnte. Für diese Aufgabe sollte man nach seinem Dafürhalten auch die *Guarda Militar* zur Unterstützung heranziehen.[218]

Viele Dinge um diesen Skandal können nicht exakt rekonstruiert werden. So ist aus den Dokumenten nicht ersichtlich, ob die Dienstmagd gemeinsam mit ihrem Arbeitgeber oder in Begleitung einer anderen Person die Loge betre-

---

215 Vianna an den Kommandanten der *Guarda Real da Polícia*, Oberst José Maria Rebello de Andrade Vasconcellos e Sousa, Rio de Janeiro am 4. Oktober 1816, ANRJ PC cód. 327 vol. 1, S. 69–69v. Das Fest der *Nossa Senhora do Rosário* war ein „ausschließlich schwarzes" Fest, das von Afrikanern anlässlich der Krönungen der Kongo-Könige zelebriert wurde, ABREU, Martha, Festas religiosas no Rio de Janeiro. Perspectivas de controle e tolerância no século XIX, in: Estudos Históricos (Rio de Janeiro) 7/14, 1994, S. 183–203, S. 185. Vgl. auch KARASCH, Slave Life in Rio de Janeiro, S. 243.

216 Vianna an den Kommandanten der *Guarda Real da Polícia*, Oberst José Maria Rebello de Andrade Vasconcellos e Sousa, Rio de Janeiro am 4. Oktober 1816, ANRJ PC cód. 327 vol. 1, S. 69–69v.

217 Vianna an den *Juiz do Crime* des Stadtteils São José, Rio de Janeiro am 15. Mai 1809, ANRJ PC cód. 323 vol. 1, S. 53v–54v; siehe auch SILVA, Cultura e sociedade, S. 71.

218 Ebd.

ten hatte, oder ob sie allein war. Falls sie in Begleitung ihres Arbeitgebers war, würde dies darauf hindeuten, dass nicht alle Mitglieder der politischen Elite die von Vianna angestrebte strikte (symbolisch-räumliche) Trennung zwischen Dunkelhäutigen und Weißen verinnerlicht hatten oder anstrebten. Mit hoher Wahrscheinlichkeit handelte es sich bei dem *desembargador* um einen Europaportugiesen (die Angehörigen des Hofes waren zu einem überwiegenden Teil im Gefolge des Monarchen nach Brasilien gekommen). Möglicherweise waren ihm die sozialen Regeln in Brasilien also (noch) fremd. Vielleicht hatte er aber auch bewusst entschieden, seine dunkelhäutige Angestellte, und zwar entgegen den Konventionen, mit in die Loge zu nehmen. Wahrscheinlich ist, dass er ihr erlaubt hat, ins Theater zu gehen, und vermutlich konnte sie den Logenplatz nur mit seiner Hilfe finanzieren. Seine Rolle kann jedoch nicht genau beschrieben und analysiert werden, da der Polizeichef ausschließlich das Verhalten der Angestellten thematisierte und über den Dienstherrn kein Wort verlor, der nach den zur Verfügung stehenden Informationen nicht belangt wurde; die Maßregelungen trafen die Dienstmagd allein.

In jedem Fall wird in der Episode ersichtlich, dass hier unterschiedliche kulturelle Ordnungen aufeinandertrafen. Die Aufregung des Polizeiintendanten deutet darauf hin, dass seine eigene Weltsicht, nach der eine Dunkelhäutige (*parda*) keinesfalls Zutritt in die Loge des Theaters erhalten durfte, von einem Moment auf den anderen reflexiv wurde;[219] er hielt massive obrigkeitsstaatliche Intervention für nötig, sie zu schützen. Die Fähigkeit, eine Gruppe zu definieren (in diesem Falle die Gruppe der Dunkelhäutigen) und aus der „weißen" Gesellschaft auszuschließen, sah der Polizeichef nicht mehr allein durch eine neue Verordnung gewährleistet; militärische Präsenz sollte die „richtige" Ordnung garantieren.

Noch eine andere Sache verdient hier besondere Beachtung, und zwar die Art und Weise, wie „der Staat" (hier personifiziert durch den Polizeichef) durch die Konstruktion der Opposition seine Gesellschaft „lesbar" machte. Einleitend wurde bereits auf die These James C. Scotts verwiesen, dass der Staat „kurzsichtig" ist und die Lesbarkeit der Gesellschaft nur durch Simplifizierungen und Kategorisierungen bewerkstelligen kann. Im vorliegenden Fall ist ohne allzu große Phantasie denkbar, dass die dunkelhäutige Angestellte des *desembargador* durch ihre Arbeit und ihren täglichen Umgang mit der höfischen Gesellschaft über eine gute Bildung verfügte (auch wenn sie aus

---

219 BABEROWSKI, Jörg, Dem Anderen begegnen. Repräsentationen im Kontext, in: Jörg BABEROWSKI/David FEEST/Maike LEHMANN (Hrsg.), Dem Anderen begegnen. Eigene und fremde Repräsentationen in sozialen Gemeinschaften, Frankfurt a. M. 2008, S. 9–16, S. 11.

einer weniger privilegierten Schicht stammte) und zudem für den Logenplatz bezahlt hatte. In der Frage, wem der Logenzutritt gewährt sein sollte, wurde jedoch nicht unterschieden zwischen mittellos und solvent, ungebildet und gebildet. Auch der gesellschaftliche und berufliche Status der Delinquentin spielte offenbar eine nur untergeordnete Rolle – vielmehr geschah die Kategorisierung und also die Gewährleistung der „Lesbarkeit" der Gesellschaft Rio de Janeiros allein entlang der Kategorie Hautfarbe. Führt man sich andere denkbare Optionen vor Augen, wird deutlich, dass die Arten der Grenzziehungen zwischen unterschiedlichen Bevölkerungsgruppen und also die Bevölkerungsgruppen nicht selbstevident sind oder natürlich gegebene Einheiten darstellen. Sie sind Kreationen menschlichen Handelns, gesellschaftlich konstruierte Einteilungen der Welt.[220] In den Dokumenten wird sichtbar, auf welche Weise die portugiesischen Autoritäten in Rio de Janeiro diese Einteilungen vornahmen und dabei die Distanz zwischen den „weißen" und den „dunkelhäutigen" Bevölkerungsgruppen stabilisierten bzw. vergrößerten. In Rio de Janeiro bedurfte die Schaffung dieser Distanz in vielen Fällen offenbar eines gewaltsamen Eingriffs der obersten Ordnungshüter.

Buchstäblich bezeichnend ist in diesem Zusammenhang, dass in den Polizeiakten das Attribut der Hautfarbe nur bei dunkelhäutigen Personen hinzugefügt wurde.[221] Es findet sich im gesamten Quellenkorpus kein Beispiel dafür, dass eine Person als „der/die weiße xy" auftaucht. Zudem wurden Schwarze (*negros*) und Dunkelhäutige (*mulatos/pardos*) besonders häufig mit negativen Attributen wie „schlecht", „sehr schlecht", „von schlechtestem Charakter" oder „aufrührerisch" belegt oder „Banditenneger" (*negro bandido*) genannt. Schon bei der Beschreibung und Benennung der (vermeintlichen) Delinquenten oder der auffälligen Personen wurde also die Grenzziehung zwischen „weiß" und „dunkelhäutig", „gut" und „schlecht" perpetuiert. Sofern Dunkelhäutige eines Delikts bezichtigt wurden, folgte häufig eine Ausweisung in ein Gefängnis in Afrika,[222] obwohl auf der Hand liegt, dass viele von ihnen nicht aus Afrika kamen, sondern in Brasilien aufgewachsen waren. Die

---

220 GERTEL, Jörg, Globalisierung, Entankerung und Mobilität: Analytische Perspektiven einer gegenwartsbezogenen geographischen Nomadismusforschung, in: Mitteilungen des SFB 586 „Differenz und Integration" 1, 2002, S. 57–88, S. 74.
221 Zur Bedeutung der *Benennung* für soziale Repräsentationen siehe HALL, Stuart, Representation. Cultural Representations and Signifying Practices, London 1997.
222 Vianna an den Innenminister Villa-Nova Portugal, Rio de Janeiro am 9. Oktober 1817, ANRJ PC cód. 323 vol. 5, S. 4v–5; Vianna an Vilanova Portugal, Rio de Janeiro am 8. Oktober 1817, ANRJ PC cód. 323 vol. 5, S. 4v–5; Vianna an Vilanova Portugal, Rio de Janeiro am 7. November 1818, ANRJ PC cód. 323 vol. 5, S. 67v.

Zuschreibung der Hautfarbe zog also in vielen Fällen auch eine geographische Kategorisierung nach sich.

Bei der Schaffung von solcherlei Oppositionen tritt zutage, was Frederick Cooper und Ann Laura Stoler die „grundsätzliche Spannung des Imperiums" (*basic tension of empire*) genannt haben: Die Andersartigkeit zwischen den unterschiedlichen Gruppen, die in einem Imperium lebten, war weder selbstverständlich noch war sie stabil. Soziale Grenzen, die zu einem bestimmten Zeitpunkt vermeintlich klar waren, mussten es nicht immer bleiben.[223] Gerade koloniale und imperiale Projekte waren stets untrennbar mit der Konstruktion einer inferioren Andersartigkeit verbunden. Denn auch wenn alle Formen des Imperialismus und Kolonialismus vordergründig politische und ökonomische Projekte gewesen sein mögen, gelangen sie nur durch kulturelle Prozesse, unter denen die Schaffung einer Differenz zwischen dem Selbst und dem Anderen als Basis für die Hierarchie und Machtausübung die wichtigste ist. Es ist die Konstruktion dieser Opposition, die Imperien erst entstehen lässt.[224]

Die Differenz der sich als überlegen begreifenden Europäer musste in Portugiesisch-Amerika nicht nur gegenüber Sklaven, sondern auch gegenüber den Autochthonen („Indios") hergestellt werden. Wie bedeutend dieser Prozess im Zusammenhang mit der Erhebung Brasiliens zum Zentrum des Imperiums war, zeigt sich an den Maßnahmen, die unmittelbar nach Ankunft des Hofes in Angriff genommen wurden: Am 13. Mai 1808 verfasste Prinzregent João eine an den Gouverneur der Kapitanie Minas Gerais (westlich an die Kapitanie Rio de Janeiro angrenzend) gerichtete *Carta Régia*, die einen Aufruf zu einem „Offensivkrieg" (*guerra ofensiva*) gegen die in dessen westlich angrenzender Kapitanie lebenden Botocudos enthielt. Zur Begründung hieß es, dass die Botocudos Farmen zerstörten, Portugiesen ermordeten und mit den „zahmen Indios" (*indios mansos*) Anthropophagie praktizierten.[225] Da Menschenfresserei seit jeher ein Symbol für das „Andere" ist, konnte kaum ein Tabubruch in diesem Moment besser geeignet sein, kriegerisches Vorgehen

---

223 COOPER, Frederick/Ann Laura STOLER, Between Metropole and Colony. Rethinking a Research Agenda, in: DIES., Tensions of Empire. Colonial Cultures in a Bourgeois World, Berkeley/Los Angeles/London 1997, S. 1–58.

224 JACOBS, Edge of Empire, S. 2. Vgl. auch SAID, Edward, Orientalism, London 1978; SAID, Edward, Kultur und Imperialismus. Einbildungskraft und Politik im Zeitalter der Macht, Frankfurt a. M. 1994; PRATT, Marie Louise, Imperial Eyes. Travel Writing and Transculturation, London 1992, S. 6.

225 *Carta Régia* des Prinzregenten João an den Gouverneur und Generalkapitän von Minas Gerais, Pedro Maria Xavier de Ataide e Mello, Rio de Janeiro am 13. Mai 1808, ANRJ Junta da Real Fazenda da capitania do Rio de Janeiro cód. 206, S. 50–51v.

zu rechtfertigen, als der Vorwurf der Anthropophagie: Die Botocudos stellten für den portugiesischen Monarchen und seine Regierung gewissermaßen die Antithese zur Zivilisation dar. Zwar ist in dem Dokument nicht explizit davon die Rede, dass die Botocudos getötet werden sollten, de facto jedoch führte dieser Offensivkrieg, der sich in die Kategorie des „hegemonischen ethnischen Kriegs des Staates gegen die Ureinwohner" einordnen lässt,[226] zu ihrer Auslöschung.[227]

Der Umstand, dass der Monarch in der *Carta Régia* eine Differenzierung zwischen „zahmen" und „Menschen fressenden" Indigenen vornahm, belegt eine typische Handlungsweise und Logik des Imperiums: Neben der Herstellung der grundsätzlichen Differenz zwischen den Kolonisatoren und den zu Kolonisierenden findet in der Regel auch eine Unterscheidung zwischen dem „guten" und dem „schlechten" Wilden statt.[228] Wenn allgemein die aggressive Attitüde der lateinamerikanischen Regierungen gegen die Ureinwohner (bzw. die Politik der Auslöschung der „barbarischen Indios") zudem vor dem Hintergrund der Zentralisierung der Staatsgewalt am Ende des 18. und Anfang des 19. Jahrhunderts gesehen werden muss,[229] so lag der Sinn des Offensivkrieges gegen die Botocudos darin, die Herrschaft des nun in der Neuen Welt residierenden portugiesischen Monarchen weithin sichtbar zu demonstrieren und damit auch zu zentralisieren.

Einige Polizeidokumente zeugen davon, dass die Erziehung der wenigen im urbanen Raum existierenden Indigenen von der Krone an Privatpersonen übertragen wurde, die als Gegenleistung staatliche Posten oder Titel erhielten.[230] Ein gewisser Francisco Antonio de Carvalho hatte sich beispielsweise

---

226 RIEKENBERG, Michael, Ethnische Kriege in Lateinamerika im 19. Jahrhundert, Stuttgart 1997; DERS., „Aniquilar hasta su exterminio a estos indios..." Un ensayo para repensar la frontera bonaerense (1770–1830), in: Ibero-Americana Pragensia 30, 1996, S. 61–75.
227 Zur Gewalt gegen die Botocudos im Namen des monarchischen Staates und der „Zivilisation" siehe MARCATO, Sonia de Almeida, A repressão contra os botocudos em Minas Gerais, Rio de Janeiro 1979; LANGFUR, Hal, Uncertain Refuge: Frontier Formation and the Origins of the Botocudo War in Late Colonial Brazil, in: HAHR 82/2, 2002, S. 215–256; MATTOS, Izabel Missagia de, Civilização e revolta. Os Botocudos e a catequese na província de Minas, Bauru 2004.
228 OSTERHAMMEL, Verwandlung der Welt, S. 667.
229 RIEKENBERG, „Aniquilar hasta su exterminio a estos indios...", S. 61 und 75.
230 Vianna an Linhares, Rio de Janeiro am 15. Februar 1812, ANRJ PC cód. 323 vol. 3, S. 97v.; Vianna an Aguiar, Rio de Janeiro am 26. Mai 1811, ANRJ PC cód. 323 vol. 3, S. 48. Thomaz Antônio de Villanova Portugal an den Conde de Palma, Rio de Janeiro am 29. August 1817 ANRJ Série interior IJJ9 5, S. 61. Wegen „vorbildlicher Katechese" konnte ein Privatmann auch den Posten des Vikars erlangen, Staatsmi-

im Distrikt Cantagalo „wie ein Vater" um mehr als zwanzig Indigene gekümmert. Auch wenn von diesen „leider" etliche an den Pocken gestorben waren, bat er aufgrund seiner Bemühungen und Verdienste um einen staatlichen Posten, den man ihm, so plädierte Paulo Fernandes Vianna, gewähren solle, da er ein „kluger" Mann in „reifem Alter" sei.[231]

Insgesamt finden sich jedoch wenige Polizei- und Regierungsdokumente, die von dem Zusammenleben der Indigenen mit der Stadtbevölkerung Rio de Janeiros zeugen.[232] Als gesichert kann daher gelten, dass Autochthone in der neuen Hauptstadt Rio de Janeiro bei Ankunft des Monarchen 1808 aufgrund ihrer geringen Zahl kaum eine Gefahr für die „gute Ordnung" darstellten. Vergleicht man die knapp ein Dutzend Quellen, die sich um die „Zivilisierung" der Indigenen drehen, mit der Masse, die Aufschluss auf die „Korrektion" der Sklaven und Dunkelhäutigen gibt, wird offensichtlich, dass die Definition und Stabilisierung der Andersartigkeit gegenüber den Indigenen weniger entscheidend für die „gute Policey" war als gegenüber den Sklaven bzw. der dunkelhäutigen Bevölkerung.

Die Intensivierung des *othering* sowohl der versklavten als auch der dunkelhäutigen Bevölkerung gegenüber ist Ausdruck eines Prozesses, den Kirsten Schultz in ihren Studien ausführlich analysiert und als „paradox" bezeichnet hat: Da die Sklaverei eine eindeutig koloniale, keine metropolitane Praktik war (sie war in Portugal bereits 1763 abgeschafft worden), gab es einen grundsätzlichen Widerspruch zwischen dem Willen, Brasilien in die Metropole zu verwandeln, und der gleichzeitigen Beibehaltung der Institution der Sklaverei. Ihrer Ansicht nach bestand neben den praktischen Problemen auch ein ideologisches: Wie konnten „Zivilisation" und Sklaverei in dem „erneuerten" Imperium in Einklang gebracht werden?[233] Die Lösung bestand Schultz zufolge darin, die Sklaverei zu „metropolisieren". Demnach geschah die Verschärfung der kolonialen Trennung vor allem deshalb, weil die Herrschenden den Gegensatz zwischen Metropole und Sklaverei aufheben wollten, indem sie die Sklaverei durch eine bessere „Zivilisierung" der Sklaven und eine striktere Kontrolle gewissermaßen salonfähig machten.

---

nister Thomaz Antônio de Villanova Portugal an den Bischof von São Paulo, Rio de Janeiro am 27. August 1818, Série interior IJJ9 5, S. 69.
231 Vianna an Aguiar, Rio de Janeiro am 20. Februar 1811, ANRJ PC cód. 323 vol. 3, S. 13–13v.
232 HULME, Peter, Colonial Encounters: Europe and the Native Caribbean 1492–1792, London 1986, S. 12.
233 SCHULTZ, Kirsten, The Crisis of Empire and the Problem of Slavery. Portugal and Brazil, c.1700–c.1820, in: Common Knowledge 11/2, 2005, S. 264–282, insbesondere S. 269–272. Vgl. auch SCHULTZ, Tropical Versailles.

Ob die Aushandlungsprozesse zwischen Autoritäten und Sklaven jedoch tatsächlich paradox waren, ist fraglich. Im urbanen Alltag stellten die größere polizeiliche Vigilanz gegenüber den Sklaven und die (neuen) strikteren Kategorisierungen der Bevölkerung nach Hautfarbe nachweislich wichtige Bestandteile der imperialen Regierungsweise dar, das heißt, sie waren in den Augen der Autoritäten unerlässliche Maßnahmen für den Erhalt des *Ancien Régime* in den Tropen.[234] Paradox kann der Umgang mit den Sklaven nur dann erscheinen, wenn man die gelehrten Auseinandersetzungen um die Sklaverei in der Analyse gleichwertig mitberücksichtigt, mithin die Analyseebenen vermengt. Denn das, was von der Kanzel gepredigt wurde, und das, was möglicherweise die „hohe Politik" verhandelte, hatte nicht notwendigerweise Auswirkungen auf die Herrschaftspraktiken. Ganz gleich, wie die gelehrten Auseinandersetzungen und die politischen Verhandlungen um die Sklaverei in joaninischer Zeit gelaufen sein mögen: Die Dokumente der Polizei, die Aufschluss über die konkrete, alltägliche Aushandlung der Herrschaft geben, deuten kaum auf eine Paradoxie hin. Wenn allgemein gilt, dass ein Imperium über die Fähigkeit verfügen muss, unterschiedliche Kulturen und Gruppen in sich zu vereinen, gilt gleichzeitig, dass gegenüber den *zu Kolonisierenden* die Differenz aufrechterhalten werden muss. In den Praktiken der Polizei drückt sich aus, wie das Imperium über das inferiore Andere „dachte". Und dieses Denken war zunächst von wenigen Widersprüchen gekennzeichnet – es war vielmehr „typisch" für ein Imperium.

5.2.3 Transformationen der Beziehungen zwischen Staat, Sklavenhalter und Sklave

An einigen Stellen wurde der Zusammenhang zwischen der (angestrebten) Stabilität des politischen Systems und den Bemühungen um eine „gute Polizierung" der Sklaven bereits evident. Auch wenn man voraussetzt, dass die totale Kontrolle der Praktiken der Sklaven zu keiner Zeit verwirklicht wurde und dass die neuen Polizeiverordnungen kaum von allen Sklaven strikt befolgt wurden, kann als gesichert gelten, dass in den ersten Jahren nach Etablierung des Hofes in Rio de Janeiro keine grundsätzliche Krise des Sklavereisystems eintrat: Im März 1811 flohen einige Sklaven des spanischen Botschafters, und

---

234 SCHULTZ, Kirsten, Perfeita civilização: a transferência da corte, a escravidão e o desejo de metropolizar uma capital colonial. Rio de Janeiro, 1808–1821, in: Tempo 12/24, 2008, S. 5–27, S. 12. Vgl. auch DIES., Tropical Versailles, S. 121 und ALGRANTI, Slave crimes, S. 28.

es gab einige Aufregung um ihre Wiederbeschaffung. Der Monarch persönlich mischte sich in die Angelegenheit ein. Polizeiintendant Vianna jedoch blieb gelassen und schrieb an Staatsminister Conde de Linhares: „Wer in diesem Land wohnt, beunruhigt sich weniger wegen dieser Dinge, denn er weiß, dass die entflohenen Sklaven in der Regel früher oder später wieder auftauchen." Er setzte hinzu, dass „alles unter intensivster Bewachung" sei (*está tudo na maior vigilancia*).[235] Da es sich in diesem speziellen Fall um die Sklaven des spanischen Botschafters handelte, versicherte Vianna, dass man „viel mehr Anstrengungen als üblich" unternehmen würde. In den Augen des Polizeichefs ging von entlaufenen Sklaven zu diesem Zeitpunkt offenbar keine unmittelbare Gefahr für Gesellschaft und Staat aus.

Im Dezember desselben Jahres flohen zehn gemeinsam an einer Kette befestigte zur Arbeit zwangsverpflichtete Männer, die Wasser in das königliche Hospital tragen sollten. Vier von ihnen waren gerichtlich verurteilte Kriminelle, einer war ein wieder eingefangener entflohener Sklave, zwei weitere Sklaven hatten ihre Herren freiwillig zur „Korrektion" gegeben, die beiden letzten waren ehemalige Sklaven des Hofes, die man in der Stadt beim Ausüben von „Unordnung" erwischt hatte. Nachdem die zehn das Wasser abgeliefert hatten, versteckten sie sich hinter einem Busch, zerrissen die Kette und entkamen. Schuld an diesem Vorfall waren nach Meinung des Polizeichefs die 16 bis 18 Invaliden, die damit beauftragt worden waren, auf die Zwangsarbeiter aufzupassen. Da die Invaliden unachtsam seien und für diese Unachtsamkeit nicht einmal bestraft würden, komme es „regelmäßig" zur Flucht. Neben der Gefahr, die von den flüchtigen „Gewalttätern" (*facinosos*) ausgehe, bedeute auch die zerstörte Kette eine Belastung für den Staatshaushalt (*prejuizo da Real Fazenda*). Das „größte Übel" jedoch sei, dass die „öffentliche Gewalt" (*força pública*) diskreditiert werde. Für die Polizei Brasiliens, so betonte Vianna, sei es wichtig, dass die Sklavenhalter darauf vertrauten, dass „der Staat" die Bestrafung ihrer Sklaven garantiere. Deshalb sei eine „exakte und absolut zuverlässige" Bewachung unbedingt notwendig. Seiner Meinung nach, die er in doppelter Ausfertigung gleichzeitig dem Außen- und Kriegsminister und dem Monarchen persönlich unterbreitete, taugten Invalide nicht zur Bewachung, vielmehr müsse eine „aktive Truppe" (*tropa viva*) eingesetzt werde. Im Zweifelsfall sei es besser, Sklaven überhaupt keine öffentlichen Arbeiten mehr verrichteten zu lassen, da „der Staat hierin keine Schwäche" zeigen dürfe (*não mostre o Estado fraqueza nisto*). In Brasilien sei es bisher vorteilhaft, dass die Herren ihre Sklaven für den öffentlichen Dienst zur Verfügung stellten und

---

235 Vianna an Linhares, Rio de Janeiro am 5. März 1811, ANRJ PC cód. 323 vol. 3, S. 25.

nicht mit Flucht rechneten.²³⁶ Die Überwachung der Sklaven wurde somit direkt mit der Stärke des Staates in Verbindung gebracht. Ökonomische Erwägungen bzw. die „Nützlichkeit" der Arbeitskraft der Sklaven wog in diesem Fall weniger schwer als die Erhaltung des Bildes des „starken Staates". Das gesamte System basierte, zumindest nach dem Urteil Viannas, auf dem Vertrauen der Sklavenhalter in „den Staat", der sich folglich keine Schwäche und im Prinzip keinen einzigen flüchtigen Sklaven erlauben durfte.

Im urbanen Raum Rio de Janeiros gab es in joaninischer Zeit keine Anzeichen für eine Sklavenrevolte. Trotzdem wies Vianna wiederholt auf die Notwendigkeit hin, die Kommunikation zwischen den unterschiedlichen Distrikten und der Polizeiintendanz in Rio de Janeiro zu verbessern und den Geheimdienst (*trabalho de inteligência*) auszubauen, da nur so die „Sicherheit, Bequemlichkeit und Zivilisation der Bevölkerung" (*segurança e comodidade, e civilização dos povos*) gewährleistet werden könne. Nach Erkenntnissen neuerer Forschungen waren es vor allem die schnellen Interventionen durch Autoritäten (durch Verhaftungen oder Verbannungen mutmaßlicher Anführer), die Sklavenaufstände verhinderten oder eindämmten.²³⁷ Diese Informationsdienste seien nicht neu, betonte Vianna, sondern hätten auch in Zeiten der Vizekönige existiert. Allerdings habe man bei Ankunft des Königshofes entschieden, diese Aufgabe auf die Polizei zu übertragen.²³⁸ Auch hier kommt die intendierte Zentralisierung der Staatsmacht zum Ausdruck, bei der die Überwachung der Sklaven eine entscheidende Rolle spielte.

In dem bereits zitierten „Plan zur Verbesserung der Policey" von 1816²³⁹ hatte Polizeichef Vianna die „schwarzen Sklaven", deren Bevölkerung er in maßloser Übertreibung als „zehn Mal so groß" wie die der Weißen angab, als zentrale Gefahr für den Staat angeführt. Da die Sklaven aufgrund ihrer zahlenmäßigen Überlegenheit „leicht" revoltieren könnten, war nach Ansicht Viannas „mehr Polizei" nötig. Er drängte auf Maßnahmen, die es möglich

---

236 Vianna an Linhares, Rio de Janeiro am 10. Dezember 1811, ANRJ PC cód. 323 vol. 3, S. 90–90v.
237 Caetano Pinto de Miranda Montenegro an den Generalauditeur (*ouvidor-geral*) von Alagoas, Antônio Batalha, Recife am 2. August 1815, ANRJ Série Interior IJJ9 241, S. 46. Vgl. auch CARVALHO, Marcus J. M. de, Os negros armados pelos brancos e suas independências no Nordeste (1817–1848), in: István JANCSÓ (Hrsg.), Independência: História e historiografia, São Paulo 2005, S. 881–914, S. 882.
238 Vianna an den Generalleutnant Vicente Antônio de Oliveira, Rio de Janeiro am 5. August 1817, ANRJ PC cód. 326 vol. 2, S. 104v–105.
239 „*Plano de melhoramento geral do estabelecimento da Polícia do Reino do Brasil, que apresenta o Intendente Geral Paulo Fernandes Viana*", Vianna an João VI, Rio de Janeiro am 24. November 1816, ANRJ Diversos GIFI 6J-83, Dokument ohne Nummerierung.

machten, „jede Flamme der Rebellion" und jeden Aufstand zu ersticken, damit nicht das Gleiche geschehe wie in Bahia 1798[240] und in Saint Domingue 1791. Er rechtfertigte die Beantragung weiterer Dienstposten und Polizeikräfte[241] also mit dem Argument, dass von Sklaven eine erhöhte Gefahr ausging, weil sie zahlenmäßig überlegen waren. Die Anspielung auf die haitianische Revolution belegt, dass die dortigen Geschehnisse auch in Brasilien für Horrorvisionen sorgten. Nicht nur die Sklaverei war in Haiti abgeschafft, sondern die gesamte gesellschaftliche Ordnung war auf den Kopf gestellt worden. Haiti stand in Brasilien für das, was es zu verhindern galt.[242] Die Orientierung der Polizierung Rio de Janeiros an Geschehnissen, die im Nordosten Brasiliens (Bahia) und außerhalb des portugiesischen Machtraumes (Santo Domingo) stattgefunden hatten, wird hier bereits evident. Der Polizeichef war sich, wie seine Darlegung beweist, darüber bewusst, dass das System der Sklaverei an anderen Orten der Atlantischen Welt in eine Krise geraten war, und er war offensichtlich der Meinung, dass diese Krise erneut bzw. auch in Brasilien eintreten konnte.

De facto kam die Gefahr für das System der Sklaverei nicht aus der Sklavenstadt Rio de Janeiros, sondern aus dem Nordosten Brasiliens. Die Revolution oder Rebellion[243] von 1817 in Pernambuco war während der joaninischen Zeit die erste und einzige Gelegenheit, bei der die imperiale Zentralmacht und die Bragança-Monarchie in Brasilien ernsthaft angefochten wurden.[244]

---

240 Die *Conjuração Baiana* war eine lokale Erhebung, die stark beeinflusst war von Ideen der Französischen Revolution, vgl. Mattoso, Katia M. de Queirós, Presença francesa no movimento democrático baiano de 1798, Bahia 1969; Tavares, Luís Henrique Dias, Da sedição de 1798 à revolta de 1824 na Bahia: estudos sobre a sedição de 12 de agosto de 1798, o soldado Luís Gonzaga das Virgens, os escravos no 1798, Francisco Agostinho Gomes, Cipriano Barata e Levante dos Periquitos, Salvador de Bahia/São Paulo 2003; Santos, Beatriz Catão Cruz/Bernardo Ferreira, Cidadão – Vizinho, in: Ler História 55, 2008, S. 35–48, S. 42.

241 „*Plano de melhoramento geral do estabelecimento da Polícia do Reino do Brasil…*", Vianna an D. João VI, Rio de Janeiro am 24. November 1816, ANRJ Diversos GIFI 6J–83, Dokument ohne Nummerierung.

242 Meissner/Mücke/Weber, Schwarzes Amerika, S. 159; Gomes, Flávio, Experiências atlânticas e significados locais: idéias, temores e narrativas em torno do Haiti no Brasil Escravista, in: Tempo 7/13, 2002, S. 209–246.

243 Das Ereignis wird in der Forschung meist eher als Rebellion denn als Revolution bezeichnet, da sie von Eliten getragen wurde und keine Massenbewegung darstellte, Mota, Nordeste 1817, S. 143–144. Das zeitgenössische Vokabular kennt vielfach keine genaue Unterscheidung zwischen den Begriffen, Figueiredo, Luciano Raposo, Rebeliões no Brasil Colônia, São Paulo 2000, S. 17.

244 Bernardes, Denis Antônio de Mendonça, O Patriotismo Constitucional: Pernambuco, 1820–1822, São Paulo 2001, S. 163.

Eine Verschwörung unter Militärs, die der Gouverneur und Generalkapitän von Pernambuco, Caetano Pinto, am 6. März zerschlagen wollte, führte zu einer Revolte, die schnell Unterstützung unter den Großgrundbesitzern, den in Brasilien geborenen Angehörigen der merkantilen Elite, den Klerikern, den Beamten niedrigeren Ranges sowie einer großen Zahl an freien Arbeitern fand. Die Motive der Rebellen waren ebenso heterogen wie ihre soziale Zusammensetzung, und die vielfältigen Gegensätze und Bündnisse lassen sich nicht mit klaren Oppositionen („Peripherie gegen imperiales Zentrum", „Weiß gegen Schwarz", „Besitzende gegen Besitzlose", „Sklaven gegen Freie") erklären. Verbindend wirkte unter anderem der Umstand, dass die Bewohner Pernambucos unter den 1808 drastisch erhöhten Steuern der Zentralregierung in Rio de Janeiro litten. Einer der Kampfrufe des Militärs und des „Volkes" war „Es lebe das Vaterland (*pátria*), die Religion und die Freiheit. Schluss mit den Steuern!"[245] Der Aufstand hatte also eine klare antizentralistische Färbung.[246] Pernambuco, das innerhalb des portugiesischen Imperiums seit Beginn der Kolonialzeit beim Export von Zucker und Baumwolle eine herausragende Stellung eingenommen hatte, war zuvor bereits Schauplatz zahlreicher Konflikte zwischen Europaportugiesen und Amerikaportugiesen gewesen. Als einer der Gründe für die Rebellion von 1817 gilt die Verschärfung dieses alten Gegensatzes, auch wenn nach Ergebnissen neuerer Forschungen noch keine grundsätzliche Opposition zwischen Portugiesen und „Brasilianern" existierte.[247] Zu den Konflikten innerhalb der merkantilen Netzwerke

---

245 Mit „Vaterland" war die Provinz Pernambuco gemeint, vgl. das Protokoll der Befragung des Kadetts des Regiments der Infanterie aus Recife, Antônio Joaquim de Souza, anlässlich der Revolution von Pernambuco 1817, Bahia am 16. November 1818, ANRJ Diversos códices – SDH, cód. 7 vol. 14, S. 89–92. Zur politischen Rhetorik während der Rebellion in Pernambuco siehe Berbel, Pátria e Patriotas em Pernambuco (1817–1822).
246 Souza, Pátria Coroada, insbesondere das Kapitel „Pernambuco: As cores da república", S. 65–74, S. 69.
247 Villalta, Luis Carlos, Pernambuco, 1817, „encruzilhada de desencontros" do Império luso-brasileiro: notas sobre as idéias de pátria, país e nação, in: Revista USP 58, 2003, S. 58–91, S. 73; Jancsó, István/João Paulo Garrido Pimenta, Peças de um mosaico ou apontamentos para o estudo da emergência da identidade nacional brasileira, in: Revista de história das ideias 21: História e literatura Coimbra 21, 2000, S. 389–440, S. 136f. Der Hass einiger Separatisten auf die Europaportugiesen war jedoch groß, was sich in Schlachtrufen wie „Es leben die Brasilianer, es sterben die Seemänner!" ausdrückte, wobei mit „Seemännern" (*marinheiros*) portugiesische Merkantilisten gemeint waren, „Primeiro auto de perguntas feito ao alferes do regimento de infantaria de Recife, Antônio Caetano da Costa Monteiro, por ocasião da Revolução Pernambucana de 1817", Rio de Janeiro o. D. [1819], ANRJ Diversos cód. – SDH códice 7, vol. 14, S. 115–118. Vgl. auch Mosher, Political Struggle,

aufgrund der quasi Monopolstellung der Europaportugiesen kamen Konflikte innerhalb des Militärs, in dem in Europa geborene Portugiesen höhere Ränge einnahmen als in Brasilien geborene.[248]

Neben antizentralistischen, antiaristokratischen und antiportugiesischen Dimensionen hatte die Rebellion von Pernambuco auch einen abolitionistischen Einschlag.[249] Zwar wirkten keine Sklaven am Aufstand mit,[250] doch die Beteiligung von freien Schwarzen und Dunkelhäutigen entwickelte eine eigene Dynamik, da der Pernambucanischen Armee zwei Infanterie-Regimente von freien Schwarzen („Henriques") und zwei Regimente von Dunkelhäutigen (*pardos*) angehörten, während die Kavallerie nur aus weißen Soldaten bestand. Im Vorfeld und auch während der Rebellion traten Konflikte zwischen weißen Militärs und den *Henriques*, die zum Teil eine bedeutende Stellung innerhalb des Militärs erreicht hatten, deutlich hervor.[251] Einzelne Rebellen plädierten explizit für die Gleichheit der Leute „von Farbe" (*de cor*), was wiederum diejenigen, die für die Republik kämpften, untereinander spaltete: Aufgrund ihrer sozioökonomischen Implikation war für die Mehrheit der Eliten des Nordostens, die zwar republikanische Ideale vertraten, aber keineswegs eine Emanzipation der schwarzen Bevölkerung befürworteten, die abolitionistische Dimension der Rebellion ein „Albtraum".[252]

Trotz der Gegensätze zwischen den Aufständischen kam es in Pernambuco zur Bildung einer Republik mit einer provisorischen Regierung, die die Unabhängigkeit von Rio de Janeiro anstrebte. Die unterschiedlichen ideologischen

---

Ideology, and State Building, S. 23–29. SILVA, Inventando a Nação, S. 269. Zur politischen Rhetorik siehe auch BERBEL, Pátria e Patriotas em Pernambuco (1817–1822).
248 VILLALTA, Pernambuco, 1817, S. 60f.
249 Die Mobilisierung der Sklaven geschah nicht (nur) durch das Versprechen der Abolition, doch durch das Versprechen einer größeren persönlichen Bewegungsfreiheit, MOSHER, Political Struggle, Ideology, and State Building, S. 29–31.
250 Marcus Carvalho bezeichnet es als „bemerkenswert", dass es in Recife in der ersten Hälfte des 19. Jahrhunderts kaum Rebellionen von Sklaven gab, CARVALHO, Marcus, Rumores e rebeliões: estratégias de resistência escrava no Recife, 1817–1848, in: Tempo 3/6, 1998, S. 49–72, S. 49.
251 CARVALHO, Os negros armados pelos brancos e suas independências no Nordeste (1817–1848), S. 882; SILVA, Luiz Geraldo, Negros patriotas: raça e identidade social na formação do Estado Nação (Pernambuco, 1770–1830), in: István JANCSÓ (Hrsg.), Brasil: Formação do Estado e da Nação, São Paulo 2003, S. 497–520, S. 499. LEITE, Glacyra Lazzari, Hierarquia militar e poder político em Pernambuco: antecedentes do movimento rebelde de 1817, in: Anais de História 8, 1976, S. 121–133, S. 123f.
252 REIS, Slave resistance in Brazil, S. 132. Vgl. auch HOLANDA, Sérgio Buarque de, Prefácio, in: SILVA, Maria Beatriz Nizza da, Cultura es sociedade no Rio de Janeiro (1808–1821), Brasília/São Paulo 1977, S. IX–XX, S. XVII; GRAHAM, Independence in Latin America, S. 128f.; VILLALTA, Pernambuco, 1817, S. 61.

Einwirkungen (vor allem aus den USA und Europa),²⁵³ der Wunsch nach Souveränität über die eigenen Ressourcen sowie ethnische („rassische") Konflikte und der Wunsch nach Abolition manifestierten sich im Moment der Ausrufung der Republik. Letztlich währte die Pernambucanische Republik, die Ausdruck dafür war, dass auch im luso-brasilianischen Imperium die Gefahr der Erhebung lokaler Eliten gegeben war,²⁵⁴ nur 74 Tage. Denn die Regierung in Rio de Janeiro bewies die Fähigkeit zur militärischen Aufstandsunterdrückung, die eine „Grundbedingung imperialer Existenz" darstellt.²⁵⁵ Auch wenn die Rebellion auf die benachbarten Kapitanien übergegriffen hatte (Alagoas, Rio Grande do Norte, Paraíba und Ceará), war die monarchische Gewalt durch den Gouverneur von Bahia und ehemaligen Vizekönig Brasiliens, Conde dos Arcos, sowie den ebenfalls königstreuen Gouverneur von Ceará, Manuel Inácio de Sampaio, in der Region stark präsent. Eine Anerkennung der unabhängigen Republik im Ausland (in den USA und in Großbritannien) fand nicht statt.²⁵⁶ So wurden die militärische Zerschlagung des Aufstandes durch imperiale Truppen und die „Restauration" der Bragança-Dynastie in Pernambuco bereits im August in den unterschiedlichen Provinzen mit Festivitäten begangen.²⁵⁷

---

253 Seit Beginn des 19. Jahrhunderts waren in Pernambuco Schriften von Mably, Raynal, Rousseau und Voltaire sowie die französischen Verfassungen von 1791, 1793 und 1795 zirkuliert, und die republikanische Ideologie aus den USA hatte sich hier stark verbreitet, MOSHER, Political Struggle, Ideology, and State Building, S. 37–40. Acht US-Bürger wurden wegen ihrer Teilnahme an der Rebellion in Brasilien verhaftet, VILLALTA, Pernambuco, 1817, S. 61. Etliche der Anführer flohen nach Philadelphia, von wo aus sie nach Befürchtungen des Gouverneurs von Ceará eine neuerliche Rebellion planten, Manoel Inácio de Sampaio, Gouverneur von Ceará, an Vilanova Portugal, Ceará am 13. November 1818, ANRJ IJJ⁹ 169, S. 171–172. Auch nach Großbritannien und Frankreich bestanden Verbindungen, wie ein Mitglied der fünfköpfigen provisorischen Regierung zugab, „Bericht über die Festnahme von Manoel Correa de Araújo am 12. November 1817 in Recife aufgrund seiner Beteiligung an der Revolution von Pernambuco", Recife am 16. April 1818, ANRJ Diversos códices SDH (Processo original dos réus da rebelião de Pernambuco) cód. 7 vol. 11, S. 13–19v.
254 Zu den politischen Debatten über die Einheit des Imperiums, die die Rebellion von Pernambuco auslöste, siehe SILVA, Inventando a Nação, S. 268–285.
255 OSTERHAMMEL, Verwandlung der Welt, S. 610.
256 Seit der Revolution in Haiti waren britische Diplomaten und Regierungsmitglieder vorsichtig, was koloniale Revolutionen anging, und bevorzugten soziale Stabilität, MAXWELL/SILVA, A Politica, S. 387; MOSHER, Political Struggle, Ideology, and State Building, S. 29.
257 Der Gouverneur der Kapitanie Piauí drückte seine „enthusiastische Freude" über die „Restauration" Pernambucos aus, Gouverneur von do Piauí, Baltazar de Sousa Bo-

Es war vor allem die abolitionistische Dimension der pernambucanischen Revolution und nicht etwa die Gefahr von sich emanzipierenden Eliten, die sich für die Polizierung Rio de Janeiros und also für die Gouvernementalität des Staates als Problem darstellen sollte. Recife, die Hauptstadt von Pernambuco, liegt in etwa 2 300 km Entfernung von Rio de Janeiro. Die revolutionären Geschehnisse konnten kaum unmittelbare Auswirkung auf die „gute Ordnung" der hauptstädtischen Bevölkerung haben, vor allem, weil wegen der Pressezensur die Informationen spärlich flossen. Der Polizeichef von Rio de Janeiro war, obwohl es keinerlei Unruhen im öffentlichen Raum der Hauptstadt gab, dennoch alarmiert und versuchte, wie er zu einer späteren Gelegenheit betonte, sich gleich in den ersten Tagen nach Ausbruch der Rebellion per Post und durch persönliche Gespräche über das „Delirium von Pernambuco" zu informieren.[258]

Der Vorfall in Pernambuco hatte dennoch konkrete Auswirkungen auf die Praktiken der Herrschenden. So war die Hautfarbe bestimmter Militärs in der Hauptstadt fortan Thema: Im Dezember 1817 legte Vianna der Regierung nahe, Gefangene im Sklavengefängnis *calabouço* nicht mehr von Schwarzen aus dem „Korps der Jäger" (*Negros do Corpo dos Cassadores*) bewachen zu lassen, da dies die „öffentliche Sicherheit" gefährde.[259] Besonders beunruhigt war der Polizeichef jedoch im Oktober 1819, als ein Fähnrich der *Henriques* aus Pernambuco namens Francisco Joze de Mello in Rio de Janeiro auftauchte und einen Antrag (*requerimento*) stellte, in Rio de Janeiro dienen zu können. Er wurde von der Polizei sogleich festgenommen, zunächst im Stadtteil Campo de Santa Anna festgehalten und schließlich auf die Insel Ilha das Cobras verbannt. Den Informationen aus Pernambuco zufolge, von Vianna umgehend angefordert, hatte dieser Soldat während der Rebellion von 1817 in der Öffentlichkeit sein eigenhändig vom König ausgestelltes Legitimationsschreiben zerrissen und gerufen, dass er es nicht wolle und dass es ihm nichts nütze, womit er die „Verrücktheit" des Volkes in Pernambuco gefördert habe. Außerdem habe er die Frauen der weißen Offiziere angegriffen und belästigt. Viannas Meinung nach sollte der Mann als „Anstifter durch Worte" (*fautor por palavras*) und wegen seiner Mitwirkung an der Revolution bestraft werden, insbesondere weil er die „heilige Person Seiner Majestät" und die „ehrbaren Familien" unter dem „Deckmantel der Rebellion" beleidigt habe. Aus allen

telho de Vasconcelos, an João VI, Piauí am 19. August 1817, ANRJ Série Interior IJJ⁹ 149, S. 297–297v.
258 Vianna an Villanova Portugal, Rio de Janeiro am 5. Dezember 1817, ANRJ PC cód. 323 vol. 5, S. 10.
259 Vianna an Vilanova Portugal, Rio de Janeiro am 5. Dezember 1817, ANRJ PC cód. 323 vol. 5, S. 12v–13.

verfügbaren Informationen schlussfolgerte der Polizeichef, dass der Bittsteller einer der „unverschämtesten Neger" (*he dos negros mais atrevidos*) aus der Provinz Pernambuco sei, und der „fähigste", die Hoffnung auf ein neuerliches Anfachen des „Feuers der Revolution" aufrechtzuerhalten, das „gänzlich erstickt" werden müsse. Der Gouverneur von Pernambuco habe sich seinerzeit damit zufrieden gegeben, ihn an den Gittern des Gefängnisses auspeitschen zu lassen, eine Strafe, die Vianna grundsätzlich für „angemessen für diese Leute seiner Farbe" (*mais condigno a tal gente da sua côr*) hielt, als die einzige, die sie bezwinge, und die einzige, die sie „fühlten". Doch das Auspeitschen war in seinen Augen nicht genug. Zur „Wahrung des öffentlichen Guts" (*para socego do bem Publico*) schlug Vianna dem Monarchen vor, Mello ohne weitere Nachforschungen aus der Hauptstadt hinaus und in irgendein Gefängnis in Afrika zu senden, weil er dies wegen seines „aufrührerischen Geistes" „sehr wohl" verdiene, und weil er fähig sei, in der Stadt den „Ruf nach einem Aufstand" laut werden zu lassen (*capaz de aqui mesmo levantar o grito de motim, e sedição*). Ihm solle zudem verboten werden, jemals wieder nach Brasilien zurückzukehren.[260]

Ein Krisenbewusstsein ist in den Worten des Polizeichefs deutlich erkennbar. Das Beispiel Pernambucos löste bei ihm die größten Befürchtungen aus. Die konkrete Furcht vor einer Sklavenrevolte und dem Ruf nach Abolition kommt am besten in seiner Annahme zum Ausdruck, dass ein einziger Mann durch seine Worte fähig sein könnte, eine Revolution in der Hauptstadt anzufachen. Die Lösungsstrategie lag darin, den vermeintlichen Revolutionär aus dem brasilianischen Territorium und insbesondere aus der Haupt- und Residenzstadt zu entfernen. Einmal mehr erwuchs die Gefahr nicht aus dem Innern der urbanen Gesellschaft. Sie kam vielmehr wieder von „außen" und von weit her. Offenbar konnte in den Augen des Polizeichefs eine Person, die das revolutionäre Geschehen in Pernambuco und die Abolitionsbewegung miterlebt hatte, das Bewusstsein der Hauptstadtbevölkerung innerhalb kürzester Zeit ändern. Ebenso wie bei der revolutionären bzw. republikanischen Gefahr aus Buenos Aires (die im vorangegangenen Kapitel beleuchtet wurde) gilt hier, dass der Polizeichef die von einzelnen, aus Pernambuco stammenden Individuen verbreiteten Ideen der Freiheit und der Abolition deshalb für gefährlich hielt, weil er fürchtete, dass diese sofort zünden konnten. Implizit steckt hierin die Akzeptanz, dass die (versklavte) Bevölkerung Rio de Janeiros die Worte des Fähnrichs sofort als „richtig" erkennen und entsprechend danach handeln, also ebenfalls einen Aufstand proben würde.

---

260 Vianna an Villanova Portugal, Rio de Janeiro am 28. Oktober 1819, ANRJ PC cód. 323 vol. 5, S. 145–145v.

Nicht nur Pernambuco war ein Krisenherd, der die Ordnungshüter in Rio de Janeiro beunruhigte. Im November 1818 informierte Vianna Staatsminister Villanova Portugal darüber, dass er seit sieben Monaten einen gewissen José dos Santos Pinto im Gefängnis halte, der nach Angaben eines gewissen Miranda auf einer Farm in Irajá vor Sklaven öffentlich José Gervasio Artigas gelobt habe, jenen General in Montevideo, der in dieser Zeit für Unabhängigkeit kämpfte. José dos Santos Pinto habe der Sklavenschaft gesagt, dass Artigas ein Anführer sei, der es wert sei, dass man ihm diene, da er die Sklaven befreie (*por ser hum Chefe, q libertava os captivos, era o homem mais digno de se servir*), sowie „ähnliche Dinge", die in Brasilien die „öffentliche Ruhe" gefährdeten. Als ein „Multiplikator der Abolition" (*dessiminador da abolição*) hielt der Polizeichef ihn für „sehr gefährlich". Bei den Untersuchungen fand Vianna heraus, dass José dos Santos Pinto zwar tatsächlich Soldat in Rio Grande gewesen war, aber nicht unter General Artigas gedient hatte und ihn auch nicht persönlich kannte. Zwar könne man ihm aus Mangel an Beweisen (nur eine einzige Person hatte ihn denunziert) nicht die „Verführung durch Worte" nachweisen, dennoch plädierte Vianna dafür, dass der Soldat nach Angola ausgewiesen und dort in der Armee eingesetzt werden solle. Denn verdächtig wie er sei, dürfe er sich keinesfalls unter der Sklavenschaft Brasiliens bewegen (*não deve girar entre a escravatura do Brazil*) oder auch nur in „irgendeinem Teil Brasiliens" wohnen.[261] Der Hinweis auf „die Sklavenschaft" (*a escravatura*), die in „irgendeinem Teil" Brasiliens beeinflusst werden könnte, macht in diesem Dokument deutlich, dass der Polizeiintendant Sklaven als eine kohärente gesellschaftliche Gruppe imaginierte. Diese Simplifizierung und Kategorisierung gibt Aufschluss über die Art und Weise, wie sich der imperiale Staat seine Gesellschaft „lesbar" machte: Regionale Besonderheiten und unterschiedliche Zusammensetzungen der versklavten Bevölkerung spielten bemerkenswerterweise keine Rolle; der Polizeichef sah Sklaven als eine einzige Entität an. Wahrscheinlich ist, dass es genau diese kurzsichtige Sichtweise war, die dazu führte, dass (wie bereits in Viannas „Plänen zur Verbesserung der Policey" deutlich wurde) die Sklaven als größte Gefahr für „den Staat" galten. Bemerkenswerterweise kann auch und gerade die Herstellung der „Lesbarkeit" einer Gesellschaft – als Voraussetzung für staatliche Herrschaft und Souveränität – eine Souveränitätspanik hervorrufen.

Nur wenige Tage nach dieser Korrespondenz trug sich ein interessanter Konflikt zwischen einer Sklavenbesitzerin namens Ana Joaquina, ihrer Skla-

---

261 Vianna an Vilanova Portugal, Rio de Janeiro am 12. November 1818, ANRJ PC cód. 323 vol. 5, S. 71v–72. Idem ad idem, Rio de Janeiro am 16. November 1818, ANRJ PC, cód. 323 vol. 5, S. 72–74.

vin Policena und dem Polizeichef zu: Die Sklavenbesitzerin hatte zweihundert Peitschenhiebe gefordert (die Ausführung der Bestrafungen von Sklaven war monopolisiert und oblag offiziell ausschließlich der Polizeiintendanz[262]), doch Vianna bestand darauf, dass sie sich mit der Hälfte, also hundert Peitschenhieben, zufrieden gab, und involvierte in dieser Angelegenheit auch den Monarchen persönlich. In einem ersten Schreiben schlug er „im Namen der Menschheit" vor, ein allgemeines Höchstmaß für Peitschenhiebe festzusetzen. Eine gesetzliche Regelung diente Vianna zufolge „sowohl den Sklaven als auch den Herren" und gleichsam der „Erhaltung der Bevölkerung Brasiliens" und der „großen Manufakturen", die es im Lande gebe (gemeint sind hier vermutlich die *engenhos* auf den Zuckerrohrplantagen).[263] Der Verweis auf die (gesamte) Bevölkerung Brasiliens macht deutlich, dass die von Vianna gesetzten Normen – dem Anspruch nach – im gesamten brasilianischen Territorium gelten sollten. Im zweiten Schreiben gründeten die Argumente Viannas ausschließlich auf ökonomischen Überlegungen und zielten darauf, dass der „öffentliche Reichtum des Staates" (*riqueza pública do Estado*) nicht gefährdet werden sollte, indem man zu viele Sklaven sterben ließ. Humanitäre Beweggründe werden hier nicht genannt.[264]

Der Streit um das Auspeitschen bringt eine komplexe Konstellation der Machtbeziehung zwischen Staat, Herr und Sklave zum Vorschein, die hier neu ausgehandelt, ausgerichtet und normiert wurde.[265] Die staatliche Gewalt, repräsentiert durch die Polizei, schob sich im Interesse der „gesamten Gesellschaft" zwischen die Privatperson und ihren Sklaven. Somit transformierte die Staatsmacht das Objekt; ihr Handeln richtete sich nicht nur gegen das Handeln der Sklaven, sondern auch gegen das Handeln der Sklavenhalter, indem sie eine Norm einsetzte, die die Anzahl der Peitschenhiebe beschränkte.

Dass die Transformation der Machttechniken nach der Revolution in Pernambuco stattfand, ist kaum ein Zufall. Ein Zusammenhang mit der von Polizeichef Vianna angenommenen Krise des Sklavereisystems, die sich in Rio

---

262 ALGRANTI, Police Power to Control the Slave Population, S. 43f.
263 Vianna an Villanova Portugal, Rio de Janeiro am 16. November 1818, ANRJ PC cód. 323 vol. 5, S. 72–74; Vianna an João VI, Rio de Janeiro am 16. November 1818, ANRJ PC cód. 323 vol. 5, S. 80–81v.
264 Vianna an João VI, Rio de Janeiro am 16. November 1818, ANRJ cód. 323 vol. 5, S. 80–81v.
265 Machtausübung zeichnet sich dadurch aus, dass sie sich stets entwickelt, organisiert und mehr oder weniger gut angepasste Verfahren einsetzt, FOUCAULT, Michel, Subjekt und Macht, in: DERS., Analytik der Macht, hrsg. v. Daniel DEFERT/François EWALD, Frankfurt a. M. 2005, S. 240–263, S. 260.

de Janeiro vor allem in Form von „revolutionären" Individuen und „Verkündern" der Abolition aus Pernambuco und aus Montevideo manifestiert hatte, ist mehr als wahrscheinlich. Wenn die Polizeidokumente insgesamt eine ganze Reihe von Beispielen aufzeigen, bei denen „der Staat" sich in das Verhältnis von Sklavenhalter und Sklaven einmischte, so traten diese Fälle vermehrt nach Ende 1817 auf. Ab dieser Zeit griff Vianna wiederholt ein, wenn es zu Unstimmigkeiten zwischen Herren und Sklaven, aber auch zwischen (Ex-)Sklaven kam, sei es aufgrund von Misshandlungen, Liebschaften oder einem Freikauf, der später nicht mehr anerkannt wurde.[266] Im März 1818 wurde beispielsweise ein Sklave wegen der Teilnahme an einer Capoeira-Runde festgenommen und mit Peitschenhieben bestraft. Vianna untersuchte diesen Fall eingehend und kam zu dem Schluss, dass es sich bei der Denunziation „in Wirklichkeit" um eine Racheaktion einiger Soldaten gegen den Besitzer des Sklaven, Francisco Batista, gehandelt hatte. Der Sklave habe keine Capoeira betrieben und sei also unschuldig. Paulo Fernandes Vianna schlug daher eine Bestrafung der Soldaten vor und plädierte dafür, in Zukunft erst Ermittlungen anzustellen und dann die Strafe auszuführen.[267] Die Autorität der Polizei sollte – oder musste – nun offenbar auf einer gewissen Gerechtigkeit gegenüber Sklaven beruhen, da unschuldig ausgepeitschte Sklaven dem Sklavereisystem aus Sicht der Ordnungshüter nicht dienten. Ein Fall, bei dem ein Soldat aufgrund seines unberechtigten Handelns gegen Sklaven verfolgt und bestraft wurde, ist *vor* 1817 nicht in den Polizeidokumenten nachweisbar. Daraus wird ersichtlich, dass die Machttechniken im Umgang mit Sklaven sich aufgrund der Revolution in Pernambuco bzw. vielmehr aufgrund von Personen, die in Rio de Janeiro Zeugnis von ihr gaben, geändert hatten.

Insgesamt muss ein Zusammenhang zwischen den Transformationen der Machtverhältnisse zwischen Staat, Sklavenhalter und Sklaven in Rio de Janeiro und einer als solchen wahrgenommenen allgemeinen Krise der Sklaverei angenommen werden. Es handelte sich jedoch um eine Krise, die während der joaninischen Zeit nicht in der Hauptstadt direkt spürbar war, etwa durch Aufstände oder Protestbewegungen der lokalen Sklaven, sondern sich an anderen Orten der atlantischen Welt, namentlich in Haiti, Pernambuco und Montevideo manifestiert hatte oder dabei war, sich zu manifestieren. Die

---

266 Vianna an den *juiz ordinário* von Vila de Barbacena, Minas Gerais, Rio de Janeiro am 11. Februar 1820, ANRJ PC cód. 325 vol. 3, ohne Paginierung; Vianna an den *juiz de fora* von Paranaguá, Rio de Janeiro am 23. Februar 1820, PC cód. 325 vol. 3, ohne Paginierung.

267 Vianna an den Kommandanten der *Guarda Real da Polícia*, José Maria Rebello de Andrade Vasconcelos e Souza, Rio de Janeiro am 14. März 1818, ANRJ PC cód. 327 vol. 1, S. 77v.

große Aufmerksamkeit und Sensibilität des Polizeichefs für die Geschehnisse in der „Außenwelt" führten jedoch dazu, dass er bei seinen Bemühungen, die Souveränität der Krone und die gesellschaftliche „gute Ordnung" zu wahren, die Techniken und Normen der Polizei neu ausrichtete. Zweifellos hatten die Befürchtungen des Polizeichefs auch mit dem Erhalt des Imperiums zu tun: Überall, wo Sklaven nach Freiheit strebten, wurde gleichzeitig imperiale Macht geschwächt.

Angestoßen wurden die Transformationen der Machtverhältnisse von der Annahme, dass die Prinzipien der Abolition, die in Haiti, Pernambuco und Montevideo zum Tragen gekommen waren, universelle Prinzipien waren, die unmittelbar an Einfluss gewännen, so sie in die Gesellschaft Rio de Janeiros hineingetragen würden. Eine Internalisierung der Krise geschah insofern, als die Annahme der Universalität bestimmter Werte und die Furcht vor einem Aufstand durch die Aktivitäten des Polizeichefs direkt in das System der Polizierung der Sklaven Einzug erhielt. Die „Globalisierung" der Krise der Sklaverei manifestierte sich nicht zuletzt in einer erhöhten Alarmbereitschaft und der „Verbesserung" der Polizierungstechniken in Rio de Janeiro.

5.3 Interaktionen mit „imperialistischen" Briten

Eine bedeutende These der Historiographie über die joaninische Zeit besagt, dass Großbritannien in der Geschichte der beiden Hoftransfers (sowohl hin als auch zurück) die Fäden gezogen und in der Zwischenzeit (1808–1821) Wirtschaft und Politik in Brasilien und Portugal dominiert habe. Die Argumentation beginnt meist mit der Feststellung, dass Portugal den militärischen Schutz Großbritanniens seit dem Mittelalter mit der Gewährung von Wirtschaftsprivilegien bezahlt habe und spätestens seit den Methuen-Verträgen von 1703 eine britische „informelle Kolonie" gewesen sei. Insbesondere für das 18. und 19. Jahrhundert nehmen viele Historiker ein starkes, wenn nicht totales Abhängigkeitsverhältnis des portugiesischen Reiches von Großbritannien an, wobei die britische Dominanz mit dem Transfer des portugiesischen Königshofes 1807/08 automatisch auch auf Brasilien überging.[268] Alan K. Manchester konstatierte 1933, dass Portugal seit den „triple complementary

---

268 Das Abhängigkeitsverhältnis wird von zahlreichen zeitgenössischen Historikern konstatiert, vgl. zum Beispiel VILLALTA, O Império Luso-Brasileiro e os Brasis; ARRUDA, Uma colônia entre dois impérios.

treaties" von 1654 bis zur Anerkennung der brasilianischen Unabhängigkeit 1825 ein „ökonomischer Vasall" Großbritanniens gewesen sei.[269]

Gilberto Freyre, einer der bedeutendsten brasilianischen Sozialwissenschaftler des 20. Jahrhunderts, beschrieb und kritisierte 1948 in seinem Werk über den „britischen Einfluss auf Leben, Landschaft und Kultur Brasiliens" den politischen, ökonomischen und kulturellen „britischen Imperialismus" in Brasilien.[270] Für ihn war der Einfluss der „Engländer" (diese Bezeichnung wird in Brasilien vielfach synonym zu „Briten" gebraucht) ebenso folgenreich für die Kultur und Wirtschaft Brasiliens wie die Etablierung des portugiesischen Hofes in Rio de Janeiro. Demnach begann mit dem Hoftransfer die „systematische Britannisierung" der brasilianischen Wirtschaft bzw. das „britische Protektorat" über Brasilien.[271] Die britische Handelskolonie in Rio de Janeiro könne man, so Freyre, „ohne jede Übertreibung imperialistisch" nennen.[272] Den britischen Kaufmännern, Importeure von Textilien, Eisen, Glas, Maschinen, schrieb er eine „Fama der Reichen" zu; sie hatten elegantere Kutschen als die einheimischen Adeligen, trugen feinere Kleidung, „okkupierten" mit ihren Geschäften die besten Straßen in der Nähe des Zollamtes und wohnten in „schlossartigen" Häusern der Vorstädte. Britische Konsuln erreichten Freyre zufolge in Pernambuco, Salvador da Bahia und Rio de Janeiro, den drei wichtigsten urbanen Zentren Brasiliens im frühen 19. Jahrhundert, aufgrund ihrer „besonderen Autorität" beinahe den Status von „Halbgöttern".[273] Diese These ist Teil einer (Welt-)Geschichtsschreibung, in der das portugiesische Reich als Peripherie des kapitalistischen Systems auftaucht, dessen Zentrum Großbritannien war, und fügt sich in die Tradition der lateinamerikanischen Dependenztheorie ein.[274]

In jüngerer Zeit haben sich portugiesische Wirtschaftshistoriker auf der Grundlage von Handelsbilanzen daran gemacht, die These der britischen Übermacht zu relativieren. So war der wirtschaftliche Druck der Briten auf Portugal Ende des 18. Jahrhunderts Valentim Alexandre zufolge gering.[275]

---

269 MANCHESTER, British Preëminence in Brazil, S. 1.
270 FREYRE, Ingleses no Brasil, S. 131; S. 29; S. 45; S. 91.
271 Ebd., S. 158f.
272 Ebd., S. 44f.
273 Ebd., S. 94, S. 123 und S. 131.
274 Vgl. unter anderem FRANK, Capitalism and Underdevelopment in Latin America: Historical Studies of Chile and Brazil, Harmondsworth 1971; CARDOSO, Fernando Henrique/Enzo FALETTO, Dependency and Development in Latin America, Berkeley 1979; WALLERSTEIN, Immanuel, The Modern World System, Bd. 3: The Second Era of Great Expansion of the Capitalist World System, 1730–1840, San Diego 1989.
275 ALEXANDRE, Sentidos do Império, S. 69.

Zwar hing der portugiesische Baumwollhandel größtenteils vom britischen Markt ab, der brasilianische Zucker hingegen wurde im großen Maßstab auch in andere Staaten reexportiert. Obschon das britische Manufakturwesen die Aktivitäten der Bourgeoisie und die Akkumulation des „nationalen" Kapitals in Portugal insgesamt einschränkte,[276] hatte der drastische Rückgang des Goldflusses aus der brasilianischen Provinz Minas Gerais in der zweiten Hälfte des 18. Jahrhunderts den britischen Exporthandel nach Portugal einbrechen lassen und die ökonomischen Beziehungen zwischen den beiden Volkswirtschaften geschwächt.[277] Auch der Portweinhandel (80 Prozent des in Portugal produzierten Portweins wurden Ende des 18. Jahrhunderts nach Großbritannien exportiert), der einen „gewissen Grad" an ökonomischer Abhängigkeit schuf, war nach Alexandre „weit davon entfernt", eine politische Abhängigkeit Portugals von Großbritannien zu bedeuten. Für die meisten portugiesischen (Agrar-)Regionen bestanden die wichtigsten Handelsbeziehungen mit der Kolonie Brasilien. Viele Gruppen (Händler, Landwirte, Gewerbetreibende) schuldeten der engen Beziehung zu Großbritannien nichts.[278] Jorge Pedreira und José Luís Costa, die älteren Interpretationen der Methuen-Verträge als „Mythographien" bezeichnen, haben sich ebenfalls gegen die These der ökonomischen Vorherrschaft Großbritanniens gewandt.[279] Für die joaninische Zeit (vor allem bis 1815) konstatiert Pedreira einen starken ökonomischen Einfluss der Briten, beobachtet aber, dass die brasilianischen Importe aus Großbritannien von 1812 bis 1821 stagnierten. Seiner Meinung nach überschätzten die Briten den brasilianischen Markt ebenso wie jenen des Río de la Plata „hoffnungslos" und hatten daher nicht selten „herbe Verlustgeschäfte" hinzunehmen. Die englischen Netzwerke haben demnach jene zwischen Händlern in Portugal und Brasilien nicht ersetzen können, zudem profitierten von den Geschäften der Briten immer auch Portugiesen.[280]

---

276 Ebd., S. 71.
277 Ebd., S. 70. Vgl. auch die Statistiken in: SERRÃO, José Vicente, O quadro económico, in: HESPANHA (Hrsg.), História de Portugal, Bd. 4: O Antigo Regime (1620–1807), S. 71–117, insbesondere S. 103–107.
278 ALEXANDRE, Sentidos do Império, S. 72f.
279 PEDREIRA, Jorge, Diplomacia, manufacturas e desenvolvimento económico. Em torno do mito de Methuen, in: José Luís CARDOSO/Isabel CLUNY/Fernado Dores COSTA et al. (Hrsg.), O Tratado de Methuen (1703). Diplomacia, guerra, política e economia, Lissabon 2003, S. 131–156, S. 152; CARDOSO, José Luís, Leitura e interpretação do Tratado de Methuen: balanço histórico e historiográfico, in: CARDOSO/CLUNY/COSTA et al. (Hrsg.), O Tratado de Methuen (1703), S. 11–30, S. 26.
280 PEDREIRA, From Growth to Collapse, S. 858f. Rory Miller und Jorge Caldeira teilen die Einschätzung, dass einige der 1808 in Rio de Janeiro eingetroffenen britischen Kaufleute „enorme" Gewinne verzeichneten, die meisten aber Bankrott gingen, MIL-

Trotz dieser wichtigen und notwendigen Relativierungen kann der starke wirtschaftspolitische Einfluss von Briten in der Geschichte Lateinamerikas kaum negiert werden. Auch die moderne Forschung geht davon aus, dass ein (informeller) britischer Imperialismus bzw. ein „Imperialismus des Freihandels" im 18. und 19. Jahrhundert existierte.[281] Dieser wurde jedoch nicht durch „das" Großbritannien oder „die" britische Ökonomie ausgeübt. Anstatt von Entitäten wie „Staat", „Nation", „Kolonie" und „dem internationalen Kapitalismus" auszugehen, wie es in der Dependenztheorie üblich war,[282] konzentrieren sich neuere Analysen auf jene Individuen und Gruppen, die einen imperialen Druck aufzubauen imstande waren.[283] John Darwin geht beispielsweise davon aus, dass private britische Akteure „Brückenköpfe" (*bridgeheads*) gebildet haben, die politische und kulturelle Einflussnahme möglich machten. Diese *bridgeheads*, die aus Händlern, Missionaren, Konsuln oder Siedlern bestehen konnten, waren die Schnittstellen zwischen der britischen Regierung und der lokalen „Peripherie". Ob und wie Großbritannien (informellen) imperialistischen Druck auf einen Staat oder eine Region aufbauen konnte, hing demnach vom Geschick der jeweiligen *bridgeheads* ab.[284] Auch die Rolle und Handlungsmöglichkeiten (*agency*) der jeweiligen lokalen Eliten, die mit den Briten kooperierten und damit den Imperialismus erst möglich machten, stehen im Fokus zahlreicher Arbeiten.[285]

LER, Rory, Britain and Latin America in the Nineteenth and Twentieth Century, London 1993, S. 79f.; CALDEIRA, Jorge, A nação mercantilista. Ensaio sobre o Brasil, São Paulo 1999, S. 326f.

281 John Gallagher und Ronald Robinson haben das Konzept des „informellen Imperiums" mit ihrem 1953 erschienenen Aufsatz maßgeblich geprägt, GALLAGHER, John/ Ronald ROBINSON, The Imperialism of Freetrade, in: The Economic History Review, Second series VI/1, 1953, S. 1–15. Es findet sich auch in der modernen Fachliteratur und in globalhistorischen Synthesen, vgl. zum Beispiel KNIGHT, Alan, Rethinking British Informal Empire in Latin America (Especially Argentina), in: Bulletin of Latin American Research, 27 Supp. 1, 2008, S. 23–48; KOEHN, Nancy Fowler, The Power of Commerce. Economy and Governance in the First British Empire. Ithaca/London 1994, S. xi; OSTERHAMMEL, Verwandlung der Welt, S. 649–654 und S. 658–662; BAYLY, Geburt der modernen Welt, S. 161–166.

282 WOLFE, Patrick, History and Imperialism. A Century of Theory, from Marx to Postcolonialism, in: The American Historical Review 102/2, 1997, S. 388–420, S. 397.

283 „The early and mid-nineteenth century British empire did not need many people to run it", PORTER, Bernard, Absent-Minded Imperialists. Empire, Society, and Culture in Britain, Oxford 2006, S. 25.

284 DARWIN, John, Imperialism and the Victorians: The Dynamics of Territorial Expansion, in: English Historical Review 112/447, 1997, S. 614–642, S. 629f.

285 Vgl. exemplarisch GRAHAM, Sepoys and Imperialists; PARSONS, Timothy H., African Participation in the British Empire, in: Philip D. MORGAN/Sean HAWKINS, Black Ex-

Obwohl – oder gerade weil – die Dominanz der Briten in Rio de Janeiro für die Zeit zwischen 1808 und 1822 immer wieder behauptet wird, sind solche Perspektiven in der Geschichtsschreibung über die joaninische Zeit selten. Die beiden gewichtigen Klassiker von Alan K. Manchester und Gilberto Freyre sind nach wie vor Grundlage der meisten historischen Betrachtungen.[286] Eine Sozialstudie der britischen *community*, wie sie Louise Guenther für Bahia zwischen 1808 und 1850 verfasst hat, liegt für Rio de Janeiro nicht vor.[287]

In den Kapiteln 2.2. und 2.3. ist die Bedeutung des britischen Drucks auf Portugiesen beim Transfer des Hofes sowie bei der Öffnung der brasilianischen Häfen bereits relativiert worden. Ein erneuter, differenzierter Blick auf die Briten ist für die vorliegende Arbeit vor allem deshalb relevant, weil die Präsenz von Briten als eine der Hauptursachen für die Erstarkung der Unabhängigkeitsbewegungen in Lateinamerika und für die Zerstörung des spanischen Kolonialreiches gilt,[288] also unmittelbare Auswirkung auf dessen räumlich-territoriale Gestalt hatte. Die Aktivitäten britischer Kaufleute am Río de la Plata ab 1806 standen nach heutigem Stand der Forschung in kausalem Zusammenhang mit der Revolution in Buenos Aires von Mai 1810, die letztlich zur Unabhängigkeit führte.[289]

---

perience and the Empire, Oxford 2004, S. 257–285; THOMPSON, Andrew, Informal Empire? An Exploration in the History of Anglo-Argentine Relations, 1810–1914, in: JLAS 24/2, 1992, S. 419–436. Anthony G. Hopkins betont in der Kritik an Thompsons Artikel, dass die Kollaboration von lokalen Eliten keinesfalls dem Konzept eines informellen Imperialismus entgegensteht, HOPKINS, Anthony G., Informal Empire in Argentina: An Alternative View, in: JLAS 26/2, 1994, S. 469–484, S. 476.

286 MILLER, Rory, Informal Empire in Latin America, in: WINKS, Robin W. (Hrsg.), The Oxford History of the British Empire vol. V: Historiography, Oxford 1999, S. 437–449, S. 438. Für die Zeit nach 1830 gibt es mehr Untersuchungen, vgl. EAKIN, Marshall G., Business Imperialism and British Enterprise in Brazil: The St. Jophn d'el Rey Mining Company, Limited, 1830–1960, in: HAHR 66/4, 1986, S. 697–741; ABREU, Marcelo de Paiva, British Business in Brazil: Maturity and Demise (1850–1950), in: Revista brasileira de economia 54/4, 2000, S. 383–413, S. 386.

287 GUENTHER, Louise H., British Merchants in Nineteenth-Century Brazil: Business, Culture and Identity in Bahia, Oxford 2004. Guenthers Studie zielt auf die Identitätskonstruktion innerhalb der – zunächst sehr heterogenen – *British community*. Die Interaktionen zwischen Briten und portugiesischen Untertanen werden in Kapitel 5 und 6 vor allem anhand der Beziehung zwischen Männern und Frauen exemplifiziert.

288 „The English had been the major factor in the destruction of Iberian imperialism", STEIN, Stanley J./Barbara H. STEIN, The Colonial Heritage of Latin America: Essays on Economic Dependence in Historical Perspective, New York 1970, S. 155.

289 BÖTTCHER, Monopol und Freihandel, S. 68f. und S. 142; MILLER, Britain and Latin America, S. 38f.

Die britische Diplomatie und der britische Handel waren in Brasilien, insbesondere in Rio de Janeiro, deutlich stärker als anderswo in Lateinamerika. Gemessen an Handelsvolumen und Personenzahl war im gleichen Zeitraum die britische Präsenz in den urbanen Zentren Brasiliens bedeutend größer als am Río de la Plata. Wenn also die Unabhängigkeit von Buenos Aires tatsächlich eine Folge der britischen Präsenz war, warum hatte das gleiche – oder mindestens ähnliche – Phänomen in Rio de Janeiro andere Konsequenzen? Wie genau gestaltete sich die Wahrung der Souveränität der portugiesischen Krone unter beträchtlicher Einflussnahme der Briten?

Historische Vergleiche generieren keineswegs automatisch einen Mehrwert, und die Historische Komparatistik – insbesondere ihr Verhältnis zu ihren mehr oder minder entfernten Verwandten, der transnationalen Geschichte, Verflechtungsgeschichte, Histoire Croisée, Entangled History und Globalgeschichte – ist in den vergangenen Jahren kontrovers diskutiert worden.[290] Unter dem historischen Vergleich versteht man die systematische Suche nach und die Erklärung von Ähnlichkeiten und Unterschieden bei der Definition eines Problems (bzw. des Umgangs mit diesem) in verschiedenen Gesellschaften. Die Grundannahme ist, dass es universelle menschliche Bedürfnisse und Formen des sozialen Handelns gibt, dass diese jedoch durch die jeweilige Gesellschaft, Kultur und Geschichte spezifisch strukturiert werden. Indem die Vergleichende Geschichte nach den Voraussetzungen, Formen und Folgen von Institutionen und sozialen Praktiken in Zeit und Raum fragt, werden unter einer übergeordneten Fragestellung unterschiedliche wirtschaftliche, politische und kulturelle Ordnungen und Wege der historischen Entwicklung erklärbar.[291] Aus Sicht des spanischen und portugiesischen Imperiums war fast gleichzeitig (ab 1806 bzw. 1808) das gleiche Phänomen gegeben: die massive

---

290 MIDDELL, Matthias, Kulturtransfer und Historische Komparatistik – Thesen zu ihrem Verhältnis, in: DERS. (Hrsg.), Kulturtransfer und Vergleich, Leipzig 2000, S. 7–41; MIDDELL, Kulturtransfer und transnationale Geschichte, insbesondere der Abschnitt „Die Debatte um das Verhältnis von Kulturtranferforschung und Historischer Komparatistik", S. 58–62; WERNER, Michael/Bénédicte ZIMMERMANN, Vergleich, Transfer, Verflechtung. Der Ansatz der Histoire croisée und die Herausforderung des Transnationalen, in: Geschichte und Gesellschaft 28, 2002, S. 607–636; PAULMANN, Johannes, Internationaler Vergleich und interkultureller Transfer. Zwei Forschungsansätze zur europäischen Geschichte des 18. bis 20. Jahrhunderts, in: HZ 267/3, 1998, S. 649–685.

291 SIEGRIST, Hannes, Transnationale Geschichte als Herausforderung der wissenschaftlichen Historiographie, in: Matthias MIDDELL (Hrsg.), Dimensionen der Kultur- und Gesellschaftsgeschichte, Leipzig 2007, S. 40–48, S. 45; DERS., Perspektiven der vergleichenden Geschichtswissenschaft. Gesellschaft, Kultur und Raum, in: Hartmut KAELBLE/Jürgen SCHRIEWER (Hrsg.), Vergleich und Transfer. Komparat-

Präsenz britischer Kaufleute. In einem Fall führte sie zu einer „nationalen" Unabhängigkeit und dem Zerfall des Imperiums, im anderen wurde das Imperium nicht gefährdet.

Die folgende Argumentation gliedert sich in zwei Hauptteile, die zwei unterschiedliche Ziele verfolgen: Im ersten Teil soll dargestellt werden, wie sich das Zusammenleben von Briten und Portugiesen in joaninischer Zeit in Rio de Janeiro aus Sicht der städtischen Ordnungshüter gestaltete. Polizeiakten sind bisher noch nicht systematisch auf die Frage hin untersucht worden, wie sich die britische Präsenz auf den Alltag der Bewohner auswirkte, also wie sich das Zusammenleben von und die Interaktion zwischen Briten und Portugiesen gestaltete, welche Konflikte auftraten und ob dies für die Autoritäten als problematisch für die „gute Ordnung" und die politische Souveränität empfunden wurde. Es soll bei der Analyse der Polizeidokumente darum gehen, eine andere Version der Vergangenheit zum Vorschein kommen zu lassen als jene, die auf Basis von Wirtschaftsdaten rekonstruiert werden kann. Die zugrunde liegende Überzeugung ist, dass ein imperialistischer Druck, zumal ein informeller, kaum mit Handelsbilanzen allein gemessen werden kann. Für eine adäquate Interpretation muss auch und vor allem bedeutsam sein, ob und wie Zeitgenossen den Druck wahrnahmen und ob und wie er zu alternativen Identifikationsprozessen (als Folge des Wunsches nach wirtschaftlicher Selbstbestimmung) führte. Konkret geht es um die Frage, ob in den Polizeiakten konflikträchtige Interaktionen zwischen Briten und Portugiesen nachweisbar sind und ob diese zu Unabhängigkeits- und Nationalisierungstendenzen innerhalb der hauptstädtischen Bevölkerung führten. Im zweiten Teil werden in einem Vergleich mit Buenos Aires Überlegungen angestellt, warum es in Rio de Janeiro infolge der britischen Präsenz zumindest nicht zu einer *erfolgreichen* Unabhängigkeitsbewegung kam. Als Grundlage für die späteren Interpretationen sollen zunächst Bedingungen und Folgen der rechtlichen Sonderstellung der Briten in Brasilien dargestellt werden.

5.3.1 Die rechtliche Sonderstellung der Briten

Briten stellten von 1808 bis 1816 mit Abstand die größte ausländische Gruppe in Rio de Janeiro dar. Im August 1808, ein knappes halbes Jahr nach dem Hoftransfer, hatten sich im Zentrum Rio de Janeiros bereits 150 britische Groß- und Einzelhändler angesiedelt, von denen viele Geschäftsbeziehungen mit dem

---

istik in den Sozial-, Geschichts- und Kulturwissenschaften, Frankfurt a. M. 2003, S. 305–339.

Río de la Plata pflegten.[292] Während 1808 nur 40 „nationale" Großhändler in Rio de Janeiro eingetragen waren (die Zahl stieg 1810 durch immigrierte europaportugiesische Händler auf 97 an), existierten im September 1808 bereits 100 britische Firmen in der Hauptstadt, darunter etliche Tochterfirmen von in London ansässigen Unternehmen.[293] 1811 verzeichnete der *Almanaque da corte do Rio de Janeiro* 207 „nationale" und 65 britische,[294] für 1816 dann 273 „nationale" und 59 britische Großhändler.[295] In Rio allein wurden von August bis Ende Dezember 1808 Waren im Wert von fast 674 000 Pfund auf britischen Schiffen eingeführt, während die Exporte aus Rio nach Großbritannien über 203 000 Pfund ausmachten.[296] Innerhalb von wenigen Jahren verwandelte sich Brasilien in einen der größten Märkte der Briten: 1812 absorbierte Portugiesisch-Amerika mehr britische Produkte als ganz Asien und vier Fünftel aller Produkte, die nach Lateinamerika exportiert wurden.[297]

---

292 NEVES, Guilherme Pereira das, Del Império luso-brasileño al Império del Brasil, in: A. ANNINO/L. CASTRO LEIVA/F.-X. GUERRA (Hrsg.), De los impérios a las naciones: Iberoamerica, Zaragoza 1994, S. 186f.; DOMINGUES, Dom João. O Príncipe esclarecido e pai dos povos, S. 127.

293 MARTINHO, Lenira Menezes, Caixeiros e pés-descalços: Conflitos e tensões em um meio urbano em desenvolvimento, in: Lenira Menezes MARTINHO/Riva GORENSTEIN, Negociantes e Caixeiros na Sociedade da Independência, S. 21–124, S. 70; GORENSTEIN, Riva, Comércio e Política: O enraizamento de interesses mercantis portugueses no Rio de Janeiro (1808–1830), in: Lenira Menezes MARTINHO/Riva GORENSTEIN, Negociantes e Caixeiros na Sociedade da Independência, S. 125–255, S. 143. Vgl. auch PANTELÃO, A presença inglesa, S. 73.

294 Manchester notiert abweichend 207 portugiesische und 75 englische Großhändler für das Jahr 1811, daneben noch einige Händler anderer Nationalitäten, MANCHESTER, British Preëminence, S. 76.

295 „National" konnte sowohl „portugiesisch" als auch „brasilianisch" bedeuten, daher ist unklar, welche von den „nationalen Händlern" schon vor dem Transfer des Hofes in Rio ansässig gewesen waren. Fest steht, dass etliche von ihnen gebürtig aus Portugal stammten und schon zuvor Mitglieder in der *Real Junta do Comércio* in Lissabon oder in Porto waren. Es handelte sich um eine mobile soziale Gruppe, bei der häufig Mitglieder derselben Familie auf zwei Kontinenten arbeiteten. Die Aktivitäten der Händler umfassten neben Ex- und Import auch Versicherungshandel, Maklergeschäfte und Bankgeschäfte mit dem *Banco do Brasil*, SILVA, Gazeta. Cultura e Sociedade, S. 122.

296 ARRUDA, A Circulação, as finanças e as Flutuações econômicas, S. 180; MANCHESTER, British Preëminence, S. 68.

297 FREYRE, Ingleses no Brasil, S. 131. Die intensiven Handelsbeziehungen hatten in Europa bereits kurz nach dem Transfer des Hofes institutionellen Ausdruck gefunden: Auf Initiative Domingos de Sousa Coutinhos wurde am 25. Juni 1808 die *Association of English Merchants Trading to Brazil* gegründet, der 113 Londoner Händler angehörten. Unter ihrem 16-köpfigen „permanenten Komitee" befanden sich zwei Mitglieder

Anders als in den hispanoamerikanischen Gebieten hatten Briten in Brasilien eine rechtliche Sonderstellung inne. Die portugiesische Krone protegierte sie als „besondere Einwohner" (*cidadãos especiais*) und als solche verfügten sie über günstigere Handelskonditionen als die portugiesischen Untertanen: Britische Händler zahlten 15 Prozent Einfuhrsteuern ad valorem, während die auf „nationalen" Schiffen transportierten Waren mit 16 Prozent besteuert wurden. Grundlage für die schlechteren Handelskonditionen für Portugiesen war der am 18. Januar 1810 ratifizierte „Freundschafts- und Handelsvertrag" zwischen der portugiesischen und britischen Krone.[298] Neben Handelsprivilegien garantierte der Vertrag auch die Religionsfreiheit; Briten wurde der Bau von Friedhöfen und anglikanischen Kirchen erlaubt. Ein extraterritoriales Recht legte zudem fest, dass Briten in Brasilien nur von speziellen, von Briten ernannten Richtern (*juizes conservadores*) verurteilt werden konnten, ein Recht, das in Portugal schon lange gegolten hatte.[299] Der Vertrag hatte eine unbegrenzte Dauer, sah lediglich eine Revision nach 15 Jahren vor und verlor auch dann nicht seine Gültigkeit, sollte der Hof nach Portugal zurücktransferiert werden. Die in der Präambel postulierte Reziprozität und Garantie gleicher Vorteile für beide Nationen waren indes Makulatur: Produkte aus Brasilien wurden bei der Einfuhr in den britischen Markt weiterhin mit bis zu 300 Prozent besteuert.[300]

Die Ratifizierung des Freundschaftsvertrags von 1810 schuf in Brasilien eine fast-koloniale Situation. Nach der Definition Jürgen Osterhammels ist die „quasi-koloniale Kontrolle" (*informal empire*) ein Mittel zum Zweck der Sicherung von Wirtschaftsinteressen. Voraussetzungen sind eine deutliche wirtschaftliche Überlegenheit des stärkeren Staates und dessen Potenzial zur Durchdringung einer überseeischen Volkswirtschaft. Bei einer quasi-kolonia-

---

    des britischen Parlaments, MANCHESTER, British Preëminence, S. 75f.; FREYRE, Ingleses no Brasil, S. 133.

298 Eine ausführliche Interpretation des Vertrages findet sich bei ALEXANDRE, Sentidos do Império, S. 209–231. Vgl. auch PEDREIRA, From Growth to Collapse, S. 858; FREYRE, Ingleses no Brasil, S. 146; LUSTOSA/PIÑEIRO, Pátria & Comércio, S. 131f; MAXWELL/SILVA, A Política, in: O Império Luso-Brasileiro, S. 384.

299 Dieses Privileg blieb in Brasilien bis 1845 bestehen, GRAHAM, Sepoys and Imperialists, S. 30. Die Tradition, bestimmten Gruppen das extraterritoriale Recht zu konzedieren, war in den portugiesischen Besitzungen in Asien entstanden. Meist diente als Argument, dass diese Gruppen einer „nicht-europäischen Zivilisation" angehörten. Eine solche Konstellation basiert also auf der Annahme einer erheblichen kulturellen Differenz; diese Differenz wird durch das unterschiedliche Recht gleichsam erst hergestellt und perpetuiert, GUERRA, Susana, Portugal no Sião. Origens e renúncia da extraterritorialidade (1820–1925), Lissabon 2008, S. 64f.

300 MILLER, Britain and Latin America, S. 43.

len Kontrolle bleibt das politische System des schwächeren Staates bestehen, auf ihn wird jedoch punktuell Druck ausgeübt, insbesondere durch ungleiche Verträge zugunsten des „Big Brother" und die Etablierung eines extraterritorialen Rechts zum Schutz ausländischer Staatsangehöriger vor einheimischem Recht.[301]

Per definitionem zeichnet sich *informal empire* jedoch auch dadurch aus, dass die einheimischen Amtsträger keine willenlosen Marionetten sind, sondern erheblichen Handlungsspielraum besitzen.[302] Auch für den „Freundschaftsvertrag" gilt, dass kaum von einer Oktroyierung durch Briten gesprochen werden kann. Alexandre weist darauf hin, dass es die bewusste Entscheidung der portugiesischen Regierung, namentlich Rodrigo de Sousa Coutinhos und seines Bruders Domingos de Sousa Coutinho (portugiesischer Botschafter in London) war, Konzessionen dieser Art zu machen.[303] Der Hauptakteur auf britischer Seite, der Sondergesandte und Minister des britischen Königs (*envoy extraordinary and minister plenipotentiary*) am portugiesischen Hof, Strangford, schlug bei den Verhandlungen Kapital daraus, dass die portugiesische Regierung auf militärische und finanzielle Hilfe Großbritanniens angewiesen war:[304] Der Schutz des portugiesischen Territoriums in Europa geschah gewissermaßen im Tausch gegen ökonomische Privilegien in Brasilien.[305] Die Haltung der portugiesischen Regierung war – und dies ist entscheidend – gekennzeichnet durch einen unbedingten, aber keinesfalls selbstverständlichen Willen zum Imperium, der seinen Preis hatte:[306] Während die Interessen brasilianischer Großgrundbesitzer teilweise berücksichtigt wurden, indem sich in Artikel 24 die Regierung vorbehielt, die Einfuhr von britischen Kolonialprodukten (vor allem Zucker und Kaffee) zu verbieten und somit der portugiesische Markt für brasilianische Güter reserviert blieb, wurden die Interessen der merkantilen Eliten (in Portugal) weitgehend vernach-

---

301 OSTERHAMMEL, Kolonialismus, S. 25f.
302 Ebd., S. 26. Vgl. auch HABER, Stephen H./Herbert S. KLEIN, Consecuencias económicas de la independencia brasileña, in: Leandro Prados de la ESCOSURA/Samuel AMERAL (Hrsg.), La independencia americana. Consecuencias económicas, Madrid 1993, S. 147–163, S. 156–158.
303 ALEXANDRE, Sentidos do Império, S. 209.
304 KNIGHT, Britain and Latin America, S. 130.
305 PANTELÃO, A presença inglesa, S. 81.
306 ALEXANDRE, Sentidos do Império, S. 209–231; OLIVEIRA LIMA, D. João VI no Brasil, S. 246. Dass auch die Außenpolitik stets von kulturell spezifischen Vorannahmen geprägt ist, betont: LEHMKUHL, Ursula, Diplomatiegeschichte als internationale Kulturgeschichte: Theoretische Ansätze und empirische Forschung zwischen Historischer Kulturwissenschaft und Soziologischem Institutionalismus, in: Geschichte und Gesellschaft 27, 2001, S. 394–423.

lässigt.³⁰⁷ Diese sahen sich, bereits seit 1808 ihres Monopols beraubt, nun zusätzlich der verstärkten Konkurrenz durch britische Kaufleute ausgesetzt, die über günstigere Handelskonditionen verfügten.

Harsche Kritik am Vertrag von 1810 übte Hipólito da Costa in seinem in London erscheinenden *Correio Braziliense*: Er prangerte die fehlende Reziprozität des Vertrages an und nannte ihn eine „Erniedrigung der portugiesischen Nation", deren Wirkung die „Prosperität des entstehenden brasilianischen Imperiums" verzögere oder gar verhindere.³⁰⁸ Der portugiesische Monarch sah dies offenbar anders. In einem Verteidigungs-Manifest riet er den Einheimischen (*nacionais*), sich auf die Landwirtschaft zu konzentrieren.³⁰⁹ José da Silva Lisboa, unter den hohen Beamten der prominenteste Verfechter des Freihandels und gleichzeitig Direktor der Königlichen Druckerei, sah sich unter Rechtfertigungsdruck: Noch im Jahr 1810 publizierte er ein Werk mit dem Titel „Widerlegung der Deklamationen gegen den britischen Handel".³¹⁰ Kritik an dem Vertrag war von der portugiesischen Regierung in Rio de Janeiro generell nicht erwünscht, und offenbar waren die Autoritäten aufmerksam darauf bedacht, Schriftstücke kritischen Inhalts möglichst fernzuhalten. 1812 veröffentlichte Hipólito da Costa den Leserbrief eines in Rio de Janeiro residierenden Portugiesen, der sich darüber beschwerte, dass die Pressefreiheit in Brasilien noch eingeschränkter sei als in Portugal. Die Druckwerke, die aus England kamen, seien es Zeitungen oder andere, könnten – wenn überhaupt – nur heimlich gelesen werden. Demnach war eine Sammlung von Heftchen (*folhetos*), die über die negativen Effekte des Handelsvertrags für Portugal berichteten, vom Zollamt beschlagnahmt worden.³¹¹

In der Londoner Exilpresse manifestierte sich in den Folgejahren die Frustration der merkantilen Eliten: Die in London ansässigen portugiesischen Händler beschwerten sich in Leserbriefen dabei nicht über den Vertrag als solchen, sondern darüber, dass Großbritannien die Reziprozität nicht gewährleistete. Portugiesen war es nach wie vor nicht gestattet, in England frei zu reisen oder ein Bankkonto zu eröffnen. Auch Lissabonner *negociantes* versuchten, die Exilpresse in London als Sprachrohr zu nutzen. So wurden in den Jahren 1813 und 1814 zahlreiche Klagen der durch den Vertrag benachtei-

---

307 ALEXANDRE, Sentidos do Império, S. 222–225; CALDEIRA, Nação Mercantilista, S. 331.
308 CORREIO BRAZILIENSE vol. IV/27. August 1810, S. 189–197.
309 Das Manifest, das vor März 1808 verfasst wurde, wird paraphrasiert bei LUSTOSA/ PIÑEIRO, Pátria & Comércio, S. 134.
310 LISBOA, José da Silva, Refutação das Declamações Contra o Comércio Inglês, Extraída de Escritores Eminentes. Parte II, Rio de Janeiro: Impressão Régia 1810.
311 CORREIO BRAZILIENSE vol. IX, 1812, S. 564.

ligten Portugiesen publiziert (der sprechende Titel eines Artikels lautete „Es wird Zeit, dass die portugiesischen Händler erwachen"). Es war Valentim Alexandre zufolge weniger der Vertrag selbst als vielmehr die in den Zeitungen publizierten kritischen Artikel, die in diesen Jahren zu Auseinandersetzungen zwischen der britischen und der portugiesischen Regierung führten. Andererseits, so Alexandre, dürfe man nicht vergessen, dass diese Kritik eine geduldete war: Die Herausgeber des *Investigador* und des *Correio Braziliense* wurden auf Geheiß der Krone von der portugiesischen Botschaft in London bezahlt; als zu kritisch empfundene Stimmen konnten bei Bedarf abgeschwächt oder ganz zum Schweigen gebracht werden.[312]

Nicht nur in Europa, auch in Brasilien regte sich Protest. Der in einer Darstellung (*representação*) geäußerte Unmut bahianischer Händler über die britische Invasion unmittelbar nach der Öffnung der Häfen ist bereits zur Sprache gekommen. In ähnlicher Weise beklagten sich die Händler in Rio de Janeiro über den Schaden, den die britische Konkurrenz ihrem Geschäft zufügte: Mehr als hundert Einzelhändler und Besitzer kleiner Geschäfte unterzeichneten 1808 ein Schreiben an die Krone, in dem es hieß: „Der gesamte Handel der Hauptstadt wird in der Hand der Briten sein, wenn sie [gleichzeitig] die wichtigsten Großhändler (*negociantes de grosso*) sind, und sie können alle Monopole halten, die sie wollen."[313] Sie sahen sich durch die von Briten im Zentrum eröffneten Geschäfte dem „letzten Ruin und Misere" (*última ruína e miséria*) ausgesetzt. Die Bittsteller verlangten konkret, dass es Briten verboten werden solle, Einzelhandel zu betreiben und ihre Waren in kleiner Stückzahl zu veräußern.[314] Die Krone muss, wie die Existenz der Protestbriefe belegt, um die Unzufriedenheit der einheimischen Kaufmannschaft in den beiden größten Hafenstädten, Salvador da Bahia und Rio de Janeiro, gewusst haben. Dass sich der Antagonismus nach Abschluss des „Freundschaftsvertrages" noch verschärfen würde, war abzusehen. Doch sah die Regierung keinen Handlungsbedarf, was konkrete Maßnahmen zum Schutz der portugiesischen Einzelhändler anging.

Mit dem Tod des Staatsministers Conde de Linhares (Rodrigo de Sousa Coutinho) im Januar 1812 verloren die Briten ihren engsten Verbündeten und Fürsprecher innerhalb der portugiesischen Regierung.[315] Die Einsetzung

---

312 ALEXANDRE, Sentidos do Império, S. 262–265.
313 Zitiert nach MARTINHO, Caixeiros e pés-descalços, S. 71.
314 BNRJ, Mss. II–34,25,23 undatiert [1808]; BNRJ Ms. II–34,27,10 undatiert [1808]. Vgl. auch GORENSTEIN, Comércio e Política, S. 139; PIÑEIRO, Théo Lobarinhas, Negociantes, independência e o primeiro Banco do Brasil: uma trajetória de poder e de grandes negócios, in: Tempo 8/15, 2003 , S. 71–91, S. 74.
315 BARMAN, Forging of a Nation, S. 48.

des Conde das Galvêas als seinen Nachfolger wurde in Rio mit Feuerwerken gefeiert, was Strangford in einem Brief nach London als „Ausdruck der Freude über die Erstarkung der anti-britischen Fraktion" wertete.[316] Die Opposition der lokalen Bevölkerung gegen die von offizieller Politik bevorzugt behandelten Briten war für den britischen Diplomaten offenbar deutlich spürbar: Im Februar 1814 informierte er den Außenminister Castlereagh in London darüber, dass der „Hass" der Brasilianer auf Großbritannien stärker sei, als er beschreiben könne.[317] Fraser hatte schon 1812 nach London berichtet, dass jene Ladenbesitzer und Handwerker Brasiliens, die gebürtig aus Portugal stammten, „hochgradig unzufrieden und verärgert" über die britische Präsenz seien, während die „Einheimischen und Farmer" (*natives & cultivators of the soil*) die Freunde der Briten seien. Die hohen Sklavenpreise (verursacht durch die jüngsten Interventionen der Briten) jedoch hätten auch Letztere gegen die Briten aufgebracht – alle Einwohner Brasiliens seien nun „vereint in dem Gefühl des Hasses gegen die britischen Untertanen"; die britische Regierung und der Name Großbritanniens selbst sei nun im ganzen Land „verhasst".[318] Viele Zeitzeugenberichte zeugen in der Tat davon, dass Briten in Brasilien nicht gut gelitten waren: Henry Koster schrieb 1816 in seinem Reisebericht, dass die Einwohner Brasiliens Briten als „Heiden, Tiere und Pferde" ansahen.[319] De facto blieben die britischen Gemeinden relativ isoliert vom Rest der Gesellschaft; Hochzeiten zwischen Briten und Portugiesen waren im frühen 19. Jahrhundert selten.[320]

1815 unterschrieben 108 lokale Groß- und Kleinhändler erneut eine an den Monarchen adressierte *representação*, in der sie klagten, dass Briten „skrupellos alle Sorten von Wechselkursen und Algorithmen" gebrauchten und „sogar ambulante Händler einsetzten", um sich des Handels zu „bemächtigen". Um die „Integrität des Rechts" wiederherzustellen, das die „Souveränität des Staates und der Nation" garantiere, und um die Stadt von den „wucherischen

---

316 Strangford an Castlereagh, Rio de Janeiro am 20. Februar 1814, F.O., 63/167 No. 7. zitiert nach MANCHESTER, British Preëminence, S. 102.
317 Strangford an Castlereagh, Rio de Janeiro am 20. Februar 1814, abgedruckt in: C. K. WEBSTER, Britain and the Independence of Latin America, 1812–1830. Selected Documents from the Foreign Office Archives, Bd. 1, London/New York/Toronto 1938, S. 171.
318 Fraser an Castlereagh am 1. Dezember 1812, NA FO 63/149, zitiert nach GUENTHER, British Merchants in Brazil, S. 22.
319 KOSTER, Henry, Travels in Brazil, London: Longman, Hurst, Rees, Orme, and Brown 1816, S. 400. Vgl. auch BETHELL, Leslie, The Abolition of the Brazilian Slave Trade: Britain, Brazil, and the Slave Trade Question 1807–1869, in: Journal of Economic Literature 9/1, 1971, S. 83–85.
320 GUENTHER, British Merchants in Brazil, S. 68, S. 165.

Intrigen und Betrügereien" zu befreien, die „eher für Frauen üblich" seien, aber dem „öffentlichen Wohl" entgegenstünden, sollte, so die Forderung der Unterzeichnenden, die Krone die „englischen fliegenden Händler" in der Stadt verbieten.[321] Ein *Alvará* vom 27. März 1810 hatte ein generelles Verbot für ambulante Händler in den Straßen und Häusern Rio des Janeiros vorgesehen, doch bis zum Ende der joaninischen Zeit hielten sich zahlreiche Ausländer nicht an dieses Verbot, wie Beschwerdeschreiben einheimischer Einzelhändler an die *Real Junta do Comércio, Agricultura, Fábricas e Navegação* belegen.[322]

Das Pochen auf die „Souveränität der Nation" in dem Schreiben von 1815 deutet auf eine Nationalisierungstendenz bestimmter Gruppen unter dem ökonomischen Druck britischer Kaufleute hin. Die hier angeführten Dokumente (Beschwerdeschreiben portugiesischer Händler, Korrespondenzen des britischen Diplomaten Strangford), die auf solche Tendenzen hinweisen und in der Forschungsliteratur üblicherweise zitiert werden, sind jedoch noch keine kritische Masse, wenn man den gesamten Zeitraum von der Öffnung der Häfen 1808 bis zur Unabhängigkeit Brasiliens 1822 im Auge behält, und erst recht kein Beweis für die historische Wirkungsmacht dieser Tendenzen. Es ist daher angezeigt, in den Akten der Polizei zu prüfen – nachzuweisen oder zu widerlegen –, ob durch die Präsenz der Briten Bewegungen in Brasilien erstarkten, die eine potenzielle Gefahr für das portugiesische Imperium darstellten. Wie äußerte sich der von Strangford konstatierte „Hass auf Großbritannien" im Alltag und inwiefern stellten Praktiken der Briten und Reaktionen der portugiesischen Untertanen für die Polizei eine Gefahr für die „gute Ordnung" dar?

5.3.2 Briten und die „gute Ordnung" in Rio de Janeiro

Die enge politische Allianz zwischen der portugiesischen und britischen Krone sowie die rechtliche Sonderstellung der Briten hatten insofern konkrete Auswirkungen auf die Polizierung der Stadt, als die portugiesische Regierung eine „besondere Behandlung" der „Engländer" anordnete. So kümmerte sich Paulo Fernandes Vianna nach einem Angriff (möglicherweise

---

321 „Darstellung der Händler dieser Stadt gegen die fliegenden Händler", 25. April 1815, BNRJ Ms. II–34,27,24, zitiert nach SCHULTZ, Tropical Versailles, S. 216. Vgl. auch MARTINHO, Caixeiros e pés-descalços, S. 70.

322 Beratung der *Real Junta do Comércio, Agricultura, Fábricas e Navegação* über den Antrag (*requerimento*) von (Einzel-)Händlern (*comerciantes varejistas*), Rio de Janeiro am 4. September 1821, ANRJ Junta do Comércio, Fábricas e Navegação cx. 379, pct. 3.

einem Raubüberfall) auf eine englische Familie mit ganz besonderem Eifer um die Festnahme der vier Angreifer. Zwei wurden sofort gefasst, die anderen waren noch flüchtig, als er Staatsminister Linhares versicherte, dass er sich „wie es das Gesetz des Monarchen erfordert" in dieser Sache mit „besonderer Sorgfalt" (*especial cuidado*) um eine Genugtuung für die angegriffenen Untertanen der Britischen Hoheit bemühe, die die „ganz besonderen Alliierten der [portugiesischen] Nation" (*mui destinctos aliados da nossa Nação*) seien.[323] Überfälle auf Briten wurden nicht nur von Banditen, sondern in einigen Fällen auch von portugiesischen bzw. „brasilianischen" Soldaten verübt.[324] Sozialneid oder eine Aversion gegen die britische „Nation" waren möglicherweise ein Aspekt der Gewalt, ein anderer schlicht der Umstand, dass die britischen Bewohner Rio de Janeiros besonders wohlhabend waren; in jedem der insgesamt selten dokumentierten Fälle kümmerte sich Vianna gewissenhaft um die Verfolgung der Straftäter.

Die Polizei trat jedoch nicht ausschließlich als Beschützer der „besonderen Verbündeten" auf – es gab auch Konflikte zwischen portugiesischen Gesetzeshütern und britischen Einwohnern. Noch bevor 1810 das extraterritoriale Recht festgeschrieben worden war, manifestierte sich in manchen Situationen das Überlegenheitsgefühl gewisser britischer Kaufmänner: Ärger gab es beispielsweise mit dem Kaufmann Richenson, der sich bei Botschafter Strangford beschwerte, weil er sich von der Polizei schlecht behandelt gefühlt hatte. Vianna ließ umgehend über Linhares ausrichten, dass seine Institution sich sorgfältig um „Ruhe und Sicherheit" der Ausländer kümmere, ganz besonders um die der britischen Landsleute, und zwar, so schob er subtil hinterher, „vor allem dann, wenn diese sich nach den Regeln des Landes" verhielten. Bisweilen jedoch könnten „unliebsame Ereignisse" nicht verhindert werden. Der konkrete Fall hatte sich wie folgt zugetragen: Leutnant Ignacio Felix war in der Nacht zum 14. Juli 1809 unterwegs gewesen, um Matrosen zu rekrutieren, als man ihm einen Mann brachte, den er als einen Engländer und Diener

---

323 Vianna an Linhares, Rio de Janeiro am 4. Februar 1811, ANRJ PC cód. 323 vol. 3, S. 11. Vianna benutzt hier sowie in vielen weiteren Dokumenten bezeichnenderweise die Wendung „unsere Nation". Da er selbst gebürtig aus Brasilien stammte, der Empfänger des Briefes, Conde de Linhares, jedoch aus Portugal, wird ersichtlich, dass zu diesem Zeitpunkt in der (bürokratischen) Praxis in dieser Hinsicht keine Unterscheidung getroffen wurde: Die Untertanen des portugiesischen Monarchen waren Portugiesen. Das ist ein Grund dafür, warum in den Polizeiakten innerhalb der 13 Jahre keine Konflikte verzeichnet sind, bei dem man eine „brasilianische" und eine „portugiesische" Partei identifizieren könnte.

324 „*Furto feito a um Inglez por tres soldados*", Vianna an Linhares, Rio de Janeiro am 20. Mai 1809, ANRJ PC cód. 323 vol. 1, S. 62v.

von Richenson erkannte. Als er ihn zu dessen Haus zurückbrachte, wurde der Leutnant von Richenson und einem portugiesischen Diener, der „dem Anschein nach ein Mulatte" war (*famulo Portuguez que parece mulato*), beschimpft und attackiert. Wenn Richenson, so Vianna, nicht ein so „kleinlicher Mann" (*homem minuciozo*) wäre, der über alles schlecht spreche und damit in der Hauptstadt Unzufriedenheit stifte, würde er sich sehr schämen, diese Sache überhaupt gemeldet zu haben. Er solle im Übrigen dem „schlechten portugiesischen Diener" (*mao criado Portuguez*) misstrauen, der diesen ganzen Streit geschürt habe. Der Minister müsse jedenfalls erlauben, so Vianna abschließend, dass die Polizei den englischen Diener „korrigiere", wenn er das nächste Mal „Unruhe" in den Straßen der Stadt stifte.[325] Interessant ist hier das Beharren des Polizeichefs auf den geltenden Polizeinormen. Auch wenn es sich um einen Briten handelte, hatte er nach der Sperrstunde in den Straßen nichts zu suchen. Von Bedeutung ist zudem der Umstand, dass Richenson sowohl einen Landsmann als auch einen einheimischen „Mulatten" beschäftigte, der offenbar im Konflikt mit den lokalen Autoritäten ganz auf der Seite seines Arbeitgebers stand. Eine klare Trennung zwischen britischen und portugiesischen Interessen wird folglich den komplexen Beziehungen zwischen den beiden Bevölkerungsgruppen kaum gerecht.

Eine viel zu breite Brust demonstrierten nach Meinung des Polizeichefs englische Offiziere, die sich, mit Uniformen bekleidet, in den Logen der Oper[326] aufführten, als wären es „einfache Veranden", und damit „Unordnung" (*desordem*) provozierten, selbst wenn sie dies aufgrund ihres „Unwissens über die Sitten des Landes" (*ignorancia dos estilos do Paiz*) taten. Alle Magistrate seien von ihm persönlich angewiesen, Briten gut zu behandeln, aber solche „unangenehmen Streitigkeiten" könne man in Zukunft und „für immer" vermeiden, wenn ihre Vorgesetzten (*superiores*) den Offizieren „diese Dinge" erklärten.[327] Hier wird deutlich, dass die Unterschiede zwischen den „Nationen" sich auch und vor allem in ihren unterschiedlichen Kleidungs-

---

325 Vianna an Linhares, Rio de Janeiro am 25. Juli 1809, ANRJ PC cód. 323 vol. 1, S. 106–107.
326 Der Ausdruck „Oper" wurde zu der Zeit in Brasilien für alle Stätten gebraucht, in denen Dramen oder Musikstücke aufgeführt wurden. Die 1760 errichtete „Neue Oper" (*Nova Ópera*), musste bei Ankunft des Prinzregenten in Rio aufgrund ihres „ärmlichen" Erscheinungsbildes grundlegend umgestaltet und um Logen erweitert werden, damit sie der königlichen Familie zur Ehre gereichen konnte, CARDOSO, André, A música na corte de D. João VI, 1808–1821, São Paulo 2008, S. 168, S. 174 und S. 178.
327 Vianna an Linhares, Rio de Janeiro am 8. März 1811, ANRJ PC cód. 323 vol. 3, S. 26.

gewohnheiten und sozialen Praktiken manifestierten, und dass diese als Bedrohung gesehen wurden. Der falsche Habitus britischer Militärs im Theater, einem Ort von großer kultureller und politischer Bedeutung, gefährdete nach Meinung des Polizeichefs die soziale Ordnung. Die Polizei durfte, wie Paulo Fernandes Vianna bei einer anderen Gelegenheit bemerkte, „gerade im Theater keine Schwäche zeigen", sondern musste hier vielmehr ein „öffentliches Exempel" ihrer Vigilanz statuieren.[328] Seine Bitte, dass Staatsminister Linhares den betreffenden britischen Offizieren über ihre „Vorgesetzten" (und damit war vermutlich Strangford gemeint) die lokalen Sitten erklären lassen möge, legt die Vermutung nahe, dass eine „Unordnung" im Theater ein Problem von durchaus großer Relevanz war.

Trotz der Sonderstellung der Briten galten für sie die allgemeinen Polizeiregeln, was die Bewegung über (Stadt-)Grenzen hinweg anging. Drei Briten, die Polizisten ohne gültige Papiere in der Gemeinde Taipú aufgegriffen hatten, wurden im Dezember 1810 im Gefängnis festgehalten, bis man herausfand, wer sie waren und warum sie nicht, wie es die Normen vorsahen, einen Pass beantragt hatten.[329] In einem Fall beschwerte sich ein gewisser Mr. Cheffle direkt bei Strangford, weil er außerhalb der Stadt in Porto dos Caixas verhaftet worden war. Vianna antwortete auf Nachhaken des eingeschalteten Linhares, dass er in dieser Angelegenheit nichts hinzuzufügen habe. Der Engländer sei schließlich ohne gültige Papiere aufgegriffen worden, seine Beschwerde daher allein seiner „schlechten Laune" (*máo humor*) zuzuschreiben. Seitdem sich der Hof auf dem amerikanischen Kontinent befinde, habe es wiederholt Verordnungen gegeben, nach denen Ausländer ohne gültigen Passierschein sich nicht einmal aus der Hauptstadt heraus in die Provinz (Rio de Janeiro) hinein bewegen dürften. Der Engländer beschwere sich, so Vianna, über eine Vorkehrung, die allein auf „Weisheit" (*sabedoria*) basiere und „nur zum Wohle der Ausländer" existiere.[330] Auch wenn hier das „Wohl" der Aus-

---

328 Vianna an den *Juiz do Crime* des Stadtteils São Jozé, Rio de Janeiro am 7. Juni 1809, ANRJ PC cód. 323 vol. 1, S. 81–81v. Bau und Kontrolle eines zweiten Theaters (Real Teatro São João), dessen die Hauptstadt aufgrund der Präsenz des Königshofes „dringend bedurft" hatte, waren 1809 unter die Ägide des Polizeichefs gestellt worden, Silva, Cultura e sociedade, S. 73. Vgl. auch Cardoso, A música na corte de D. João VI, S. 185.
329 Vianna an den *Juiz do Crime* des Stadtteils São Jozé, Rio de Janeiro am 11. Dezember 1810, ANRJ PC cód. 323 vol. 2, S. 18v; Vianna an den *Juiz do Crime* des Stadtteils Candelária, Agostinho Petra de Betancourt, Rio de Janeiro am 11. Dezember 1810, ANRJ PC cód. 323 vol. 2, S. 19.
330 Vianna an Linhares, Rio de Janeiro am 22. Dezember 1810, ANRJ PC cód. 323 vol. 2, S. 41v–42.

länder betont wird, ist dieser Fall ein gutes Beispiel dafür, dass die polizeilichen Aktivitäten, die sich im Allgemeinen vorwiegend gegen Arme und Besitzlose richtete, im Bereich der Pass- und Fremdenpolizei auch Reisende aus besseren Kreisen betrafen.[331] Auch die Zensurpraktiken der portugiesischen Autoritäten trafen grundsätzlich die „besonderen Einwohner": An Briten adressierte Bücher wurden erst vom Zoll festgehalten und geprüft, bevor man sie, so sie unbedenklich waren, freigab.[332] Es gibt einige weitere Beispiele, bei denen das Fehlverhalten von Briten von der Polizei geahndet wurde. So landete manch einer wegen der Beleidigung einer Familie oder der Verletzung eines Sklaven im Gefängnis.[333]

Konflikte im Bereich des Handels, die in den Polizeidokumenten auftauchen, drehen sich allesamt um den Fleischverkauf. Nach Aufzeichnungen der Polizeiintendanz gab es Anfang 1810 drei britische Fleischhändler in der Stadt, die Frischfleisch (*carne fresca*) verkauften.[334] Vianna befand ihre Preise als überhöht; im Februar 1810 schrieb er mehrfach an den Conde de Linhares, dass er „nicht mit den Preisen einverstanden" sei.[335] Ärger und „Geschrei" (*clamor*) gab es, als Briten wiederholt Fleisch verkauften, obwohl sie dazu keine Erlaubnis hatten (die Lizenz für sechs Jahre hatte der portugiesische Großhändler Ignacio Rangel ersteigert) und sich auch nicht an die für den Fleischverkauf vorgeschriebenen Orte hielten. Damit verletzten sie „königliches Recht" und gefährdeten die „öffentliche Gesundheit". Neben Lizenzstreitigkeiten waren also auch hygienische Aspekte Stein des Anstoßes.

---

331 Dieses Phänomen konstatiert Alf Lüdtke auch für Preußen, LÜDTKE, „Gemeinwohl", Polizei und „Festungspraxis", S. 206.
332 Linhares an Aguiar, Rio de Janeiro am 12. Oktober 1810, ANRJ Série Interior: IJJ¹ 701. In diesem konkreten Fall handelte es sich um Bücher über die Geschichte Brasiliens, die an einen englischen Händler adressiert waren und vom Zollrichter auf Geheiß des Conde de Linhares schließlich freigegeben wurden.
333 ANRJ, cód. 401, zitiert nach SILVA, Gazeta. Cultura e Sociedade, S. 89f. Ein Simon Marocky machte sich „verdächtig" und landete deshalb im Gefängnis: Vianna an General João Baptista de Azevedo Coutinho Montesoury, Rio de Janeiro am 27. Juli 1809, ANRJ cód. 323 vol. 1, S. 107v-108. Das Gleiche widerfuhr dem Briten Smith: Vianna an Aguiar, Rio de Janeiro am 9. Juli 1809, ANRJ Diversos GIFI 6J–78 (Polícia da Corte 1809), Dokument ohne Paginierung.
334 *Rellação dos Inglezes que vendem Carne fresca ao publico*, aufgelistet vom Kommandanten der Guarda Real da Polícia, Jozé Maria Rebello de Andrade Vasconcellos e Souza für den Polizeiintendanten Vianna, Rio de Janeiro am 14. Februar 1810, ANRJ Diversos GIFI 6J–78 (Polícia da Corte 1808), Dokument ohne Paginierung.
335 Vianna an Linhares, Rio de Janeiro am 15. Februar 1810, ANRJ Diversos GIFI 6J–78 (Polícia da Corte 1808), Dokument ohne Paginierung; Vianna an Linhares, Rio de Janeiro am 15. Februar 1810, ANRJ Diversos GIFI 6J–78 (Polícia da Corte 1808), Dokument ohne Paginierung.

Bereits im Vorjahr, schrieb Vianna, habe es einen solchen „Missbrauch" gegeben. Natürlich müsse man, so fuhr er fort, die Engländer als „Untertanen des höchst respektierten Verbündeten" immer gut behandeln (*como vasalos do mais respeitado Aliado nosso devemos sempre bem tractar*). Er wisse jedoch, dass man vielleicht über „indirekte Wege" etwas erreichen könne, und bat Linhares daher, die Sache „in freundlicher Manier" und ohne Streit zu klären.[336] Die wiederholt verzeichneten Konflikte deuten darauf hin, dass trotz Drängen Viannas Briten nicht davon abgehalten werden konnten, Fleisch in Rio de Janeiro zu verkaufen, obwohl sie nicht über die nötigen Konzessionen der städtischen Autoritäten verfügten. Die „treuen Verbündeten" der Portugiesen hatten nach 1810 eine Stellung inne, die es ihnen erlaubte, sich über bestimmte Handelsbestimmungen hinwegzusetzen. Der Umstand, dass Vianna Staatsminister Linhares darum bat, den Zwist auf informellem Wege zu klären, lässt darauf schließen, dass der Weg über die (portugiesische) Justiz hoffnungslos war. Während Vianna auf die Einhaltung bestimmter Polizeinormen durch Briten pochte und etwa unerlaubte Grenzüberschreitungen im territorialen Sinne (Stadtgrenzen, Provinzgrenzen) stets ahndete, gab es im Bereich des Handels für die Polizei kaum Möglichkeiten, den Aktivitäten der Briten Einhalt zu gebieten.

Auch wenn ihre Stellung so privilegiert war, dass sie es kaum nötig hatten, sich in Rio de Janeiro an geltendes Handelsrecht zu halten, waren Briten nicht davor gefeit, selbst von Portugiesen übervorteilt zu werden. Aufgrund mangelnder Sprachkenntnisse waren die meisten von ihnen bei der Abwicklung ihrer Geschäfte auf einheimische Helfer angewiesen. Der *caixeiro* (Ladengehilfe) war üblicherweise der rechte Arm des Ladenbesitzers oder Kaufmanns, und als solcher nutzte er seine Position oft zum eigenen Vorteil. Vianna war 1811 der Meinung, dass die portugiesischen *caixeiros* in britischen Geschäften eine „Bande" seien, die „starker Korrektion" bedürften. Um der „allgemeinen Glaubwürdigkeit der portugiesischen Nation willen" müsse man sie wegen ihrer „Betrügerei und Böswilligkeiten", die sie den „gutgläubigen" und von ihnen abhängigen Engländern antäten, die jemanden bräuchten, der die Sprache der Kunden spricht, „streng bestrafen".[337] Stand Vianna den Briten in vielen der zuvor zitierten Fälle durchaus kritisch gegenüber, kann man ihm, wenn man diese Aussage in Betracht zieht, kaum eine einseitige antibritische

---

336 Vianna an Linhares, Rio de Janeiro am 13. Dezember 1810, ANRJ PC cód. 323 vol. 2, S. 21v–22; Vianna an Linhares, Rio de Janeiro am 28. Juni 1811, ANRJ PC cód. 323 vol. 3, S. 55v–56v; Vianna an Aguiar, Rio de Janeiro am 30. Juni 1811, ANRJ Polícia da Corte cód. 323 vol. 3, S. 56v.
337 ANRJ PC cód. 323 vol. 3, S. 55. Siehe auch Silva, Estratificação social, S. 99.

Haltung nachweisen. Der Fall stützt ferner die These, dass zahlreiche Portugiesen von der Anwesenheit britischer Händler und Ladeninhaber profitiert haben müssen.[338] Ab Februar 1809 belegen zahlreiche von Englischlehrern in der *Gazeta do Rio de Janeiro* geschaltete Anzeigen, dass es eine Nachfrage nach Englischunterricht unter den europäischen und/oder amerikanischen Portugiesen gab,[339] was ein Zeichen dafür ist, dass Englischkenntnisse sich auszahlten.

Streit zwischen portugiesischen Obrigkeiten und britischen Bewohnern der Stadt gab es bisweilen um Sklaven. Denn auch wenn die britische Regierung ab 1808 massiven, wenngleich vergeblichen Druck auf die portugiesische Krone ausübte, den Sklavenhandel zu unterbinden bzw. einzuschränken,[340] bedeutete dies nicht, dass alle Briten in Rio Abolitionisten waren.[341] 1812 forderten zwei britische Kaufmänner ihren Sklaven zurück, den Offizianten festgenommen und zu gemeinnütziger Arbeit zwangsverpflichtet hatten, und drohten, ihren zuständigen *juiz conservador* einzuschalten. Polizeiintendant Vianna betonte in dem Schreiben an Linhares, dass es Engländern eigentlich gar nicht erlaubt sei, Sklaven zu besitzen oder mit ihnen zu handeln. Außerdem wüssten die beiden sehr gut und wüsste „jeder", dass die Polizei eine Autorität sei, die Delinquenten stets „in flagranti" verhafte und eingreife, wenn es zu Menschenansammlungen und Pöbeleien käme. Alle festgenommenen Sklaven würden entweder vor Gericht prozessiert oder aber durch gemeinnützige Arbeit „korrigiert". In diesem Fall war der Sklave, ein im *Valongo* (dem zentralen Sklavenumschlagplatz der Stadt) gekaufter „Kongo-Neger" (*negro Congo*), zu Letzterem verpflichtet worden, da er gemeinsam mit anderen abends um neun Uhr Leute mit Steinen beworfen und einem patrouillierenden Soldaten die Hose zerrissen habe. Im Übrigen wäre er jedoch längst wieder von der gemeinnützigen Arbeit befreit worden, wenn einer seiner Besitzer aufgetaucht wäre,

---

338 Louise Guenther führt einige Beweise dafür an, dass portugiesische und britische Händler in Salvador kooperierten, GUENTHER, British Merchants in Brazil, S. 17f. Studien, die solche Kooperationen für Rio de Janeiro nachweisen und analysieren, liegen bisher nicht vor.

339 SILVA, Maria Beatriz Nizza da, Transmissão, conservação e difusão da cultura no Rio de Janeiro (1808–1821), in: Revista de História 48/97, 1974, S. 137–159, S. 157; FREYRE, Ingleses no Brasil, S. 201.

340 FREYRE, Ingleses no Brasil, S. 209. Zum „Abolition Act" von 1808 zwischen Brasilien und England sowie zu dem vergeblichen Kampf der Briten gegen den portugiesischen Sklavenhandel siehe MARQUES, The Sounds of Silence.

341 „British interests were politically blind: in Brazil they owned slaves in defiance of British abolitionism", KNIGHT, Alan, Britain and Latin America, in: Andrew PORTER (Hrsg.), The Oxford History of the British Empire, Bd. 3: The Nineteenth Century, Oxford 1999, S. 122–143, S. 133.

um ihn zu holen. Viannas konkreter Rat an den Staatsminister lautete, dass man den Sklaven nun, nach einigen Tagen der „Korrektur", gehen lassen und auf einen Prozess verzichten solle, der ein Einschalten des *juiz conservador* erfordern würde.[342] Der Fall ist deshalb interessant, weil er zeigt, dass ein für die britischen Bürger zuständiger Richter offensichtlich auch dann eingeschaltet werden konnte, wenn es um den für Briten eigentlich unerlaubten Sklavenbesitz bzw. um die Wiederbeschaffung eines von der Polizei festgenommenen Sklaven ging. Die Vermeidung eines Prozesses deutet auch in diesem Fall darauf hin, dass Paulo Fernandes Vianna, obwohl oberster Gesetzeshüter in der Stadt und rechter Arm des portugiesischen Monarchen, die Konfrontation mit oder eine Maßregelung durch einen *judge conservator* fürchtete.

Insgesamt spiegeln die Polizeidokumente und die in ihnen verzeichneten alltäglichen Konflikte zwischen Portugiesen und Briten eine andere Realität wider als die klassischen Interpretationen, die eine erdrückende britische Vorherrschaft suggerieren. Erstens überrascht die relativ geringe Anzahl der in den Polizeiakten verzeichneten Konflikte, nämlich kaum ein Dutzend für den gesamten betrachteten Zeitraum. Da es in vielen Fällen um Ereignisse ging, die von den Autoritäten als staatstragend angesehen wurden, haben diese dennoch Relevanz für die Bewertung der Interaktionen zwischen Portugiesen und Briten. Zweitens ist das Fehlen von Aufständen und größeren Protestbewegungen gegen die Briten bemerkenswert. Wie die Beschäftigung mit der Institution der Polizei und die Analyse der von ihr produzierten Dokumente lehren, konnten Pöbeleien oder das Zusammenkommen von protestierenden Gruppen kaum der polizeilichen Aufmerksamkeit entgehen. Auch wenn portugiesische Händler sich nachweislich gegenüber den „besonderen Verbündeten" benachteiligt sahen (davon zeugen nicht zuletzt die Beschwerdebriefe an den Monarchen), fand offenbar in Rio de Janeiro kein öffentlicher Protest statt. Es gibt in den Polizeiakten zudem keinerlei Anzeichen dafür, dass sich eine „nationale" Bewegung der europäischen und/oder amerikanischen Portugiesen gegen Briten formierte. Für die Streitigkeiten zwischen Briten und Portugiesen (bzw. der Gesetzeshüter) ist charakteristisch, dass sie nicht von Auseinandersetzungen zwischen Gruppen, sondern von Auseinandersetzungen zwischen Individuen zeugen. Kurz: Auch wenn jeder Konflikt mit Briten ein Staatsakt in dem Sinne war, dass er stets die höchsten Ordnungshüter und Regierungsmitglieder auf den Plan brachte, brachte die Anwesenheit der Briten aus Sicht der Polizei weder die „gute Ordnung" der Hauptstadt noch des Imperiums ernsthaft in Gefahr.

---

342 Vianna an Linhares, Rio de Janeiro am 22. Februar 1812, ANRJ PC cód. 323 vol. 3, S. 98v–99.

Dass es einen Antagonismus zwischen Briten und Portugiesen bzw. „Brasilianern" gab, steht außer Frage. Die untersuchten Dokumente zeigen Verhaltensweisen der Briten auf, die geeignet waren, Empörung und Widerstand hervorzurufen, insbesondere die Missachtungen der städtischen Handelsbestimmungen. Die wenigen Beschwerdeschreiben der Gruppen der Händler an den Monarchen, die in keiner Abhandlung über Briten in Brasilien fehlen und stets als Nachweise für die Animositäten gegen dieselben dienen,[343] weisen zudem auf eine auf dem Papier bestehende kollektive Identitätsbildung unter einheimischen Kaufleuten hin. Das trotzdem verhältnismäßig friedliche – zumindest nicht durch Aufstände und Gewaltexzesse gekennzeichnete – Zusammenleben zwischen Briten und Portugiesen in der Hauptstadt kann daher nicht als selbstverständlich angesehen werden. Die Analyse der Polizeidokumente macht die Frage drängend, warum sich kein nennenswerter Widerstand gegen die britische Präsenz formierte und warum der nachweislich vorhandene Unmut der portugiesischen Einzelhändler nicht zu einer Mobilisierung der lokalen Bevölkerung beigetragen hat.

Nur wenige Sozialstudien über die Groß- und Kleinhändler Rio de Janeiros haben sich bisher dieser Frage gewidmet. Riva Gorenstein wies darauf hin, dass 1812 die in Rio de Janeiro ansässigen portugiesischen bzw. „brasilianischen" Großhändler nur noch 52,9 Prozent des gesamten Handels kontrollierten (und 48 Prozent des Handels nach Lissabon). Briten kontrollierten hingegen 96,4 Prozent des Handels in andere europäische Gebiete. Portugiesische Unternehmer blieben mit anderen Worten auf den Handel mit Lissabon beschränkt, obwohl sie formal überall hin exportieren durften, und selbst den Handel mit Portugal mussten sie zum großen Teil an Briten abtreten.[344] Ihren Ergebnissen zufolge kam es selten zu anglo-portugiesischen Kooperationen; zahlreiche lokale Großhändler wurden aus dem Überseehandel hinausgedrängt und mussten sich verstärkt dem brasilianischen Binnenhandel zuwenden.[345] Den nicht vorhandenen Widerstand der einheimischen Großhändler, die eine relativ kleine Gruppe mit vormals fast totalem Monopol in jedem

---

343 In der Forschung werden in der Regel immer dieselben (wenigen) Beschwerdebriefe als Beweis für die Opposition gegen Briten zitiert. Vgl. zum Beispiel Piñeiro/Lustosa, Pátria & Comércio, S. 127 und S. 135.
344 Fragoso, Homens da grossa aventura, S. 184; Caldeira, Nação Mercantilista, S. 327. Auch nach Ansicht Olga Panteláos legte der Handelsvertrag von 1810 das „Gros des Überseehandels" in Rio de Janeiro in die Hände von Briten, Pantelão, A presença inglesa, S. 87.
345 Gorenstein, Comércio e Política, S. 142. Diese These findet sich auch bei Lustosa/Piñeiro, Pátria & Comércio, S. 137.

Segment der Wirtschaft darstellten,[346] beschreibt und erklärt Gorenstein in ihrer Untersuchung folgendermaßen: Britische Kaufleute brachten nicht nur ihre Handelsinteressen nach Brasilien, sondern auch ihre (Geschäfts-)Werte; sie etablierten eine „Konkurrenz-Ordnung" (*ordem competitiva*) in der Stadt, die die Verhaltensweisen auch der einheimischen Kaufleute veränderte. Demnach verminderten sich die sozialen Spannungen zwischen portugiesischen Untertanen und Briten durch eine „Europäisierung der Sitten der dominanten Elite", kurz: Die portugiesischen und „brasilianischen" Großhändler passten sich dem Verhalten der Briten an.[347]

Der Gruppe der Kleinhändler von Rio de Janeiro in joaninischer Zeit hat sich Lenira Menezes Martinho gewidmet, und zwar mit dem explizit formulierten Erkenntnisinteresse, den „Einfluss des britischen Eindringens in die portugiesische Händlergemeinde" zu untersuchen, die traditionell den Kleinhandel kontrolliert hatte.[348] Demnach waren die portugiesischen Kleinhändler, die zum Teil weder lesen noch schreiben konnten, bei Ankunft des Hofes schlecht bewandert in „merkantilen Techniken" (*técnicas mercantis*) und stark abhängig von den ihnen zugestandenen staatlichen Monopolen sowie von persönlichen Verbindungen zu Verwaltung und Regierung. Die Öffnung der Häfen zerstörte Martinho zufolge diese Ordnung der Dinge. Das Resultat war, dass die Kleinhändler nun gezwungen waren, ihre Geschäfte „besser zu organisieren" und besser ausgebildete Ladengehilfen (*caixeiros*) und Buchhalter (*guarda-livros*) einzustellen, die zunehmend aus Portugal immigrierten und in Rio de Janeiro aufgrund ihrer besseren Ausbildung diese Stellungen monopolisierten.[349] Wie die unter Druck geratenen Kleinhändler auf die neuen, durch die Anwesenheit der Briten bedingten Umstände reagierten, beschreibt sie folgendermaßen: Die Einheimischen änderten ihre Mentalität – sie mussten nun bei der Ausübung ihrer Geschäfte „rationaler" handeln, um mit den britischen Läden mithalten zu können.[350]

Diese Interpretationen lassen einige Fragen offen. Doch wie lässt sich (besser) erklären, was nicht geschehen ist? Nach Überzeugung der modernen Kul-

---

346 In Rio de Janeiro existierten zwar diverse Segmente der kolonialen Ökonomie, jedoch nur eine einzige merkantile Elite, die aus wenigen Familien bestand, und deren Mitglieder in der Regel in all diesen Segmenten Geschäfte machten, wobei der atlantische Sklavenhandel und der Finanzsektor die wichtigsten waren, FRAGOSO, Homens da grossa aventura, S. 330f.
347 GORENSTEIN, Comércio e Política, S. 135–145.
348 MARTINHO, Caixeiros e pés-descalços, S. 73.
349 Ebd., S. 79f. und 91. Die „Lusophobie" unter der einheimischen Bevölkerung wuchs indes erst ab 1821, ebd., S. 100–105, S. 124.
350 MARTINHO, Caixeiros e pés-descalços, S. 74–76.

turgeschichte kann das handelnde Subjekt nur in Verbindung mit überindividuellen Strukturen erfasst und verstanden werden.³⁵¹ Bestimmte vorhandene oder eben nicht vorhandene institutionelle Formen des politischen Handelns geben wertvolle Hinweise auf das Sag- und Machbare für einen bestimmten Ort zu einer bestimmten Zeit. Plausible Antworten auf die Frage nach unterlassenen Taten, in dem Fall nach dem unterlassenen Widerstand, kann daher eine eingehendere Betrachtung der politischen Kultur der Zeit liefern. Im folgenden Kapitel soll es um die Frage gehen, welche institutionellen Bedingungen der politischen Partizipation in Buenos Aires im Vergleich zu Rio de Janeiro gegeben waren.

5.3.3 Die britische Präsenz in Rio de Janeiro und Buenos Aires im Vergleich

Am Río de la Plata führte die britische Präsenz in der ersten Dekade des 19. Jahrhunderts zu einem tiefgreifenden ökonomischen und politischen Wandel. Buenos Aires, wo Vizekönig Cisneros abgesetzt wurde und am 25. Mai 1810 eine autonome Regierung (*Junta*) zusammentrat, wurde zum Schauplatz einer frühen regionalen Unabhängigkeitsbewegung in Hispanoamerika. Wie genau lassen sich die Zusammenhänge zwischen britischer Präsenz und Unabhängigkeit erklären? Freilich waren es nicht Briten, die für die Separation von Spanien kämpften und diese erreichten; vielmehr geschah sie über den Umweg der Erstarkung der kreolischen Kaufleute. Durch die Zusammenarbeit mit Briten gelang es lokalen kreolischen Unternehmern und Landbesitzern, den spanischen Monopolhandel am Río de la Plata zu überwinden und die Vormacht der privilegierten spanischen *comerciantes* letztlich zu brechen.³⁵²

Obwohl die beiden militärischen Expeditionen der Briten von 1806/07 am Widerstand lokaler Kräfte scheiterten, entstand am Río de la Plata ab 1806 eine Gemeinde von *merchants*, die trotz ihrer anfänglichen numerischen Schwäche starken Einfluss auf Politik, Wirtschaft und Identifikationsprozesse ausüben sollte: Buenos Aires stieg zu einer interkontinentalen Handelsmetropole auf. Zwischen 1809 und 1813 erfuhr der Handel am Río de la Plata eine schrittweise Liberalisierung, das staatliche Monopol zerbrach, es folgte eine umfassende Transformation der Handelsstrukturen.³⁵³ Es war indes nicht

---

351 LANDWEHR, Diskurs – Macht – Wissen, S. 77.
352 BÖTTCHER, Monopol und Freihandel, S. 43f.
353 Ebd., S. 113.

die schiere Präsenz der Briten, die diese Transformationen bewirkte, es waren vielmehr Institutionen,[354] und zwar britische und einheimische, die die Organisation und Durchsetzung von kreolischen Interessen erlaubten und politisches Mitspracherecht garantierten. Verantwortlich für den Einfluss der britischen *community* waren ihre Handelsvertretungen, namentlich das 1810 gegründete *Committee of British Merchants in Buenos Aires*. Vom selben Jahr datieren die ersten *commercial rooms*, clubartigen Institutionen, in denen Geschäftskontakte gepflegt und Handelsnachrichten ausgetauscht wurden. Hier lagen gängige Zeitungen wie *The Courier, The Times, Morning Chronicle, Bell's Messenger* und Journale wie *Shipping List, Quarterly Review* und der schottische *Edinburgh Review* aus.[355]

Auch spanischen Kaufleuten war es gestattet, clubartige Organisationen zu gründen. Seit dem ausgehenden 18. Jahrhunderts war es in Buenos Aires zur Institutionalisierung von Orten politischer Kommunikation gekommen, wodurch eine „neue Sphäre der politischen Öffentlichkeit" entstand,[356] und zwar ungefähr zeitgleich mit einer wirtschaftlichen Öffnung der Region.[357] Nicht nur die Orte, auch die Medien der Kommunikation waren wichtig: Über das weltpolitische Geschehen und die aktuelle Wirtschaftslage informierte man sich aus *gacetas* sowie aus Briefen und Berichten anderer Kaufleute. Die spanischsprachige Handelszeitung *Telégrafo Mercantil* (1801–1802) markiert den Beginn eines Zeitungswesens; es folgten der *Semanario de Agricultura, Industria y Comercio* (1802–1807) und der *Correo de Comercio* (1810–1811).[358] Zeitungen, in denen aufklärerische Ideen propagiert und verbreitet werden

---

354 Der Begriff „Institution" meint im alltagssprachlichen Gebrauch vor allem eine formelle *Organisation*. In gesellschaftstheoretischen Untersuchungen meint „Institution" meist jene regulativen Prinzipien, die den Handlungsweisen von Organisationen, aber ebenso von sozialen Gruppen zugrunde liegen. In jedem Fall ist ihre Verwirklichung prozesshaft, es geht also meist um Vorgänge der *Institutionalisierung*. Institutionalisierungsprozesse werden dort gesehen, wo sich habitualisierte Handlungen zu Modellen verfestigen, vgl. FEEST, David, Repräsentationen von Institutionen. Einleitung, in: Jörg BABEROWSKI/David FEEST/Maike LEHMANN (Hrsg.), Dem Anderen begegnen. Eigene und fremde Repräsentationen in sozialen Gemeinschaften, Frankfurt a. M. 2008, S. 17–20, S. 17. Hier geht es vorwiegend um Institutionen als formelle *Organisationen*, aber auch um die Institutionalisierungsprozesse, vor allem um jene, die eine öffentliche Sphäre hervorbrachten.
355 BÖTTCHER, Monopol und Freihandel, S. 107.
356 RIEKENBERG, Michael, Nationbildung. Sozialer Wandel und Geschichtsbewußtsein am Rio de la Plata (1810–1916), Frankfurt a. M. 1995, S. 39.
357 TEJERINA, Marcela, Luso-Brasileños en el Buenos Aires virreinal. Trabajo, negocios e intereses en la plaza naviera y comercial, Bahía Blanca 2004, S. 313.
358 RIEKENBERG, Nationbildung, S. 39; JOHNSON/SOCOLOW, Colonial Centers, Colonial Peripheries, S. 72.

konnten, spielten sowohl vor als auch nach der Mairevolution von 1810 eine entscheidende Rolle. So publizierte der Anführer der separatistischen Kräfte in Buenos Aires, Mariano Moreno, beispielsweise ausgewählte ins Spanische übertragene Passagen des rousseau'schen Gesellschaftsvertrages sowie andere Artikel in der *Gazeta de Buenos Aires*.[359]

Vor dem Hintergrund der zunehmenden britischen Präsenz am Río de la Plata kam es zudem zur Gründung von freimaurerischen Organisationen, in denen Schriften europäischer Aufklärer wie Voltaire, Diderot, Adam Smith und Jovellanos zirkulierten. Die erste Loge in Buenos Aires war bereits 1804 von einem portugiesischen Kaufmann etabliert worden, die ersten Institutionen britischer Tradition, *Estrella del Sur* und *Hijos de Hiram*, folgten unmittelbar der Invasion von 1806. Als Versammlungsort diente das vornehmlich von Engländern frequentierte Lokal *Los Tres Reyes*. Ausdruck der Institutionalisierung von Orten politischer Kommunikation waren die Einrichtung eines festen Diskussionskreises im Kaffeehaus *Marco* (März 1811) sowie die Gründung der politisch-literarischen Gesellschaft *Sociedad Patriótica-literaria*, die am 13. Januar 1812 in der *Casa del consulado*, dem Sitz des liberalen Bürgertums von Buenos Aires, erfolgte.[360] Träger dieser neuen politischen Öffentlichkeit waren neben Kaufleuten vor allem Beamte, Anwälte und Notare, deren Selbstverständnis auf dem Bild eines individuellen, freien und „öffentlichen" Bürgers basierte sowie auf der Überzeugung, dass es die öffentliche Meinung war, die Herrschaft letztlich legitimierte und den Einzelnen in einen *ciudadano* transformierte. Insgesamt trug die Präsenz der Briten in Buenos Aires dazu bei, dass neben wirtschaftsliberalem auch politisch aufklärerischem Gedankengut der Weg bereitet wurde und dass vermehrt Orte und Medien entstanden, in denen und durch die politische Diskussion und Partizipation möglich wurden.[361]

Die politische Einflussnahme durch Kreolen, der die Etablierung des Freihandels und die Unabhängigkeit folgten, geschah in Buenos Aires maßgeblich durch den *Real Consulado*. Diese Institution, in der die entscheidenden wirtschaftspolitischen Aushandlungsprozesse stattfanden, war am 30. Januar 1794 gegründet worden, zu einer Zeit also, als die spanische Krone aufgrund ihrer machtpolitischen und wirtschaftlichen Situation Zugeständnisse an die lokalen merkantilen Eliten machte. Der *Real Consulado* wurde in Buenos Aires

---

359 Die Verbreitung und Lektüre dieser Texte im benachbarten Montevideo sollte sich auch auf die Geschicke des José Gervasio Artigas auswirken, vgl. SCHRÖTER, Nationwerdung, S. 53.
360 BÖTTCHER, Monopol und Freihandel, S. 99.
361 RIEKENBERG, Nationbildung, S. 39.

zum zentralen Austragungsort von Konflikten zwischen konservativen und liberalen Kräften. Während europaspanische Unternehmer am Monopolhandel festhielten, setzten sich ihre erstarkenden kreolischen Konkurrenten zunehmend und letztlich erfolgreich für eine Lockerung ein.[362]

In Rio de Janeiro trug die Anwesenheit der britischen Kaufleute, ebenso wie in Buenos Aires, zu einer Intensivierung des Handels bei.[363] Die britische Händlergemeinde in Rio war zahlenmäßig ungleich größer als jene in Buenos Aires. 1807 lebten in Buenos Aires nur sechs Briten (drei Engländer und drei Iren),[364] in Rio gab es ihrer 1808 bereits 150 bis 200.[365] Durch die Öffnung der brasilianischen Häfen im Januar 1808 war der Freihandel ohne langen Kampf zur Realität geworden. Es gab für die exportorientierten, am Freihandel interessierten Gruppen folglich keinen dringenden Anlass für einen Schulterschluss mit Briten. Eine kollektive Identitätsbildung konnte also weniger durch die Zusammenarbeit mit Briten, sondern, wenn überhaupt, eher in Abgrenzung zu ihnen geschehen.

Die Gründe für die unterschiedlichen Entwicklungen der Geschichte der britischen Präsenz in beiden Städten sind nicht zuletzt in den unterschiedlichen politischen Kulturen zu suchen. Während es in Buenos Aires seit dem 18. Jahrhundert zahlreiche clubartige Einrichtungen und seit Anfang des 19. Jahrhunderts organisierte Interessensvertretungen gab, fehlten solche Institutionen in Rio de Janeiro. Das 1808 oder Anfang 1809 eingerichtete zwölfköpfige *comittee*, das als Vertretung aller britischen Händler in Rio gedacht war, löste sich nach einem Jahr wieder auf. Anders als in Buenos Aires machte der starke Einfluss der britischen diplomatischen Vertreter sowie der „Freundschafts- und Handelsvertrag" von 1810 in Rio de Janeiro jede organisierte *business interest group* bis 1844 überflüssig.[366] Im Gegensatz zu Buenos Aires gab es in Rio nicht nur keine britische Handelsvertretung, sondern – und dies war noch entscheidender – auch keine Institution, in der sich portugiesische (einheimische) Kaufleute hätten organisieren können, ein Umstand, der sich

---

362 BÖTTCHER, Monopol und Freihandel, S. 41f.
363 GORENSTEIN, Riva, Probidade, previdência, tranqüilidade: as companhias de seguros do Rio de Janeiro no contexto da crise financeira (1808–1822), in: Anais do Museu Paulista 29, 1979, S. 217–225, S. 218; RIDINGS, Eugene, Business Interest Groups in Nineteenth-Century Brazil, Cambridge/New York/Melbourne 1994, S. 21f.
364 Insgesamt lebten 360 Ausländer in Buenos Aires, darunter waren die meisten Portugiesen, 1816 gab es insgesamt 654 Ausländer, darunter 94 Briten, die zum überwiegenden Teil Kaufleute waren, KOSSOK, Manfred, El Virreinato del Rio de la Plata. Su Estructura económica-social, Buenos Aires 1972, S. 133.
365 PANTELÃO, A presença inglesa, S. 73.
366 RIDINGS, Business Interest Groups, S. 21f.

mit unterschiedlichen historischen Entwicklungen begründen lässt: Von Beginn der überseeischen Expansion an entwickelte sich der Überseehandel in Portugal unter dem Schutz der Krone. Da der König zugleich der mächtigste Kaufmann war, konnte sich nach José Murilo de Carvalho hier – im Gegensatz zu anderen europäischen Staaten – keine unabhängige Bourgeoisie entwickeln. Die Übermacht des Staates im merkantilistischen System Portugals ging mit einem schwachen System der politischen Repräsentation einher.[367] Obwohl das portugiesische Imperium sich im 17. und 18. Jahrhundert maßgeblich auf den Überseehandel stützte und weltweit agierende Händlereliten für ökonomische, soziale und politische Stabilität sorgten, blieben sie von der politischen Partizipation weitestgehend ausgeschlossen.[368]

Schon im Mittelalter und in der Frühen Neuzeit hatten die portugiesischen korporativistischen Händlergruppen nicht über die Kontinuität der spanischen verfügt: Die seit dem ausgehenden 13. Jahrhundert in Spanien etablierten Handelsgilden, die *consulados*, waren auch in Spanisch-Amerika etabliert worden, im späten 16. Jahrhundert in Mexiko-Stadt, im frühen 17. Jahrhundert in Lima. Die *consulados* hatten starke Verbindungen zur metropolitanen Regierung und verfügten für ihr jeweiliges Gebiet über „quasi-gouvernementale" Befugnisse. In der letzten Dekade des 18. Jahrhunderts richtete die spanische Krone acht weitere dieser Institutionen ein, unter anderem die bereits erwähnte in Buenos Aires (1794).[369] Gabriel B. Paquette hat in einer Studie über die „Governance" des spanischen Imperiums ausführlich beschrieben, in welcher Art und Weise diese Institutionen eine „koloniale Antwort auf die bourbonischen Reformen" darstellten und die Macht der Zentralregierung in Spanien beschränkten. Sie waren demnach die Orte, in denen die „komplexen Aushandlungen" zwischen dem „absolutistischen Imperium", also den imperialen Entscheidungsträ-

---

367 CARVALHO, Political Elites and State Building, S. 392; FRANÇA, Eduardo d'Oliveira, Portugal na época da restauração, São Paulo 1997, S. 308; CALDEIRA, Nação Mercantilista, S. 95–120.
368 MONTEIRO, Elites e poder, S. 48; SAMPAIO, Antonio Carlos Jucá de, Comércio, riqueza e nobreza: elites mercantis e hierarquização social no Antigo Regime português, in: João FRAGOSO/Luís RIBEIRO/Manolo FLORENTINO (Hrsg.), Nas rotas do império. Eixos mercantis, tráfico e relações sociais no mundo português, Vitória 2006, S. 73–96, S. 73. Vgl. auch FRAGOSO, João/Maria de Fátima Silva GOUVÊA, Nas rotas da governação portuguesa: Rio de Janeiro e Costa da Mina, séculos XVII e XVIII, in: João FRAGOSO/Luís RIBEIRO/Manolo FLORENTINO (Hrsg.), Nas rotas do império. Eixos mercantis, tráfico e relações sociais no mundo português, Vitória 2006, S. 25–72.
369 RIDINGS, Business Interest Groups, S. 13.

gern im europäischen Mutterland, und den (merkantilen) lokalen Eliten in Spanisch-Amerika stattfanden.³⁷⁰

In der portugiesischen Welt gab es zu der Institution des *consulado* keine Entsprechung. Capistrano de Abreu sprach einst von einem „Fehlen von Gilden" in Brasilien. Noch bis zur Unabhängigkeit gab es demnach „keine Institution zwischen dem Staat und der Familie".³⁷¹ Für Rio de Janeiro gilt, dass es im 17. Jahrhundert keinen Grund für staatliche Autoritäten gab, sich mit den Händlern zu befassen. Sie stellten keine Bedrohung dar, weil ihre Zahl klein und ihr Kapital gering war; sie hatte kaum politischen Einfluss. Im Laufe des 18. Jahrhunderts forderten (Übersee-)Händler mehr politische Mitbestimmung, was jedoch, so betont Antonio Sampaio, keine tief greifende strukturelle Änderung zur Folge hatte. Die Händlerelite in Rio de Janeiro sowie im Rest Brasiliens blieb fest in die klientelistische Politik der Krone eingebunden und verfügte am Anfang des 19. Jahrhunderts über keinerlei revolutionäres Potenzial.³⁷² Auch in joaninischer Zeit war die „Reziprozität" des Gebens und Nehmens zwischen dem Monarchen und den wichtigsten Großhändlern der Stadt (rund 40 an der Zahl) eines der wichtigsten Merkmale der Wirtschaftspolitik.³⁷³

Zwar hatten 1726 portugiesische Geschäftsleute auf beiden Seiten des Atlantiks die Gründung einer *Mesa do Comércio* erreicht, einer Handelsvertretung, in der jeweils zwölf *homens de negócio* saßen. Sowohl die *Mesa do Comércio* in Salvador da Bahia als auch jene in Lissabon waren jedoch nur von kurzer Dauer: Ihre Mitglieder hatten den Fehler begangen, 1756 gegen die Pläne Pombals zur Gründung einer Monopolgesellschaft für den Handel mit Nordbrasilien (*Companhia Mercantil do Grão Pará e Maranhão*) öffentlich zu protestieren. Pombal, der eines seiner Lieblingsprojekte in Gefahr sah, ließ umgehend die *Mesa do Comércio* in Lissabon zerschlagen und ihre Mitglieder inhaftieren oder verbannen. Auch jene in Bahia löste er 1757 auf.³⁷⁴ Zwar

---

370 PAQUETTE, Gabriel B., Enlightenment, Governance, and Reform in Spain and its Empire, 1759–1808, Basingstoke u.a. 2008. Vgl. auch URIBE-URAN, The Great Transformation of Law and Legal Culture, S. 83; URIBE-URAN, The Birth of a Public Sphere in Latin America, in: Comparative Studies in Society and History 42/2, 2000, S. 425–457.
371 ABREU, João Capistrano de, Chapter on Brazil's Colonial History 1500–1800, Oxford/New York/Athens u.a. 1997, S. 202.
372 SAMPAIO, Comércio, riqueza e nobreza, S. 91f.
373 LUSTOSA/PIÑEIRO, Pátria & Comércio, S. 153–166 und S. 167–170.
374 Die Strategien, die Pombal verfolgte, beschrieb Kenneth Maxwell als „Nationalisierung der Portugiesischen Ökonomie", MAXWELL, Pombal and the Nationalization of the Luso-Brazilian Economy.

sollten weiterhin Handelsorganisationen für ökonomischen Fortschritt im portugiesischen Imperium sorgen, nach diesem Vorfall wurden jedoch nur noch solche erlaubt, die direkt von der portugiesischen Krone bezahlt und kontrolliert wurden.[375] Derart beschaffen waren auch die nach Ankunft des Monarchen eingerichteten *Reais Juntas do Comércio, Agricultura, Fábricas e Navegação* in Rio de Janeiro (1808) und in São Luís do Maranhão (1811).[376] Schon dem Namen nach waren sie ganz „des Königs". Bezeichnenderweise war der konservativ-monarchisch eingestellte José da Silva Lisboa Vorsitzender der Institution in Rio de Janeiro. Die *Real Junta* kontrollierte die Aktivitäten der Händler und Unternehmer in der Stadt; private Firmengründungen konnten nur mit ihrer Autorisierung geschehen.[377] Und auch wenn die wichtigsten Überseehändler in Rio de Janeiro als *corpo do comércio* firmierten, verfügten sie nicht über eine formale Organisation.[378] Die Etablierung von Treffpunkten für Händler, den *praças do comércio*, war João ein zentrales Anliegen in seinem Bestreben, die brasilianische Wirtschaft voranzutreiben. Doch auch für die frühen *praças do comércio* in Salvador, Belém und Rio de Janeiro gilt, dass sie typisch koloniale Institutionen und keine privatwirtschaftlichen Interessensvertretungen waren.[379]

Im Juli 1820 wurde in Rio de Janeiro im Beisein Joãos und seiner Söhne ein imposantes, halb staatlich, halb privat finanziertes Gebäude als *praça do comércio* eingeweiht, für Théo Lobarinhas Piñeiro ein Beweis für das Prestige, das die *negociantes* zu diesem Zeitpunkt erreicht hatten.[380] Die dort ansässigen *negociantes* räumten 1822 (kurz vor der Unabhängigkeitserklärung) jedoch aus Protest das Gebäude. Die Hintergründe dieses Vorfalls machen deutlich, wie wenig die *praças* eine effektive politische Partizipation der Händler garantierten: Pedro, seit Abreise seines Vaters Prinzregent Brasiliens, hatte eine Versammlung in diesem Gebäude von Militärs auflösen lassen, da er vermutete, dass „radikale" Forderungen, namentlich der Ruf nach der Verfassung von Cádiz (1812), laut werden könnten. Eine Person starb, etliche wurden verletzt. Der Überlieferung nach hissten Händler daraufhin am Gebäude einen Banner mit dem Schriftzug „Königlicher Schlachthof".[381] Insgesamt lässt sich konstatieren, dass es bis in die 30er-Jahre des 19. Jahrhunderts weder in Portugal

---

375 RIDINGS, Business Interest Groups, S. 15f.
376 MADUREIRA, Nuno Luís, Mercado e privilégios. A indústria portuguesa entre 1750 e 1834, Lissabon 1997, S. 37–82.
377 SILVA, Cultura e Sociedade, S. 147–176.
378 PIÑEIRO, Negociantes, independência e o primeiro Banco do Brasil, S. 75.
379 RIDINGS, Business Interest Groups, S. 17f.
380 PIÑEIRO, Negociantes, independência e o primeiro Banco do Brasil, S. 74f.
381 RIDINGS, Business Interest Groups, S. 19.

noch in Brasilien organisierte *business interest groups* oder *pressure groups* gab. Erst 1834 wurden in Lissabon, Porto und Rio de Janeiro – nach englischem Vorbild – nicht-staatliche Handelsorganisationen gegründet.[382]

Wenn es in Rio de Janeiro keine Institution gab, die dem Bonaerenser *consulado* entsprochen hätte, existierte doch ein Ort der traditionellen lokalen Machtausübung: die Stadtkammer (*câmara municipal*), die sowohl über repräsentative als auch administrative Funktionen verfügte und in der – zumindest in begrenztem Umfang – wirtschaftspolitische Auseinandersetzungen stattfinden konnten.[383] Bereits seit Mitte des 17. Jahrhunderts hatte die Krone versucht, die Befugnisse der *câmaras* in Brasilien zu beschneiden und den Handel zu zentralisieren.[384] Mit Etablierung des Königshofes geriet die *câmara* in Rio de Janeiro durch ihre enge Anbindung an dessen einzelne Verwaltungsinstitutionen (*Casa de Suplicação, Desembargo do Paço*) unter starke Kontrolle der Krone.[385] Die Staatsminister zögerten nicht, bei in der Stadtkammer stattfindenden Konflikten zwischen unterschiedlichen Gruppen zu intervenieren, wenn sie die „gute Regierung" des Monarchen sicherstellen wollten.[386]

Die Erschaffung der *Intendência Geral da Polícia* führte zusätzlich zu einer Beschneidung der Kompetenzen der *câmara*, deren führendes Gremium (*senado da câmara*) an Einfluss und Verantwortung verlor; die Mittel der Stadtkammer wurden zugunsten einer starken Polizei gekürzt.[387] Die Übertragung weit reichender Kompetenzen auf die Polizeiintendanz zuungunsten der traditionellen Institution politischer Entscheidungsfindung bedeutete nach Maria Fátima Gouvêa ein „radikal neues Mittel" der Regierungsweise (*governabilidade*) der Hauptstadt sowie der gesamten Region, vor allem der Provinzen Rio de Janeiro, Minas Gerais und São Paulo. Die Gouverneure und Generalkapitäne dieser Provinzen waren nun verpflichtet, den Anordnungen des Polizei-

---

382 Ebd., S. 21.
383 Zur Geschichte der *Câmaras Municipais* siehe BICALHO, Maria Fernanda, As Câmaras Municipais no Império Português: O Exemplo do Rio de Janeiro, RBH 18/36, 1998, S. 251–280; BICALHO, Maria Fernanda Baptista. As câmaras ultramarinas e o governo do Império, in: João FRAGOSO/Maria Fernanda BICALHO/Maria de Fátima GOUVÊA (Hrsg.). O Antigo Regime nos Trópicos: a dinâmica imperial portuguesa (séculos XVI–XVIII). Rio de Janeiro 2001, S. 189–221; FRAGOSO, João, A nobreza da República; notas sobre a formação da primeira elite senhorial do Rio de Janeiro, in: Topoi 1, 2000, S. 45–122, S. 61f. und passim.
384 MORSE, Richard M., Brazil's Urban Development: Colony and Empire, in: RUSSELL-WOOD (Hrsg.), From Colony to Nation, S. 155–181, S. 161f.
385 GRAHAM, Independence in Latin America, S. 128f.; GOUVÊA, Poder, autoridade e o Senado da Câmera, S. 127 und S. 139.
386 Ebd., S. 125f.
387 Ebd., S. 127 und S. 139.

chefs Folge zu leisten; dessen Hauptaufgabe war, die „gute" soziale Ordnung aufrechtzuerhalten.[388] Die Hauptaufgaben der Stadtkammer beschränkten sich in joaninischer Zeit darauf, höfische Festivitäten zu organisieren (etwa die Krönung Joãos VI im Jahr 1818) und die Versorgung der Hauptstadt mit Lebensmitteln zu garantieren. Obwohl unterschiedliche Gruppen mit unterschiedlichen Interessen in ihr vertreten waren, war die Kammer kaum ein Ort, an dem lokale Eliten um ihre Rechte hätten kämpfen und ein lokales oder gar „nationales" Interesse hätten formulieren können. Sie wurde unter João vielmehr zu einem Instrument zur Stärkung der affektiven Loyalität der Untertanen.[389] An diesem Prozess zeigt sich Maria Bicalho zufolge beispielhaft, dass der Transfer des Königshofes mit einer Schwächung der lokalen Macht zugunsten der zentralen, imperialen Macht einherging.[390]

Der Vergleich von Rio de Janeiro mit Buenos Aires hat gezeigt, dass die britische Präsenz in lateinamerikanischen städtischen Bevölkerungen im frühen 19. Jahrhundert nicht notwendigerweise die gleichen Folgen zeitigte. In Buenos Aires setzte durch den Einfluss britischer Kaufleute der Prozess der Bildung eines kollektiven Gemeinschaftsgefühls unter Kreolen ein, der am Ende zur Unabhängigkeit von Spanien führte. Für Rio de Janeiro kann ein solcher Prozess nicht nachgewiesen werden; hier erfuhr die imperiale Herrschaft keinerlei Schwächung durch die – ungleich massivere – britische Präsenz.[391]

Als erster Grund für die unterschiedlichen Entwicklungspfade in Buenos Aires und Rio de Janeiro ist die Präsenz der portugiesischen imperialen Regierung zu nennen. Während das Vizekönigreich Río de la Plata seit der von Napoleon erzwungenen Abdankung Karls IV und Ferdinands VII eine „kopflose" Monarchie war,[392] war der imperiale Staat in Form des Hofes und des Souveräns in Rio de Janeiro nach 1808 außerordentlich präsent. Der Grund

---

388 Ebd., S. 121f.; SILVA, A Intendência-Geral da Polícia, S. 188.
389 GOUVÊA, Maria de Fátima Silva, O Senado da Câmara do Rio de Janeiro no Contexto das Cerimônias de Aclamação de D. João VI, in: TOSTES/BITTENCOURT (Hrsg.), D. João VI, S. 246–259.
390 BICALHO, Maria Fernanda, A cidade e o império. O Rio de Janeiro na dinâmica colonial portuguesa, séculos XVII e XVIII, Dissertation Universidade de São Paulo 1997, S. 327.
391 JANCSÓ, Istvan, A construção dos estados nacionais na América Latina. Apontamentos para o estudo do Império como projeto, in: Tamás SZMRECXÁNYI/José Roberto do Amaral LAPA (Hrsg.), História económica da Independência e do Império, São Paulo 2002, S. 3–26, S. 20–26.
392 HENSEL, Silke, Zur Bedeutung von Ritualen für die politische Ordnung. Die Proklamation der Verfassung von Cádiz in Oaxaca, Mexiko, 1814 und 1820, in: ZHF 36/4, 2009, S. 597–627, S. 597.

dafür, dass wirksame Opposition erfolgreich verhindert werden konnte, kann trotzdem nicht allein in der Anwesenheit des Monarchen gesucht werden. Vielmehr zeichnete dafür die schwach ausgeprägte Institutionalisierung einer öffentlichen Sphäre in Rio de Janeiro verantwortlich: Während in Buenos Aires seit dem ausgehenden 18. Jahrhundert eine Öffentlichkeit entstanden war, die durch die Anwesenheit der Briten ab 1806 durch Clubs, Kaffeehäuser, Zeitungen und Freimaurerlogen stark belebt wurde (die für Einflüsse aus Europa „durchlässig" waren[393]), zeichnete sich eine solche Öffentlichkeit in Rio de Janeiro durch ihre Abwesenheit aus. Es gab in Rio de Janeiro schlicht kein Forum, in dem (wirtschaftliche) Interessen gegen den Willen der Krone durchgesetzt hätten werden können; auch unabhängige Zeitungen, Clubs, Geheimgesellschaften[394] und Kaffeehäuser fehlten hier. Die „Soziabilität" der Hauptstadt war, so schrieben auch ausländische Zeitgenossen wie von Leithold, in joaninischer Zeit gering ausgeprägt.[395]

Aus Sicht „des Imperiums" muss die Strategie der portugiesischen staatlichen Autoritäten im Umgang mit britischen Diplomaten und Kaufleuten als Erfolg bewertet werden. Durch die Konzedierung von wirtschaftlichen und rechtlichen Privilegien konnte sich die Krone die militärische Unterstützung für das portugiesische Territorium in Europa im Kampf gegen Napoleon sichern. Durch die im „Freundschaftsvertrag" festgeschriebenen Privilegien musste die portugiesische Krone zudem keinerlei Konflikte mit den Briten in Brasilien befürchten. Ihre Sonderstellung hatte den möglicherweise nicht intendierten, aber keinesfalls unbedeutenden Nebeneffekt, dass für Briten kein Anlass gegeben war, eine Interessensvertretung in Rio de Janeiro einzurichten, die als Vorbild für Einheimische hätte fungieren können.

Insgesamt lässt sich konstatieren, dass die Präsenz der Briten in Lateinamerika im frühen 19. Jahrhundert nicht pauschal mit der Erstarkung von („nationalen") Unabhängigkeitsbewegungen in Beziehung gesetzt werden kann. Politischer Wandel in Form einer zunächst identitären[396] und dann territori-

---

393 RIEKENBERG, Michael, Gewaltmarkt, Staat und Kreolisation des Staates in der Provinz Buenos Aires, 1775–1850, in: Wolfgang REINHARD (Hrsg.), Verstaatlichung der Welt? Europäische Staatsmodelle und außereuropäische Machtprozesse, München 1999, S. 19–36; S. 21f.
394 Erst 1820 konnte in Rio de Janeiro die freimaurerische Bewegung erstarken, BARATA, Alexandre Mansur, Sociabilidade maçônica e Independência do Brasil (1820–1822), in: István JANCSÓ (Hrsg.), Independência: História e historiografia, São Paulo 2005, S. 677–706.
395 SILVA, Cultura e sociedade, S. 67; SCHULTZ, Tropical Versailles, S. 77.
396 „Identität" wird hier und in nahezu allen anderen Beiträgen zu den kreolischen Unabhängigkeitsbewegungen als prozessuale Entwicklung eines kollektiven Selbstver-

alen Neuformierung vollzieht sich, wie die vorangegangenen Ausführungen gezeigt haben, nicht automatisch durch die Präsenz von kooperierenden oder konkurrierenden ausländischen Gruppen oder allgemein durch die Zunahme von Interaktionen zwischen unterschiedlichen Gemeinschaften. Vielmehr sind Institutionen, Orte und Medien nötig, die die Bildung einer neuen Identität sowie politische Partizipation ermöglichen. Die Voraussetzungen hierfür waren in Rio de Janeiro in der Zeit der massiven britischen Präsenz (1808 bis 1815) nicht gegeben. Entscheidend für Integrität oder Zerfall des imperialen Raumes unter britischem Einfluss war demnach nicht nur, ob es Personen oder Gruppen gab, die unzufrieden mit der imperialen Politik waren (denn diese gab es auch in Rio), sondern auch, ob und wie sie ihre Unzufriedenheit artikulieren und in wirksame oppositionelle Aktivitäten umwandeln konnten. Angesichts der geringen Möglichkeiten für die Formierung und Erstarkung von Emanzipations- oder Unabhängigkeitsbewegung bedeutete die Präsenz der Briten kaum eine ernsthafte Gefährdung für das Imperium. Auch in den Polizeidokumenten werden die – wenngleich konfliktträchtigen – Interaktionen mit Briten selten als Gefahr für die „gute Ordnung" bezeichnet. Kurz: Das portugiesische Imperium stieß durch die Begegnung mit Briten, anders als das spanische, nicht an die Grenzen seiner Macht.

Es sei an dieser Stelle eingestanden, dass das vergleichende Ausloten der Möglichkeiten und Grenzen der politischen Partizipation auch an die Grenzen des Historischen Vergleichs geführt hat. Zwar ließ sich ein Zusammenhang von politischer Kultur und alternativer Identitätsbildung leicht etablieren. Doch dem Ergebnis, den dieser Vergleich hervorbringt, haftet unweigerlich ein modernisierungstheoretischer Impetus an: In Rio de Janeiro gab es *noch keine* modernen Institutionen, die in Buenos Aires *schon* existierten.[397] Aufgabe einer kulturgeschichtlichen Analyse wäre jedoch auch gewesen, zu erhellen, was es in Rio de Janeiro *stattdessen* gab (nicht nur, was es *schon* oder *noch nicht* gab). Denn der Zusammenhang zwischen Institutionen und Identitätsbildung kann nicht ausschließlich kausaler Natur sein, wie dies in den vorangegangenen Ausführungen bisweilen suggeriert wurde. Vielmehr tragen Institutionen zu einer Komplexitätsreduktion bei und schaffen Erwartungssi-

---

ständnisses (einer Solidarität oder eines Gruppengefühls) verstanden, das wiederum weiteres kollektives Wirken möglich macht, BRUBAKER/COOPER, Beyond „Identity", S. 7f.

397 Zum eurozentrischen, modernisierungstheoretischen „noch nicht" in der Geschichtsschreibung siehe CHAKRABARTY, Dipesh, Provincializing Europe. Postcolonial Thought and Historical Difference, Princeton 2000, S. 8.

cherheit durch stabilisierte Handlungsweisen.³⁹⁸ Wenn es also zunächst stabile Handlungsweisen geben muss, die sich dann durch Institutionalisierungsprozesse in formellen Organisationen verfestigen, und diese Organisationen wiederum auf die Handlungsweisen der Menschen einwirken, besteht zum einen ein klassisches Henne-Ei-Problem. Zum anderen lassen sich solche Prozesse nur im Zusammenhang mit dem großen Ganzen verstehen, namentlich im Rahmen der „Regeln des Spiels", die Herrschaft und die „geräuschlose Reproduktion von Macht" erst möglich machen.³⁹⁹ Näher beleuchtet werden müsste, welche Regeln des Spiels in Rio de Janeiro galten, wie genau das Spiel beschaffen war und wie Individuen und Gruppen dieses Spiel spielten.

Doch auch wenn ein unbefriedigendes *noch nicht* am Ende dieses Kapitels steht, kann als erstes Ergebnis dennoch gelten, dass die angesprochenen Institutionen am Anfang des 19. Jahrhunderts in den Kolonien eine Matrix darstellten, die Bedürfnisse artikulierbar machten und damit erst die Chance eröffneten, Probleme und Konflikte wahrzunehmen, zu formulieren und auszutragen.⁴⁰⁰ Zu prüfen wäre, für welche Zeitgenossen welche Konflikte überhaupt Teil der Realität waren und wie diese die Regeln des Spiels veränderten.

Ein zweites Ergebnis bezieht sich auf Fortbestehen und Ende imperialer Systeme: Sieht man das Nichtvorhandensein von formalen Organisationen der politischen Partizipation als ein Strukturmerkmal des Imperiums, so lässt sich nach dem geführten Vergleich abermals die These stützen, dass erst ein Aufweichen oder ein Zerfall der imperialen Strukturen die Entstehung einer neuen kollektiven („nationalen") Identität in Buenos Aires möglich machte bzw. in Rio de Janeiro gemacht *hätte*.

---

398 FEEST, Repräsentationen von Institutionen, S. 17. Siehe auch das Kapitel „Institution als Prozess – Zum Zusammenhang von Normen und Handlungsweisen" bei LÜDTKE, „Gemeinwohl", Polizei und „Festungspraxis", S. 55–62. Dort heißt es: „Die Institution ist kein fixiertes ‚Gehäuse'; sie ist erst gesellschaftliche Realität in den Weisen ihres Agierens", ebd., S. 55.
399 LÜDTKE, „Gemeinwohl", Polizei und „Festungspraxis", S. 31.
400 Ebd.

6. Lissabon, die verlassene Hauptstadt

Ende November 1807 war Lissabon eine „verlassene, fast verwitwete" Stadt.[1] Der monarchische Exodus ließ sie an Menschen und Geld ausbluten: Rund 15 000 Einwohner, vor allem Adelige und Reiche, entschwanden mit dem Prinzregenten über den Ozean, und es sollten noch weitere folgen. Mehr als 11 000 Personen beantragten bis zum Ende des Jahres 1807 Pässe für die Atlantiküberfahrt.[2]

Die erste französische Invasion, die den Hoftransfer ausgelöst hatte, stellte den Auftakt für zwei weitere Invasionen (März bis Mai 1809 und Juni 1810 bis Mai 1811) sowie den so genannten Peninsularkrieg dar, der bis 1814 andauerte.[3] Während die portugiesischen Staatsmänner in Rio de Janeiro an dem neuen Sitz der Regierung und dem veränderten Wirtschaftsraum eisern festhielten, geriet Portugal in eine wirtschaftliche Depression, die bis 1826 währte, mit einer tiefen Krise zwischen 1808 und 1813.[4]

Es liegt auf der Hand, dass die Herrschenden in Lissabon mit anderen Problemen konfrontiert waren als jene in Rio de Janeiro. Hier musste keine neue Infrastruktur für eine imperiale Regierung geschaffen werden. Es galt vielmehr, die Ordnung und das politische System trotz der Abwesenheit des Souveräns, der Kriegsereignisse und der ökonomischen Krise zu wahren. Der Abzug des Monarchen, der gesamten Regierungsmaschinerie und großer Teile der portugiesischen Elite wirkte destabilisierend auf das Königreich.[5] Fátima

---

1 LOUSADA, Maria Alexandre, Espaços de sociabilidade em Lisboa finais do século XVIII a 1834, Lissabon 1995, S. 150.
2 ARAÚJO, Ana Cristina, Revoltas e Ideologias em Conflito durante as invasões francesas, in: História das Ideias 7, 1986, S. 7–76, S. 13; ARAÚJO, As invasões francesas, S. 24; SOUZA, Pátria Coroada, S. 43.
3 Für einen Überblick über den Peninsularkrieg siehe zum Beispiel SARDICA, José Miguel, O curso político-militar, in: História (Lissabon) XXI/19, 1999, S. 40–49; ESDAILE, Charles J., The Peninsular War: A new history, London 2003; GLOVER, Michael, The Peninsular War, 1807–1814. A Concise Military History, London 2001.
4 MARQUES, Portugal und das portugiesische Weltreich, S. 290; DIAS, Interiorização da Metrópole, S. 166f.; PEDREIRA, From Growth to Collapse, S. 850; SOUZA, Pátria Coroada, S. 41f.
5 MATA, Maria Eugénia, Do Political Conditions Matter? Nineteenth-Century Lisbon: A Case Study, in: Portuguese Studies Review 10/1, 2002, S. 12–25, S. 26; MARTINS, Ana Canas Delgado, Anos de guerra e incerteza. Sem D. João e ocupado pelas forças napoleônicas, Portugal sofreu as agruras de um tempo de guerra, in: Revista de História da Biblioteca Nacional 55, 2010, S. 25–30; COUTO, Dejanirah, História de Lisboa, Lissabon 2003, S. 213.

Bonifácio zufolge war es „zur Überraschung fast aller Zeitgenossen", dass Portugal überhaupt als souveräner Staat überlebte.[6]

Bei der Betrachtung der joaninischen Zeit im europäischen Teil des Reiches ist es wichtig, sich die enorme Bedeutung Lissabons vor Augen zu führen. Wenn generell gilt, dass ein zentralistischer Aufbau des Staates die Bedeutung und Ausstrahlungskraft einer Hauptstadt erhöht,[7] so stellte Portugal in dieser Hinsicht ein Extrem dar: Historiker und Geographen beschreiben das frühneuzeitliche, insgesamt verhältnismäßig gering urbanisierte Portugal meist als „Staat mit nur einer Stadt".[8] Das geflügelte Wort des portugiesischen Romanciers Eça de Queiróz (1845–1900), „Portugal ist Lissabon, der Rest ist Landschaft" (*Portugal é Lisboa, o resto é paisagem*), ist seit dem 15. Jahrhundert als Sprichwort nachweisbar.[9] Mit rund 200 000 Einwohnern war Lissabon (möglicherweise neben Madrid) die größte Stadt auf der iberischen Halbinsel. Bedeutender noch als die absolute Zahl der Einwohner war jedoch ihre relative Größe: Maria Lousada spricht von einer „Makrozephalie Lissabons" seit dem 15. Jahrhundert.[10] Die Bevölkerung Portos, der zweitgrößten portugiesischen Stadt im Norden des Landes, war nur halb so groß wie jene Lissabons. In Lissabon lebten 5,8 bis 6,7 Prozent der Gesamtbevölkerung und der Großteil der städtischen Bevölkerung Portugals.[11] Die Stadt war nicht nur das Zentrum des Überseehandels (vor dem Hoftransfer im November 1807 waren hier etwa 500 Groß- und Überseehändler registriert), sondern auch Zentrum des Gewerbes und des Kleinhandels (15 Prozent der Beschäftigten arbeiteten 1805 in diesem Sektor). Auch die Verwaltungsinstitutionen und Gerichte fanden sich in „hochgradiger geographischer Konzentration" in Lissabon. Im Gegensatz zu Spanien, wo der Adel an unterschiedlichen Orten ansässig war, konzentrierte sich auch der portugiesische Hochadel in der Stadt am Tagus. Fast alle „Großen" (*grandes*) und Titelträger (*titulares*) residierten hier. Die Identifikation des

---

6 Bonifácio, O século XIX português, S. 20.
7 Ennen, Funktions- und Bedeutungswandel der „Hauptstadt", S. 154.
8 Hespanha, Manuel de, Cities and State in Portugal, S. 718; Godinho, Vitorino Magalhães, A estrutura na antiga sociedade portuguesa, Lissabon 1972; Silva, José Gentil da, Vida urbana e desenvolvimento: Portugal, país sem cidades, in: Arquivos do Centro Cultural Português 5, 1972, S. 734–746.
9 Hespanha, Cities, S. 710.
10 Lousada, Espaços de sociabilidade, S. 46–48. Vgl. auch Fernandes, Paulo Jorge, Representação política e poder local em Lisboa nos finais do Antigo Regime (1778–1833), in: Tempo 7/14, 2003, S. 179–196, S. 184.
11 Zum Vergleich: In Paris, Wien und Madrid lebten jeweils etwa ein bis zwei Prozent, in London und Amsterdam etwa zehn Prozent der „nationalen" Bevölkerung.

Hochadels mit dem Hof und Lissabon war dem portugiesischen Elitenforscher Nuno Monteiro zufolge „total".[12]

Vor allem aber war Lissabon seit 1256 die Residenzstadt der portugiesischen Monarchen und später das Zentrum des Imperiums; sein urbanes Leben war maßgeblich von der Präsenz des Hofes geprägt und die munizipalen Verwaltungsstrukturen der Stadt waren dicht mit der königlichen Herrschaft verwoben.[13] Die enge Verbindung zwischen der Residenz des Monarchen und der Hauptstadt drückte sich auch in der Terminologie aus: Das Wort *corte* (Hof) wurde in Regierungs-, Verwaltungs- und Polizeiakten synonym zu „Lissabon" verwandt und meinte nicht die Königsresidenz im engeren Sinne, sondern die gesamte Stadt und ihre Bewohner.[14] Mit Abzug des portugiesischen Hofes im November 1807 änderte sich die Bezeichnung unverzüglich – in den Akten tauchte Lissabon nun als *capital* (Hauptstadt) auf, nicht mehr als *corte*.

Portugal wurde nach dem Einmarsch der napoleonischen Truppen (November 1807) und nach Ankunft der britischen Militärs zur Arena eines Kräftemessens zwischen den beiden stärksten Mächten der Zeit und in der Folge ein „Manöverplatz" für britische Truppen.[15] Es war mithin ein Territorium, auf dem fremde Mächte politisch und militärisch wirkten, wo also die Interaktion zwischen unterschiedlichen Gemeinschaften aufgrund der Kriegsereignisse prägend war. Viel stärker als dies für Brasilien im Allgemeinen und für Rio de Janeiro im Speziellen der Fall ist, haben Historiker hier auf die französischen, spanischen und britischen Einflüsse für den Fortgang der Geschichte aufmerksam gemacht. Insbesondere der Widerstand gegen Napoleon und die Verbreitung nationalen und liberalen Gedankenguts sowie die Revolutionsereignisse von 1820 sind in der Forschung vielfach aus einer transnationalen Perspektive geschildert worden.[16]

Wenig untersucht hingegen ist, mit welchen Mitteln die Regierenden versuchten, die Souveränität des ausgewanderten João, das politische System und die territoriale Integrität des Königreiches zu sichern. Es ist Ziel der folgenden Analysen, das Überleben Portugals in der Zeit von der Abreise des Monarchen

---

12 MONTEIRO, Elites e Poder, S. 145; DERS., Nobreza, revolução e liberalismo em Portugal, S. 135.
13 LOUSADA, Espaços de sociabilidade, S. 68; FERNANDES, Representação política e poder local em Lisboa, S. 185.
14 LOUSADA, Espaços de sociabilidade, S. 50.
15 MARTINS, A Côrte de Junot em Portugal 1807–1808, S. 235.
16 VARGUES, O processo, S. 48. Vgl. auch VARGUES, Isabel Nobre, A Revolução de 1820. Notas para o estudo do liberalismo português e da sua correlação peninsular, in: Estudios de Historia Social 36–37, 1986, S. 203–210.

bis zur Liberalen Revolution näher zu beleuchten. Im Zentrum soll dabei die Frage stehen, welche Regierungstechniken im europäischen Teil des Imperiums zur Anwendung kamen, das heißt, mit welchen Techniken der Gouvernementalität die Herrschenden den Staat zu sichern.

Die Intendência Geral da Polícia in Lissabon

Anders als die *Intendência Geral da Policia* in Rio de Janeiro war die Polizei in Lissabon zur Zeit des Hoftransfers eine bereits fest im urbanen Raum verankerte Institution. Sie war 1760 nach dem Vorbild der Pariser Polizeiintendanz gegründet worden und war eine Reaktion auf sich ändernde Machtmechanismen, die sich in der Etablierung einer „aktiven Verwaltung" unter den Schlagworten „Polizei, Statistik, Kameralismus"[17] ausdrückten. Nach Definition portugiesischer Staatstheoretiker am Ende des 18. Jahrhunderts waren Aufgaben der Polizei, Gewerbe und Handel zu fördern, den Frieden im Inneren des Reiches zu sichern und das Leben der Menschen „bequemer" und „glanzvoller" (*mais cómoda e polida*) zu machen, indem sie sich um Sauberkeit, Sättigung und Sicherheit der Bewohner kümmerte.[18] Die „gute Policey" wurde gleichgesetzt mit Kultur und der „Perfektionierung der Nation", sie galt als Symbol der „zivilisierten Völker". Nach der Definition des Wörterbuchs Moraes von 1813 umfasste die Policey den „anständigen Umgang, die Kultur, die Zierde einer Gesellschaft, die Urbanität der Bürger" sowie „die guten Manieren und die Höflichkeit".[19]

Außer der *Intendência Geral da Polícia* gab es in Lissabon noch andere Organe, die das urbane Leben zu beeinflussen und zu steuern versuchten, beispielsweise die Streitkräfte und die Stadtkammer (*Câmara Municipal*) und deren Regierungsorgan (*Senado da Câmara*). Auch wenn die Aktivitäten der *Câmara Municipal* in Lissabon in der Zeit zwischen dem ausgehenden 18. und dem Beginn des 19. Jahrhunderts bisher kaum erforscht sind, gibt es Hinweise darauf, dass es regelmäßig Konflikte um die Zuständigkeitsbereiche (Beleuchtung und Sauberkeit der Straßen, Nummerierung der Häuser, Lizenzen für Gaststätten, Märkte und Schauspiele, Registrierung von Ausländern und Auswärtigen etc.) zwischen der *Câmara* und der *Intendência Geral da Polícia* gab. So forderte die Stadtkammer Anfang des 19. Jahrhunderts gelegentlich die Rückerstattung

---

17 HESPANHA, Conclusão, S. 466.
18 VASCONCELOS, João Rosado de, Villalobos e, Elementos da Polícia Geral de hum Estado (trad.), Lissabon 1786, zitiert nach LOUSADA, Espaços de sociabilidade, S. 69.
19 SILVA, António de Moraes e, Diccionário da Lingua Portuguesa, Lissabon 1813, zitiert nach LOUSADA, Espaços de sociabilidade, S. 69.

städtischer Einnahmen, die nun vermehrt an die Polizei flossen.[20] Doch da letztere Institution ein wirkungsvolles Interventionsinstrument in der Hand der Zentralmacht war, gingen die Kompetenzen der Kontrolle des urbanen Lebens der Hauptstadt zunehmend vom *Senado da Câmara* auf die Polizeiintendanz über. Für die Zeit zwischen 1808 und 1821 gilt, dass es von allen Institutionen diejenige der Polizei war, die – als zentrales Organ für die Sicherheit und Verteidigung des Staates – am stärksten in das urbane Leben Lissabons eingriff.[21]

Direkt der monarchischen Autorität (und nur dieser) unterstellt, war die Hauptfunktion der *Intendência Geral da Polícia* die Kontrolle der Bevölkerung und des Territoriums. Wichtiger als die Repression war zunächst die Vigilanz, das heißt die Beobachtung und das Zusammentragen von Wissen über die städtische Bevölkerung. Da Macht sich stets auf Menschen in einem bestimmten Raum bezieht und die Kenntnisse dieses Raumes und seiner Bewohner die Voraussetzung für die Ausübung von Macht ist, war die Vermehrung dieser Kenntnisse das zentrale Anliegen der Monarchien des *Ancien Régime*. Lissabon war das vorrangige Objekt dieser Politik der Machtausübung durch Wissensvermehrung. Die Hauptstadt zu polizieren bedeutete am Anfang des 19. Jahrhunderts vor allem, die Straßen und die Orte der Zusammenkünfte (Schänken, Tavernen etc.) sowie die Einwohner und ihre Tätigkeiten zu *kennen*, also zu beobachten und zu registrieren.[22]

Die „gute Ordnung" aufrechtzuerhalten war speziell in revolutionären Umbruchzeiten die Hauptaufgabe der Polizei. Zeiten des politischen Umbruchs sind stets Zeiten, in denen eine „Explosion der Unordnungen und der Kriminalität" stattfindet. Dies ist, wie Maria Alexandre Lousada konstatiert, allerdings nicht darauf zurückzuführen, dass die Individuen in diesen Zeiten eher dem Verbrechen zugeneigt sind, sondern darauf, dass die Vorstellungen und Definitionen von Ordnung und also Ordnungswidrigkeiten sich ändern und die Grenzen so lange unklar bleiben, bis sich eine neue Ordnung etabliert. Die Definition eines Verbrechens oder Vergehens ist also immer eine historisch spezifische. Bei abrupten Veränderungen der Vorstellungen von einer „guten Ordnung" nimmt die polizeiliche Repression in der Regel zunächst zu.[23]

---

20 Darlegung des *Senado da Câmara* an João, Lissabon am 19. Dezember 1801, ANRJ Negócios de Portugal Secretaria de Estado do Ministério do Reino, cx. 677, pct. 1, pacotilha 1,3 (doc. 1); *Senado da Câmara* an João, Lissabon am 7. August 1802, ANRJ Negócios de Portugal, Secretaria de Estado do Ministério do Reino, cx. 677, pct. 1, pacotilha 1,11.
21 LOUSADA, Espaços de sociabilidade, S. 41–43; MARTINS, Governação e Arquivos, S. 43.
22 LOUSADA, Espaços de sociabilidade, S. 71.
23 Ebd., S. 79. Tiago Pires Marques macht darauf aufmerksam, dass die Änderungen von Kriminalordnungen nicht notwendigerweise parallel zur Änderung der Herrschaft-

In der Geschichte Lissabons tritt der Zusammenhang zwischen Krise und (Neu-)Formierung bzw. Verstärkung der Polizei deutlich zutage: Im Zuge des Wiederaufbaus und der territorialen Neuordnung Lissabons nach dem großen Erdbeben von 1755 wurden unterschiedliche Techniken der besseren Erfassung und Kontrolle des urbanen Raums entwickelt, die den neuen Formen der Machtausübung der Zentralregierung entsprachen. Darunter fielen unter anderem detaillierte Stadtkarten, Zählungen (*censos*) der gesamten Stadtbevölkerung sowie der einzelnen Stadtteile, die Festlegung von Straßennamen und die Nummerierung der Haustüren.[24] Aus der Krise heraus entstand auf diese Weise eine besser reglementierte und ab 1760 – mit Gründung der *Intendência Geral da Polícia* – auch eine besser *polizierte* Stadt.

Die nächste Erschütterung nach dem großen Erdbeben, die Französische Revolution, war auf der geopolitischen Ebene zunächst unproblematisch, ja sogar vorteilhaft für die portugiesische Regierung, weil sie Spanien und Portugal in ihren außenpolitischen Zielen näher zusammen- und gemeinsam gegen Frankreich aufbrachte. Die größte Sorge der portugiesischen Regierung war, wie Valentim Alexandre betont, die *ideologische* Auswirkung der Französischen Revolution.[25] Aufgrund der Furcht vor Aufständen und der Verbreitung revolutionärer Ideen gewann die *Intendência Geral da Polícia* erheblich an Macht und Einfluss.[26] Polizeichef Diogo Inácio Pina Manique (1733–1805), ein enger Verbündeter des Staatsministers Pombal, ist gleichsam als Wohltäter und Diktator in die Geschichte eingegangen. Erbarmungslos verfolgte er Jakobiner und Freimaurer. Andererseits förderte er nach Kräften das Theater São Carlos, die „guten" akademischen Aktivitäten sowie karitative Institutionen wie das Waisenhaus *Casa Pia do Castelo de São Jorge*.[27]

---

spraktiken geschahen, MARQUES, Tiago Pires, O momentum da codificação criminal. Reflexões metodológicas sobre a análise histórica dos códigos penais, in: Pedro Tavares de ALMEIDA/Tiago Pires MARQUES (Hrsg.), Lei e Ordem. Justiça penal, criminalidade e polícia, séculos XIX–XX, Lissabon 2006, S. 15–43, S. 30f.

24 LOUSADA, Espaços de sociabilidade, S. 42. Zu Seelenkonskriptionen (Volkszählungen) und Hausnummerierungen sowie dem sich darin spiegelnden Verhältnis zwischen Monarch und Untertan im ausgehenden 18. Jahrhundert siehe TANTNER, Anton, Die Hausnummer. Eine Geschichte von Ordnung und Unordnung, Marburg 2007.

25 ALEXANDRE, Sentidos do Império, S. 98.

26 MARQUES, Portugal und das portugiesische Weltreich, S. 298; LOUSADA, Espaços de sociabilidade, S. 72; LOUSADA, Public Space and Popular Sociability in Lisbon, S. 223.

27 CARVALHO, Augusto da Silva, Pina Manique: o ditador sanitário, Lissabon 1939; SOUSA, Maria Leonor Machado de, A abertura de Portugal à cultura europeia: os bolseiros de Pina Manique, Lissabon 1983; NORONHA, Eduardo de, Pina Manique. O intendente de antes quebrar; costumes, banditismo e polícia no fim do século XVIII, princípios do século XIX, Porto 1940; TAVARES, Adérito, A faceta progressista do Intendente Pina

Pina Manique verstand es, während seiner Amtszeit seine persönlichen Kompetenzen beträchtlich auszuweiten.[28] Die von ihm hinterlassenen Dokumente zeugen eindrücklich von der Angst vor einer „unterschwelligen Konspiration" und eines „permanenten Komplotts". Die Politik der harten Hand des Polizeichefs war im Wesentlichen auf die Angst vor der Zirkulation von „subversiven" Ideen zurückzuführen; er sah, wie Augusto Alves konstatiert, nach 1789 „auf jeder Parkbank einen Verdächtigen, in jedem Kritiker einen Feind, an jeder Straßenecke einen Jakobiner, in jeder Bar einen Aufstand, in jedem Café eine Verschwörung und im öffentlichen Park eine Revolution".[29] Die Reaktion der Polizei auf diese Gefahren war der Versuch einer verstärkten Kontrolle über das gesamte portugiesische Territorium, mithin eine stärkere *Territorialisierung*.[30] In der Forschung wird dem Polizeichef in der Regel ein mindestens partieller Erfolg bescheinigt: Durch sein Wirken, so konstatiert beispielsweise António Ventura, habe Pina Manique die „Einpflanzung des Liberalismus" und die „Diffusion der Ideen der Französischen Revolution" in Portugal verzögert.[31]

Die *Guarda Real da Polícia*, die Exekutive der *Intêndencia Geral da Polícia*, die Pina Manique bereits ab 1793 vehement gefordert hatte, wurde am 10. Dezember 1801 gegründet.[32] Mit zunächst 638 Männern und 227 Pferden, organisiert in acht Kompanien der Infanterie, vier Kavallerien und einem Generalstab, verfolgte sie das Ziel, die „öffentliche Ruhe" (*sossego público*) zu garantieren. Die unterschiedlichen Einheiten der *Guarda* kontrollierten jeweils einen bestimmten Stadtteil und übten besondere Vigilanz über die „verdäch-

---

Manique, in: História (Lissabon) 25, 1980, S. 22–34; NORTON, Joseph J., Pina Manique: o fundador da Casa Pia, Chiado 2004. Zahlreiche Dokumente zeugen von dem erbitterten Kampf des Polizeichefs gegen die Jakobiner mit ihren „infamen Maximen": Diogo Inácio de Pina Manique an das Innenministerium, Lissabon am 20. Juni 1799, IAN/TT IGP cx. 568 (Dokument ohne Nummer) und zahlreiche andere Dokumente aus cx. 567, 568 und 569. Zur Verfolgung der Freimaurer durch Pina Manique siehe BARATA, Alexandre Mansur, Maçonaria, Sociabilidade Ilustrada & Independência do Brasil (1790–1822), Juiz de Fora/São Paulo 2006, S. 145–149.

28 ALVES, José Augusto Santos, A opinião pública em Portugal (1780–1820), Lissabon 1998, S. 73.
29 ALVES, Opinião pública, S. 66.
30 Ebd., S. 61–63. Alves bringt die Kontrolle des Territoriums in engen Zusammenhang mit den Aktivitäten der Polizei. Angesichts der Gefahren, die beispielsweise von Galizien drohten, errichtete der Polizeichef einen „Gesundheitsring" (*cordão sanitário*), was einer verstärkten Grenzsicherung und also einer verstärkten „nationalen" Territorialisierung gleichkam, ALVES, Opinião pública, S. 73–86.
31 VENTURA, As guerras liberais 1820–1834, S. 7f.
32 LOUSADA, Espaços de sociabilidade, S. 71.

tigen Orte" und Hauptschauplätze der „Unordnung" aus. 1805 verfügte die *Guarda* bereits über 1 241 Männer und 269 Pferde, die in zehn Kompanien organisiert waren.³³

1810 wurde auf Vorschlag des britischen Generals Beresford, der Mitglied der portugiesischen Interimsregierung war,³⁴ die *Guarda Real da Polícia* auf 1 326 Männer aufgestockt, 1820 waren 1 381 Männer im Dienst, wobei die Stadt zu dieser Zeit bereits in 40 Polizeidistrikte aufgeteilt war. Lissabon war insgesamt eine exzessiv polizierte Stadt. Wenn man von etwa 200 000 Einwohnern ausgeht, kamen bei Gründung der *Guarda Real da Polícia* 313 Einwohner auf einen Polizisten, in der Zeit der Abwesenheit des Monarchen hatte sich das Verhältnis auf nur noch 151 Einwohner zu einem Polizisten verschoben. Es gab in Lissabon proportional gesehen dreimal so viele Polizisten wie zeitgleich in Paris.³⁵ Auch Zivilisten (Ladenbesitzer, Handwerker, Schankwirte, Krämer, Viehhirten, Arbeiter, Straßenverkäufer, aber auch Angehörige höherer gesellschaftlicher Schichten wie Professoren und Apotheker, Händler, Fabrikanten) wurden von der portugiesischen Polizei als Wächter bzw. Informanten (*cabos*) engagiert: Nach Zählung Lousadas existierten 1821 in sechs Polizeidistrikten insgesamt 379 *cabos*.³⁶

Eine feinmaschigere Vigilanz scheint in den revolutionären Zeiten eines der wichtigsten Mittel der Regierung in Portugal gewesen zu sein. Um die „gute Ordnung der Policey" und die „öffentliche Ruhe" in der Hauptstadt in den „kritischen Umständen" zu sichern, verfügten die Governadores in einem Dekret vom 10. Dezember 1810, dass neue, kleinere Distrikte etabliert werden sollten, weil die bestehenden „zu groß" seien.³⁷ Außerdem sollten die

---

33 Ebd., S. 108; LOUSADA, Public Space and Popular Sociability in Lisbon, S. 223–225.
34 Zum Verhältnis zwischen den Governadores und Beresford siehe NEWITT, Malyn, Lord Beresford and the Governadores of Portugal, in: Malyn NEWITT/Martin ROBSON (Hrsg.), Lord Beresford and British Intervention in Portugal (1807–1820), Lissabon 2004, S. 89–110. VICENTE, António Pedro, Beresford, in: João MEDINA (Hrsg.), História de Portugal dos tempos Pré-históricos aos nossos dias, Bd. 8: Portugal liberal, Barcelona 1995, S. 87–91.
35 LOUSADA, Public Space and Popular Sociability in Lisbon, S. 223; DIES., A cidade vigiada. A polícia e a cidade de Lisboa no início do século XIX, in: Cadernos de Geografia 17, 1997, S. 227–232, S. 228. In Paris gab es zur gleichen Zeit einen Wachmann für 482 Einwohner, LOUSADA, Espaços de sociabilidade, S. 72. Vgl. auch CHAGNIOT, Jean, Paris et l'armée au XVIIIe siècle: étude politique et sociale, Paris 1985, S. 52.
36 LOUSADA, Espaços de sociabilidade, S. 76.
37 Governadores an João, Lissabon am 3. Juli 1810, IAN/TT MR Livro 314, S. 107v; Mendonça, António Salter de, Providências de Polícia para os bairros de Lisboa [...], Lissabon am 28. März 1810, ANRJ, Negócios de Portugal, Secretaria de Estado do Ministério do Reino, cx. 709, pct. 1, doc. 53.

berittenen Patrouillen der *Guarda Real da Policia* „Tag und Nacht" mit präsentierten Säbeln in den ihnen jeweils zugewiesenen Straßen patrouillieren, um Unordnungen zu verhindern und „unnötige" Versammlungen aufzulösen, kurz: Sie sollten alles überwachen, was die „gute Ordnung" und die „öffentliche Sicherheit" betraf.[38] Da wiederholt explizit der „aktuelle Stand der Dinge" mit der Notwendigkeit einer „großen Vigilanz der Polizei" in Verbindung gebracht wird, tritt der Zusammenhang zwischen der politischen Krise und der zu verstärkenden Polizei deutlich zutage.[39]

Wie wichtig die Institution der Polizei gerade in der Zeit der Abwesenheit Joãos angesehen wurde, zeigt auch die Etablierung einer Polizeiintendanz in der zweitgrößten Stadt Portugals, Porto. Die Interimsregierung in Lissabon schrieb im Oktober 1810 an den Monarchen, dass es „unverzichtbar" sei, in Porto eine „aktivere und vigilantere" Polizei einzurichten, da die „öffentliche Sicherheit" der Stadt wegen der „aktuellen Zustände im Königreich" nicht anders gewährleistet werden könne.[40] Die Erfahrung habe gezeigt, dass die „weise" Etablierung von Polizeikorps in den großen (Residenz-)Städten (*Grandes Cortes e Cidades*) stets „öffentliche Ruhe und Sicherheit für die Einwohner sowie für die königliche Souveränität" gebracht habe. Explizites Ziel der Einrichtung der Polizei in Porto war, „unvorhergesehene Aufstände" zu verhindern und das Wissen über die Bevölkerung und die Ereignisse in der Stadt zu vermehren.[41] Dass der Monarch die verstärkte Polizierung für angemessen hielt, ist an seiner Zustimmung sowohl zur personellen Aufstockung der Lissabonner Polizei als auch zur Etablierung der Polizei in Porto erkennbar.[42] Er war es zudem persönlich, der von Rio de Janeiro aus die Personalfragen innerhalb der Institution regelte; er vergab die Posten der Kommissare in den Intendanzen von Lissabon und Porto und wies bestimmte „fähige" Indi-

---

38 Dekret zitiert nach Lousada, Espaços de sociabilidade, S. 73.
39 11. September 1810, Livro 314, S. 121v–122.
40 2. Oktober 1810, IAN/TT MR Livro 314, S. 126. Im Mai 1817 rechtfertigten die Governadores die Etablierung der Polizei nochmals ausführlich, Governadores an João VI, Lissabon am 12. Mai 1817, IAN/TT MR Livro 317, S. 426–429.
41 „*Memoria Sobre o Policiamento da Cidade do Porto*" des Kommandanten des Königlichen Korps, Joze Pereira da Silva Leite de Berredo, an João, Porto am 20. März 1813, BNRJ Ms. I-13,02,039.
42 15. März 1811, Livro 314, S. 160v. Wie stark die Polizei auch in Lissabon mit dem *Ancien Régime* in Verbindung gebracht wurde, zeigen die Debatten der portugiesischen Cortes 1822. Nach Meinung vieler liberaler Abgeordneter gehörte die *Intendência Geral da Polícia*, ebenso wie die Inquisition, in einem konstitutionellen System abgeschafft, Polizeiintendant Falcão de Castro an den José da Silva Carvalho, Lissabon am 9. Mai 1822, IAN/TT IGP mç 617, Partes Diárias, doc. 421, zitiert nach Lousada, Espaços de sociabilidade, S. 76. Abgeschafft wurde die Intendanz erst 1833, ebd., S. 78.

viduen, die in der Regel vom Lissabonner Polizeichef vorgeschlagen wurden, den einzelnen städtischen Distrikten zu bzw. genehmigte die Vorschläge oder veränderte die Listen.⁴³

Bevor João nach Rio de Janeiro gereist war, hatte er den Statthaltern die „Rettung der Monarchie und Verteidigung der portugiesischen Reiche" als „wichtigste" Pflichten aufgetragen.⁴⁴ Dass sie diese Aufgabe ernst nahmen und immer in den Vordergrund ihres Regierungshandelns stellten, betonten die Regenten immer wieder, wobei sie neben der Rettung der „invadierten" Monarchie, welche „auf alle Arten" von „außen und innen" angegriffen wurde,⁴⁵ auch die Beibehaltung der „öffentlichen Ruhe" und der „guten Ordnung" (*conservação da boa ordem, e tranquilidade publica*) regelmäßig als Teilziele benannten.⁴⁶ Wie bereits der Wortlaut suggeriert, spielten die Aktivitäten der Polizei, die per definitionem für die „gute Ordnung" zuständig war, dabei eine entscheidende Rolle. Ab und an erwähnten die Statthalter explizit, dass zur Wahrung der „guten Ordnung" die „Regeln der Policey" unbedingt eingehalten werden müssten.⁴⁷ Der Monarch befahl seinerseits den Governadores regelmäßig, „beleidigenden und aufrührerischen Praktiken" (*praticas insultantes e sediciozas*) Einhalt zu gebieten, und mahnte zu „aller Vorsicht, Umsicht und Vigilanz", damit die „öffentliche Ruhe" gewahrt werden könne, wobei sich die angesprochene Vigilanz fraglos vor allem auf die Aktivitäten der Polizeiintendanz bezog.⁴⁸

Die Quellen

Die *Intendência Geral da Policia* kümmerte sich in Lissabon, ebenso wie in Rio de Janeiro, um das „unendlich Kleine der politischen Macht".⁴⁹ Ihre Hauptaufgabe lag in der permanenten Beobachtung des Verhaltens der Bevölkerung, in der Kontrolle ihrer Praktiken im städtischen Raum, den Straßen, den

---

43 „*Relação dos Individuos propostos para os Lugares de Comissarios da Policia na Cidade do Porto*", Lissabon am 29. Juli 1817, IAN/TT IGP Livro 17, S. 113.
44 26. Juni 1809, IAN/TT MR Livro 314, S. 41v; 23. Dezember 1809, IAN/TT MR Livro 314, S. 61; Governadores an João, Lissabon am 21. April 1810, IAN/TT MR Livro 314, S. 89v und 90v.
45 23. Dezember 1809, Livro 314, S. 61.
46 9. August 1809, IAN/TT MR Livro 314, S. 44v.
47 26. Juni 1809, IAN/TT MR Livro 314, S. 42.
48 Governadores an João, Lissabon am 16. August 1810, IAN/TT MR Livro 314, S. 113–114v.
49 Foucault, Überwachen und Strafen.

öffentlichen Gaststätten, den Märkten und Theatern.[50] Häufig forderte der Monarch aus Rio de Janeiro einen polizeilichen Bericht über die „Führung" (*conducta*) bestimmter Individuen (meist Angehörige der Armee oder andere Leute von Rang und Namen) an. Es oblag dem Polizeichef, aus dem Archiv der Intendanz alle verfügbaren Informationen über dieses Individuum zusammenzutragen und nach Rio de Janeiro zu senden.[51]

Dadurch, dass die Beobachtungen der alltäglichen Markt-, aber auch Freizeitaktivitäten der Menschen zum Teil minutiös verschriftlicht wurden, geben die Polizeiberichte Aufschluss über das gesellschaftliche Mit- und Gegeneinander sowie über die Veränderungen, die dieses durchlief. Die Aufzeichnungen der Polizei geben – als ein „Kaleidoskop der Geschehnisse", in denen sich unterschiedliche Facetten der Macht widerspiegeln – durch ihre „innere Kohärenz" relativ zuverlässig Auskunft über den Alltag in Portugal und darüber, wie die vielfältigen Veränderungen im urbanen Raum am Ende des *Antigo Regime* beschaffen waren.[52] Portugiesische Historiker haben Polizeidokumente als Barometer für die Messung der ökonomischen, politischen und sozialen Transformationen des urbanen Lebens speziell für die Zeit von 1780 bis zur Mitte des 19. Jahrhunderts fruchtbar gemacht. Im Zentrum der Untersuchungen, die auf diesem Typ Quellen basieren, stehen etwa die Formen der Vergemeinschaftung (*sociabilidade*) und die Entstehung und Veränderung der „öffentlichen Meinung".[53] Augusto Alves zufolge sind es von allen Dokumenten jene der *Intendência Geral da Policia* in Lissabon, die am besten Aufschluss darüber geben, wie das Königreich Portugal und sein Zentrum, Lissabon, „lebten" und „atmeten".[54] José Tengarrinha konstatierte, dass die Quellen der Intendanz vor allem jene Ereignisse sichtbar machen, die von den staatlichen Machtinstanzen als alarmierend eingeschätzt wurden, und insofern wertvolle Indizien für die politischen Veränderungen in Portugal im ersten Drittel des 19. Jahrhunderts liefern.[55]

---

50 Lousada, Espaços de sociabilidade, S. 84.
51 In einem Fall forderte der Monarch Informationen über die „Führung" des Oberstleutnants Izidoro Francisco Guimaraens an, Polizeiintendant Barbosa de Magalhães an João VI, Lissabon am 20. Dezember 1817, IAN/TT IGP Livro 17, S. 181v.
52 Alves, Opinião Pública em Portugal, S. 55f.
53 Lousada, Espaços de sociabilidade, S. 85.
54 Alves, Opinião Pública em Portugal, S. 54.
55 Tengarrinha, E o povo, onde está?, S. 132. Albert Silbert hatte bereits 1973 auf die große Bedeutung der Polizei-Dokumente für die Untersuchung des entstehenden „Patriotismus" während der französischen Revolution aufmerksam gemacht: Silbert, Albert, Do Portugal de antigo regime ao Portugal oitocentista, Lissabon 1972, S. 23.

Ziel der folgenden Analysen ist es, zu erhellen, wie das Königreich Portugal *überlebte*, wie die Regierungsweise sich in Zeiten der Krise gestaltete, und wie das alltägliche Ringen um Souveränität und die Behauptung des bestehenden Systems aussah. Dies ist auch und vor allem deshalb möglich und opportun, weil der Polizeiintendant, der *Intendente Geral da Polícia*, als eine wichtige Schnittstelle der Kommunikation zwischen Portugal und Brasilien fungierte. Er empfing die Berichte der einzelnen Stadtteilautoritäten Lissabons (*ministros dos bairros*) sowie der Autoritäten aus den einzelnen Provinzdistrikten (*corregedores* und *juizes de fora*) und leitete diese an den Monarchen nach Rio de Janeiro weiter.[56] Wie wichtig die Polizeiberichte für die Regierbarkeit Portugals waren, zeigt der Umstand, dass die Beschreibungen des „politischen Zustands" des Königreiches, die auch die Governadores regelmäßig nach Rio de Janeiro sandten, in den meisten Fällen maßgeblich auf den Ausführungen des Polizeichefs und auf dessen gesammelten Informationen aus den Stadtvierteln und Provinzen basierten; häufig wird in ihren Schreiben zusätzlich auf die als Anlage beigefügten Polizeiberichte verwiesen.[57]

In der *Intendência Geral da Policia* wurden fast täglich Briefe an den Monarchen verfasst (stets eingeleitet mit der persönlichen Anrede „Senhor", die mit großen Buchstaben jeweils etwa ein Drittel der ersten Seite einnimmt[58]), auch wenn sie bisweilen nur den Vermerk enthielten, dass „nichts Berichtenswertes" geschehen sei und dass sich der „politische Zustand" (*estado político*) und die „öffentliche Meinung" (*espirito publico*) in „guter Ordnung" befänden.[59] Wendungen des Polizeiintendanten wie „dies sind die Vorfälle, die ich Eurer Majestät heute mitzuteilen habe" am Ende der meisten Dokumente lassen darauf schließen, dass zumindest dem Anspruch nach alle als relevant eingestuften Ereignisse täglich kommuniziert wurden.[60] Darunter fielen kriegerische Konflikte im urbanen Raum, die während der französischen Invasionen an der Tagesordnung waren, aber auch scheinbar unbedeutende Vorkommnisse wie die Inhaftierung von Ladenbesitzern, die nach Ertönen des Signals ihre Läden nicht unverzüglich geschlossen hatten, oder der Fund von

---

56 Lissabon am 8. Juli 1817, IAN/TT MR Livro 318, S. 25–27.
57 Vgl. Governadores an João VI, Lissabon am 8. Juli 1817, IAN/TT MR Livro 318, S. 25–27.
58 Vgl. Magalhães an João VI, Lissabon am 14. Januar 1820, IAN/TT IGP Livro 18, S. 188v. Zwar bedeutet die persönliche Anrede des Monarchen sicherlich nicht, dass er alle Berichte selbst las; sie deutet jedoch auf den hohen Stellenwert hin, der den Berichten bei der Regierungspraxis beigemessen wurde.
59 Seabra da Silva an João, Lissabon am 17. Januar 1809, IAN/TT IGP Livro 10, S. 48.
60 Seabra da Silva an João, Lissabon am 19. November 1808, IAN/TT IGP Livro 10, S. 15.

zwei „außergewöhnlich große Walen", die bei Sintra an den Strand gespült worden waren.[61] Nicht nur Ereignisse auf portugiesischem Territorium konnten berichtenswert sein; die Polizeiintendanten informierten den Monarchen in Rio de Janeiro auch über Ereignisse, die sich auf dem Atlantik zugetragen hatten, sofern sie von Reisenden oder von der Schiffsbesatzung (Kapitäne oder Matrosen) davon erfuhren, etwa wenn Piraten auf See ein portugiesisches Schiff aufgerieben hatten. In diesen Fällen wurden diejenigen, die sich auf dem Schiff befanden, in der Intendanz verhört, ausführliche polizeiliche Berichte anschließend nach Rio gesandt.[62]

Vielfach fand in der Korrespondenz eine Unterscheidung zwischen der „hohen Policey" (*alta Policia*) und „kleinen Policey" (*pequena Policia*) statt, wobei die „Geschehnisse der kleinen Policey", etwa Diebstähle oder kleinere Delikte „ohne Gewalt",[63] in den Schreiben nach Rio de Janeiro häufig explizit ausgelassen wurden, da sie die Aufmerksamkeit des Monarchen nicht „verdienten".[64] Dem Polizeichef stand es also zu, das Wissen über die Geschehnisse in Portugal zu hierarchisieren; er entschied, was von João für die reibungslose Ausübung seiner Souveränität gewusst werden musste und was nicht.[65]

Ebenso wie im brasilianischen existiert im portugiesischen Nationalarchiv eine Fülle von Polizeidokumenten aus der Zeit zwischen 1807 und 1821. Die zahlreichen Folianten umfassen Register von Gefangenen, Verzeichnisse von Denunziationen und zahlreiche Bände administrativen Inhalts. Im Zentrum der Analyse stehen in den folgenden Kapiteln Polizeidokumente, in denen die Probleme des „Staates" bzw. des Imperiums verhandelt werden. Sie finden sich in insgesamt elf Folianten, die im Index des Archivs mit folgendem Titel belegt sind: „Korrespondenzen über Ereignisse von speziell gravierender oder wichtiger Bedeutung, erhalten von den Magistraten aus dem ganzen Reich und gesandt an die Ministerien des Staates" (*Contras de occorrencias particularmente graves ou importantes, recebidas de magistrados e particulares de todo o Reino e enviadas às Secretarias de Estado*).[66] Viele dieser Korrespondenzen sandte der Polizeichef, wie bereits ausgeführt, nicht (nur) an die Ministerien

---

61 Ebd.
62 Magalhães an João VI, Lissabon am 17. Mai 1817, IAN/TT IGP Livro 17, S. 80.
63 Seabra da Silva an João, Lissabon am 7. November 1808, IAN/TT IGP Livro 10, S. 5v.
64 Seabra da Silva an die Governadores, Lissabon am 29. November 1808, IAN/TT IGP Livro 10, S. 18v.
65 Seabra da Silva an João, Lissabon am 30. Januar 1809, IAN/TT IGP Livro 10, S. 54 und 28. Januar 1809, IAN/TT IGP Livro 10, S. 53v.
66 IAN/TT IGP Livros 9–19.

der Interimsregierung in Portugal, sondern gleichzeitig direkt an den Monarchen in Rio de Janeiro.

Auch wenn die Institution der Polizei und die von ihr hinterlassenen Dokumente detaillierte Einblicke in die Vergangenheit geben, wäre es verfehlt, anzunehmen, dass sie – im rankeanischen Sinne – davon zeugen, wie es zu einer bestimmten Zeit „eigentlich gewesen" sei. Vielmehr müssen sie als Zeugnisse der spezifischen politischen, sozialen, kulturellen sowie religiösen Umstände ihrer Zeit und ihres Ortes gelesen werden. Unabhängig davon, welche Gesetze und Polizeiverordnungen diese spezifischen Umstände hervorgebracht haben (die die jeweilige Realität prägten), existiert in jeder Gesellschaft beispielsweise eine bestimmte Toleranz und Intoleranz, was die Einhaltung derselben betrifft. Einige Übertretungen werden toleriert und folglich in Polizeidokumenten erst gar nicht erwähnt, die anderen hart bestraft und ausführlich kommentiert.[67] Die Institution der Polizei brachte also ihre eigenen Informationen und somit ihre eigene Realität hervor, indem sie bestimmte Dinge dokumentierte und andere nicht.[68]

Die Art, in der die Polizei auf diese Weise eine bestimmte, für sie gültige Wirklichkeit produzierte, hat Maria Lousada an einem eingängigen Beispiel aufgezeigt: Ab Anfang des 19. Jahrhunderts existierten in der Lissabonner Polizeiintendanz Listen bestimmter Orte und Individuen, die als besonders verdächtig galten. Die Polizei überwachte – in einem sich selbst perpetuierenden Zirkel – insbesondere diese Orte und die an ihnen anzutreffenden „üblichen Verdächtigen"; die Präventiv- und Bestrafungsmaßnahmen richteten sich vor allem gegen die bereits zuvor verdächtigten Orte und Individuen. Die Polizeiberichte bestätigten daher stets, was man schon vorher wusste; das Ergebnis war die Produktion immer gleicher Listen.[69] Was die Offizianten des Staates schriftlich fixierten, repräsentierte also nicht vollumfänglich die Aktivitäten der Gesellschaft, und das sollte es auch nicht tun. Verzeichnet wurde nur der Teil, der für den Staat von Interesse war.[70]

---

67 Lousada, Espaços de sociabilidade, S. 79f.
68 Cobb, Richard C., The Police and the People. French Popular Protest 1789–1820, Oxford 1970, S. 18. „Die normative Struktur [von Policeyordnungen] führte zwar nicht dazu, die formulierten Ansprüche in vollem Umfang zur Geltung zu bringen, zeigte aber insofern Wirkung, als sie das mögliche Handeln der Akteure beeinflusste und zu einem zentralen Bezugspunkt sozialer Praxis wurde", Landwehr, Die Rhetorik der „guten Policey", S. 286.
69 Lousada, Espaços de sociabilidade, S. 81f.
70 Ausführlich hierzu: Scott, Seeing Like a State, S. 1–8. „State agents have no interest – nor should they – in describing an entire social reality", ebd., S. 22f.

Dennoch – oder vielmehr gerade deswegen – sind Polizeidokumente für die Analyse der Gouvernementalität des Königreichs Portugal (und des Imperiums) aufschlussreich. Denn das, was die Autoritäten der einzelnen Distrikte und Stadtviertel an die zentrale Polizeiintendanz berichteten, und das, was der Polizeichef seinerseits dem Monarchen weiterleitete, hatte Einfluss auf die Maßnahmen der Zentralregierung in Rio de Janeiro. Diese wirkten ihrerseits auf die Verhältnisse in Portugal ein. Es gab also ein stetes Wechselspiel zwischen den Aktivitäten der Polizei in Portugal und den Reaktionen und Aktionen des Monarchen in Brasilien.

6.1 Die „jakobinische" Gefahr

6.1.1 Auftritt des „Volkes"

Der relativen Schwäche seiner Armee bewusst und noch immer um Neutralität im Konflikt zwischen den beiden Großmächten der Zeit, Frankreich und Großbritannien bemüht, hatte Prinzregent João den Governadores do Reino und seinen Untertanen kurz vor seiner Abreise Anweisung gegeben, Ruhe zu bewahren, feindselige Handlungen gegen Franzosen dringend zu vermeiden und sie stattdessen willkommen zu heißen.[71] Die französischen Truppen marschierten ein, ohne auf nennenswerten spontanen oder organisierten Widerstand zu stoßen; für etliche „französisierte" Portugiesen (*portugueses afrancesados*) kam General Andoche Junot als Befreier.[72] Als ein solcher stellte er sich auch selbst dar: In einer in der *Gazeta de Lisboa* veröffentlichen Proklamation beteuerte er, dass nicht die Franzosen die Besatzer Portugals seien, sondern die Briten, und dass Frankreich nur das Wohl der portugiesischen Bevölkerung im Sinn habe.[73] Diese Situation führte zu einer bemerkenswert ambivalenten politischen Lage: Der offizielle Bruch zwischen dem portugiesischen und dem britischen Souverän hatte nicht stattgefunden, vielmehr waren Briten während des Hoftransfers und auch danach die wichtigsten Alliierten des portugiesischen Monarchen. Dennoch musste als eine politische Strategie zur

---

71 „*Instruções do Príncipe Regente aos Governadores*", Lissabon am 26. November 1807, IAN/TT, SP 2239. Vgl. auch TERENAS, Gabriela Gândara, O Portugal da Guerra Peninsular, A visão dos militares britânicos (1808–1812), Lissabon 2000, S. 57; ARAÚJO, Invasões francesas, S. 27; ALEXANDRE, Sentidos do Império, S. 96.
72 SARAIVA, História concisa de Portugal, S. 267.
73 „Proklamation an die Einwohner Lissabons" (auf Französisch und Portugiesisch), in: *Gazeta de Lisboa* vom 4. Dezember 1807, Supplement zu Nr. 38, S. 2; ARAÚJO, As invasões francesas, S. 29.

Erhaltung des europäischen Teils des Imperiums ein Modus vivendi gefunden werden, das heißt, hier wurde eine Kooperation mit den Erzrivalen der Briten angestrebt.[74]

Die portugiesische Regierung und Verwaltung funktionierten zunächst ohne nennenswerte personelle Änderungen weiter.[75] Junot erwog wiederholt, die Interimsregierung, die João eingesetzt hatte, auszutauschen, hatte jedoch Schwierigkeiten, Personal für die Lenkung des Staates zu finden, da die meisten Staatsmänner mit dem Monarchen nach Rio de Janeiro emigriert waren.[76] Zudem war die Verwaltung für ihn zu undurchsichtig, als dass er sie hätte neu organisieren können; er bezeichnete sie, da sie über parallele Autoritäten für jeden Distrikt verfügte, als „bizarre".[77] Der portugiesische *Intendente Geral da Polícia*, Lucas Seabra da Silva, blieb zunächst im Amt, empfing jedoch die Anordnungen nun direkt vom französischen General und schrieb seinerseits seine Berichte direkt an ihn. Unter Andoche Junot wurden einige Polizeinormen, die das gesellschaftliche Leben regelten, verschärft. So bestimmte er, dass alle Spielstätten außer den Billardhäusern geschlossen werden bzw. geschlossen bleiben sollten. Alle Minister (*Ministros da Corte*) sollten täglich bis 11 Uhr über „alle Geschehnisse" informieren, die in ihren jeweiligen Vierteln vorgegangen waren, und Nachricht über „alle zirkulierenden Gerüchte" geben, mit Angabe des Ortes, der involvierten Personen und der „sonstigen Umstände".[78] Zugunsten einer besseren Kontrolle der Stadt verbot er außerdem „jede maritime Bewegung" im Hafen von Lissabon.[79] Die von Napoleon angestrebte Kontinentalblockade wurde, zumindest in der ersten Zeit nach der Invasion, von Junot gesichert.[80]

Eine der ersten Maßnahmen des französischen Generals stellten die Gefangennahme und Ausweisung der Briten sowie die Beschlagnahmung ihrer Güter dar, und es oblag der Polizeiintendanz, sich um diese Aufgabe zu

---

74 ALEXANDRE, Sentidos do Império, S. 374f.
75 MARTINS, Governação e Arquivos, S. 29; GOTTERI, Nicole, Napoléon et le Portugal, Paris 2004, S. 172.
76 „*[I]l faut de mois pour faire bouger un portuguais*", Junot an Napoleon, Lissabon am 19. Januar 1808, BA, Cod. 46–XIII–29, S. 56f., zitiert nach MARTINS, Governação e Arquivos, S. 32.
77 Junot an Napoleon, 19. Januar 1808, BA, Cod. 46–XIII–29, S. 56f. Vgl. auch WOOLF, Napoleon's integration of Europe, S. 84–85.
78 Seabra da Silva an Junot, Lissabon am 9. Dezember 1807, IAN/TT IGP Livro 9, S. 120v–121.
79 MARTINS, Governação e Arquivos, S. 29; MACEDO, Jorge Borges de, História diplomática portuguesa. Constantes e linhas de força, Lissabon 1987, S. 353.
80 FRASER, Ronald, Napoleon's Cursed War. Spanish Popular Resistance in the Peninsular War, 1808–1814, London/New York 2008, S. 9.

kümmern und Inventare der konfiszierten Besitztümer zu erstellen. Bei der praktischen Durchführung dieses Unterfangens tauchten jedoch Zweifel und Unstimmigkeiten auf, da die Staatsangehörigkeit der Individuen bzw. ihre „Naturalisierung", wie es im Portugiesischen heißt, häufig nicht zweifelsfrei bestimmt werden konnte. Etliche portugiesische Stadtteilautoritäten waren sich nicht sicher, welche Personen auszuweisen waren: Sollte man zum Beispiel auch jene Briten ausweisen, die ein Zertifikat über ihre Naturalisierung (*Carta de Naturalização*) besaßen und also rechtlich portugiesische Untertanen waren?[81] Was sollte mit jenen geschehen, die portugiesische Großmütter und Mütter und britische Großväter und/oder Väter hatten und zudem in Portugal geboren worden waren? Fielen auch irische Kleriker unter die Anordnung?[82] Was sollte mit den Briten geschehen, die Manufakturen in Portugal aufgebaut hatten?[83] Möglicherweise waren es nicht zuletzt ökonomische Erwägungen (viele der in Lissabon ansässigen Briten waren wohlhabende Kaufleute und Unternehmer[84]), die dazu führten, dass die Befehle Junots von den portugiesischen Autoritäten nicht mit größtem Eifer befolgt wurden. Die häufigen Wiederholungen der Anordnung über die Ausweisung und Beschlagnahmungen der Briten lassen jedenfalls darauf schließen, dass sie offenbar nicht mit einer für die französischen Besatzer zufrieden stellenden Schnelligkeit vonstatten gingen.[85]

Schon wenige Wochen nach dem Exodus des Monarchen und dem Einmarsch der französischen Truppen traten Probleme mit den selbsternannten Befreiern auf, die in den Polizeidokumenten meist mit „Unordnungen mit den

---

81 Auf das Problem der „Naturalisierung" wird im zweiten Unterkapitel im Zusammenhang mit Franzosen und anderen Fremden ausführlicher eingegangen. Eine einschlägige Studie zu diesem Thema hat Volker Manz vorgelegt: MANZ, Volker, Fremde und Gemeinwohl. Integration und Ausgrenzung in Spanien im Übergang vom Ancien Régime zum frühen Nationalstaat, Stuttgart 2006.
82 In Lissabon existierte das Saint Patricks College, das 1590 von portugiesischen Adeligen und exilierten irischen Jesuiten gegründet worden war, vgl. O'CONNELL, Patricia, The Irish College at Lisbon 1590–1834, Dublin 2001. Vermutlich bezog sich die Anfrage des *ministro do bairro* auf Angehörige dieser Institution.
83 Seabra da Silva an die Governadores, Lissabon am 5. Dezember 1807, IAN/TT IGP Livro 9, S. 119–119v.
84 SHAW, Leslie M. E., The Anglo-Portuguese Alliance and the English Merchants in Portugal 1654–1810, Aldershot/Brookfield 1998, S. 42. Die britischen Manufakturen wurden 1810 aufgrund des 25. Artikels des Handels- und Freundschaftsvertrages zwischen der portugiesischen und britischen Krone geschlossen, ebd., S. 197 und S. 214.
85 Seabra da Silva an Junot, Lissabon am 9. Dezember 1807, IAN/TT IGP Livro 9, S. 121; Seabra da Silva an Junot, Lissabon am 14. Dezember 1807, IAN/TT IGP Livro 9, S. 130–131.

Franzosen" (*desordens com os Francezes*) bezeichnet wurden.[86] Zunächst kam es im Dezember zu „kleinen Unordnungen" zwischen französischen Soldaten und Bauern in der Umgebung Lissabons, die von den lokalen Autoritäten der einzelnen Distrikte an den Polizeichef gemeldet wurden, und die dieser an Junot weiterleitete. Es ergingen daraufhin Anordnungen aus der Lissabonner Polizeiintendanz an alle Autoritäten (*Ministros*) des portugiesischen Reiches, dass sie in ihrem jeweiligen Zuständigkeitsbereich über die „gute Behandlung" (*bom tracto*) der französischen Truppen zu wachen und jede „kleinste Begebenheit", die die „gute Ordnung" bedrohe, zu melden hatten.[87] Einzelne portugiesische Zivilisten, die mit Worten oder Taten gegen die Franzosen opponierten, wurden festgenommen, und der Polizeichef bezeichnete es als seine persönliche Aufgabe, nach Kräften die „gute Aufnahme" (*bom acolhimento*) der französischen Soldaten an allen Stützpunkten zu gewährleisten.[88] Es stellte, wie dieser explizit formulierte Anspruch nahe legt, zu dieser Zeit einen wichtigen Grundsatz der Gouvernementalität Portugals dar, Franzosen (polizeilich) zu schützen.

Zwischenfälle gab es ab Anfang Dezember 1807 allerdings auch in der Hauptstadt, etwa Stein-Attacken auf eine französische Wache im Stadtteil Belém durch eine „Bande von Dienern" der portugiesischen königlichen Kavallerie.[89] Bald fanden an unterschiedlichen Orten der Stadt, auch auf den zentralen symbolträchtigen Plätzen *Terreiro do Paço* und *Rossio*,[90] Unruhen (*motins*) statt, und der Polizeichef bemerkte besorgt, dass diese Unruhen von „dem Plebs"[91] (*plebe*) ausgingen. Nur die Streitkräfte (*força armada*) waren seiner Meinung nach fähig, den „entfesselten Plebs" in einer „so großen Stadt" zurückzuhalten.[92] Angefangen hatten die Tumulte mit einer Begebenheit auf

---

86 Seabra da Silva an die Governadores, Lissabon am 5. Dezember 1807, IAN/TT IGP Livro 9, S. 118v.
87 Seabra da Silva an Junot, Lissabon am 9. Dezember 1807, IAN/TT IGP Livro 9, S. 120v–121.
88 Seabra da Silva an Junot, Lissabon am 12. Dezember 1807, IAN/TT IGP Livro 9, S. 127–128.
89 Seabra da Silva an die Governadores, Lissabon am 13. Dezember 1807, IAN/TT IGP Livro 9, S. 128v.
90 LOUSADA, Public Space and Popular Sociability in Lisbon, S. 219.
91 In der deutschen Sprache gibt es, im Unterschied zur portugiesischen, die Möglichkeit, den Ausdruck „Plebs" feminin und maskulin zu verwenden. „Die Plebs" ist im Deutschen mit der antiken, römischen Plebs (Plebejer) konnotiert. Im Folgenden wird daher die Bezeichnung „der Plebs" gewählt, der jedoch möglicherweise eine zu einseitig pejorative Konnotation anhaftet, die nicht immer beabsichtigt gewesen sein muss.
92 Seabra da Silva an die Governadores, Lissabon am 14. Dezember 1807, IAN/TT IGP Livro 9, S. 129–129v.

der Praça do Commercio, dem zentralen (Handels-)Platz der Stadt, wo „einige Personen des Plebs" Franzosen „mit Worten angegriffen" hatten und ein französischer Offizier mit Schlägen reagiert hatte. Ein in der Darstellung des Polizeichefs lediglich zu Hilfe eilender portugiesischer Polizist, der den Tumult beschwichtigen wollte, war von französischen Militärs festgenommen worden, was „das Volk" (*o povo*) weiter angestachelt hatte. Mit vereinten Kräften hatten die *Guarda da Policia* und französische Truppen es geschafft, dem Tumult zunächst Herr zu werden, doch das Geschrei einiger Personen, die zum Rossio eilten, brachte schließlich „die ganze Stadt in Aufruhr": Das Volk fand sich in Scharen zusammen. Eine Frau und ein Mann wurden von Schüssen aus französischen Waffen getötet, als die „wütende" französische Truppe versuchte, die Gruppen auf den Straßen zu zerstreuen. Auf dem Rossio und dem Terreiro do Paço rebellierte „das Volk" die ganze Nacht bis in die Morgenstunden, weil ein Zivilist von den französischen Truppen gefangen genommen worden war; es gab erneut Tote.

Aus den Befragungen ergab sich nach Berichten des Intendanten, dass in die Unordnungen ausschließlich „Leute des Plebs" (*pessoas da plebe*) verwickelt gewesen waren, namentlich Handwerker (*oficios mecânicos*),[93] die durch Franzosen ihres Lebensunterhalts beraubt, sowie Burschen und Männer, die von den französischen Soldaten „misshandelt" worden waren. Viele der französischen Soldaten waren nach Angaben der Stadtteilautoritäten in Cafés und Tavernen eingedrungen und hatten getrunken und gegessen, ohne zu bezahlen, und zudem Portugiesen beleidigt. All diese „Unordnungen" hätten auch die friedlichen Bewohner in Unruhe versetzt. Der Polizeichef bat General Junot, die Stadt wieder zur Ruhe zu bringen und die „gute Ordnung" und das „öffentliche Glück" wiederherzustellen, wobei er ankündigte, Nachforschungen zu den Geschehnissen in den einzelnen Vierteln anzustellen, damit die schuldigen französischen Soldaten bestraft werden konnten.[94] Auch wenn dies in den Polizeidokumenten nicht erwähnt wird, war der Hintergrund für die

---

93 Ein „*oficio mecânico*" war ein Arbeiter, dessen Arbeit „eher auf der Arbeit des Körpers als auf der Arbeit des Geistes" basierte. Eine solche Arbeit auszuüben bedeutete in der portugiesischen Gesellschaft eine „unüberwindbare Barriere", nicht nur für den Aufstieg in den Adel, sondern auch für Posten in den Stadtkammern und andere lokale Institutionen, CARDOSO, A revolução liberal em Trás-os-Montes, S. 49.
94 Seabra da Silva an Junot, Lissabon am 14. Dezember 1807, IAN/TT IGP Livro 9, S. 130–131. Von ähnlichen Begebenheiten zeugen auch folgende Dokumente: Seabra da Silva an die Governadores, Lissabon am 5. Dezember 1807, IAN/TT IGP Livro 9, S. 118v; Seabra da Silva an Junot, Lissabon am 18. Dezember 1807, IAN/TT IGP Livro 9, S. 137v–138. Seabra da Silva an Junot, Lissabon am 20. Dezember 1807, IAN/TT IGP Livro 9, S. 139v.

vermehrten Unruhen vermutlich, dass Mitte Dezember 1807 die Nachricht darüber verbreitet worden war, dass Napoleon eine „répartition du Portugal" unter seiner direkten Herrschaft einzurichten gedachte.[95] Am 15. Dezember 1808 ließ Junot auf Geheiß Napoleons französische Fahnen an öffentlichen Plätzen Lissabons hissen.[96] Die Autonomie des portugiesischen Staates stand mit diesem symbolischen Akt für alle sichtbar zur Disposition – dies wurde vom „Volk" schlecht aufgenommen.

Ende Dezember 1807 berichtete der Polizeichef von „seltsamen Exzessen" (*estranhos excessos*), die französische Soldaten in den Ortschaften Villa de Coudigos und Villa dos Envendos verübt hätten. Dadurch, dass sie „alle Arten von Beleidigung" angewandt und die „heiligen Stätten" (Kirchen) „entehrt" hätten, würden sie das portugiesische Volk den königlichen Rat „vergessen machen", die französischen Truppen freundlich aufzunehmen. Es ist hier von einem „beginnenden Hass" die Rede.[97] Bald wurde die in der Polizeiintendanz verfasste Liste der von Franzosen verübten „Unordnungen", die vor allem (verbales) Fehlverhalten und Verwüstung umfassten, länger.[98]

Die als politische Notwendigkeit empfundene Kooperation mit der napoleonischen Besatzungsmacht durfte dennoch nicht aufs Spiel gesetzt werden. Eine Strategie, die der Polizeichef zur Wahrung des kooperativen Verhältnisses wählte, war eine gewisse Deckung der Einheimischen. So erklärte er zahlreiche „aufrührerische" Schriften gegen die Franzosen kurzerhand für nicht-portugiesischen Ursprungs. Einer der Spione der Polizeiintendanz fand beispielsweise im Dezember 1807 an einer Straßenecke bei der São-Roque-Kirche um sieben Uhr morgens ein Pamphlet anti-französischen Inhalts, das er sofort abriss, und das der Polizeichef daraufhin mit dem Hinweis an General Junot übermittelte, die fehlerhafte Orthographie beweise, dass der Autor kein Portugiese gewesen sein könne. Woher seiner Meinung nach der Autor des Pamphlets kam, findet keine Erwähnung. Zwar lehre ihn seine eigene Erfahrung, dass es „unmöglich" sei, in einer „so großen Stadt" den Verfasser zu finden, doch würde er „alle Anstrengungen" hierfür unternehmen.[99]

---

95 Junot an Napoleon, Lissabon am 16. Dezember 1807, BA, Cod. 46–XIII–29, S. 43f.; Junot an Napoleon, Lissabon am 27. Dezember 1807, BA, Cod. 46–XIII–29, S. 52–53, zitiert nach MARTINS, Governação e Arquivos, S. 32.
96 GOTTERI, Napoéon et le Portugal, S. 178.
97 Seabra Silva an die Governadores, Lissabon am 29. Dezember 1807, IAN/TT IGP Livro 9, S. 151.
98 Seabra da Silva an Junot, Lissabon am 29. Dezember 1807, IAN/TT IGP Livro 9, S. 151v–152v.
99 Seabra da Silva an Junot, Lissabon am 20. Dezember 1807, IAN/TT IGPLivro 9, S. 139v.

Von Februar bis August 1808 war Portugal unter direkter napoleonischer Herrschaft. Die von João eingesetzte Regierung wurde aufgelöst, wobei sich auch in dieser „provisorisch" genannten französischen Regierung einige portugiesische Staatsmänner befanden.[100] Die Unzufriedenheit des schon zuvor vom Polizeiintendanten als „entfesselt" bezeichneten portugiesischen Volkes nahm während dieser Zeit deutlich zu, wozu die Steuererhöhungen und die von vielen Portugiesen als oppressiv empfundene militärische Herrschaft maßgeblich beitrugen.[101] Pierre Lagarde, der von Napoleon aus Italien nach Lissabon gesandt wurde, übernahm bereits am 7. Januar 1808 die Führung der für die Herrschaftsausübung zentralen *Intendência Geral da Policia*.[102] Für die Zeit zwischen dem 31. März und dem 21. September 1808, die im Wesentlichen mit der Amtsinhaberschaft Pierre Lagardes korrespondiert, existieren keine Polizeidokumente im portugiesischen Nationalarchiv.[103] Die Lissabonner Intendanten machten bis 1817 – jeweils auf bestimmte Anfragen des Monarchen – wiederholt darauf aufmerksam, dass für die besagten Monate sämtliche Polizeidokumente fehlten, da Lagarde sie verbrannt habe.[104] Dass dieser Umstand als Problem gesehen und noch Jahre später kommentiert wurde (insbesondere erschwerte ihr Fehlen die Bewertung der Verhaltensweisen einzelner Individuen während der französischen Okkupation), unterstreicht die große Bedeutung, die die imperiale Zentralregierung den Polizeitexten beimaß.

Insgesamt hatte die erste französische Invasion in Portugal eine gesellschaftliche Instabilität geschaffen, die den portugiesischen Autoritäten bis dato fremd war. Es handelte sich bei den Ereignissen in Lissabon und im Rest des Königreiches nicht mehr um punktuelle, lokal begrenzte populäre Protestbewegungen, die im *Antigo Regime* üblich gewesen waren,[105] sondern um Massenbewegungen. Auffällig an den Dokumenten des Polizeiintendanten ist die häufige, offensichtlich mit einer gewissen Verwunderung und Furcht her-

---

100 Für Einzelheiten über Personalien, Posten und Verwaltung siehe MARTINS, Governação e Arquivos, Kapitel „O governo napoleónico directo (Fevereiro–Agosto 1808)", S. 33–49.
101 FOY, Junot's Invasion of Portugal: 1807–1808, S. 72f.; ARANHA, Nota acerca das Invasões francesas, S. 67f.; BERNECKER, Walther L./Horst PIETSCHMANN, Geschichte Portugals. Vom Spätmittelalter bis zur Gegenwart, München 2001, S. 75.
102 MARTINS, Governação e Arquivos, S. 36. Pierre Lagarde war zuvor Polizeiintendant Venedigs gewesen, GOTTERI, Napoléon et le Portugal, S. 178.
103 MARTINS, Governação e Arquivos, S. 43.
104 Vgl. zum Beispiel Magalhães an João, Lissabon am 20. Dezember 1817, IAN/TT IGP Livro 17, S. 181v.
105 ALEXANDRE, Sentidos do Império, S. 379.

vorgebrachte Nennung des „Plebs" (teilweise synonym, teilweise aber auch in Abgrenzung zum „Volk") für die am wütendsten und stärksten wirkende gesellschaftliche Kraft.

Es trifft nach Ergebnissen der modernen historischen Forschung zu, dass es vielfach die „einfachen Leute", das heißt Fischer, Bauern, Landarbeiter, Handwerker, mittellose Händler waren, die die Initiative im Kampf gegen napoleonische Besatzer ergriffen.[106] Viele Historiker weisen jedoch darauf hin, dass in Portugal obrigkeitliche Institutionen maßgeblich an den widerständischen Bewegungen gegen Franzosen beteiligt waren. Vor allem im Norden Portugals und in ländlichen Gebieten, wo der Einfluss der Kirche und der Landoligarchien beträchtlich war, setzten sich Angehörige dieser Gruppen häufig an die Spitze der *Juntas* und organisierten und leiteten die zunächst spontanen Aufstände. Viele Kleriker wurden (aufgrund der „Entehrungen" und Plünderungen der Kirchen) militant und stellten sich in Coimbra, Porto, Viana, Braga, Guimarães, Barcelos, Viseu und anderen Orten im Kampf gegen den „Antichristen" Bonaparte an die Spitze der aufständischen Bewegungen.[107] Neben Milizen (die sich aus den von Napoleon aufgelösten portugiesischen Armeen zusammensetzten), Magistraten, Bakkalaurei (die die schmale Mittelschicht ausmachten)[108] und einigen *grandes* (Großgrundbesitzer und Angehörige des Hochadels) waren es auf lokaler Ebene in ländlichen Gebieten de facto vor allem Geistliche, die „das Volk" anführten.[109]

In der Hauptstadt Lissabon waren die Aktivitäten der Kleriker in der Zeit der ersten französischen Okkupation offenbar wenig spürbar. Zumindest werden in den Dokumenten keine religiösen Aufständischen erwähnt und „die Kirche" taucht in den Polizeitexten nicht unter dieser Bezeichnung, also nicht als Entität und wirksame Kraft auf. Ein Grund dafür, dass die Quellen in dieser Hinsicht schweigen, liegt vermutlich darin, dass religiöse Institutionen in den urbanen Zentren (die die „polizierten" Orte darstellten) eine geringere Rolle bei den aufständischen Bewegungen spielten als in ländlichen Gebieten. Ein weiterer und möglicherweise wichtigerer Grund, warum vor allem „das Volk" bzw. „der Plebs" und nicht andere gesellschaftlichen Gruppen so prominent in den Polizeitexten auftaucht, war die historische Erstmaligkeit der populären Massenerhebungen.[110] Ganz gleich also, welche Kräfte „tatsächlich" in Portugal wirkten, und welche Rolle die traditionel-

---

106 VALENTE, Ir prò maneta, S. 9.
107 Ebd., S. 41f.
108 NEVES, José Acúrsio, História geral da invasão dos franceses em Portugal e da restauração deste reino, Bd. IV, Lissabon 1811, S. 4. Vgl. auch VALENTE, Ir prò maneta, S. 14.
109 TENGARRINHA, E o povo, onde está, S. 31f.; VALENTE, Ir prò maneta, S. 37f.
110 Ebd., S. 9.

len lokalen Autoritäten (Klerus, Adel, Großgrundbesitzer) spielten: Aus den Dokumenten der Polizei spricht eine eindeutige Fixierung auf die Entität „Volk", wobei sich die Aufmerksamkeit der Herrschenden vor allem auf das „niedere Volk" richtete.

Der „entfesselte" portugiesische Plebs war von Polizeichef Lucas Seabra da Silva insofern zu Recht als Hauptaktant beschrieben worden, als es vor allem populäre Volksaufstände in Portugal waren, die – maßgeblich durch Briefe der Polizeiintendanz – nach Rio de Janeiro kommuniziert wurden. Letztlich war es also die Kraft des „Volkes", die dem Wortlaut des transatlantischen Briefverkehrs nach zu einem Umschwung der Politik führte und den Monarchen dazu bewegte, am 1. Mai 1808 von Rio de Janeiro aus Frankreich den Krieg zu erklären.[111]

Noch bevor die Kriegserklärung des portugiesischen Monarchen in Europa eintraf, brachen Aufstände in Spanien aus, als die Bourbonen zur Abdankung gezwungen und Joseph Bonaparte zum König Spaniens (6. Juni 1808) proklamiert wurde. Mitte Juni gab es in ganz Spanien urbane Aufstände (mit Ausnahme jener Regionen, die direkt von Franzosen besetzt waren). Die *Juntas* von Galizien, Sevilla, Valencia und Asturien baten Großbritannien um Waffen und Geld.[112] Die zuvor gemeinsam mit französischen Truppen einmarschierten spanischen Truppen zogen aus Portugal ab; im Juni kam es zu Erhebungen auch in Portugal, zunächst im extremen Norden und Süden des Königreichs (Porto und Olhão), dann in weiteren Teilen des Territoriums, wobei eine Abstimmung zwischen spanischen und portugiesischen Rebellen nachweisbar ist.[113] Auch die Governadores do Reino berichteten im Rückblick, dass die Geschehnisse in Portugal in hohem Maße von den Ereignissen in Kastilien abhängig waren.[114]

---

111 ALEXANDRE, Sentidos do Império, S. 375.
112 Hierzu gehörten das Baskenland, Navarra und La Rioja sowie ein Korridor, der sich über Burgos und Madrid zum Tagus erstreckte. In Katalonien hatte nur die Hauptstadt Barcelona sich nicht erhoben.
113 FRASER, Ronald, Napoleon's Cursed War. Spanish Popular Resistance in the Peninsular War, 1808–1814, London/New York 2008, S. 105f. und 131f.; VENTURA, As guerras liberais 1820–1834, S. 7f. Für weitere Einzelheiten über die Aufstände siehe FOY, Junot's Invasion of Portugal: 1807–1808, S. 88f.; VICENTE, A tempestade napoleónica, S. 119–120; VICENTE, António Pedro, Guerra peninsular: 1801–1814, Lissabon 2007; LORBLANCHÈS, Jean-Claude, Les soldats de Napoléon en Espagne et au Portugal: 1807–1814, Paris et al. 2007.
114 Governadores do Reino an João, Lissabon am 16. November 1808, IAN/TT MR Livro 314, S. 7.

In der militärhistorischen Forschung wird vielfach konstatiert, dass Napoleon die Macht des iberischen Patriotismus unterschätzt habe.[115] Im Sommer 1807 hatte er mit dem Sieg über die Russen in der Schlacht bei Friedland und der anschließenden Allianz mit Zar Alexander I seinen größten Triumph erlebt. Jean Tulard zufolge war Frankreich nie „so mächtig, so einig, so angesehen" wie nach dem Treffen mit dem Zaren in Tilsit.[116] Eine Niederlage auf der Iberischen Halbinsel schien Anfang 1808 nicht im Bereich des Möglichen zu liegen; Spanien war Mitte 1808 noch mit Napoleon verbündet, Portugal war ein von seinem Souverän verlassener und von französischen Truppen weiträumig besetzter Staat. Trotzdem befand sich die Iberische Halbinsel am Ende des Jahres 1808 im Aufstand gegen den Kaiser der Franzosen und Lissabon war fest in den Händen britischer Militärs.[117]

Der buchstäblich kriegsentscheidende „Patriotismus" und der große Hass auf die Franzosen entstanden allerdings nicht automatisch und von selbst: Sie mussten erst durch Schriften und mündliche Propaganda von den Beteiligten gewusst und erlernt werden. Die große Bedeutung, die die Stimmungsmache gegen die Franzosen im Peninsularkrieg sowohl in Spanien als auch in Portugal hatte, ist in der Forschung unumstritten. Eine besondere Rolle spielten Flugblätter und Pamphlete, die in einer nie da gewesenen Menge zwischen 1808 und 1814 auf der Iberischen Halbinsel produziert wurden (moderne Schätzungen gehen von der Verbreitung von mehr als 2 000 Pamphleten, Flugschriften, Karikaturen und Proklamationen allein in Portugal aus).[118] Auch die iberische Presse spielte eine herausragende Rolle, wie Studien über den „Bleikrieg" (*guerra de pluma*) ans Tageslicht gebracht haben. Demnach haben Periodika in kaum einer anderen Situation der Geschichte einen so großen Wandel erfahren und gleichsam verursacht.[119] Das „Blei" (eine Metapher

---

115 BUTTERY, David, Wellington against Massena 1810–1811, Barnsley 2007.
116 TULARD, Jean, Napoleon oder Der Mythos des Retters. Eine Biographie, Frankfurt a. M./Berlin/Wien 1982, S. 243.
117 ESDAILE, Charles, Peninsular Eyewitnesses. The Experience of War in Spain and Portugal 1808–1813, Barnsley 2008, S. 1; FRASER, Napoleon's Cursed War, S. 368.
118 DAUPIÁS D'ALCOCHETE, Nuno, Les pamphlets portugais anti-napoléoniens, in: Arquivos do Centro Cultural Português XI, Paris 1978, S. 507–516; VICENTE, António Pedro, Panfletos anti-Napoleão, in: João MEDINA (Hrsg.), História de Portugal dos tempos Pré-históricos aos nossos dias Bd. 8: Portugal liberal, Barcelona 1995, S. 41–80. VICENTE, António Pedro, Panfletos anti-napoleónicos durante a guerra peninsular, in: Revista de História das Ideias 20, 1999, S. 101–130.
119 CANTOS CAENAVE, Marieta/Fernano DURÁN LÓPEZ/Alberto ROMERO FERRER, Presentación, in: DIES. (Hrsg.), La guerra de pluma. Estudios sobre la prensa de Cádiz en el tiempo de las Cortes (1810–1814), Bd. 1: Imprentas, literarura y periodismo, Cádiz 2006, S. 13–27, S. 13f.

für mit Bleilettern gedruckte Schriften) wurde demnach zu einer Waffe gegen die französischen Eindringlinge und garantierte die Herausbildung und die Erhaltung des militanten Patriotismus.[120]

Auch die portugiesischen Governadores berichteten im Nachhinein, dass in der Zeit der „glücklichen Restauration der Regierung Seiner Majestät" (ab September 1808) viele Periodika mit Erlaubnis der Leitung der königlichen Druckerei (*Junta da Impressão Regia*) und „ohne jegliche Intervention" ihrerseits erschienen seien, weil in den „außerordentlichen Umständen der Zeit" die „ganze Nation individuell" (sic!) über die Neuigkeiten des Kontinents und insbesondere über die Neuigkeiten auf der Iberischen Halbinsel informiert werden wollte. Es sei nötig gewesen, „mit allen Mitteln" den „Patriotismus" zu fördern und die „Heimtücke und Grausamkeit des gemeinen Feindes" aufzuzeigen (*sendo necessario estimular por todos os modos o Patriotismo, e patentear a perfidia, e crueldade do inimigo comum*). Aus diesem Grund habe man sich gezwungen gesehen, dem Antrag des Kanzlers von Porto und des Vize-Direktors der dortigen Universität stattzugeben und die Weiterführung von illegalen Zeitungen, die zu Beginn der „Restauration" aufgetaucht waren, „in der einen oder anderen Stadt" der nördlichen Provinzen zu genehmigen.[121] Hier kommt deutlich zum Ausdruck, dass die Verbreitung von anti-französischen Schriften in Zeitungen bewusst als Mittel der Regierung eingesetzt wurde; die Presse fungierte als Katalysator des Patriotismus und ihre temporäre Duldung, das heißt das bewusste Aussetzen der Zensur, war eine Technik der Governadores, die eigene Regierung und den Staat zu sichern.

Neben der auf diese Weise kanalisierten und geschürten „öffentliche Meinung" zeitigte auch die militärische Unterstützung der britischen Armee (die allerdings erst *nach* Beginn der populären Erhebungen initiiert wurde) maßgebliche Folgen. Am 1. August begannen britische Truppen unter der Führung General Wellesleys in Portugal zu landen.[122] Nach nur einem Monat des Kampfes, den britische und portugiesische Truppen gemeinsam schlugen,

---

120 SÁNCHEZ HITA, Beatriz, La imprenta en Cádiz durante la Guerra de la Independencia y su relación con la prensa periódica, in: Marieta CANTOS CAENAVE/Fernano DURÁN LÓPEZ/Alberto ROMERO FERRER (Hrsg.), La guerra de pluma. Estudios sobre la prensa de Cádiz en el tiempo de las Cortes (1810–1814), Bd. 1: Imprentas, literarura y periodismo, Cádiz 2006, S. 31–111, S. 40.
121 Governadores an João, Lissabon am 21. Februar 1810, IAN/TT MR Livro 314, S. 76v–78.
122 Zu den Einzelheiten siehe HORWARD, Wellington and the Defence of Portugal, S. 40f.; ROBSON, Martin, The Royal Navy and Lisbon, 1807–1808, in: Malyn NEWITT/Martin ROBSON (Hrsg.), Lord Beresford and British intervention in Portugal (1807–1820), Lissabon 2004, S. 23–47, S. 47.

unterzeichneten die Kriegsparteien am 30. August die so genannte Konvention von Sintra, in der der geordnete Abzug der französischen Armee und aller Waffen auf britischen Schiffen festgeschrieben wurde,[123] wobei vor allem die Hauptstadt Lissabon von Franzosen „befreit" werden sollte.[124] Am 15. September schiffte ein Großteil der französischen Armee in Lissabon ein, der Rest Mitte Oktober.

Während die napoleonische Herrschaft in Portugal strukturell relativ wenig verändert, also die zentralen Regierungs- und Verwaltungsorgane nahezu unangetastet gelassen hatte,[125] und das nur für kurze Zeit installierte konstitutionelle Programm (der *Code Napoleon*) hier schon „bei seiner Geburt starb",[126] wurden die mentalen Folgen der Invasion von den Zeitgenossen als beträchtlich eingeschätzt: Der Lissabonner Polizeiintendant schrieb, dass die „tiefen Wunden", die der „Dolch des schwärzesten Verrats" Portugal zugefügt habe, noch lange offen bleiben und die Erinnerung daran nicht mehr getilgt werden könne.[127]

In dem Bericht der Governadores an den Monarchen beschrieben sie die Ereignisse, die sich während der „Okkupation" zugetragen hatten, in einem engen Zusammenhang mit der Treue zum Souverän und seiner königlichen Familie: „Die Energie aller für die Verteidigung des Vaterlandes (*pátria*), und die Treue zu Eurer Majestät und des erlauchten Königshauses ist so groß, dass man überall zu den Waffen gegriffen hat; es gab zahlreiche freiwillige Meldungen [zum bewaffneten Kampf], und die Demonstrationen des Patriotismus und der Treue zeigen sich in den spontanen Freudenfeuern, die an den Abenden des 17., 18. und 19. Dezember [1808] überall in der Hauptstadt zu Ehren des Geburtstags der Königin entfacht wurden."[128] Auch wenn es in der Natur der Korrespondenz der Interimsregierung lag, dass die Treue zum Mo-

---

123 Zu den Einzelheiten der Konvention siehe Foy, Junot's Invasion of Portugal, S. 178–184; MACEDO, História Diplomática de Portugal, S. 363–364.
124 OLIVEIRA, José Manuel Cardoso de, Actos diplomaticos do Brasil: tratados do período colonial desde 1493, Bd. 1, Rio de Janeiro 1912; MUIR, Rory, Britain and the Defeat of Napoleon 1807–1815, New Haven, Conn. et al. 1996, S. 52. Mehr Einzelheiten finden sich bei MUIR, Rory, Inside Wellington's Peninsular Army: 1808–1814, Barnsley 2006; BUTTERY, Wellington against Massena, S. 10.
125 MARTINS, Governação e Arquivos, S. 39.
126 ARAÚJO, Ana Cristina, As invasões francesas e a afirmação das ideias liberais, in: José MATTOSO/Luís Reis TORGAL/João ROQUE (Hrsg.), História de Portugal, Bd. 5: O Liberalismo, Lissabon 1993, S. 17–43, S. 32.
127 Seabra da Silva an João, Lissabon am 30. September 1808, IAN/TT IGP Livro 9, S. 254v–255.
128 Governadores do Reino an João, Lissabon am 24. Dezember 1808, IAN/TT MR Livro 314, S. 11.

narchen stets beteuert wurde, steht auch für die moderne Forschung außer Frage, dass die Menschen während der französischen Invasion dem Muster „für die Kirche und für den König" gefolgt waren (die Aufstände geschahen vielfach unter den Schlachtrufen „Es lebe der Prinz" [„Viva o Príncipe"] und „Es lebe die Religion" [„Viva a religião"][129]) und sakralisierte Personen verteidigt hatten, die als wichtige Symbole für das bestehende Staatssystem fungierten.[130]

Die von João ernannten Statthalter übernahmen im September 1808 erneut die Regierungsgeschäfte, was von den Zeitgenossen als „Restauration" gefeiert wurde – ein Ausdruck, der sich an die historischen Ereignisse von 1640, als Portugal sich von der Herrschaft der spanischen Philipps befreit hatte, anlehnte.[131] Doch auch nach erfolgreicher Vertreibung der napoleonischen Armee und Wiedereinsetzung der portugiesischen Regierung kehrte in der portugiesischen Hauptstadt keine Ruhe ein. Den politischen Umschwung und seine Folgen beschrieb der Lissabonner Polizeichef dem weit vom Kriegsgeschehen entfernt residierenden Monarchen folgendermaßen: „Da es meine Pflicht ist, Eurer Majestät alle Ereignisse zu berichten, welche die öffentliche Ordnung beeinflussen, darf ich nichts verschweigen, was am 15. [September] geschehen ist, kurz nachdem die portugiesische Fahne auf der Burg [Castelo São Jorge] wehte. Der Enthusiasmus des Volkes drückte sich in unterschiedlichen Freudendemonstrationen aus, aber wie es bei solchen Anlässen normal ist, hat der Plebs bisweilen den Ausdruck seiner Freude mit dem Skandal einiger Exzesse verwechselt: Wütend (*tumultariamente*) wurden einige Franzosen angezündet, und das gleiche geschah mit ihren Besitztümern." Um den „Böswilligen" Einhalt zu gebieten, ließ der Polizeichef gleich am 16. September eine Polizeiordnung (*Edital*) zur Verhinderung neuer Exzesse an „vielen Orten der Stadt" anbringen. Die Polizei müsse die „gute Ordnung" wahren und das Volk mit strengen Maßnahmen in seine Schranken weisen; mit Hilfe der von General Beresford zur Verfügung gestellten britischen Infanterie und Kavallerie sollte die *Guarda Real da Policia* verhindern, dass die Restauration der portugiesischen Regierung mit Delikten „befleckt" würde.[132]

---

129 TENGARRINHA, E o povo, onde está, S. 32f.
130 ALEXANDRE, Sentidos do Imperio, S. 379. Der abwesende Monarch João erschien in Zeiten der kriegerischen Auseinandersetzungen, der Epidemien und des Hungers als ein „Beschützer", ähnlich wie es der abwesende Sebastião bei der spanischen Okkupation (1580–1640) gewesen war, TENGARRINHA, E o povo, onde está?, S. 30.
131 HENRIQUES, Mendo Castro, 1812 e a Geopolítica da Guerra Peninsular, in: Guerra Peninsular: novas interpretações, Lissabon 2005, S. 171–197, S. 171–172.
132 Seabra da Silva an die Governadores, Lissabon am 21. September 1808, IAN/TT IGP Livro 9, S. 250–250v.

Doch noch im Oktober 1808, während die „extreme Freude" über die „Restauration der Unabhängigkeit und Freiheit" anhielt, kam es an unterschiedlichen Orten des Königreichs zu weiteren „popularen Agitationen" (*agitações populares*), die nach Ansicht des Polizeichefs aus dem Wunsch nach Rache erwachsen waren und sich gegen alle richteten, die der „Zustimmung zur französischen Regierung" verdächtig waren. Die lokalen portugiesischen Autoritäten, die sich den Exzessen entgegenzustellen versuchten, wurden „verachtet", und es gab Hinweise darauf, dass einige portugiesische Beamte sogar Befehle zu diesen „kriminellen Angriffen" gegeben hätten.[133] Der Polizeiintendant selbst offenbarte ein gewisses Maß an Ohnmacht, als er João berichtete, dass „das Volk" sich täglich damit „unterhalte", eigenmächtig, willkürlich und „tobend" Gefangene zu machen.[134] So gebe es in Lissabon in den unterschiedlichen Gefängnissen etliche Franzosen, die nur aus der „Laune des Volkes heraus" (*capricho do povo*) zur Intendanz gebracht worden seien, obwohl die Polizei keinen „positiven Verdacht" aufrechterhalten könne.[135] In einigen Fällen begaben sich Franzosen sogar freiwillig ins Gefängnis, um dem Zorn der Portugiesen zu entgehen.[136] Der Polizeichef zeigte sich wenig begeistert über die große Zahl der „politischen Gefangenen", die die Gefängnisse „verstopften". Bei einer gleich bleibenden Gesamtmenge von 100 Broten am Tag führe dies zu einer Reduzierung der Ration für den Einzelnen, der Staat werde mit den Ausgaben für Krankenstationen belastet, und viele Untertanen würden (aufgrund ihrer Krankheiten) „nutzlos" gemacht, die in den Kolonien durch öffentliche Arbeit Dienst für den Staat hätten leisten können.[137]

Übergriffe auf Franzosen standen schon bald auf der Tagesordnung. Im zentralen Lissabonner Stadtteil Bairro Alto wurde ein französischer Baron, der Barão de Serabode, in seinem Haus überfallen, zusammengeschlagen und ausgeraubt, wobei Silber, Goldmünzen, Uhren und Schmuck entwendet wurden. Auch aus anderen Vierteln gab es Berichte über Übergriffe „des Volkes" nicht nur gegen Franzosen, sondern auch gegen Portugiesen, die es als „Jakobiner" identifizierte. Die Maßnahmen der Polizei zielten in dieser Angelegenheit darauf, das Volk in den „nötigen" Grenzen zu halten, expli-

---

133 Seabra da Silva an João, Lissabon am 18. Oktober 1808, IAN/TT IGP Livro 9, S. 273.
134 Seabra da Silva an João, Lissabon am 30. September 1808, IAN/TT IGP Livro 9, S. 254v–255.
135 Seabra da Silva an João, Lissabon am 11. Februar 1809, IAN/TT IGP Livro 10, S. 63v–64.
136 Ebd., S. 64v–65.
137 Seabra da Silva an João, Lissabon am 12. Januar 1809, IAN/TT IGP Livro 10, S. 44–44v.

zit jedoch ohne seinen Patriotismus „erkalten" zu lassen.[138] Aus dieser Aussage wird deutlich, dass die Polizei zwar die Exzesse zu verhindern suchte, aber gleichzeitig auf den Patriotismus des Volkes setzte. In einem Brief vom 22. Dezember 1808 an den Monarchen hieß es, dass sich immer mehr Hass auf die „barbarische und usurpierende Nation [Frankreich]" in den Herzen der Portugiesen sammle. Diese verdienten ihn zwar durchaus, es sei jedoch gefährlich,wenn diese Exzesse weitergingen, und man habe die Vigilanz der Polizei daher „verdoppelt", um zu verhindern, dass einige unter dem Deckmantel des Patriotismus mit „willkürlichen Akten" die individuelle Sicherheit und den zivilen Besitz angriffen. Auch wenn es „angenehm" sei, dass sich „alle" für die Verteidigung des Vaterlandes (*pátria*) zu bewaffnen suchten, könne die Polizei nicht gleichgültig zusehen, wenn man anfinge, öffentlich „jede Art von Waffen" zu gebrauchen. Daher machte Polizeichef Silva dem Monarchen den Vorschlag, dass die Kommandeure der „Öffentlichkeit" einige Anleitungen geben und sie unterweisen sollten, und dass das Volk an bestimmten Tagen Übungen durchführen könne, damit es „Sinn und Ziel der Bewaffnung der Nation" (*armamento da Nação*) verstehe, die keinesfalls darin lägen, eine „unnütze Prahlerei mit Piken, Gewehren und Pistolen" zu veranstalten. Wenn in den regulären Korps, die von der militärischen Disziplin zusammengehalten würden, bereits der Ungehorsam eingesickert sei, und der Gebrauch der Waffen sich daher auf die nötigen Übungen beschränke, so müsse man den Waffengebrauch erst recht bei einer „undisziplinierten Menge" einschränken, die ebenso leicht sterbe wie sie schwierig zu zügeln sei.[139] Hier deutet sich an, was später noch einer eingehenden Betrachtung bedürfen wird: Die Unterscheidung zwischen „Volk" und „Nation". Das Volk wird hier vom Polizeiintendanten als ein Teil der Nation benannt, und zwar als ein in Belangen des bewaffneten Kampfes unbedarfter und schwer zu disziplinierender Teil der Nation.

Im Januar 1809 wurde der „Zorn des Volkes" zu einem echten Problem für die Polizei. Alle Franzosen wurden „wütend" verfolgt. Um den „populären Enthusiasmus" (*enthusiasmo popular*) zu ersticken, war es sogar nötig, Hand an die „Nationalen" (Portugiesen) zu legen, gegen die das Volk eiferte, wie es beispielsweise bei dem Arzt Francisco Joze Perreira geschah, der beschuldigt worden war, einen Franzosen versteckt zu haben, den die Polizei jedoch nicht auffand. Das Volk habe dennoch gegen die *Guarda da Policia* geeifert und

---

138 Seabra da Silva an João, Lissabon am 15. Dezember 1808, IAN/TT IGP Livro 10, S. 24v.
139 Seabra da Silva an João, Lissabon am 22. Dezember 1808, IAN/TT IGP Livro 10, S. 26–27.

gerufen, dass es den Arzt im Gefängnis sehen wolle, und wenn die *Guarda* ihn nicht festnehme, es selbst zu den Lanzen greifen würde. So war dem Polizeichef „nichts übrig geblieben", als ihn in Gewahrsam zu nehmen. Solche „vom Volk" erzwungenen Inhaftierungen geschahen bald in großer Regelmäßigkeit. Lissabon bot in seiner Darstellung das „Spektakel eines Volkes, das auf der Basis von Gefühlen des Patriotismus" begann, eine „furchtbare Bereitschaft zu willkürlichen Handlungen" zu zeigen. Am Vortag hatten „Banden von Männern mit Lanzen" den ganzen Tag lang bis 23 Uhr „Ausländer diverser Nationen" zum Haus des Polizeichefs getrieben,[140] wogegen er nach eigenem Bekunden nicht viel ausrichten konnte. In den „aktuellen Krisen", erklärte er dem Monarchen, sei es für die Autoritäten unmöglich, nicht auf die „Meinung des Volkes" einzugehen. Denn täten sie dies nicht, verliere das Volk das Vertrauen in sie. Es war seinem Dafürhalten nach angebracht, keine übertriebene Strenge (*rigorismo*) gegen die Wütenden walten zu lassen.[141]

Im April traf die Wut auch Genuesen. Das Volk habe Hand an die drei Genuesen Carlos Bracotongo, Felix Benevenuto und Joze de Nassiana gelegt, die es als „Parteigänger der Franzosen" anklage. Der Polizeichef ließ sie von der *Guarda Real da Policia* zum Gefängnis Castelo São Jorge bringen. Die *Guarda*, obwohl sie aus 15 Männern bestand, habe jedoch große Schwierigkeiten gehabt, das Leben der drei Gefangenen zu verteidigen, weil „das Volk" die Eskorte attackierte, um sie zu belangen. Der kommandierende Oberst habe ausgesagt, dass die Hauptbetreiber dieser „Unordnungen" einige Angehörige des vierten Regiments gewesen seien sowie *Voluntarios de Galiza*, die nicht aufhörten, Unordnung in der Hauptstadt zu machen. Die gleichen *Voluntarios* hätten auch Francisco Joze Xavier in einer Schänke (*Loge de bebidas*) festgenommen mit der – allerdings unwahren – Begründung, dass dieser ein Deserteur sei.[142]

Auch die Interimsregierung sah sich gezwungen, dem Druck der „Öffentlichkeit" nachzugeben. Die „öffentliche Meinung" sei gegen die Franzosen und deren Parteigänger, werfe der Regierung „Schlaffheit" (*frouxidão*) vor und verlange eine „harte Bestrafung" so dass man zunächst genötigt war, eine „große Vigilanz" walten zu lassen.[143] Wegen der „Exzesse" bzw. wegen der „Raserei des Volkes" (*furor do Povo*) befand es die Regierung im Dezember 1808 als „unumgänglich", alle nicht-naturalisierten Franzosen aus dem Reich

---

140 Seabra da Silva an João, Lissabon am 30. Januar 1809, IAN/TT IGP Livro 10, S. 54.
141 Seabra da Silva an João, Lissabon am 28. Januar 1809, IAN/TT IGP Livro 10, S. 53v.
142 Seabra da Silva an João, Lissabon am 5. April 1809, IAN/TT IGP Livro 10, S. 111v 112.
143 Governadores an João, Lissabon am 24. Dezember 1808, IAN/TT MR Livro 314, S. 11.

auszuweisen.[144] Der Monarch stimmte der Unternehmung zu, alle in Portugal anwesenden nicht-naturalisierten Franzosen zunächst aus der Hauptstadt hinaus nach Morfacem, Caparica und Trafaria (nahe gelegene Ortschaften auf der anderen Seite des Tagus) zu bringen, was die Polizei umgehend am 6. Februar 1809 per Anschlag (*Edital*) veranlasste.[145] Diese Maßnahme, die den Franzosen eine Zuflucht vor den „populären Beschimpfungen" gewährte, die in der Erregung des „exaltiertesten Hasses" nur durch „indirekte Mittel" zurückgehalten werden konnte, war gleichzeitig notwendig, damit man das Verhalten jener, die sich der „heimlichen, kriminellen Korrespondenzen" schuldig gemacht hatten, besser untersuchen konnte.[146]

Ursprünglich hatte die Interimsregierung es für „richtig" erachtet, einige französische Fabrikanten (*fabricantes*) mit gut gehenden Unternehmen einzubürgern (zu „naturalisieren"), dies sei jedoch von der „Öffentlichkeit" (*público*) schlecht aufgenommen worden, und „verstreut" ertönten Stimmen, dass man allen Franzosen, die nicht ausgewiesen würden, die Kehle durchschneide. Da man in „kritischen Umständen" die „öffentliche Meinung" beachten müsse, um „größere Übel" abzuwenden, habe man letztlich keinen einzigen verschont oder eingebürgert, sondern alle ins Gefängnis nach Cascais gesandt und in der Zitadelle eingesperrt. Nun müsse man Transportwege finden, um sie auf ihre eigenen Kosten aus dem Land herauszubringen.[147] Die Gefangenen, so betonte Polizeiintendant Silva, müsse man bis dahin unbedingt von der Gesellschaft fernhalten, und die Prozesse gegen sie dürften nicht an die Öffentlichkeit gelangen, da es einige Zeugen gebe, die mit „reizenden" Argumenten die Angeklagten entlasteten. Es sei daher eine Maßnahme der Polizei

---

144 Governadores an João, Lissabon am 24. Dezember 1808, IAN/TT MR, Livro 314, S. 12v.
145 Seabra da Silva an João, Lissabon am 11. Februar 1809, IAN/TT IGP Livro 10, S. 64v–65.
146 Seabra da Silva an João, Lissabon am 10. August 1809, IAN/TT IGP Livro 10, S. 210–210v.
147 Governadores an João, Lissabon am 24. Mai 1809, IAN/TT MR Livro 314, S. 29. Die Franzosen blieben lange Zeit in Haft, weil kein Transport vorhanden war – 26 von ihnen konnten erst im August 1810 ausgeschifft werden, Governadores an João, Lissabon am 11. August 1810, IAN/TT MR Livro 314, S. 112. Wiederholt hatten die Governadores in den Vorjahren darauf hingewiesen, dass die nicht „naturalisierten" Franzosen aufgrund der fehlenden Transportmöglichkeiten nicht ausgeschifft werden konnten, Governadores an João, Lissabon am 23. Dezember 1809, IAN/TT MR, Livro 314, S. 62v. Eine Liste der Franzosen (inklusive Angaben über Alter, Beruf, Ehepartnerin, Residenzzeit in Portugal etc.) findet sich bei COSTA, Fernando Dores, Franceses e „Jacobinos". Movimentações „populares" e medidas de polícia em 1808 e 1809. Uma „irrupção patriótica"?, in: Ler História 54, 2008, S. 95–132, S. 129–132.

und der „öffentlichen Sicherheit", die Franzosen „gut bewacht" zu halten, bis die „Gefahren für den Staat und die Mitglieder der Regierung" vorbei sei.[148]

Letztlich optierten Interimsregierung und Polizei – auch gegen bestimmte wirtschaftliche Interessen des Staates – für die Ausweisung aller Franzosen, weil die „öffentliche Meinung" dies verlangte und weil sie den Verlust der eigenen Autorität fürchteten. Mit anderen Worten: Die Einteilung der Bevölkerung in „unschädliche" und „schädliche" Individuen bzw. in Personen mit und ohne Aufenthaltsrecht in Portugal wurde vom „Volk" vorgegeben; die Polizeiintendanz musste seine Kategorien – mehr oder minder widerwillig – übernehmen. Wie der auffällige Gleichklang der Dokumente der Interimsregierung und der Polizeiintendanz zeigt, die zwischen September 1808 und August 1809 nach Rio de Janeiro gesandt wurden, übernahm die Interimsregierung ihrerseits das Vokabular des Polizeiintendanten und richtete ihre Politik an den Geschehnissen aus, von denen der Polizeiintendant berichtete. Es scheint hier somit ein Fall vorzuliegen, in dem die Kategorisierung der Menschen nicht wie üblich von oben nach unten geschah,[149] sondern maßgeblich von unten nach oben. Die Meinungen und die Praktiken des „einfachen" Volkes hatten in jedem Fall einen beträchtlichen Einfluss auf die Grenzziehungen, die die staatlichen Autoritäten zwischen unterschiedlichen Bevölkerungsgruppen vornahmen. Andererseits gilt auch zu bedenken, dass die Autoritäten diese Kategorisierungen nicht gänzlich unwillig übernahmen. Immerhin war der Patriotismus, der sich vermeintlich in den Gewalttaten des Volkes gegen „Jakobiner" ausdrückte, den Herrschenden grundsätzlich hochwillkommen.[150]

Bereits Anfang 1809 war verstärkt das Problem für die Ordnungshüter aufgetaucht, dass Portugiesen gleichermaßen feindlich auf Briten reagierten, wie sie zuvor auf Franzosen reagiert hatten. Zwar habe die Beschlagnahmung der Besitztümer der französischen Untertanen „die Öffentlichkeit" (*o Publico*) mit „Zufriedenheit" erfüllt, doch das Volk behaupte mittlerweile, dass die Engländer in Lissabon die „gleichen Maßnahmen wie die Franzosen" er-

---

148 Governadores an João, Lissabon am 23. Dezember 1809, IAN/TT, MR Livro 314, S. 63.

149 SCOTT, Seeing Like a State. Zur wirkmächtigen diskursiven Dreiteilung der Bevölkerung siehe LANDWEHR, Achim, Das gezählte Volk. „Bevölkerung" als Gegenstand einer Kulturgeschichte des Politischen, in: Barbara STOLLBERG-RILINGER (Hrsg.), Was heißt Kulturgeschichte des Politischen?, Berlin 2005, S. 207–224, S. 223.

150 Zu einer ähnlichen Bewertung, nämlich dass der Patriotismus je nach Situation unterschiedlich bewertet wurde, kommt auch Fernando Dores Costa auf der Grundlage von Polizei- und Regierungsdokumenten aus der Zeit zwischen 1808 und 1809: COSTA, Uma „irrupção patriótica"?, S. 126f.

griffen hätten.¹⁵¹ Den Zustand der Bevölkerung Lissabons beschrieb Polizeichef Lucas Seabra da Silva folgendermaßen: „[D]as Volk [schaut] mit großer Verstimmung auf die Artillerie, die die englische Truppe auf dem Terreiro do Paço aufgefahren hat; es sagt, dass die Engländer dieses Reich auf die französische Art behandeln, und dass es keinen Unterschied zwischen Franzosen und Engländern gibt." Die „Parteigänger der Franzosen" bedienten sich derweil „aller Mittel", den „Plebs" zu verführen, und stellten die Maßnahmen der Briten, obwohl diese nur Vorsichtsmaßnahmen seien, als Versuche der Herrschaft (*dominação*) dar. Dennoch, so konstatierte der Polizeichef, erscheine es auch ihm überflüssig, in der Mitte eines zentralen Platzes der Stadt eine Artillerie aufzufahren, wenn es „nicht das kleinste Zeichen einer populären Unruhe" gebe.¹⁵² Zu dieser Verstimmung trügen zusätzlich die in einigen Landstrichen des Reiches verübten Gewalttaten der britischen Truppe bei.¹⁵³

Der gegenseitige Hass der Lissabonner Bevölkerung und der britischen Soldaten drückte sich bald in verbalen und tätlichen Angriffen aus.¹⁵⁴ Im Januar wurde in Lissabon ein britischer Soldat tot aufgefunden, der mit einem Seil erdrosselt worden war,¹⁵⁵ am 10. Februar erging die Meldung über „zahlreiche Exzesse" der englischen Truppe in Olivais (etwa 130 km nördlich von Lissabon). Die Truppe erschien den dortigen Bewohnern „eher wie eine französische als wie eine britische". Einige Offiziere hätten verleumderische Behauptungen über Spanier und Portugiesen verbreitet, und einige Leute aus dem Volk hätten Briten mit Franzosen gemeinsam gesehen.¹⁵⁶

Gabriela Terenas kommt in ihrer Studie über den Peninsularkrieg, für die sie vor allem persönliche Aufzeichnungen von Militärs analysierte, ebenfalls zu dem Ergebnis, dass sich auf portugiesischem Territorium in vielen Fällen die Begegnung zwischen französischen und britischen Soldaten nicht besonders feindselig gestaltete, sondern sich im Gegenteil Kameradschaft zwischen den Mitgliedern der beiden Kriegsparteien entwickelt habe.¹⁵⁷ Sie bringt dies in Zusammenhang mit dem Umstand, dass britische Soldaten das zu vertei-

---

151 Seabra da Silva an João, Lissabon am 16. Februar 1809, IAN/TT IGP Livro 10, S. 68.
152 Seabra da Silva an João, Lissabon am 16. Februar 1809, IAN/TT IGP Livro 10, S. 68.
153 Seabra da Silva an die Governadores, Lissabon am 6. Februar 1809, IAN/TT IGP Livro 10, S. 57v–58.
154 Seabra da Silva an João, Lissabon am 6. November 1809, IAN/TT IGP Livro 10, S. 270v.
155 Seabra da Silva an die Governadores, Lissabon am 14. Januar 1809, IAN/TT IGP Livro 10, S. 47.
156 Seabra da Silva an João, Lissabon am 10. Februar 1809, IAN/TT IGP Livro 10, S. 63.
157 [Cowell-Stepney, John], Leaves from the diary of an officer of the guards, London, Chapman and Hall, 1854, zitiert nach Terenas, Guerra Peninsular, S. 99.

digende Land nicht als das eigene und daher den Feind nicht unbedingt als den ihren ansahen.[158] Portugiesen bekamen, so belegen es auch die Polizeidokumente, die Folgen eines „ausgelagerten" Krieges zwischen Großbritannien und Frankreich zu spüren, der auf ihrem Territorium ausgetragen wurde.

Bei der zweiten französischen Invasion (März bis Mai 1809), die von General Soult angeführt und bei der die Stadt Porto okkupiert wurde, stand die Regierung erneut vor dem Problem, dass Portugiesen „Verstimmungen" gegen die britischen Truppen zeigten, ein Umstand, gegen den man sofort Proklamationen verfassen ließ und die Polizei einschaltete. Für Missmut unter den Soldaten sorgte, dass die von der britischen Regierung versprochene Finanzhilfe zunächst nicht eintraf. Zudem verpflichteten britische Generäle portugiesische Soldaten dazu, auch auf fremdem Territorium (namentlich in Spanien) und „wo immer es nötig sein würde" zu kämpfen.[159] Die Verteidigung des portugiesischen Territoriums gelang (auch wenn die französischen Truppen nach der dritten Invasion endgültig geschlagen wurden[160]) allgemein eher schlecht als recht. Die Situation erforderte dreierlei: Soldaten, Waffen und Geld, und der Mangel an allem brachte die portugiesische Interimsregierung in Bedrängnis. Die starke Abhängigkeit von Großbritannien lässt sich an den wiederholten Bitten der Governadores an die britische Regierung exemplifizieren, Waffen für Infanterie und Kavallerie zur Verfügung zu stellen und finanzielle Hilfe zu leisten,[161] wobei sie häufig den „Großmut" des britischen Königs und die „glückliche Freundschaft" mit Großbritannien beschworen.[162] Wiederholte Bittschriften und Beschwerden darüber, dass London die versprochene Verstärkung und die Hilfsmittel, vor allem Geld, gar nicht oder nicht rechtzeitig lieferten,[163] legen die Vermutung nahe, dass die Verteidigung Portugals in London keine oberste Priorität genoss, oder zumindest nicht mit

---

158 TERENAS, O Portugal da Guerra Peninsular.
159 Governadores an João, Lissabon am 10. März 1809, IAN/TT MR Livro 314, S. 19.
160 Zu Einzelheiten über die zweite und dritte Invasion siehe zum Beispiel GOTTERI, Napoléon et le Portugal, S. 215–266; VALENTE, Ir prò maneta, S. 107–109; BUTTERY, Wellington against Massena, insbesondere das Kapitel „The Third Invasion", S. 79–93.
161 Cypriano Ribeiro Freire an Domingos Antonio de Sousa Coutinho (London), Lissabon am 1. Oktober 1808, Despachos/Officios dos Governos d. Portugal 1808–1813, MNE Livro 115, ohne Paginierung.
162 Ebd.
163 Miguel Forjás an Domingos Antonio de Sousa Coutinho (London), Lissabon am 19. Januar 1811, Despachos/Officios dos Governos de Portugal 1808–1813, MNE Livro 115, S. 66; Miguel Pereira Forjaz an Pedro de Souza e Holstein (Madrid), 14. Februar 1811, Despachos/Officios dos Governos d. Portugal 1808–1813, MNE Livro 115, S. 68v; Miguel Pereira Forjaz an Domingos Antonio Sousa Coutinho (Lon-

der von portugiesischer Seite erwarteten Entschlossenheit und Promptheit erfolgte. Doch auch wenn die Verstimmungen gegen die Briten während des gesamten Peninsularkriegs (bis 1814) anhielten, scheint es gegen sie keine exzessiven Gewalttaten wie gegen Franzosen gegeben zu haben. Alexandre Valentim vermutet, dass die durch General Beresford vorgenommene Reorganisation und Disziplinierung der Armee (Beresford kommandierte die portugiesische Armee von 1809 bis 1820[164]) Anteil daran hatten, dass die populären Erhebungen sich in Grenzen hielten.[165]

Der Missmut der portugiesischen Bevölkerung richtete sich bei der zweiten französischen Invasion verstärkt auch gegen portugiesische Autoritäten. In Villa Real und Penafiel (in Nordportugal) zeichneten Beamte im März 1809 in ihren Berichten an die zentrale Polizeiintendanz ein Bild der „totalen Anarchie". Das Volk, das nun die Invasion der beiden Provinzen erlebte, die es als „uneinnehmbar" angesehen hatte, sehe diese als Machenschaften der Verräter, und lege wütend Hand an all jene, die verdächtig schienen. In Porto habe das „furiose Volk" „viele Personen" getötet, und das Gleiche könne auch in anderen Gebieten und auch in Lissabon geschehen. Das Volk „munkele" und habe sich dazu „erhoben", über die Operationen der Regierung und der Magistratur zu urteilen und das Fehlen von Maßnahmen zu bemängeln. In „aller Öffentlichkeit" spreche es über die Freilassung von einigen ihm verdächtig erscheinenden Portugiesen und behaupte sogar, dass die Begnadigungen, die während der heiligen Woche (*Semana Santa*) und anlässlich des Geburtstages der Königin ausgesprochen wurden, den Jakobinern zugutekämen. Außerdem „munkele man" (*murmura-se*), dass es viele verdächtige Franzosen im Dienste der britischen Armee gebe, und es habe sogar Stimmen gegeben, die sagten, dass es nötig sei, dass das Volk Recht ausübe. Wenn dies die Sprache einer „enormen Anzahl an Personen" sei, schrieb Lucas Seabra da Silva an den Monarchen, so sei die Inhaftierung aller „unmöglich", und selbst wenn man nur die „entschlossensten" unter ihnen verhafte, sei es nur „natürlich", dass das Volk noch mehr „entflamme" und behaupte, dass die Strenge nur auf Männer angewandt werde, die ihr Vaterland (*pátria*) liebten. Die Polizei halte die Wachen in ganz Portugal an, alle Pässe mit „größter Sorgfalt" zu prüfen und die Gesetze zu achten – mehr könne sie nicht tun. Deutlich tritt hier die relative Ohnmacht des Polizeichefs hervor: Eine (phy-

---

don), Lissabon am 17. Februar 1811, Despachos/Officios dos Governos de Portugal 1808–1813, MNE Livro 115, S. 79v.

164 NEWITT, Malyn, Lord Beresford and the Governadores of Portugal, in: Malyn NEWITT/Martin ROBSON (Hrsg.), Lord Beresford and British Intervention in Portugal (1807–1820), Lissabon 2004, S. 89–110.

165 ALEXANDRE, Sentidos do Império, S. 383.

sische) Kontrolle der Menschenmassen war in seinen Augen kaum möglich. Die Maßnahmen der Polizei zielten entsprechend darauf, die Kraft des Volkes nach Möglichkeit zu steuern, wobei eine schwierige Balance zwischen einem erwünschten Patriotismus, der als Voraussetzung für die Souveränität und den Erhalt des Staates galt, und dem staatsgefährdenden „Exzess" gefunden werden musste.[166]

Insgesamt zeugen die Dokumente der Polizei, die in den Jahren 1808 und 1809 entstanden, davon, dass „das Volk" eine entscheidende Rolle für die Regierungsweise (und Regierbarkeit) Portugals spielten. Durch seine „Wut" und seinen „Patriotismus" war es fähig, „dem Staat", namentlich der Polizeiintendanz und der Interimsregierung, Kategorisierungen zu diktieren und sie gewissermaßen zu einer anderen Lektüre der Gesellschaft zu zwingen.

Der Befund über die erstaunliche Macht des Volkes bedarf an dieser Stelle einer eingehenderen Betrachtung. So ist es ein Allgemeinplatz der Geschichtsschreibung, dass Napoleon in vielfacher Hinsicht „am Anfang" war, insbesondere am Anfang der europäischen Nationen und ihrer Geschichten. Die Forschung, die sich mit der Entstehung bzw. der Erstarkung der Nationalismen (mithin dem Beginn der unterschiedlichen Nationalgeschichten) im Zuge der napoleonischen Kriege beschäftigt, ist überaus umfangreich. Auch in der Historiographie über Portugal nahm und nimmt die Beschäftigung mit der Entstehung der Nation und des Nationalstaats während der französischen Invasionen einen bedeutenden Platz ein.[167]

---

166 Dass die Nutzung der Gewalt „des Volkes" ein Mittel der Gouvernementalität war, zeigt nicht zuletzt die Kriegserklärung des portugiesischen Monarchen an Napoleon, in der es hieß, dass „alle Feindseligkeiten" gegen die Franzosen erlaubt seien, Kopie der Kriegsdeklaration des Prinzregenten João an Napoleon Bonaparte, Rio de Janeiro am 10. Juni 1808, ANRJ, Mesa do Desembargo do Paço, cx. 231, pct. 1.

167 Vgl. ALEXANDRE, Sentidos do Império, S. 374; MATOS, Sérgio Campos, Nação, in: Ler História 55, 2008, S. 111–124; GUERRA, François-Xavier, A nação moderna: nova legitimidade e velhas identidades, in: István JANCSÓ (Hrsg.), Brasil: Formação do Estado e da Nação, São Paulo 2003, S. 33–60. Gelegentlich wird darauf hingewiesen, dass die erste napoleonische Invasion einen gesteigerten Patriotismus der Portugiesen zeitigte, dass dieser jedoch nicht mit Nationalismus verwechselt werden dürfe. José Tengarrinha zufolge kann man allenfalls von einem „nationales Gefühl" (*sentimento nacional*), basierend auf einer „affektiven und ideologischen" Anlehnung an die Kirche und den Monarchen ausgehen, vgl. TENGARRINHA, E o povo, onde está?, S. 24 und S. 29f. Auch das Konzept des „Vaterlandes" (*pátria*) war Tengarrinha zufolge das Resultat einer Konvergenz von persönlichen (Monarch) und ideologischen (Religion) Affektionen und bezog sich nicht auf eine Nation im modernen Sinne, ebd., S. 32f. Zur Verbindung von „Nation" und Monarch bzw. „Staat" vgl. auch MATOS, Nação, S. 113.

In den Dokumenten aus der Feder der Governadores und des Polizeiintendanten taucht in der Tat regelmäßig der Begriff „Nation" auf. So verfasste die Interimsregierung nach der Restauration eine Proklamation in der *Gazeta de Lisboa*, in der die Freiheit von der französischen Okkupation gefeiert wird: „Jene Nation, die frei sein will, kann keine Kraft versklaven. Eine sich in Massen erhebende Nation hat eine unwiderstehliche Kraft."[168] Konzept und Begriff der Nation hatten also fraglos eine gewisse Relevanz. Es ist jedoch weniger entscheidend, *dass* der Begriff benutzt, als vielmehr, *wie* er (auch im Verhältnis zu anderen Begriffen) benutzt wurde. Denn Begriffe können je nach politisch-sozialem Umfeld oder Perspektive unterschiedlich gefüllt sein,[169] und das Auftauchen des Begriffs in den Dokumenten sollte nicht dazu verleiten, die zeitgenössische Kategorie zu einer analytischen zu machen oder sie mit dieser zu verwechseln.[170] Gerade weil die Nation heute noch immer mit einem „ontologischen Stacheldraht"[171] umringt zu sein scheint, kann das Bewusstsein darüber, dass ein großer Unterschied zwischen der analytischen Kategorie „Nation" und der praktischen (historischen) Kategorie „Nation" existiert, die Augen für andere Phänomene und Entitäten öffnen.

So fällt bei der Betrachtung der zitierten Quellen zunächst auf, dass es eine Kategorie gab, die für die Herrschenden überaus bedeutsam war und daher in den Dokumenten häufige Erwähnung findet: das „Volk". Und dieses war keineswegs identisch mit „Nation". Die Kategorie des Volkes zeichnet sich dadurch aus, dass sie ganz offensichtlich als selbstverständlich

---

168 „*A nação que quer ser livre, nehnhuma força a pode tornar escrava. Uma nação levantada em massa tem uma força irresistível*", Gazeta de Lisboa 50, 9. Dezember 1808, S. 3, zitiert nach Matos, Nação, S. 114.

169 Koselleck, Reinhart, Einleitung zum Artikel „Volk, Nation, Nationalismus, Masse", in: Otto Brunner/Werner Conze/Reinhart Koselleck (Hrsg.), Geschichtliche Grundbegriffe. Historisches Lexikon zur politisch-sozialen Sprache in Deutschland, Bd. 4, Stuttgart 1978, S. 141–151, S. 145.

170 Die Unschärfe auch in der wissenschaftlichen Definition des Begriffs „Nation" resultiert nicht zuletzt aus dem Umstand, dass Wissenschaft, Politik und Alltagsvorstellungen mit derselben Begrifflichkeit operieren, Heinz, Marco/Stefan Neumann, Volk, Nation, Ethnie. Über den Umgang mit diffusen Begriffen, in: Wulf Köpke/Bernd Schmelz (Hrsg.), Das gemeinsame Haus Europa. Handbuch zur europäischen Kulturgeschichte, München 1999, S. 140–146. S. 140. Rogers Brubaker und Frederick Cooper haben die Vermischung der analytischen und historischen Kategorie „Nation" kritisiert, Brubaker/Cooper, Beyond „Identity"; Brubaker, Rogers, Nationalism Reframed. Nationhood and the National Question in the New Europe, New York 1996, S. 7.

171 Shapiro, Michael J., Nation-states, in: Agnew/Mitchell/Toal (Hrsg.), A Companion to Political Geography, S. 271–288, S. 272.

akzeptiert und benutzt wurde. Die in den Regierungsdokumenten gehäuft auftauchende Formulierung „das Volk tut dies oder jenes" („das Volk munkelt", „das Volk urteilt", „das Volk eifert", „das Volk entflammt" etc.) oder „das Volk ist dies oder jenes" („das Volk ist eine undisziplinierte Menge") lassen hieran keinen Zweifel. Es ist durchaus wichtig festzuhalten, dass die zugrunde liegende Überzeugung der Interimsregierung und des Polizeiintendanten lautete: Das Volk gibt es. Diese Überzeugung lässt sich aus der Gesamtheit der Regierungs- und Polizeidokumente weitaus einfacher ableiten als die Überzeugung: Die Nation gibt es. Doch wer war eigentlich das Volk? Welches und wie viel „Volk" steckte in der portugiesischen Bevölkerung, und wie ist es da hineingelangt?[172]

Hans Petschar konstatierte bereits 1993, dass, wer „heute von sich behaupten wollte, er oder sie überblicke – geschweige denn rezipiere – die wissenschaftliche Literatur zu einem Problemfeld, das man möglichst allgemein mit *die Vorstellungen vom Kollektiven* bezeichnen könnte", ein „Scharlatan" sei.[173] Er hat Recht. Jedoch hat sich die wissenschaftliche Literatur nicht gleichmäßig um die unterschiedlichen Begriffe herum formiert, die kollektive Entitäten bezeichnen: Während in den letzten drei Jahrzehnten die Nation seziert wurde, bis sie all ihrer Primordialität und Magie beraubt war,[174] hat die moderne historische Forschung dem Volk deutlich weniger Aufmerksamkeit geschenkt.[175] Es ist daher noch viel Arbeit zu tun, wenn es darum gehen sollte,

---

172 In Anlehnung an SCHMIDT, Daniel, „Volk" und Bevölkerungsstatistik, in: Comparativ 13/3, 2003, S. 49–64, S. 49. Daniel Schmidt beleuchtet in seinem Aufsatz den Bevölkerungsbegriff in Sachsen um 1850.
173 PETSCHAR, Hans, Nation? Volk? Rasse? Antwort auf die Frage: Wie man Kollektive (Identifikationen) schafft, in: DERS., Identität und Kulturtransfer. Semiotische Aspekte von Einheit und Wandel sozialer Körper, Wien/Köln/Weimar 1993, S. 223–250, S. 223 (Hervorhebung im Original).
174 In Anlehnung an LANDWEHR, Erschaffung Venedigs, S. 11.
175 Reinhart Koselleck konstatierte 1978 in dem insgesamt 290 Seiten umfassenden Eintrag zu „Volk, Nation, Nationalismus, Masse" im Lexikon „Geschichtliche Grundbegriffe", dass es um beide Begriffe noch keine Theoriebildung gebe, KOSELLECK, Einleitung, S. 142. Die Theoriebildung zur Nation ist seit den 1980er-Jahren weit vorangeschritten, das Volk ist hingegen relativ selten Objekt geschichtswissenschaftlicher Studien gewesen. Eine Ausnahme im Bereich der iberischen und iberoamerikanischen Geschichtswissenschaft stellt unter anderem ein Aufsatz von Fátima Sá e Melo Ferreira dar, in dem allerdings vor allem auf das Konzept des Volkes in der Zeit *nach* der Liberalen Revolution eingegangen wird, vgl. FERREIRA, Fátima Sá e Melo, Povo – Povos in: Ler História 55, 2008, S. 141–154. José Tengarrinha legte die bereits mehrfach zitierte Studie zum Volk in ländlichen Regionen Portugals vor: TENGARRINHA, E o povo, onde está? Gabriel Di Meglio hat kürzlich eine Studie zur Bedeutung des „niederen Volkes" bei den revolutionären Ereignissen in Buenos Aires und zum Ver-

zu erhellen, was diese Kategorie (im frühen 19. Jahrhundert) bedeutete und wie man sie analytisch fassen könnte. Eine Sezierung des Volkes stellt eine Unternehmung dar, die im Rahmen der vorliegenden Arbeit nicht geleistet werden kann. Jedoch sollen einige Erkenntnisse der vorangegangenen Quellenstudien, die für den weiteren Gang der Arbeit bedeutend sind, thesenartig festgehalten werden:

1) „Das Volk" (*o povo*) als ein neuer Aktant in der Politik, der während der französischen Invasionen in Portugal (1807–1811) gleichzeitig einen Agenten des Exzesses und einen Träger der Freiheit darstellte,[176] war nicht zuletzt eine Erfindung der portugiesischen Autoritäten (sowohl der Interimsregierung als auch der Polizeiintendanz), denn sie waren es, die das Volk als eine Entität imaginierten, an es glaubten und seine Existenz in den Schriften an den portugiesischen Souverän behaupteten – und somit als politischen Akteur festschrieben und *real* werden ließen.[177]

2) Die Entität „Volk" wurde in den untersuchten Dokumenten in der Regel mit einer geradezu erstaunlichen Undifferenziertheit imaginiert und behauptet, das heißt, es gibt in den Quellen wenige konkrete Hinweise darauf, welche Individuen und Gruppen in den Augen der Regierung „das Volk" eigentlich ausmachten. Einige Formulierungen deuten darauf hin, dass vor allem „einfache" männliche Personen (Handwerker, Schankwirte etc.) gemeint waren, die nicht anderen Kategorien (zum Beispiel Klerus, Adel, Magistratur) angehörten, wie auch der teilweise gleichbedeutend zu „Volk" gebrauchte Begriff „Plebs" nahe legt.[178] Fernando Dores Costa zufolge war die Interpretation des Volkes durch die Herrschenden eine aus dem 16. und 17. Jahrhundert

---

hältnis zwischen „der Politik" und „dem Volk" veröffentlicht. Hierin konstatiert er, dass das niedere Volk gewöhnlich in Abhandlungen über die revolutionären Dekaden keine Beachtung findet, da die meisten Historiker auf die Eliten fokussierten, MEGLIO, Gabriel Di, ¡Viva el bajo pueblo! La plebe urbana de Buenos Aires y la política entre al Revolución de Mayo y el Rosismo (1810–1829), Buenos Aires 2006, S. 20.

176 FERREIRA, Povo – Povos, S. 145.
177 Koselleck machte auf die Bedeutung der Semantik und der Benennung „des Volkes" für seine Existenz aufmerksam, KOSELLECK, Einleitung, S. 144. Auch Petra Overath und Daniel Schmidt konstatieren, dass ein Volk seitens des Staates imaginiert und inszeniert wird: „[E]in Volk wird imaginiert und wirkmächtig auf Schlachtfeldern, Barrikaden, Balkons und sonstigen politischen Bühnen inszeniert", OVERATH, Petra/ Daniel SCHMIDT, Einleitung, in: Comparativ 13/3, 2003, S. 7–13, S. 10.
178 Das portugiesische Wörterbuch *Moraes* von 1789 definierte „*Povo*" als „Bewohner einer Stadt, eines Dorfes oder Ortes", ferner als „Plebs" und als „Nation" („*Povo... os moradores da Cidade, vila, ou lugar. § Povo miúdo, a plebe, gentalha. § Nação, gente*"), zitiert nach FERREIRA, Povo – Povos, S. 141.

entlehnte; demnach war *povo* tatsächlich synonym zu *plebe*.[179] Der Umstand, dass in einem einzigen Dokument die beiden Begriffe mit jeweils etwas anderer Konnotation auftauchen können, deutet jedoch auf Unterschiede hin. Es ist dem Sitz der Interimsregierung und der Polizeiintendanz in Lissabon geschuldet, dass zudem „das Volk" in den Dokumenten als ein städtisches, vor allem als ein hauptstädtisches Phänomen auftaucht.

3) Das, was das Volk sagte und forderte, wurde in vielen Fällen mit der „öffentlichen Meinung" gekoppelt bzw. war *gleichbedeutend* mit der „öffentlichen Meinung". Interessant sind in diesem Zusammenhang die regelmäßig gebrauchten Ausdrücke „man munkelt", „es wird gesagt" und der allgemeine Verweis auf „die Öffentlichkeit" (*o público*).

4) Es gibt viele Hinweise darauf, dass „das Volk" eher als Antagonist der Herrschenden konzipiert wurde als „die Nation". So stehen häufige Klagen der Autoritäten über das Verhalten des Volkes („das Volk ist undiszipliniert") den positiven Aussagen über die Nation („die Nation will frei sein") gegenüber. Anders: Wenn die Herrschenden „Nation" sagten, schlossen sie sich selbst und die höheren Klassen des Königreiches ein (dieser Begriff konnte also Herrscher und Beherrschte umfassen), wenn sie „Volk" sagten, grenzten sie sich ab (dieser Begriff meinte also vorrangig die Beherrschten).[180] Der Befund, dass „das Volk" als *Gegner* der Regierung konzipiert wurde, ist jedoch mit Vorsicht zu verallgemeinern, denn es gab bisweilen auch explizite Zustimmung des Polizeiintendanten zur Meinung „des Volkes", etwa als es darum ging, dass Briten Artillerie im Zentrum Lissabons auffuhren. Begründet ist dennoch die Vermutung, dass „die Nation" für die Governadores weitaus enger mit „dem Staat" verbunden (oder sogar dessen Synonym) war als „das Volk".[181] Letzteres konnte nicht identisch mit „dem Staat" sein, denn als das

---

179 Costa, Uma „irrupção patriótica"?, S. 125.
180 „[Das] ,Volk' [konnte] in der Revolutionszeit um 1800 zum Parallel- und eher noch zum Gegenbegriff von 'Nation' aufrücken", Geschichtliche Grundbegriffe, S. 144f. „*Demos*", „*populus*" oder „Volk" meinten dann die Menge der Regierten oder Beherrschten und „Volk" konvergierte leicht mit „*multitudo*", „*vulgus*" oder „Pöbel", Koselleck, Einleitung, S. 144. „Volk" bzw. die ihm historisch vorausliegenden Begriffe indizierten fallweise die Herrschenden oder die Beherrschten oder beide zugleich. Die politische Wirklichkeit konnte mit denselben Worten auf diametral entgegengesetzte Begriffe gebracht werden, ebd.
181 Für Hispanoamerika gibt es einige Untersuchungen, die das gleiche Ergebnis hervorgebracht haben: Die „Nation" war eher eine Bezeichnung für „den Staat" bzw. Souveränität und hatte wenig mit Nationalismus zu tun: Portillo Valdés, José M., Crisis Atlántica. Autonomía e independencia en la crisis de la monarquía hispana, Madrid 2006, S. 191. Vgl. auch Chiaramonte, José Carlos, Nación y Estado en Iberoamérica. El lenguaje político en tiempos de las independencias, Buenos Aires 2004.

„gemeine Volk" wurde es regelmäßig den Eliten des Staates (und also seinen vermeintlichen Trägern) gegenübergestellt.

5) Das Volk wurde bisweilen als gefährliche und unkontrollierbare Entität angesehen und konzipiert. Wie sich gezeigt hat, bekundeten sowohl die Governadores als auch der Polizeichef dem Monarchen gegenüber wiederholt, dass sie ihre Praktiken und Maßnahmen am Verhalten des Volkes und an dessen Meinung ausrichten *mussten*, denn dies war in ihren Augen die einzige Möglichkeit, ihre eigene Autorität zu wahren. Mehrfach geschieht in den Dokumenten dabei der Hinweis auf die Krise und die „aktuellen kritischen Umstände".

Vor allem dieser letzte Befund, die Anerkennung der Macht des Volkes und der öffentlichen Meinung, die während der französischen Invasionen zum Ausdruck kam, sollte sich als ein wesentliches Charakteristikum der Regierungsweise der Governadores und des Polizeiintendanten herausstellen. Sowohl das Volk als auch die öffentliche Meinung avancierten während und wegen der französischen Invasionen zu Größen, die die portugiesische Regierung maßgeblich beeinflussten.[182] Wichtig ist dies auch deshalb, weil in der Forschung vielfach konstatiert wird, dass „das Volk" erst in der Zeit des „Vintismus" (1820–1823) zu einem entscheidenden Faktor der Politik in Portugal wurde,[183] und dass eine „Öffentlichkeit" erst in eben diesen Jahren entstand. Die von den Herrschenden hinterlassenen Dokumente zeugen jedoch bereits seit Ende 1808 in eindrucksvoller Weise von der – teilweise erwünschten und beschworenen, teilweise gefürchteten – Gewalt des Volkes.

6.1.2 Territorialisierung und Nationalisierung

Neben der Beschäftigung mit „dem Volk" in seiner (imaginierten) Gesamtheit wurde in der Zeit nach dem Exodus des Monarchen und der ersten französischen Invasion als dringend notwendig erachtet, die Zirkulation von Individuen auf portugiesischem Territorium (bzw. nach Portugal herein und hinaus) verstärkt zu kontrollieren. Schon im November 1808, also kurz nach der „Restauration" Portugals, berichtete der Polizeichef, dass er die „striktesten" Maßnahmen ergriffen habe, damit „alle Personen", die in die Hauptstadt ein- und aus ihr ausreisten, registriert würden, und zusätzlich „alle, die durch

---

182 Zur Erstarkung des Volkes und zu seiner Anerkennung durch die Autoritäten siehe auch Araújo, As invasões francesas, S. 42; Ferreira, Fátima Sá e Melo, Introdução, Ler História 55, 2008, S. 17–21, S. 17.
183 Ferreira, Povo – Povos, S. 142.

das Reich" reisten.[184] Wenn der moderne Staat seit jeher Feind derjenigen Personen war, die sich umherbewegten,[185] so war es der portugiesische Staat in der hier betrachteten Zeit in ganz besonderem Maße. Die Autoritäten der einzelnen Stadtviertel (*ministros do bairros*) waren per Polizeiverordnung angehalten, jeden Reisenden zu verzeichnen und Informationen über Herkunftsort und Reiseziel mit Angabe der Herberge und alle offiziellen Papieren (*titulos*), die sie bei sich führten, an die zentrale Intendanz zu senden. Diese Regelung bezeichnete der Polizeichef wiederholt als „besonders wichtig" und als „von allen Gesetzen der Policey empfohlen" (*sendo hum dever recomendado por todas as Leis de Policia*). Sobald sich eine Person verdächtig machte, zum Beispiel weil sie zunächst ihre Identität nicht preisgeben wollte, wurden alle verfügbaren Informationen über sie gesammelt und zusammen mit den Kopien der offiziellen Papiere (*guias, passaportes*) dem Monarchen nach Rio de Janeiro übermittelt.[186] Insgesamt lässt sich ein bemerkenswert hoher dokumentarischer Aufwand feststellen, der durch das Auftauchen von reisenden (ausländischen) Individuen ausgelöst wurde. Denn der Umstand, dass Informationen über die Bewegungen einzelner Personen über den Atlantik hinweg und auch bei Inkaufnahme einer stark verzögerten Reaktion auf dieses Auftauchen dem Monarchen persönlich zugestellt wurden, deutet darauf hin, dass es sich dabei jeweils um Angelegenheiten mit staatstragender Bedeutung handelte.

Insbesondere die Hauptstadt sollte besser kontrolliert werden. Man habe, so berichtete Lucas Seabra da Silva im Dezember 1808, Vorkehrungen getroffen für die Untersuchung aller Personen, die in Lissabon und den Tagus aufwärts (per Schiff) eintrafen oder ausreisten. Als problematisch für die Umsetzung dieser Maßnahmen sah er an, dass Lissabon eine „so offene Stadt"

---

184 Seabra da Silva an João, Lissabon am 7. November 1808, IAN/TT IGP Livro 10, S. 5v.
185 Scott, Seeing Like a State, S. 1.
186 So geschah es mit Manoel Joze de Rocha, der bei einem späteren Verhör angab, ein Chirurg im Dienste des Militärs zu sein, Magalhães an João VI, Lissabon am 31. Juli 1817, IAN/TT IGP Livro 17, S. 114v. Die „Erfindung" des Passes und die Kontrolle der räumlichen Bewegung mittels einer Passgesetzgebung war ein bedeutender Bestandteil des modernen Staatsbildungsprozesses. Um seine eigenen Grundlagen und seine Reproduktion zu sichern, musste der moderne Staat die Fähigkeit entwickeln, klar zwischen Staatsangehörigen und Fremden zu unterscheiden, um Erstere „umfassen" und Letztere be- und ausgrenzen zu können. Pässe entwickelten sich von bloßen Passier- oder Warenkontrollscheinen zu Instrumenten, die Identität einzelner Personen festzustellen, von der die Staatsangehörigkeit ein wesentlicher Bestandteil wurde, Manz, Fremde und Gemeinwohl, S. 115. Maßgeblich hierzu auch: Torpey, John, The Invention of the Passport. Surveillance, Citizenship and the State, Cambridge/New York/Oakleigh 2000.

war, in der es „tausend Stellen" zum Anlegen und viele kleine Schiffe gäbe, die „für den Transport von Personen und für die Kommunikation geeignet" seien. Sinnvoll sei daher, die zum Teil zerstörten Zäune entlang des Tagus zu reparieren. „Der Staat" profitiere von den dafür aufgewandten Ausgaben, da man durch die Abzäunung des Flusses alle Reisenden mit jener Vorsicht inspizieren könne, welche die „Sicherheit des Staates" erfordere. Für die Bewachung des Flusses sollten jedoch keine Invaliden eingesetzt werden, denen man keine Strapazen zumuten könne, sondern „kräftige Männer", welche die Kälte der Jahreszeit und nächtliche Wachen ertragen könnten. Denn da General Junot, als er Lissabon verließ, Männer zurückgelassen hatte, die für die Verbreitung der „Zwietracht" (*sizania*) bezahlt würden, sei es nötig, deren „Intrigen" mit allen möglichen Mitteln zu „desorganisieren", indem man „heimliche Korrespondenzen" verhindere.[187] Hier deutet sich schon ein wichtiges Prinzip an, das in der Folgezeit die Maßnahmen der Polizei bestimmte: Die verstärkte Kontrolle des Schiffsverkehrs insbesondere zur Verhinderung von Korrespondenzen (mit dem Ausland). Aufgrund der zentralen Bedeutung Lissabons für das Königreich Portugal ist es kaum verwunderlich, dass Polizeichef Seabra da Silva die Verteidigung der Hauptstadt wiederholt ein „heiliges Ziel" nannte. Es sei von „außerordentlicher Bedeutung", sie als „Zentrum der Regierung und als Waffenlager" zu sichern; insbesondere hier sei die „Erhaltung der Ruhe und öffentlichen Sicherheit" unbedingt notwendig.[188]

Für die portugiesischen Häfen galt, dass die Polizei neue Normen zur Kontrolle der ein- und auslaufenden Schiffe und deren Besatzung einführte.[189] Diese Regelungen riefen umgehend Proteste der lokalen portugiesischen Beamten hervor. Die Hafenverwalter in Sétubal (südlich von Lissabon, ebenfalls an der Mündung des Tagus gelegen) beschwerten sich beim Monarchen darüber, dass sie nun gezwungen seien, die Mannschaften der Schiffe genauestens aufzulisten und alle Matrikeln zu prüfen. Dieses Prozedere verzögere den Schiffsverkehr und führe zu erhöhten Kosten, da die Schriftführer und

---

187 Seabra da Silva an João, Lissabon am 24. Dezember 1808, IAN/TT IGP Livro 10, S. 30v–31v. Der Polizeichef informierte den Monarchen auch über den Schiffsverkehr im Ausland, zum Beispiel über russische und französische Schiffe (inklusive Angabe des Typs und der Bewaffnung) in Vigo, Galizien, sofern er von Privatreisenden davon erfuhr, da er es, wie er explizit betonte, als seine „Plicht" empfand, solch „wichtige" Informationen weiterzugeben, Seabra da Silva an João, Lissabon am 23. Februar 1809, IAN/TT IGP Livro 10, S. 74.
188 Seabra da Silva an João, 7. Februar 1809, IAN/TT IGP Livro 10, S. 58v–59.
189 Seabra da Silva an João, Lissabon am 7. November 1808, IAN/TT IGP Livro 10, S. 5v.

die Visitationen bezahlt werden müssten. Das Ziel der Polizeiregelung (*regulamento*) sei, rechtfertigte daraufhin der Intendant, neben der Kontrolle der Einreisenden auch die Verhinderung der Emigration oder das Anheuern von portugiesischen Matrosen auf ausländischen Schiffen. Eine solche Maßnahme habe bereits der portugiesische König Manuel (1495–1521) in seinen Gesetzen festgeschrieben, und sie sei durchaus geeignet gewesen, das „politische mit dem individuellen Interesse zu vereinen".[190] Kaum zufällig geschah die Rechtfertigung der neuen Regelung mit einem Verweis auf König Manuel I und somit die „goldene Zeit" Portugals. Unter seiner Herrschaft hatte das portugiesische Kolonialreich begonnen, Früchte zu tragen und Gold ins Mutterland einströmen zu lassen.[191]

Eine absolute Kontrolle aller Anlegestellen und insbesondere aller Ein- und Ausreisenden muss im Bereich der Utopie angesiedelt werden. Eine solche vollständige Registrierung, wie sie beispielsweise auch in Spanien seit der Französischen Revolution und verstärkt nach der napoleonischen Invasion von den Autoritäten gewollt wurde (auch hier hatte man Angst vor der revolutionären „Kontamination", der man mit Abschottung wirksam zu begegnen glaubte[192]), konnte mit an Sicherheit grenzender Wahrscheinlichkeit auch im kleineren Portugal zu keiner Zeit „total" durchgesetzt werden. Eine Untersuchung all jener Fälle, bei denen Personen von den Autoritäten unbemerkt in das Königreich einreisten oder sich innerhalb des Königreichs bewegten, würde vermutlich ergeben, dass die polizeilichen Anordnungen bis zu einem gewissen Grad unwirksam waren. Entscheidend ist jedoch, dass sie in diesem Augenblick ins Leben gerufen wurden, und dass die polizeiliche Aufmerksamkeit – und also die Gouvernementalität Portugals – sich in hohem Maße darauf richtete, die „schädlichen" Einflüsse „von außen" in den Griff zu bekommen, indem man sie verstärkt überwachte und bei Bedarf unterband. Dieser Prozess kann als Tendenz einer verstärkten Territorialisierung identifiziert werden, wenn man Territorialität als „spatiale Strategie" auffasst, ein bestimmtes, mit Grenzen versehenes Gebiet zu kontrollieren.[193]

---

190 Seabra da Silva an João, Lissabon am 20. März 1809, IAN/TT IGP Livro 10, S. 95–96v.
191 Vgl. Marques, Geschichte Portugals und des portugiesischen Weltreichs, S. 134–184.
192 Manz, Fremde und Gemeinwohl, S. 109–113. Der Anspruch auf Kontrolle bedeutete keineswegs eine tatsächliche Kontrolle. Volker Manz zeigt anhand einiger Beispiele, dass Indviduen und Gruppen ohne Pass über spanisches Territorium reisten, ebd., S. 117.
193 Paasi, Boundaries as Social Processes; Sack, Human Territoriality.

Auch nach den französischen Invasionen blieben diese strikteren Verordnungen bestehen. Die obligatorischen Polizeivisiten auf den ankommenden Schiffen wurden am 6. März 1810 in einer neuen Verordnung (*regulamento*) festgeschrieben, die der Monarch von Rio de Janeiro aus bestätigte, und auf die sich die Polizeiintendanten in den Folgejahren immer wieder beriefen.[194] Es gab wiederholt Beschwerden darüber, dass diese verschärften Regelungen die Schifffahrten und den Handel „verzögerten". So sandte eine Gruppe von Händlern aus Porto im Juni 1818 einen Antrag (*requerimento*) an den Monarchen, in dem sie darum baten, dass die polizeilichen Visitationen, die den Besitzern der Güter, die auf dem Schiff transportiert wurden, jeweils 480 Réis kosteten, abgeschafft würden. Der amtierende Lissabonner Polizeichef, João de Matos e Vasconcelos Barbosa de Magalhães, begründete und verteidigte die Visitationen in einem Brief an João daraufhin wortreich. Seine Argumentation beginnt damit, dass, als die Effekte der Französischen Revolution und das durch die einströmenden Agenten verursachte „Übel" in Portugal spürbar wurden, die Polizei aus Vorsicht viele Visitationen durchgeführt habe, um den „freien Verkehr" (*livre tranzito*) von „verdächtigen Individuen" zu verhindern. Die Erfahrung habe damals gelehrt, dass diese Vorsichtsmaßnahmen sinnvoll waren. In seinen Augen basierte die Bitte der Händler um Abschaffung der Visitationen nicht auf Überlegungen zur „Prosperität des Handels", sondern auf „privaten Interessen" (*interesses particulares*). Die „öffentliche Ruhe" (*tranquilidade publica*), der es zur Erhaltung der „allgemeinen guten Ordnung" (*boa ordem*) bedürfe und die „im Interesse eines jeden Bürgers (*cidadão*)" liege, könne nur gewährleistet werden, wenn die Polizei die Möglichkeit habe, die Visitationen auf den Schiffen durchzusetzen und die „Schlechtgesinnten" (*malevolos*) und „Kriminellen" zu fassen sowie deren „Intentionen" zu vereiteln. Der Polizeichef berief sich auch hier auf das *regulamento* vom 6. März

---

194 Governadores an João, Lissabon am 30. August 1810, IAN/TT MR Livro 314, S. 118v–119. Die Zustimmung des Monarchen datierte vom 20. März 1810. Auch hygienische Aspekte kamen später als Argument bei der Rechtfertigung der Verschärfung der polizeilichen Kontrolle der Häfen ins Spiel: Der Monarch gab seine Zustimmung zu den neuen Regelungen des Lissabonner Polizeiintendanten, die zum Wohle der „öffentliche Gesundheit" unter anderem die „Kommunikation" (*comunicação* bedeutete im zeitgenössischen Portugiesisch sowohl „Kommunikation" als auch „Handel") der portugiesischen Häfen mit dem Mittelmeer gänzlich verbot. Später beriefen sich die Polizeiintendanten vor allem in Krisenzeiten auf diese verstärkte Kontrolle der Ausländer, vgl. zum Beispiel Magalhães an João VI, Lissabon am 21. Juni 1817, IAN/TT IGP Livro 17, S. 95–96v; Ders. an Forjaz, Lissabon am 19. September 1817, IAN/TT IGP Livro 17, S. 140v.

1810, das, so betonte er, der Polizeiintendanz eine „große Verantwortung" übertragen hatte.[195]

Bemerkenswert ist hier, dass die ökonomischen Interessen der Händler in Porto als „private Interessen" abgetan, und dass der Schutz der „allgemeinen guten Ordnung" vor schlechten (ideologischen) Einflüssen durch „verdächtige Individuen" als weitaus wichtiger dargestellt wurde. Die Institution der Polizei, deren Sinn und Zweck maßgeblich darin bestand, den Handel zu fördern und damit die „Kräfte des Staates" zu erhöhen, nahm in dieser spezifischen Situation in Portugal eine Einschränkung des Handels bzw. zumindest einen verlangsamten Transport von Gütern zugunsten einer besseren Kontrolle von „verdächtigen" Individuen in Kauf. Die Frage „Wie muss etwas zirkulieren und wie darf es nicht zirkulieren?"[196] war also dahingehend beantwortet worden, dass die „gute" Zirkulation verlangsamt werden durfte, wenn gleichzeitig dadurch die „schlechte" Zirkulation verhindert werden konnte. Indem der Polizeichef die Kosten für die Visitationen, also die jeweils zu entrichtenden 480 Réis in demselben Schreiben als „gering" bezeichnete, geschieht implizit eine Behauptung der Abwesenheit von finanziellen Interessen der Polizei. Der Schutz des Staates und die „allgemeine gute Ordnung" wurden dem Monarchen als die höheren Ziele unterbreitet.

Victor Uribe-Uran wies in seiner Studie zur Veränderung der Rechtskultur in Mexiko, Kolumbien und Brasilien in der Zeit zwischen 1750 und 1850 darauf hin, dass die Begriffe „öffentlich" (*público*) und „privat" (*particular*) im 18. Jahrhundert und bis zur Zeit nach der Unabhängigkeit in Spanien und Spanisch-Amerika nur sporadisch gebraucht wurden, wobei das Konzept „öffentlich" unterschiedliche spatiale Referenzen umfassen konnte.[197] Eine der Bedeutungen von „öffentlich" bezog sich auf die „Gesellschaft als ganze", insbesondere wenn von „öffentlicher Ruhe" und „öffentlicher Sicherheit" die Rede war. Der Verweis auf die „Öffentlichkeit" oder die „allgemeine gute Ordnung" darf jedoch nicht darüber hinwegtäuschen, dass meistens das Wohl des Staates, genauer des Souveräns gemeint war. Denn „öffentliche" Angelegenheiten waren am Ende des 18. Jahrhunderts und zu Beginn des 19. Jahrhunderts noch immer eigentlich private Angelegenheiten, und zwar private Angelegenheiten des Monarchen.[198] António Manuel Hespanha konstatierte, dass am Ende des *Ancien Régime* die portugiesische Regierung eine

---

195 Magalhães an João VI, Lissabon am 11. Juni 1818, IAN/TT IGP Livro 17, S. 247–248v.
196 FOUCAULT, Sicherheit, Territorium, Bevölkerung, S. 36 und S. 100.
197 URIBE-URAN, The Great Transformation of Law and Legal Culture, S. 77.
198 Ebd., S. 81.

neue Organisation (des Staates) anstrebte, die die „Unordnung der privaten Interessen (*interesses particulares*)" einer Disziplinierung im Namen des „öffentlichen Interesses" unterziehen sollte (und erst in diesem Moment erschien das „öffentliche Interesse" als Gegensatz zum „privaten Interesse").[199] Diese neue Organisation, die „Policey" (*polícia*) genannt wurde, repräsentierte demnach das „neue Projekt der Macht angesichts einer Gesellschaft, die schon nicht mehr eine Reflektion der natürlichen Ordnung war, sondern organisiert werden musste zugunsten einer Vergrößerung der Macht des Königs".[200] In diesem Sinne müssen die Kontrollmaßnahmen der Polizei, die den Konflikt mit den Händlern in Porto auslösten, am ehesten als Versuch einer Zentralisierung der monarchischen Gewalt interpretiert werden. Das ökonomische, „partikulare" Interesse einiger Untertanen, aber auch das Wohlergehen der Gesellschaft als ganzer, spielten eine untergeordnete Rolle.

Es sei an dieser Stelle nochmals betont, dass die Wirksamkeit von Polizeiverordnungen nicht mit ihren (mehreren möglichen) Wirkungen gleichgesetzt werden kann.[201] Betrachtete man die Art und Weise, wie die einzelnen neuen *regulamentos*, die in der zentralen Lissabonner Polizeiintendanz erlassen wurden, in den unterschiedlichen Häfen tatsächlich umgesetzt wurden, so würde sich herausstellen, dass nicht alle portugiesischen Beamten oder Angestellten sie befolgten. Regelungen wurden bisweilen umgangen oder ignoriert, denn es existiert, wie gesagt, eine Differenz zwischen (Polizei-)Norm und Wirklichkeit.[202] Die wichtige Frage ist jedoch, inwieweit Normen sich aufgrund der sich wandelnden politischen, gesellschaftlichen, kulturellen und wirtschaftlichen Verhältnisse änderten und wie sie wiederum auf diese Verhältnisse einwirkten.

Die zitierten Dokumente zeugen ohne jeden Zweifel davon, dass die Regierungsweise Portugals sich nach dem Transfer des Königshofes und nach den französischen militärischen Invasionen veränderte: Es wurde eine verstärkte Abschottung des Territoriums vor „schädlichem" ausländischen, ideologischen Einfluss angestrebt, und zwar mit dem Ziel des Erhalts der monarchischen Zentralgewalt. Die Kontrolle des Schiffsverkehrs im Hafen und auf dem Fluss Tagus war aus Sicht der Autoritäten hierfür offensichtlich von entscheidender Bedeutung; sie war eine der wichtigsten Strategien, mit denen

---

199 HESPANHA, António Manuel, Para uma teoria da história institucional do Antigo Regime, in: António Manuel HESPANHA (Hrsg.), Poder e instituições na Europa do Antigo Regime, Lissabon 1984, S. 29f.
200 Ebd., S. 68. Vgl. auch BARATA, Maçonaria, Sociabilidade Ilustrada e Independência do Brasil, S. 126.
201 LANDWEHR, „Normdurchsetzung", S. 162.
202 Ebd., S. 152f.

die portugiesischen Autoritäten „den Staat" bzw. die Souveränität des Monarchen und das politische System zu schützen beabsichtigten. Die Beschwerdeschreiben der Händler aus Setúbal und Porto deuten darauf hin, dass die Verschärfung der Kontrollen mindestens teilweise wirksam umgesetzt werden konnte, und zwar nicht nur in der Hauptstadt, sondern auch in den anderen portugiesischen Hafenstädten. Zahlreiche Dokumente zeugen zudem davon, dass die portugiesischen Kapitäne der Handelsschiffe die Listen und Matrikel der Personen an Bord bereitwillig oder zumindest ohne Widerstand der Polizeiintendanz übermittelten.[203]

Ein Beispiel für die Unterminierung von Polizeiverordnungen lieferten britische Schiffe in portugiesischen Häfen. Die Kontrollmaßnahmen und der angeordnete Registrierungszwang, so klagte Seabra da Silva, würden untergraben durch die „Leichtigkeit", mit der Personen auf britischen Schiffen in den Hafen herein- und hinausgelangten. Vielleicht, so fragte der Polizeichef im November 1808 vorsichtig beim Prinzregenten João an, könne dieser eine Anweisung geben, die auch die britischen Kapitäne verpflichte, der Polizei in Zukunft Listen mit allen Passagieren zu übermitteln.[204] Diese Forderung fand offensichtlich keine Zustimmung des portugiesischen Souveräns, oder aber sie konnte nicht gegen den Willen der militärisch überlegenen Alliierten durchgesetzt werden. Im März 1809 bestätigte Polizeiintendant Seabra da Silva, dass die verschärften Regeln der Registrierung der Passagiere in Zukunft für alle Kapitäne von Handelsschiffen galt, womit er implizit ausdrückte, dass sie nicht auf Militärschiffen angewandt wurden. Auf den Handelsschiffen, so hob er hervor, müssten zukünftig alle registriert werden, die in das Königreich einreisten, außer jenen, die den „vereinten Streitkräften" angehörten „und also Untertanen des britischen Monarchen" seien.[205] Der Wortlaut des Dokuments ist durchaus bemerkenswert, denn es geschieht eine Gleichsetzung von „Untertan des britischen Monarchen" und „Mitglied der vereinten Streitkräfte". Dies deutet darauf hin, dass der Registrierungszwang – inoffiziell – für *keinen* Briten galt, also auch nicht für britische Händler, die vermutlich auf Handelsschiffen nicht gerade selten anzutreffen waren. Die Freiheit der Einreise bzw. die Entbindung von der Pflicht einer polizeilichen Registrierung wurde also durch die Staatszugehörigkeit garantiert (und nicht durch die Profession). Obschon für die Aushandlungsprozesse, so sie stattgefunden hatten,

---

203 Magalhães an „die Marine" (*Marinha*), 5. November 1817, IAN/TT IGP Livro 17, S. 163v.
204 Seabra da Silva an João, Lissabon am 7. November 1808, IAN/TT IGP Livro 10, S. 5v.
205 Seabra da Silva an João, Lissabon am 27. März 1809, IAN/TT IGP Livro 10, S. 102–103v.

keine Polizeidokumente vorliegen und die Regelung auch nicht formell geändert wurde, wird ersichtlich, dass diese Polizeinorm (wie jede andere auch) kein einseitig durchsetzbares Gesetz war.[206] Ihre Implementierung hatte unmittelbar eine Gegenreaktion der Briten (als Normadressaten) hervorgerufen, nämlich die Ignoranz der Norm bzw. genau genommen eine recht großzügige Auslegung des Personenkreises, der von der Verordnung ausgenommen war.

Allgemein waren und blieben britische Schiffe schwer zu polizierende Objekte und in den Augen des Polizeichefs gefährliche Kanäle für subversives Gedankengut. So wurden im Januar 1809 ein Franzose und ein Portugiese auf einem britischen Schiff gefasst, die zwei Bände des „Reichtums der Nationen" von Adam Smith sowie einige Handelskorrespondenzen mit Spaniern über Lieferungen von Baumwolle und Getreide bei sich trugen. Da diese beiden nach Angaben des Polizeichefs „Spione der Franzosen" waren, ließ er sie ins Gefängnis Limoeiro bringen. Von der Untersuchung der Briefe, die er eingeleitet hatte, erhoffte er sich „interessante" Kenntnisse. Jedoch war sich der Polizeichef nicht sicher, ob man in dieser Angelegenheit weitere Nachforschungen anstellen sollte, da die beiden immerhin auf einem britischen Schiff aufgegriffen worden waren, und bat den Monarchen daher um eine Entscheidung.[207] Da in den Akten keine weitere Korrespondenz zwischen João und dem Polizeichef in dieser Sache vorliegt, ist davon auszugehen, dass sie nicht weiterverfolgt wurde. Die britischen Schiffe und deren Besatzungen genossen mit anderen Worten eine gewisse (stillschweigende) Immunität, was dem Lissabonner Polizeichef ganz offensichtlich nicht recht war. Er besaß aufgrund der politisch und militärisch prekären Lage, in der Portugal sich befand, vermutlich jedoch keine Handhabe, die Verordnung auch gegen den Willen der Briten durchzusetzen.

Auch 1817 gab es noch eine Beschwerde des Leutnants der *Guarda Real da Polícia*, Joze Vaz Carapinho, der mit der Visitation der einlaufenden britischen Schiffe betraut war und die Listen der Passagiere anfertigen sollte. Er berichtete, dass der Kapitän des Handelsschiffes „Lady Arabella", das im Hafen Lissabons eingelaufen war, die Passagiere an einem „inadäquaten Ort" (*sitio incompetente*) habe von Bord gehen lassen, bevor das Schiff an der vorgesehenen Stelle geankert hatte. Er fügte in seinem Bericht hinzu, dass „fast alle Kapitäne dieser Schiffe" so verführen und nicht die Passa-

---

206 Grundsätzlich muss man davon ausgehen, dass durch die zahlreichen Aktionen und Reaktionen, die eine Norm hervorrief, die Normadressaten auch auf den Normgeber einwirkten, LANDWEHR, „Normdurchsetzung", S. 156.
207 Seabra da Silva an João, Lissabon am 10. Januar 1809, IAN/TT IGP Livro 10, S. 42–42v.

giere meldeten, wie es die königliche Bestimmung vorsah. Wann immer so etwas geschehe, schrieb der Polizeiintendant an den Monarchen, könne die Polizei ihre Pflicht nicht ausüben und die königlichen Anordnungen nicht befolgen. Er bat um Anweisung dafür, was mit den (nicht registrierten) Individuen geschehen solle, die man in der Stadt vorfand.[208] Dass die Polizei keinen Zugriff auf britische Schiffe hatte, wird auch an einem anderen Beispiel deutlich: Am 3. März 1817 traf auf dem britischen Schiff „Osborne" der ehemalige Marquês de Loulé in Lissabon ein, den der Monarch wegen Hochverrats seines Titels entledigt und zum Tode verurteilt hatte. Die „tollkühne Dreistigkeit" des Angeklagten sei beachtlich, schrieb der Intendant João de Matos e Vasconcelos Barbosa de Magalhães, aber da man das Schiff als „britisches Territorium" betrachten müsse, könne die Polizei hier nichts ausrichten.[209]

Auch wenn gegen Briten und deren vielfach unkontrollierte Ein- und Ausreise nicht viel getan werden konnte, war eine gewisse Einschränkung der vermeintlichen Gefahr, die von britischen Schiffen ausging, dennoch möglich. Denn wenn Portugiesen oder Angehörige anderer Nationalitäten (außer der britischen) in Kontakt mit britischen Schiffen und deren Besatzungen standen, konnten diese festgenommen werden. So gab es laut Polizeibericht im Februar 1809 im Stadtteil Santa Catharina „einige Individuen", die jene britischen Schiffe, auf denen sich Franzosen zur Ausreise befanden, mit Nahrungsmitteln belieferten. Diese Nahrungsmittelüberbringer (*tingueiros*) fungierten aus der Perspektive des Polizeichefs gleichzeitig stets als Nachrichtenübermittler – sie waren in seinen Augen ein Kanal der „heimlichen Korrespondenz" mit Franzosen, die sich noch in Lissabon befanden. Alle Festgenommenen und daraufhin Angeklagten (*reos*) waren in diesem Fall ausländische Matrosen, überwiegend Italiener, bis auf eine portugiesische Frau, die mit einigen von ihnen zusammen lebte. Zur Begründung der Inhaftierung und Anklage erklärte Silva, dass die Tätigkeiten der *tingueiros* polizeilich generell verboten seien, da es regelmäßig zu Diebstahl und Korruption komme, und dass alle Angeklagten zudem „unbekannte Männer ohne Bürgschaft" (*homens desconhecidos e sem abonação*) seien.[210]

Im Zuge der intendierten stärkeren Kontrolle von Bewegungen lag, wie bereits an einigen Stellen deutlich wurde, allgemein eine spürbar erhöhte und

---

208 Magalhães an das Außenministerium („Negocios Estrangeiros"), Lissabon am 11. Oktober 1817, IAN/TT IGP Livro 17, S. 147.
209 Magalhães an João VI, Lissabon am 8. März 1817, IAN/TT IGP Livro 17, S. 29.
210 Seabra da Silva an João, Lissabon am 16. Februar 1809, IAN/TT IGP Livro 10, S. 68v–72.

auch explizit formulierte Aufmerksamkeit der Interimsregierung auf der Präsenz und den Aktivitäten von Ausländern.[211] Für die „öffentliche Sicherheit" sei es unerlässlich, dass alle Ausländer, die sich im Reich und in der Hauptstadt befänden und in Zukunft ein- und ausreisten, „individuell" bekannt seien. Aus diesem Grund erließ der Intendant die Verordnung, dass alle Hausbesitzer und Familienoberhäupter (*chefes de Familia*) in Lissabon innerhalb von 24 Stunden ihren jeweiligen Stadtteilautoritäten (*Ministros dos Bairros*) alle Ausländer angeben sollten, die bei ihnen im Haus oder auf dem Gut lebten, samt Angabe des Landes und der Stadt, aus denen sie ursprünglich stammten, und ihrem Beruf bzw. ihrer „Lebensweise" (*modo de vida*). Zudem sollten sich alle Ausländer der Stadt und des Reiches bei den Autoritäten vorstellen, ebenfalls diese Angaben machen sowie ihre Bürgschaften vorlegen (*mostrando os titulos necessarios para as suas abonaçoens*). Alle Eigentümer (*proprietarios*), die dies nicht täten, sollten fortan als „Verdächtige der Regierung und des Staates" prozessiert werden.[212]

Es ist aufgrund der politischen Lage, in der sich Portugal seit Mai 1808 befand, kaum verwunderlich, dass insbesondere Franzosen als verdächtig galten. Im Stadtteil Alfama geriet im Dezember 1808 der aus Frankreich emigrierte Pater Domingos Jorge d'Aviller unter den „Verdacht der portugiesischen Nation", da er während der „fatalen Invasion" Kontakt mit den französischen Offizieren und eine „enge Freundschaft" mit einem französischen Kommandanten unterhalten hatte. Der französische Pater habe sich außerdem „irritiert" über den Rückzug des Königshofes nach Amerika gezeigt und die Rückkehr der Franzosen nach Lissabon vorhergesagt. Solche Ausdrücke, so der Polizeiintendant, seien „verabscheuungswürdig" in den Mündern aller, aber ganz besonders in dem eines Franzosen, der trotz der „ehrenwerten Gründe" für seine Emigration und trotz des langen Aufenthaltes in Portugal noch immer als verdächtig gelten müsse.[213] Auch der Sprachlehrer (*Mestre de Lingoas*) Guilherme Maria Cisi wurde am 31. Januar 1809 explizit ausschließlich aus dem Grund festgenommen, dass er Franzose war (wörtlich: „gegen ihn spricht nur das

---

211 Governadores an João, Lissabon am 20. Oktober 1810, IAN/TT MR Livro 314, S. 128. In den Regierungs- und Polizeidokumenten ist immer dann, wenn es um die Aktivitäten von „Ausländern" geht, eine erhöhte Alarmbereitschaft spürbar, Magalhães an das Kriegsministerium („*Guerra*"), Lissabon am 7. April 1818, IAN/TT IGP Livro 17, S. 211v–212v.
212 Seabra da Silva an João, Lissabon am 27. März 1809, IAN/TT IGP Livro 10, S. 102–103v.
213 Seabra da Silva an João, Lissabon am 22. Dezember 1808, IAN/TT IGP Livro 10, S. 27v–28.

Franzose-Sein" [*só tem contra si o ser Francez*].²¹⁴ Ambrosio de Oliveira, der in Villa d'Almeirim festgenommen worden war, stellte im November 1808 ein Gnadengesuch an Prinzregent João, in dem er seine Freilassung erbat. Nach Aussage des Polizeichefs, der das *requerimento* nach Rio de Janeiro sandte und kommentierte, hatte Oliveira Ende September „falsche Nachrichten" verbreitet, nach denen der Kaiser der Franzosen mit 400 000 Mann im Gefolge in Spanien eingerückt sei, und dass die Portugiesen schlecht daran täten, wenn sie gegen seine Truppen revoltierten. Dieser Mann, auch wenn er „seit vielen Jahren" in Portugal wohne, sei „französischer Nation" (*hê Francês de Nação*) und habe folglich kein Recht auf den Schutz der Regierung. Ein Individuum, das durch „Falschheiten" (*falcidades*) das Volk „entsetze" und auf diese Weise die „Impulse des patriotischen Heroismus" zerstöre, die es beseelten, müsse unbedingt aus dem Reich ausgewiesen werden, und genau dies schlug der Polizeichef dem Monarchen vor.²¹⁵

Es nützte nicht viel, wenn eine Person ihre Herkunft zu kaschieren versuchte: Im Januar 1809 wurde ein Franzose festgenommen, der sich später als Friseur des Generals Junot ausgab. Zwar hatte er, während er sich in den Straßen Lissabons bewegte, ein englisches Tuch getragen, war aber letztlich trotzdem als Franzose aufgefallen.²¹⁶ Auch Bekenntnisse zum portugiesischen Monarchen waren für Franzosen kein Freibrief. So geriet im Norden Portugals, in Vianna, der französische Leutnant Visconde Labordiné unter Verdacht. Obwohl er seine Treue zum portugiesischen Monarchen beteuerte, sei er, wie der Polizeichef betonte, dennoch ein Franzose, und außerdem verdächtige ihn „das Volk" aufgrund seines Benehmens während der Invasion des General Junot.²¹⁷

Herkunft und Nationalität waren unübersehbar zu wichtigen Kategorien geworden, die das Aufenthaltsrecht in Portugal maßgeblich determinierten. Bei den Aushandlungsprozessen um die Freilassung oder Inhaftierung bestimmter Individuen wird an vielen Stellen ersichtlich, dass der Polizeichef in Lissabon strengere Maßstäbe anlegte als der Monarch in Rio de Janeiro. So hatte João persönlich einem gewissen Joze Claudio Jourdanier die Freiheit gewährt, da er nach eigenen Angaben gezwungen worden war, in der französischen Armee zu dienen. Er war aus derselben desertiert, um als Schneider in

---

214 Seabra da Silva an João, Lissabon am 11. September 1809, IAN/TT IGP Livro 10, S. 227–227v.
215 Seabra da Silva an João, Lissabon am 14. November 1808, IAN/TT IGP Livro 10, S. 10.
216 Seabra da Silva an João, Lissabon am 25. Januar 1809, IAN/TT IGP Livro 10, S. 52.
217 Seabra da Silva an João, Lissabon am 20. März 1809, IAN/TT IGP Livro 10, S. 94v–95.

Lissabon zu arbeiten. Doch Lucas Seabra da Silva ließ ihn nicht frei, sondern gab in einem erneuten Schreiben nach Rio de Janeiro zu bedenken, dass der Mann erst den Dienst im französischen Heer quittiert hatte, als dieses bereits zur Evakuation gezwungen war. Der Zeitpunkt seines Desertierens zeige, dass Jourdanier noch dabei gewesen war, als das französische Heer „Verderben" und „Ruin" über die portugiesischen Völker (*povos*) brachte. Männer „dieses Charakters" sollten keinesfalls die Gastfreundschaft und die Protektion des Monarchen genießen. Es sei besser für die „öffentliche Nützlichkeit", so Silva, wenn man ihn aus dem Reich auswiese, als im „Schoße des Staates" (*no seio do Estado*) Männer zu nähren, die als „Instrumente einer heimlichen Intrige" fungieren könnten.[218] Die „erste Pflicht" der Polizei sei, betone er einige Monate später erneut, die „öffentliche Sicherheit" zu wahren, und diese könne „niemals" als konsolidiert gelten, wenn es im „Schoße des Staates" Individuen gebe, die bekanntermaßen „Instrumente der Heimtücke" seien. Wer definierte, welche Ausländer „Instrumente der Heimtücke" waren, drückt er in dem gleichen Brief aus: „Die Polizei kann nicht mit Gleichgültigkeit Franzosen dulden, gegen die die öffentliche Stimme (*voz publica*) Anklage erhebt." Es stehe fest, dass viele, die eigentlich den Fahnen Napoleons folgen sollten, Asyl im „Schoße der Hauptstadt" bekämen, und es stehe auch fest, dass andere Franzosen, die seit langem in Portugal lebten, trotz der Kriegserklärung des portugiesischen Monarchen vom 1. Mai 1808 an ihrem hiesigen Handel festhielten. Was aber könne man von französischen Soldaten und Offizieren erwarten außer der „Verkehrung des öffentlichen Geistes" und der Absicht, das Volk „zu entsetzen" und alle Bewegungen der portugiesischen und der ausländischen Armeen auszuspionieren?[219] In diesem und in vielen weiteren Dokumenten tritt die vom Polizeiintendanten angenommene Beziehung zwischen bestimmten Individuen und „dem Volk" deutlich zutage: In seinen Augen konnten Individuen, und zwar vor allem französische, „das Volk", und zwar das portugiesische, „entsetzen" und den „öffentlichen Geist" „verkehren" (*perverter*). Aufgrund der im vorangegangenen Kapitel beschriebenen Furcht der Autoritäten vor der Macht „des Volkes" erscheint es als logische Konsequenz, dass alles, was vermeintlich geeignet war, eben dieses zu „verkehren" (und also dem bestehenden System zu entfremden), unter allen Umständen vermieden werden sollte.

---

218 Seabra da Silva an João, Lissabon am 13. November 1808, IAN/TT IGP Livro 10, S. 10v–11v.
219 Seabra da Silva an João, Lissabon am 15. April 1809, ANRJ Negócios de Portugal, Secretaria de Estado do Ministério do Reino, cx. 659, pct. 1, Dokument ohne Nummer.

In den Jahren 1808 und 1809 wurden nicht nur Franzosen verhaftet, sondern auch vermehrt Personen, die zunächst undifferenziert als „Ausländer" (*estrangeiro*) bezeichnet wurden. In Setúbal (südlich von Lissabon) wurde beispielsweise ein Ausländer, der sich „verdächtig" gemacht hatte, aufgegriffen und in die zentrale Intendanz überführt. Nach dem Verhör und der Untersuchung seiner Papiere stellte Luiz Leixard sich als Schweizer heraus, der für die Franzosen in der Manufaktur Alcântara in Lissabon gedient hatte und zunächst willens gewesen war, mit ihnen auszureisen. Doch dann war er in den Dienst der britischen Armee gewechselt, die nach Spanien ausgerückt war.[220] Im Lissabonner Stadtviertel Mocambo nahm der Kriminalrichter im November 1808 den spanischen Hausangestellten Manoel Brietas fest, der betrunken gegen die „portugiesische und spanische Nation" gewettert hatte (*vociferando contra as Naçoens Espanhola, e Portugueza*).[221] Die Liste der „französischen Spione", die am 6. Dezember 1808 im Morgengrauen auf Anordnung der Polizeiintendanz von den Stadtteilautoritäten (*Ministros da Corte*) gefasst worden waren, umfasste zehn Personen, von denen alle männlich und nur ein einziger als „natural de Lisboa", also aus Lissabon stammend, bezeichnet wurde; die anderen waren Ausländer.[222] Es war stets Prinzregent João, der – zum Teil nach mehrfacher Korrespondenz mit dem Lissabonner Polizeiintendanten – von Rio de Janeiro aus die Verhaftung bzw. Ausweisung von bestimmten (ausländischen) Personen anordnete.[223] An den langwierigen transatlantischen Kommunikationen zwischen Polizeichef und dem Monarchen über das Schicksal jedes Einzelnen wird erstens ersichtlich, dass es sich jeweils um eine Angelegenheit von großer Relevanz handelte, und zweitens, dass es meist weder für die Polizei noch für den Souverän einfach war zu entscheiden, auf welcher Seite ein bestimmter Ausländer stand, also ob man ihn dem „richtigen" (portugiesischen) oder dem „Feindeslager" zuordnen sollte.

---

220 Seabra da Silva an João, Lissabon am 3. Mai 1809, IAN/TT IGP Livro 10, S. 134.
221 Seabra da Silva an João, Lissabon am 25. November 1808, IAN/TT IGP Livro 10, S. 17.
222 Die Liste umfasste den Namen, die Herkunft und den Beruf der Verhafteten: Drei Seemänner aus Neapel, vier Seemänner aus Sizilien, ein Seemann aus Genua, ein Händler aus Rom und eben ein „gebürtiger Lissabonner" ohne Berufsangabe. Sie alle waren im Viertel Santa Catharina aufgefasst worden, weil sie dem französischen Heer Zeitschriften (*gazetas*) und Nachrichten aus dem Innern des Reiches überbracht und andere „Geheimdienste" für das französische Heer verrichtet hätten, Seabra da Silva an João, Lissabon am 6. Dezember 1808, IAN/TT IGP Livro 10, S. 21v.
223 Seabra da Silva an João, Lissabon am 22. November 1809, IAN/TT IGP Livro 10, S. 275–275v.

Generell gilt, dass ein Ausländer im Zweifelsfall eher ausgewiesen wurde, als dass man das wie auch immer geartete Risiko einging, ihn im Königreich zu behalten. Gefasst auf Geheiß der Intendanz wurden zum Beispiel die Italiener Alfonço Marcelino und Miguel Maldoni, die eine Gaststätte in Lissabon betrieben, und der Milanese André Lucas Salixeiro und sein Angestellter, der Venezianer Marcos Ellevalo. Sie galten als „Clubisten" (*clubistas*) und wurden der Aufnahme französischer Deserteure beschuldigt. Die Polizei prüfte zunächst die Denunziationen, von denen sich jene gegen die Italiener als „wahr" erwiesen und jene gegen den Venezianer und Milanesen offenbar „ohne Fundament" waren. Dennoch wurde entschieden, alle vier auszuweisen.[224] Iacomo Antonio Luiz Serra wurde denunziert, weil er Verbindungen mit einem französischen General pflegte, der die Schänke seines Arbeitgebers Thiago Martins frequentierte, und weil er „begeistert" von der französischen und also ein „Feind" der portugiesischen Nation war. Nach Aussage (*depoimento*) des Ladenbesitzers Martins habe Serra erzählt, dass ein französischer General, der nach der Restauration heimlich in Lissabon geblieben sei, jeden Tag in die Schänke kam und dass der Plan Napoleons sei, alle jungen waffenfähigen Männer aus Portugal abzuziehen, die Kleriker zu töten und Lissabon auf die kleinstmögliche Bewohnerzahl zu reduzieren. Dieser Plan sah nach Einschätzung des Polizeichefs dem „despotischen Eroberer" Napoleon durchaus ähnlich, der heimliche Aufenthalt eines französischen Generals sei hingegen „sehr unwahrscheinlich". Andere Zeugen hätten indes bestätigt, dass Serra den Franzosen „sehr zugetan" sei, dass er sie lobe und nicht aufhöre zu sagen, dass sie Portugal in Kürze einnähmen. Nun war Serra ein Genuese, und dieser Umstand machte ihn in den Augen des Polizeichefs ausgesprochen verdächtig. Denn Genua habe seinerzeit um die „Gnade" gebeten, in das Imperium Frankreichs aufgenommen zu werden, und die gebürtigen Genuesen seien keine Leute, die das Joch der Unterdrückung verabscheuten, wie es die „anderen Nationen" täten. Es scheine, so der Polizeichef, dass diejenigen unter ihnen, die sich so klar für Napoleon aussprächen, „aus der Mitte der treuen Untertanen Seiner Königlichen Hoheit" herausgenommen werden müssten.[225]

Auch Nicoláo Ventura, der allgemein „Nicola, der kleine Genuese" genannt wurde (*vulgo o Nicola pequeno Genovês*) und eine kleine Schänke besaß, hatte sich der „Regierung und der Nation" verdächtig gemacht. Bei der

---

224 Seabra da Silva an João, Lissabon am 15. Dezember 1808, IAN/TT IGP Livro 10, S. 24v.
225 Seabra da Silva an João, Lissabon am 6. Juni 1809, IAN/TT IGP Livro 10, S. 162–162v.

Durchsuchung seines Hauses hatte man – trotz der Anordnung der Entwaffnung – zwei versteckte Lanzen gefunden sowie ein Tagebuch, in dem alle Bewegungen der britischen und portugiesischen Truppen in Lissabon verzeichnet waren, ihre Märsche und „alles andere", was in dem betreffenden Monat geschehen war. Ventura und seine beiden genuesischen Ladengehilfen (*caixeiros*) wurden festgenommen.[226] Der Genuese Jeronimo Solares war durch eine Verordnung (*avizo*) des Innenministeriums vom 9. Mai ausgewiesen worden. Umgehend hatte er den Monarchen darum gebeten, nach Portugal zurückkehren zu dürfen. Aus dem Protokoll (*summario*) der Verhandlungen werde, so Silva, jedoch sein „verdächtiges Benehmen" ersichtlich – er habe „nach Art eines Untertans Napoleons" viele „unvorsichtige Aussagen zum Schaden der öffentlichen Ruhe" getroffen. Seine Ausweisung sei ihm sofort angetragen worden, aber anstatt sie zu befolgen, habe er am Ende der gesetzten Frist von anderthalb Monaten gebeten, die Exekution der königlichen Bestimmung, deren Ziel allein es war, „zweifelhafte und verdächtige Männer von den treuen Untertanen fernzuhalten" (*cujo objecto hê afastar dos seos fieis vassallos homens equivocos, e suspeitosos*), zur Diskussion zu stellen.

Konkret ging es darum, dass Solares portugiesische, also einheimische Bürgen für sich sprechen lassen wollte. Wenn „Männern solcher Natur" (*homens desta natureza*) unter den „aktuellen Umständen" solche Widersprüche erlaubt würden, gab der Polizeichef zu bedenken, würden schnell die Maßnahmen der inneren Sicherheit untergraben. Denn nichts sei so einfach, wie in Lissabon Bürgen (*testemunhas de abonação*) zu finden; immerhin finde alles, was einen französischen Anschein habe, unglücklicherweise einen Patron (*tudo q respira ar Francez acha por disgraça patronos*). Bei Angelegenheiten der Policey, die Ausländer beträfen, führt er weiter aus, dürfe die Justiz „nicht so gemäßigt sein" wie gegenüber den „Nationalen". Es sei Pflicht, einen Untertan nach den strikten Prinzipien der Justiz zu schützen, aber es stehe frei, die Untertanen der anderen Mächte zu dulden oder nicht zu dulden; bei der Duldung eines Ausländers müssten politische Motive berücksichtigt werden. Es könne keinen Grund für die Polizei geben, den Untergebenen eines Feindes, und zwar eines „Feindes der Freiheit ganz Europas", zu dulden, und noch viel weniger, wenn dieser sich wie Jeronymo Solares durch seine Reden (*discursos*) „verdächtig und skandalös" gemacht habe. „Wenn die hoheitsvolle Stimme der Rettung des Staates den Bürgschaften klein beigeben würde, hätte es vielleicht keinen einzigen Franzosen [im Gefängnis] in Cascais gegeben, und keiner wäre aus diesem Reich hinausgelangt. Und einmal ein solches Exempel des Anspruchs statuiert, würden alle fordern, für

---

226 Seabra da Silva an João, Lissabon am 25. Januar 1809, IAN/TT IGP Livro 10, S. 52.

sich bürgen lassen zu dürfen." Er fuhr fort: „Ich verschweige hier die Effekte, die dies auf die öffentliche Meinung haben könnte. Aus diesen Gründen halte ich das Bittgesuch für nicht bewilligungsfähig."[227] Der Fall wurde noch einmal zum Gegenstand der Korrespondenz zwischen Polizeiintendanz und Regierung in Rio de Janeiro, als die Frau von Solares, Maria Nicoleta Solares, ein *requerimento* stellte. Sie bat darum, aus Portugal ausreisen zu dürfen, um die Unschuld ihres Mannes beweisen zu können. Lucas Seabra da Silva indes ließ keinen Zweifel an der schlechten Meinung, die er von diesem Gesuch und Solares selbst hatte: „Die geringe Aufmerksamkeit, die diese Bittschrift verdient, ist offensichtlich." Schon die „alten" (antiken) Rechtsgelehrten hätten geklagt, dass der Verfall der nationalen Sitten durch die Kommunikation mit Franzosen und durch die Einführung des Luxus zu erklären sei. Nun seien den Moden die „giftigen Gefühle" gefolgt, die als „Basis für die Sklaverei Europas" gedient hätten (*tem servido de base a escravidão da Europa*). Jeronimo Solares, wenn auch kein Franzose, sei gebürtig aus Genua (*natural de Genova*), und wer die Empfindungen der Genuesen genau beobachte, erkenne letztlich keinen Unterschied zwischen den Völkern: beide seien Opfer der Revolution, die Franzosen seien Sklaven durch eine Serie von Ereignissen, gegen die sie vergeblich gekämpft hätten, die Genuesen „freiwillige Sklaven", weil sie um ihr „Gefängnis" gebeten hätten, und momentan bildeten beide „eine einzige Nation". Zu diesem generellen Grund komme hinzu, dass Jeronimo ein überzeugter Parteigänger Frankreichs sei. Genau deshalb habe der Monarch ihn aus dem Reich ausgewiesen, eine Handlung, die ihm freistehe, denn „niemals" habe man den Regierungen abgesprochen, über die Akzeptanz oder die Ausweisung von Fremden zu entscheiden (*jamais se disputou aos Governos a admissão, ou a expulsão dos Estrangeiros*). Dies sei eine „Kompetenz der Polizei", die keine „Anfechtung" dulde, da die Vorkehrungen, die Ausländer beträfen, kein Gegenstand der Justiz wie diejenigen der Staatsbürger (*naturais*) seien. Es seien vielmehr Operationen der Polizei, bei denen es nicht die „Pflicht" gebe, sie den „Diskussionen der Gerichte auszusetzen".[228]

Über ausländische Individuen, die in Lissabon eintrafen, wurde der Monarch auch dann informiert, wenn sie arm waren, von Almosen lebten und ansonsten nicht auffällig wurden, was bei portugiesischen Untergebenen kaum

---

227 Seabra da Silva an João, Lissabon am 23. Juni 1809, IAN/TT IGP Livro 10, S. 181v–182.
228 Seabra da Silva an João, Lissabon am 27. September 1809, IAN/TT IGP Livro 10, S. 243–243v.

je geschah.²²⁹ Die Kategorie der Staatsangehörigkeit erlangte also Vorrang vor anderen Kategorien, etwa jener der Klasse oder des Berufes. Auch hier gilt, dass diese Art der Kategorisierung keinesfalls als Selbstverständlichkeit angesehen werden darf; vielmehr stellte sie eine Einteilung der Welt dar, die sich nur aus der spezifischen Situation erklären lässt – und diese war geprägt, so sahen es die Autoritäten, von der Krise und der (vermeintlichen) Bedrohung „von außen". Entsprechend machte „der Staat" sich seine Gesellschaft entlang der Opposition „einheimisch – fremd", „national – ausländisch" lesbar. Die Unterscheidung sollte nach Ansicht der Herrschenden auch in dokumentarischer Form fixiert werden: Im Februar 1810 schlug der Polizeiintendant die Einführung obligatorischer *bilhetes da Policia* für alle Ausländer vor, Schriftstücke, auf denen die besonderen Merkmale des Trägers verzeichnet waren, und die nicht ohne Bürgschaft (*abonação*) ausgestellt werden sollten. Im gleichen Atemzug konstatierte er jedoch, dass diese Maßnahme wohl nicht von den Briten gutgeheißen werden würde, da der britische Monarch in seinen Armeen nach wie vor „treue" Franzosen beschäftigen wolle, auch wenn, so der Polizeichef, diese „immer verdächtig" blieben.²³⁰

Bevor, wie im vorangegangenen Kapitel ausgeführt, „das Volk" diese Option endgültig vereitelte, hatte es direkt nach der ersten französischen Invasion die Möglichkeit für Franzosen und andere Ausländer gegeben, der Ausweisung zu entgehen, indem sie eine „Naturalisierung" in Portugal beantragten. Etliche Franzosen, meist Händler, stellten beim Monarchen einen Antrag auf Naturalisierung, und Monarch und Polizeichef kommunizierten über jeden einzelnen Fall.²³¹ Hier wurde ausgehandelt, wer eingebürgert werden konnte und wer ausgewiesen werden sollte. Dabei spielte unter anderem eine Rolle,

---

229 Magalhães an das Innenministerium („*Reyno*"), Lissabon am 6. April 1818, IAN/TT IGP Livro 17, S. 209v; Magalhães an Forjaz, Lissabon am 13. Januar 1817, IAN/TT IGP Livro 17, S. 187v–188v. Ausländische Individuen wurden teilweise mit erheblichem Aufwand aufgespürt, so zum Beispiel sieben spanische Seeleute, die bei Lagos (an der Südküste Portugals) gelandet waren, nachdem ihr Schiff „Maria" Schiffbruch erlitten hatte. Ihr Weg wurde vom Polizeichef, der mit den betreffenden lokalen Autoritäten, die für die Ortschaften zwischen Lagos und Lissabon verantwortlich waren, in Verbindung stand, bis nach Lissabon verfolgt und sie wurden dort ausfindig gemacht. Sie hatten sich nicht vorschriftsmäßig in der Intendanz vorgestellt, sondern nur beim britischen Konsul, der jedoch ihre Legitimierung nicht prüfen wollte, Magalhães an João VI, Lissabon am 19. März 1817, IAN/TT IGP Livro 17, S. 34v–35v.
230 Polizeiintendant Jerônimo Francisco Lobo, Lissabon am 16. Februar 1810, IAN/TT Corte Geral 282,966,141, zitiert nach Costa, Uma „irrupção patriótica"?, S. 116.
231 Naturalisierungen wurden meist gehäuft in „Krisenmomenten der Integration" beantragt, da sie erst dann als notwendig für den Verbleib und die Integration angesehen wurden, Manz, Fremde und Gemeinwohl, S. 97.

mit wem der Betreffende verheiratet war (mit einer Portugiesin oder Ausländerin), wie lange er zum Zeitpunkt der Invasion bereits in Portugal residiert hatte und ob sein Haus als eine „Stätte für französische Parteigänger" galt. Es standen also politische Gründe im Vordergrund. Bei einem französischen Paar, João Luiz Larroche und seiner Frau, die beide seit sechs Jahren in Lissabon lebten, hielt Silva eine Einbürgerung für „ungefährlich", da in der Intendanz nichts gegen sie vorliege. In manchen Fällen war nicht die rechtliche Zugehörigkeit zu einem bestimmten Staat ausschlaggebend für die Ausweisung: Bei Jorge Latour stellte sich beispielsweise heraus, dass er gar kein Franzose, sondern eigentlich Brite war, der jedoch lange in Frankreich gelebt hatte. Die „öffentliche Stimme" (*voz publica*) hielt ihn daher für einen Franzosen, was nach Meinung des Intendanten ebenso für eine Ausweisung sprach wie der Umstand, dass er sich häufig über die Maßen betrank.[232]

Die Kommunikation über das Schicksal der Gefangenen betraf nicht nur Franzosen, sondern auch Bewohner der französischen Kolonien, etwa Händler aus Santo Domingo, bei denen vorausgesetzt wurde, dass sie die französische Staatsbürgerschaft besaßen.[233] Nicht nur Gefährlichkeit war ein Faktor bei der Einbürgerung, sondern auch die *Nützlichkeit* einer Person für Portugal. So bat der Genuese Jacomo Taço den portugiesischen Souverän um die Naturalisierung in Portugal. Bei der Polizei liege nichts gegen ihn vor, aber was gegen seine Einbürgerung spreche, sei, dass Genua ein „Frankreich einverleibtes Land" sei. Man müsse überlegen, ob man einem Mann seine Waffen lasse (nur die Waffen von Ausländern wurden beschlagnahmt), dessen Land unter der Herrschaft des Kaisers der Franzosen stehe. Er sei zudem kein „nützlicher Handwerker", sondern unterhalte lediglich eine Schänke (*loge de bebidas*). Aus diesem Grund schien es Lucas Seabra da Silva so, also könne das Königreich „keinerlei Interesse" an der Naturalisierung haben.[234]

Nicht nur die Naturalisierung von Personen in Lissabon, sondern auch von Personen, die in anderen Teilen Portugals lebten, wurde über die hauptstädtische Polizeiintendanz mit dem Monarchen in Brasilien verhandelt. João Pedro da Silva, wohnhaft in São Sebastião da Junqueira (in der Nähe von Barcelos im Norden des Reiches), der aus der Haft entlassen worden war, bat um seine Naturalisierung. Er war gebürtig Franzose, machte aber geltend, dass er in jungen Jahren nach Portugal gekommen, hier verheiratet sei und

---

232 Seabra da Silva an João, Lissabon am 11. Februar 1809, IAN/TT IGP Livro 10, S. 63v–64.
233 Seabra da Silva an João, Lissabon am 11. Februar 1809, IAN/TT IGP Livro 10, S. 64v–65.
234 Seabra da Silva an João, Lissabon am 9. Januar 1809, IAN/TT IGP Livro 10, S. 41.

Besitztümer habe. Dem Recht nach habe er keinen Anspruch auf die Naturalisierung, konstatierte Lucas Seabra da Silva, und deshalb erscheine seine Bitte unerfüllbar. Aber da seine Führung (*conducta*) „frei vom Verdacht sei", könne der Monarch ihr durch „spezielle Gnade" stattgeben.[235] Dieses Beispiel legt die Vermutung nahe, dass die Naturalisierung von Ausländern zu diesem Zeitpunkt in anderen Orten Portugals leichter zu erreichen war als in der Hauptstadt; für Ausländer in Lissabon war zumindest die Verdachtsfreiheit kaum ausreichend, eine Naturalisierung zu erreichen. Außerdem gilt, dass es für wohlhabende Franzosen einfacher war, eine Naturalisierung bzw. ein Rückkehr- oder Bleiberecht in Portugal zu erhalten. So war Anfang 1809 Graciano Salichon festgenommen worden, weil er nach dem Gesetz nicht im portugiesischen Königreich naturalisiert und also auszuweisen war. Kurze Zeit später sandte er ein *requerimento* an den Monarchen mit der Bitte, nach Hause zurückkehren zu dürfen, damit er wieder in der Manufaktur arbeiten könne, die er selbst etabliert habe, und führte dabei als Argumente die „Reinheit" seiner Empfindungen und seine „Nützlichkeit" ins Feld, die er dem Königreich und der „nationalen Produktion" (*industria national*) erwiesen habe. Der portugiesische Händler Joaquim Antonio Teixeira de Viveiros, ein Händler, den der Polizeichef als „glaubwürdig und wohlhabend" bezeichnete, diente Salichon als Bürge. In diesem Fall erlaubte João (auf der Grundlage der Informationen der Polizei) am 15. März per *Avizo*, dass Salichon freigelassen und zu seiner Manufaktur (*fabrica*) zurückkehren durfte, allerdings nicht ohne die Auflage, dass er fortan unter strikter Bewachung der Polizei stehen sollte.[236]

---

235 Seabra da Silva an João, Lissabon am 16. März 1809, IAN/TT IGP Livro 10, S. 92v. Der Gnadencharakter der Naturalisierung von Ausländern kommt hier deutlich zum Vorschein. Volker Manz konstatiert, dass die verbriefte Naturalisierung eines Individuums unmittelbar mit der Souveränität des Monarchen zu tun hatte, und dass die spanische Krone sich die Befugnis, die *cartas de naturaleza* gewähren, nicht aus der Hand nehmen ließ, MANZ, Fremde und Gemeinwohl, S. 76f. und S. 88. Für Portugal muss das gleiche Prinzip angenommen werden.

236 Seabra da Silva an João, Lissabon am 10. August 1809, IAN/TT IGP Livro 10, S. 210–210v. Bei Franzosen geschah nach dem Wiener Kongress, also nachdem der Frieden zwischen Portugal und Frankreich wiederhergestellt war, vielfach eine Kopplung der Kategorie „Nation" mit einer sozialen Kategorie des Standes. Im April 1818 berichtete der Polizeichef, dass ein Franzose, der aufgrund der Regelung vom 6. Februar 1809 und im Zuge der *Setembrizada* (1810) ausgewiesen worden war, wieder nach Lissabon zurückgekehrt sei. Er müsse jedoch erneut ausgewiesen werden und dürfe niemals zurückkehren. Denn es sei „sicher", dass „diese Hauptstadt" nichts durch seine Ausweisung verliere, da der Franzose nur ein „einfacher Schuhmacher" sei, Magalhães an das Kriegsministerium („*Guerra*"), Lissabon am 19. April 1818, IAN/TT IGP Livro 17, S. 222v–224. Bezeichnend ist hier, dass seine Ausweisung

Die Pension von Jorge Latour hatte man bei der Polizei als „Club von Jakobinern" denunziert, und weil der Betreiber Franzose war (*é de Nação Franceza*), befand der Intendant diesen Verdacht als „wahrscheinlich". Die Stadtteilautoritäten von Alfama untersuchten den Fall, prüften die Papiere, konnten allerdings keinerlei Verdacht aufrechterhalten. Da sich unter den Pensionsgästen ein Staatsminister des britischen Königs, Windham (der Botschafter in St. Petersburg), befand, ließ man seine Pension funktionieren. Wenn Latour kein Franzose wäre, könne man ihn wieder freilassen, aber seine „Naturalisierung" sei Anlass zum Argwohn: „Das Volk beschuldigt ihn und wenn es das Reich aufgrund der zirkulierenden Nachrichten und aufgrund der Maßnahmen zum Schutz Lissabons, die Eure Königliche Hoheit anordnet, vor einer Invasion sieht, hält es jeden Franzosen für einen Feind, und zwar für den gefährlichsten." Hinzu komme, dass jede Pension eines Franzosen ein „sehr bequemer Ort" für die Verbreitung „gefährlicher Nachrichten" und für die Zusammenkunft „verdächtiger Personen" sei. Wenn „das Volk" sehe, dass ein Franzose in die Freiheit entlassen werde, urteile es aufgrund seines Patriotismus, dass die Autoritäten die „Rettung des Staates" mit Gleichgültigkeit betrachteten, und sehe diese in der Folge als nachlässig oder sogar verdächtig an. Zwar sollte wie üblich der Monarch entscheiden, was zu tun sei, der Polizeichef machte aber eindrücklich auf die „Krise" und die heiklen Zustände aufmerksam.[237]

Unübersehbar trat in den Verhandlungen um Ausweisung oder „Naturalisierung" seit den französischen Invasionen etwas auf den Plan, das zuvor nicht in einem solchen Maße eine Rolle gespielt hatte: das Konzept der nationalen Zugehörigkeit.[238] Der Umgang mit Ausländern, namentlich das Ausweisen und die stärkere Kontrolle der Einreise sowie die große Bedeutung, die Nationalität und „Naturalisierung" plötzlich hatten, weist darauf hin, dass hier eine Neuaushandlung von gesellschaftlichen Handlungsspielräumen geschah, und zwar entlang nationaler Linien. Die von den portugiesischen Autoritäten getroffenen Maßnahmen dienten in erster Linie der Abschottung gegenüber Frankreich und dessen „Spionen" sowie gegenüber Genuesen.

Volker Manz hat in seinen Forschungen zu Fremdheit und Zugehörigkeit im spanischen Jerez de la Frontera unlängst darauf hingewiesen (und die Forschung in dieser Hinsicht bestätigt), dass nationale Zuordnungen unter-

---

aufgrund seiner Nationalität geschah, gekoppelt mit seiner „Nutzlosigkeit" für das Königreich Portugal.
237 Seabra da Silva an João, Lissabon am 4. Februar 1809, IAN/TT IGP Livro 10, S. 57–57v.
238 ALEXANDRE, Sentidos do Império, S. 380.

schiedlicher Gemeinschaften keineswegs jederzeit selbstverständlich waren, sondern dass die sozialen und politischen Verhältnisse eines solchen (Rechts-) Verhältnisses erst geschaffen werden mussten. „Wer Fremder ist und wer dagegen Staatsbürger, ist Ergebnis eines Ausdifferenzierungsprozesses, der diese Kategorien keineswegs nur anwendet, sondern allererst setzt und definiert."[239] Wie die Zweifel und Unstimmigkeiten in den Korrespondenzen zwischen dem Polizeichef, den Stadtteilautoritäten und dem Monarchen belegen, brachte die französische Okkupation einen Schub in Richtung dieser Ausdifferenzierung, die jedoch nicht unproblematisch, sondern langwierig und schwierig war. Die Praktiken der Polizei hatten in Portugal großen Anteil an diesem Prozess. Wie sich gezeigt hat, entschied der Lissabonner Polizeiintendant von Fall zu Fall (und meist ohne schriftliche, offizielle Verordnung) nach persönlicher Kommunikation mit dem Monarchen, wer auszuweisen war und wer nicht. Die Kategorien waren dabei keineswegs klar und wurden auch nicht immer fixiert. Die Merkmale und Kriterien, die für Inklusion und Exklusion als entscheidend angesehen werden konnten, waren somit dynamisch.[240]

Studien über soziale Integration und Exklusion (in der Zeit der napoleonischen Kriege) haben häufig zum Ziel, die Konstruktion von nationalen Zugehörigkeiten zu analysieren, denn die Nation ist, wie bereits erwähnt, seit dem 19. Jahrhundert bevorzugte Kategorie und seit den 1980ern auch bevorzugtes Objekt der historischen Wissenschaften. In den Dokumenten der Lissabonner Polizeiintendanz, die in den Jahren 1808 und 1809 entstanden, taucht die historische Kategorie der Nation immer wieder auf (zum Teil synonym zu „Naturalisierung"), und sie war unübersehbar entscheidend für die In- oder Exklusion eines bestimmten Individuums. Es war seit Mitte des 18. Jahrhunderts in Portugal üblich, im Falle eines Krieges die Untertanen der verfeindeten Regierung auszuweisen (beispielsweise 1762 und 1801). Die Feindschaften erlangten ab 1807 jedoch eine andere Qualität – sie wurden nicht mehr als Rivalität zwischen Untergebenen unterschiedlicher Souveräne gesehen, sondern galten als Ausdruck einer Inkompatibilität zwischen „Völkern".[241]

Dennoch wäre es verfehlt, die Dokumente ausschließlich oder primär unter dem Paradigma des Nationalen zu lesen, wie dies viele Historiker tun, denn in den meisten Fällen wird in den Quellen explizit erwähnt, dass ein bestimmtes Individuum aus *politischen Gründen* nicht geduldet werden könne. Zahlreiche Aussagen des Polizeiintendanten legen nahe, dass es nicht vor-

---

239 MANZ, Fremde und Gemeinwohl, S. 11–13.
240 Ebd., S. 15.
241 COSTA, Uma „irrupção patriótica"?, S. 102.

rangig darum ging, unterschiedliche Nationen (bzw. die eigene von anderen Nationen) voneinander zu scheiden. Es ging vielmehr darum, das „Volk" bzw. alle „treuen Untertanen" vor „verdächtigen Individuen" zu schützen und damit die Souveränität des Monarchen und das bestehende politische System aufrechtzuerhalten.[242] Die Exklusionspraktiken der Polizei waren also *funktional* in dem Sinne, dass sie als unbedingt notwendig zur Verteidigung des bestehenden Regimes angesehen wurden. Dass die verdächtigten Individuen meistens Angehörige anderer Nationen (insbesondere Franzosen und Genuesen) waren, hatte maßgeblich mit dem von ihnen akzeptierten politischen System und der Akzeptanz der napoleonischen Regierung zu tun. Es waren also weniger ökonomische, religiöse, kulturelle oder ethnische Gründe, sondern vor allem *politische* Gründe, die die Herrschenden in Portugal zu einer starken Differenzierung der Menschen entlang nationaler Linien bewog. Warum die Kategorisierung auf diese Weise geschah, hatte aller Wahrscheinlichkeit nach vor allem pragmatische Gründe. Um es mit James C. Scott zu sagen: Der Staat versuchte das undurchsichtig gewordene „soziale Hieroglyph", mit dem er sich seit der ersten französischen Invasion konfrontiert sah, wieder lesbar und regierbar zu machen.[243] Gewiss waren nach 1808 „in Wirklichkeit" nicht alle Franzosen Jakobiner und nicht alle Genuesen so genannte Clubisten, doch der Staat in seiner Kurzsichtigkeit koppelte die Kategorie „politische Überzeugung" mit der Kategorie „Nation" bzw. „Naturalisierung". Es geschah eine Gleichsetzung von „Franzose" und „Jakobiner".[244]

Aus diesem Grund lässt sich die These vertreten, dass Tendenzen zur Territorialisierung und Nationalisierung keine Ziele waren, die die Governadores oder die Polizei bewusst und als Selbstzweck verfolgt hätten. Vielmehr ergaben sich diese Prozesse bei dem Versuch der Autoritäten, Staat und Monarchie zu erhalten. Wenn Wolfgang Reinhardts These zutrifft, dass „der Staat" ein unintendiertes Produkt war, das bei dem Versuch der Stärkung (und Ausweitung) der Zentralgewalt entstand,[245] so ließe sich dies auch für die Phänomene Nation und Territorialität konstatieren. Denn sowohl die stärkere Abschottung und Kontrolle des Territoriums als auch die Differenzierung der auf ihm lebenden Personen nach nationalen Kategorien waren *Nebenprodukte* der Aktivitäten der Polizei und der Interimsregierung bei dem politisch motivier-

---

242 Das *Antigo Regime* iberischer Prägung, so konstatiert Julio Sánchez Gómez, zeichnete sich durch seine dynastische Dimension aus, nicht durch seine nationale oder territoriale, Gómez, El otro año 8, S. 109.
243 Scott, Seeing Like a State, S. 3.
244 Costa, Uma „irrupção patriótica"?, S. 103.
245 Reinhard, No statebuilding from below!

ten Versuch, „das Volk" zu beherrschen und von schädlichem, revolutionären Einfluss von „außen" frei zu halten.

Hiermit soll keineswegs gesagt sein, dass Nationalisierungstendenzen und Territorialisierungsbestrebungen ausschließlich von den Herrschenden ausgingen oder ausgehen konnten. Hiermit soll aber gesagt sein, dass diese Tendenzen, die durch die verstärkte Abschottung und durch die Differenzierung der Individuen nach ihrer nationaler Zugehörigkeit ins Leben gerufen bzw. verstärkt wurden, in den Augen der Autoritäten keine Gefahr für den Staat oder das Imperium darstellten. Sie geschahen vielmehr durch ihr eigenes Wirken – und zwar aus Versehen.

6.1.3 Individualisierung und Exterritorialisierung der Gefahr

Während und nach der ersten französischen Invasion wurden hauptsächlich Individuen anderer Staatsangehörigkeiten als Gefahr angesehen. Doch auch Portugiesen konnten ins Visier der Ordnungshüter gelangen. Nach der „glücklichen Restauration" ging es vor allem in der Zeit zwischen September 1808 und Dezember 1810 verstärkt auch darum, die „treuen" portugiesischen Untertanen von den Kollaborateuren der Feinde zu scheiden, wobei die Polizei gegen vermeintliche „Parteigänger der Franzosen" und „Jakobiner" ein harsches Regime praktizierte. Lucas Seabra da Silva schrieb im September 1808, dass es sein „Patriotismus" und die ihm vom Monarchen persönlich auferlegte „Pflicht" seien, die ihn dazu brächten, Maßnahmen gegen die „zahlreichen Spione" (*immensos espioens*) und „Verdächtigen" zu ergreifen, die das Königreich und insbesondere Lissabon „heimsuchten".[246] Seiner Ansicht nach gab es „boshafte Männer" (*homens perversos*), die „das Volk" täuschten und zu Tumulten anstachelten. Diese Männer, die er wiederholt als „Instrumente der Unordnung" (*instrumentos da desordem*) bezeichnete, bedurften besonderer Aufmerksamkeit der Regierung, da durch ihre „perfiden Aufforderungen" (*perfidas intimaçoens*) „unkalkulierbare Übel" entstehen konnten.[247]

In ständiger transatlantischer Absprache mit dem Prinzregenten, der persönlich über das Schicksal der betreffenden Personen entschied und bei den

---

246 Seabra da Silva an João, Lissabon am 30. September 1808, IAN/TT IGP Livro 9, S. 254v–255.
247 Seabra da Silva an João, Lissabon am 18. Oktober 1808, IAN/TT IGP Livro 9, S. 273.

Aushandlungen das letzte Wort behielt,[248] wurden unterschiedliche Verhaltensweisen geahndet. Die Vergehen lassen sich analytisch mehr oder weniger trennscharf mit echter Kollaboration während des Krieges und dem Ausdruck persönlicher politischer Überzeugungen unterteilen. So wurden etliche Individuen verhaftet, die während der Okkupation Franzosen in ihren Häusern beherbergt hatten.[249] Bei einigen war die „Schuld" leicht beweisbar, wie zum Beispiel bei Diogo Soares da Silva e Bivar, der laut Anklageschrift General Junot persönlich in Abrantes Logie gewährt hatte, als dessen Armee dort durchzog.[250] Auch Antonio Iriarte wurde im Lissabonner Viertel Santa Catharina als „Parteigänger der Franzosen" (*Partidista Francez*) festgenommen, weil sein Haus während der „unseligen Invasion" von französischen Individuen frequentiert worden war. Es nützte nichts, dass sowohl er als auch seine Frau den Druck geltend machten, den die Franzosen auf sie ausgeübt hätten.[251]

Wenn positive Gefühle für die Franzosen eindeutig zu sein schienen, war die Entscheidung für eine Verhaftung leicht. Joaquim José Fragoso Pereira wurde beispielsweise als „Parteigänger der Franzosen" verurteilt, weil er sich „begeistert" (*apaixonado*) von der französischen Regierung gezeigt habe. Er habe „heiße Lobpreisungen" (*elogios calorosos*) in einer von ihm frequentierten Schänke ausgesprochen und „sogar" schlecht von der portugiesischen Regierung geredet, wobei er all diejenigen bedroht habe, die ihm nicht zustimmten.[252] Der Arzt Francisco Gomes da Motta, dessen Verhalten „überall bekannt" sei, wurde in der Intendanz als „Anhänger der Franzosen" (*sectario dos Francezes*) denunziert. Schon 1801 hatte er sich in den Dienst der französischen Armee gestellt, die von Spanien aus Portugal bedroht hatte, und auch während der Invasion von General Junot habe er sich „wie ein französischer Untertan" verhalten. Obwohl er nach dem Abzug der französischen Armee seinen Lebensstil geändert habe, seien seine „Gefühle" die gleichen

---

248 Beispiele dafür, dass der Prinzregent stets auf Basis der Berichte des Polizeiintendanten Verhaftungen oder Freilassungen anordnete, liefern folgende Dokumente: Seabra da Silva an João, Lissabon am 20. Dezember 1808, IAN/TT IGP Livro 10, S. 26–26v; 8. November 1808, IAN/TT IGP Livro 10, S. 6v–7.
249 Seabra da Silva an João, Lissabon am 20. Dezember 1808, IAN/TT IGP Livro 10, S. 26–26v; 9. September 1809, IAN/TT IGP Livro 10, S. 225v–226.
250 Seabra da Silva an João, Lissabon am 23. Mai 1809, ANRJ Negócios de Portugal, Secretaria de Estado do Ministério do Reino, cx. 659, pct. 1.
251 Seabra da Silva an João, Lissabon am 16. Februar 1809, IAN/TT IGP Livro 10, S. 68v–72.
252 Seabra da Silva an João, Lissabon am 15. April 1809, ANRJ Negócios de Portugal, Secretaria de Estado do Ministério do Reino cx. 659, pct. 1, Dokument ohne Foliierung.

geblieben. Dies bewiesen seine Anspielungen darauf, dass die Anstrengungen Großbritanniens eher Ausdruck des Handelsinteresses (*interesse mercantil*) als Ausdruck der „Ehre" seien. Mit solchen Darlegungen wollte er nach Meinung des Polizeiintendanten „die Gefühle seiner Zuhörer verderben" und die „Dankbarkeit gegenüber der alliierten Nation" schwächen.[253]

Der Zahnarzt Felipe Balaio, wohnhaft im Stadtteil Boa-Vista, wurde aufgrund seiner „Zustimmung" (*adhesão*) zu den Franzosen verhaftet,[254] auf Geheiß des Monarchen wurden gleichsam die Musiker Luiz Fisso und Joze da Cunha Magalhaens sowie der Schriftführer der Fischer, Ignacio de Frias, festgenommen bzw. in der Haft belassen, weil sie sich „begeistert von der französischen Regierung" gezeigt hatten.[255] Ignacio Francisco Bastos wurde als „Feind der [portugiesischen] Königlichen Hoheit und der Nation" denunziert. Er war Verfasser einer an General Junot gerichteten Schrift, die einen Plan für die Eroberung Brasiliens enthielt. Ein Zeuge hatte ausgesagt, dass der Beschuldigte das Papier öffentlich laut verlesen, dass er zudem schlecht vom portugiesischen Monarchen gesprochen und die französische Nation gepriesen habe. Lucas Seabra da Silva kam daher zu einem eindeutigen Urteil: „Bastos ist seinem Ruf nach ein intriganter Mann, ein Mann, der mit den Franzosen gemeinsame Sache gemacht hat, ein Mann, der sich den revolutionären Prinzipien verschrieben hat, ein Freund der Neuigkeit, und [zudem] generell schlecht angesehen". Unter seinen Papieren, die beschlagnahmt wurden, fanden sich Lobpreisungen Napoleons und Attacken auf die britische Nation; hierin pries er den „Unterdrücker der Nation" und gab den „barbarischsten Eroberern" den Beinamen „Friedensbringer der Welt". Diese Ausdrücke seien eher die eines französischen Blattes (*boletim Francez*) als jene eines Untertanen, der seinen Prinzen und seine Nation liebe.[256] Der Fischverkäufer Antonio Jozé d'Almeida denunzierte bei der Polizeiintendanz Joaquim Antonio, einen Kutscher im königlichen Dienst, als „Parteigänger der Franzosen", weil er „Ausdrücke gegen die heilige Person Seiner Königlichen Hoheit" benutzt habe.[257] Auch Manoel Joze de Abreu aus Villa de Monforte do Rio Livre war „vom Volk" denunziert worden als ein „Mann, der der französischen Regierung zugetan war". Die Zeugenaussagen zeigten einstimmig, dass er „die frevelhaftesten Ausdrücke gegen die Heilige Person des Souveräns" benutzt habe,

---

253 Seabra da Silva an João, Lissabon am 5. Januar 1809, IAN/TT IGP Livro 10, S. 38.
254 Seabra da Silva an João, Lissabon am 5. April 1809, IAN/TT IGP Livro 10, S. 111v–112.
255 Seabra da Silva an João, Lissabon am 7. April 1809, IAN/TT IGP Livro 10, S. 113.
256 Seabra da Silva an João, Lissabon am 2. Mai 1809, IAN/TT IGP Livro 10, S. 132v–133.
257 Seabra da Silva an João, Lissabon am 22. Februar 1809, IAN/TT IGP Livro 10, S. 72.

weswegen er in seiner Heimatstadt in Haft blieb und all seine Besitztümer beschlagnahmt wurden. Auch dem Portugiesen Joaquim Joze do Reys legten Polizeibeamte zur Last, dass er „schlecht von der Regierung" geredet habe.[258] Interessant ist, dass in den zitierten Fällen und etlichen weiteren die „schlechte Rede" über den portugiesischen Monarchen automatisch mit der „Zustimmung zu den Franzosen" gleichgesetzt wurde. Die Kritik an der eigenen Regierung wurde auf diese Weise externalisiert und auf die Anhängerschaft der Franzosen geschoben; eine aus dem Innern der Gesellschaft kommende Kritik an dem Monarchen lag für die Autoritäten offensichtlich nicht im Bereich des Möglichen.

Im Distrikt Lumiar bei Lissabon wurde Antonio Joaquim de Castro von den Autoritäten festgenommen, weil er als „Jakobiner" denunziert worden war. Insgesamt 16 Zeugen wurden vernommen, und diese sagten aus, dass er „der französischen Regierung zugetan" sei (*affecto ao Governo Francez*). Er sei einer dieser „Schwätzer" (*novelistas*),[259] die über die Unbesiegbarkeit der französischen Truppen und die Größe Napoleons sprächen, mithin diese „lächerlichen Übertreibungen" verbreiteten, die die Erfolge in Spanien widerlegt hätten. Jeder vernünftige Mann wisse, dass [Napoleons Erfolge] weniger auf „echter" Größe basierten als vielmehr das Ergebnis von Intrigen und Verführungen seien. Welche auch immer die „intimen innersten Gefühle des Herzens" dieser „Schwätzer" seien – sie waren nach Meinung des Polizeiintendanten „schädlich für den Staat" (*prejudiciaes ao Estado*), denn wer die Überlegenheit des Feindes übertreibe und Napoleon als unbesiegbar hinstelle, verrate die „Interessen der Nation". Männer seines Schlages, auch wenn die Justiz sie nicht als Verräter (*reos d'inconfidencia*) verurteile, müsse die Polizei einer „ernsthaften Korrektion" würdig ansehen, denn sie dienten den „Interessen des Feindes" und entmutigten „die Nation".[260] An diesem Dokument interessant ist unter anderem der von dem Polizeiintendanten geschaffene Zusammenhang zwischen „Staat" und „Nation" – sie werden hier nahezu synonym gebraucht: Das, was dem „Staat" schadete, wurde gleichzeitig als schlecht für die „Interessen der Nation" dargestellt.

---

258 Seabra da Silva an João, Lissabon am 25. Januar 1809, IAN/TT IGP Livro 10, S. 52.
259 Der Ausdruck *novelista* ist ein Gallizismus und meint eigentlich denjenigen, der Nachrichten verfolgt und verbreitet. In den Polizeidokumenten hat die Bezeichnung jedoch einen eindeutig pejorativen Charakter.
260 Seabra da Silva an João, Lissabon am 24. Mai 1809, IAN/TT IGP Livro 10, S. 150–152. Die Anzahl derjenigen, die als „Jakobiner" verhaftet wurden, wuchs beständig. Im September 1809 umfasste eine Liste, die mit *Jacobinos* überschrieben ist, etwas mehr als vier Seiten, Seabra da Silva an João, Lissabon am 30. September 1809, IAN/TT IGP Livro 10, S. 245v–247.

Bei der Auslotung der Gemüter der Verdächtigten wurden durchaus graduelle Unterschiede festgestellt. So war Francisco Joze Frazão am 30. Januar 1809 zu einer Zeit ins Gefängnis gelangt, in der das Volk sich die Autorität „angemaßt" hatte, Leute festzunehmen. Der Grund der Haft sei, dass „das Volk" ihn als „Feind der Nation" ansehe. Frazão bat den Monarchen in einem *requerimento* um seine Freilassung. Nach den entsprechenden Untersuchungen konstatierte der Polizeichef im Juli 1809, dass der Supplikant seinerzeit diejenigen, die schlecht von Napoleon redeten, bedroht und behauptete habe, dass er eine Liste von Namen mache, um diese als Rebellen beim Kaiser der Franzosen anzuzeigen. Aber nach den Zeugenaussagen und seinen eigenen Aussagen sei dies *vor* der Invasion der Franzosen geschehen, also zu einem Zeitpunkt, als Portugal sich noch nicht im Krieg mit Frankreich befunden habe. Die entsprechende Anschuldigung müsse daher als falsch angesehen werden, und es sei nicht erwiesen, dass Frazão ein französischer „Spion" sei. Als gesichert sah der Polizeichef jedoch den Umstand, dass der Beschuldigte „keine Abneigung gegen die Franzosen" hege. Unter diesen Umständen hielt er fünf oder sechs weitere Monate Haft für eine angemessene Strafe.[261]

Die „guten" Untertanen von den „schlechten" zu scheiden, war nicht immer einfach. Denn Handlungen symbolischer Natur waren kaum eindeutig zu be- und verurteilen. So wurde zum Beispiel aufgrund einer Denunziation eine Gruppe von Männern verhaftet, die am 29. November 1808 das erste Jubiläum der französischen Invasion in Portugal mit einem privaten Festessen in der Straße Rua do Cruxifixo Nr. 13 gefeiert haben sollte,[262] ein Umstand, der als Majestätsbeleidigung und „Beleidigung der Nation" angesehen wurde. Der Prinzregent hatte die Verhaftung der Beteiligten angeordnet, doch bei den Verhören und nach den Nachforschungen der zuständigen lokalen Autoritäten ergaben sich einige Unklarheiten. So schätzte der zuständige Verwaltungsbeamte (*corregedor*) des Stadtviertels Remolares das abendliche gemeinsame Essen eher als eine „Spottveranstaltung" ein, nicht als Veranstaltung zu Ehren der Franzosen. Der Polizeichef hegte, obwohl er diesem Einwand einige Überlegungen und Zeilen widmete, Zweifel an dieser Deutung, da „viele Individuen" am besagten 29. November zusammengekommen waren, die aufgrund ihrer Reden (*discursos*) „nicht frei von Verdacht" seien, und die die „Stimme des Volkes" (*vóz do Povo*) beschuldigte.[263] An diesem Beispiel wird deutlich,

---

261 Seabra da Silva an João, Lissabon am 6. Juli 1809, IAN/TT IGP Livro 10, S. 185v–187.
262 Seabra da Silva an João, Lissabon am 23. Mai 1809, ANRJ Negócios de Portugal, Secretaria de Estado do Ministério do Reino, cx. 659, pct. 1.
263 Seabra da Silva an João, Lissabon am 5. Januar 1809, IAN/TT IGP Livro 10, S. 38v–39.

dass symbolische Praktiken scheinbar unvereinbare Bedeutungen gleichzeitig zulassen. Sie gründen in und verweisen stets auf Mehrdeutigkeiten.[264] Es ist ganz offensichtlich, dass diese Mehrdeutigkeit dem Polizeiintendanten nicht geheuer war – er interpretierte das Festessen daher einseitig als Majestätsbeleidigung, eine Zuschreibung, die zumindest eindeutige Handlungsvorschriften, nämlich die Inhaftierung der Beteiligten, implizierte.

Vermeintliche Verräter gab es in allen gesellschaftlichen Schichten. Auch innerhalb der staatlichen Institutionen existierten „verdächtige" Individuen, wie zum Beispiel der Schriftführer der Polizeiintendanz, Jeronimo Esteves, den der Polizeichef vom Dienst suspendiert hatte, da er in einige „finstere Intrigen" verwickelt gewesen sein sollte. Esteves sandte daraufhin eine Bittschrift an den Monarchen, weil er seinen Posten in der Polizeiintendanz, den er 28 Jahre lang ausgeübt hatte, wieder erhalten wollte, damit er nicht in den letzten Jahren seines Daseins „in bitterer Not" sterben müsse. Als der Monarch um Aufklärung in dieser Sache bat, konstatierte Lucas Seabra da Silva, dass zwar alle Beamten der Intendanz während der französischen Okkupation unter Lagarde gedient hätten, allerdings mit „unterschiedlicher Bekundung der Zuneigung" und mit „unterschiedlicher Bereitschaft, Neigung und Lust" (*apego, affecto e vontade*) – und einige nur „unter Zwang". Die Begründung für die Suspendierung ist hier durchaus interessant: „Ganz Lissabon" habe in Jeronimo Esteves einen Mann gesehen, der in einer Kutsche des königlichen Hauses zwischen den unterschiedlichen Departments hin- und hergefahren war und bei den „verabscheuungswürdigen Raubzügen" Junots assistiert hatte. Das „Volk von Lissabon" (*o povo de Lisboa*) habe es „sehr schlecht aufgenommen", als es in dem Schriftführer der Polizei einen Mann mit „verdächtigen Gefühlen" (*sentimentos suspeitos*) erkannte. Und wenn die „öffentliche Meinung" eine Angelegenheit sei, die man „jederzeit" respektieren müsse, so gelte das noch viel mehr „in jenen großen Krisen, während derer die öffentliche Ordnung ins Wanken zu geraten" scheine. Denn es sei nötig, dass das Volk „volles Vertrauen in alle Autoritäten" habe. Ein einziger verdächtiger Mann reiche aus, damit „das Volk", dessen „allgemeine Masse" ein „unparteiischer Richter" sei, die gesamte Institution beschuldige, „wenig an der Ehre und Unabhängigkeit der Nation" interessiert zu sein. All diese „richtigen Überlegungen" hätten zu der Entscheidung verpflichtet, Jeronimo Estves von seinem Dienst zu suspendieren. Doch da Esteves nur ein Verdächtiger, aber kein Angeklagter sei, schlug der Polizeichef dem Monarchen vor, ihm weiterhin sein

---

264 Lüdtke, Alf, Herrschaft als soziale Praxis, in: Ders. (Hrsg.), Herrschaft als soziale Praxis. Historische und sozial-anthropologische Studien, Göttingen 1991, S. 9–63, S. 16.

"Brot", also eine Pension zu zahlen, damit er nicht in bitterer Armut ende.[265] Der Sohn von Jeronimo Esteves, Antonio Maria Esteves, der ebenfalls in der Polizeiintendanz beschäftigt gewesen war, wurde gleich mit suspendiert. Hier heißt es zur Begründung, dass er "aufgrund der Einstellung seines Vaters" und weil er für seine Trägheit bekannt sei, in der Institution der Polizei "nicht vermisst" werden würde.[266]

Auffällig ist neben der Gleichsetzung von Kritik jeder Art an der portugiesischen Regierung mit "Zustimmung" zu den Franzosen auch die starke Individualisierung der pro-französischen Einstellung. So bezeichneten die Governadores im Mai 1809 den "öffentlichen Geist der Nation" als "bestmöglich", da es sein Wille sei, die Franzosen außerhalb der Halbinsel und die "glückliche Regierung Seiner Majestät" wieder eingesetzt zu sehen (und auch hier tritt die enge Verbindung zwischen "Nation" und Souveränität des Monarchen deutlich zutage). Doch man dürfe nicht verschweigen, dass es in dieser "allgemeinen Masse der heroischen Treue" (*massa geral de fidelidade heroica*) auch Elemente anderer Natur gebe: korrumpierte Männer, "faule Mitglieder des gesunden Staatskörpers", Intriganten mit "sinistren Intentionen", bezahlte Boten, die sich der Ambition einiger, der Boshaftigkeit (*perversão*) anderer und der Ignoranz der meisten bedienten und Misstrauen streuten, um die Gemüter und den "öffentlichen Geist" zu "verkehren" (*perverter*), die "Zwietracht zu schüren" und den "Ungehorsam gegen die zivilen und militärischen Autoritäten", insbesondere gegen die Interimsregierung selbst, zu fördern und die "Anarchie" einzuführen. Als konkrete Gefahr für die Regierung und den Staat galten demnach "einige Personen", die "gefährliche Reden" geführt, "verdächtige Versammlungen" abgehalten und "aufrührerische Proklamationen" verfasst hatten. Diese Personen wurden der Inquisition überführt. Mit diesen Vorsichtsmaßnahmen und der "exaktesten Vigilanz" (*mais exacta vigilancia*), so berichteten die Governadores nicht ohne Stolz, habe man es geschafft, die Autorität des Monarchen zu erhalten, von der nicht nur die "öffentliche Ruhe" (*tranquilidade pública*), sondern auch die "Rettung der Monarchie" (*salvação da Monarquia*) "so sehr" abhing.[267]

Zwei Dinge treten in diesem Brief, dessen Aussagen auch in anderen Schreiben in ähnlicher Form auftauchen, deutlich hervor: erstens die Sicht der Gesellschaft als ein "Volkskörper", die in der Frühen Neuzeit in Europa weit

---

265 Seabra da Silva an João, Lissabon am 27. Dezember 1809, IAN/TT IGP Livro 10, S. 287–287v.
266 Seabra da Silva an João, Lissabon am 4. Februar 1809, IAN/TT IGP Livro 10, S. 56v–57.
267 Governadores an João, Lissabon am 10. März 1809, IAN/TT MR Livro 314, S. 29v; 24. Mai 1809, IAN/TT MR Livro 314, S. 26v–33.

verbreitet war. Es galt für die Herrschenden, diesen Kollektivkörper gesundheitlich vor schädlichen Einflüssen zu schützen, beispielsweise mit einem Gesundheitsgürtel im Falle einer Seuchengefahr.[268] Eine solche – zunächst medizinische und „organische" – Vorstellung herrschte seit Ende des 18. Jahrhunderts auch im kriminologischen Diskurs vor: Die Kriminellen stellten demnach die „Negation der sozialen Ordnung" dar; sie bedrohten die Reproduktion des Staates und der Gesellschaft. Der Kriminelle wurde daher als „Krankheit" im „gesunden (sozialen und politischen) Staatskörper" angesehen. Der Gebrauch von medizinischen Metaphern für die Beschreibung der Gefahr der Kriminalität für den Staatskörper erlaubte eine Sicht der Kriminalität als soziales Problem. Man nahm an, dass die Gesundheit des Staatskörpers – analog zum menschlichen Körper – vor allem in der guten Moral und im guten öffentlichen Geist begründet lag, und dass die Bewahrung dieser Gesundheit ein wichtiges politisches Ziel sei, das es – mit Mitteln der Erziehung, Repression und Bestrafung – unbedingt zu verfolgen galt.[269]

Zweitens zeigt sich ein Charakteristikum der modernen Staatlichkeit, die im 17. und 18. Jahrhundert entstanden war und die die Etablierung eines vigilanten Polizeiapparates überhaupt erst bedingte: Die (Staats-)Macht fürchtete am meisten die Kraft und die Gewalt von Gruppen, und sie versuchte, sie durch Techniken der Individualisierung zu neutralisieren.[270] Die individualisierende Machttechnologie zielte daher auf den Einzelnen und zerlegte die Bevölkerung in ihre anatomischen Bestandteile.[271] In diesem Fall ist gut ersichtlich, in welcher Weise „der Staat" sich seine Gesellschaft, nachdem er sie zunächst individualisiert hatte, wieder „lesbar" machte: Die einzelnen „pervertierten" Personen wurden unter einer einzigen Kategorie subsumiert, nämlich unter der Kategorie der „Staatsfeinde". Die Fraktionierung bildete somit, auch wenn es paradox erscheint, die Grundlage für die Einheitsvorstellung vom Volk –[272] sie setzte das Volk (nämlich als eigentlich gesunden, kohärenten „Staatskörper") in Szene.

---

268 Landwehr, Das gezählte Volk, S. 219; Fach, Wolfgang/Rebecca Pates, Die drei Körper des Volkes, in: Comparativ 13/3, 2003, S. 14–30.
269 Becker, Peter, O criminoso: entre a diabolização e a normalização. Reflexões sobre a história da criminologia oitocentista, in: Almeida/Marques, Lei e Ordem, S. 67–88, S. 68–70. Bis in die 1860er-Jahre war die Ansicht, dass Kriminelle eine ernsthafte Bedrohung für die Gesellschaft seien, fest im kriminologischen Diskurs verankert, ebd., S. 70.
270 Foucault, Michel, Wahnsinn, eine Frage der Macht, in: Ders., Analytik der Macht, hrsg. v. Daniel Defert/François Ewald, Frankfurt a. M. 2005, S. 240–263, S. 69–73, S. 72.
271 Foucault, Die Maschen der Macht, S. 230.
272 Overath/Schmidt, Einleitung, S. 10.

Bei den Praktiken der Regierung gegen vermeintliche Kollaborateure der Franzosen wurde – genau wie bei der Ausweisung und Inhaftierung der Franzosen selbst – meist die „öffentliche Meinung", „das Volk" oder „das Publikum" als die eigentlich treibende Kraft angegeben. So verwiesen die Governadores wiederholt darauf, dass das „Publikum" große „Unzufriedenheit" zeige und anfange zu „murmeln", wenn „Jakobiner" und „Verräter" aus Mangel an Beweisen nur mild bestraft würden. Einige von den Verdächtigen wurden daher in Festungen gefangen gehalten, andere auf die Ilha Terceira geschickt. Anders war es nach Meinung der Interimsregierung nicht möglich, die „öffentliche Ruhe" in „revolutionären Zeiten" inmitten der „zahlreichen französischen Gesandten" zu sichern.[273] Zur Wahrung von Ruhe und Ordnung inszenierte die Interimsregierung bisweilen Schauprozesse. So wurde ein Verdächtiger, der vermeintlich als Spion und Helfer der Franzosen gegen das portugiesische und britische Heer gearbeitet hatte, im Juni 1809 zum Tode verurteilt. Der Tod eines rechtmäßig verurteilten Verräters sei besser als die „Ruhe in der Hauptstadt" und die Leben von „tausenden von Unschuldigen" oder sogar „den Staat" selbst aufs Spiel zu setzen. Von Anfang an habe das „große Volk Lissabons" (*o imenso Povo de Lisboa*) sich empört, weil nicht einer der zahlreichen Verdächtigen erhängt wurde, und es rege sich permanent auf über die französischen Gesandten und anderen Verbrecher, die alles daran setzten, die Anarchie einzuführen, ihre eigenen Leidenschaften auszuleben, die Regierung zu opfern und Portugal den Franzosen zu überlassen. Für den „königlichen Dienst" und die „Erhaltung der Monarchie" (*a bem do Real Serviço e conservação da Monarquia*) seien Schauprozesse unbedingt nötig.[274] Prozesse dieser Art mit 10 000 „zufriedenen" Zuschauern „auf den Straßen und an den Fenstern" zeigten nach Meinung der Governadores „ganz klar", dass das „Volk der Hauptstadt" „ebenso blutrünstig wie gerechtigkeitsliebend" sei.[275]

Im Zuge der Verfolgung derjenigen, die den Franzosen „zugeneigt" waren, trat ein alter Feind des Staates, der schon von Pina Manique bekämpft worden war, auf den Plan: die Freimaurer (*Pedreiros Livres*). Im Februar 1810 versicherten die Governadores zunächst, dass sie nur jene Freimaurer verhafteten, die gleichzeitig „Botschafter" (*emissários*) der Franzosen seien. Den bisher Festgenommenen könne man nichts nachweisen, aber es gebe gut begründete Verdachtsmomente, und unter den „aktuellen Umständen" müsse man zur

---

273 Governadores an João, Lissabon am 30. September 1809, IAN/TT MR Livro 314, S. 49–49v.
274 Governadores an João, Lissabon am 26. Juni 1809, IAN/TT MR Livro 314, S. 41–41v.
275 Governadores an João, Lissabon am 20. Oktober 1809, IAN/TT MR Livro 314, S. 55–56.

„Verteidigung und Rettung des Staates" bei „jedem Verdacht" mit polizeilichen Maßnahmen vorgehen,[276] wobei explizit „insbesondere die bevölkerungsreiche Hauptstadt" bewacht werden solle.[277] Neben der den Geheimgesellschaften zugeschriebenen großen Gefährlichkeit tritt auch die Verbindung zwischen der Krise, der angestrebten stärkeren Polizierung (des urbanen Raumes) und der Bedeutung Lissabons als Hauptstadt in diesem Dokument besonders deutlich zutage.

Die polizeilichen Maßnahmen gegen die Freimaurer verschärften sich bald. Der Polizeiadjutant Jerônimo Francisco Lobo ersetzte im September 1810 Lucas Seabra da Silva, den die Governadores als „zu alt" bezeichnet hatten.[278] Seine erste Amtshandlung bestand darin, „für die Ruhe dieses Königreichs" und aufgrund der „drängenden Umstände" alle Anführer der Freimaurer auszuweisen. Die Governadores stimmten dieser Maßnahme mit dem Hinweis zu, dass das „Wohl des Staates und die Dringlichkeit der Umstände" es notwendig machten, alle „Übel" zu verhindern, die durch die Anwesenheit jener Leute herrühre, die „verdächtig" und den Franzosen „zugetan" seien. Hier wird bereits deutlich, dass die Zugehörigkeit zu einer Freimaurerloge nun pauschal mit einer (affektiven) Bindung zu Franzosen gleichgesetzt wurde. Die Anführer der Freimaurer (die in einer gesonderten Liste aufgeführt wurden) seien, so wurde beschlossen, mit einer Fregatte unverzüglich auf die Azoren zu bringen.[279] Dieses Vorgehen wurde von der Regierung in Rio de Janeiro ausdrücklich begrüßt, da auch sie die Geheimgesellschaften als geeignet ansah, „die Sicherheit des Staates" ernsthaft zu gefährden.[280] Staatsminister Conde de Linhares forderte den Monarchen auf, die Governadores anzuweisen, die Geheimgesellschaften nicht nur streng zu kontrollieren, sondern ihre Mitglieder auch hart zu bestrafen, so sie eine Affinität oder Verbindung zu Napoleon Bonaparte oder Andoche Junot aufwiesen. Und diese Eigenschaft (die Affinität zu französischen Idealen) hatten „erwiesenermaßen" die meisten Freimaurer.[281] Welche Zerstörungskraft den Freimaurern de facto zugesprochen wurde, zeigte sich am deutlichsten am 30. März 1818, als der Monarch auf

---

276 Governadores an João, Lissabon am 5. Februar 1810, IAN/TT MR Livro 314, S. 72v.
277 Governadores an João, Lissabon am 9. April 1810, IAN/TT MR Livro 314, S. 88.
278 Governadores an João, Lissabon am 11. September 1810, IAN/TT MR Livro 314, S. 121v–122.
279 Governadores an João, Lissabon am 11. September 1810, IAN/TT MR Livro 314, S. 121v–122.
280 João an die Governadores, Rio de Janeiro am 15. Dezember 1810, IAN/TT MR Livro 380, S. 170–172.
281 *Representação do Ministro D. Rodrigo de Sousa Coutinho (Conde de Linhares) sobre a necessidade de prestigiar os governadores do Reino, vigiar os Pedreiros Livres e outras socie-*

Antrag der Governadores jegliche freimaurerische Vereinigungen in Portugal verbieten und ihre Mitglieder „hart bestrafen" ließ. Die Statthalter dankten ihm überschwänglich, und beteuerten, dass sie ihm hierfür die Hand küssten, da er sie „befreie" von den „Attacken", die die Freimaurer gewöhnlich „gegen die Religion und den Thron" tätigten, um die Monarchie zu „zerstören" (*nos livra dos insultos, e attaques, que ellas costumão fazer á Religião e ao Trono, para disolverem a Monarchia*).²⁸²

Insgesamt lässt sich feststellen, dass die Herrschenden in den Jahren 1808 bis 1810 (und auch darüber hinaus) einen erheblichen Teil ihrer Aufmerksamkeit und Energie für das Aufspüren und Ausweisen jener vermeintlich subversiven Individuen aufwandten, die sie als staatsgefährdend ansahen. Kurz: Die Gouvernementalität Portugals richtete sich maßgeblich an diesen „geglaubten" Gefahren aus. Der obsessive Wunsch der Interimsregierung, das Königreich von „verräterischen" Personen zu säubern, gipfelte in der Nacht vom 10. auf den 11. September 1810, als die Nachricht über die Einnahme des Ortes Almeida durch General Massena in der Hauptstadt eintraf, in einer Offensive, die als „Setembrizada" in die portugiesische Geschichte eingegangen ist.²⁸³ Um einer angeblichen Verschwörung vorzubeugen, ließ die Interimsregierung 48 portugiesische Untertanen, viele von ihnen Personen mit Rang und Namen (Angehörige des Adels, des Militärs, der Magistratur, des Klerus und der Gruppe der Überseehändler) wegen ihrer „Zustimmung zum Bonapartismus" festnehmen und ohne legalen Prozess (und zum Teil ohne konkreten Verdachtsmoment) auf der Fregatte „Amazonas", die am 18. September den Anker lichtete, auf die Ilha Terceira (Azoren) deportieren.²⁸⁴ Unter den Ausgewiesenen befanden sich auch Angestellte des Staates, etwa der Stadtrat Jozé Diogo Mascarenhas Neto.²⁸⁵

---

dades secretas e castigar os magistrados que pediram o Código Napoleão", Rio de Janeiro o. D. [1811] ANRJ, Negócio de Portugal, cx. 639, pac. 1, doc. 1,58.
282 Governadores an João VI, Lissabon am 4. August 1818, IAN/TT MR Livro 318, S. 345–347.
283 D'ALCOCHETE, Nuno Daupiás de, Art. „Setembrizada", in: Joel SERRÃO (Hrsg.), Dicionário de História de Portugal, Bd. V, Lissabon 1971, S. 554–557; ARAÚJO, As invasões francesas, S. 41f.; BARATA, Maçonaria, sociabilidade ilustrada e independência do Brasil, 1790–1822, Juiz de Fora/São Paulo 2006, S. 153ff.; SLEMIAN/PIMENTA, O „nascimento político" do Brasil. Trotz der großen Bedeutung, die der *Setembrizada* in der Forschung beigemessen wird, existiert noch keine detaillierte historische Analyse der Ereignisse. Viele Zusammenhänge verbleiben daher bisher im Dunkeln.
284 ARAÚJO, As invasões francesas, S. 41.
285 Governadores an João, Lissabon am 6. Dezember 1810, IAN/TT MR Livro 314, S. 148–148v. Es gerieten im Zuge der *Setembrizada* auch hohe Adelige unter Verdacht: Die Governadores berichteten am 11. September, dass der Marquês de Alorna

Die Ausweisung der „verdächtigen" Personen wurde zunächst als Erfolg gefeiert. In einem im November 1810 verfassten Schreiben konstatierte die Interimsregierung, dass Lissabon sich nun in „großer Ruhe" (*grande tranqüilidade*) befinde, seitdem die „Jakobiner", die die „Auslieferung des Reiches" im Sinn gehabt hätten, gefasst und entfernt worden seien.[286] Die Angelegenheit hatte jedoch diplomatische Folgen und löste hitzige Polemiken aus. Lord Wellington persönlich mischte sich ein und befand die Aktion der Governadores als „unnütz". Seiner Meinung nach sollten harsche Sanktionen lediglich gegen diejenigen verhängt werden, die die Aktivitäten der (anglo-portugiesischen) Armee beeinträchtigten, und nicht gegen jene, die lediglich mit Franzosen und deren politischem System sympathisierten. Viel Tinte floss in dieser Angelegenheit, und die liberale Propaganda zu den Geschehnissen in Portugal war nie so stark wie nach der *Setembrizada*: Britische Zeitungen wie die *Sun* und die *Morning Post* sowie die portugiesische Exilpresse in London kritisierten das Vorgehen der Governadores.[287] Diese sahen sich gezwungen, ihre Aktivitäten zu rechtfertigen, und veröffentlichten am 29. Oktober 1810 eine Proklamation in der *Gazeta de Lisboa*, in der sie darlegten, voll und ganz im Sinne der „öffentlichen Ruhe" gehandelt zu haben.[288] Selbst die Zentralregierung in Rio de Janeiro äußerte sich am 26. November 1810 verhalten und skeptisch über die Aktion, wenngleich der Prinzregent verlauten ließ, dass die „außerordentliche Maßnahme" unter den gegebenen Umständen gerechtfertigt schien. Insgesamt war die Deportation der 48 Männer eine Entscheidung mit einer zumindest teilweise paradoxen Wirkung: Auf den Azoren formierte

---

(Pedro de Almeida) „infame Proklamationen" verteilt habe. Der „Verräter" wurde wegen Majestätsbeleidigung seines Titels entledigt und verbannt, der Polizeiintendant wurde angewiesen, alle Proklamationen, die in Umlauf gekommen waren, einzusammeln und zu verbrennen. Auch seine Frau wurde verhaftet, damit „jede Kommunikation mit dem Feind" und „jede Störung des Volkes" verhindert werden konnte, Governadores an João, Lissabon am 11. September 1810, Livro 314, S. 120v–121. Viele der Ausgewiesenen konnten nach dem Peninsularkrieg zurückkehren. Über die Ausnahmen verfügte der Monarch persönlich von Rio de Janeiro aus. José Diogo de Mascarenhas Neto und Vicente Joze Ferreira Cardozo wurde die Rückkehr nicht erlaubt, Governadores an João, Lissabon am 22. Oktober 1814, IAN/TT MR Livro 316, S. 85v–86.

286 João Antônio Salter de Mendonça, Sekretär der Interimsregierung, an Fernando José de Portugal e Castro (Conde de Aguiar), Lissabon am 8. November 1810, ANRJ Negócios de Portugal, Secretaria de Estado do Ministério do Reino cx. 709, pct. 1, doc. 46, S. 276–276v.
287 D'ALCOCHETE, Nuno Daupiás de, Art. „Setembrizada", in: Joel SERRÃO (Hrsg.), Dicionário de História de Portugal, Bd. V, Lissabon 1971, S. 554–557, S. 555.
288 Ebd.

sich eine liberale Gruppe der Ausgewiesenen, die Exilgemeinde in London wurde um etliche Personen von beträchtlichem sozialen Prestige vergrößert[289] und die von den Zeitungen initiierte Propaganda war wenig förderlich für das Ansehen der Interimsregierung. Der wohlhabende Lissabonner Großhändler Jacome Ratton, der gebürtig aus Frankreich stammte, aber bereits rund 50 Jahre vor der französischen Invasion in Portugal „naturalisiert" worden war, wandte sich nach seiner Deportation im Zuge der *Setembrizada* umgehend mit einem Beschwerdeschreiben direkt an den Monarchen in Rio de Janeiro und verfasste 1813 den berühmt gewordenen Erlebnisbericht, der in London gedruckt wurde und in dem er die ihm widerfahrene Ungerechtigkeit ausführlich schilderte.[290]

Die Interimsregierung hielt dennoch an ihrem Kurs fest. Wie eng die Ausweisung der staatsfeindlichen Individuen von den Governadores mit der Souveränität Portugals in Verbindung gebracht wurde, offenbart in eindrücklicher Weise ein Schreiben an den Monarchen vom 25. Januar 1812. Hierin geht es zunächst um den Chirurgen Antonio de Almeida, der kurze Zeit vorher aus Großbritannien mit einem Pass des dortigen Botschafters, dem Conde do Funchal, in Lissabon eingetroffen war. Sein Ziel war es, seine kranke Tochter nach Portugal zu bringen. Er stellte die Forderung, dass er selbst wieder nach Großbritannien zurückkehren dürfe, wenn schon die Regierung nicht erlaube, dass er wieder in Portugal residierte. Er sei eines dieser [48] Individuen, berichteten die Statthalter, die 1810 wegen des Verdachts, die „Sache des Feindes" gutzuheißen, aus dem Reich ausgewiesen worden waren. Der Aufenthalt eines solchen Individuums in Portugal war nach Meinung der Governadores „skandalös" für die „guten und treuen Untertanen" und konnte „unangenehme Folgen" haben. Der Chirurg wurde daher in Setúbal unter polizeiliche Aufsicht gestellt, bis er das nächste Schiff zurück nach Großbritannien nehmen konnte.[291] Nun habe der Fall des Chirurgen erneut Fragen aufgeworfen,

---

289 José Sebastião de Saldanha, Jácome Ratton, Mascarenhas Neto, Domingos Vandelli und Sebastião de São Paio Melo e Castro erhielten auf Betreiben britischer Freimaurer die Möglichkeit, nach London zu emigrieren, ARAÚJO, As invasões francesas, S. 41.

290 RATTON, Jacome, Recordações de Jacome Ratton sobre ocorrências do seu tempo em Portugal de Maio de 1747 a Setembro de 1810, London: Bryer 1813. Seinem Erlebnisbericht fügte Ratton die Korrespondenzen mit dem Prinzregenten sowie die Übersetzungen unterschiedlicher Zeitungsberichte aus der *Morning Post* und der *Gazeta de Lisboa* an. Insbesondere im letzten Kapitel mit dem Titel „Mein Verhalten während der Invasion bis zu meiner Deportation" beteuert er, dass er stets loyal war. Das Werk erschien in mehreren Nachdrucken und Auflagen, zuletzt beim Verlag Fenda, Lissabon 1992.

291 Governadores an João, Lissabon am 30. Juni 1812, IAN/TT MR Livro 315, S. 86–86v.

die der königlichen Aufmerksamkeit bedürften, und die entscheidend seien für den „guten Ausgang" eines Krieges, von dem die „politische Existenz des Königreichs" und die Erhaltung des Thrones Seiner Majestät, dem legitimen Souverän, abhänge. Die Individuen, die 1810 als Verdächtige aus dem Reich entfernt wurden, legten, so klagten die Statthalter, Seiner Majestät nun dar, dass sie verurteilt worden waren, ohne zuvor vor Gericht gehört zu werden. Sie verlangten, dass man ihnen einen legalen Prozess machte, und flehten um die Gerechtigkeit (*justiça*) des Monarchen gegenüber dem „vermeintlichen Despotismus" der Governadores do Reino. Und während sie die Klagen zum Fuße des Thrones brächten, ließen sie in London vom Redakteur der „infamen" Zeitschrift *Correio Braziliense* Texte publizieren, mit denen sie das Wohlwollen des Volkes gewinnen wollten, indem sie sich als verfolgte Männer und Opfer der Böswilligkeit und der Rache darstellten. Unter diesen Umständen sei es nötig, Seiner Majestät darzulegen, dass die Ausweisung der besagten Individuen ebenso gerechtfertigt wie nötig gewesen sei. Sie war nach ihrer Darstellung erstens eine der Maßnahmen, die „am meisten zur Ruhe Lissabons und also zur Rettung des Königreiches" beigetragen hatte. Zweitens legten sie dar, dass die Gründe für die Ausweisungen noch immer existierten, und dass eine Wiederkehr die „verhängnisvollsten" Konsequenzen hätte, nicht nur für den Staat, sondern auch für ihre Regierung, für die Öffentlichkeit und für die zuvor Ausgewiesenen selbst. Drittens argumentierten sie, dass das Resultat eines regulären Prozesses zweifellos die Wiederkehr (*restituição*) wäre, und dies sei auch der Grund, warum die Ausgewiesenen so nachdrücklich darauf beharrten.

Sie selbst, so betonten die Governadores, hätten kraft ihrer Autorität nicht eine einzige Gefängnishaft oder Ausweisung angeordnet, sondern stets nur die Beschlüsse (*oficios*) des Polizeiintendanten Jeronimo Francisco Lobo genehmigt, in denen er das große Risiko der Residenz dieser Männer in Portugal dargelegt habe, weil sie der „Zuneigung zu den Franzosen" (*affeição aos Francezes*) verdächtig gewesen seien, für die im Übrigen jeweils zahlreiche Beweise vorlägen. Im Moment des „allgemeinen Erwachens" beim Herannahen eines großen Heers auf die Hauptstadt hätten diese Individuen die Gelegenheit genutzt, das Volk zu „verstören", das Misstrauen gegenüber der Regierung zu schüren und „die Zwietracht innerhalb der Nation und bei den Alliierten" zu säen. Sie probierten, die Energie, die Einheit und das gegenseitige Vertrauen zu „zerstören", die allein Portugal in solch „kritischen Umständen" hätten retten können. Sie hätten dem Volk sogar weiszumachen versucht, dass die [britischen] Schiffe verbrannt werden müssten, die zum Abtransport der Franzosen bereitstanden. Wegen solch gewichtiger Gründe, und da sie um die „Aufrichtigkeit, Klugheit und die unparteiische Gerechtigkeit" ihres Monarchen wüssten, hätten sie beschlossen, dass es aufgrund der „Ansteckungsgefahr" der perfiden Maxime dieser Männer „absolut notwendig" gewesen sei, die „Vipern aus der Brust des Vaterlandes" herauszureißen, die es hätten „zerstören" wollen. Dieser Schritt, so betonten sie nochmals, habe die öffentliche Ruhe wiederhergestellt und der Regierung die Liebe und das Vertrauen des Volkes gebracht, und zusammen mit anderen Maßnahmen konnte so die „tiefe Ruhe" (*profundo socego*) Lissabons erhalten werden, obwohl der Feind (während der Invasion von Massena) so nah an die Stadtmauern gelangt sei. Die Maßnahme habe die Gefahr abgewandt, in die die herannahende französische Armee die europäischen Besitzungen seiner Majestät gebracht hatte. Diese seien jetzt „frei von Feinden", aber der Krieg gehe weiter, und es sei möglich, dass eine weitere Invasion folge. Daher dauere das Risiko noch an, das die Regierung dazu „gezwungen" habe, diese Männer aus dem Reich auszuweisen. Würden sie nun „stolz und triumphierend" zurückkehren, wären sie noch gefährlicher und verbreiteten ihre „pestkranken Doktrinen" (*pestiferas doutrinas*) auf noch unverschämtere Weise. Sie würden die Völker mit falschen oder übertriebenen Nachrichten „erschrecken" und alles ausnutzen, was dazu dienen könne, die Portugiesen gegen die Briten aufzubringen und das Misstrauen gegen alle öffentlichen Angestellten zu schüren. Zudem würden sie ihren Anhängern neuen Mut geben, von denen es unglücklicherweise noch „viele" in den Besitzungen Seiner Majestät gebe.

Die Wiederkehr (wörtlich: „Wiedereinsetzung") der Männer durch einen formellen Prozess zöge „sehr schlechte Konsequenzen" (*pessimas consequencias*) nach sich erstens für die Regierung, deren Autorität untergraben (*cuja autoridade ficaria vitipendiada*) und dem Angriff der Heimkehrer ausgesetzt würde, und zweitens für die „öffentliche Meinung". Alle Ausgewiesenen seien schon zuvor von der ganzen Nation „geächtet" gewesen, und als die Regierung sie auswies, habe „das Volk" dies nicht etwa befremdlich gefunden, sondern sich im Gegenteil gewundert, dass nicht noch mehr Personen ausgewiesen worden seien. Daraus folge, dass ihre Rückkehr einen „allgemeinen Skandal" verursachen und die guten Bürger (*bons Cidadãos*) „schwächen" würde, da deren patriotischen Anstrengungen dann „erkalteten" durch die Präsenz von Männern, die sie hassten. Ohne diese patriotischen Anstrengungen aber könne die „Rettung des Königreiches" nicht bewerkstelligt werden. Wenn sie zurückkämen, liefen die Ausgewiesenen zudem die „größte Gefahr", der Raserei des Volkes zum Opfer zu fallen, schon aufgrund der alten Verstimmung und weil das Volk überzeugt sei, dass sie im Einvernehmen mit dem Feind stünden, und dass sie bereit seien, ihm bei seinen Plänen zu helfen, sobald sich die Möglichkeit biete.

Der Unterschied zwischen polizeilichen Maßnahmen und dem Vorgehen des Gerichtswesens, das in der Zeit nach 1808 besondere Bedeutung erlangte,²⁹² wurde von den Governadores folgendermaßen beschrieben: „Die Maßnahmen (*procedimentos*) der Polizei, Erlauchter Herr, unterscheiden sich ihrem Wesen nach von jenen der Kriminalrechtsprechung (*foro criminal*). Der Beamte, der dieses Amt [des Polizisten] ausübt, verhindert die Delikte, die die öffentliche Sicherheit gefährden, kontrolliert die Verdächtigen durch geheime Kanäle, und wenn er davon überzeugt ist, dass die Residenz eines Individuums [in Portugal] gefährlich ist, trennt er es ohne Aufsehen zu erregen von der Gesellschaft. Er nimmt ihm nicht seine Habseligkeiten noch seinen Wohnsitz, er zieht es vor, kein Gerichtsurteil gegen den Schurken einzuleiten, er hat nur die Bewahrung der öffentlichen Ruhe im Sinn." Da dieses Vorgehen in allen Ländern praktiziert werde, wo es ein Gericht (*Tribunal*) der Polizei gebe, sei es derart auch in Portugal praktiziert worden, seit König José I, der Großvater Seiner Majestät, den Posten des Polizeiintendanten (*Intendente Geral da Polícia*) eingeführt habe, wobei es zahlreiche Beispiele für Personen gebe, die während der Herrschaft der Königin Maria I und Seiner Majestät von demselben ausgewiesen wurden, weil ihre Residenz durch die Informationen, die die Polizeiintendanz gesammelt hatte, als gefährlich angesehen worden war.

Diese „exorbitante, aber unverzichtbare Autorität", die dem Polizeiintendanten zugesprochen werde, führe dazu, dass der Souverän für diesen Posten stets Staatsmänner von „größter Integrität, Kenntnis und Tatkraft (*actividade*)" auswähle, so wie es der verstorbene Intendant Jeronymo Francisco Lobo gewesen sei, dessen Tugenden, Aufrichtigkeit und Talente bestätigt wurden durch das „große Vertrauen" Seiner Majestät und des „gesamten Reiches". Diese Prinzipien indes, die die Vorgehensweise der Polizei rechtfertigten, können nicht als Basis eines Kriminalprozesses dienen, bei dem es nicht darum gehe, ein Delikt zu *verhindern*, das ein bestimmtes Individuum verüben könne, dessen man es aufgrund seines Handelns, seiner Korrespondenzen, seines Lebensinhaltes, seiner Erziehung und seiner Freundschaften mit schlecht angesehenen Personen etc. verdächtigt, sondern bei dem es darum gehe, ein bereits begangenes Delikt, das rechtlich bewiesen sei, mit körperlichen oder pekuniären Strafen zu *bestrafen*, die ihm durch das Gesetz auferlegt werden.

Davon ausgehend könne man schließen, dass ein Mann, der *zu Recht* vom Polizeiintendanten ausgewiesen wurde, auch *zu Recht* vom Kriminalrichter wieder [im Land] eingesetzt werden könne. Um diesen offensichtlichen und für das gemeine Volk (*vulgo*) skandalösen Widerspruch zu vermeiden, in dem eine der Maßnahmen notwendigerweise als Unrecht angesehen würde, be-

---

292 Costa, Uma „irrupção patriótica"?, S. 105.

hielten sich im Allgemeinen die Souveräne vor, den Maßnahmen der Polizei ein Ende zu setzen, wenn die Gründe verschwänden, die sie nötig gemacht hätten. Doch die Gründe waren in den Augen der Governadores noch lange nicht verschwunden: „Die Rettung des Königreiches, Hoher und Mächtiger Herr, ist immer das erste und heiligste Gesetz, und in der jetzigen Situation, da es von einem Feind, der weniger wegen seiner Kraft als vielmehr durch die Intrige zum Fürchten ist, müssen alle anderen Gesetze sich beugen". Auch die britischen Gesetzgeber, die sich so sehr rühmten, die individuelle Freiheit zu schützen, hätten ihr berühmtes *Habeas Corpus* immer dann ausgesetzt, wenn die öffentliche Sicherheit es verlangt habe. Aus all diesen Gründen flehten die Governadores den Monarchen an, die Anordnung zu rechtmäßigen Prozessen für die Ausgewiesenen zurückzunehmen. Wenn die Gefahr vorüber sei, würden sie persönlich die Gnade Seiner Majestät ersuchen, die Ausgewiesenen wieder an ihren Heimatort zurückkehren zu lassen, was sie dann ohne „öffentlichen Skandal" und „ohne Gefahr für ihr eigenes Leben" tun könnten.[293]

Diese Darlegung der portugiesischen Interimsregierung überzeugte offenbar die Regierung in Rio de Janeiro, die letztlich davon absah, auf gerichtliche Prozesse zu bestehen.[294] Die weitschweifige Ausführung der Governadores zeigt auf eindrückliche Weise, welch große Rolle die Institution der Polizei im Allgemeinen und die Einschätzungen und Empfehlungen des Polizeiintendanten im Besonderen bei der Ausübung ihrer Regierungsgeschäfte spielten. Das „Verlangen des Gesetzes nach einem Körper" (*Habeas Corpus*)[295] geriet hier explizit in den Gegensatz zu dem Prinzip der Polizei, unerwünschte Individuen aus der Gesellschaft unbemerkt zu entfernen. Bemerkenswerterweise geschieht die Rechtfertigung der Aussetzung des *Habeas Corpus*, das ursprünglich zum Schutz des Körpers eingeführt wurde, mit dem Verweis darauf, dass die betreffenden Deportierten sich und ihr Leben (und ihren Körper) in Gefahr begeben würden, sollten sie nach Portugal zurückkommen.

---

293 Governadores an João, Lissabon am 25. Januar 1812, IAN/TT MR Livro 315, S. 40v–44.
294 D'ALCOCHETE, Art. „Setembrizada", S. 556.
295 AGAMBEN, Giorgio, Homo sacer. Die souveräne Macht und das nackte Leben, Frankfurt a. M. 2002, S. 133. Der *writ* des *Habeas Corpus* (1679) besagt im 29. Artikel, dass „kein freier Mensch [*homo liber*] verhaftet, eingesperrt, seiner Güter beraubt noch außerhalb des Gesetzes gestoßen noch irgendwie belästigt" werden darf, wenn nicht aufgrund eines „rechtmäßigen Urteils von seinesgleichen und nach dem Gesetz des Landes", zitiert nach ebd., S. 131.

Die Souveränitätspanik, die angesichts der vermeintlich subversiven Individuen und ihrer „Ansteckungsgefahr" ausbrach, beweist vor allem, dass die Interimsregierung das eigene politische System keineswegs mehr als selbstverständlich ansah. Dadurch, dass sie dem „Bonapartismus" eine solch explosive Kraft zusprachen, geschah implizit eine Anerkennung seiner Überzeugungskraft. Ähnlich wie dies in Rio de Janeiro der Fall war, muss für Lissabon angenommen werden, dass die Herrschenden die politischen Einstellungen der betreffenden Individuen, die sie im Übrigen in keinem ihrer Schreiben näher definieren, sondern meist nur mit „Jakobinertum" oder „Zustimmung zum Bonapartismus" umschreiben, als „im Wahren" liegend betrachteten. Sie waren überzeugt, dass der Rest der portugiesischen Bevölkerung die Rede dieser vermeintlich subversiven Individuen leicht als überzeugend empfinden könnte.

Wenn das Verbot (der Rede) unter allen Prozeduren der Ausschließung die sichtbarste ist, so stellt eine Sezierung der vermeintlich kranken, ansteckenden Elemente aus dem „gesunden Staatskörper" (sowie deren „Entfernung" bzw. Deportation) in dieser Hinsicht noch eine Steigerung dar. In jedem Fall sorgte sie für mehr Aufsehen als ein „bloßes" Redeverbot es vermutlich getan hätte. Die Maßnahme muss als ein verzweifelter Versuch gesehen werden, das bestehende Regime, das in den Augen der Herrschenden erheblich an Überzeugungskraft eingebüßt hatte, zu retten.

6.2 Die Krise und die „gefährlichen" Zirkulationen

6.2.1 Die Krise Portugals aus der Sicht der Governadores do Reino

In den vorangegangenen Ausführungen hat sich bereits deutlich gezeigt, dass die Situation in Portugal von der Interimsregierung als äußerst prekär empfunden wurde. Für den Erhalt ihrer Autorität musste sie ihre Regierungsweise einerseits am „Volk" und an der „öffentlichen Meinung" ausrichten, zum anderen Letztere aktiv vor einer „Umkehrung" (*perversão*) schützen, was maßgeblich durch die Verhaftung und Deportation von „verdächtigen" Individuen geschah. Die (vermeintliche) Gefahr, die von Franzosen und anderen Ausländern sowie Portugiesen mit „französischen Prinzipien" ausging, war jedoch nicht die einzige Sorge der Governadores. Die Regierungskorrespondenz zwischen Lissabon und Rio de Janeiro, in der Ausschnitte der portugiesischen Realität aus Sicht der Statthalter überaus plastisch zutage treten, zeugen von manifesten Problemen im europäischen Teil des Imperiums; vor allem zeugen sie von der Überzeugung, dass Portugal sich in einer ökonomischen Krise befand. Die Krise, in die das Königreich nach dem Exodus des Monarchen 1807 geriet, zeichnete sich im Gegensatz zu früheren dadurch aus, dass sie mit einem Bewusstsein über diese Krise einherging.[296]

Die insgesamt 677 Briefe, die die Governadores im Zeitraum von 1808 bis 1820 nach Rio de Janeiro sandten, erfüllten den Hauptzweck, dem Monarchen von Rio de Janeiro aus die Ausübung seiner Herrschaft zu ermöglichen. Entsprechend machten Regierungsangelegenheiten, etwa die Bitten um Anweisungen in legislativen und bürokratischen Angelegenheiten, das Gros der Kommunikation aus. Neben den offiziösen Angelegenheiten nahmen Berichte über die miserable ökonomische Situation in den Briefen einen großen Raum ein. Der Sinn der Korrespondenz bestand zu einem nicht unwesentlichen Teil darin, den Souverän mit drastischen, aus heutiger Sicht bisweilen überzogen und pathetisch anmutenden Formulierungen auf die prekäre Situation in Portugal aufmerksam zu machen und zum Handeln, insbesondere zur Rückkehr, zu bewegen.[297]

So betonten die Governadores in ihren Briefen immer wieder, dass sich Portugal in einem erbärmlichen und – dies ist noch entscheidender – in einem *erbarmungswürdigen* Zustand befinde und „tiefem Leid" und der „Misère" ausgesetzt sei: Zu den Invasionen und Verwüstungen ganzer Landstriche aufgrund der französischen Invasionen kamen Dürre und Trockenheit.[298] Im September 1810, als sich während des Krieges gegen die Franzosen noch ein schlechtes Erntejahr abzeichnete, baten die Statthalter den Prinzregenten, für das „durch den Krieg gebeutelte Reich" einige Schiffsladungen Mais und Ge-

---

296 TENGARRINHA, José, A crise do final do Antigo Regime, in: Sérgio Campos MATOS (Hrsg.), Crises em Portugal nos séculos XIX e XX, Lissabon 2002, S. 25–32, S. 25. Auch Valentim Alexandre spricht von einer „generellen Empfindung der Krise" (*sentimento generalizado de crise*), die vor allem in der portugiesischsprachigen Exilpresse (zum Beispiel in zahlreichen Artikeln des *Investigador Portuguez*) beklagt wurde, ALEXANDRE, Velho Brasil – Novas Africas, S. 17. Maßgeblich hierzu ist auch das Kapitel „A teoretização da decadência", in: ALEXANDRE, Sentidos do Império, S. 411–420.

297 Bemerkenswerterweise ist die offizielle Korrespondenz zwischen der Interimsregierung in Portugal und der Zentralregierung in Brasilien bisher weder ediert noch Objekt einer eigenständigen historischen, literaturwissenschaftlichen oder anthropologischen Analyse geworden. Ana Cana Delgado Martins nimmt in ihrer Dissertation indes eine ausführliche Beschreibung der formalen Bedingungen vor, unter denen die Regierungsdokumente entstanden und zirkulierten, MARTINS, Governação e Arquivos.

298 Governadores an João, Lissabon am 29. November 1810, IAN/TT MR Livro 314, S. 146 und 30. August 1810, IAN/TT MR Livro 314, S. 117v. Die im Folgenden zitierten Dokumente haben dieselben Absender und denselben Adressaten, so dass jeweils nur Datum und Archiv-Fundort angeführt werden.

müse von den brasilianischen Häfen Bahia und Pernambuco senden zu lassen. Jede Nahrungsmittel-Hilfslieferung, und insbesondere „Brot für die Hauptstadt", sei „von allergrößtem Wert und allergrößter Notwendigkeit".[299] Der „Zustand der Not und des Mangels" dauerte auch in den Folgejahren an. Mit dem Hinweis auf die Verwüstungen des Krieges baten die Statthalter 1811 darum, aus den Zolleinnahmen in Bahia, Pernambuco und Maranhão 40 Jahre lang 120 000 Cruzados jährlich nach Portugal zu senden.[300] Im folgenden Jahr berichteten sie, dass man in Portugal aufgrund des Fehlens von Grundnahrungsmitteln „sehnlichst" auf Getreide aus Brasilien warte. Die einstige Metropole Portugal entwickelte sich im Verhältnis zu seiner (Ex-)Kolonie zu einem Almosenempfänger. Während in Rio ein „tropisches Versailles" aufgebaut wurde, versank Portugal – zumindest in den Augen der Interimsregierung – immer mehr im Elend.[301]

Dabei wurde ein Zusammenhang geschaffen zwischen der Prosperität des Königreiches und der Anwesenheit des Monarchen, und bisweilen geschah die Darstellung der portugiesischen Realität in Kontrast zu Brasilien, das hin und wieder als „heute in Blüte stehend" (*hoje tão florescente*) bezeichnet wurde.[302] Sichtlich pikiert wies die Interimsregierung darauf hin, dass in Rio de Janeiro kurz nach Ankunft des Hofes eine Bank, *Banco do Brasil*, eingerichtet worden war, während man in Portugal für eine solche Unternehmung weder Geld noch Kapitalgeber auftreiben konnte.[303] Auch klagten die Statthalter, dass die 600 000 Pfund Sterling, die die britische Regierung in den „kritischen Umständen" als Kredit bereitgestellt hatten, zum Teil für die öffentlichen Ausgaben in Brasilien (*despezas publicas do Estado do Brazil*) ausgegeben worden waren.[304]

In Lissabon grassierten Epidemien und „schwere Krankheiten", vor allem unter den „unzähligen elenden" Flüchtlingen aus den verwüsteten nördlichen Provinzen, in denen die Bevölkerung Progleme wie Hunger, Missernten und das Fehlen von Saatgut ertragen mussten. Es fehlte laut Ausführungen

---

299 11. September 1810, IAN/TT MR Livro 314, S. 121v–123.
300 14. November 1811, IAN/TT MR Livro 315, S. 29–29v.
301 19. Dezember 1812, IAN/TT Livro 315, S. 129v. Vgl. auch Schultz, Tropical Versailles, S. 77.
302 Governadores an João, Lissabon am 14. Mai 1810, IAN/TT MR Livro 314, S. 104v.
303 Governadores an João, Lissabon am 14. Mai 1810, IAN/TT MR Livro 314, S. 101–102. Zur Bedeutung des *Banco do Brasil* und dem Einfluss der *negociantes* auf seine Gründung siehe Piñeiro, Théo Lobarinhas, Negociantes, independência e o primeiro Banco do Brasil: uma trajetória de poder e de grandes negócios, in: Tempo 8/15, 2003, S. 71–91.
304 11. Februar 1811, IAN/TT MR Livro 314, S. 153v–155.

der Statthalter an finanziellen Mitteln zur Verteidigung des Reiches, aber auch an Wein, Öl, Reis, Fleisch und 1812 schließlich erneut auch an Grundnahrungsmitteln wie Getreide und Mehl.[305] Die Kriegsereignisse zeitigten nicht nur auf den Schlachtfeldern Auswirkungen, sondern durch die vermehrt einströmenden Landflüchtlinge auch in Lissabon: Durch die Straßen der Hauptstadt streunten (Flüchtlings-)Kinder, die „allen Arten von Lastern, Krankheiten und Nöten" ausgesetzt waren und „weder Nahrung noch Kleidung" hatten.[306]

Aus vielen Briefen der Governadores nach Rio de Janeiro spricht die Annahme einer (auch so bezeichneten) „Dekadenz" (*decadência*) des Staates.[307] Die staatlichen Einnahmen verringerten sich drastisch, die Steuereintreibungen wurden ab 1810 schwieriger, da „die Völker auf das Elend reduziert" seien.[308] Unablässig klagte die Interimsregierung über das große Handelsdefizit und den unausgeglichenen Staatshaushalt und darüber, dass es mehr Importe als Exporte gab, was sie als „sehr schädlich" erachteten.[309] In der Tat hatte sich das Verhältnis stark geändert: Während sich die portugiesischen Importe aus dem Ausland 1807 auf etwa 14 Millionen Cruzados und die Exporte auf rund 21 Millionen Cruzados belaufen hatten, wurden 1811 Güter für fast 39 Millionen Cruzados aus dem Ausland importiert, während Güter für nur etwa sieben Millionen exportiert wurden.[310] Hier kommt der enge Zusammenhang zwischen Handelsdefizit und „Dekadenz" zum Vorschein, der tief in der Theorie des Merkantilismus verankert war.[311]

Die Statthalter sahen nur wenige Möglichkeiten, den Staat finanziell am Laufen zu halten: Steuererhöhungen, Darlehen von Großbritannien, Verkauf

---

305 15. November 1810, IAN/TT MR Livro 314, S. 142v; 27. Dezember 1810, IAN/TT MR Livro 314, S. 150v; 19. April 1811, IAN/TT MR Livro 314, S. 179v–180; 14. Mai 1811, IAN/TT MR Livro 314, S. 186v; 31. Mai 1811, IAN/TT MR Livro 314, S. 196; 1. August 1811, IAN/TT MR Livro 315, S. 1–1v; 12.; 25. Januar 1812, IAN/TT MR Livro 315, S. 40v; 4. Februar 1811, IAN/TT MR Livro 314, S. 152; 27. März 1811, IAN/TT MR Livro 314, S. 164v–170; 20. Juni 1812, IAN/TT MR Livro 315, S. 74.
306 14. Mai 1812, IAN/TT MR Livro 315, S. 67.
307 17. September 1816, IAN/TT MR Livro 317, S. 238–245.
308 26. Januar 1810, IAN/TT MR Livro 314, S. 68–68v.
309 2. März 1810, IAN/TT MR Livro 314, S. 80; 28. April 1810, IAN/TT MR Livro 314, S. 97–98v.
310 Arruda, Portugal e Brasil na Crise do antigo sistema colonial, S. 320.
311 Der Merkantilismus basierte auf der Annahme eines „Nullsummenspiels": Was dem einen Handelspartner nützte, musste dem anderen zwangsläufig schaden, Sideri, Sandro, Trade and Power. Informal Colonialism in Anglo-Portuguese Relations, Rotterdam 1970, S. 69f.

von Pfründen und anderen Besitzungen der Krone sowie staatliche Lotterien „nach dem Beispiel Großbritanniens". Zur Tilgung der Staatsschulden versuchte man, staatliche Manufakturen zu veräußern. Aufgrund der „Katastrophen des Krieges" und der allgemeinen Armut hatten die Governadores allerdings wenig Hoffnung auf den Verkauf der Staatsgüter.[312] Die Schulden häuften sich. Allein für das Heer fehlten aufgrund der spärlichen Einnahmequellen nach ihren Angaben jährlich 12 Millionen Cruzados.[313] „Schreckliche Zustände", „letzter Ruin", „Misere", „Not", „kritische Umstände" oder „unheilvolle Umstände"[314] waren Ausdrücke, die die Governadores zur Beschreibung der Situation während des Peninsularkrieges regelmäßig gebrauchten.

Die „außerordentlichen Kriegsausgaben" führte in Zeiten der feindlichen Invasion zur Einführung von neuen Steuern, zu denen der britische General Lord Wellington und der britische Minister Stuart „wiederholt gedrängt" hatten, wobei die Governadores von „großen Schwierigkeiten" berichteten, diese Steuern einzutreiben.[315] Den Souverän in Rio de Janeiro, der das letzte Wort in solchen Entscheidungen hatte, warnten sie mehrfach, dass jede Art der Steuererhöhung und staatlicher Extra-Abgaben das „Risiko eines Aufstandes" in sich trügen.[316] Nach dem Krieg, so betonten sie 1814, wollte „keiner" mehr die Extra-Abgaben zahlen, die 1809 eingeführt und zunächst auf die Dauer des Krieges begrenzt worden waren.[317] Auch nach Ende des Krieges dauerten die „unheilvollen Zustände" an.[318]

Insbesondere die Öffnung der brasilianischen Häfen und der Handels- und Freundschaftsvertrag, der im Februar 1810 abgeschlossen worden war und dessen Regelungen in Form einer *Carta Régia* vom 7. März 1810 an die Interimsregierung in Lissabon gesandt wurde,[319] boten Anlass zu großer Sorge: Die Governadores beschrieben, nachdem sie sich nach eigenen Angaben „ernsthaft" mit dem Vertrag auseinandergesetzt hatten, am 24. Mai 1811 ausführlich „einige Zweifel" an dem Vertrag.[320] So war zunächst die freie Zirkulation von Gütern ein Prinzip, das ihnen nicht geheuer war: Sie urteil-

---

312 Governadores an João, Lissabon am 7. April 1810, IAN/TT MR Livro 314, S. 85v; 26. November 1812, IAN/TT MR Livro 315, S. 128–128v.
313 17. Februar 1814, IAN/TT MR Livro 316, S. 8.
314 16. Mai 1811, IAN/TT MR Livro 314, S. 190.
315 4. Februar 1811, IAN/TT MR Livro 314, S. 152.
316 2. August 1811, IAN/TT MR Livro 315, S. 4v.
317 24. Mai 1814, IAN/TT MR Livro 316, S. 41v.
318 24. März 1818, IAN/TT MR Livro 318, S. 203–207.
319 ALEXANDRE, Sentidos do Império, S. 233f.
320 Siehe das Kapitel „As primeiras críticas ao tratado de comércio de 1810", ALEXANDRE, Sentidos do Império, S. 261–265.

ten, es gebe nun „zu viele" freie Häfen und es könne daraus Schmuggel erwachsen. Die einzige aus der portugiesischen Gesellschaft rührende konkrete Beschwerde, die sie ihrer eigenen Kritik am Vertrag beifügten, war jedoch diejenige der Tabakhändler, die sogleich mit einer „Darlegung" gegen die neuen Bestimmungen protestiert hatten.[321]

In den Briefen der Folgezeit drückt sich aus, dass der neue Wirtschaftsraum, der mit der Öffnung der Häfen geschaffen worden war, einen Stein des Anstoßes darstellte: Die Gründe für den „letzten Ruin" des Staates und der „an Vermögen erschöpften Nation", die eine Steuererhöhung unmöglich machten, gaben die Governadores 1816 folgendermaßen an: „Die heldenhafte Entscheidung, die Ihre Majestät 1807 getroffen hat, den Hof bis zur Schließung des Friedens nach Rio de Janeiro zu transferieren, hat gewiss Europa gerettet (sic!), hat jedoch Portugal [gleichzeitig] eine große Anzahl von Konsumenten genommen; die Öffnung der amerikanischen Häfen für alle Nationen hat dieses Reich der Einkünfte eines Handels beraubt, der sich bis dato exklusiv gestaltet hatte."[322] Da, wenn die Steuerzahler arm seien, die Staatskasse nicht reich sein könne, stehe der Staat nun vor dem „letzten Ruin". Neue Steuern seien nicht möglich in einer „an Vermögen erschöpften Nation".[323]

In einem Brief vom 7. April 1818 fassten die Statthalter die Gründe für die „Dekadenz der staatlichen Einnahmen" nochmals systematisch zusammen: Erstens nennen sie die „Entvölkerung des Reiches", die mit dem „Rückzug" des Monarchen, des Hofes und der königlichen Familien eingesetzt habe. Diese „Entvölkerung" wurde begründet mit der Emigration während der französischen Okkupation, der Entsendung von Truppen nach Frankreich durch Junot 1808, Kriegstote und Invalide aufgrund der Invasionen des „barbarischen Feindes", Opfer durch Epidemien, Hungersnöte sowie mit der kontinuierlichen Entsendung von Fachkräften nach Brasilien, wobei sie Handwerker (*Officiaes mecanicos*), Händler, Arbeiter und Adelige (*fidalgos da Corte*), die ihren „präferierten Wohnsitz" stets in der Nähe des Souveräns hätten, angaben. Wegen der „Entvölkerung" gebe es einen Mangel an Arbeitskräften (*braços industriosos*) und weniger Produktion, während die Übersiedlung von Adeligen

---

321 „*Representação No. 2 dos Contractadores do Tabaco sobre os prejuizos, que allegão experimentarem na Ilha da Madeira contra as Clausulas do seu Contracto*", Governadores do Reino (Marquez Monteiro Môr; Principal Sousa; Conde do Redondo; Ricardo Raimundo Nogueira; Noão Antonio Salter Mendonça) an João, Lissabon am 24. Mai 1811, IAN/TT MR Livro 314, S. 190v–196.
322 Governadores an João VI, Lissabon am 17. September 1816, IAN/TT MR Livro 317, S. 238–245.
323 Ebd.

und „Kapitalisten" nach Brasilien zudem insgesamt eine „Verringerung des Kapitals der Nation" (*diminuição do Capital da Nação*) verursache. Der zweite Grund bezog sich auf die Trennung der königlichen Einkünfte innerhalb des 1815 gegründeten „Vereinigten Königreiches", die nun nicht mehr gänzlich Portugal zugutekamen. Die Abgaben aus Brasilien, den Inseln, Asien und Afrika würden – im Gegensatz zu „den Zeiten davor" – im Staatshaushalt nun fehlen. Der dritte Grund für die „große Dekadenz des Handels" war die Öffnung der brasilianischen Häfen (1808). Die ausländischen Nationen machten nunmehr alle Geschäfte (wörtlich: „alle Spekulationen") direkt mit Brasilien, während Portugal zuvor als „Zwischenstation" gedient und portugiesische Händler an den Frachtgebühren (*lucros de fretes*) verdient hätten. Viertens, so hieß es in dem Schreiben, wurde die „Dekadenz der nationalen Produktion" (*decadencia da Industria Nacional*) nicht nur dadurch verursacht, dass es weniger Konsumenten gab, sondern weil „alle Arten von Produkten", Kleidung, Möbel, Fahrzeuge, aus Großbritannien eingeführt würden. Als fünften und letzten Grund für die „außerordentliche Verringerung des Kapitals" gaben die Governadores an, dass die „meisten reichen Männer" ihr Geld in Großbritannien deponierten und „keine Spekulationen" im portugiesischen Handel wagten, weil sie misstrauisch seien, dass „aufgrund der langen Abwesenheit" des Monarchen ein für sie nachteiliger „Umsturz" geschehen könnte. Daher zögen sie die drei Prozent Zinsen in Großbritannien den sechs Prozent Zinsen in Portugal vor. Am Ende des Schreibens erinnerten die Governadores ihren Souverän mit einer Anspielung auf die Französische Revolution daran, dass der „Misskredit der Staatskasse" in Frankreich Effekte gehabt habe, der in „blutigen Buchstaben in die Geschichte dieses unseligen Reiches" eingeschrieben sei.[324] Die eigenen ökonomischen Verhältnisse wurden hier in direktem Zusammenhang gebracht mit dem, was sich gut zwei Jahrzehnte zuvor in Frankreich zugetragen hatte; Portugal war aus Sicht der Statthalter gefährdet, den gleichen Weg zu gehen, sollte sich die ökonomische Situation nicht verbessern.

Wie dieses Schreiben deutlich macht, bezogen sich die Governadores bei der Begründung der ökonomischen Krise vor allem auf die historischen Ereignisse von 1807/08 (Transfer des Hofes) und 1810 (Öffnung der Häfen). Außerdem nannten sie in diesem Zusammenhang häufig die französischen Invasionen inklusive Kriegsfolgen (1807–1814) und die Etablierung des *Reino Unido*, die mit einer Trennung der Staatseinkünfte einherging (1815) sowie

---

324 Governadores an João VI, 7. April 1818, IAN/TT MR Livro 318, S. 209–216. Ähnliche Klagen finden sich schon früher. Die Klage über zahlreiche Deserteure äußerten die Governadores bereits am 26. April 1812, IAN/TT MR Livro 315, S. 62v.

die andauernde Abwesenheit des Monarchen. Diese Gründe tauchen in unterschiedlicher Form und Konstellation in zahlreichen Briefen auf.[325] Im Mai 1818 fürchteten die Statthalter den „totalen Bankrott" des Staates.[326]

Die wirtschaftliche Krise, die Portugal nach der Abreise des Monarchen durchlief, ist schon vielfach untersucht worden.[327] Borges Macedo, José Jobson Arruda und Valentim Alexandre beschrieben die Öffnung der brasilianischen Häfen für den Freihandel (1808), die Handelsverträge mit England (1810) und die Unabhängigkeit Brasiliens (1822) als „harte Schläge" für die portugiesische Volkswirtschaft (deren Effekte jedoch anfangs von der militärischen Bedrohung durch die Franzosen während des Peninsularkrieges „verdeckt" worden seien[328]) und den „Verlust" Brasiliens 1822 als Hauptgrund für die verzögerte ökonomische (industrielle) Entwicklung Portugals.[329] Jüngst haben portugiesische Wirtschaftshistoriker die ökonomischen Verhältnisse in Portugal im ersten Viertel des 19. Jahrhunderts jedoch einer Revision unterzogen. So konstatieren beispielsweise Pedro Lains, José Cardoso und Nuno Luís Madureira, dass weder der Hoftransfer noch der „Verlust" der ehemaligen Kolonie Brasilien große Effekte auf die portugiesische Wirtschaft hatten, die in ihrer Gesamtheit nicht allein und nicht einmal vorwiegend vom Überseehandel abhing; vielmehr machte die Agrarwirtschaft des Hinterlandes das Gros der Volkswirtschaft aus.[330] Mit anderen Worten: Jene Historiker, deren

---

325 ALEXANDRE, Sentidos do Império, S. 386.
326 Governadores an João VI, Lissabon am 30. Mai 1818, IAN/TT MR Livro 318, S. 250–256.
327 Eine umfangreiche Analyse lieferte GODINHO, Vitorino Magalhães, Prix et monnaie au Portugal 1750–1850, Paris 1955. Siehe auch die Kapitel „Economic crisis", in: SIDERI, Trade and Power, S. 122–126. Hierin wird die Krise als „dramatic crisis" bezeichnet, ebd., S. 122.
328 NEVES/MACHADO, Império do Brasil, S. 36.
329 ALEXANDRE, Sentidos do Império, Kapitel „O colapso de um sistema", S. 767–790; ALEXANDRE, Valentim, Um momento crucial do subdesencvolvimento português. Efeitos económicos da perda do império brasileiro, in: Ler História 7, 1986, S. 3–45; ARRUDA, Decadence or Crisis; ARRUDA, José Jobson de Andrade, A economia brasileira no fim da época colonial. A diversificação da produção, o ganho de monopólio e a falsa euforia do Maranhão, in: Revista de História 119, 1985–1988, S. 3–21; ARRUDA, O Brasil no comércio colonial; MACEDO, Jorge Borges de, O bloqueio continental. Economia e guerra Peninsular, Lissabon 1990 [zuerst 1960]. Zum negativen Effekt der brasilianischen Unabhängigkeit siehe auch SIDERI, Trade and Power, S. 127.
330 MADUREIRA, Mercado e privilégios, S. 338. Madureira folgt dem Trend, die ökonomische Entwicklung nicht nur aus Sicht der beiden Städte (Lissabon und Porto) zu analysieren, sondern auch den „Reichtum der Regionen" mit einzubeziehen, ebd., S. 341–436. Vgl. auch PEDREIRA, Jorge Miguel Viana, Estrutura industrial e mer-

Interpretationen qua beruflicher Spezialisierung vorwiegend auf der Analyse von Wirtschaftsdaten beruhen, bezweifeln heute verstärkt, dass die Krise in Portugal (nur) durch den Hoftransfer und/oder die Öffnung der brasilianischen Häfen ausgelöst wurde und dass die politischen Entwicklungen im Allgemeinen und die Separation zwischen Portugal und Brasilien im Besonderen genuin wirtschaftliche Gründe hatten.

Wenn es spätestens seit der Konjunktur der „klassischen" Sozial- und Wirtschaftsgeschichte in den 1960er-Jahren lange Zeit eine „beinahe instinktive Tendenz" gab, beweisbare Sicherheiten in quantitativen Daten zu suchen,[331] so zeigt diese interessante wirtschaftshistorische Debatte einmal mehr, dass die Analyse von Handelsbilanzen für die Interpretation einer räumlichen und politischen Ordnung nicht ausreicht.[332] Im Sinne des Erkenntnisinteresses der vorliegenden Arbeit sei nochmals betont, dass ein Staat nicht mehr, aber auch nicht weniger ist als ein Ensemble von sozialen *Praktiken*. Ökonomische Strukturen oder auch eine „objektiv" nachweisbare ökonomische Krise haben nur begrenzte Aussagekraft, wenn es darum geht, die Gouvernementalität eines Staates zu analysieren bzw. konkrete Regierungspraktiken zu erklären. Denn die Feststellung prekärer sozioökonomischer Verhältnisse sagt noch nicht viel aus über die *Bewertung* dieser Realität und auch nicht über das Handeln der Untertanen einerseits und der Regierung andererseits, das jeweils – wie jedes soziale Handeln zu jeder Zeit – nicht außerhalb einer symbolisch und sprachlich vermittelten Bedeutungskonstitution geschah.[333] Es ist

    cado colonial. Portugal e Brasil (1780–1830), Lissabon 1994, S. 340–352; PEDREIRA, From Growth to Collapse, S. 852. Um die These der industriellen Unterentwicklung Portugals aufgrund des Verlustes von Brasilien gab es einen Disput zwischen Valentim Alexandre und Pedro Lains, vgl. ALEXANDRE, Valentim, Um passo em frente, vários à retaguarda. Resposta à nota crítica de Pedro Lains, in: Penélope. Fazer e desfazer a História 3, 1989, S. 103–110; DERS., Resposta à segunda nota crítica: Lains no país das adivinhas, in: Penélope. Fazer e Desfazer a História 5, 1991, S. 165–178; LAINS, Pedro, Foi a perda do império brasileiro um momento crucial do subdesenvolvimento português?, in: Penélope. Fazer e Desfazer a História 3, 1989, S. 92–102; DERS., Foi a perda do império um momento crucial do subdesenvolvimento português? – II, in: Penélope. Fazer e Desfazer a História 5, 1991, S. 151–164. In jüngeren Schriften relativiert auch Alexandre die „brutalen Effekte" des Handelsvertrags mit Großbritannien von 1810, ALEXANDRE, Velho Brasil – Novas Áfricas, S. 14.

331 LEVI, Giovanni, Das immaterielle Erbe. Eine bäuerliche Welt an der Schwelle zur Moderne, Berlin 1986, S. 49.

332 Michel Foucault nannte einst die Annahme „naiv", dass eine Analyse, die sich auf Veränderungen der ökonomischen Basis stütze, als solche bereits den Wert einer Erklärung habe, FOUCAULT, Der Mensch ist ein Erfahrungstier, S. 87.

333 SARASIN, Geschichtswissenschaft und Diskursanalyse, S. 44. Sinn ist dem Handeln nicht *äußerlich* – vielmehr macht Sinn das Handeln per definitionem erst zum Han-

also angebracht, zu ergründen, welche Möglichkeiten des Handelns Herrscher sowie Beherrschte wahrnahmen und welchen Stellenwert die ökonomische Krise innerhalb ihrer Bedeutungskonstitutionen einnahm. In den folgenden Ausführungen soll es darum gehen, zu beleuchten, *welche* Praktiken, die im Zusammenhang mit der (ökonomischen) Krise standen, aus Sicht der Governadores eine Gefahr für ihre Souveränität darstellten und mit welchen Praktiken sie ihrerseits auf diese Gefahr reagierten.

6.2.2 Reaktionen der Untertanen auf die ökonomische Krise

In der Zeit der Krise kam den merkantilen Eliten in Portugal eine Sonderrolle zu. Es ist ein Allgemeinplatz der portugiesischen und brasilianischen Geschichtsschreibung, dass das portugiesische Reich sich von Beginn der überseeischen Expansionen an politisch stark auf die mobilen, weltweit agierenden merkantilen Eliten stützte. Diese Neigung trat auch vor Abreise des Monarchen nach Rio de Janeiro hervor: Nach Berichten Jacome Rattons wurde er, gemeinsam mit den „wichtigsten nationalen Händlern in Lissabon" (*principaes Negociantes nacionaes de Lisboa*), am 3. Dezember 1807 zur Interimsregierung berufen; sie bat diese Gruppe um ein Darlehen von zwei Millionen Cruzados.[334] Anfang 1811 versuchte sie erneut, für die „Rettung" des Staates ein Darlehen von zwei Millionen Cruzados bei den „wichtigsten Händlern" (*Comerciantes principaes*) Portugals zu erlangen, obwohl dies, wie sie selbst bemerkten, unter den „schrecklichen Umständen" nicht einfach sei.[335] Dennoch hofften sie „inständig" auf die „Treue der Händler" und auf ihr „Interesse an der Rettung der Monarchie".[336] An der Aussage der Governadores, dass sie in der miserablen ökonomischen Situation auf die „Treue" der merkantilen Eliten hofften, wird erkennbar, dass sie das Schicksal des Staates maßgeblich von deren Einstellung abhängig machten, und dass Erwägungen zu seiner „Rettung" eng mit der affektiven Bindung der Großhändler zum Staat verknüpft

---

deln; Handeln ist ein „Doppel" von physischem Verhalten und mentalem Sinn, RECKWITZ, Andreas, Die Entwicklung des Vokabulars der Handlungstheorien: Von den zweck- und normorientierten Modellen zu den Kultur- und Praxistheorien, in: Manfred GABRIEL (Hrsg.), Paradigmen der akteurszentrierten Soziologie, Wiesbaden 2004, S. 303–328, S. 305.

334 RATTON, Recordações, S. 279.
335 Governadores an João, Lissabon am 11. Februar 1811, IAN/TT MR Livro 314, S. 153v–155.
336 Governadores an João, Lissabon am 9. August 1811, IAN/TT MR Livro 315, S. 12–12v.

waren. Wenn es ein Allgemeinplatz der postkolonialen Geschichtsschreibung ist, dass sich jede imperiale oder koloniale Zentralregierung in ihren *kolonialen* Räumen auf private lokale Akteure stützen musste (die als Agenten des Monarchen handelten),[337] so ist diese Erkenntnis im Falle des portugiesischen Reiches zu relativieren bzw. zu erweitern: Auch im Mutterland war man in hohem Maße, ja unbedingt auf private Akteure, namentlich die Angehörigen der merkantilen Eliten angewiesen. In dieser Hinsicht scheint sich die Herrschaftsausübung in Rio de Janeiro nicht maßgeblich von derjenigen in Lissabon unterschieden zu haben.

Anstatt ihr Kapital zur Verfügung zu stellen, sahen viele Angehörige der merkantilen Elite in Portugal die Emigration als beste Strategie, mit der ökonomischen Krise umzugehen – eine Verhaltensweise, die die Statthalter nach Möglichkeit zu unterbinden suchten: Sie sahen es als ihre Aufgabe, zu verhindern, dass noch mehr reiche *negociantes* sich samt Kapital außer Landes begaben. Auch Personen aus dem unmittelbaren Umfeld des Hofes, wie zum Beispiel der „zweitgrößte Kapitalist" des Landes, Geraldo Venceslão Braamcamp de Almeida Castelo Branco,[338] verlangte im Jahr 1810 Pässe für sich und seine Familie, damit er nach Großbritannien ausreisen konnte. Braamcamp war Mitglied des Staatsrates und dank des Zusammenschlusses mit seinem Schwiegervater Anselmo Jozé da Cruz, der in England ansässig war, zudem Besitzer des „größten Handelshauses" in Portugal. In England wohnten sein Bruder und sein zweiter Sohn, während der erste Sohn Hermano in Paris lebte. Die Governadores gaben an, Braamcamp die Pässe verweigert zu haben, da sie seinen Weggang als „sehr schädlich für die Verteidigung des Reiches" ansahen, und zwar nicht nur, weil der Mann sein „großes Vermögen" (*grossos cabedaes*) mitnehmen würde, das dann in einem „außerordentlichen Notfall" nicht mehr für den Staat zur Verfügung stünde, sondern auch, weil sein Beispiel den anderen Händlern als Vorbild dienen würde, das Reich „ein für alle Mal" zu verlassen. Es seien schon „viele Kapitalisten" (*muitos Capitalistas*) unter diversen Vorwänden emigriert, klagten sie. Am 14. März 1811 bat Braamcamp erneut um einen Pass für sich selbst sowie für zwölf weitere Angehörige. Jetzt solle der Monarch, so baten die Governadores, persönlich eingreifen und ihm versichern, dass sie das Verbot der Emigration mit dem

---

337 Dieser Grundsatz findet sich in fast allen Werken zu kolonialer Regierung. Exemplarisch seien hier nur zwei Texte erwähnt, in denen es vordergründig um Governance und koloniale Regierungspraktiken geht: Lehmkuhl, Regieren im kolonialen Amerika, S. 124; Conrad, Sebastian, Wissen als Ressource des Regierens in den deutschen und japanischen Kolonien des 19. Jahrhunderts, in: Risse/Lehmkuhl, Regieren ohne Staat?, S. 134–153, S. 134.

338 Cunha, Negociantes estrangeiros em Portugal, S. 11.

Ziel der „Verteidigung des Reiches" verhängt hätten.³³⁹ Braamcamp entschied sich – wohl mehr oder minder freiwillig – letztlich für den Verbleib in Portugal; João konzedierte ihm am 14. Mai 1813 den Titel „Baron von Sobral" (*Barão do Sobral*).³⁴⁰

Dieses Prozedere lässt erahnen, wie die Aushandlungsprozesse zwischen Angehörigen der merkantilen Eliten und der Regierung in Zeiten der Krise beschaffen waren: Da „der Staat" auf private Kapitalgeber dringend angewiesen war, versuchte die Regierung, die Großhändler von der Emigration abzuhalten. Als Gegenleistung für ihre Hilfe konnten diese erwarten, dass die Krone ihnen Auszeichnungen und Titel verlieh. Henrique Teixeira de Sampayo hatte beispielsweise der Krone 1808 ein privates Darlehen von zwei Millionen Cruzados zur Verfügung gestellt (offenbar war dies das Ergebnis des bereits erwähnten Treffens der Regierung mit den „wichtigsten Händlern"). Mit diesem Darlehen war unter anderem die Bereitstellung der Flotte finanziert worden, die den Prinzregenten und den Hofstaat über den Atlantik nach Brasilien gebracht hatte. Auf Vorschlag der Governadores, die ihn als einen der „lobenswertesten Untertanen aller portugiesischen Besitzungen" bezeichnet hatten, bekam er 1817 neben staatlichen Anteilscheinen, einem Orden und einer Länderei außerdem den Titel „Baron von Sampayo" verliehen.³⁴¹ Wenn Emigration ein probater – und durch familiäre Netzwerke in unterschiedlichen europäischen Metropolen offenbar auch leicht gangbarer – Weg für die *negociantes* war, sich selbst und ihr Kapital in Sicherheit zu bringen, so gab es auch erfolgreiche Versuche, eine Verwandlung von ökonomischem in symbolisches Kapital zu erreichen.

Gewiss wäre es interessant, zu erfahren, welche Erwägungen die Großhändler zu ihren Entscheidungen führten. Es fällt jedoch schwer, diese individuellen Entscheidungen zu typologisieren, zumal in den Regierungskorrespondenzen nur wenige Auseinandersetzungen mit den „wichtigsten Händlern" des Königreichs verzeichnet sind. Die Schwierigkeit, menschliche

---

339 Governadores an João, Lissabon am 12. Juli 1811, IAN/TT MR Livro 314, S. 204v–205.
340 MARQUES, Maria Adelaide, Art. Castelo Branco, Hermano José Braamcamp de Almeida (1775–1846), in: Dicionário biográfico Parlamentar 1834–1910, Bd. 1: Lissabon 2004, S. 694–696, S. 694. Der biographische Artikel beschreibt den Sohn, aber über Geraldo Braamcamp sind auch einige Informationen verzeichnet. Hermano Braamcamp war jener Sohn, der in Frankreich lebte; er war Freimaurer und direkt an der Liberalen Revolution von 1820 beteiligt. Von 1821 bis 1823 war er Mitglied der portugiesischen Regierung, vgl. ebd.
341 Governadores an João VI, Lissabon am 10. August 1817, IAN/TT MR Livro 318, S. 50–51; 2. Januar 1817, Livro 317, S. 301–307.

Verhaltensweisen in Typologien zu verallgemeinern, liegt außerdem darin begründet, dass „[d]er Mensch, der Entscheidungen entlang einer gut definierten Nutzenfunktion trifft, der innerhalb eines wohl definierten Ensembles von Alternativen auswählt, der über ein festes Bild der Verteilung verfügt, in der die Wahrscheinlichkeiten jedes Ensembles zukünftiger Ereignisse sich anordnen, und der den erwarteten Wert maximiert", in „großem Maße eine theoretische Fiktion" ist.[342] Dies gilt insbesondere, wenn es um Migrationsphänomene geht. So konstatiert Klaus J. Bade, dass, je „reiner" ein ökonomisches Erklärungsmodell für Migrationsprozesse, desto begrenzter seine sozialhistorische Erklärungskraft sei. Es darf ihm zufolge bei der Untersuchung von Migrationsphänomenen keineswegs ein „ökonomischer Humunkulus" bzw. ein „in seinem Wanderungsverhalten auf ökonometrisch registrierbare Zuckungen reduziertes anthropoides animal rationale migrans" konstruiert werden.[343] Die Gründe dafür, dass ein portugiesischer Großhändler sich für die Emigration und der andere (auf Betreiben der Zentralregierung in Rio de Janeiro und der Interimsregierung in Lissabon) für die Vergrößerung seines symbolischen Kapitals entschied, müssten folglich in mikrohistorischen Studien oder Netzwerkstudien erhellt werden, wobei sich vermutlich herausstellen würde, dass „harte" ökonomische Faktoren bei der Entscheidungsfindung neben „weichen" (affektiven) Faktoren existierten.[344]

Nach Analyse der Regierungsdokumente bleibt festzuhalten, dass erstens die von den Governadores angesprochene vorhandene oder eben nicht vorhandene „Treue" der *negociantes* als ein entscheidender Faktor für die „Rettung des Staates" angesehen wurde, und dass sie offenbar ausschlaggebend für die Praktiken der Großhändler war. (Der Verweis auf einen „weichen Faktor", genauer genommen auf ein bestimmtes *Gefühl*, nämlich das der Treue, weist bereits darauf hin, dass „harte Fakten" und ökonomische Erwägungen und Interessen auch von den Herrschenden als nicht allein ausschlaggebend angesehen wurden.) Diese „Treue", die die Governadores beschworen, bezog sich zweitens, und dies ist von entscheidender Bedeutung, ausschließlich auf das Verlassen bzw. Nichtverlassen des Landes und nicht etwa auf Praktiken, die als Auflehnung gegen die Regierung oder „den Staat" interpretiert worden wären. Anders: „Untreu" war ein wohlhabender Unternehmer, der das Land verließ und damit den Staat im Stich ließ, nicht ein Unternehmer, der seinen Ein-

---

342 Levi, Das immaterielle Erbe, S. 55.
343 Bade, Klaus J., Sozialhistorische Migrationsforschung, in: Ders., Sozialhistorische Migrationsforschung, Göttingen 2004, S. 12–25, S. 17.
344 „Quantitative Analysen und Erklärungsmodelle bieten [bei der Erforschung von Migrationsphänomenen] immer nur mehr oder minder weittragende Teilerklärungen", ebd., S. 19.

fluss am Hofe (Braamcamp war immerhin Mitglied des Staatsrates und der *Junta do Comércio* gewesen) für Widerstand oder Protest ausnutzte. Drittens und daraus folgend ist festzuhalten, dass in der Korrespondenz der Interimsregierung bis kurz vor der Revolution 1820 kein direkter Widerstand gegen die Regierung von Angehörigen der merkantilen Eliten verzeichnet ist. Aus diesem Grund wurden die Praktiken der *negociantes* nicht mit einer Gefahr für „den Staat" in Verbindung gebracht. So gab es um den „Freundschaftsvertrag" zwischen der portugiesischen und britischen Krone, der ab 1810 für die portugiesischen Überseehändler beträchtlichen Nachteil gebracht hatte, bezeichnenderweise erst nach der Liberalen Revolution und der Etablierung der Cortes wieder Debatten und den Versuch, ihn zu ersetzen.[345]

Wenn die Gründe dafür, dass die *comerciantes* in der Krise nicht mit aktivem Widerstand reagierten, sich kaum zweifelsfrei (und schon gar nicht pauschal) klären lassen, so haben sie mit hoher Wahrscheinlichkeit mit einer politischen Kultur zu tun, die Nuno Luís Madureira in seiner Studie über die wirtschaftlichen Eliten in Portugal zwischen 1750 und 1834 als „Korporativismus ohne Korporationen" beschrieben hat. Demnach war eine *Lobby*, die sich in Korporationen gemäß bestimmter Interessen organisierte, um die Entscheidungen „des Staates" zu beeinflussen, ein Modell, das der portugiesischen Realität bis 1834 gänzlich abging: Die Interessen der ökonomischen Eliten in Portugal entstanden und wuchsen, so Madureira, in reziproker Kollaboration mit dem Staat – ihre Wurzeln lagen nicht im privaten Geschäft. Die Großhändler versuchten nicht, gegenseitig ihre Positionen zu stärken; vielmehr versuchten sie individuell, Privilegien von der Krone zu erhalten.[346] Um mit Bourdieu zu sprechen: Enge Kooperation mit der Regierung war etwas, das im Habitus der Gruppe der Großhändler angelegt war, Opposition hingegen nicht. Die individuellen Entscheidungen der Angehörigen dieser Gruppe waren – da jede physische Person „ihre gegenwärtige wie vergangene Position innerhalb der Sozialstruktur ... überall und allezeit in Gestalt der Habitusformen mit sich herum[trägt]"[347] – auch in Zeiten der Krise geleitet und begrenzt durch den *objektiven Sinn* (des Staates und der Gesellschaft), den sie selbst seit Generationen produziert und reproduziert hatten.[348] Wenn es in

---

345 Pereira, Miriam Halpern, Absolutismo reformista e nacionalismo: as negociações para substituir o tratado de 1810 entre Portugal e a Inglaterra em 1824–1826, in: Ler história 12, 1988, S. 23–46.
346 Madureira, Nuno Luís, Mercado e Privilégio. A Indústria Portuguesa entre 1750 e 1834, Lissabon 1997, S. 79–83.
347 Bourdieu, Pierre, Entwurf einer Theorie der Praxis, Frankfurt a. M. 2009, S. 181.
348 „[D]ie Handlungen der Mitglieder ein und derselben Gruppe oder, im Rahmen differenzierter Gesellschaften, ein und derselben Klasse [weisen] eine unitäre und systema-

Rio de Janeiro (wie im Kapitel über die dortige britische Präsenz beschrieben) aus ähnlichen Gründen nicht zur Etablierung von *pressure groups* kam, so gilt dies auch für Lissabon in der Zeit zwischen 1808 und 1820.

Auch wenn wirksame, echte Opposition nicht nachweisbar ist, gab es doch einige Bestrebungen von Individuen und Gruppen, die eigene Situation zu verbessern, und diese gingen meist einher mit dem Versuch, das alte Handelssystem wieder einzuführen. Der achte Artikel in dem Handelsvertrag vom 19. Februar 1810 war den Governadores bereits kurz nach Inkrafttreten des Vertrags zweifelhaft erschienen, da er vorsah, dass der Handel der Briten nicht von (portugiesischen) Monopolgesellschaften oder Exklusivverträgen mit einer (portugiesischen) Handelsgesellschaft gestört werden dürfe. Sie hatten umgehend nachgefragt, ob dies bedeute, dass die in Porto ansässige, 1796 unter dem Marquês de Pombal als Monopolhandelsgesellschaft gegründete königliche Weinhandelsgesellschaft, die *Companhia da Agricultura das Vinhas do Alto Douro*, aufgelöst werden müsse oder ob ihre Handelsrechte lediglich eingeschränkt würden. Die britische Gesandtschaft fordere nämlich nun den „uneingeschränkten" Weinhandel einschließlich Essig und Schnaps,[349] und insgesamt seien „viele" in London gedruckte „öffentliche Papiere" über die Auflösung oder Beibehaltung der Weingesellschaft in Portugal aufgetaucht. „Bemerkenswerterweise" sei die „energischste Verteidigung" der portugiesischen Gesellschaft von britischen Händlern verfasst worden, die mit dieser Geschäfte machten, und deren Schriften kursierten nun in portugiesischer Übersetzung im Reich. Es sei „nur natürlich", dass der „literarische Krieg" weitergehe (*he natural que continue a Guerra literaria*), urteilten die Governadores. Es gebe nur wenige britische Weinhändler in Porto, die sich geäußert hätten, und bevor diese ihre Beschwerden gegen die Abschaffung der *Companhia* hätten hervorbringen können, hätten schon die in Großbritannien ansässigen sich für ihren Erhalt ausgesprochen. Denn „alle" Regelungen der Gesellschaft seien „allgemeine", die Briten und Portugiesen gleichermaßen beträfen, und sogar die ersteren bevorzugten.[350]

Interessant ist hier, dass die Angelegenheit der Weinhandelsgesellschaft auf Druck der „öffentlichen Meinung", das heißt konkret durch die Artikel in der portugiesischen Exilpresse und der besagten in London gedruckten Schriften, gelöst wurde. Noch bevor das Schreiben der Governadores in Rio de Janeiro

---

tische objektive Bedeutung auf, die die subjektiven Absichten und die individuellen oder kollektiven bewußten Entwürfe transzendiert", ebd., S. 178f.

349 Siehe das Kapitel „A questão da Companhia do Alto Douro" bei ALEXANDRE, Sentidos do Império, S. 266–269.

350 Governadores an João, Lissabon am 5 Juni 1811, IAN/TT MR Livro 314, S. 184v–187.

eingetroffen sein konnte, erging am 28. Juni 1811 ein *Aviso* der Regierung João (ausgestellt von Außenminister Conde de Linhares), dass der Handelsvertrag mit Großbritannien nicht die sofortige Auflösung der *Companhia Geral das Vinhas do Alto Douro* zur Folge haben müsse, da die Weiterführung der Gesellschaft für eine „angemessene Zeit" von „großer Bedeutung" für die „Prosperität eines großen Teils des Königreiches" sei. Die Ansicht der Governadores, dass vor allem Briten von der portugiesischen Handelsgesellschaft profitierten, teilten britische Diplomaten offenbar nicht: Ihr Erhalt musste in Rio de Janeiro in zähen und langwierigen Verhandlungen gegen Strangford durchgesetzt werden. Am 10. Februar 1815 erging ein königlicher Erlass, der das Bestehen der *Companhia* für weitere zwei Jahrzehnte garantierte.[351]

Als die portugiesischen Weinexporte sich in den Jahren 1816 und 1817 in einem Jahrhundert-Tief befanden,[352] bat die Direktion der *Companhia Geral da Agricultura das Vinhas do Alto Douro* in mehreren Schreiben an die Zentralregierung um ein Einfuhrverbot für ausländische Weine in Brasilien, das heißt um die Wiederherstellung des monopolisierten Weinhandels zwischen Portugal und seiner (Ex-)Kolonie.[353] Gemäß dem Vorschlag der Gesellschaft sollten in Brasilien fortan keine Weine mehr zugelassen werden, die nicht in Portugal produziert wurden, in Portugal im Gegenzug alle Kolonialprodukte verboten werden, die nicht aus Brasilien kamen. In der Begründung der *Junta* heißt es, dass die Stärkung der wirtschaftlichen Verbindungen zwischen beiden Hemisphären ein Weg sei, das „System des Vereinigten Königreichs" zu garantieren.[354] Die Governadores, die den Wein als das „wichtigste Produkt" Portugals bezeichneten und zudem als das einzige, das einen gewissen Ausgleich zu den Importen schaffen könnte, unterstützten das Anliegen der *Companhia* mit denselben Argumenten und ganz ähnlichen Worten: Der „riesige Kontinent Brasilien", so formulierten sie ihre Hoffnung, könne einen großen Absatzmarkt für den portugiesischen Wein darstellen und die Weinbauer (in Portugal) wieder zu Wohlstand führen.[355]

---

351 Zu weiteren Einzelheiten siehe ALEXANDRE, Sentidos do Império, S. 266–269.
352 BARMAN, Forging of a Nation, S. 63; PITEIRA SANTOS, Revolução, S. 117–119; SERRÃO, História 7, S. 266; TOMÁS, Fernandes, Relatório sobre o estado e administração do Reino, presented in February 1821, in: Revolução, S. 61.
353 Governadores an João VI, Lissabon am 18. März 1817, IAN/TT MR Livro 317, S. 382.
354 „*Representação da Junta da Administração da Companhia dos Vinhos do Alto Douro*" vom 17. September 1816, ANRJ Negócios de Portugal, cx. 667, pac. 2, doc. 45, zitiert nach SILVA, Inventando a Nação, S. 260.
355 Governadores an João VI, Lissabon am 17. September 1816, IAN/TT MR Livro 316, S. 202–205.

Die Forderung der *Companhia* und der Governadores wurde von der Regierung Joãos trotzdem umgehend abgelehnt. Der königliche Berater Antônio José da Silva Loureiro, der über diese Angelegenheit reflektierte, bezeichnete die Forderungen der (europa-)portugiesischen Regierung, die wirtschaftlichen Bande zu stärken, als einen Versuch, Brasilien auf seinem „Vorwärtsmarsch" zur Umkehr zu bewegen, was ein „politisches Absurdum" darstelle. Loureiro konstatierte gleichzeitig, dass nicht gleiche Gesetze eine „Gleichwertigkeit oder einen Ausgleich zwischen Nationen" schafften, sondern die „Gleichheit der Interessen" (*igualdade de interesses*). Wenn Gesetze für einen Teil gut seien, bedeute dies nicht, dass sie den Interessen auf „unterschiedlichen Teilen des Globus" entsprächen. Brasilien, das er als „Land der Verheißung" (*terra da Promissão*) bezeichnete, brauche schon in kurzer Zeit „niemanden" mehr – die Union sei eine Notwendigkeit für Portugal, nicht aber für Brasilien, weshalb sie nur durch Bande der „Freundschaft" und nicht durch ein (wiederhergestelltes) Abhängigkeitsverhältnis aufrechterhalten werden könne. Was Portugal versuche, so Loureiro abschließend, sei, Brasilien wieder auf den Kolonialstatus herabzustufen (*reduzir*).[356]

Nachdem das Einfuhrverbot nicht ausgesprochen wurde, gab es wiederholt Bitten aus Portugal, wenigstens die Steuern auf ausländische Weine zu erhöhen. Doch auch diese Gesuche fanden kein Gehör in Rio de Janeiro. Anfang August 1820, also kurz vor Beginn der Revolution in Porto, wurde die letzte Bitte in dieser Hinsicht ausgesprochen. João sollte nach Wunsch der Governadores die Steuern auf ausländische Weine derart anheben, dass sie „nicht mit den portugiesischen konkurrieren" könnten, da sie nur in diesem Fall überhaupt konsumiert würden.[357]

Im April 1818 zirkulierten in Portugal, wie der Polizeiintendant berichtete, „vage Gerüchte", dass am Hofe die königliche Anordnung veröffentlicht worden sei, die freie Einfuhr von Wein in brasilianischen Häfen einzuschränken. Dieses Ereignis sei allerdings von einigen Schiffen, die nach dem Aufkommen des Gerüchts aus Brasilien eingelaufen waren, nicht bestätigt worden. Laut einem Polizeibericht war die Zustimmung (*aplauzo*), mit der [das Gerücht] aufgenommen worden war (weil viele Individuen „großes Interesse" an der Einfuhrbeschränkung hätten und diese insgesamt förderlich gewesen wäre für die „Interessen des Vereinigten Königreichs"), nun einer „Mutlosigkeit" ge-

---

356 José da Silva Loureiro, „*Memória refutando um plano de comércio de Portugal com o Brasil*", ANRJ Negócios de Portugal cód. 807 vol. 10, S. 243–251, zitiert nach Silva, Inventando a Nação, S. 260f.
357 Governadores an João VI, Lissabon am 6. August 1820, Livro 320, S. 50–51; 11. August 1820, Livro 320, S. 63–66.

wichen.[358] Bezeichnenderweise spricht der Intendant hier von Mutlosigkeit, nicht etwa von Zorn oder einer erhöhten Gefahr des Aufstands.

Wenn an dem einmal in Brasilien etablierten Freihandel kaum zu rütteln war,[359] vollzog sich im europäischen Teil des Reiches dennoch eine gewisse Abschottung und „Nationalisierung" der Wirtschaft durch die Regierung. So versuchten Händler in Europa, ausländische Produkte mit Gewinn in Portugal abzusetzen. Der Spanier Pascoal Venorio e Moscozo bat beispielsweise 1812 um die Erlaubnis für den Import von tausend Weinschläuchen und Schnäpsen aus Spanien. Da der Wein der Hauptzweig der Landwirtschaft sei (*principal Ramo da Agricultura*) und da der Handel des Reiches sich in solcher „Dekadenz" befinde, baten die Governadores den Monarchen jedoch darum, die Einfuhr nur in der „größten Not" zu gestatten und also der Bitte nicht stattzugeben, denn das Beispiel Moscozos würde, so die Vermutung der Statthalter, schnell Schule machen: „sofort" würden viele Händler ähnliche Forderungen erheben.[360] Dieser und ähnlichen Bitten gab der Monarch statt – die Einfuhr einiger Güter nach Portugal wurde verboten, einige andere wurden hoch besteuert, jeweils sehr zur Freude der Governadores, die darin Maßnahmen zum „Schutz des nationalen Manufakturwesens und Handels" und zur „Wahrung der Unabhängigkeit" sahen. Solche Verbote und Steuern hinderten Ausländer in ihren Augen daran, Profite zu machen, die ebenso gut in den Reihen der „Nationalen" (*Nacionaes*) verbleiben konnten.[361]

Ähnliches geschah mit dem Getreidehandel. Aufgrund der durch das Kriegsgeschehen geringen Erträge der Landwirtschaft erlaubte die Regierung 1811, dass „ausländische Nationen" Grundnahrungsmittel nach Portugal exportierten. Obwohl der Mangel die Importe erforderte, klagten die Statthalter gleichzeitig darüber, dass sie „sehr schädlich" seien, weil durch sie „zu viel" Kapital ins Ausland gelange.[362] 1814 rechneten sie der Regierung in Rio de Janeiro vor, dass sich die Einfuhr des Getreides 1796 auf 66 738

---

358 Magalhães an das Innenministerium („Reyno"), Lissabon am 9. April 1818, IAN/TT IGP, S. 212v–213.
359 PEDREIRA, Estrutura industrial e mercado colonial, S. 327.
360 Governadores an João, Lissabon am 8. Oktober 1812, IAN/TT MR Livro 315, S. 113v–114.
361 Governadores an João VI, Lissabon am 17. September 1816, IAN/TT MR Livro 316, S. 202–205.
362 Governadores an João, Lissabon am 7. Dezember 1811, IAN/TT MR Livro 315, S. 34v–35. Für genaue Angaben zur wirtschaftlichen Entwicklung Portugals und insbesondere der Entwicklung der Importe siehe MADUREIRA, Mercado e privilégios, S. 316–333.

Malter belaufen hatte, während sie 1812 bereits 268 846 Malter betrug.[363] Der außerordentlich gestiegene Import ausländischen Getreides führe dazu, konstatierten sie 1819, dass „nationales" Getreide und „nationaler" Mais nur noch zu niedrigen Preisen verkauft werden konnte, weshalb Großgrundbesitzer ein „Geschrei" angefangen und ein Verbot der Einfuhr ausländischen Getreides gefordert hätten. Die *Junta do Comércio* und die Statthalterschaft plädierten deshalb für eine Besteuerung des ausländischen Getreides. Grundbesitzer und Pächter hätten „so laut und mit solcher Schärfe" über die fehlenden Maßnahmen der Regierung geklagt, dass es „unerlässlich" erschienen sei, die Steuern auf ausländisches Getreide zu erheben, bis die Krone etwas Gegenteiliges erließe.[364] In diesem Dokument wird der seltene Fall beschrieben, bei dem eine Gruppe von Leuten, nämlich „*die* Großgrundbesitzer", mit ihren Aktivitäten („Geschrei") direkt auf die Regierung Einfluss nahmen. In den anderen, zuvor zitierten Fällen waren es jeweils die Governadores selbst, die (zum Wohle der „nationalen" Ökonomie) Forderungen an die Regierung in Rio de Janeiro herangetragen hatten. Die ökonomische Nationalisierung wurde also maßgeblich von der portugiesischen Interimsregierung unterstützt und vorangetrieben, und zwar teilweise gegen den Willen der Zentralregierung in Rio de Janeiro.

Einzelne Portugiesen versuchten, das Einfuhrverbot bestimmter ausländischer Produkte in Portugal kreativ zu umgehen: So hatte Gaspar Jose Antas Coelho in Rio de Janeiro ein französisches Porzellan-Service gekauft, dass er nach Portugal einführen wollte. Offenbar war er nicht der einzige, der auf die Idee kam, ausländische Güter von Brasilien nach Portugal zu transferieren, denn die Governadores baten 1819 den Monarchen um eine „allgemeine Regel" für Waren, deren Einfuhr in Portugal (seit einem Erlass von 1770) verboten, aber in Brasilien (seit Januar 1808) erlaubt war. Streng genommen bildeten Portugal und Brasilien einen einzigen Staat – durfte man also bestimmte ausländische Waren in Brasilien kaufen und nach Portugal bringen?[365] Die Antwort des Monarchen fiel in diesem Fall zweiteilig aus: Er gestattete die Einfuhr von ausländischen Produkten, die in Brasilien erworben worden waren, am 7. Februar 1820 per *Aviso* – jedoch explizit nur zu privaten Zwecken.

---

363 Governadores an João, Lissabon am 15. Januar 1814, IAN/TT MR Livro 315, S. 269–270. Ein Malter sind zwölf Scheffel.
364 Governadores an João VI, Lissabon am 17. Mai 1819, IAN/TT MR Livro 319, S. 126–128; 1. April 1820, IAN/TT MR Livro 319, S. 419.
365 Governadores an João VI, Lissabon am 15. November 1819, IAN/TT MR Livro 319, S. 279–281.

Kommerziellen Handel verbot er ebenso wie Auftragskäufe portugiesischer Privatpersonen oder Händler.[366]

Nicht nur in der Produktion und im Handel tätige Untertanen, sondern auch die in Portugal verbliebene Beamtenschaft litt unter der Krise. Da für die „Verteidigung des Reiches" die Mittel fehlten, wurden alle „nicht unbedingt notwendigen Stellen" im Lissabonner Verwaltungsapparat gestrichen.[367] Angehörige des nun verwaisten Lissabonner Hofstaates mussten mit herben Einbußen bzw. dem Verlust ihrer Existenzgrundlage rechnen. Die Regierung in Lissabon gab 1811 an, wegen der hohen Kriegsausgaben nicht einmal 80 Scheffel Getreide spenden zu können, die der ehemalige Schriftführer der Königin, Jozé Antonio Lyder, erbeten hatte.[368] In einem einzigen Schreiben von 1813 finden sich gleich 14 Bittbriefe (requerimentos) von (Ex-)Bediensteten des Hofes, die den Monarchen um Pensionszahlungen baten.[369]

Auch die Anfragen von „einfachen", das heißt zuvor nicht direkt an den Hof gebundenen Untertanen, namentlich Privatpersonen und Institutionen (Klöster, Konservatorien etc.), die in gewohnter Manier Bettelbriefe um Geld oder Nahrungsmittel an die Governadores sandten, leiteten diese mit dem Hinweis, dass sie „unmöglich" helfen könnten, an den Monarchen in Rio de Janeiro weiter.[370] Die meisten requerimentos seiner Untertanen, die in der Regel über das Außenministerium in Rio de Janeiro abgewickelt wurden, beschied der Monarch abschlägig oder beantwortete sie erst gar nicht,[371] selbst wenn die Governadores betonten, dass dieser oder jener Bittsteller im Krieg gegen Napoleon „patriotisch die Monarchie und das Königreich" verteidigt habe und allgemein die „treuen Untertanen dieses Kontinents [Europa]" durch die Abgaben und die „derzeitigen Kalamitäten" (calamidades actuaes) stark belastet seien.[372] So bat beispielsweise ein gewisser Jeronimo Luiz de Brito für die Dienste, die er vor und nach der Restauration der portugiesischen Monarchie geleistet hat, um den Titel des „Habito de Christo" für seinen Sohn, der

---

366 3. Juni 1820, IAN/TT MR Livro 320, S. 1–3.
367 Die *Carta Régia* vom 2. Januar 1809 schrieb die Streichung aller nicht unbedingt nötigen Stellen vor, Governadores an João, Lissabon am 15. März 1811, IAN/TT MR Livro 314, S. 164. Pförtnerstellen und ähnliche Stellen wurden zuerst gestrichen. Ein Pförtner des Finanzministeriums verdiente jährlich 600 000 Reis.
368 Governadores an João, Lissabon am 2. August 1811, IAN/TT MR Livro 315, S. 4v.
369 24. April 1813, IAN/TT MR Livro 315, S. 166–170.
370 Governadores an João, Lissabon am 28. Juli 1812, IAN/TT MR Livro 315, S. 91v; 28. Juli 1812, IAN/TT MR Livro 315, S. 93.
371 Zahlreiche *requerimentos* (Dokumente ohne Foliierung) finden sich in der folgenden Kiste: IAN/TT MNE cx. 902. Siehe auch Silva, Inventando a Nação, S. 215, mit Fußnote 121.
372 25. Juni 1812, Livro 315, S. 79v–80.

sich mit seinem „Patriotismus" hervorgetan habe.[373] Der Titel wurde nicht gewährt.

Die Interimsregierung in Lissabon war immer dann mit der Verweigerung von Pensionszahlungen einverstanden, wenn diese aus ihrem eigenen Haushalt hätten bezahlt werden müssen, da der portugiesische Staatshaushalt ihrer Meinung nach „keinerlei Anstieg der Ausgaben" erlaube. So fehlten im September 1818 nach ihren Angaben bereits fünf Millionen [Réis] für die „gewöhnlichen Ausgaben", und die Solde der Truppen waren überfällig.[374] Nach Ende des Peninsularkriegs füllten sich die Korrespondenzen der Governadores mit der Regierung in Rio zunehmend mit Bittbriefen um Pensionszahlungen oder Titel als Gegenleistung für Dienste im Krieg gegen Napoleon, und bisweilen bestanden einzelne Briefe aus nichts anderem als der Auflistung der *requerimentos*.[375] Ab 1814 wurden sie so zahlreich, dass sie in separaten Kisten und Säcken nach Rio transportiert wurden.[376] Nur noch die wichtigsten wurden fortan in der Regierungskorrespondenz erwähnt.

Bemerkenswert an diesen transatlantischen Supplikationen und der Gewährung bzw. Nichtgewährung von monarchischen Zuwendungen ist die erstaunliche Normalität und Unaufgeregtheit, mit der sie geschahen. Langeweile und Überdruss, die sich im Archiv unweigerlich bei der Lektüre der nicht abreißenden, inhaltlich und im Wortlaut sehr ähnlichen *requerimentos* (vor allem in der Korrespondenz der Jahre 1816 und 1817) einstellen, sind auf den zweiten Blick Indiz für ein Phänomen, das durchaus Relevanz für die Bewertung der Gouvernementalität des portugiesischen Reiches hat. Denn das Erstaunliche, das aufgrund seiner Selbstverständlichkeit fast „unsichtbar" bleibt, ist, *dass* die Kommunikation sich aus heutiger Sicht so unspektakulär (und also langweilig) gestaltete. Die Supplikationen verliefen mit anderen Worten in einer bemerkenswerten Eintönigkeit und „Geräuschlosigkeit". Genau dies deutet auf ein relativ reibungsloses Funktionieren der Beziehung zwischen Herrscher und Beherrschten hin. Denn das, was die Quellen *nicht* sagen, ist hier wichtiger als das, was sie sagen: Auch wenn nachweislich zahlreiche Anfragen auch der „treuesten" Untertanen nicht berücksichtigt wurden, gibt es in der umfangreichen Regierungskorrespondenz keinerlei Hinweise auf

---

373 Governadores an João, Lissabon am 21. August 1813, IAN/TT MR Livro 315, S. 214.
374 Governadores an João VI, Lissabon am 2. September 1819, IAN/TT MR Livro 319, S. 131.
375 Dafür, dass der Hauptteil der Korrespondenzen aus *requerimentos* bestand, gibt es im untersuchten Quellenkorpus zahlreiche Belege, vermehrt jedoch nach 1814. Vgl. die Briefe der Governadores an João, IAN/TT MR Livro 316–318.
376 Governadores an João, Lissabon am 15. März 1814, IAN/TT MR Livro 316, S. 8.

Proteste von abschlägig Beschiedenen. Die „verkehrte" Raumordnung, bei der der Souverän auf einem anderen Kontinent residierte, verlief, was die im *Antigo Regime* üblichen Supplikationspraktiken anging, bemerkenswerterweise offenbar weitgehend unproblematisch, obwohl die Kommunikation über den Atlantik hinweg langwierig und das Ergebnis für die Bittsteller oft frustrierend war. Dieser spezielle Befund, der sich aus der Analyse der Regierungsdokumente ergibt, passt zu dem allgemeinen Befund der historischen Forschung, dass in Portugal in der Zeit zwischen 1808 und 1820 das monarchische Herrschaftssystem als solches kaum je in Frage gestellt oder auch nur kritisiert wurde.[377]

Die einzige Möglichkeit, zunächst nicht gewährte Privilegien und Zahlungen doch noch zu erhalten, scheint darin bestanden zu haben, persönlich am Fuße des Throns zu erscheinen. Etliche Europaportugiesen, die es sich leisten konnten, reisten nach Rio, um ihre Forderungen (nach Titeln oder Pensionen) beim Monarchen persönlich durchzusetzen.[378] Doch auch diese aufwändige und kostspielige Strategie war nicht immer von Erfolg gekrönt. Luiz Manoel de Azevedo Sá e Coutinho, der einer von denen war, deren Anträge permanent abgewiesen worden waren und die daraufhin nach Rio de Janeiro reisten, um dort die Hand des Monarchen zu küssen,[379] kehrte unverrichteter Dinge und ohne den geforderten Titel des „Ordem de Christo" zurück. Auch die nach seiner Rückkehr über die Interimsregierung erneut gestellten *requerimentos* wurden abgelehnt.[380]

Zusammenfassend lässt sich konstatieren, dass die ökonomische Krise in Portugal für die Statthalterschaft in der Zeit zwischen 1808 und 1820 ebenso offensichtlich wie dramatisch war. Die Beschäftigung mit der prekären wirtschaftlichen Lage des Königreichs nahm, wie sich gezeigt hat, einen großen Raum innerhalb der Korrespondenz mit Rio de Janeiro ein. Doch der vielfach befürchtete (finanzielle) „Ruin" des Staates stellt sich bei näherer Analyse der Regierungsdokumente als eine Katastrophe dar, die von bemerkenswert wenigen widerständischen Bewegungen innerhalb der portugiesischen Bevölkerung begleitet wurde. Die Korrespondenz zeigt also auch und vor allem, dass eine (als solche empfundene) ökonomische Krise allein nicht notwendigerweise zu einem tiefgreifenden politischen Wandel oder gar zu einer Revolu-

---

377 ALEXANDRE, Sentido do Império, S. 441.
378 SILVA, Inventando a Nação, S. 215.
379 Das *Beija mão* („Handkuss") war ein institutionalisiertes Ritual, bei dem Untertanen dem Monarchen ihre Anliegen persönlich vorbringen konnten. In der Regel hielt João ein Mal wöchentlich ein *Beija mão* ab.
380 Governadores an João VI, Lissabon am 18. Oktober 1819, IAN/TT MR Livro 319, S. 250.

tion führt. Bemerkenswert ist in diesem Zusammenhang, dass die Statthalter den „finanziellen Ruin" des Staates zwar in plastischen Farben immer wieder schilderten, dass aber die Reaktionen der Untertanen auf die wirtschaftliche Krise nie auch nur annähernd eine so große Souveränitätspanik auslöste und mit so apokalyptischem Vokabular beschrieben wurden wie etwa die Gefahr der „Kontamination" mit französischen Idealen. Kurz: Wenn eine Gruppe von einflussreichen Personen, etwa von Großhändlern, emigrierte, klagten die Governadores zwar über den Schaden für den Staat (da Kapital abhandenkam) und die fehlende „Treue" zum Staat, wenn allerdings ein „Jakobiner" ein „falsches Gerücht" streute, war sofort vom nahenden *Ende* des Staates die Rede. Hierin zeigt sich ein interessante Tendenz, die in den folgenden Kapiteln noch weiter analysiert werden soll: Die Praktiken der wohlhabenden Mitglieder der Gesellschaft wurden selten mit Revolution, Anarchie oder Umsturz in Verbindung gebracht – die Praktiken der Angehörigen des „Volkes" und des „Plebs" hingegen ständig.

Viele portugiesische Historiker haben im Hinblick auf die Krise des Handels und der Produktion (*crise merkantil e industrial*) die Regierungsweise der Governadores in der Zeit der Abwesenheit des Monarchen negativ bewertet. Sie stellten ihre „Unbeweglichkeit" heraus, ihren „Stillstand", ihren Hang, zu „jammern" anstatt zu handeln,[381] und ihre Unfähigkeit, ökonomische und politische Reformen anzugehen oder alternative Strategien zu entwickeln.[382] Diesen Vorwürfen könnte man nach Betrachtung der von ihnen selbst hinterlassenen Zeugnisse entgegnen, dass offensichtlich schlicht kein Zwang bestand, Reformen anzugehen. Mit anderen Worten: Es gab, trotz der ökonomischen Krise, nur wenig Widerstand der Beherrschten gegen das bestehende Wirtschaftssystem. Die Praktiken der Herrschenden mussten sich also nicht ändern. Möglich, dass die Interimsregierung die potenzielle Kraft von bestimmten Gruppen, die auf eine andere Ausgestaltung von Handlungsmöglichkeiten (und also von Souveränität) hätten dringen können, unterschätzte. Wahrscheinlicher jedoch ist, dass sie von einer solchen Gefahr gar nicht ausging – sie war in ihren Augen schlicht nicht existent.

Damit soll nicht gesagt sein, dass den Governadores die Gefahr eines Aufstandes nicht bewusst war. In einigen der zitierten Dokumente wird deutlich (etwa, als es um die Einführung neuer Steuern ging), dass finanzielle Belange als geeignet angesehen wurden, den „Aufstand zu fördern". Aber diese Gefahr ging in ihren Augen nicht von einer bestimmten Gruppe von Personen aus.

---

381 Marques, Geschichte Portugals und des portugiesischen Weltreichs, S. 331–334, S. 379f.
382 Vargues, O processo, S. 51. Alexandre, Sentidos do Império, S. 441 und S. 454.

Es war eine eher allgemeine, diffuse Gefahr. Nur wenn man in Betracht zieht, dass seit den französischen Invasionen „das Volk" und die „öffentliche Meinung" nachweislich so große Stellenwerte erlangt hatten (wie in den vorangegangenen Kapiteln beschrieben), und dass die Governadores die „Schrecken" der Französischen Revolution deutlich vor Augen hatten, wird dieses Gefühl für die Gefahr verständlich.

Neuere historische Interpretationen der Liberalen Revolution von 1820 legen Gewicht nicht nur auf (strukturelle) ökonomische Gründe, sondern auch auf ihre *Voraussetzungen*, die meist in der Veränderung der politischen Kultur und der Entstehung einer öffentlichen Sphäre in Portugal verortet werden.[383] So widmet auch Valentim Alexandre, der ökonomischen und politisch-diplomatischen Perspektiven grundsätzlichen Vorrang einräumt, in seinem Werk „Os Sentidos do Império" ein 70 Seiten langes Kapitel den „unterirdischen Veränderungen" (*mutações subterrâneas*) in der portugiesischen Gesellschaft, welche die Revolution erst möglich gemacht hätten.[384] Valentim Alexandres Sichtweise ist, wie bei vielen anderen, geprägt von einer teleologischen Tendenz: Die Erzählung führt in seiner Monographie unweigerlich auf die Revolution zu. Demnach führte die „merkantile und industrielle Krise" *zusammen* mit der „größeren Permeabilität für Einflüsse aus dem Ausland" und der „Diffusion einer nationalistischen Ideologie mit liberaler, antibritischer und antibrasilianischer Neigung",[385] die vor allem in der portugiesischsprachigen Exilpresse perpetuiert worden sei (die somit als „Katalysator" erscheint),[386] notwendigerweise zur Revolution.[387]

Zugegebenermaßen müssen diese Prozesse, wenn man nach einer kausalen Erklärung des Großereignisses Revolution sucht, beinahe zwangsweise als miteinander verzahnt erscheinen. Eine additive Erklärung (ökonomische Krise *plus* größere Permeabilität für Einflüsse aus dem Ausland *plus* Entstehung einer nationalistischen Ideologie in der Exilpresse *plus* Diffusion dieser nati-

---

383 SILVA, Inventando a Nação, S. 174; CHIARAMONTE, José Carlos, Metamorfoses do conceito de nação durante os séculos XVII e XVIII, in: István JANCSÓ (Hrsg.), Brasil: Formação do Estado e da Nação, São Paulo 2003, S. 61–92.
384 Vgl. das Kapitel „As Mutações Subterrâneas" in ALEXANDRE, Sentidos do Império, S. 373–444.
385 Ebd., S. 449.
386 Ebd., Kapitel „As ‚estrondosas novidades' do Brasil e as reacções da imprensa portuguesa", S. 639–659 und „A imprensa face à questão brasileira e às ameaças na Europa", S. 713–728.
387 Ebd., S. 441. Vgl. auch PEDREIRA, Jorge Miguel Viana, Economia e política na explicação da independência do Brasil, in: Jurandir MALERBA (HRSG.), A Independência do Brasil. Novas Dimensões, Rio de Janeiro 2006, S. 55–97, S. 83ff.

onalistischen Ideologie in Portugal) verstellt jedoch den Blick darauf, dass bestimmte Prozesse gar nicht Hand in Hand gegangen sein müssen. Der häufig in der Forschung hervorgehobene in der Londoner Exilpresse geschmiedete „Nationalismus" wird beispielsweise meist losgelöst von den Reaktionen der Herrschenden und Beherrschten in Portugal untersucht.

In den folgenden Ausführungen soll es darum gehen, zu klären, welche Wirkung die Zirkulation von schriftlich und mündlich tradierten Nachrichten (aus dem Ausland) hatte. Die Praktiken der Interimsregierung und der Polizeiintendanz sollen dabei als Ausdruck einer Regierungsweise analysiert werden, die zwar ganz offensichtlich an der Krise ausgerichtet war, aber naturgegeben nicht von dem Wissen um eine (erst zukünftige) „nationale" Revolution geprägt sein konnte. Das Festhalten an dem analytischen Blick auf die Praktiken der Herrschenden soll einen Referenzpunkt schaffen, der eine Interpretation jenseits der Summierung von Prozessen zulässt. Im Folgenden soll es mit anderen Worten darum gehen, den unmittelbaren Zusammenhang zwischen der Existenz und Zirkulation von (ausländischen) Druckwerken und der Gouvernementalität des europäischen Teils des portugiesischen Imperiums aufzuzeigen, mithin deren Bedeutung für das Politische zu analysieren.

6.2.3 Kontrolle der Zirkulation von Nachrichten

Häufiger als über die Zirkulation von Gütern kommunizierte die Interimsregierung in Lissabon mit der Zentralregierung in Rio de Janeiro über die Zirkulation von Nachrichten. Wie bereits im vorangegangenen Kapitel deutlich wurde, war nach November 1807 „das Volk" mit seiner „öffentlichen Meinung" eine der größten Sorgen der portugiesischen Autoritäten.[388] Im Zuge der Kontrolle derselben standen insbesondere Produktion und Einfuhr von

---

388 Ebenso wie für Lateinamerika ist auch für Iberien die Entstehung einer „öffentlichen Meinung" am Ende des *Ancien Régime* vielfach thematisiert worden. Für Lateinamerika vgl. zum Beispiel: GUERRA, François-Xavier, „Voces del pueblo". Redes de comunicación y orígenes de la opinión en el mundo hispánico (1808–1814), in: Revista de Indias 62/225, 2002, S. 357–384; URIBE-URAN, The Birth of a Public Sphere in Latin America, in: Comparative Studies in Society and History 42/2, 2000, S. 425–457. Für Portugal vgl. ALVES, Opinião Pública em Portugal; ALEXANDRE, Sentidos do Império, S. 193; ARAÚJO, Ana Cristina, Opinião Pública, in: Ler História 55, 2008, S. 125–140, S. *130–135*.

Periodika *(jornais/gazetas)* und „Heftchen" *(folhetos)* unter ständiger argwöhnischer Beobachtung.³⁸⁹

Im Juni 1809 sorgte ein Zeitungsartikel der spanischen *Gaceta de Sevilla* bei den Governadores für große Aufregung: In Spanien waren Veränderungen im Gange, und in Sevilla hatte am 15. April 1809 Lorenzo Calvo de Rozas, Abgeordneter der *Junta Suprema Central y Gubernativa del Reino*, einen Vorschlag zur Einberufung der Cortes und der Ausarbeitung einer Verfassung veröffentlicht („Convocatoria de las Cortes y elaboración constitucional").³⁹⁰ Im besagten Zeitungsartikel der *Gaceta* ging es um die Vorbereitung dieses Unterfangens. Sogleich sandten die portugiesischen Statthalter am 10. Juni 1809 dem Monarchen diesen Zeitungsartikel nach Rio de Janeiro, da ihm ihrer Ansicht nach diese „wichtigen Neuigkeiten ohne Verzögerung" präsent sein müssten.³⁹¹

Die Ereignisse in Sevilla, oder vielmehr die *Nachrichten* über diese Ereignisse, zeitigten unmittelbare Wirkung auf die Herrschaftspraktiken der Governadores: Zwei Tage nachdem sie den Zeitungsartikel an João gesandt hatten, am 12. Juni 1809, verfassten sie erneut einen Brief an den Monarchen, in dem sie ihm Überlegungen zur Erhebung von „außerordentlichen Abgaben" unterbreiteten. Da das Geld für die Finanzierung der portugiesischen Armee knapp wurde, erwogen sie, Sonderabgaben zu erheben, ohne – wie es eigentlich die Regel war – zuvor die Cortes einzuberufen.³⁹² In den derzeitigen „kritischen Umständen" sollten, so war ihr Plan, die Staatsräte und Gerichte des Reiches (*Conselhos e Tribunais do Reino*) und die Lissabonner Stadtkam-

---

389 SILVA, Inventando a Nação, S. 205; BELO, André, Notícias impressas e manuscriptas em Portugal no século XVIII: horizontes de leitura da „Gazeta de Lisboa", in: Horizontes Antropológicos 10/22, 2004, S. 15–35.

390 Für neuere historische Interpretationen zur Entstehung der spanischen Verfassung siehe TIMMERMANN, Andreas, Die „gemäßigte Monarchie" in der Verfassung von Cadiz (1812) und das frühe liberale Verfassungsdenken in Spanien, Münster 2007; SCANDELLARI, Simonetta, Da Bayonne a Cadice. Il processo di trasformazione costituzionale in Spagna, 1808–1812, Messina 2009; BREÑA, Roberto, El primer liberalismo español y los procesos de emancipación de América, 1808–1824. Una revisión historiográfica del liberalism hispánico, Mexiko-Stadt 2006, hier insbesondere S. 119ff.

391 Governadores an João, Lissabon am 10. Juni 1809, IAN/TT MR Livro 314, S. 38–38v.

392 Traditionell wurden die Cortes, in denen die unterschiedlichen „Körper" (*corpos*) der Gesellschaft vertreten waren, im Mittelalter zur Entscheidung über legislative Veränderungen vom Monarchen persönlich einberufen, vor allem wenn es um die Einführung neuer Steuern ging. Seit dem 17. Jahrhundert waren in Portugal die Cortes nicht mehr einberufen worden, SLEMIAN/PIMENTA, O „nascimento político", S. 50.

mer (*Câmara de Lisboa*) die Cortes „ersetzen", wie es bereits 1662 einmal geschehen war,[393] und sie hofften darauf, dass der Monarch diese Entscheidung billige. Zwar erwähnten sie nicht, welche „kritischen Umstände" sie konkret meinten, es ist jedoch mehr als wahrscheinlich, dass die Befürchtung, die Einberufung der Cortes würde mit den Forderungen nach einer Verfassung und nach Volkssouveränität verknüpft, die Statthalterschaft zu diesem Vorschlag bewog. Immerhin war ihnen das Beispiel Spaniens aufgrund des besagten Zeitungsartikels unmittelbar präsent.

Der Monarch bestätigte in einer *Carta Régia* vom 30. August 1809, dass die Cortes wegen der außerordentlichen Abgaben, genau wie 1662, nicht einberufen werden sollten. Man solle „die Völker" (*os povos*) jetzt nicht anhören, weil dies derzeit „sehr gefährlich" sei und „unheilvolle Übel" (*males funestos*) verursachen könne.[394] Die Governadores bedankten sich daraufhin bei João dafür, dass er zur Einberufung der Cortes keine Anweisungen gegeben hatte, und betonten erneut, dass diese Maßnahme unter den „aktuellen Umständen" „höchst gefährlich und riskant" sei (*sumamente perigoza, e arriscada*) und „nur zu Unordnung, Parteinahmen und Anarchie" führe. Obwohl diese Angelegenheit ihnen, wie sie wiederholt formulierten, „viel Sorge" bereitete, konstatierten sie gleichzeitig, dass sie innerhalb der [portugiesischen] Nation noch nicht den Wunsch ausgemacht hätten, die Cortes einzuberufen (*mas por ora não se conheceo na Nação dezejo de se convocarem Cortes*), obwohl genau dies in Kastilien in Kürze geschehen solle. Die Konjunktion „obwohl" und die adverbiale Bestimmung „noch nicht" sind hier von entscheidender Bedeutung, drückt sich in ihnen doch Verwunderung darüber aus, dass die portugiesische Nation *noch nicht* verlangte, was in der Nachbargesellschaft *bereits* gefordert wurde. Ein von der Interimsregierung unmittelbar angenommener Zusammenhang zwischen den politischen Ereignissen in Portugal mit den politischen Ereignissen in Spanien wird hier evident. Bildlich gesprochen: Die portugiesischen Statthalter „lasen" die eigene Gesellschaft aus der Perspektive des Nachbarstaates; die politische Entwicklung schien in ihren Augen von den Ereignissen in Spanien vorgezeichnet zu sein. Nur so wird ihre Verwunderung erklärbar.

Während die königliche Anweisung noch unterwegs gewesen und also die transatlantische Auseinandersetzung zwischen dem Monarchen und den Governadores über die Einberufung oder Nichteinberufung der Cortes noch nicht zu einem Abschluss gekommen war, tauchte Mitte August 1809 in Lissa-

---

393 Governadores an João, Lissabon am 12. Juni 1809, IAN/TT MR Livro 314, S. 38v.
394 Governadores an João, Lissabon am 23. Dezember 1809, IAN/TT MR Livro 314, S. 60–60v.

bon die portugiesische Übersetzung eines ursprünglich spanischen Heftchens (*folheto castelhano*) mit dem Titel „Política Popular No. 4" auf, die nach Meinung der Interimsregierung „gefährliche" und „verkehrte Maxime" (*maximas perigosas e perversas*) enthielt sowie „Neuigkeiten", die der „Souveränität und der guten Ordnung" entgegenstanden sowie die „öffentliche Ruhe" störten (wörtlich: „angriffen"). Konkret wurden in diesem Heftchen die Prinzipien einer Volksvertretung gepriesen, wie sie in Spanien gerade in Planung war. Dieses *folheto* hätte nach Meinung der Interimsregierung niemals in Portugal verbreitet werden dürfen, doch die für die staatliche Zensur zuständige *Meza do Desembargo do Paço*[395] hatte auf Weisung des königlichen Zensors Lucas Tavares – aus Unachtsamkeit, so mutmaßten die Governadores – die Lizenz für den Druck dieser Übersetzung erteilt.[396] Das Problem war mit anderen Worten *innerhalb* und *durch* eine Regierungsinstitution entstanden.

Nun, da das Heftchen einmal an die Öffentlichkeit gelangt war, war guter Rat teuer. Denn die Governadores waren sich, wie sich bei diesem und ähnlichen Fällen zeigte, über die paradoxe Wirkung von nachträglichen Zensurpraktiken durchaus bewusst: So verzichteten sie auf die Zensur des besagten „spanischen Heftchens", und zwar explizit mit der Begründung, dass es bereits „von vielen gesehen" worden war. Das Verbot würde folglich „mehr Schaden als Wohl" (*mais damno que bem*) anrichten und nur die Neugier der Leute steigern. Allerdings sollten ihrer Ansicht nach in Zukunft keine „ähnlichen" Werke mehr in Portugal gedruckt werden; zudem veranlassten sie die Beschlagnahmung aller noch nicht verkauften Exemplare. Da sich die Statthalterschaft der „Schwere der Angelegenheit" (*gravidade da materia*) bewusst war, schlug sie dem Monarchen außerdem vor, einen aufgrund seiner „Bildung und guten Kenntnisse" (*pela sua Literatura e bons conhecimentos*) kompetenten Mann mit einer „Widerlegung" (*refutação*) des Inhalts des Heftchens zu beauftragen.[397]

Die Interimsregierung strafte die „unachtsame" Junta, die den Druck der Übersetzung erlaubt hatte, nicht sogleich, sondern erbat zunächst die

---

[395] Ein vom Marquês de Pombal veranlasstes Dekret vom 15. April 1768 hatte die Zensur zum großen Teil von kirchlichen Institutionen (namentlich der Inquisition) auf die staatliche *Meza do Desembargo do Paço* übertragen. Von Anfang an standen vor allem ausländische (ins Portugiesische übersetzte) Werke im Zentrum der Aufmerksamkeit dieser Institution, vgl. ROCHA, O essencial sobre a imprensa em Portugal, S. 24f.

[396] Governadores an João, Lissabon am 16. August 1809, ANRJ Negócios de Portugal, Secretaria de Estado do Ministério do Reino cx. 694, pac. 1, nicht foliiert.

[397] Governadores an João, Lissabon am 16. August 1809, IAN/TT MR Livro 314, S. 45v–46.

Anweisung des Monarchen, damit dieser entscheide, was für die „Rettung dieser portugiesischen Reiche" am besten zu tun sei (*para mandar o q melhor convier á salvação destes Reinos*).[398] Diese Formulierung lässt an Deutlichkeit kaum zu wünschen übrig: Die „Rettung" Portugals wurde unmittelbar mit der Existenz bzw. Nichtexistenz bestimmter in der Bevölkerung zirkulierenden Druckwerke in Beziehung gesetzt. Auf einer (diskurs-)theoretischen Ebene ließe sich formulieren, dass die Aussagen, die in dem Heftchen geschrieben standen (in der Essenz etwa: „das konstitutionelle System ist richtig und das nicht-konstitutionelle falsch"), in den Augen der Governadores von den Lesern als wahr akzeptiert werden würden. Die Lösung für dieses Problem konnte im speziellen Fall nicht mehr nur darin bestehen, diese Aussage ungeschehen zu machen, indem man möglichst viele der Schriften aus dem öffentlichen Raum entfernte; vielmehr musste auch eine Gegenaussage von einem hierzu kompetenten Mann etabliert werden (etwa: „das nicht-konstitutionelle System ist richtig, das konstitutionelle falsch"). Das Paradoxon, das einem solchen Verfahren innewohnt, liegt auf der Hand: Durch die Widerlegung bestimmter Aussagen gelangen genau diese verstärkt in die Gesellschaft hinein. Mit anderen Worten: Nicht nur die Zensur, sondern auch die „Widerlegungen" machten die Menschen auf die Existenz der „falschen" Aussagen aufmerksam.

Auffällig an der Kommunikation über das „spanische Heftchen" ist die Gleichsetzung von politischem System und Staat: Die Governadores sprachen nicht etwa von der Rettung der Monarchie, sondern von der Rettung der portugiesischen Reiche,[399] also des Staates selbst (und möglicherweise der Gesamtheit seiner Bewohner). Es gibt kaum einen besseren Beweis dafür, dass sich die Interimsregierung darüber bewusst war, wie fragil das politische System und also „der Staat" war, den sie lenkten, und wie unmittelbar er von der Aufrechterhaltung bestimmter Redeweisen abhing. Seine Natürlichkeit, die möglicherweise einst problemlos suggeriert werden konnte, war für die Herrschenden keineswegs mehr gegeben. Vielmehr wäre es, so lässt sich das Dokument interpretieren, bald um Portugal geschehen, wenn in ihm Schriften aus Spanien mit Nachrichten über die dortige Einberufung der Cortes weiterhin kursierten. Das Überleben Portugals hing nun davon ab, die Verbreitung des Heftchens so gründlich und unauffällig wie möglich einzuschränken und die in ihm verzeichneten Aussagen möglichst überzeugend als falsch darzustellen.

---

398 Ebd.
399 Der stets verwandte Plural „Reiche" ist darauf zurückzuführen, dass es sich um ein zusammengesetztes Königreich (Portugal und Algarve) handelte.

Offenbar zeitigte das *folheto* nicht die befürchtete apokalyptische Wirkung. Im Dezember berichteten die Governadores, dass die Bevölkerung „zum Glück" die außerordentlichen Abgaben akzeptiert hätte – es habe „nicht den kleinsten Widerstand" gegeben.[400] Im Sinne einer Medienwirkungsanalyse wäre es durchaus interessant, zu erfahren, ob und wie das besagte Heftchen in der portugiesischen Gesellschaft (und bei wem) tatsächlich gewirkt hatte. Quellen, anhand derer sich dies zweifelsfrei festmachen ließe, sind indes rar. Historische Studien zu Medienwirkungen stehen deshalb gewöhnlich vor empirischen Problemen, und die Analyse von Polizeiberichten, in denen Gespräche über Zeitungsinhalte thematisiert werden, ist in der Tat einer der wenigen gangbaren Wege, etwas über die Wirkung von publizistischen Veröffentlichungen zu erfahren.[401] Relevanter für die Fragestellung der vorliegenden Arbeit ist, welche Wirkung das Schriftstück auf die Regierung und „den Staat" selbst hatte: Es zeigt sich, dass die Aufmerksamkeit der Autoritäten sich in erheblichem Maße auf die Geschehnisse im Nachbarstaat bzw. in der Nachbargesellschaft richtete und dass sie die Verbreitung von Nachrichten über diese Geschehnisse mit einem bemerkenswerten Automatismus direkt mit dem Schicksal des eigenen Staates koppelten. Die Herrschaftspraktiken der Zensur und der „Widerlegung" richteten sich entsprechend auf die Medien, die von diesen Geschehnissen in Spanien zeugten. Die Governadores gingen davon aus, dass in Portugal die gleichen Prozesse in Gang gesetzt würden wie in Spanien, sobald die dortigen Ereignisse von der portugiesischen Bevölkerung *gewusst* wurden. Einen alternativen Weg sahen sie ganz offensichtlich nicht.

Obwohl die Governadores die *Junta da Impressão Régia* nach diesem Vorfall umgehend anwiesen, keine Lizenzen mehr für Zeitungen oder Zeitschriften gleich welcher Art aus Eigeninitiative zu erteilen und die Mesa do Desembargo do Paço alle Lizenzanfragen der Junta für unterschiedliche Werke abschlägig beschied, setzte sich die Junta in der Folge regelmäßig über diese Anweisungen hinweg und ließ etwa den Druck des Periodikums „Lanterna Magica No. 2" und des „Supplemento do Correio de Londres No. 32" sowie der Heftchen mit den Titeln „Reflexionen über das Verhalten des Prinzregenten No. 6" (*Reflexoens sobre a conducta do Principe Regente No. 6*) und „Brief eines französischen Generals" (*Carta de hum General Francez*) zu,

---

400 Governadores an João, Lissabon am 23. Dezember 1809, IAN/TT MR Livro 314, S. 62v.
401 Vgl. BÖSCH, Frank, Zeitungsberichte im Alltagsgespräch. Mediennutzung, Medienwirkung und Kommunikation im Kaiserreich, in: Publizistik 49/3, 2004, S. 319–336.

was der Polizeiintendant umgehend an die Interimsregierung berichtete, da dieser „schrecklicher Ungehorsam" seiner Ansicht nach sofort behoben werden musste. Die Direktion der Königlichen Druckerei verteidigte sich mit dem Argument, dass sie diese Werke aufgrund der hohen Ausgaben drucken müsse, woraus sich folgern lässt, dass aus dem Ausland eintreffende und auf Portugiesisch aufgelegte Schriften offenbar guten Absatz in Lissabon fanden.

Ob der Monarch die Lizenzen für die von der Königlichen Druckerei publizierten Werke erteilt hätte oder nicht, konnten die Governadores aufgrund seiner Abwesenheit vorerst nur erahnen. Sie erklärten ihm in einem Brief, dass die beiden erstgenannten Werke (*Lanterna Magica No. 2* und *Supplement des Correio de Londres No. 3*) zuvor bereits in Coimbra mit Erlaubnis des Vize-Rektors der dortigen Universität gedruckt worden seien – allerdings zu einer Zeit, als Lissabon noch von Franzosen okkupiert und also keine Kommunikation mit dieser Stadt möglich gewesen sei. Aus diesem Grund wünsche der Monarch, so mutmaßten sie, „wahrscheinlich" die Reproduktion in der Hauptstadt nicht. Da eine königliche Anweisung jedoch auf sich warten ließ und die Governadores offenbar nicht über die nötige Durchsetzungskraft verfügten, geschah es in den Folgemonaten immer wieder, dass in der Königlichen Druckerei nicht lizenzierte Werke erschienen. So war mit der Post vom 4. Februar 1810 ein weiteres spanisches Heftchen mit dem Titel „Kurze Idee über die Revolution in Sevilla Nr. 10" eingetroffen und sofort am nächsten Tag in portugiesischer Übersetzung unter dem Titel *Idea abeviada da revolução de Sevilha No. 10* gedruckt worden. Sofort beschwerten sich die Statthalter bei ihrem Souverän: „Die Regierung kann nicht mit Gleichgültigkeit zusehen, wie in dieser Hauptstadt ein Papier verbreitet wird, das in den derzeitigen Umständen sehr unpolitisch (*impolítico*) und verführerisch ist, weil es das gemeine Volk die Art lehrt, den Aufstand und Tumulte anzuzetteln, die die Parteigänger ihm seit langem mit dem Ziel propagieren, die Anarchie einzuführen."[402] Auch hierin drückt sich aus, welche Entität die Statthalter als die „gefährlichste" für die „gute Ordnung" ansahen: das „gemeine Volk".

Erst ein Jahr nach der Reproduktion des ersten spanischen *folheto* wurde die Angelegenheit von Rio de Janeiro aus gelöst: Auf persönliche Anordnung des Monarchen vom 16. August 1810 wurden die Mitglieder der *Junta da Impressão Régia*, die entgegen der Anweisung der Interimsregierung den Druck von bestimmten „gefährlichen" Schriften zugelassen hatten, wegen ihres Ungehorsams bestraft bzw. entlassen. Der Monarch gab gleichzeitig Anweisung, dass die Governadores ausschließlich jene Schriften (*escritos*) in

---

402 Governadores an João, Lissabon am 21. Februar 1810, IAN/TT MR Livro 14, S. 78.

Portugal in Umlauf bringen sollten, die „zur Rettung des Staates" beitrügen, und keinesfalls jene, die „auf irgendeine Weise" geeignet seien, die „gut gesinnten Bürger" zu „verkehren" (*perverter*). In Zukunft sollte, so der monarchische Wille, die *Mesa do Desembargo do Paço* die Lizenzen mit der „größten Vorsicht" ausgeben.[403]

Auch wenn das Heftchen *Política Popular* sich letztlich nicht als Problem größeren Ausmaßes herausgestellt hatte, bildeten in- und ausländische Druckwerke weiterhin ein wichtiges Politikum auf der Agenda der Statthalter. Die Zeitungen, die während der ersten französischen Invasionen den „Patriotismus" der Portugiesen gefördert hatten und also hochwillkommen gewesen waren,[404] sollten im Februar 1810 wieder eingestellt werden. Die Governadores sandten in dieser Angelegenheit die protokollierten Ergebnisse ihrer Beratung über die Privilegien der *Gazeta de Lisboa* nach Rio de Janeiro; ihrer Meinung nach sollte man die nicht genehmigten Zeitungen nicht „abrupt" abschaffen, da die „Öffentlichkeit" (*público*) diese mittlerweile mit „sehnsüchtigem Verlangen" (*com ancia*) erwartete; vielmehr müsse man sie „nach und nach" zahlenmäßig reduzieren.[405] Auch hierin drückt sich aus, wie sensibel das Thema der Zensur war und wie vorsichtig man diese paradoxe Praktik anging – und ganz offensichtlich auch angehen musste.[406]

Die Unterbindung von Produktion und Lektüre „gefährlicher" Druckwerke war eine Angelegenheit, die in Portugal ebenso wie in Brasilien grundsätzlich in den Zuständigkeitsbereich der Polizeiintendanz fiel. So sandten portugiesische Autoritäten im ganzen Land, namentlich die Kriminalrichter (*Juizes do Crime*), beschlagnahmte Proklamationen, Bekanntmachungen (Anschlagzettel) und Dekrete, die während der Invasion der Franzosen gedruckt und verbreitet worden waren, zunächst an die zentrale Polizeiintendanz nach Lissabon. Von dort aus wurden diese Schriften nach Rio de Janeiro gesandt.[407]

---

403 Governadores an João, Lissabon am 16. August 1810, IAN/TT MR Livro 314, S. 113–114v.
404 Tengarrinha, E o povo, onde está?, S. 41.
405 Governadores an João, Lissabon am 21. Februar 1810, IAN/TT MR Livro 314, S. 76v–78.
406 Zwar ging es den Governadores bei ihrem Versuch, die Zeitungen zu eliminieren, vorwiegend darum, die Gefahr einer freien Presse zu bannen. Doch es ging auch um ökonomische Aspekte. Die Beamten des Außenministeriums, die die täglich erscheinende *Gazeta de Lisboa* betrieben und die Exklusivrechte für alle ausländischen Nachrichten inne hatten, sahen durch die illegalen Zeitungen ihre Privilegien verletzt und beschwerten sich bei der *Meza do Dezembargo do Paço* über die Konkurrenz, die in ihren Augen ohnehin nur „falsche" Nachrichten verbreite.
407 Der Monarch verfasste am 2. März 1810 eine an den *Desembargo do Paço* gerichtete *Carta Régia*, nach der alle Druckwerke in Portugal eingesammelt und nach Rio ver-

Auch wenn die Lektüre einige dieser Schriften, die in Porto aufgefunden worden waren, nach Meinung des Lissabonner Polizeichefs „eher zum Lachen" animierten als zu einer Zensur, insbesondere eine Schrift mit dem Titel „Die Enttäuschung" (*O Desengano*), sei sie doch voller beleidigender Ausdrücke gegen die Königliche Hoheit, die Regierung Portugals und gegen den britischen Monarchen. Obschon „voller Fehler" seien sie geeignet, „verführerische Maxime" einzuschleusen. Ein Papier, das ohne die „legitime Autorität" gedruckt und öffentlich verkauft worden sei, bedürfe der „strengsten Maßnahme". Lucas Seabra da Silva ließ drei Männer, die als Urheber der Papiere verdächtigt wurden, festnehmen.[408]

Bemerkenswert ist, dass die Herrschenden vor allem daran interessiert waren, politische *Neuigkeiten* über gerade stattfindende Ereignisse zu kontrollieren. Andere Druckwerke, etwa Werke aus dem Bereich der „schönen Literatur" oder Schriften französischer Aufklärer, waren zwar ebenfalls unerwünscht, wurden indexiert und der Zensurbehörde überführt,[409] aber Schriften dieser Art waren fast nie Gegenstand der Korrespondenz zwischen der Interimsregierung und dem Monarchen. Kurz: Dicke Bücher verursachten kaum Probleme bei der Herrschaftsausübung, dünne Heftchen mit tagesaktuellen Nachrichten aus dem Ausland hingegen sehr wohl.

Die in London erscheinende portugiesischsprachige Exilpresse war, wie bereits angedeutet, der Interimsregierung in Portugal bereits ab 1809 ein Dorn im Auge. Der von dem liberal gesinnten Intellektuellen Hipólito da Costa herausgegebene *Correio Braziliense* (1808–1822) war etwa zeitgleich mit dem Auftauchen des Heftchens *Política Popular* vom Kriminalrichter aus Porto denunziert worden, da er nicht nur „voller Fehler und Doktrinen" sei, sondern auch „subversive Prinzipien und Maximen" enthalte, die die „soziale Ordnung" untergrüben und die „etablierten Regeln" verletzten, um den „Auf-

---

schifft werden sollten, die unter der französischen „Eindringlings-Regierung" (*governo intruso*) genehmigt worden waren, 1. Oktober 1810, IAN/TT MR Livro 314, S. 124. Über in Portugal produzierte Druckwerke wollte die Regierung in Brasilien stets genauestens informiert werden. Am 11. Dezember 1812 ordnete der Prinzregent an, dass von allen in Portugal gedruckten Werken ein Exemplar unverzüglich nach Rio gesandt werden sollte, Governadores an João, Lissabon am 27. Februar 1813, IAN/TT MR Livro 315, S. 156v–157.

408 Vianna an João, Lissabon am 10. Juni 1809, IAN/TT IGP Livro 10, S. 163v; Governadores an João, Lissabon am 16. August 1809, IAN/TT MR Livro 314, S. 45v–46. Vgl. auch Silva, Inventando a Nação, S. 205.

409 Zur Zirkulation der aufklärerischen Literatur siehe zum Beispiel: DeNipoti, Cláudio, Comércio e circulação de livros entre França e Portugal na virada do século XVIII para o XIX *ou* Quando os ingleses atiraram Livros ao mar, in: RBH 28/56, 2008, S. 431–448.

stand zu schüren" und den „Ungehorsam" einzuführen (*principios e maximas subersivas da ordem social, e ofensivas das regras estabelecidas, para espalhar a insurreição, e introduzir a insubordinação*).⁴¹⁰ Aus diesen Gründen und da man die „Wichtigkeit der Angelegenheit" beachten müsse (*considerando a gravidade da materia*), baten die Governadores den Prinzregenten um die Erlaubnis, den *Correio Braziliense* zunächst „widerlegen" und dann generell verbieten zu dürfen. In aktivischen Formulierungen wie „das Periodikum verbreitet den Ungehorsam" drückt sich aus, dass die Statthalter die Zirkulation von Zeitungen und liberalem Gedankengut sowie die Propagierung eines Verfassungssystems nicht als *Voraussetzungen* eines politischen Wandels sahen, sondern als dessen direkten *Verursacher*. Das Periodikum, und nicht etwa einzelne Personen oder Personengruppen, taucht in zahlreichen Sätzen als Subjekt der befürchteten revolutionären Bewegungen auf.

In den wortreichen transatlantischen Kommunikationen über die Zirkulation der Presse drückt sich eins ganz deutlich aus: Das staatliche Monopol über die zirkulierenden Nachrichten (aus dem Ausland) war konstitutiv für den Staat oder wurde zumindest als konstitutiv angesehen. Für den europäischen Teil des Reiches war dabei die strikte Kontrolle bzw. das Verbot bestimmter Zeitungen offenbar bedeutsamer als für den amerikanischen Teil. So billigte der Monarch den Antrag, dass der „sehr fähige und mutige" Kriminalrichter aus Porto die „Widerlegung der Fehler" (*refutação dos erros*) im *Correio Braziliense* zukünftig vornahm,⁴¹¹ und bei einzelnen Ausgaben stimmte er auch der Beschlagnahmung der Exemplare zu, derer man in Portugal habhaft werden konnte, aber er verbot seine Zirkulation nicht gänzlich.⁴¹² Dies sorgte für Besorgnis unter den Statthaltern, die im April 1810 ankündigten, diese Zeitung nicht mehr zirkulieren zu lassen, wenn sie in Zukunft nicht „mode-

---

410 Denunzierung des *Correio Braziliense* durch den *juiz do crime do Porto*, Porto am 1. September 1809, ANRJ, Negócios de Portugal, cx. 694, pac. 1, doc. 90. Governadores an João, Lissabon am 22. April 1810, ANRJ, Negócios de Portugal, Secretaria de Estado do Ministério do Reino, cx. 659 pct. 3, Pacotilha 3,52, S. 39–47. Governadores an João, Lissabon am 16. August 1809, ANRJ Negócios de Portugal, Secretaria de Estado do Ministério do Reino, cx. 694, pac. 1, ohne Foliierung.

411 Die „Widerlegung" des *Correio Braziliense* wurde ab 1810 von einer Kommission durchgeführt, der der Kriminalrichter aus Porto (*Juiz do Crime do Porto*) vorstand, über dessen Aktivitäten der Monarch stets genau unterrichtet wurde, Governadores an João, Lissabon am 2. Oktober 1810, IAN/TT MR Livro 314, S. 126; Governadores an João, Lissabon am 6. Mai 1811, IAN/TT MR Livro 314, S. 182v.

412 João an die Governadores, Rio de Janeiro am 29. Dezember 1809, IAN/TT MR Livro. 380, S. 86.

rater" berichtete.⁴¹³ Der *Correio Braziliense* und seine „subversiven Maximen" waren in der Folgezeit häufig Gegenstand der Kommunikation zwischen der Lissabonner Regierung und der Regierung in Rio de Janeiro.⁴¹⁴

Die „Widerlegungen" waren, wie sich in diesen Dokumenten und insbesondere an der Institutionalisierung der Kommission zeigt, eine gängige Praxis zur Beherrschung der öffentlichen Meinung. Sensibel für die Paradoxie, die der Praxis der Widerlegung von Zeitungsinformationen innewohnte, war der dritte Polizeiintendant, der während der Abwesenheit des Monarchen ins Amt kam, João de Matos e Vasconcelos Barbosa de Magalhães: Im Februar 1817 berichtete er an die Zentralregierung in Rio de Janeiro über eine Nachricht der Polizeiintendanz in Porto vom 23. Januar 1817, nach der ein Artikel im *Investigador Portuguez de Londres* dort für „großen Eindruck" gesorgt hatte. Wie bis dato üblich hatten die Portuenser Autoritäten vorgeschlagen, eine Widerlegung des Artikels in einer anderen Zeitung abdrucken zu lassen. Der Lissabonner Polizeichef schrieb an den Monarchen, dass er mit diesem Vorgehen nicht einverstanden sei. Seiner Überzeugung nach würden solche Maßnahmen, wie die Erfahrung gezeigt habe, nur Anlass für „Parteinahme und Diskussionen" bieten. Daher seien Widerlegungen nur dort nützlich, wo es Pressefreiheit, niemals aber dort, wo es Zensurgesetze gebe. Wie üblich schließt dieser Brief damit, dass der Monarch selbst entscheiden solle, wie weiter zu verfahren sei.⁴¹⁵

Offenbar hatte der Monarch großes Vertrauen in den Lissabonner Polizeiintendanten, was die Produktion und Zirkulation von Druckwerken in Portugal anging, denn auch in anderen, ähnlichen Angelegenheiten bat er ihn um Rat. So hatte João Anfang des Jahres 1817 eine Anfrage zur Etablierung einer Typographie in Portugal bekommen und leitete nun das Schreiben über das Kriegsministerium an Magalhães weiter. Dieser stimmte dem Monarchen in dem Punkt zu, dass es in den Gesetzen keinen Artikel gebe, der irgendeiner Person die Möglichkeit absprach, eine Typographie zu eröffnen, wenn diese Person vorher eine (staatliche) Genehmigung einholte. Die derzeit existierenden Drucker hätten seinerzeit nicht einmal einen (königlichen) *Alvará* oder eine andere Genehmigung gebraucht oder erhalten. Aber dieser Zustand konnte nach Meinung des Intendanten keinesfalls andauern; er plädierte in dem Schreiben an den Monarchen dafür, dass in Zukunft der *Senado da Câmara* oder die *Junta do Comércio* die Lizenzen für Typographien vergeben sollte, denn keinesfalls

---

413 Governadores an João, Lissabon am 22. April 1810, IAN/TT MR Livro 314, S. 91v–92.
414 Hierzu ausführlich SILVA, Inventando a Nação, S. 205.
415 Magalhães an João VI und in Kopie an das Innenministerium („Reyno"), Lissabon am 5. Februar 1817, IAN/TT IGP Livro 17, S. 194v.

Abbildung 5   Revolutionsschauplätze aus Sicht der Interimsregierung in Lissabon
Geographische Karte von Tina Gerl nach Entwurf der Verfasserin.

dürfe „irgendeine" Werkstatt oder „irgendein" Geschäft ohne Genehmigung eine Typographie eröffnen. Es sei „absurd", dass bislang keinerlei Lizenzpflicht für Typographien existiere, die, wie die Erfahrung lehre, leicht missbraucht werden könnten in einem Land, in dem es keine Pressefreiheit gebe (*em hum Paiz aonde não he authorisada a liberdade da Imprensa*).[416]

Das Jahr 1817 brachte auf beiden Seiten des Atlantiks besorgniserregende Ereignisse für die portugiesischen Regierungen: In Brasilien fand die „Pernambucanische Revolution" statt, von der bereits im Kapitel über die Skla-

---

416 Magalhães an das Kriegsministerium („*Guerra*") und João VI (das Dokument ist betitelt mit „*Typografia*"), Lissabon am 21. März 1817, IAN/TT IGP Livro 17, S. 38–39v.

verei die Rede war, in Lissabon sorgte die Verschwörung des Generals Gomes Freire de Andrade für erhebliche Unruhe und gab zwischen Mai und Oktober 1817 Anlass zu einer regen Kommunikation des Lissabonner Polizeiintendanten mit dem Monarchen über Verdächtige und den Gang der Ermittlungen.[417]
Zum Hintergrund: Der britische General Beresford war im März 1817 von einem Informanten über die Existenz einer „revolutionären Verschwörung" in Lissabon aufgeklärt worden. Der General legte dem Informanten nahe, als Agent verdeckt an dieser „Verschwörung" teilzunehmen, und wurde durch ihn in der Folgezeit mit Neuigkeiten aus dem innersten Zirkel versorgt. Erst am 23. Mai informierte der Brite die Governadores, und am 25. Mai ließ er auf deren Geheiß 30 Personen festnehmen, unter anderen den portugiesischen General Gomes Freire de Andrade. Er und weitere elf Verdächtige wurden verurteilt und am 18. Oktober 1817 öffentlich hingerichtet.

Es ist in der Forschung umstritten, ob die Verschwörung eigentlich gegen die Interimsregierung und gegen den Monarchen João (und das monarchische System an sich) gerichtet war, oder vielmehr gegen den britischen General Beresford selbst.[418] Einige Quellen aus der Zeit der Liberalen Revolution (1820) interpretierten die Verschwörung als „nationale Befreiung" von der britischen Führung, und Anfang des 20. Jahrhunderts wurde von Historikern postuliert, dass die Interimsregierung selbst in die Verschwörung verwickelt war, da sie den britischen General loswerden wollte.[419] Wie auch immer die unterschiedlichen Interpretationen der Verschwörung ausfallen: Für die Governadores stand 1817 fest – bzw. war dies die in der Korrespondenz an den Monarchen geäußerte Hauptsorge –, dass das Ziel der Angeklagten der „niederträchtigen Verschwörung" die Einberufung der Cortes und die Wahl eines „verfassungsmäßigen Königs" war.[420] Speziell beunruhigte sie, dass Gomes Freire der Anführer einer Geheimgesellschaft gewesen war, wie er selbst in einem Verhör zu

---

417 Magalhães an Forjaz, Lissabon am 26. Mai 1817, IAN/TT IGP Livro 17, S. 83–83v; Magalhães an João VI, Lissabon am 12. Juli 1817, IAN/TT IGP Livro 17, S. 103–103v; Governadores an João VI, Lissabon am 6. Juli 1817, Livro 318, S. 21–24; Governadores an João VI, Lissabon am 25. Oktober 1817, IAN/TT MR Livro 318, S. 98–100.
418 NEWITT, Malyn, Lord Beresford and the Gomes Freire Conspiracy, in: Malyn NEWITT/Martin ROBSON (Hrsg.), Lord Beresford and British Intervention in Portugal (1807–1820), Lissabon 2004, S. 111–142, S. 112.
419 Ebd., S. 113f. Die Hintergründe dieser Verschwörung sind noch nicht restlos aufgeklärt. Für die unterschiedlichen Interpretationen siehe auch VICENTE, António Pedro, Gomes Freire de Andrade, in: João MEDINA (Hrsg.), História de Portugal dos tempos Pré-históricos aos nossos dias, Bd. 8: Portugal liberal, Barcelona 1995, S. 91–96.
420 Governadores an João VI, Lissabon am 23. Dezember 1817, IAN/TT MR Livro 318, S. 142–148 und ANRJ Negócios de Portugal, Secretaria de Estado do Ministério do Reino, cx. 684, pct. 1,100; S. 153–166.

Protokoll gegeben hatte. Es sei „notorisch", so die Statthalter, dass „in diesem Reich" und vor allem in der Armee „eine große Anzahl" an Freimaurern existiere, wozu die „öffentliche Stimme" (*voz pública*) auch die meisten britischen Offiziere zähle.[421]

Große Relevanz hatten die Rebellion in Pernambuco und die Verschwörung des Generals deshalb, weil sie – auch – *Medienereignisse* waren und in Portugal den „Zustand der Nation" direkt betrafen.[422] So wurden die Ereignisse in Pernambuco 1817 von den Governadores unmittelbar mit der Zirkulation von Zeitungen in Verbindung gebracht.[423] Die Interimsregierung war sich sicher, dass der Aufstand maßgeblich durch die „revolutionären und aufhetzenden Maximen" der beiden Periodika *Correio Braziliense* und *O Portuguez* ausgelöst worden waren, die ihrer Meinung nach in diesem Teil Brasiliens intensiv zirkulierten, und sie konstatierten besorgt, dass letzteres Periodikum trotz des Verbots (am 2. März 1812 war die Einfuhr des *Correio Braziliense* und aller anderen Schriften des Autors Hipólito da Costa in Portugal erstmals verboten worden) auch in Portugal noch von „einigen" gelesen würde.[424]

Die Lenkung und Beeinflussung der „öffentlichen Meinung" war gerade bei den krisenhaften Ereignissen von Bedeutung: Der Polizeiintendant betonte noch am Tag vor der Vollstreckung der Todesstrafen an den Angeklagten der Gomes Freire-Verschwörung, dass die Polizei ihre Vigilanz verstärkt habe; es gelte zu beobachten, „welche Richtung" der „öffentliche Geist" angesichts solcher Ereignisse einschlüge. Seiner Ansicht nach war es sinnvoll, das Urteil gegen die Verschwörer in der Königlichen Druckerei „in ausreichender Anzahl" drucken und an sämtliche Autoritäten (*corregedores*) im gesamten Königreich senden zu lassen, da in den Provinzen bereits durch die „öffentliche Stimme" (*voz publica*) die Nachricht über die Verschwörung angekommen sei. Es sei angemessen, dass „die Völker" der unterschiedlichen Distrikte (*comarcas*) in dieser „authentischen Form" Nachricht über das

---

421 Governadores an João VI, Lissabon am 29. November 1817, IAN/TT MR Livro 318, S. 116–122.

422 Mit Bleistift sind jene Dokumente, die mit der Verschwörung zu tun hatten, mit dem Stichwort „Zustand der Nation" (*estado da Nação*) betitelt, vgl. zum Beispiel Magalhães an das Innenministerium, Lissabon am 29. Oktober 1817, IAN/TT IGP Livro 17, S. 159v.

423 Governadores an João VI, Lissabon am 21. Mai 1817, IAN/TT MR Livro 318, S. 1.

424 6. Juli 1817, IAN/TT MR Livro 318, S. 21–24. Es gab regelmäßig Verbote der Einfuhr des *Correio Braziliense* (1810, 1812, 1817), doch diese unterbanden nicht die Zirkulation sämtlicher Exemplare, wie allein die Wiederholungen der Verbote belegen, PAULA, Sergio Goes de, Introdução, in: DERS. (Hrsg.), Hipólito José da Costa, São Paulo 2001, S. 13–36, S. 22.

Schicksal der Angeklagten erhielten.⁴²⁵ Der unkontrollierten Verbreitung von Informationen und Gerüchten über die Verschwörung sowie über die Gerichtsprozesse und Exekutionen der Verschwörer sollte mit anderen Worten durch die Verbreitung von „authentischen" staatlichen Informationen entgegengewirkt werden.

Umgehend nach der Verurteilung der Angeklagten zum Tode war der Polizeiintendant gebeten worden, einen Bericht über den „aktuellen Stand der öffentlichen Meinung" zu verfassen.⁴²⁶ Am 18. Oktober um 22 Uhr berichtete er, kurz nach Ausführung der Kapitalstrafen an den elf Verurteilten, dass „kein einziger Zwischenfall" eingetreten sei, der „im geringsten" die „Ruhe und gute Ordnung" gestört hätte. „Das Volk" habe während der Erhängungen und der anschließenden Verbrennung der Leichname Gefühle des „Mitgefühls und des Schreckens" gezeigt (*O Povo aprezentou constantemente sentimentos de compaixão e horror*), aber „keine Stimme und keine Aktion" habe sich gegen diesen „unvermeidlichen Akt der Gerechtigkeit" gerichtet (*porem nenhuma vós, e nenhuma acção se conheceo que fosse tendente a desarovar este indispensavel acto de Justiça*).⁴²⁷ Auch die Governadores schrieben an den Monarchen, dass die Ausführung der Todesstrafen in „größter Ruhe" (*maior socego, e tranquilidade*) geschehen sei, wobei sie hierbei auf die Berichte des Polizeiintendanten verwiesen, die (nochmals) ihrem Schreiben beigefügt wurden. Das Volk habe konstant den Schrecken gezeigt, den die Delikte der Angeklagten verdienten, und sie selbst hätten die Befriedigung, dem Monarchen zu versichern, dass diese Gefühle „allgemein" seien unter den „treuen Untertanen des Königreichs", ebenso wie das Missfallen darüber, dass unter ihnen so boshafte Individuen geboren worden seien, die die Liebe und die Treue gegenüber der „souveränen Person seiner Majestät" (*Soberana Pessoa de V. Mage.*) befleckten.⁴²⁸

Die Governadores forderten am Ende des Jahres 1817 wiederholt das Verbot der Zeitung *O Portuguez*, deren „revolutionäre Doktrinen" die „unheilvollsten Konsequenzen" für die „Ruhe der Völker" (*tranquilidade dos Povos*) haben konnte, und die bereits viel dazu beigetragen hatte, die „unbesonne-

---

425 Magalhães an das Innenministerium („*Reyno*"), 17. Oktober 1817, IAN/TT IGP Livro 17, S. 150.
426 Forjaz an Magalhães, Lissabon am 17. Oktober 1817, IAN/TT IGP Livro 17, S. 150v.
427 „*Reyno*", Lissabon am 18. Oktober 1817, IAN/TT IGP Livro 17, S. 150v; Joaquim Guilherme da Costa an João Antônio Salter de Mendonça, Lissabon am 19. Oktober 1817, ANRJ Negócios de Portugal, Secretaria de Estado do Ministério do Reino, cx. 684, pct. 1, pacotilha 1,46, doc. 2.
428 25. Oktober 1817, IAN/TT MR Livro 318, S. 98–100; Governadores an João VI, Lissabon am 25. Oktober 1817, ANRJ Negócios de Portugal Secretaria de Estado do Ministério do Reino, cx. 684, pct. 1, pacotilha 1,46, doc. 496.

nen Männer" (*homens desacordados*) zu betören, die sich „erdreistet" hatten, gegen ihren „legitimen Souverän zu konspirieren" und eine „neue Form der Regierung" zu planen. Aus ähnlichen Gründen sahen die Governadores es als unerlässlich an, auch den *Investigador*, der ursprünglich als Gegenstimme zum *Correio Braziliense* etabliert worden war und von der portugiesischen Krone bezahlt und vom portugiesischen Botschafter in Großbritannien, Conde de Funchal, überwacht wurde,[429] einer Zensur zu unterwerfen. Die Exemplare des Periodikums sollten in Zukunft erst nach einer Untersuchung durch ein Staatsministerium in Umlauf gebracht werden dürfen. Die Erfahrung, so setzten sie hinzu, habe die Notwendigkeit dieser Maßnahme gezeigt: Im August 1817 war im *Investigador* immerhin ein Brief abgedruckt worden,[430] dessen Inhalt darauf zielte, die „Nation" gegen die „väterliche Regierung Seiner Majestät aufzubringen". In ihm werden „dreist" die Beschlüsse des Monarchen kritisiert, beispielsweise die Zulassung von Briten als Kommandeure der portugiesischen Armeen, der Abschluss des Handelsvertrags mit Großbritannien von 1810 mit der britischen Krone und der „geringere Vorteil" der portugiesischen Schiffe und Handelsgüter in brasilianischen Häfen, die neue Militärgesetzgebung (*Legislação militar*) vom 21. Februar 1816 und andere Gesetze sowie die Bestechlichkeit und Ignoranz der Magistraten und Richter des Reiches.[431]

De facto waren in der Zeitung im Jahr 1817 vermehrt kritische Artikel mit diesen Inhalten erschienen, meist getarnt als „Auszüge aus englischen Zeitungen", deren Ursprung nicht genauer benannt wurde. So hieß es in der Ausgabe von März 1817 beispielsweise: „Wir sehen sehr genau, dass die politische Position und die öffentliche Prosperität von Portugal unendlich durch den Umzug des Throns nach Brasilien verloren haben; wir sehen, dass die aktuelle Regierung Portugals extrem begrenzt und eingeschränkt, besser geeignet ist, eine Kolonie zu regieren, als ein Königreich, und dass Portugal sich in keinem Fall auf den Status einer Kolonie beschränken darf; schließlich sehen wir außerdem, dass [Portugal] unter den gegebenen Umständen Brasilien nicht mit seinem Schweiß unterstützen darf, eher hat es das Recht, zu verlangen, dass Brasilien es unterstützt… Welche Abhilfe kann es geben? Das wissen wir nicht. Wir wissen aber, dass es nötig ist, und unbedingt nötig ist, Maßnahmen zu finden, die es in eine seiner Würde und seinen Interessen angemessene Position bringen, die die gleichen sind wie jene des Königreichs Brasilien."[432] Im

---

429 PAULA, Introdução, S. 21.
430 Investigador Portuguez 74, 1817, S. 282–297.
431 De facto handelte es sich um mehrere (angebliche) Leserbriefe, die relativ gemäßigte Kritik übten.
432 Investigador Portuguez 69, März 1817, S. 551.

selben Jahr wurden zudem vermehrt Artikel und (angebliche) Leserbriefe abgedruckt, die mit „Patriotischen Gedanken" überschrieben waren und meist die schlechte ökonomische Situation in Portugal und die „ungerechten" Handelsbedingungen gegenüber Briten thematisierten.[433]

Es ist bezeichnend, dass die Interimsregierung diese Anzeichen des Unmuts und des aufkommenden Patriotismus innerhalb der Exilgemeinde in London in keinem Brief an den Monarchen erwähnte. Erst als im *Investigador Portuguez* davon die Rede war, dass auch in Portugal ein Parlament eingerichtet werden könnte, ergriffen sie die Gelegenheit, die Zeitung in Rio de Janeiro zu denunzieren: Die Governadores konstatierten im Dezember 1817, dass es ihnen nicht angemessen erschienen sei, eine solche „Hetzschrift" (hiermit meinen sie die Zeitung *Investigador Portuguez* als solche) zirkulieren zu lassen; aber gleichzeitig seien sie sich bewusst gewesen, dass Seine Majestät die „Güte" gehabt habe, diese Zeitung zu schützen, die als „mit loyalen Prinzipien geschrieben" gelte (*que se reputava escrito com principios leaes*). Man habe daher mit Bernardo Joze de Abrantes, dem Korrespondenten des Redakteurs in London, auf dessen Vorschlag ausgemacht, dass man bestimmte Artikel aus den Exemplaren, die aus London in Portugal einträfen, entferne und durch andere ersetze, die mit der gleichen Seitennummerierung in Portugal verfasst würden, damit man die Exemplare danach an die Subskribenten verteilen könne. Mit einem solchen Vorgehen wollten sie dem Redakteur des *Investigador* eine „Lektion" erteilen, in der Hoffnung, dass er nicht in „solche Unverschämtheiten" (*descaros*) zurückfalle. Doch „mit Entsetzen" hätten sie in der Ausgabe von November den Artikel über Spanien[434] entdeckt, der aus einer englischen Zeitung transkribiert worden war, und in dem behauptet wurde, dass es keine Besteuerung (wörtlich: „öffentliches Finanzwesen" oder „öffentlichen Kredit") ohne eine „nationale Repräsentation" geben könne (*affirma que não pode haver Credito publico sem huma Representação Nacional*),[435] und dass Spanien „zufrieden" sei mit der Verfassung, die die Cortes [1812] verabschiedet hätten. Gleichsam habe der Artikel mit den „skandalösesten und ungeheuerlichsten Ausdrücken" die Laster und Ambitionen einiger Päpste angeprangert sowie den Despotismus der französischen Könige, vor allem seit der Regierung François I [1494–1547], in dessen Regierungszeit die „absolute Macht" in Frankreich schon zugrunde gegangen sei (*tempo em que affirma, que o poder absoluto tinha ja*

---

433 Ebd., S. 280f.
434 Art. „Hespanha", in: Investigador Portuguez 77, 1817, S. 260.
435 Es handelt sich hierbei um eine Variante des berühmten Slogans „*no taxation withouth representation*".

aniquilado em França). Solche und ähnliche Abschnitte, die sich verstreut in diesem Heftchen fänden, hätten sie gezwungen, die Zirkulation der Zeitung zu verbieten und alle Exemplare einzubehalten, die an die *Secretaria de Estado* gesandt worden seien, und sie hofften, dass João diesen Beschluss, dessen Ziel es sei, die Einfuhr von „solch giftigen Schriften" (*tão venenosos escritos*) in das Königreich nach Möglichkeit zu verhindern, gutheiße. Anstatt „die Nation zu verbessern" könnten sie nur das „verhängnisvolle" Resultat haben, die „Missachtung der Gesetze und der Magistrate" sowie die „Respektlosigkeit gegenüber der Religion" und den „Hass auf den Thron" zu fördern und entsprechend „Aufruhr" und „Anarchie" zu begünstigen und die „Schrecken" einer Revolution, wie sie Frankreich und ganz Europa in Blut getränkt habe, und „unglücklicherweise" in Amerika derzeit die gleichen Effekte produziere. Eine respektvolle und demütige (*humilde*) Darlegung, die ein Untertan seinem Souverän wegen der von ihm empfundenen „Fehler in der Verwaltung des Staates" mache, sei sicherlich löblich, umso mehr, wenn diese Person ein öffentliches Amt ausübe, aber die „vermeintlichen Missstände" (*suppostos abusos*) in der Presse zu publizieren und die „aufrührerische Idee" der Einberufung der Cortes zu wecken sowie der Nation die Regierung eines Königs zu verleiden, der sich nur darum bemühe, sie glücklich zu machen, bedeute, das „Volk zu einem Richter über den König" machen zu wollen.

In diesem Schreiben wird deutlich, dass die Governadores den Herausgeber des *Investigador* weniger dafür kritisierten, falsche Zustände beschrieben zu haben, als vielmehr dafür, dass er die prekäre (politische und ökonomische) Situation Portugals *publik* gemacht hatte. Ihre Sorge war also explizit darin begründet, dass man in Portugal die prekären Zustände *erkannte*. In diesem Fall, so konstatierten sie, würden sogar die „autorisiertesten Klassen" (*classes mais autorisadas*) auf die Einberufung der Cortes bestehen; der König würde ein verfassungsmäßiger sein müssen.[436] Und sie fuhren fort: „Die Doktrin der Volkssouveränität ist ein schreckliches Dogma, mit dem die Autoren der revolutionären Partei die Gemüter für die unseligen Neuerungen vorbereiten, die sie planen, und mit dem sie fast alle zivilisierten Nationen in den Abgrund mitzureißen fähig waren: Es ist wahr, dass der Frieden [vom Wiener Kongress 1814/1815] dieser Partei die physischen Kräfte genommen hat, mit denen sie ihre Projekte vorangetrieben hatten, aber er konnte ihnen nicht die Waffen nehmen, die ihnen nun bleiben und die sie benutzen, indem sie aufrührerische Schriften verteilen und gegen die legitimen Regierungen wettern."

---

436 Governadores an João, Lissabon am 23. Dezember 1817, IAN/TT MR Livro 314, S. 146–147.

Wegen des „Ernstes" der Lage beschlossen die Governadores, den *Investigador* weiterhin einer Vorzensur zu unterziehen, damit nicht jene Ausgaben verteilt würden, die „voll von Themen" seien, die „gegen die Religion, gegen die Rechte Seiner Majestät oder die öffentliche Ruhe" stünden. Sie baten João angesichts der „derzeitigen Neigung des öffentlichen Geistes", antimonarchische Prinzipien anzunehmen, alle Zeitungen, die er bisher noch in einigen Teilen der portugiesischen Besitzungen zuließ, nun *überall* zu verbieten, solange sie keine Vorzensur durchliefen. Überhaupt waren sie der Meinung, dass die Publikation von Periodika in „fremden Ländern" keinen einzigen Nutzen gebracht habe, dafür aber „unkalkulierbare Übel" verursachen konnte.[437] Denn wenn das, was diese Journalisten schrieben, gut sei, gebe es keinen Grund, es nicht in Portugal oder in Brasilien zu drucken, wenn es aber schlecht sei, sei es angemessen, die Einfuhr zu verweigern, wie man es im Übrigen mit allen „verpesteten Gütern" tue.[438]

In diesem Brief über die Zirkulation von Druckwerken wird deutlich, dass die Herrschenden in Portugal die revolutionären Bewegungen als einen grenzüberschreitenden, transatlantischen Prozess begriffen, der in Frankreich angefangen hatte und bereits auf Amerika übergegangen war. Ihre große Sorge bestand darin, dass die Revolution auch auf Portugal übergreifen konnte. Insbesondere hatten die Governadores Angst vor der „Doktrin der Volkssouveränität", die ihrer Überzeugung nach durch gedruckte Schriften, vor allem durch Zeitungsartikel, wie eine Krankheit „übertragen" werden konnte. Den Patriotismus, der nachweislich in den Artikeln beschworen wurde (und als Begriff häufiger auftaucht als „Volkssouveränität"), erwähnten sie dem Monarchen gegenüber hingegen nicht als eine Gefahr. Bemerkenswert ist auch die Reihenfolge, in der sie die „Infizierung" durch „verpestete" Schriften vorhersahen: Zunächst würde das „einfache Volk" (bzw. „die Öffentlichkeit") angesteckt, erst danach „sogar" die „autorisiertesten Klassen". Entscheidend ist auch die Richtung der „Übertragung": Mehrfach wird von der „Einfuhr" der Zeitungen gesprochen, das heißt die „verpesteten" Druckwerke gelangen stets aus dem Ausland nach Portugal. Der befürchtete politische Wandel hatte somit einen klaren Ort und eine klare Richtung: Er kam *von außen* in das Königreich *herein*. Implizit ist damit ausgedrückt, dass die Regierung nach wie vor nicht damit rechnete, dass aus dem Innern Portugals ein Wandel erwachsen könnte.

---

437 Investigador Portuguez 16, 1812, S. 639.
438 Governadores an João VI, Lissabon am 23. Dezember 1817, IAN/TT MR Livro 318, S. 142–148; 23. Dezember 1817, ANRJ Negócios de Portugal, Secretaria de Estado do Ministério do Reino, cx. 684, pct. 1,100, S. 153–166.

Acht Monate nach diesem Plädoyer, im September 1818, erhielt die Interimsregierung schließlich per *Aviso* die gewünschte Anweisung des Monarchen, die Einfuhr der beiden Periodika *Correio Braziliense* und *O Portuguez* (erneut) gänzlich zu verbieten und den *Investigador* (weiterhin) einer Vorzensur zu unterziehen.[439] Auch der *Expectador Portugues* wurde ab Dezember 1818 vom Marquês de Penalva zensiert.[440]

Nach Ergebnissen der neueren Forschung existierte trotz der (Exil-)Zeitungen keine öffentliche Meinung oder Öffentlichkeit im modernen Sinne, also als eine Sphäre, in der sich politische Macht formiert. Sie existierte jedoch insofern, als die Herrschenden die Lektüre (von Druckwerken) durch die Beherrschten permanent *beobachteten*.[441] Öffentlichkeit in der Frühen Neuzeit kann und sollte Rudolf Schlögl zufolge als Beobachtung konzipiert und in ihrer medial bedingten Formen gedacht werden.[442] Die Beobachtung politischer Herrschaft und wiederum das Beobachten des Beobachtens durch die Herrschenden stellte demnach in der Frühen Neuzeit „den Kern einer politischen Öffentlichkeit dar".[443] Das Politische entstand maßgeblich als Resultat dieser Form des Beobachtens; die Herrschenden entnahmen ihren Beobachtungen, was zu entscheiden anstand.[444] Wichtig ist hervorzuheben, dass in den Jahren vor 1817 insbesondere *spanische* Zeitungen, welche die politischen Ereignisse *in Spanien* beobachteten, *in Portugal* Gegenstand der Beobachtung waren. Nicht die Beobachtungen der Beobachtungen der Politik

---

439 Governadores an João VI, Lissabon am 28. September 1818, IAN/TT MR Livro 318, S. 389. Zu diesem Zweck setzten die Governadores den Marquez de Penalva als Zensor ein, der kurz darauf verstarb. Der neue Zensor war der Conde de Barbacena, der sich jedoch bei der Zensur der Ausgabe 91 des Investigador „verdächtig" machte. Als dritter Zensor wurde João Pedro Ribeiro eingesetzt, auf dessen Betreiben dieses Periodikum (ab der 91. Ausgabe) ganz verboten wurde, Governadores an João VI, Lissabon am 22. Februar 1819, IAN/TT MR Livro 319, S. 25.

440 Governadores an João VI., Lissabon am 25. Februar 1819, IAN/TT MR Livro 319, S. 46–54. Zum Verbot der Zirkulation der Zeitungen *Correio Braziliense*, *O Portuguez* und *Investigador Português em Inglaterra* siehe auch PEDREIRA/COSTA, D. João VI, S. 342. Laut Pedreira und Costa versuchten die Governadores sogar, die britische Regierung dazu zu bringen, den Redakteur des *O Portuguez* wegen Majestätsbeleidigung auszuliefern, ebd. Interessant ist, dass die Zeitungen gleich welcher Coleur als gefährlich erschienen. So hatte der *Correio Braziliense* eindeutig einen pro-brasilianischen Einschlag, während der *Campeão* portugiesisch-nationalistische Züge hatte, vgl. ALEXANDRE, Sentidos do Império, S. 420–440.

441 SCHLÖGL, Rudolf, Politik beobachten. Öffentlichkeit und Medien in der Frühen Neuzeit, in: ZHF 35/4, 2008, S. 581–616.

442 Ebd., S. 603.

443 Ebd., S. 590.

444 Ebd., S. 605f.

in Portugal (also der *eigenen* Politik), sondern maßgeblich die Beobachtungen der Beobachtungen der Politik im Nachbarland Spanien hatten die größten unmittelbaren Auswirkungen auf die Herrschaftspraktiken der portugiesischen Autoritäten. Nach dem Krisenjahr 1817 war es dann die Beobachtung des Beobachtens der portugiesischen Politik von London aus (die durch die Exilpresse publik gemacht wurde), die große Wirkung auf das Politische in Portugal zeitigte.

Dass trotz der großen Aufmerksamkeit für Druckwerke Mündlichkeit bei der Herrschaftsausübung (noch) eine große Rolle spielte, und dass in Portugal eine „Vergesellschaftung unter Anwesenden"[445] stattfand, wird insbesondere in den Polizeiberichten evident, die explizit den „öffentlichen Geist" zum Inhalt hatten. Die Lissabonner *Intendência Geral da Polícia* fungierte während der Zeit der Abwesenheit des Monarchen als eine wichtige Schnittstelle der Kommunikation zwischen Portugal und Brasilien für alles, was an „Berichtenswertem" in Portugal geschah. Der Intendant empfing die regelmäßigen, zum Teil täglich verfassten Berichte der einzelnen Stadtteilautoritäten der Hauptstadt (*Ministros dos Bairros*) sowie die Berichte der Autoritäten aus den einzelnen Provinzen (*Corregedores* und *Juizes de Fora*)[446] und leitete diese sowohl an die Interimsregierung als auch an den Monarchen nach Rio de Janeiro weiter.

Im Krisenjahr 1817 wurden von der Lissabonner Polizeiintendanz wöchentlich Berichte über den „öffentlichen Geist" (*Espírito público*) von je etwa 15 bis 20 Seiten zusammengestellt. Sie enthielten Nachrichten und Gerüchte, die in den Städten und Dörfern Portugals von Nord nach Süd kursierten. So war beispielsweise nach einem Bericht von April die öffentliche Meinung in Tavira, einem Städtchen ganz im Süden des Landes, „ganz vorzüglich" und „voller Treue und Zustimmung zum Monarchen". Zwar informiere man sich dort aus einer portugiesischen Zeitung und spreche auch über die Artikel, doch daraus würden die Menschen keine „subversiven Ge-

---

445 Ebd., S. 587.
446 Die juristisch ausgebildeten *corregedores* entwickelten sich während des *Antigo Regime* in Portugal zu einer der wichtigsten Kontrollinstanzen der Krone über örtliche Verwaltungen und über lokale Eliten. Zuständig waren sie für die Aufsicht über die Rechtsprechung, Gemeindewahlen etc., kurz für den Schutz der königlichen Jurisdiktion und der öffentlichen Ordnung. Außerdem erfüllten sie Aufgaben im Bereich der Policey, kümmerten sich also etwa um die Instandhaltung der Straßen. Die *juizes de fora* (wörtlich: „Richter von außerhalb") waren ebenfalls gelehrte Juristen, die in erster Instanz als königliche Richter dienten, SEELAENDER, Airton L. Cerqueira-Leite, Polizei, Ökonomie und Gesetzgebungslehre. Ein Beitrag zur Analyse der portugiesischen Rechtswissenschaft am Ende des 18. Jahrhunderts, Frankfurt a. M. 2003, S. 199f. In Portugal dienten Anfang des 19. Jahrhunderts viele *juizes de fora* gleichzeitig als *corregedores*.

danken gegen die allgemeine Ordnung" ableiten. Vielmehr seien hier „alle Klassen der Bevölkerung" arbeitsam und richteten ihr Augenmerk und ihre Sorge auf die Bebauung der Felder, auf den Fischfang und den Handel. Unter den zahlreichen Tagelöhnern sorge man für Fügsamkeit (*docilidade*) und man habe darüber hinaus alle Mittel, ihre etwaigen „Unordnungen" zu „korrigieren". Der Verwaltungsbeamte aus Tentugal, einem kleinen Ort im Norden, ließ verlauten, dass die öffentlichen Nachrichten (*noticias públicas*), die gerade die Runde machten, jene seien, dass der König bald von Brasilien nach Portugal aufbrechen würde, und dass man deshalb seine Paläste herrichte und Feste vorbereite.

Wer diese Nachrichten verbreitet habe, sei unbekannt. Aber der Beamte beeilte sich zu betonen, dass die Leute in Tentugal ein „ungehobeltes und sehr armes Volk" (*hum Povo rude, e muito pobre*) darstellten und es daher nur wenige Personen gebe, die über Vermögen, Rang und Bildung (*teres, qualidade, e instrucção*) verfügten. Selbst unter diesen wenigen sei ihm niemand bekannt, der über die Mittel (*proporçoens*) verfügte, „emsige private Korrespondenzen" (*assiduas correspondencias particulares*) zu pflegen, die als „Kanal für neue Politiken" (*canal das novas politicas*) dienen könnten. Der *corregedor* aus Viana [do Alentejo] informierte, dass sein Distrikt „Ruhe und Frieden" genieße. Angeblich seien „ein paar spanische Verse" an einige lokale Autoritäten, jedoch nicht an ihn persönlich, gesandt worden, deren Inhalt er in seinem Bericht nicht näher erläuterte, sondern nur „Früchte der Dummheit und der Unruhe" nannte. Das allgemeine „Gefühl" (*sentimento*) in Viana sei jedoch so beschaffen, dass „keine einzige Herrschaft außer jener des portugiesischen Souveräns und der Governadores do Reino" anerkannt würden. Und dieses Gefühl, so beteuert der Beamte, sei „unveränderlich" (*invariavel*). Aus Villa Real, einem Städtchen nördlich von Porto, berichtete der *corregedor* „mit der größten Zufriedenheit", dass es keine Individuen gebe, die „absurde Nachrichten" verbreiteten. Die öffentliche Meinung des Ortes sei „genauso gut" wie zu dem Zeitpunkt, als der Monarch nach Brasilien aufbrach. Die in seinem Distrikt lebenden Völker seien eifrig um das Vaterland bemüht und ihrem Souverän so treu, dass selbst die „höllischsten Intrigen" unmöglich irgendeinen Eindruck machen konnten.

Der *juiz de fora* von Ourem (unweit von Lissabon) ließ verlauten, dass in seinem Distrikt die Bewohner „sehr verstreut" lebten, und dass es nur eine einzige größere Ortschaft gebe, die 150 Einwohner habe. Diese pflegten untereinander „sehr wenig" Kommunikation, und daher fehlten die Gelegenheiten, über öffentliche Nachrichten zu reflektieren, die ohnehin erst sehr spät einträfen, weil der Distrikt abseits der königlichen Postwege liege. Da auch der Handel (abgesehen von gelegentlichen Pinienholz-Exporten) sehr schwach sei, träfen „ganz selten" Nachrichten ein. Der *corregedor* von Guimarães berichtete, dass bei ihm keine Nachrichten zirkulierten, die die öffentliche Ordnung beeinflussen könnten. Denn in seinem Distrikt, in dem die Ortschaften „sehr klein" seien, lebten die Bewohner „sehr verstreut" und seien beschäftigt mit der Bebauung ihrer Länder und ihren häuslichen Angelegenheiten.

Die Kommunikation von Nachrichten, die der polizeilichen Aufmerksamkeit bedurften, sei daher „sehr selten und sehr schwierig". In der Stadt Guimarães selbst, die er als die einzige „beachtenswerte" Ortschaft seines Zuständigkeitsgebietes bezeichnete, gebe es jedoch in „einigen Haushalten" den „Wunsch nach Neuigkeiten". Doch in diesen würde normalerweise nur über die *Gazeta [de Lisboa]* gesprochen.[447] Andere Zeitungen, die für die „öffentliche Sache weniger empfehlenswert" seien (*menos convenientes à cauza publica*), tauchten selten auf, und wenn, so würden deren Nachrichten entweder aufgrund ihrer „Falschheit selbst" (*pela sua mesma falsidade*) oder aufgrund der „guten Empfindungen" (*bons sentimentos*) der Bewohner „schnell zerstreut". Allgemein rühmten sich diese – und mit gutem Grund – ihrer Loyalität. Denn wenn ein Feind eindringe oder ein „ähnliches Unglück" geschehe, ergriffen sie sofort Partei und verteidigten mit „entschlossenem Enthusiasmus" die Souveränität des Monarchen.

Der *corregedor* von Valença (im extremen Norden an der Grenze zum spanischen Galizien) informierte darüber, dass die *Gazeta de Lisboa* von einigen Tumulten in Großbritannien berichtet hatte. Da er solche Nachrichten schon „einige Bewegung" in seiner Provinz hatte auslösen sehen, habe er mit großer Aufmerksamkeit beobachtet, bis zu welcher „Klasse" von Personen diese Nachrichten durchdrangen und welche Empfindung (*sensação*) sie auslösten. Mit Verwunderung habe er festgestellt, dass diese Nachrichten nicht über „sehr wenige" Personen der „ersten Ordnung" (*primeira Ordem*) hinaus Verbreitung fanden, und dass sie entweder allgemein nicht bekannt waren oder aber dass man nicht darüber sprach. Es gebe in seinem Verwaltungsdistrikt eine „vollkommene Unwissenheit" über Nachrichten, die die öffentliche Ordnung betrafen (*perfeita ignorancia de noticias que tenhão relação com a ordem publica*), weil die ganze Provinz „vielleicht die bäuerlichste und ungebildetste" sei. Die Personen, die am meisten über öffentliche Geschehnisse nachdächten und die die meisten Kommunikationen pflegten, seien jene aus der Stadt Valença, und selbst dort gab es nach Ansicht des Verwaltungsbeamten „sehr wenige Personen", die Zugriff auf „öffentliche Papiere" hatten. Entsprechend

---

447 Die *Gazeta de Lisboa* war 1715 etabliert worden und hatte in Portugal seitdem Exklusivrechte an der Berichterstattung, die sich durch eine große Nähe zum Königshaus auszeichnete, BELO, André, Between History and Periodicity: Printed and Hand-Written News in 18th-Century Portugal, in: e-JPH 2/2, 2004, S. 1–11, S. 3f.

zirkulierten dort derzeit „keinerlei Neuigkeiten".[448] Die Liste ließe sich beinahe endlos fortführen; ein schier unermesslicher Bestand an derartigen Polizeitexten zeugt davon, dass die Autoritäten in Portugal es für möglich hielten, ihre Herrschaft mittels Beobachtung und Kontrolle des „öffentlichen Geistes" zu garantieren.

Aus den Berichten aus den Provinzdistrikten wird ersichtlich, woran die zentrale Polizeiintendanz in Lissabon und auch der Monarch in Rio de Janeiro, der diese Berichte anforderte, ganz besonders interessiert waren: an im Reich zirkulierenden Nachrichten (aus dem Ausland), die als „Kanal für neue Politiken" dienen konnten. Durch die permanente Beobachtung und „Messung" dessen, was die Menschen lasen und redeten, und insbesondere wie sie auf Neuigkeiten bzw. Nachrichten reagierten, sollte gewährleistet werden, dass kein Wandel im „öffentlichen Geist" stattfand.

Interessant ist dabei die vermutete Herkunft und die Art der Übertragung von vermeintlich gefährlichem Wissen: „Absurde Nachrichten" konnten in den Augen der Autoritäten vor allem durch private Anstrengungen einzelner Personen erlangt werden, weniger durch die Lektüre von in Portugal zugelassenen Zeitungen wie der *Gazeta de Lisboa*. Hieran lässt sich der enge – und zum Teil explizit erwähnte – Zusammenhang zwischen sozioökonomischen Realitäten und der Erlangung von „gefährlichen" Nachrichten festmachen. Denn wenn Neuigkeiten nur auf private Initiative in die städtischen und dörflichen Gemeinschaften gelangen konnten, so mussten bestimmte Voraussetzungen (Vermögen, Bildung, Freizeit, Interesse) bei mindestens einigen Mitgliedern dieser Gemeinschaften gegeben sein. Etliche der Verwaltungsbeamten betonten, dass den Bewohnern ihres Distrikts eben diese Voraussetzungen fehlten – eine Veränderung des „öffentlichen Geistes" war (nur) aus diesem Grund in diesen Gebieten unwahrscheinlich.

Die detaillierten Berichte aus den Provinzen beweisen, dass die Beschäftigung mit der öffentlichen Meinung – und deren Veränderungen – in Portugal während der Abwesenheit des Hofes in zunehmendem Maße die polizeiliche Aufmerksamkeit auf sich zog und das Politische bestimmte. Dies offenbart, dass trotz der zahlreichen obligatorischen Loyalitätsbeteuerungen der Provinzautoritäten ein politischer Wandel aus der Sicht der Zentren möglich und sogar wahrscheinlich schien. Und dieser Wandel konnte aus der Sicht der Herrschenden nicht aus der portugiesischen Gesellschaft erwachsen. Er gelangte durch unterschiedliche „Kanäle" nach Portugal hinein – und zwar aus dem Ausland.

---

448 Polizeiintendant Magalhães an João VI, Lissabon am 12. April 1817, IAN/TT IGP Livro 17, S. 54–60.

7. Abermals: die Revolution in Portugal

Es ist, wie bereits im ersten Hauptteil dargelegt, ein Allgemeinplatz der Geschichtsschreibung, dass die Revolution von 1820 eine „europäische Konnotation" hatte.[1] In der Historiographie hat sich die These etabliert, dass sie eine Reaktion auf die Geschehnisse im Nachbarland Spanien, namentlich auf die dortige Revolution vom 1. Januar 1820 war,[2] so wie sich ebenfalls die allgemeinere These etabliert hat, dass die großen „Ismen" des 19. Jahrhunderts (Liberalismus, Konstitutionalismus) Importe aus Spanien darstellten.[3] Diese Erkenntnis haben Historiker jedoch nicht (nur) in jahrzehntelanger Quellenarbeit erlangt, und sie beruht auch nicht auf Forschungsergebnissen der in den letzten beiden Dekaden erstarkten transnationalen Geschichte oder Globalgeschichte. Die These der Kopplung der historischen Ereignisse in Iberien wurde vielmehr schon von Zeitgenossen verfochten. So analysierte beispielsweise der portugiesische Staatsmann Conde de Palmela, der Augenzeuge der revolutionären Ereignisse wurde, im Dezember 1820 in einem Brief an den Monarchen in Rio de Janeiro die portugiesische Revolution folgendermaßen: „Die Revolution ist nicht das Resultat von Gründen, die der portugiesischen Nation eigen sind. Die Beschwerden des Volkes über Justiz und Finanzwesen [sowie] die Frustration über die lange Abwesenheit Ihrer Majestät tragen ohne Zweifel dazu bei, die Unzufriedenheit anzuheizen, aber diese hätte sich niemals entwickelt und die Effekte produziert, die wir derzeit unglücklicherweise erleben, wenn die Portugiesen nicht durch das Beispiel der Spanier angeheizt worden wären, durch die allgemeine Neigung aller europäischer Nationen zu einer repräsentativen Regierung und letztlich zu einer universellen Verschwörung gegen die alten Regierungen, und durch die Begeisterung, die fast die gesamte derzeitige Generation ergriffen hat. Man kann nicht erwarten, dass

---

1 MACEDO, Jorge Borges de, História Diplomática de Portugal. Constantes e Linhas de Força: Estudo de Geopolítica, Bd. 2, S. 492; SANTOS, Fernando Piteira, Geografia e Economia da Revolução de 1820, Lissabon 1961; FALCÓN/MATTOS, O Processo de Independência no Rio de Janeiro, S. 311.
2 SLEMIAN/PIMENTA, O „nascimento político", S. 49.
3 BONIFÁCIO, O século XIX português, S. 13; VARGUES, O processo, S. 46f. Michael Zeuske nannte Spanien das „Geburtsland des Liberalismus in seiner ursprünglichen Bedeutung". Mit der Verfassung von 1812 entstand demnach die erste große konstitutionelle Vertextung des westlichen Liberalismus, ZEUSKE, Michael, Einleitung: Liberale aller Länder, vereinigt Euch!, in: Comparativ 12/4, 2002, S. 7–13, S. 7. Auch Alberto Gil Novales konstatiert, dass der Begriff „liberal" sich von Spanien aus in andere Länder verbreitete, GIL NOVALES, Alberto, Betrachtungen über den spanischen Liberalismus, in: Comparativ 12/4, 2002, S. 14–37, S. 14.

das Übel mit partiellen Mitteln bekämpft werden kann. ... Die Gemüter werden sich in Portugal nicht beruhigen, solange sie im gesamten übrigen Europa erregt sind, noch werden die Portugiesen jemals zufrieden sein, wenn sie sich im Vergleich mit ihren Nachbarn in einem Zustand der politischen Minderwertigkeit befinden."[4] In einem Schreiben an Staatsminister Villanova Portugal in Rio de Janeiro formulierte Palmela noch konkreter: „Die Erhebung, die sich in Portugal zugetragen hat, war eine fast notwendige Konsequenz der Revolution in Spanien und der Agitation, in der sich die Gemüter im ganzen Rest Europas befunden haben. Portugal, seines geliebten Souveräns beraubt und frustriert ob der Dekadenz seines Handels und der schlechten Finanzlage, konnte nicht anders, als die Effekte der Ansteckung zu erleben, die durch so viele Türen aus Spanien hereingekommen ist."[5]

Eine ähnliche Sichtweise kann auch in den Dokumenten der Interimsregierung und der Lissabonner Polizeiintendanz vor Ausbruch der Revolution im August 1820 nachgewiesen werden. Bereits im Februar 1820 schrieben die Governadores an den Monarchen, dass sie ihre Pflicht, die „Rettung des Reiches und die Erhaltung des Thrones" (*salvação destes Reinos, e a conservação do Throno*), kaum noch ausüben könnten, und flehten, dass sich der „legitime und geliebte Souverän" wieder zu seinem „verwaisten Volk" (*povo orfão*) begeben möge, in einem Moment, in dem sich die „Revolution durch die schreckliche Erhebung der kastilischen Truppen in Andalusien" in „so großer Nähe" manifestiert hätte.[6] Die Interimsregierung ließ nach eigenem Bekunden die Grenze zum Nachbarland verstärkt überwachen – doch diese Anstrengungen brachten offenbar nicht den erwünschten Erfolg. Im März klagten sie, dass die Revolutionäre „jedes Mittel anwandten", um die „öffentliche Meinung" in Portugal zu beeinflussen.[7]

Dennoch blieb im Königreich zunächst alles ruhig. Im April berichtete der Portuenser Polizeichef, dass die „gute Ordnung" in dieser Stadt gesichert sei und dass der „gute öffentliche Geist ihrer Bewohner" erhalten werden könne. Trotz der über Spanien zirkulierenden Gerüchte herrsche in den gesamten

---

4   Zitiert nach ROMEIRO, João, De D. João VI á independência. Estudo sobre os factos que mais contribuiram para ser proclamada em S. Paulo, no dia 7 de setembro de 1822, nas margens do Ypiranga, a emancipação politica da patria, Rio de Janeiro 1921, S. 13.
5   Conde de Palmela an Staatsminister Villanova Portugal, Lissabon am 23. Dezember 1820, ANRJ, Contas dos Governadores do Reino cx. 638, pac. 1, doc. 55, zitiert nach SILVA, Inventando a Nação, S. 294.
6   Governadores an João VI, Lissabon am 19. Februar 1820, Livro 319, S. 385–390.
7   Governadores an João VI, Lissabon am 18. März 1820, in: Luz SORIANO, História da Guerra Civil, 3a. época, tomo VI, S. 187–188, zitiert nach ALEXANDRE, Sentidos do Império, S. 453.

(portugiesischen) Provinzen des Nordens Ruhe, und dies, so versicherte der Lissabonner Polizeichef, berichteten auch die *corregedores* der einzelnen Distrikte.[8] Noch Anfang Mai 1820 sandte der Lissabonner Polizeiintendant ähnliche Nachrichten an den Souverän: In Porto erhalte man „Ruhe und gute Ordnung", und es gebe keinen Grund zu zweifeln, dass die dortigen Bewohner über einen „guten Geist" verfügten. Der Polizeiintendant in Porto berichtete indes auch, dass Händler (*negociantes*) ihn wegen einiger Zeitungen (*periodicos*) aus Madrid konsultiert hätten; es ging um die Frage, ob sie in Portugal gelesen werden durften oder nicht. Der Lissabonner Intendant war in dieser Angelegenheit der gleichen Meinung wie sein Portuenser Amtskollege, nämlich dass das „absolute Verbot" solcher Papiere nur den Wunsch steigern würde, sie zu lesen, und dass es kaum möglich sei, sie bei einer „so langen Grenze" (zu Spanien) vollständig aus dem Königreich Portugal fernzuhalten. Aus diesem Grund schlug er vor, dass man die Lektüre erlauben solle, und er sprach sich auch dafür aus, dass man sie in den Läden (*lojas*) und öffentlichen Plätzen (*Praças publicas*) kommentieren dürfe.[9]

Zehn Tage später schrieb der Intendant in der gleichen Angelegenheit nochmals an den Monarchen. Er hatte soeben eine Nachricht aus Porto erhalten, in der er „einige Widersprüche" zur vorherigen erkannte. Der zuständige Portuenser Polizeichef schätzte den „Einfluss der Lektüre ausländischer Zeitungen" nun eher gering ein, da „sehr wenige Personen" sie zur Kenntnis nähmen, und da es „viele" gebe, denen sie nicht wichtig seien (*muitos há a quem isso nada importa*). Aus Sicht des Lissabonner Intendanten handelte es sich bei den ausländischen Zeitungen allerdings beim „derzeitigen Stand der Dinge" (*na conjunctura actual*) um eine äußerst wichtige Angelegenheit. Trotz der Integrität, die er seinem Kollegen aus Porto zusprach, war Magalhães nach eigenen Angaben „weit davon entfernt", diese neue Bewertung zu glauben und zu akzeptieren (*estou bem longe de acreditar e aceitar*).[10]

Aus den Dokumenten wird nicht ersichtlich, worum es den obersten Ordnungshütern hier eigentlich ging: Plädierte der Portuenser Polizeichef, indem er auf die geringe Bedeutung der Periodika hinwies, nun implizit dafür, die Zeitungen doch zu verbieten? War es das Anliegen des Lissabonner Polizeichefs, die freie Lektüre der Zeitungen zu gewährleisten, oder was sonst wollte er beim Monarchen erreichen, wenn er seinem Amtskollegen aus Porto in dieser Angelegenheit ein geringeres Urteilsvermögen zusprach? Der Brief

---

8 Magalhães an João VI, Lissabon am 15. April 1820, IAN/TT IGP Livro 20, S. 221–221v.
9 Magalhães an João VI, Lissabon am 2. Mai 1820, IAN/TT IGP Livro 20, S. 230–231.
10 Magalhães an João VI, Lissabon am 12. Mai 1820, IAN/TT IGP Livro 18, S. 237v.

schloss mit der üblichen Formel, dass João VI selbst entscheiden müsse, ob die Lektüre der madrilenischen Zeitungen in Portugal erlaubt werden sollte oder nicht. In jedem Fall wird anhand dieser Begebenheit deutlich, dass es aus der Sicht des Zentrums nach wie vor Periodika aus Spanien waren, die die Geschehnisse in Portugal (negativ) beeinflussten, dass jedoch der „richtige" Umgang mit diesen Periodika keineswegs leicht zu bestimmen war.

Auch die mündliche Kommunikation bestimmter Inhalte galt als schädlich für den Staat: Am 22. Mai 1820 informierte Magalhães den Monarchen über eine Nachricht des *corregedor* von Bragança vom 14. Mai. Demnach hatte der *juiz de fora* derselben Stadt einen Brief aus Spanien erhalten und „öffentlich davon geredet". Beide, der Polizeichef aus Lissabon und der *corregedor*, sahen darin einen „schwer entschuldbaren Leichtsinn" des Beamten, auch wenn es sich nur um eines der gedruckten Dekrete, Proklamationen oder Zeitungen handele, die „in diesem Reich" (Spanien) seit März so „zahlreich" erschienen seien. Der *corregedor*, den Magalhães als „rechtschaffenen Magistraten" charakterisierte (*he Magistrado de probidade*), folgerte allerdings, dass man dieser Angelegenheit nicht mehr Aufmerksamkeit schenken müsse, als sie verdiene, weshalb man auf weitere, genauere Berichte warten könne. Er versprach jedoch, die Dinge genau aufzuklären.[11] Diese Begebenheit zeigt, dass ein einzelnes Papier, das von den Geschehnissen in Spanien zeugte, bei der Zentralmacht beträchtliche Reaktionen auslöste – insbesondere dann, wenn es von einem portugiesischen Beamten *verlesen* worden war. Hier wird erneut evident, dass Schrift vor allem in der Rede wirksam wurde; Texte erlangten dann besondere Bedeutung, wenn sie in Gruppen besprochen wurden. Politisches Handeln (das von den Herrschenden nicht gewollt wurde) vollzog sich in „Kommunikation unter Anwesenden", hatte mithin ein *performatives* Element.[12]

Am 14. Juni desselben Jahres schrieb der Polizeiintendant nach Rio de Janeiro, dass der *corregedor* von Trancoso (im Norden Portugals) von einer „großen Anzahl spanischer Verfassungen" (*numero avultado de Exemplares da Constituição Hespanhola*) berichtet habe, die dort zirkulierten. Sie seien von Portugiesen bestellt (ohne dass erwähnt würde, von wem) und dann aus Spanien nach Portugal eingeführt worden. Aus einer Mitteilung aus Villa Real erging die Information, dass dort ein spanischer Pfarrer eingetroffen sei, der sich als „Flüchtling der Agitationen in Spanien" ausgebe. Zwar sei das „Papier" (gemeint ist die spanische Verfassung) nicht neu, da es bereits seit 1812 in Spanien gültig sei, aber der Polizeiintendant erklärte trotzdem, dass er die

---

11 Magalhães an João VI, Lissabon am 22. Mai 1820, IAN/TT IGP Livro 18, S. 245.
12 SCHLÖGL, Politik beobachten, S. 606.

corregedores instruiert habe, alle Nachrichten zu übermitteln und gleichzeitig die „angemessene" Vigilanz und Aufmerksamkeit bei allem walten zu lassen, was die „öffentliche Ruhe" angehe. Bei dem spanischen Pfarrer, der im Übrigen keinen Pass besitze, müsse man bedenken, dass „diese Ausländer" häufig beabsichtigten, „schlechte Prinzipien" zu verbreiten. Der *corregedor* wurde daher angehalten, mehr Informationen über den Spanier zu sammeln und im gegebenen Fall entsprechende Maßnahmen zu ergreifen.[13] Auch hier tritt das Prinzip der Exterritorialisierung der „Gefahr" erneut deutlich hervor: Als subversiv galten vor allem, wenn nicht ausschließlich, *spanische* Texte und *spanische* Individuen, die in Portugal „schlechte Prinzipien" verbreiteten.

Wenn noch am 21. Juli die Nachricht aus Porto erging, dass „nichts Neues" mit dem „guten Geist" der Bewohner passiert sei,[14] so war es einen Monat später um denselben geschehen: Am 28. August erhielt der Lissabonner Polizeichef durch einen privaten Brief Nachricht über die Revolution in Porto, die am 24. August im Morgengrauen begonnen hatte. Mit Besorgnis bemerkte er, dass diese Nachricht schon anfing, in Lissabon zu „erklingen" (*soar*), da es Leute gab, die an diesem Tag Briefe aus Porto erhielten. In Setúbal waren schon am vorherigen Tag die Neuigkeiten durch die Kapitäne von zwei Schiffen eingetroffen, die am besagten Revolutionstag aus Porto abgereist waren.[15]

Das Medienereignis Revolution war bereits am nächsten Tag perfekt:[16] Der Polizeichef schrieb am 29. August 1820 an den Monarchen: „Die Nachrichten der Revolte in der Stadt Porto sind allgemeine Nachrichten, und wie es natürlich ist, sind sie seit gestern Nachmittag das Thema der Gespräche aller." Den Informationen der Polizei-Offizianten zufolge sprach man ungeniert (*sem rebuço*) auf den Plätzen und in öffentlichen Läden (*Lojas publicas*) von „dieser Sache", und die Meinung war unter einigen indifferent, der größte Teil bedauerte die Vorkommnisse; nur bei einigen, die wegen ihrer

---

13 Magalhães an João VI, Lissabon am 20. Juni 1820, IAN/TT IGP Livro 18, S. 256.
14 Magalhães an João VI, Lissabon am 29. Juli 1820, IAN/TT IGP Livro 18, S. 272–272v.
15 Magalhães an den Conde da Feira, Lissabon am 28. August 1820, IAN/TT IGP Livro 18, S. 283v–284.
16 Die Nachricht über die Revolution verbreitete sich mit großer Geschwindigkeit in Portugal: Neben den offiziellen Wegen (Zeitungen, Proklamationen, Manifeste, Aushänge, Zirkularanweisungen etc., die in den Städten Lissabon, Porto und Coimbra gedruckt wurden) auch über private Kanäle, Briefe, mündliche Berichte von Kapitänen, Eselstreibern, Hausierern und Reisenden. Auch die lokalen Autoritäten (Schriftführer der Kammern, Juristen, Pfarrer, Adelige und Bürger) nahmen eine herausragende Stellung ein, TENGARRINHA, E o povo, onde está?, S. 54f. und S. 82.

„schlechten Prinzipien" bereits bekannt seien, habe man festgestellt, dass sie „gemäß ihren Intentionen" von einem Erfolg der Revolution ausgingen.[17] Bereits am nächsten Tag hatte sich nach Meinung des Polizeiintendanten die Anzahl der Revolutionsbefürworter erhöht: Er berichtete, dass man auf den Plätzen „öffentlich" über den Aufstand spreche, und dass „einige Individuen" im Gespräch mit anderen nicht ihre „Gefühle der Zustimmung" (*sentimentos de aprovação*) zu dem Geschehen verbergen würden. In den derzeitigen Umständen müsse genau abgewägt werden, ob man diese Individuen verhafte, wie es „eigentlich richtig" wäre und wie man dies bei anderen Gelegenheiten getan hätte, aber derzeit könne dies „Irritationen" hervorrufen, und es sei von „größter Wichtigkeit", Tumulte zu vermeiden.[18] Die Revolution wurde, wie im ersten Hauptteil beschrieben, Ende des Jahres 1820 „erfolgreich" beendet. Die Gefühle der Zustimmung hatten ganz offensichtlich überhandgenommen; eine physische Kontrolle der Personen, die die Revolution wollten, war nicht mehr möglich.

Die Dokumente der Polizeiintendanz in den Wochen und Monaten vor deren Ausbruch geben Auskunft über die kausalen Zusammenhänge, die die Autoritäten für die Revolution in Portugal annahmen: Das spanische Beispiel, die intensive Kommunikation über die Geschehnisse über die Staatsgrenze hinweg (die Grenze war „zu lang" für eine exakte Überwachung) mittels Druckwerken und Gesprächen über diese Druckwerke sowie die unvermeidliche „Ansteckung" des Volkes mit „revolutionären" Prinzipien. Der enge Zusammenhang zwischen den Ereignissen in Spanien und jenen in Portugal wird beinahe in jedem Regierungsdokument dieser Zeit postuliert. Bei dieser eindeutigen Bewertung durch die Zeitgenossen selbst ist jede Interpretation von Historikern aus dem Bereich der transnationalen Geschichte oder Globalgeschichte, so könnte man meinen, überflüssig, da es keine Überzeugungsarbeit mehr zu leisten gibt.

Doch sind nicht gerade die Einhelligkeit der Sichtweisen und der Gleichklang von zeitgenössischen Bewertungen und geschichtswissenschaftlichen Interpretationen, die bis zu zwei Jahrhunderten danach entstehen, bemerkenswert? Sollte man die kausalen Zusammenhänge und den teleologischen Impetus, die den alten und modernen Interpretationen gleichermaßen anhaften, tatsächlich einfach akzeptieren? Was, wenn nicht die Ereignisse und die Interaktionen selbst die Geschichte „trieben", sondern auch und vor allem der

---

17 Magalhães an den Conde da Feira, Lissabon am 29. August 1820, IAN/TT IGP Livro 18, S. 284–284v.
18 Magalhães an den Conde da Feira und an João VI, Lissabon am 30. August 1820, IAN/TT IGP Livro 18, S. 285–286.

unerschütterliche *Glaube* an die Zusammenhänge? Es war immerhin nachweislich dieser Glaube, der die Gouvernementalität des europäischen Teils des portugiesischen Imperiums in einer bestimmten Weise ausrichtete. Im folgenden Schlussteil sollen Antworten auf diese Fragen gegeben werden.

Schlussbetrachtungen und Ausblicke

Transfer et impera – diese Strategie hat angesichts der großen politischen Umwälzungen der Zeit außer der portugiesischen keine europäische Macht umgesetzt. Die Verlegung des Regierungsapparates vom Mutterland in die Kolonie und die damit einhergehende neue räumliche Ordnung des Imperiums war ein geopolitischer Schachzug, der es dem Monarchen João (VI) zunächst erlaubte, seine Souveränität und die territoriale Integrität des portugiesischen Reiches zu wahren. Trotz der Singularität der „Umkehrung" des Kolonialverhältnisses lässt die Analyse der Herrschaftspraktiken im portugiesischen Reich während der finalen Phase des *Ancien Régime* eine Reihe von Schlussfolgerungen zu, die abstrahiert und in größere Kontexte eingebettet werden können. Denn erklärtes Ziel der Arbeit war, Verbindungen und Wechselwirkungen zwischen spezifischen lokalen und allgemeinen „globalen" Prozessen sichtbar zu machen.

Nicht alle Ergebnisse der Arbeit sollen in der Reihenfolge ihres Auftritts wiederholt werden. Vielmehr ist es mein Anliegen, drei Hauptthesen zu präsentieren, zu erläutern und jeweils in die Forschungsfelder der Geschichtswissenschaft einzubetten, auf deren empirischen und theoretisch-methodischen Studien diese Arbeit maßgeblich basiert hat und ohne deren Erträge sie nicht realisierbar gewesen wäre. Die Rede ist hier erstens von der portugiesischen und brasilianischen (National-)Geschichtsschreibung bzw. der Geschichtsschreibung über das portugiesische Reich, zweitens der Kulturgeschichte des Politischen, drittens der Globalgeschichte bzw. transnationalen Geschichte. Die Einbettung der Ergebnisse in die unterschiedlichen Forschungsdiskussionen und -traditionen soll jeweils mit Ausblicken auf weiterführende Fragen und lohnende Projekte verbunden werden.

These 1: Aus der Sicht der Herrschenden waren es keine nationalen Bewegungen, die das portugiesische Imperium zu Fall brachten bzw. die luso-brasilianische Einheit entzweiten.

Die Rede von der Nation hat in der Vergangenheit einen überproportional großen Raum in der historischen Forschung eingenommen. Dies ist kaum überraschend, denn die professionelle Geschichtswissenschaft (in Europa) hat unmittelbar auf der Huldigung bzw. der Analyse der Nation aufgebaut.[1] Während in der Forschung über die hispanoamerikanische Geschichte

---

1 MANNING, Patrick, Navigating World History. Historians create a Global Past, New York/Basingstoke 2003, S. 188.

in jüngster Zeit die Existenz von Nationen und Nationalismen zur Zeit der Unabhängigkeiten (und der „atlantischen Krise") vermehrt in Frage gestellt wurden,[2] ist der methodische Nationalismus in der portugiesischsprachigen Forschung noch stärker präsent.[3] Die meisten empirisch-historischen Untersuchungen zum Hoftransfer und zur Unabhängigkeit Brasiliens stecken (wie das Kapitel zum Forschungsstand gezeigt hat) in der Tat voller impliziter Annahmen über die Gesellschaft und voller Common Sense-Konzepte, die aus der eigenen sozialen Erfahrung abgeleitet sind,[4] und von diesen ist die Nation nach wie vor eines der wichtigsten. Der portugiesische Historiker António Costa Pinto traf 2003 die folgende Aussagen: „I have always thought it strange that most historians from my generation, who studied the Old Regime, did not know a single Brazilian historian. About Brazil itself they had what can best be described as a ‚vague idea'. ... The [Portuguese] historiographical community is still heavily dominated by what is termed the ‚national fact'."[5] Freilich tragen Kritiken dieser Art (und die neue elektronische Zeitschrift, in deren erster Ausgabe das eben Zitierte erschien) dazu bei, die Forschungslandschaft zu verändern. Angesichts der Liberalen Revolution (1820) und der „nationalistischen" Debatten der Cortes, die zur Rückkehr des Monarchen (1821) und zur Unabhängigkeit Brasiliens (1822) führten, scheint es jedoch noch immer allzu naheliegend, die Geschichte des Hoftransfers ex post an die Entstehung der portugiesischen und der brasilianischen Nationen zu koppeln.[6]

Ausgangspunkt der Analyse war die Überlegung, dass es nicht notwendigerweise Nationen und Nationalismen waren, die einem Imperium gefährlich werden konnten,[7] und dass es sich lohnt, ein Großreich selbst danach zu fragen, wer und was in der Lage war, es zu Fall zu bringen. Inspiriert von

---

2 Vgl. zum Beispiel PORTILLO VALDÉS, Crisis atlántica, S. 126f.
3 Häufig wird die Nation als Fluchtpunkt der Untersuchung gewählt, vgl. zum Beispiel RIBEIRO, Gladys Sabina, Desenlances no Brasil pós-colonial: a construção de uma identidade nacional e a Comissão Mista Brasil-Portugal para o reconhecimento da Independência, in: Convergência Lusíada 20, 2003, S. 79–95, S. 79.
4 In Anlehnung an MANN, Geschichte der Macht, S. 18.
5 PINTO, António Costa, The Internationalization of Portuguese Historiography, in: e-JPH 1/2, 2003, S. 1–2.
6 Vgl. zum Beispiel den Titel ANDRADE, Manuel Correia de/Eliane Moury FERNANDES/ Sandra Melo CAVALCANTI (Hrsg.), Formação histórica da nacionalidade brasileira: Brasil 1701–1824, Recife/Brasília 2000. Auch wenn „die Nation" in den vielen Darstellungen mittlerweile differenziert und nicht-essentialistisch betrachtet wird, dient sie meist noch als Folie, vor der die anderen Geschichten entwickelt werden.
7 *„Nationalism was part of the repertoire of political opposition, but not necessarily the most important one"*, COOPER, Colonialism in Question, S. 156.

Ideen Frederick Coopers und James C. Scotts war es Ziel, zu erfahren, wie das portugiesische Imperium (als eine spezifische Form des Staates) „dachte", und insbesondere jene Momente zu beleuchten, in denen es „dachte", an die Grenzen seiner Macht zu stoßen.[8]

Der „nationalen Falle" sollte in der vorliegenden Arbeit durch entscheidende Umkehrungen der Perspektive entgangen werden. Statt mit dem Anfang der Geschichte, dem Ereignis des Hoftransfers 1807/1808, zu beginnen und mit dem Ende, der brasilianischen Unabhängigkeit 1822, aufzuhören, wurden diese beiden Zäsuren sowie die Ereignisse und Prozesse, die ihnen jeweils vorausgingen, im ersten Hauptteil behandelt. Der zweite Hauptteil konzentrierte sich hingegen auf die Zeit *zwischen* den historischen Großereignissen. Grund für den Verstoß gegen die normale historiographischen Erzählweise, welche in der Regel linear ausgerichtet ist (zumal wenn sie sich im nationalen Rahmen bewegt),[9] war die Überlegung, dass die Geschichte des Hoftransfers nur auf diese Weise ohne teleologischen Impetus bzw. finalen Determinismus erzählt werden kann. Statt von vorneherein die Entstehung zweier getrennter (National-)Staaten als Fluchtpunkt der Entwicklungen anzunehmen, stellte die Verwunderung über die *Einheit* des luso-brasilianischen Reiches in politisch, sozial und ökonomisch ereignisreichen Zeiten den Ausgangspunkt der Überlegungen dar.

Es war in der Tat maßgeblich der spezifische Zuschnitt, die *Form* der Erzählung, die die Herausarbeitung neuer Erkenntnisse ermöglichte. Denn betrachtet man die im zweiten Hauptteil fokussierte Zwischenzeit als eine Periode mit eigener Geltung und eigener Dynamik, wird schnell klar, dass es der Geschichte des Hoftransfers kaum gerecht wird, wenn sie nur aus der Perspektive eines nationalen Erfolgs (auf brasilianischer Seite) oder aus der Perspektive einer nationalen Tragödie (auf portugiesischer Seite) erzählt wird bzw. wenn sie ausschließlich als Rahmengeschichte für die Entstehung der Nationen dient.

Aus den Korrespondenzen zwischen den Polizeiintendanten in Lissabon und Rio de Janeiro mit dem Monarchen persönlich bzw. der Interimsregierung und der imperialen Zentralregierung über den Atlantik hinweg wurden in der vorliegenden Arbeit die wichtigsten Probleme der Herrschaftsausübung herausgefiltert, also jene, die aus Sicht der Autoritäten die größten Gefahren für den Erhalt der Monarchie und des Staates darstellten. Es zeigte sich dabei, dass die Herrschenden in Portugal und Brasilien in der Zeit zwischen 1808

---

8 Cooper, Colonialism in Question, passim und S. 160; Scott, Seeing Like a State.
9 Duara, Pransenjit, Why is History Antitheoretical?, in: Modern China 24/2, 1998, S. 105–120, S. 108.

und 1820 viele Phänomene und Prozesse als Gefahren für die Souveränität des Monarchen und die Integrität des Staates ansahen und bekämpften – aber gewiss keine Nationen. Dies lässt die Vermutung zu, dass in Brasilien und Portugal keine Nationen als historisch wirksame Aktanten existierten (und auch nicht plötzlich entstanden, weil der Monarch anwesend oder eben abwesend war), sowie die Gewissheit, dass es in beiden Hemisphären zumindest keine Nation gab, die die Herrschenden in Rio de Janeiro oder Lissabon beunruhigt hätte. Zwar war „die Nation" eine Kategorie der Herrschaftspraxis, das heißt, dieser Begriff taucht durchaus in den Regierungs- und Polizeidokumenten auf (in Portugal häufiger als in Brasilien) – dann aber jeweils mit dezidiert positiver Konnotation und keineswegs als Bedrohung. Kurz: Das Imperium nahm weder „die Nation" noch den viel beschworenen „Patriotismus" als Motor für (politisch-soziale) unerwünschte Veränderungen wahr; diese Phänomene stellten schlicht kein Problem bei der Herrschaftsausübung dar.

Bei der Analyse der Regierungsdokumente kristallisierten sich somit Erkenntnisse heraus, die der herkömmlichen, national ausgerichteten und auf die Entstehung von Nationen fixierten Geschichtsschreibung entgegenstehen. So heißt es in der Forschung zur Geschichte Portugals üblicherweise erstens, dass in der und durch die Londoner Exilpresse eine nationalistische Ideologie verbreitet wurde, die maßgeblich zur Entstehung der portugiesischen Nation beitrug, und dass dort zweitens über die Unabhängigkeit Brasiliens debattiert und diese damit vorangetrieben wurde.[10] Auffällig ist, dass diese beiden „Probleme", also die nationalistische Ideologie und die Separationsideen, in der Korrespondenz zwischen den Herrschenden in Lissabon und in Rio de Janeiro nicht auftauchen. Die Governadores fürchteten den „Übergriff" des Prinzips der Volkssouveränität; von (nationalistisch motivierten) Separationsgedanken ist jedoch in den analysierten Dokumenten der Regierung und der Polizeiintendanzen keine Rede. Kurz: Das Eintreten für die Verfassung galt als ein revolutionärer Akt gegen die Regierung und allgemein gegen die „gute Ordnung", weniger als Plädoyer für die Schaffung eines von Brasilien getrennten Nationalstaates.

---

10 Eine der Hauptthesen des Werkes „Ideologia e Política" von Augusto Alves ist beispielsweise, dass das Periodikum „O Portuguez" maßgeblichen Anteil an der Formation der portugiesischen Nation hatte, vgl. ALVES, Ideologia e política, S. 19 und 34 und passim. In Valentim Alexandres Darstellung heißt es, dass in der Londoner Exilpresse ab Februar 1816 offen über eine etwaige Unabhängigkeit Brasiliens und über eine Verfassung diskutiert wurde, weswegen die Interimsregierung 1817 darauf drängte, die Einfuhr des *Correio Braziliense*, *O Português* und vor allem des *Investigador* zu verbieten, ALEXANDRE, Sentidos do Império, S. 435f.

Es waren andere gesellschaftliche Entitäten, welche das Imperium beunruhigten. In Portugal waren es vor allem „das Volk" (*povo*) bzw. das „niedere Volk" (*plebe*) (und beides ist keineswegs identisch mit „der Nation") sowie die „öffentliche Meinung" (*opinião pública*) bzw. „die Öffentlichkeit" (*o público*). Diese Entitäten tauchen (als Kategorien der Praxis) inflationär in den Regierungsdokumenten auf, und zwar stets als mächtige Kräfte, welche geeignet waren, die Herrschaftspraktiken der Interimsregierung und der Polizei-Offizianten zu begrenzen und zu verändern. In Brasilien traten „das Volk" und „die öffentliche Meinung" nicht so deutlich und nicht unter dieser Bezeichnung in Erscheinung, aber auch hier ist eine deutliche Fokussierung auf die unteren Schichten der Bevölkerung nachweisbar: Die Polizierung der „brasilianischen" Gesellschaft geschah maßgeblich durch Vigilanz, Kontrolle und Bestrafung von Sklaven (welche als eine Entität, nämlich „die Sklavenschaft", imaginiert wurde); außerdem ist eine hohe Aufmerksamkeit gegenüber den Praktiken der dunkelhäutigen Menschen sowie insgesamt „der (Hauptstadt-)Bevölkerung" nachweisbar. Während die Personen „erster Ordnung", also Adelige, Großhändler, Magistrate etc. in beiden Hemisphären – mit einigen prominenten Ausnahmen – als Träger und Unterstützer des Staates galten, stand der Plebs immer im Verdacht, „Unordnung" herzustellen und die „gute Ordnung" zu beeinträchtigen.

Der üblichen Interpretation, dass es merkantile Eliten waren, die, getrieben von einem „merkantilen Nationalismus", erstens für die Revolution von 1820 verantwortlich zeichneten und zweitens den Bruch zwischen Brasilien und Portugal verursachten (wie im ersten Hauptteil dargestellt), kann also entgegengesetzt werden, dass Regierungen und Polizeiintendanzen diese Gruppen und deren Handeln vor 1820 keineswegs als staatsgefährdend im Blick hatten: Politischer Wandel im Allgemeinen und Revolutionen im Speziellen gingen aus ihrer Sicht vom „einfachen" Volk aus; entsprechend richteten sich die Machttechniken zur Beherrschung der Gesellschaft vorwiegend auf Personen, die nicht der „ersten Ordnung" angehörten.

Entscheidend ist, dass die genannten gesellschaftlichen Kräfte aus den unteren Schichten, deren Macht das Imperium fürchtete, per se jeweils *keine* Gefahr darstellten, sondern immer nur dann, wenn sie in Kontakt mit der „revolutionären" Außenwelt kamen, also wenn „boshafte" Individuen „verkehrte" Ideen von Revolution, Konstitutionalismus, Abolition in das portugiesische Territorium und die portugiesische Gesellschaft hineintrugen. Man fürchtete eine sofortige „Kontamination" mit den „falschen" Prinzipien und Maximen, namentlich mit jenen, welche die Herrschaft des Souveräns und/oder etwa die Sklaverei in Frage stellten. Für Rio de Janeiro sind konkret die „französische revolutionäre Gefahr" in der Río de la Plata-Region zu nennen, wo die spanische Kolonialherrschaft ab 1810 ins Wanken geriet, sowie – vor allem seit der Revolution von Pernambuco 1817 – Probleme mit Sklaven, deren etwaige Rebellion nach dem Beispiel Haitis (1791) mit dem Untergang des Imperiums gleichgesetzt wurde. In Portugal waren es vor allem Nachrichten („Neuigkeiten") über die Verfassung von Cádiz und über das Zusammentreten der spanischen Cortes, die bei den Herrschenden in Portugal für Panik sorgten. Die Analyse der Polizei- und Regierungsdokumente hat bewiesen, dass die Herrschenden einen unmittelbaren Zusammenhang schufen zwischen der angestrebten Erhaltung des eigenen politischen Systems und der Kontrolle der Interaktion mit der (als solche konstruierten) Außenwelt.

Aus Furcht vor Kontamination mit „revolutionären Prinzipien" waren die Autoritäten permanent mit Geschehnissen in anderen Teilen der Welt beschäftigt, und zwar vorwiegend mit jenen in den unmittelbar angrenzenden Staaten. Die Regierungsweise richtete sich also in einem beträchtlichen Maße an Ereignissen und Prozessen aus, die sich nicht innerhalb, sondern außerhalb ihres eigenen Machtraums und ihrer eigenen Gesellschaft vollzogen. Politische Bewegungen, Revolutionen, Anarchie, „Unordnungen" aller Art – all dies waren Phänomene, von denen man annahm, dass sie nicht aus der eigenen Gesellschaft erwachsen konnten. Die Krise war immer zuerst „dort draußen". Sobald allerdings „subversive" Ideen in das eigene Territorium hereingelangten, würden sie, so glaubten die Staatsmänner, unmittelbar zünden und zu einer Revolution führen. Erst würden „das Volk" bzw. „der Plebs" (Portugal) oder „die Sklavenschaft" und „die Bevölkerung" (Brasilien) angesteckt, danach die Personen „erster Ordnung". Die portugiesische Monarchie und der portugiesische Staat bzw. das Imperium konnten folglich dann, aber auch nur dann gerettet werden, wenn man die Interaktionen mit dem Ausland nach Möglichkeit unterband.

Die Regierungsweise des Imperiums zeichnete sich auf beiden Seiten des Atlantiks entsprechend durch Versuche der Abschottung aus. Die lokalen Autoritäten in den beiden Hauptstädten versuchten, den politischen Wandel zu verhindern, indem sie einen „Einbruch" von republikanischen, liberalen und abolitionistischen Idealen verhinderten; sowohl in den Dokumenten der Polizeiintendanz in Rio de Janeiro als auch in Lissabon lassen sich Repressions- und Zensurpraktiken, Inhaftierungen, Ausweisungen von ausländischen Individuen bzw. „jakobinischen" Portugiesen als wichtige Machttechniken nachweisen. Ziel war es, „subversive" Ideen von „dem Volk" und „der Sklavenschaft" fernzuhalten und somit vor einer „Verkehrung" zu bewahren. Die Analyse hat mit anderen Worten ergeben, dass die Interaktionen zwischen portugiesischen Untertanen und Angehörigen anderer Staaten und Gesellschaften als Triebfeder des Wandels gesehen wurden – und zwar eines Wandels, den man verhindern wollte.

Die gleichberechtigte Untersuchung der Herrschaftstechniken in Portugal *und* Brasilien (neben der nicht-chronologischen Erzählweise die zweite Besonderheit der in dieser Arbeit eingenommenen Perspektive) hat ans Tageslicht gebracht, dass die Panik vor Revolutionen und „dem anderen" (konstitutionellen) System trotz der unterschiedlichen Zusammensetzung der Gesellschaft in beiden Hemisphären vorhanden war. Auch wenn es, wie bereits angedeutet, unterschiedliche gesellschaftliche Kräfte und Entitäten waren, welche die Herrschenden in Brasilien und Portugal in der Zeit zwischen 1808 und 1820 als Bedrohung ansahen, so war die Mikrophysik der Macht (Ausweisung von Fremden, Zensur und generell die Erschwerung von Kontakten mit dem Ausland) dennoch bemerkenswert ähnlich. Dies muss vor allem auf die umfangreiche direkte Kommunikation der beiden Polizeiintendanten mit dem Monarchen persönlich und die rege Korrespondenz zwischen den Regierungen in Rio de Janeiro und Lissabon zurückgeführt werden. Die gleiche Ausrichtung der Regierungsweise lässt darauf schließen, dass es sich bei der luso-brasilianischen Einheit um einen politischen Raum gehandelt hat, dessen transatlantische Achse weitaus stärker war, als es von weitgehend unvernetzt arbeitenden, nationalstaatlich ausgerichteten portugiesischen und brasilianischen Historikern üblicherweise suggeriert wird.

Mit der vorliegenden Studie ist ein (weiterer) Beweis erbracht worden, dass die Erzählung vom Entstehen von Nationen nicht diejenige ist, mit der sich der Lauf der Geschehnisse um den Hoftransfer und die Unabhängigkeit Brasiliens am besten erklären lässt – denn diese wird dem Gegenstand kaum gerecht. Unhinterfragt davon auszugehen, dass Nationen oder „nationale Bewegungen" das portugiesische Imperium zum Fall brachten, stellt nicht nur eine problematische Gleichsetzung von analytischer Kategorie und Kategorie der Praxis dar, sondern bedeutet vor allem, die Augen von vorneherein vor jenen Entitäten und Prozessen zu verschließen, die für die damaligen Herrschenden als weitaus wichtiger und gefährlicher empfunden wurden.

Wenn mit dem gerade Gesagten bereits implizit ausgedrückt worden ist, dass die Metaerzählung der Verdichtung von Interaktionen, also die Erzählung von der „Globalisierung", sich besser für eine Annäherung an den spezifischen Gegenstand eignet als jene von der Entstehung von Nationen, so ist dieser Befund freilich mit Vorsicht zu genießen. Denn es sollte nicht Aufgabe der historischen Forschung sein, mehr oder minder bewusst eine globale Vergangenheit zu konstruieren, wo vorher die nationale dominiert hat.[11] Trotzdem scheinen die grenzüberschreitenden, transregionalen Zusammenhänge nach

---

11 In diesem Zusammenhang ist der Untertitel des Werkes von Patrick Manning treffend: MANNING, Navigating World History. Historians create a Global Past.

den in der vorliegenden Arbeit vorgenommenen Analysen zu offensichtlich, als dass sie aus der Geschichte der portugiesisch(sprachig)en Gesellschaften oder der Geschichte des portugiesischen Reiches im frühen 19. Jahrhundert dauerhaft herausgehalten werden könnten. Diese Zusammenhänge sind in der Forschung zwar häufig postuliert (zum Beispiel mit der Erfindung und Akzeptanz des Konzeptes „Atlantische Krise"), jedoch bisher selten konkret untersucht worden. Wieso die Geschichte der grenzüberschreitenden Interaktionen zwischen Brasilien und seinen Nachbarstaaten so selten geschrieben wird, lässt sich möglicherweise am besten mit einer kleinen Anekdote verdeutlichen. Als unlängst die Schweinegrippe in Chile und Argentinien auftrat, lancierte die brasilianische Regierung einen Fernsehspot: „Es wird empfohlen, von aufschiebbaren Reisen nach Lateinamerika abzusehen."[12] Brasilien und Lateinamerika – dieses Begriffspaar steht bisher, nicht nur im akademischen Bereich, eher für eine Trennung als für eine Verbindung.[13]

Wie bereits in der Einleitung angedeutet, wird kein Analyserahmen jemals die ultimative Schablone für historische Forschungsprojekte darstellen. Auch wenn sich die vorliegende Arbeit schon aufgrund ihres Zuschnitts und aufgrund ihrer Ergebnisse als ein Plädoyer für die Überwindung nationalstaatlicher Perspektiven lesen lässt, kann es nicht darum gehen, die „globale" (imperiale, atlantische) Perspektive als die beste oder einzig mögliche zu propagieren und zukünftige Forschungsvorhaben, die „nur" eine Seite des Atlantiks oder „nur" eine Region (oder eine Stadt oder ein Dorf) fokussieren, zu diskreditieren. Auch wenn vermehrt konstatiert wird, dass eine „Internationalisierung" der portugiesischen Geschichte Not tut,[14] lassen sich zahlreiche Themen auf unterschiedlichen räumlich-geographischen Ebenen jenseits und „unterhalb" der Nation finden, die wichtige Erkenntnisse über die jeweiligen Gesellschaften und ihre internationalen Vernetzungen zutage fördern könnten.

Es böte sich beispielsweise an, die grenzüberschreitenden Beziehungen, die durch die Brille des Staates als Motor des Wandels erschienen, von der anderen Seite, nämlich aus der Perspektive der Beherrschten zu beleuchten. Dies sollte auch und vor allem auf einer regionalen oder lokalen Ebene geschehen. Auch wenn die große Bedeutung von vergleichenden Studien etwa bei der Betrachtung der lateinamerikanischen Unabhängigkeitsbewegungen

---

12 Zitiert nach WINK, Georg, Warum ist Brasilien anders? Neue Thesen zu einer alten Frage, in: Tópicos 2, 2010, S. 41–43, S. 43.
13 Vgl. BETHELL, Leslie, Brazil and „Latin America", in: JLAS 42, 2010, S. 457–485.
14 FONSECA, Luís Adão da, Internationalization of Portuguese Historiography: An Opportunity Stemming from a Challenge, in: e-JPH 1/1, 2003, 1–3.

mittlerweile regelmäßig konstatiert wird,[15] sind die konkreten Beziehungen und Interaktionen (Handelskontakte, private Kontakte oder dezidiert politische Verbindungen) zwischen „Brasilianern" und anderen Amerikanern sowie die Beziehungen von Portugiesen und Spaniern, Franzosen und Briten bisher wenig erforscht worden. Wenn es bei den „einfachen" Leute (etwa Bauern in Portugal, Sklaven in Brasilien) aus Mangel an Quellen schwierig sein dürfte, herauszufinden, ob und welche Kontakte sie zu anderen Regionen oder mit dem Ausland hatten, so sind solche Verbindungen für die merkantilen Eliten vermutlich deutlich einfacher zu erforschen.

Die Handelsbeziehungen zwischen Rio de Janeiro und Buenos Aires im ersten Viertel des 19. Jahrhunderts wären ein vielversprechendes Thema, das bisher kaum wissenschaftliche Aufmerksamkeit gefunden hat.[16] Die Ergebnisse des Kapitels „Die britische Präsenz in Rio de Janeiro und Buenos Aires im Vergleich" haben gezeigt, dass unterschiedliche Voraussetzungen und unterschiedliche politische Kulturen in den beiden Städten bestanden: Während Buenos Aires zu Beginn des 19. Jahrhunderts und insbesondere seit der Unabhängigkeit 1810 eine vergleichsweise liberale Stadt mit Institutionen war, in denen private Handelsinteressen durchgesetzt und ausgehandelt wurden, war Rio de Janeiro eine „absolutistische" Metropole, in der die Interessen des portugiesischen Souveräns im Zweifelsfall über den Handelsinteressen der (Groß-)Händler rangierten. Interessant wäre, danach zu fragen, wie die zahlreichen Kaufleute, die zwischen den beiden Metropolen des Südatlantiks agierten, diese unterschiedlichen Voraussetzungen wahrnahmen und nutzten. Genauer untersucht werden müsste, wie bereits angedeutet, wie die „Regeln

---

15 Es existieren einige neuere Synthesen, die die Unabhängigkeitsbewegungen in Lateinamerika vergleichend betrachten: PIMENTA, João Paulo Garrido, Brasil y las independencias de Hispanomamérica, Castelló de la Plana 2007. Einige Beiträge zur Konstruktion der hispanoamerikanischen Staaten und Nationen finden sich auch in Sammelbänden zur brasilianischen Geschichte, vgl. HERZOG, Tamar, Identidades modernas: Estado, comunidade e nação no império hispânico, in: JANCSÓ (Hrsg.), Brasil: Formação do Estado e da Nação, São Paulo 2003, S. 109–122.
16 Eine ältere Monographie beleuchtet die Aktivitäten von Argentiniern in Rio de Janeiro, PICCIRILLI, Ricardo, Argentinos en Rio de Janeiro 1815–1820. Diplomacia, monarquía, independencia, Buenos Aires 1969. Eine vergleichende Perspektive auf das wirtschaftliche Wachstum der beiden Städte Rio de Janeiro und Buenos Aires in der ersten Hälfte des 19. Jahrhunderts, den beiden „wichtigsten Städte des Südatlantiks", nehmen vor: JOHNSON, Lyman L.,/Zephyr FRANK, Cities and Wealth in the South Atlantic: Buenos Aires and Rio de Janeiro before 1860, in: Comparative Studies in Society and History 48/3, 2006, S. 634–668. Die Autoren bewerten „interne" Faktoren als maßgeblich für die ökonomischen Entwicklungen und richten ihre Aufmerksamkeit nicht speziell auf ausländische Unternehmer.

des Spiels" in Rio de Janeiro funktionierten, welche Formen der Vergesellschaftung sie ermöglichten – und welche sie verhinderten. Um letztlich über den systematischen Vergleich hinauszukommen (der die modernisierungtheoretischen Begriffe „schon" und „noch nicht" allzu naheliegend machte), sollte eine miteinander verbundene Geschichte angenommen und also auf längere Sicht eine Geschichte der Verflechtung angestrebt werden.

Das Gleiche wie für Brasilien gilt für die europäische Seite des Reiches: Die Handelsbeziehungen und -korrespondenzen zwischen Lissabon und den anderen Metropolen könnten Aufschluss darüber geben, wie die politischen Veränderungen in den Zeiten der Krise wahrgenommen wurden und welche Strategien beispielsweise die einflussreichsten Überseehändler verfolgten. Für Portugal konnte nachgewiesen werden, dass die merkantilen Eliten (die in der Forschung üblicherweise als Träger der Revolution von 1820 dargestellt werden) während der Abwesenheit des Monarchen zu keinem Zeitpunkt als Gefahr für den Staat oder die „gute Ordnung" angesehen wurden, weil sie schlicht nicht gegen die Regierung opponierten (wie im Kapitel „Reaktionen der Untertanen auf die ökonomische Krise" dargestellt), bis schließlich durch andere Kräfte (Militärs, Freimaurer) ein Forum für Aushandlungen der Privilegien geschaffen wurde – die Cortes. Wenig untersucht worden ist jedoch, wie genau sich die Untertanen der „ersten Ordnung" bis zur Revolution gegenüber „dem Staat" eigentlich verhielten, wie ihre Strategien beschaffen waren, wie sich personelle und finanzielle Netzwerke durch den Exodus des Monarchen änderten, wie sich die Entscheidung für Emigration oder Verbleib im Einzelfall auswirkte. Während die Beteiligung der ökonomischen Eliten an der Staats- und Imperiumsbildung in Brasilien ausgiebig erforscht wurde, ist dieser Bereich für das Portugal des frühen 19. Jahrhunderts weniger bekannt. Dabei könnte die Verfolgung der Spuren der nach Großbritannien oder Frankreich emigrierten oder aber in Portugal verbliebenen Großhändler sowohl die Verquickung staatlicher und privater Interessen als auch die Entwicklung räumlicher Ordnungen erhellen.

Wenn insgesamt eine erhöhte Aufmerksamkeit für historische Grenzüberschreitungen und eine stärkere Internationalisierung im Hinblick auf die Forschungsthemen und -perspektiven wünschenswert wären, kann auf Basis der Ergebnisse der vorliegenden Arbeit gleichsam eine „umgekehrte" Kritik formuliert werden. Portugiesische und brasilianische Historiker haben in der Vergangenheit dazu geneigt, bestimmte Phänomene auf internationale politische Prozesse oder „*den* internationalen Kapitalismus" bzw. den Imperialismus Großbritanniens zurückzuführen. In dieser Arbeit konnte nachgewiesen werden, dass der britische Einfluss bei wichtigen Ereignissen um den Hoftransfer weitaus geringer war, als vielfach postuliert wird, und dass es unangemessen ist, von einer erdrückenden Übermacht Großbritanniens auszugehen und/oder den „traditionellen" politischen und wirtschaftlichen Druck Großbritanniens auf Portugal als alleinigen Grund für Veränderungen anzunehmen. Vielmehr müssen, wie sich gezeigt hat, auch jene Prozesse in den Blick genommen werden, die innerhalb der portugiesischen Gemeinschaften dies- und jenseits des Atlantiks stattgefunden haben. So war die Idee der politischen Eliten, das Zentrum ihres Reiches nach Übersee zu legen, bereits im 16. Jahrhundert entstanden und seitdem immer wieder propagiert worden (Kapitel 2.1.). Als die napoleonische Armee im November 1807 einmarschierte, konnten portugiesische Politiker sich innerhalb kürzester Zeit auf die „parallele" Raumordnung berufen und diese umsetzen (Kapitel 2.2.). Es kann daher keine Rede davon sein, dass allein der britische Druck zum Transfer des Hofes und zur Etablierung einer neuen räumlichen Ordnung mit Sitz des Monarchen in der Neuen Welt geführt hat; das Konzept der Hofverlegung und auch seine Umsetzung werden nur vor dem Hintergrund der spezifischen politischen Kultur mit einem spezifischen geographischen *framing* verständlich. Daraus folgt, dass bei der Untersuchung des Wandels von einer räumlichen Ordnung zur anderen nicht nur die internationale politische Situation, sondern auch die *agency* der „nationalen" beteiligten Gruppen und deren handlungsleitenden Bedeutungskonstruktionen gebührend berücksichtigt werden sollten.

Auch eine der wichtigsten Konsequenzen des Hoftransfers, die Etablierung des Freihandels durch die Öffnung der Häfen für „alle befreundeten Nationen", war nicht zuletzt das Ergebnis eines Lernprozesses, den die ökonomischen Eliten (Großgrundbesitzer) in Nordostbrasilien durchlaufen hatten. Sie hatten die Idee des Freihandels rezipiert und für ihre Zwecke angepasst (Kapitel 2.3.). Es wurde außerdem nachgewiesen, dass der Freihandel als erstrebenswerte ökonomische Ordnung sich auch in den Praktiken der Zollbeamten in Rio de Janeiro bereits in den Jahren vor 1808 widerspiegelte: Die Beamten gestatteten den eigentlich illegalen Handel mit Ausländern – zum Wohle der „nationalen" Ökonomie – auffällig häufig (wenn auch jeweils als „Ausnahme"), wobei Geschäfte mit Briten deutlich bereitwilliger akzeptiert wurden als Geschäfte mit Spaniern oder Hispanoamerikanern. Auch portugiesische Politiker und Berater des Monarchen, namentlich José da Silva Lisboa, drängten auf die Etablierung des Freihandels. Aus diesen Gründen lässt sich schlussfolgern, dass die Öffnung der Häfen, die einen Bruch mit dem „Kolonialpakt" bedeutete, keinesfalls ausschließlich auf britischen wirtschaftspolitischen Druck oder *„den* internationalen Kapitalismus"* zurückzuführen ist.

Auch bei der Analyse der Präsenz der „imperialistischen Briten" in Rio de Janeiro ab 1808 konnte in dem entsprechenden Kapitel die These widerlegt werden, dass Briten überall in Lateinamerika Unabhängigkeitsbestrebungen auslösten oder verstärkten. Für Rio de Janeiro, also ausgerechnet dort, wo die britische Präsenz am massivsten war (stärker als beispielsweise in Buenos Aires), wurden keine Prozesse der nationalen Identifikation ausgelöst, die sich geographisch-territorial manifestiert hätten. Der Grund hierfür muss wiederum vor allem in der spezifischen politischen Kultur der neuen portugiesischen Hauptstadt gesucht werden. Es ist also durchaus angemessen und wichtig, „globalen" Thesen über die Unabhängigkeitsbewegungen in Lateinamerika „nationale" bzw. lokale Thesen entgegenzusetzen.

Hiermit soll nicht gesagt sein, dass die Aushandlungsprozesse um Raum und Ressourcen keine ungleichen Bedingungen schufen. Hiermit soll aber gesagt sein, dass bei allen entscheidenden Weichenstellungen immer auch portugiesische Gruppen involviert waren. Kurz: Es ist an der Zeit, die Verantwortung für die historischen Ereignisse bei allen beteiligten Gemeinschaften zu suchen und die Individuen und Gruppen zu identifizieren und zu benennen, welche maßgeblich an bestimmten Entscheidungen und Prozessen beteiligt waren. Das Beispiel des portugiesischen Imperiums legt insgesamt die Vermutung nahe, dass es stets eine Verquickung innergesellschaftlicher und externer, internationaler Prozesse und Ereignisse ist, die die Ausprägung neuer räumlicher Ordnungen bedingt, und diese Verquickung muss jeweils sorgfältig ausgelotet werden. Wenn es, wie die Ergebnisse der vorliegenden Arbeit nahelegen, konkrete Praktiken konkreter Personen waren, die jeweils Veränderungen hervorriefen, so sind analytische Kategorien wie „die Nation" oder „der internationale Kapitalismus" eindeutig zu grob und unscharf. Das zielführende Fokussieren auf kleinere Einheiten und auf Praktiken von Individuen impliziert gleichzeitig, dass für die adäquate Interpretation von räumlichen (Neu-)Ordnungen eine fundierte Expertise für die untersuchten Regionen und deren Bewohner unerlässlich ist. Anders: Wer große Zusammenhänge sichtbar machen will, wird auf unbestimmte Zeit auf die Ergebnisse von „Nationalhistorikern" oder Experten im Bereich der Area Studies angewiesen bleiben. Es kann also nur darum gehen, die unterschiedlichen Forschungsbereiche besser miteinander zu verbinden, und nicht darum, den einen dem anderen vorzuziehen.

Ein weiteres, noch längst nicht erschöpfend bearbeitetes Thema, das auch „national" bearbeitet werden kann, stellt die Kunst dar, aus der Kolonie heraus ein (Ex-)Mutterland zu regieren. Auch wenn es aus forschungspraktischen Gründen nicht möglich sein sollte, Archive auf beiden Seiten des Atlantiks aufzusuchen, kann die „doppelte", portugiesisch-brasilianische Perspektive bei der Schreibung einer Imperialgeschichte in Zukunft weiter ausgebaut werden. So sind die zahlreichen Briefe, die während der joaninischen Zeit (September 1808 bis August 1820) zwischen der Interimsregierung in Lissabon und der Zentralregierung in Rio de Janeiro hin- und hergeschickt wurden, bemerkenswerterweise bisher weder einer systematischen Analyse unterzogen worden noch liegen sie in Form einer Quellenedition vor. Von dieser transatlantischen Korrespondenz, die der vorliegenden Arbeit in einigen Kapiteln als wichtige Quellengrundlage gedient hat, existieren in beiden Nationalarchiven nicht nur die erhaltenen Briefe, sondern (in Form von Abschriften) jeweils auch die versandten Dokumente. Diese Quellenbestände können leicht als Material für andere Projekte zur Geschichte des luso-brasilianischen Reiches im ausgehenden *Ancien Régime* dienen.

Es wäre lohnend, die Zentren des Imperiums weiteren mikrogeschichtlichen bzw. historisch-anthropologischen Untersuchungen zu unterziehen und auf diese Weise weitere Charakteristika der imperialen Herrschaft herauszuarbeiten. Auf der Grundlage der Bittschriften (*requerimentos*), die – wie im Kapitel 6.2.2. dargelegt – einen großen Bestandteil der transatlantischen Korrespondenzen ausmachten, sowie der Reaktionen der Krone ließen sich vielversprechende Analysen der Beziehung zwischen Herrscher und Beherrschten vornehmen, die interessante Einblicke in die Gesellschaft (bzw. in Teile der Gesellschaft) gewähren könnten. Allein die Untersuchung der klassischen Parameter „race, class, gender" der Bittsteller/innen sowie deren Anliegen könnte eine plastische Soziographie einer Gesellschaft im Wandel hervorbringen.

Ziel solcher und ähnlicher Forschungsvorhaben müsste sein, das durchaus erstaunliche Funktionieren imperialer Herrschaft unter schwierigen Bedingungen noch besser zu verstehen. Es sei an dieser Stelle auch auf die umfangreichen Dokumenten-Bestände der Polizeiintendanzen in Rio de Janeiro und Lissabon verwiesen, die neben den in dieser Arbeit gebrauchten Folianten mit der Korrespondenz des jeweiligen Polizeichefs an die Regierungen noch zahlreiche andere umfassen. Weitere Analysen der Polizeidokumente (auf einer oder beiden Seiten des Atlantiks) wären aufschlussreich, wenn es darum gehen sollte, die Mikrophysiken der Macht in Zeiten der großen, epochemachenden und kleinen, alltäglichen Umbrüche umfassender zu erklären. Dabei könnten beispielsweise Konflikte um die „richtige" Lebensweise von Frauen und Kindern und ihre (nur eingeschränkt vorhandene) Bewegungsfreiheit im urbanen Raum in den Mittelpunkt der Betrachtung gerückt werden, die neben den Problemen mit vermeintlich subversiven ausländischen *männlichen* Individuen in den Dokumenten einen großen Raum einnehmen (aber in dieser Arbeit keine Beachtung fanden) und also konstitutiv für die Erhaltung staatlicher Macht waren. Die Geschlechterdimension von Herrschaft ist für die joaninische Zeit selten untersucht worden; entsprechende Projekte könnten beispielsweise die vermeintlich ausschließlich „männlichen" Kontakte mit der

Außenwelt thematisieren. Zu klären wäre etwa die Frage, ob es keine Frauen gab, die in Verbindung mit „revolutionären" Orten standen, oder ob sie schlicht nicht als Katalysatoren des Wandels angesehen wurden – und wieso.

Ein Projekt, das das Feld der Nationalismusforschung (nicht nur) in Europa bereichern könnte, wäre die eingehendere Betrachtung des Verhältnisses zwischen „Nation" und „Volk". Wie die Analyse der Regierungs- und Polizeidokumente ergab, hatte in Portugal „das Volk" erheblich mehr Gewicht und Einfluss auf das Politische als „die Nation". José Tengarrinha hat in seiner kleinen Synthese mit dem Titel „Und wo ist das Volk?"[17] auf die Bedeutung dieser Entität unter anderem während der napoleonischen Invasionen aufmerksam und also einen Schritt in diese Richtung gemacht. Eine eingehende Analyse dieser Kategorien der Praxis aus einer kulturhistorischen Perspektive, die nicht auf die Beschreibung der Angehörigen dieser Kategorien (also auf die „inhaltliche" Beschreibung des Volkes), sondern auf eine Entverselbständigung dieser Entitäten als solche zielt, könnte einen erheblichen theoretischen Mehrwert erzielen, der möglicherweise weit über die übliche Feststellung hinauswiese, dass während der napoleonischen Kriege in Europa *Nationen* entstanden sind.

These 2: Die „Souveränitätspanik" vor dem Eindringen vermeintlich global gültiger politischer Ideale in den eigenen Machtraum veranlasste die Herrschenden, Nationalisierungs- und Territorialisierungsprozesse ins Leben zu rufen bzw. zu verstärken. Hierdurch wurde unintendiert Nationalisierungstendenzen Vorschub geleistet.

Diese These lässt sich noch zuspitzen und folgendermaßen formulieren: Nationen entstanden nicht beim Kampf der Beherrschten gegen das Imperium, sondern Nationen entstanden beim Kampf der Herrschenden gegen die Globalisierung. Nationen waren somit nicht zuletzt Produkte, die die Herrschenden – ungewollt – selbst hervorbrachten. Die eingangs zitierte These Wolfgang Reinhardts, dass der Staat ursprünglich ein unintendiertes Produkt bei dem Streben der Herrschenden nach mehr Zentralmacht war, kann auf Basis der Ergebnisse der vorliegenden Arbeit erweitert werden: Auch Nation und Territorialität (als Bestandteile eines Staates) waren nicht zuletzt unintendierte Produkte bei dem Versuch der Herrschenden, ihre Macht – gegen vermeintlich globale Tendenzen – zu erhalten.

Wie die Erläuterungen zur ersten These bereits deutlich gemacht haben, richtete sich die Aufmerksamkeit der Regierungen in Lissabon und Rio de Janeiro sowie der zentralen Polizeiintendanzen in hohem Maße auf die revo-

---

17 TENGARRINHA, E o povo, onde está?

lutionären Geschehnisse an anderen Orten der (Atlantischen) Welt. Es waren vor allem Ereignisse an diesen anderen Orten sowie die Verbindungen der portugiesischen Untertanen mit eben diesen, die „das Politische" im portugiesischen Machtraum maßgeblich prägten und in einer bestimmten Weise ausrichteten.

Es ist wiederum der spezifischen Perspektive der Arbeit geschuldet, dass bestimmte Prozesse sichtbar gemacht werden konnten, die in historischen Abhandlungen über den Hoftransfer normalerweise unsichtbar bleiben. Hierzu gehört die Ausprägung einer regelrechten „Souveränitätspanik" seitens der staatlichen Autoritäten in den Jahren zwischen 1808 und 1820, also zu einer Zeit, in der scheinbar „nichts" passierte. Diese Souveränitätspanik wurde ausgelöst durch manifeste Krisenempfindungen der Herrschenden, und sie führte letztlich auf beiden Seiten des Atlantiks zu einer Synchronisierung von Territorialisierungs- und Homogenisierungsprozessen.

Als verantwortlich für die Produktion von gesellschaftlich-räumlichen Produkten, die nicht beabsichtigt waren, zeichnet insbesondere der Umstand, dass die Herrschenden bestimmte politische Ideale und Bewegungen (etwa Konstitutionalismus und Abolitionismus) als *global gültig* annahmen. Denn die Abschottungspraktiken, namentlich die massive staatliche Zensur, die verstärkten Kontrollen der Ein- und Ausreise und die Ausweisung von „Fremden", deuten vor allem auf eines hin: Auf die Einsicht, dass diese Werte, die vermeintlich nur aus dem Ausland in portugiesisches Gebiet eindrangen, erhebliche Überzeugungskraft hatten und „wahr" waren bzw. vom eigenen „Volk" sofort als wahr und richtig erkannt werden konnten, so sie einmal (mithin von einem einzigen Individuum) propagiert wurden. Das eigene System des *Ancien Régime* erschien nicht mehr als selbstverständlich, sondern musste – unter anderem mit polizeilichen Repressionspraktiken – geschützt werden. Die Fixierung der Agenten des Staates auf Ereignisse und Prozesse, die in anderen (Nachbar-)Staaten oder Regionen geschahen, sowie die Annahme, dass diese Prozesse notwendigerweise auch im eigenen politischen Raum in Gang kämen, sobald sich Nachrichten darüber verbreiteten, provozierte Reaktionen der Abschottung, die Territorialisierungs- und Nationalisierungstendenzen Vorschub leisteten oder überhaupt erst ins Leben riefen.

Freilich ist es eine bereits etablierte These der transnationalen Geschichte, dass es grenzüberschreitende (eben *transnationale*) Kontakte sind, die Nationen überhaupt erst hervorbringen, nämlich indem sie gesellschaftliche Abgrenzungsreaktionen hervorrufen: Das „Eigene" entsteht erst bei der Konfrontation mit dem und den „Anderen". Die Ergebnisse der vorliegenden Arbeit machen indes deutlich – und dies ist entscheidend –, dass Prozesse der

Nationalisierung von den Herrschenden nicht nur nicht bekämpft, sondern im Gegenteil von ihnen vorangetrieben wurden. Der Versuch, unerwünschte Zirkulationen (von Informationen) zu verhindern, führte in einem ersten Schritt zu „mehr" Staat, zum Beispiel in Form der personellen Aufstockung der Polizei und der Etablierung neuer Polizeiintendanzen (in Rio de Janeiro und Porto), und in einem zweiten Schritt zu verstärkten Grenz- und Hafenkontrollen und zur Eliminierung „fremder", ausländischer Individuen und Texte. Bei der Abgrenzung des „Inneren" vom „Äußeren" ging es in dem spezifischen Fall weniger um rassische, ethnische, kulturelle und religiöse Fragen, sondern vor allem um politische Überzeugungen. In vielen Dokumenten wird deutlich, dass es das „Jakobinertum" und später die Befürwortung des Konstitutionalismus und Parlamentarismus (bzw. des „schrecklichen Dogmas der Volkssouveränität") waren, die die Herrschenden in Portugal am meisten fürchteten.

Es waren portugiesische Autoritäten höchstselbst, die aufgrund eben dieser Furcht auf beiden Seiten des Atlantiks zur Territorialisierung des Raumes und zur Homogenisierung der Gesellschaft beitrugen. Beide Prozesse waren charakteristisch für Nationalstaaten, denn es war vor allem der moderne europäische Nationalstaat, der sich räumlich-territorial über seine Außengrenzen und über die Staatsangehörigkeit der Bevölkerung definierte[18] – keinesfalls waren diese Prozesse jedoch charakteristisch für ein Imperium.[19] Kurz: Der Staat, wie er in den beiden wichtigsten Zentren des Imperiums, Rio de Janeiro und Lissabon, anzutreffen war, „dachte" nicht (mehr) wie ein Imperium – er „dachte", zumindest in einigen entscheidenden Fragen, wie ein Nationalstaat.

These 3: Die „globale Krise" wurde nicht zuletzt im Innern des Staates durch die portugiesischen Autoritäten selbst produziert.

Die vorliegende Studie hatte unter anderem zum Ziel, die erste „globale Krise" von der Geschichte des portugiesischen Imperiums ausgehend neu zu beleuchten und kritisch zu hinterfragen. Die Entwicklung der leitenden Fragen geschah in eine Richtung, die, verglichen mit der üblichen Darstellung, „gegen den Strich" lief. Statt einer deduktiven Herangehensweise („Wie wirkte sich die globale Krise auf das portugiesische Imperium aus?"), wurde eine dezidiert induktive Fragerichtung gewählt, die zu der bereits das Er-

---

18 PINWINKLER, Alexander, „Grenze" als soziales Konzept: Historisch-demographische Konstrukte des „Eigenen" und des „Fremden", in: Comparativ 13/3, 2003, S. 31–48, S. 31.

19 Der Begriff „Imperium" ist in letzter Zeit stark debattiert worden. Ein wichtiges Charakteristikum für ein Imperium stellt in jedem Fall die Fähigkeit dar, Menschen (vor allem Eliten) unterschiedlicher ethnischer oder kultureller Provenienz einzubeziehen.

gebnis andeutenden Frage führen musste: „Welche Herrschaftspraktiken der portugiesischen Autoritäten haben zur Globalität der Krise beigetragen?". Gerade dadurch, dass die „globale Krise" als de facto-Phänomen zunächst in Frage gestellt wurde, zeigte sich bei der Analyse umso deutlicher, dass sie dennoch im portugiesischen Machtraum existierte, ja, aus der Sicht „des Staates" sogar allgegenwärtig war – nicht jedoch als ein Phänomen, das jemand „von außen" über die portugiesische Welt gestülpt hätte. Vielmehr manifestierte sich die Krise am deutlichsten in den Praktiken der Herrschenden selbst, die die Geschehnisse in den benachbarten Regionen argwöhnisch beobachteten und gemäß ihren Interpretationen die Techniken der Macht neu ausrichteten.

Wenn man mit Anthony Giddens unter „Globalisierung" die „Intensivierung weltweiter sozialer Beziehungen" versteht, durch die „entfernte Orte in solcher Weise miteinander verbunden werden, dass Ereignisse an einem Ort durch Vorgänge geprägt werden, die sich an einem viele Kilometer entfernten Ort abspielen, und umgekehrt",[20] so lässt sich konstatieren, dass die staatlichen Akteure in Portugal versuchten, die Intensivierung der sozialen Beziehungen zu verhindern, aber paradoxerweise die Prägung der eigenen Gesellschaft durch anderswo stattfindende Vorgängen vorantrieben, indem sie ihre Machttechniken an eben diesen Vorgängen ausrichteten.

Fragte man danach, wie das portugiesische Imperium in der Zeit zwischen 1808 und 1820 „dachte" (Frederick Cooper) und wie es sich seine Gesellschaft „lesbar" machte (James C. Scott), so muss die adäquate Antwort lauten: Das Imperium „dachte" und „las" seine Gesellschaft nach den Logiken einer vermeintlich globalen Grammatik. Bei dem Versuch, die Lesbarkeit der eigenen Gesellschaft (wieder) zu garantieren, wurden Kategorien angewandt, die mit der spezifischen portugiesischen bzw. „brasilianischen" gesellschaftlichen Realität zunächst wenig zu tun hatten. Zum Beispiel wurden unter Aufwendung großer Energien alle Franzosen als „Jakobiner" ausgewiesen, ganz gleich, wie lange sie schon in Portugal oder Brasilien lebten, und ganz gleich, welche politische Überzeugung sie hatten. In Rio de Janeiro wurden – als Folge der Revolution von Haiti und Pernambuco – alle Sklaven als eine Entität imaginiert („die Sklavenschaft"). Ein einziger „Verkünder" der Abolition konnte in den Augen des Polizeichefs diese Entität zur Revolution führen. Hier wird ein paradoxer Vorgang deutlich: Die Versuche des Staates, seine Gesellschaft „lesbar" und somit beherrschbar zu machen, führen zu inadäquaten, kurzsichtigen Kategorisierungen, die in der Folge und nur *wegen* dieser Kategorisierungen Souveränitätspaniken bei den Herrschenden auslösen. Denn nur

---

20 GIDDENS, Anthony, Konsequenzen der Moderne, Frankfurt a. M. 1999, S. 85.

wer alle Sklaven in Brasilien als eine einzige Entität, „die Sklavenschaft", und wer alle Franzosen als „Instrumente der Heimtücke" imaginiert, kann in eine derartige Panik verfallen.

Wenn man den einleitend ausgeführten Grundsatz ernst nimmt, dass ein Staat von den „richtigen" Techniken der Gouvernementalität abhängt, so muss die Sichtweise, dass die revolutionären Bewegungen notwendigerweise auf die iberischen Reiche überspringen mussten, relativiert bzw. präzisiert werden. Eine solche Sichtweise vertritt beispielsweise Jürgen Osterhammel: „Das spanische Kolonialsystem war viel autoritärer und zentralistischer als das britische Nordamerika und ließ der eingesessenen spanisch-stämmigen kolonialen Oberschicht, den sogenannten Kreolen, nur sehr begrenzte politische Spielräume. Es stützte sich zudem auf die katholische Kirche, eine Widersacherin von Aufklärung und frühem Liberalismus in Europa. Unter diesen Umständen konnte sich aus der kolonialen Ordnung heraus kein Prozess allmählicher Liberalisierung ergeben. Ein Impuls musste von außen kommen, und er wirkte als ein Funke, der aus dem Europa der Französischen Revolution und der napoleonischen Kriegsturbulenz nach Amerika übersprang."²¹

Die Antwort auf die Frage, wie „globale Krisen" zu erklären sind, muss jedoch vielmehr folgendermaßen lauten: Sie werden nicht zuletzt im „Innern" des Staates selbst gemacht, nämlich *weil* und *dadurch*, dass staatliche Akteure (Polizeibeamte, Regierungsmitglieder) ihre Herrschaftspraktiken und ihre Kategorisierungen der Bevölkerung unmittelbar an (revolutionären) Ereignissen von *geglaubter* globaler Reichweite ausrichten, selbst wenn in der eigenen Gesellschaft zunächst keine Gründe für bestimmte Maßnahmen erkennbar sind. Die Maßnahmen zur Bekämpfung der globalen Krise waren im Falle des portugiesischen Reiches paradox, denn durch sie wurden bestimmte Phänomene, die (noch) gar nicht in der eigenen Gesellschaft vorhanden waren, überhaupt erst in sie hereingetragen.

Es sei an dieser Stelle eingestanden, dass eine Argumentation immer dann, wenn sie geschlossen scheint, auch autoritär ist; sie klammert Ambivalenzen aus, lässt alternative Erklärungen nur bedingt zu Wort kommen und zeigt gegenüber eigenen Grundannahmen kaum Unsicherheiten.²² Die Analysen des zweiten Hauptteils waren – zugunsten einer methodischen Stringenz – auf Herrschaftspraktiken fokussiert und dadurch blind für viele andere gesellschaftliche (etwa ökonomische) Prozesse. Doch so unbefriedigend einge-

---

21 OSTERHAMMEL, Jürgen, Liberalismus als kulturelle Revolution. Die widersprüchliche Weltwirkung einer europäischen Idee, Stuttgart 2004, S. 16.
22 GERTEL, Globalisierung, Entankerung und Mobilität, S. 82.

schränkte Sichtweisen[23] immer sind: Nur die „partielle Blindheit" bzw. der fokussierte Blick auf die Zentren der Macht ließ die Erkenntnis zu, dass das Imperium selbst blind war – nämlich just für die Phänomene, die in der Forschung üblicherweise als „eigentliche" Gründe für das Auseinanderbrechen des Imperiums angeführt werden: die Nationalisierungen der Gesellschaften. Statt diese überhaupt wahrzunehmen, wurde mit erheblichem Aufwand die Diffusion vermeintlich global gültiger Ideale bekämpft, vor allem durch die Kontrolle der Zirkulation von Informationen, die die Aufrechterhaltung des „moralischen Raums" (des *Ancien Régime*) zum Ziel hatte.

Es gibt unterschiedliche Lesarten dieses Befundes: Entweder die portugiesischen Regierungen und die Polizei-Offizianten verstanden während der joaninischen Zeit nicht, welche Probleme „wirklich" drängend und welche Prozesse „wirklich" gefährlich waren. Oder sie hatten Recht und es war tatsächlich die Diffusion von Nachrichten über politische Prozesse im nah- oder ferngelegenen Ausland, welche schließlich zu einem politischen Wandel auch in Portugal und Brasilien führte. Eine dritte Interpretation, die auf der Grundlage der im zweiten Hauptteil durchgeführten Analysen am wahrscheinlichsten ist, muss folgendermaßen lauten: Nur *weil* sich die Gouvernementalität in so hohem Maße auf sie richtete, war die grenzüberschreitende Diffusion von Nachrichten über konstitutionelle, liberale, abolitionistische Bewegungen so wirkungsmächtig. Es ist beeindruckend, in welch hohem Maße die portugiesischen Autoritäten ihre Aufmerksamkeit auf die Geschehnisse in anderen Gesellschaften richteten und die „Regeln des Spiels" stets nach deren Logiken neu justierten, um die Reproduktion von Macht und Herrschaft in ihrem eigenen System sicherzustellen. Es ist ebenso beeindruckend, zu erkennen, dass genau dieses Justieren, diese Ausrichtung nach möglicherweise nur vermeintlich globalen Regeln dazu führte, dass sie das Spiel letztlich verloren.

Nicht-konstitutionelle („absolutistische") Systeme, wie es das portugiesische Reich war, sind kaum Produkte, die heute als moralisch wertvoll bezeichnet werden können. Insofern können die panischen Reaktionen der Herrschenden (die zum Zusammenbruch des Systems beigetragen haben) aus sicherem zeitlichen und räumlichen Abstand mit einer gewissen Genugtuung

---

23 Soziale Ereignisse oder Entwicklungen haben, so konstatiert Michael Mann, nicht nur eine, sondern stets mehrere Ursachen. Wenn man eine oder mehrere wichtige Determinanten herauslöst, wird die soziale Komplexität verzerrt. Und doch lässt sich genau das nicht vermeiden. Denn jede Analyse beschäftigt sich selektiv mit einigen, nicht aber mit allen Ereignissen und Prozessen, die sich auf spätere Geschehnisse ausgewirkt haben. Wenn also demnach jede Forscherin nach ihrem eigenen Relevanzkriterium verfährt, so kann es nur ihre Aufgabe sein, dieses explizit zu machen, MANN, Geschichte der Macht, S. 18.

betrachtet werden. Zu prüfen wäre, inwieweit diese Mechanismen auch zu anderen Zeiten griffen oder noch greifen. Sind die heute zu beobachtenden „globalen" Krisen (etwa Schweinegrippe, „*die* terroristische Gefahr", Wirtschafts- und Finanzkrisen) nicht zu einem beträchtlichen Teil Ergebnisse bestimmter Gouvernementalitäten, die sich leicht in konkreten Herrschaftspraktiken nachweisen ließen? Ähneln die Gesetze zu verstärkten Kontrollen an Flughäfen und Staatsgrenzen nach dem Anschlag vom 11. September 2001 nicht in auffälliger Weise den Maßnahmen der portugiesischen Regierung angesichts der „jakobinischen" Gefahr 200 Jahren zuvor? Es ließe sich auch fragen, ob das von der Schweiz erlassene Minarett-Verbot und ob das von Frankreich und Belgien angestrebte Burka-Verbot tatsächlich angemessene Reaktionen auf globale Gefahren sind. Machen solche Herrschaftspraktiken nicht einerseits vor allem die Schwäche der Regierungen und ihr fehlendes Vertrauen in das eigene politische System sichtbar, und produzieren sie nicht andererseits automatisch radikale Antworten der auf diese Weise gemaßregelten Gruppen und Individuen? Das Beispiel des portugiesischen Imperiums lehrt in jedem Fall, dass Kontroll- und Repressionsmaßnahmen, die zur Abwehr von geglaubten globalen Gefahren getroffen werden, paradox sein können, weil ihnen in der Regel der Glaube an die Überlegenheit des anderen, zu bekämpfenden Systems sowie die Furcht vor der Unterlegenheit des eigenen inhärent sind. Zudem kann die hohe Aufmerksamkeit für vermeintlich globale Gefahren eine Ablenkung von „echten" konkreten Gefahren bedeuten. Damien Rogers warnt in seiner Studie über die (ineffiziente) weltweite Kontrolle von Handfeuerwaffen vor diesem Phänomen: „[M]any of the world's policy makers continue to rank the very real effects of [these] [small] weapons, which are *actually* used in recent and curcurrent wars, far below the threats associated with *potential* nuclear warfare. The terrorist attacks against the United States of America on 11 September 2001 invigorated debates over enhancing control regimes for weapons of mass destruction, further distracing diplomatic attention away from the continuous devastation wrought by small arms."[24]

Der Kulturgeschichte wird bisweilen vorgeworfen, dass sie – im Gegensatz zur Sozialgeschichte – wenig an kausalen Zusammenhängen interessiert sei, sich von der Ursachenforschung abkehre und eher „zurück zum Verstehen" wolle.[25] In Einzelfällen mag die Kritik am Desinteresse für Ursachenforschung berechtigt sein. Jedoch hat die kulturhistorische Herangehensweise und der

---

24 ROGERS, Damian, Postinternationalism and Small Arms Control. Theory, Politics, Security, Farnham/Burlington 2009, S. 2. Hervorhebungen im Original.
25 KOCKA, Jürgen, Sozialgeschichte in Deutschland seit 1945. Aufstieg – Krise – Perspektiven, Bonn 2002, S. 37.

ihr eigene „ethnologische", befremdete Blick ans Tageslicht gebracht, *dass* und *in welchem Ausmaß* eine „globale Krise" von staatlichen Akteuren selbst empfunden und also auch produziert werden kann. Über die Rekonstruktion von konkreten Herrschaftspraktiken wurden Bedeutungsstrukturen greifbar, die die zeitgenössischen Macht- und Herrschaftsstrukturen verständlich machten; politische Handlungsformen wurden auf diese Weise de-essentialisiert.[26] Diese Herangehensweise hat gezeigt, dass die Herrschaft über die portugiesische oder „brasilianische" Gesellschaft und allgemein „das Politische" (verstanden als Handlungsraum, in dem es um die Herstellung und Durchführung kollektiv verbindlicher Entscheidungen geht[27]) überaus eng mit „äußeren" Ereignissen verknüpft waren. Kurz: Die revolutionären Ereignisse in anderen Gesellschaften zogen einen überproportionalen Anteil der Aufmerksamkeit der portugiesischen Autoritäten auf sich.

Man kann dies als Beweis dafür sehen, dass es bisweilen nicht sinnvoll ist, kausale und verstehende Interpretationen nach dem Prinzip „entweder – oder" voneinander zu trennen. Denn gerade bei Krisen globaler Tragweite ist es möglicherweise nicht ausreichend, zu erfahren, *warum* sie ursprünglich auftraten (dies wäre im vorliegenden Fall etwa die Frage nach den Gründen für die Französische Revolution gewesen) – vielmehr ist es wichtig, zu fragen, *wie* sie wirken, also welche Mechanismen ihnen weltweite Wirkungsmacht verschaffen. Insgesamt wäre es sinnvoll, kulturgeschichtliche Perspektiven verstärkt auch auf Phänomene zu richten, die üblicherweise „der Globalisierung" zugerechnet werden und die sich vermeintlich „automatisch" über die Welt ausbreiten.

Man wird letztlich nicht zu einer einzigen, ausschließlichen Erklärung der „globalen Krisen" im Sinne einer *Notwendigkeit* gelangen, und direkte kausale Verkettungen sind auf der Grundlange der Ergebnisse der Arbeit schwer zu etablieren. Es ist jedoch möglicherweise schon viel, wenn man „eine Verbindung zwischen dem, was man zu analysieren versucht, und einer Serie damit zusammenhängender Phänomene" nachweisen kann.[28] Die Ergebnisse der vorliegenden Studie liefern Indizien dafür, dass die Regierungsweise eines Staates mit gesellschaftlichen Umbrüchen und revolutionären Ereignissen in Verbindung steht. Die zu klärenden weitergehenden Fragen müssten lauten: Nach welchen Regeln ent-verselbständigt sich Herrschaft und macht dadurch eine Krise (Revolution) möglich? Wie lassen sich die Momente beschreiben,

---

26 In Anlehnung an STOLLBERG-RILINGER, Was heißt Kulturgeschichte des Politischen?, S. 12f.
27 Ebd., S. 14.
28 FOUCAULT, Der Mensch ist ein Erfahrungstier, S. 88.

in denen „der Staat" (aus Furcht vor geglaubten und selbst erschaffenen Entitäten und Prozessen) unintendierte Produkte hervorbringt, die seine Strukturen zu zerstören in der Lage sind? Wie lässt sich der Zusammenhang zwischen der Annahme der Herrschenden, dass das eigene politische System nicht mehr natürlich und selbstverständlich ist, und dessen tatsächlichem Zusammenbruch analytisch besser beschreiben?

Vielleicht lässt sich eine weitere Annäherung an diese Fragen folgendermaßen erreichen: Der Revolutionsforscher Manfred Kossok konstatierte, dass Geschichte ihrem Wesen nach alternativ sei und dass sich historische Gesetzmäßigkeiten als Tendenzen der Entwicklung stets im Widerspruch und Konflikt mit Gegentendenzen realisieren. Aus diesem Grunde könne sich die Beurteilung eines Ereignisses oder Prozesses nicht allein auf das jeweilige Ergebnis berufen, da eine solche Betrachtungsweise der Geschichte einen Determinismus unterstelle, der in Wirklichkeit nicht existiere, und ein teleologisches Moment enthalte.[29] Dieser Aussage ließe sich hinzufügen, dass es offensichtlich Momente gibt, in denen Agenten des Staates ihre eigene Gegenwart, oder vielmehr die zukünftige Entwicklung ihres eigenen Staates und ihrer eigenen Gesellschaft als alternativlos begreifen – und damit in einem selbst geschaffenen teleologischen Moment gefangen sind. Die Folge: Die Herrschenden machen keinen (eigenen) Staat mehr, sondern richten ihre Aufmerksamkeit auf die Außenwelt. Aufgrund der revolutionären Geschehnisse in Nachbarstaaten oder anderen Teilen der Welt erscheint dann der Weg prädeterminiert. Dies sind in der Regel jene Momente, in denen Souveränitätspanik ausbricht – und die „globale Krise" perfekt wird.

Selbstverständlich reicht die empirische Untersuchung des portugiesischen Imperiums über einen Zeitraum von 13 Jahren nicht für eine allgemeine Theorie aus, in der Herrschaftspraktiken in einen genau definierten Zusammenhang mit gesellschaftlichen Umbrüchen gebracht werden könnten. Für eine entsprechende Theoriebildung wäre es sinnvoll und nötig, die traditionell sozialhistorisch ausgerichtete vergleichende Revolutionsgeschichte mit kulturhistorischen Perspektiven auf „den Staat" zu ergänzen,[30] genauer: mit einer Forschungsrichtung, welche mit „Geschichte der Souveränitätspaniken"

---

29 Kossok, Manfred, Alternativen gesellschaftlicher Transformation in Lateinamerika: Die Unabhängigkeitsrevolutionen von 1790 bis 1830. Eine Problemskizze, in: Comparativ 2, 1991, S. 9–25, S. 11.

30 Es gibt keine vernünftigen Gründe, die gegen eine Verbindung von sozial- und kulturhistorischen Ansätzen sprechen, Eley, Geoff, No Need to Choose: Cultural History and the History of Society, in: Belinda Davis/Thomas Lindenberger/Michael Wildt (Hrsg.), Alltag, Erfahrung, Eigensinn. Historisch-anthropologische Erkundungen, Frankfurt a. M. 2008, S. 61–73, S. 65.

betitelt werden könnte. Auf diese Weise ließe sich möglicherweise ein besseres Verständnis der gegenwärtigen Welt erlangen, die zunehmend von globalen Krisen geprägt zu sein scheint.

Danksagung

Bei dem vorliegenden Werk handelt es sich um die leicht gekürzte Fassung meiner Dissertation, die unter dem Titel „tranfer et impera. Die Verlegung des portugiesischen Königshofes nach Brasilien: Polizei und Regierung in Zeiten der globalen Krise (1808–1822)" im Rahmen des interdisziplinären DFG-Graduiertenkollegs 1261 „Bruchzonen der Globalisierung" an der Research Academy der Universität Leipzig entstanden ist. Das Kolleg sowie die daran beteiligten Personen boten mir einen finanziellen, organisatorischen und intellektuellen Rahmen, innerhalb dessen ich die Promotion erfolgreich meistern konnte. Ich danke den Geldgebern, Machern, KoordinatorInnen, Lehrenden und meinen Mit-KollegiatInnen für ihre Unterstützung.

Mein Betreuer und Erstgutachter Matthias Middell (Leipzig) war dafür verantwortlich, dass ich 2006 von Berlin nach Leipzig gelangte. Der damit einhergehenden Perspektivwechsel, das inspirierende internationale und interdisziplinäre Umfeld sowie die transnationalen und globalhistorischen Ansätze, mit denen ich in Leipzig in Berührung kam, haben erheblich zum Gelingen des Projektes beigetragen. Ich danke Matthias Middell dafür, mir vielfältige neue Möglichkeiten eröffnet und von Anfang an großes Vertrauen entgegengebracht zu haben. Mein Zweitgutachter Achim Landwehr (Düsseldorf) war jederzeit bereit, mir mit Rat und Zuspruch zur Seite zu stehen, wofür ich ihm ausgesprochen dankbar bin. Dass die Verquickung von Global- und Kulturgeschichte, die sich in der Anlage meiner Arbeit und in der Wahl meiner Gutachter widerspiegelt, möglich und sinnvoll ist, hat unter anderem der Dissertationspreis gezeigt, den mir die Arbeitsgemeinschaft Deutsche Lateinamerikaforschung (ADLAF) im Mai 2012 verlieh. Ich fühle mich durch diese Auszeichnung geehrt und bestärkt.

Silke Hensel (Münster) war es, die mich zur Bewerbung um den ADLAF-Dissertationspreis ermunterte und mir als eine Herausgeberin der Reihe „Lateinamerikanische Studien" die Publikation meiner Dissertation in eben dieser vorschlug. Für beides bin ich ihr sehr dankbar. Dank schulde ich ihr außerdem dafür, dass sie mich 2010 im Kreise ihrer MitarbeiterInnen aufnahm und mir die Möglichkeit gab, zunächst meine Promotion zu einem guten Ende zu bringen. Die Zeit in Münster wird mir ihretwegen und wegen meiner geschätzten KollegInnen in bester Erinnerung bleiben.

Für konstruktive Kritik und sorgfältiges Durchsehen von Teilen meiner Dissertation bin ich vielen Leuten dankbar, vor allem Klaas Dykmann, Mandy Kretzschmar, Adèle Garnier, Georg Fischer, Frederik Schulze, Stephan Ruderer, Barbara Rupflin, Björn Gerstenberger und Susanne Schilp. Großer

Dank geht auch an Eike Karin Ohlendorf, mit der ich innerhalb und außerhalb des Leipziger Graduiertenkollegs eng kooperiert habe. Der intensive Austausch über unsere Projekte in unserem gemeinsamen Büro, aber auch auf zahlreichen Konferenzreisen, hat meine Horizonte erweitert.

Nicht alle Personen, die zum Gelingen meiner Dissertation beigetragen haben, können hier namentlich erwähnt werden, darunter all jene WissenschaftlerInnen, Freunde und Bekannte im In- und Ausland, mit denen ich auf Konferenzen oder bei anderen Gelegenheiten Gespräche über meine Dissertation geführt habe, und von denen entscheidende Denkanstöße kamen. Auch den MitarbeiterInnen der von mir konsultierten Archive, insbesondere des brasilianischen und des portugiesischen Nationalarchivs, bin ich für ihre Unterstützung beim Auffinden von Dokumenten dankbar.

Der Deutschen Forschungsgemeinschaft (DFG) und der Geschwister Boehringer Ingelheim Stiftung für Geisteswissenschaften schulde ich Dank für die großzügige Gewährung von Druckkostenzuschüssen, die die Publikation der Studie erst möglich machten. Die Lektorin des Böhlau-Verlages, Dorothee Rheker-Wunsch, hat mich im Prozess der Manuskripterstellung kompetent angeleitet; ich danke ihr für ihre Unterstützung, ihren Rat und ihr Entgegenkommen. Auch Frank Schneider, der das professionelle Korrektorat des Manuskripts übernahm, sowie Julia Beenken, die die Satz- und Drucklegung betreute, sei herzlich gedankt. Für alle etwaig noch vorhandenen Fehler zeichne ich selbst verantwortlich.

Ich schätze mich glücklich, Eltern zu haben, die mich jederzeit bedingungslos unterstützen, so auch in der Phase der Promotion. Geduldig, aufmerksam und mit großer Anteilnahme haben sie mich begleitet und mir geholfen, wann immer ich ihrer Hilfe bedurfte – hierfür möchte ich Rita und Erhard Gerstenberger ganz herzlich danken.

Gewidmet ist dieses Buch Joël Glasman (Berlin), mit dem ich seit einigen Jahren das Vergnügen habe, zusammen zu arbeiten und Ideen zu teilen. Vieles konnte ich sagen, weil er mich zum Sprechen einlud – und weil er stets da war, um mich zu hören. Danke.

Debora Gerstenberger   Berlin im Juni 2013

Literaturverzeichnis

Archivalische Quellen

Instituto do Arquivo Nacional/Torre do Tombo (IAN/TT)

Casa Forte: Archiv der Staatsverträge.
Intendência Geral da Política (IGP) cx. 567–569: Korrespondenzen der Polizeiintendanzen an unterschiedliche Autoritäten.
Intendência Geral da Polícia Livros 9–17: Abschriften der Korrespondenzen der Polizeiintendanz an den Souverän João [VI] und an die Ministerien und Autoritäten der Verwaltungsdistrikte in Portugal.
Ministério do Reino (MR) Livros 314–320: Abschriften der nach Rio de Janeiro gesandten Korrespondenz der Governadores do Reino.
Ministério do Reino Livros (MR) Livros 380–381: Abschriften der empfangenen Korrespondenzen des Monarchen João [VI] in Rio de Janeiro.
Ministério dos Negócios Estrangeiros (MNE) cx. 45: Korrespondenzen der portugiesischen Botschafter in London.

Arquivo Nacional do Rio de Janeiro (ANRJ)

Correspondência da corte com Vice-reinado, Secretaria de Estado do Brasil cód. 67 vol. 23: Korrespondenzen der Zentralregierung in Lissabon mit den Vizekönigen in Brasilien.
Diversos Códices, cód. 759: Unterschiedliche Korrespondenzen (Vize-Könige und Ministerien).
Diversos Códices – SDH – „Caixas Topográficas": Unterschiedliche Korrespondenzen.
Diversos códices – SDH cód. 7 vol. 14–17: Dokumente zur Rebellion von Pernambuco (1817).
Diversos Códices – SDH, códice 1129: Register der Anordnungen des Marquês de Pombal (Sebastião José de Carvalho e Melo).
Diversos GIFI 6J–83: Korrespondenzen der Polizeiintendanz.
Diversos GIFI cx. 6J–79: Korrespondenzen der Polizeiintendanz.
Mesa do Desembargo do Paço cx. 230: Korrespondenzen unterschiedlicher Autoritäten in Brasilien und in den portugiesischen Kolonien.
Negócios de Portugal cód. 252 vol. 1: Korrespondenzen des Monarchen João (VI) an die Governadores do Reino.
Negócios de Portugal – Secretaria de Estado do Ministério do Reino, cx. 677: Korrespondenzen des Monarchen João (VI) an die Governadores do Reino.

Polícia da Corte cód. 323 Vol. 1–6: Korrespondenzen des Polizeiintendanten mit unterschiedlichen Autoritäten.

Vice-Reinado cx. 492–495: Korrespondenzen der Vizekönige in Brasilien, Zollakten und Bestandsaufnahmen der einlaufenden Schiffe im Hafen von Rio de Janeiro (*Autos de embarcações em navios estrangeiros*).

Biblioteca Nacional do Rio de Janeiro

Ms. I – 28,31,24, Nr. 1–2: Korrespondenzen des Polizeiintendanten an andere Autoritäten in Lateinamerika.

Ms. I – 31,28,26 „Representação" des *corpo de commercio da Bahia* an den Prinzregenten João [ohne Datum].

Gedruckte Quellen und Quelle nsammlungen

ALVARÁ, porque Vossa Alteza Real he Servido Crear no Estado do Brasil hum Intendente Geral da Polícia, na forma acima declarada, Rio de Janeiro: Impressão Régia, [10. Mai 1808].

ARMITAGE, John, History of Brazil. From the period of the arrival of the Braganza Family in 1808, to the abdication of Don Pedro the First in 1831 (2 Bde.), New York 1970 [zuerst: London 1836].

BIKER, Julio Firmino Judice, Supplemento à Collecção dos tratados, convenções, contratos e actos publicos celebrados entre a corôa de Portugal e as mais potencias desde 1640, compilados, coordenados e annotados pelo visconde de Borges de Castro e continuada por Julio Firmino Judice Biker, Lissabon 1872–1880.

COUTINHO, Rodrigo de Souza, Quadro da Situação Política da Europa, Lissabon am 16. August 1803, in: Ângelo PEREIRA, D. João VI, Príncipe e Rei, Bd. 1: A Retirada da Família Real para o Brasil (1807), Lissabon 1953, S. 127–136.

CUNHA, D. Luís da, Instruções Ineditas de D. Luís da Cunha e Marco António de Azevedo Coutinho, Coimbra: Coimbra University Press 1929.

FERREIRA, Silvestre Pinheiro, „Proposta autografada sobre o regresso da Corte para Portugal e providências convenientes para prevenir a revolução e tomar a iniciativa na reforma política", in: RIHGB 47, 1884, S. 2.

GRANT, Andrew, Beschreibung von Brasilien, nebst dem am 19. Februar 1810 zu Rio-de-Janeiro zwischen Sr. Britannischen Maj. und Sr. Königl. Hoheit, dem Prinz-Regenten von Portugal, abgeschlossenen Freundschafts-, Handels- und Schifffahrts-Vertrage, aus dem Franz. übers. und mit den Berichtigungen des Navrro d'Andrade, Weimar: Landes-Industrie-Comptoir 1814.

LEÃO, Duarte Nuñez do, Descripção do Reino de Portugal, em que se trata da sua origem, Lissabon 1785 [zuerst: 1610].

[LENORMAND, Marie Anne Adelaide], Histoire de Jean VI, Roi de Portugal, Paris: Ponthieu 1827.

LISBOA, Fernando da Silva, Observações sobre o comércio franco do Brasil, Rio de Janeiro: Impressão Régia 1808/1809.

LISBOA, José da Silva, Observações sobre a prosperidade do Estado pelos liberaes princípios da nova legislação do Brazil, Rio de Janeiro: Impressão Régia 1810.

LISBOA, José da Silva, Princípios de Economia Política, hg. v. Nogueira de Paula, Rio de Janeiro 1956.

LISBOA, José da Silva, Refutação das Declamações Contra o Comércio Inglês, Extraída de Escritores Eminentes. Parte II, Rio de Janeiro: Impressão Régia 1810.

LUCCOCK, John, Notes on Rio de Janeiro, and the Southern Parts of Brazil Taken During a Residence of Ten Years in that Country, from 1808 to 1818, London 1820.

Marrocos, Luiz Joaquim dos Santos, Cartas de Luiz Joaquim dos Santos Marrocos, escritas do Rio de Janeiro à sua família em Lisboa, de 1811 a 1821, Rio de Janeiro 1934.

Mawe, John, Travels in the Interior of Brazil, Particularly in the Gold and Diamond Districts of that Country…, Philadelphia 1816.

Mello, José Antonio Gonçalves de, Diálogos das Grandezas do Brasil, Recife 1966 [zuerst 1618].

O'Neil, Thomas, A concise and accurate account of the proceedings of the squadron under the command of the rear admiral Sir Sydney Smith, K. S. & C. effecting the escape of the royal family of Portugal to the Brazils, on November 29, 1807…, London 1810.

O'Neil, Thomas, A vinda da Família Real Portuguesa para o Brasil, Rio de Janeiro 2007 [Original: London 1810].

Pedro I, Cartas de D. Pedro I a D. João VI relativas á Independencia do Brasil, coligidas, copiadas e anotadas por Augusto de Lima Junior, Rio de Janeiro 1941.

Pradt, Dominique Georges Frédéric de Riom de Prolhiac de, Des Trois Derniers Mois De L'Amerique Méridionale Et Du Brésil: Suivis Des Personnalités Et Incivilités De la Quotidienne Et Du Journal Des Débats, Paris: Bechet 1817.

Ratton, Jacome, Recordações de Jacome Ratton sobre ocorrências do seu tempo em Portugal de Maio de 1747 a Septembro de 1810, London: Bryer 1813.

Rugendas, Johann Moritz, Voyage pittoresque dans le Brésil, Paris: Engelmann 1827.

Santos, Luís Gonçalves dos, Memórias para servir à história do Reino do Brasil, Bd. 1, Rio de Janeiro 1943 [zuerst: Lissabon: Impressão Régia 1825].

Viana, Paulo Fernandes, Abreviada Demonstração dos Trabalhos da Policia em todo o Tempo que a servio o Dezembargador do Paço Paulo Fernandes Viana, in: RIHGB 55/1, 1892, S. 373–380.

[Vidal, Manuel José Gomes de Abreu], Analyse da Sentença proferida no Juizo de Inconfidencia em 15 de Outubro de 1817 contra o Tenente-General Gomes Freire de Andrade, o Coronel Manuel Monteiro de Carvalho, e outros pelo Crime da Alta Traição, Oferecida aos Amigos da Constituição e da Verdade, Lissabon 1820.

Vieira, Antônio, História do Futuro. Livro Anteprimeiro. Prolegômeno a toda história do futuro, em que se declara o fim & se provam os fundamentos della, Lissabon: Of. Pedroso Galram 1718.

Darstellungen

ABREU, João Capistrano de, Chapters of Brazil's Colonial History 1500–1800, New York/Oxford 1997.
ABREU, Marcelo de Paiva, British Business in Brazil: Maturity and Demise (1850–1950), in: Revista brasileira de economia 54/4, 2000, S. 383–413.
ABREU, Márcia, Livros ao Mar – Circulação de obras de Belas Letras entre Lisboa e Rio de Janeiro, in: Tempo 24, 2008, S. 74–97.
ABREU, Mauricio de Almeida, Evolução urbana do Rio de Janeiro, Rio de Janeiro 1987.
ADELMAN, Jeremy, Sovereignty and Revolution in the Iberian Atlantic, Princeton/Oxford 2006.
AFONSO, Aniceto/José Vincente SERRÃO/Rui CARITA, Introdução, in: João Maria de Vasconcelos PIROTO/Aniceto AFONSO/José Vicente SERRÃO (Hrsg.), Conhecimento e definição do território. Os Engenheiros Militares (séculos XVII–XIX), Lissabon 2003, S. 11–15.
AGNEW, John, Political Power and Geographical Scale, in: Yale H. FERGUSON/Barry JONES (Hrsg.), Political Space. Frontiers of change and governance in a globalizing world, Albany 2002, S. 115–129.
AGUIAR, Manuel Pinto de, A Abertura dos Portos. Cairu e os inglêses, Salvador 1960.
ALAMBERT, Francisco, Portugal e Brasil na crise das artes: da Abertura dos Portos à Missão Francesa, in: Luís Valente de OLIVEIRA/Rubens RICUPERO (Hrsg.), A Abertura dos Portos, São Paulo 2007, S. 148–165.
ALBERTONE, Manuela/Antonino De FRANCESCO (Hrsg.), Rethinking the Atlantic World: Europe and America in the Age of Democratic Revolutions, Basingstoke et al. 2009.
ALDEN, Dauril, Some Reflections on Antonio Vieira: Seventeenth-Century Troubleshooter and Troublemaker, in: Luso-Brazilian Review 40, 2003, S. 7–16.
ALENCASTRO, Vida Privada e ordem privada no Império, in: Luiz Felipe de ALENCASTRO/ Fernando NOVAIS (Hrsg.), História da Vida Privada no Brasil, Bd. 2, São Paulo 1999, S. 11–94.
ALEXANDRE, Valentim, A carta régia de 1808 e os tratados de 1810, in: Luís Valente de OLIVEIRA/Rubens RICUPERO (Hrsg.), A Abertura dos Portos, São Paulo 2007, S. 100–121.
ALEXANDRE, Valentim, As ligações perigosas. O Império Brasileiro face às convulsões internacionais (1789–1807), in: Análise social 24/4–5, 1988, S. 965–1016.
ALEXANDRE, Valentim, Os Sentidos do Império. Questão Nacional e Questão Colonial na Crise do Antigo Regime, Porto 1993.
ALEXANDRE, Valentim, Um momento crucial do subdesenvolvimento português. Efeitos económicos da perda do Império brasileiro, in: Ler história 7, 1986, S. 3–45.
ALEXANDRE, Valentim, Velho Brasil – Novas Áfricas: Portugal e o Império (1808–1975), Porto 2000.

ALGRANTI, Leila Mezan, D. João VI. Os bastidores da Independência, São Paulo 1987

ALGRANTI, Leila Mezan, Livros de devocação, atos de censura. Ensaios de história do livro e da leitura na América portuguesa (1750–1821), São Paulo 2004.

ALGRANTI, Leila Mezan, O feitor ausente. Estudo sobre a escravidão urbana no Rio de Janeiro 1808–1822, Petrópolis 1988.

ALGRANTI, Leila Mezan, Os bastidores da Censura na Corte de D. João. As disputas por honra e prestígio no exercício do poder, in: Vera Lúcia Bottrel TOSTES/José Neves BITTENCOURT (Hrsg.), D. João VI: Um Rei Aclamado na America, Rio de Janeiro 2000, S. 82–93.

ALGRANTI, Leila Mezan, Os registros da polícia e seu aproveitamento para a história do Rio de Janeiro: Escravos e libertos, in: Revista de história 119, 1985–1988, S. 115–125.

ALGRANTI, Leila Mezan, Slave Crimes: The Use of Police Power to Control the Slave Population of Rio de Janeiro, in: Luso-Brazilian Review 25/1, 1988, S. 27–48.

ALLEN, John, Power, in: John AGNEW/Katharyne MITCHELL/Gerard TOAL (Hrsg.), A Companion to Political Geography, Malden, Mass./Oxford/Melbourne 2003, S. 95–107.

ALMEIDA, Manuel Antônio de, Memórias de um sargento de milícias, Rio de Janeiro 2006 [zuerst 1852/53].

ALVES, Francisco das Neves, A ruptura Brasil – Portugal: a época da Revolta da Armada, in: Estudos ibero-americanos 24/2, 1998, S. 231–246.

ALVES, José Augusto Santos, A opinião pública em Portugal (1780–1820), Lissabon 1998.

ALVES, José Augusto Santos, A revolução francesa e o seu eco em Portugal nos arquivos da Intendência Geral da Polícia em finais do século XVIII e princípios do século XIX, in: Revista de História e Teoria das Ideias 18, 2004, S. 121–148.

ALVES, José Augusto Santos, Ideologia e Política na Imprensa do Exílio „O Portuguez" (1814–1826), Lissabon 1992.

AMENDA, Lars/Malte FUHRMANN, Hafenstädte in globaler Perspektive, in: Comparativ 17/2, 2007, S. 7–11.

ANDERSON, Benedict, Imagined Communities. Reflections on the Origin and Spread of Nationalism, London 1983.

ANDRADE, Manuel Correia de/Eliane Moury FERNANDES/Sandra Melo CAVALCANTI (Hrsg.), Formação histórica da nacionalidade brasileira: Brasil 1701–1824, Recife/Brasília 2000.

ARAÚJO, Ana Cristina, As invasões francesas e a afirmação das ideias liberais, in: José MATTOSO/Luís Reis TORGAL/João ROQUE (Hrsg.), História de Portugal, Bd. 5: O Liberalismo, Lissabon 1993, S. 17–43.

ARAÚJO, Ana Cristina, Opinião Pública, in: Ler História 55, 2008, S. 125–140.

ARAÚJO, João Hermes Pereira de, As primeiras Obras de Debret e Taunay pintadas no Brasil, in: Vera Lúcia Bottrel TOSTES/José Neves BITTENCOURT (Hrsg.), D. João VI: Um Rei Aclamado na America, Rio de Janeiro 2000, S. 202–207.

ARENAS, Fernando, Utopias of Otherness: Nationhood and Subjectivity in Portugal and Brazil, Minneapolis/London 2003.

ARENDT, Hannah, Imperialismus: die politische Weltanschauung der Bourgeoisie. Thomas Hobbes und der kapitalistische Markt, in: Hans-Ulrich WEHLER (Hrsg.), Imperialismus, Köln 1970, S. 56–65.

ARRUDA, José Jobson de Andrade, A circulação, as finanças e as flutuações económicas, in: Maria Beatriz Nizza da SILVA (Hrsg.), O Império Luso-brasileiro 1750–1822, Lissabon 1986, S. 154–214.

ARRUDA, José Jobson de Andrade, A produção econômica, in: Maria Beatriz Nizza da SILVA (Hrsg.), O Império Luso-brasileiro 1750–1822, Lissabon 1986, S. 85–153.

ARRUDA, José Jobson de Andrade, Decadence or Crisis in the Luso-Brazilian Empire: A New Model of Colonization in the Eighteenth Century, in: HAHR 80/4, 2000, S. 865–878.

ARRUDA, José Jobson de Andrade, Espaços de Riqueza e Pobreza na Formação do Mundo Contemporâneo, in: Maria da Graça Mateus VENTURA (Hrsg.), A definição dos espaços sociais, culturais e políticos no mundo ibero-atlântico (de finais do séc. XVIII até hoje), Lissabon 2000, S. 57–78.

ARRUDA, José Jobson de Andrade, O Brasil no comércio colonial, São Paulo 1980.

ARRUDA, José Jobson de Andrade, Uma colônia entre dois impérios. A abertura dos portos brasileiros 1800–1808, Bauru 2008.

ARRUDA, José Jobson de Andrade/Luís Adão da FONSECA (Hrsg.), Brasil – Portugal: história, agenda para o milênio, Bauru/São Paulo 2001.

ASCH, Ronald/Dagmar FREIST (Hrsg.), Staatsbildung als kultureller Prozess. Strukturwandel und Legitimation von Herrschaft in der Frühen Neuzeit, Köln 2005.

AULER, Guilherme, Registro de estrangeiros 1808–1822, Rio de Janeiro 1960.

AZEVEDO, Francisca L. Nogueira de (Hrsg.), Carlota Joaquina. Cartas inéditas, Rio de Janeiro 2007.

BABEROWSKI, Jörg, Dem Anderen begegnen. Repräsentationen im Kontext, in: Jörg BABEROWSKI/David FEEST/Maike LEHMANN (Hrsg.), Dem Anderen begegnen. Eigene und fremde Repräsentationen in sozialen Gemeinschaften, Frankfurt a. M. 2008, S. 9–16.

BAILYN, Bernard, Atlantic History: Concept and Contours, Cambridge, Mass. 2005.

BARATA, Alexandre Mansur, Maçonaria, sociabilidade ilustrada e independência do Brasil, 1790–1822, Juiz de Fora/São Paulo 2006.

BARATA, Alexandre Mansur, Sociabilidade maçônica e Independência do Brasil (1820–1822), in: István JANCSÓ (Hrsg.), Independência: História e historiografia, São Paulo 2005, S. 677–706.

BARBOSA, Maria do Socorro Ferraz, Liberais constitucionalistas entre dois centros de poder: Rio de Janeiro e Lisboa, in: Tempo 24, 2008, S. 98–125.

BARMAN, Roderick James, Brazil: The Forging of a Nation, 1798–1852, Stanford 1988.

BARREIRO, José Carlos, A rua e a taberna: algumas considerações teóricas sobre cultura popular a cultura política: Brasil, 1820–1880, in: História 16, 1997, S. 173–184.

BARRETO, Mascarenhas, História da Polícia em Portugal. Política e sociedade, Braga/Lissabon 1979.

BARROS, Amândio Jorge Morais, Oporto: The Building of a Maritime Space in the Early Modern Period, in: e-JPH 3/1, 2005, S. 1–13.

BARTHES, Roland, Le discours de l'histoire, in: Social Science Information 6/4, 1967, S. 63–75.

BARTHES, Roland, Semiology and the Urban, in: Mark GOTTDIENER/Alexandros Ph. LAGOPOULOS (Hrsg.), The City and the Sign: An Introduction to Urban Semiotics, New York 1981, S. 87–98.

BAYLY, Christopher A., Die Geburt der modernen Welt. Eine Globalgeschichte 1780–1914, Frankfurt a. M. 2008.

BELO, André, Between History and Periodicity: Printed and Hand-Written News in 18th-Century Portugal, in: e-JPH 2/2, 2004, S. 1–11.

BELO, André, Notícias impressas e manuscriptas em Portugal no século XVIII: horizontes de leitura da „Gazeta de Lisboa", in: Horizontes Antropológicos 10/22, 2004, S. 15–35.

BENTLEY, Jerry H., Von der Nationalgeschichte zur Weltgeschichte, in: Comparativ 12/3, 2002, S. 57–70.

BENTLEY, Jerry H., World History and Grand Narratives, in: Benedict STUCHTEY/Eckhardt FUCHS (Hrsg.), Writing World History 1800–2000, Oxford 2000, S. 47–65.

BERBEL, Márcia Regina, A retórica da recolonização, in: István JANCSÓ (Hrsg.), Independência: História e historiografia, São Paulo 2005, S. 791–808.

BERBEL, Márcia Regina, Pátria e Patriotas em Pernambuco (1817–1822): Nação, identidade e vocabulário político, in: István JANCSÓ (Hrsg.), Brasil: Formação do Estado e da Nação, São Paulo 2003, S. 345–364.

BERGHOFF, Hartmut/Jakob VOGEL, Wirtschaftsgeschichte als Kulturgeschichte. Ansätze zur Bergung transdisziplinärer Synergiepotentiale, in: DIES. (Hrsg.), Wirtschaftsgeschichte als Kulturgeschichte. Dimensionen eines Perspektivenwechsels, Frankfurt a. M. 2004, S. 9–41.

BERNARDES, Denis Antônio de Mendonça, O Patriotismo Constitucional: Pernambuco, 1820–1822, São Paulo 2001.

BERNECKER, Walther L., Kolonie – Monarchie – Republik: Das 19. Jahrhundert, in: Walter L. BERNECKER/Horst PIETSCHMANN/Rüdiger ZOLLER, Eine kleine Geschichte Brasiliens, Frankfurt a. M. 2000, S. 125–212.

Bernecker, Walther L., Staatliche Grenzen – kontinentale Dynamik. Zur Relativität von Grenzen in Lateinamerika, in: Marianne Braig/Ottmar Ette/Dieter Ingenschay/Günther Maihold (Hrsg.), Grenzen der Macht – Macht der Grenzen. Lateinamerika im globalen Kontext, Frankfurt am Main 2005, S. 11–38.
Bernecker, Walther L./Horst Pietschmann, Geschichte Portugals. Vom Spätmittelalter bis zur Gegenwart, München 2001.
Besselaar, Joseph Jacobus van den, Antônio Vieira. Profecia e polêmica, Rio de Janeiro 2002.
Besselaar, Joseph Jacobus van den, O sebastianismo: história sumária, Lissabon 1987.
Bethell, Leslie, Brazil and „Latin America", in: JLAS 42, 2010, S. 457–485.
Bethell, Leslie, The Abolition of the Brazilian Slave Trade: Britain, Brazil and the Slave Trade Question, 1807–1869, Cambridge 1970.
Bethell, Leslie, The Independence of Brazil, in: Ders., The Independence of Latin America, Cambridge/New York/Melbourne 1987, S. 155–194.
Bethell, Leslie, The Independence of Brazil and the Abolition of the Brazilian Slave Trade: Anglo-Brazilian Relations, 1822–1826, in: JLAS 1/2, 1969, S. 119–147.
Bethencourt, Francisco/Diogo Ramada Curto, Introduction, in: Dies. (Hrsg.), Portuguese Oceanic Expansion, 1400–1800, Cambridge/New York/Melbourne et al. 2007, S. 1–18.
Bicalho, Maria Fernanda, A cidade e o império. O Rio de Janeiro na dinâmica colonial portuguesa, séculos XVII e XVIII, Dissertation Universidade de São Paulo 1997.
Bicalho, Maria Fernanda, As Câmaras municipais no Império Português: O Exemplo do Rio de Janeiro, in: RBH 18/36, 1998, S. 251–280.
Bicalho, Maria Fernanda, As câmaras ultramarinas e o governo do Império, in: João Fragoso/Maria Fernanda Bicalho/Maria de Fátima Gouvêa (Hrsg.), O Antigo Regime nos Trópicos: a dinâmica imperial portuguesa (séculos XVI–XVIII), Rio de Janeiro 2001, S. 189–221.
Bicalho, Maria Fernanda, Cidades e elites coloniais. Redes de poder e negociação, in: Varia historia 29, 2003, S. 17–38.
Bicalho, Maria Fernanda, Dos „Estados nacionais" ao „sentido da colonização": história moderna e historiografia do Brasil colonial, in: Martha Abreu/Rachel Soihet/Rebecca Gontijo, Cultura política e leituras do passado: historiografia e ensino de história, Rio de Janeiro 2007, S. 67–87.
Bishko, Charles Julian, The Iberian Background of Latin American History: Recent Progress and Continuing Problems, in: HAHR 36/1, 1956, S. 50–80.
Bittencourt, José Neves, Iluminando a Colônia para a Corte. O Museu Real e Missão Francesa como marcos exemplars da política de administração portuguesa no Brasil, in: Vera Lúcia Bottrel Tostes/José Neves Bittencourt (Hrsg.), D. João VI: Um Rei Aclamado na America, Rio de Janeiro 2000, S. 114–122.
Boehrer, George C. A., The Flight of the Brazilian Deputies from the Cortes Gerais of Lisbon 1822, in: The Hispanic American Historical Review 40/4, 1960, S. 497–512.

Böhme, Helmut, Thesen zur „europäischen Stadt" aus historischer Sicht, in: Dieter Hassenpflug (Hrsg.), Die europäische Stadt – Mythos und Wirklichkeit, Münster 2002, S. 49–102.

Böning, Holger, Die Einbeziehung des „Volkes" in die öffentliche Kommunikation am Ende des 18. Jahrhunderts, in: Kurt Imhof/Peter Schulz (Hrsg.), Kommunikation und Revolution, Zürich 1998, S. 35–46.

Bösch, Frank, Zeitungsberichte im Alltagsgespräch: Mediennutzung, Medienwirkung und Kommunikation im Kaiserreich, in: Publizistik 49/3, 2004, S. 319–336.

Böttcher, Nikolaus, Monopol und Freihandel. Britische Kaufleute in Buenos Aires am Vorabend der Unabhängigkeit (1806–1825), Stuttgart 2008.

Bourdieu, Pierre, Entwurf einer Theorie der Praxis, Frankfurt a. M. 2009.

Boxer, Charles Ralph, Relações raciais no império colonial português 1415–1825, Porto 1977.

Boxer, Charles Ralph, The Golden Age of Brazil: Growing Pains of a Colonial Society, 1695–1750, Manchester 1995.

Breña, Roberto, El primer liberalismo español y los procesos de emancipación de América, 1808–1824. Una revision historiográfica del liberalism hispánico, Mexiko-Stadt 2006.

Brenner, Neil, Beyond state-centrism? Space, Territoriality, and Geographical Scale in Globalization Studies, in: Theory and Society 28, 1999, S. 39–78.

Bretas, Marcos Luiz, A guerra das ruas: povo e polícia na cidade do Rio de Janeiro, Rio de Janeiro 1997.

Brubaker, Rogers, Nationalism Reframed. Nationhood and the National Question in the New Europe, New York 1996.

Brubaker, Rogers/Frederick Cooper, Beyond „Identity", in: Theory and Society 29, 2000, S. 1–47.

Büschges, Christian, La Corte Virreinal en la America Hispanica durante la epoca colonial (periodo habsburgo), in: Actas do XII. congresso internacional da Associação de historiadores latinoamericanos europeus, Bd. 2, Porto 2001, S. 131–140.

Bushnell, Amy Turner/Jack P. Greene, Peripheries, Centers, and the Construction of Early Modern American Empires. An Introduction, in: Christine Daniels/Micheal V. Kennedy (Hrsg.), Negotiated Empires. Centers and Peripheries in the Americas, 1500–1820, New York/London 2002, S. 1–14.

Buttery, David, Wellington against Massena 1810–1811, Barnsley 2007.

Caldeira, Jorge, A nação mercantilista. Ensaio sobre o Brasil, São Paulo 1999.

Callari, Claudia Regina, Os Institutos Históricos: do Patronato de D. Pedro II à construção do Tiradentes, in: RBH 21/40, 2001, S. 59–82.

Calogeras, João Pandia, Formação histórica do Brasil, São Paulo [7]1967.

Campos, Andrelino, Do quilombo à favela. A produção do „espaço criminalizado" no Rio de Janeiro, Rio de Janeiro 2005.

CAMURATI, Carla (Regie), Carlota Joaquina, Princeza do Brazil, 35mm, 100 Min., Farbe, Brasilien 1995.
CANDIDO, Antonio, Formação da Literatura brasileira, Momentos decisivos, Bd. 1, São Paulo 1959.
CAPELA, José Viriato (Hrsg.), Política, administração, economia e finanças públicas portuguesas (1750–1820), Braga 1993, S. 100–101.
CARDOSO, André, A música na corte de D. João VI. 1808–1821, São Paulo 2008.
CARDOSO, António Monteiro, A revolução liberal em Trás-os-Montes (1820–1834). O povo e as elites, Porto 2007.
CARDOSO, José Luís, A Abertura dos Portos do Brasil em 1808: Dos factos à doutrina, in: Ler História 54, 2008, S. 9–32.
CARDOSO, José Luís, A transferência da Corte e a Abertura dos Portos: Portugal e Brasil entre a ilustração e o liberalismo econômico, in: Luís Valente de OLIVEIRA/Rubens RICUPERO (Hrsg.), A Abertura dos Portos, São Paulo 2007, S. 166–195.
CARDOSO, José Luís, Leitura e interpretação do Tratado de Methuen: balanço histórico e historiográfico, in: José Luís CARDOSO/Isabel CLUNY/Fernado Dores COSTA et al. (Hrsg.), O Tratado de Methuen (1703). Diplomacia, guerra, política e economia, Lissabon 2003, S. 11–30.
CARDOSO, Tereza Maria Fachada Levy, A Gazeta do Rio de Janeiro. Subsídio para a História do Rio de Janeiro, in: RIHGB 371, 1991, S. 341–435.
CARVALHO, Augusto da Silva, Pina Manique: o ditador sanitário, Lissabon 1939.
CARVALHO, José Liberato Freire de, Ensaio historico-político sobre a Constituição e o Governo do Reino de Portugal; onde se mostra ser aquele reino, desde a sua origem, uma Monarquia Representativa, e que o Absolutismo, a superstição, e a influência da Inglaterra são as causas da sua atual decadência, Paris: Casa de Hector Bossange 1830.
CARVALHO, José Murilo de, D. João e as histórias dos Brasis, in: RBH 28/56, 2008, S. 551–572.
CARVALHO, José Murilo de, Mandonismo, Coronelismo, Clientelismo: Uma Discussão Conceitual, in: Hans-Joachim KÖNIG/Marianne WIESEBRON (Hrsg.), Nation Building in Nineteenth Century Latin America. Dilemmas and Conflicts, Leiden 1998, S. 83–100.
CARVALHO, José Murilo de, Political Elites and State Building. The Case of Nineteenth-Century Brazil, in: Comparative Studies in Society and History 24/3, 1982, S. 378–399.
CARVALHO, M. E. Gomes, Os deputados brasileiros nas Cortes de Lisboa, Brasília 1979 [zuerst 1912].
CARVALHO, Marcus, Rumores e rebeliões: estratégias de resistência escrava no Recife, 1817–1848, in: Tempo 3/6, 1998, S. 49–72.
CARVALHO, Marcus J. M. de, Cavalcantis e Cavalgados: A Formação das Alianças Políticas em Pernambuco, 1817–1824, in: RBH 18/36, 1998, S. 331–365.

CARVALHO, Marcus J. M. de, Os negros armados pelos brancos e suas independências no Nordeste (1817–1848), in: István JANCSÓ (Hrsg.), Independência: História e historiografia, São Paulo 2005, S. 881–914.
CASTRO, Hebe Maria da Costa Mattos Gomes de, Escravidão e cidadania no Brasil monárquico, Rio de Janeiro 2000.
CASTRO, Ruy, Era no tempo do rei. Um romance da chegada da Corte, Rio de Janeiro 2007.
CATROGA, Fernando, O poder paroquial como „polícia" no século XIX português, in: Pedro Tavares ALMEIDA/Tiago Pires MARQUES (Hrsg.), Lei e ordem. Justiça penal, criminalidade e polícia (séculos XIX–XX), Lissabon 2006, S. 105–130.
CHAKRABARTY, Dipesh, Provincializing Europe. Postcolonial Thought and Historical Difference, Princeton 2000.
CHESTER, David K., The 1755 Lisbon Earthquake, in: Progress in Physical Geography 25/3, 2001, S. 363–383.
CHIARAMONTE, José Carlos, Metamorfoses do conceito de nação durante os séculos XVII e XVIII, in: István JANCSÓ (Hrsg.), Brasil: Formação do Estado e da Nação, São Paulo 2003, S. 61–92.
CHIARAMONTE, José Carlos, Nación y Estado en Iberoamérica. El lenguaje político en tiempos de las independencias, Buenos Aires 2004.
COBB, Richard C., The Police and the People. French Popular Protest, 1789–1820, London 1970.
CONRAD, Christoph/Martina KESSEL, Blickwechsel: Moderne, Kultur, Geschichte, in: DIES., Kultur & Geschichte. Neue Einblicke in eine alte Beziehung, Stuttgart 1998, S. 9–40.
CONRAD, Robert Edgar, World of Sorrow, The African Slave Trae to Brazil, Baton Rouge/London 1986.
CONRAD, Sebastian, Deutsche Kolonialgeschichte, München 2008.
COOPER, Frederick, Colonialism in Question. Theory, Knowledge, History, Berkeley 2005.
COOPER, Frederick, Empire Multiplied. A Review Essay, in: Comparative Studies in Society and History 46/2, 2004, S. 247–272.
COOPER, Frederick, What is the Concept of Globalization Good for? An African Historian's Perspective, in: African Affairs 100, 2001, S. 189–213.
COOPER, Frederick/STOLER, Ann Laura, Between Metropole and Colony. Rethinking a Research Agenda, in: DIES., Tensions of Empire. Colonial Cultures in a Bourgeois World, Berkeley/Los Angeles/London 1997, S. 1–58.
COSTA, Emília Viotti da, Da monarquia à república: momentos decisivos, São Paulo 1999.
COSTA, Emilia Viotti da, Introdução ao estudo da emancipação política do Brasil, in: Manuel Nunes DIAS (Hrsg.), Brasil em perspectiva, São Paulo 1968, S. 64–125.

Costa, Emília Viotti da, José Bonifácio: Homem e Mito, in: Carlos Guilherme Mota (Hrsg.), 1822: Dimensões, São Paulo 1972, S. 102–159.
Costa, Emília Viotti da, The Political Emancipation of Brazil, in: A. J. R. Russell-Wood (Hrsg.), From Colony to Nation. Essays on the Independence of Brazil, Baltimore/London 1975, S. 43–88.
Costa, Fernando Dores, Franceses e „Jacobinos". Movimentações „populares" e medidas de polícia em 1808 e 1809. Uma „irrupção patriótica"?, in: Ler História 54, 2008, S. 95–132.
Costa, Wilma Peres, A Independência na historiografia brasileira, in: István Jancsó (Hrsg.), Independência: História e historiografia, São Paulo 2005, S. 53–118.
Costa Miranda, José de, Manuel de Oliveira Lima: o „seu" D, João VI, in: Ocidente 75/363, 1968, S. 20–24.
Costella, Antônio Fernando, O contrôle da informação no Brasil: evolução histórica da legislação brasileira de imprensa, Petrópolis 1970.
Cotta, Francis Albert, Polícia para quem precisa, in: Revista de História da Biblioteca Nacional 14, 2006, S. 64–68.
Couto, Dejanirah, História de Lisboa, Lissabon 2003.
Cruz, Maria Cecília Velasco e, O porto do Rio de Janeiro no século XIX: Uma realidade de muitas faces, in: Tempo 4/8, 1999, S. 123–148.
Cunha, Carlos Guimarães da, Negociantes estrangeiros em Portugal no final do absolutismo (1790–1820), in: História (Lisboa) 22–23, 1980, S. 2–11.
Cunha, Pedro Octávio Carneiro da, A fundação de um império liberal, in: Sergio Buarque de Holanda (Hrsg.), História Geral da Civilização Brasileira, Bd. II/1: O processo de emancipação, Rio de Janeiro 2001.
Curtis, James R., Praças, Place, and Public Life in Urban Brazil, in: Geographical Review 90/4, 2000, S. 475–492.
Daniels, Christine/Micheal V. Kennedy (Hrsg.), Negotiated Empires. Centers and Peripheries in the Americas, 1500–1820, New York/London 2002.
Daum, Andreas W., Capitals in Modern History: Inventing Urban Spaces for the Nation, in: Andreas Daum/Christof Mauch (Hrsg.), Berlin – Washington 1800–2000. Capital Cities, Cultural Representation and National Identities, Washington 2005, S. 3–28.
Daupiás d'Alcochete, Nuno, Les pamphlets portugais anti-napoléoniens, in: Arquivos do Centro Cultural Português XI, Paris: Fundação Calouste Gulbenkian, 1978, S. 507–516.
Dean, Mitchell, Governmentality. Power and Rule in Modern Society, London/Thousand Oaks/New Delhi 2006.
DeNipoti, Cláudio, Comércio e circulação de livros entre França e Portugal na virada do século XVIII para o XIX ou Quando os ingleses atiraram Livros ao mar, in: RBH 28/56, 2008, S. 431–448.

DIAS, Maria Odila da Silva, A interiorização da metrópole, in: Carlos Guilherme MOTA (Hrsg.), 1822: Dimensões, São Paulo 1972, S. 160–184.

DI MEGLIO, Gabriel,¡Viva el bajo pueblo! La plebe urbana de Buenos Aires y la política entre al Revolución de Mayo y el Rosismo (1810–1829), Buenos Aires 2006.

DOHLNIKOFF, Miriam, Elites regionais e a construção do Estado nacional, in: István JANCSÓ (Hrsg.), Brasil: Formação do Estado e da Nação, São Paulo 2003, S. 431–468.

DOMINGUES, Ângela, Dom João, príncipe esclarecido e pai dos povos, e a fundação das colônias sueca de Sorocaba e suíça de Nova Friburgo, in: Luís Valente de OLIVEIRA/ Rubens RICUPERO (Hrsg.), A Abertura dos Portos, São Paulo 2007, S. 122–147.

DOURADO, Mecenas, Hipólito da Costa e o Correio Braziliense, Bd. 2, Rio de Janeiro 1957.

DRAYTON, Richard, Knowledge and Empire, in: Peter James MARSHALL (Hrsg.), The Oxford History of the British Empire, Bd. 2: The Eighteenth Century, Oxford 1998, S. 231–252.

DUARA, Pransenjit, Why is History Antitheoretical?, in: Modern China 24/2, 1998, S. 105–120.

EAKIN, Marshall C., Expanding the Boundaries of Imperial Brazil, in: LARR 37/3, 2002, S. 260–268.

ECKERT, Andreas/Shalini RANDERIA, Geteilte Globalisierung, in: DIES. (Hrsg.), Vom Imperialismus zum Empire. Nicht-westliche Perpektiven auf Globalisierung, Frankfurt a. M. 2009, S. 9–36.

ELEY, Geoff, No Need to Choose: Cultural History and the History of Society, in: Belinda DAVIS/Thomas LINDENBERGER/Michael WILDT (Hrsg.), Alltag, Erfahrung, Eigensinn. Historisch-anthropologische Erkundungen, Frankfurt a. M. 2008, S. 61–73.

ELLIOTT, John Huxtable, Empires of the Atlantic World. Britain and Spain in America, 1492–1830, New Haven, Conn./London 2007.

ELLIS, Myriam, Norte-Americanos no Atlântico brasileiro – um inédito de José Bonifácio de Andrada e Silva sobre o conceito de mar territorial e o direito de pesca, in: Revista de História 46/94, 1973, S. 339–367.

ENGEL, Ulf/Matthias MIDDELL, Bruchzonen der Globalisierung, globale Krisen und Territorialitätsregimes – Kategorien einer Globalgeschichtsschreibung, in: Comparativ 5/6, 2005, S. 5–38.

ENNEN, Edith, Funktions- und Bedeutungswandel der „Hauptstadt" vom Mittelalter zur Moderne, in: Theodor SCHIEDER/Gerhard BRUNN (Hrsg.), Hauptstädte in europäischen Nationalstaaten, München/Wien 1983, S. 153–164.

ESDAILE, Charles, Peninsular Eyewitnesses. The Experience of War in Spain and Portugal 1808–1813, Barnsley 2008.

ESDAILE, Charles J., The Peninsular War: A New History, London 2003.

ESHERICK, Joseph W./Hasan KAYALI/Eric VAN YOUNG, Introduction, in: DIES. (Hrsg.), Empire to Nation. Historical Perpectives on the Making of the Modern World, Lanham/Boulder/New York 2006, S. 1–34.

EVA, Fabrizio, International Boundaries, Geopolitics and the (Post)Modern Territorial Discourse: The Functional Fiction, in: Geopolitics 3/1, 1998, S. 32–52.

FALCÓN, Francisco C./Ilmar Rohloff MATTOS, O processo de Independência no Rio de Janeiro, in: Carlos Guilherme MOTA (Hrsg.), 1822: Dimensões, São Paulo 1972, S. 292–339.

FALCÓN, Francisco J. C., A identidade do historiador, in: Revista Estudos Históricos 9/17, 1996, S. 7–30.

FALCÓN, Francisco J. C./Marcus Alexandre MOTTA, Historiografia Portuguesa contemporânea, in: Jurandir MALERBA/Carlos Aguirre ROJAS, Historiografia contemporânea em perspectiva crítica, Bauru 2007, S. 187–257.

FALCÓN, Francisco José Calazans, Teoria e história da historiografia contemporânea, in: José Jobson de Andrade ARRUDA/Luís Adão da FONSECA (Hrsg.), Brasil – Portugal: história, agenda para o milênio, Bauru/São Paulo 2001, S. 583–613.

FEEST, David, Repräsentationen von Institutionen. Einleitung, in: Jörg BABEROWSKI/David FEEST/Maike LEHMANN (Hrsg.), Dem Anderen begegnen. Eigene und fremde Repräsentationen in sozialen Gemeinschaften, Frankfurt a. M. 2008, S. 17–20.

FERNANDES, Florestan, A integração do negro na sociedade de classes (2 Bde.), São Paulo 1965.

FERNANDES, Florestan, O negro no mundo dos brancos, São Paulo 1972.

FERNANDES, Paulo Jorge, Representação política e poder local em Lisboa nos finais do Antigo Regime (1778–1833), in: Tempo 7/14, S. 179–196.

FERNÁNDEZ SEBASTIÁN, Javier, Algumas notas sobre história conceptual e sobre a sua aplicação ao espaço atlântico ibero-americano, in: Ler História 55, 2008, S. 5–15.

FERREIRA, Fátima Sá e Melo, Povo – Povos, in: Ler História 55, 2008, S. 141–154.

FERREIRA, Fátima Sá e Melo/João Feres JÚNIOR, Introdução, in: Ler História 55, 2008, S. 17–21.

FERREIRA-ALVES, Joaquim Jaime B., Festejos Públicos no Porto pela „Declaração da Regencia" de D. João, Príncipe do Brasil, in: Vera Lúcia Bottrel TOSTES/José Neves BITTENCOURT (Hrsg.), D. João VI: Um Rei Aclamado na America, Rio de Janeiro 2000, S. 64–81.

FIGUEIREDO, Luciano Raposo, Rebeliões no Brasil Colônia, São Paulo 2000.

FLORENTINO, Manolo, Aspectos sociodemográficos da presença dos escravos moçambicanos no Rio de Janeiro (c.1790–c.1850), in: João FRAGOSO/Luís RIBEIRO/Manolo FLORENTINO (Hrsg.), Nas rotas do império. Eixos mercantis, tráfico e relações sociais no mundo português, Vitória 2006, S. 193–244.

FONSECA, Luís Adão da, Internationalization of Portuguese Historiography: An Opportunity Stemming from a Challenge, in: e-JPH 1/1, 2003, 1–3.

FOUCAULT, Michel, Der Mensch ist ein Erfahrungstier. Gespräch mit Ducio Trombadori, Frankfurt a. M. 1996.
FOUCAULT, Michel, Der Wille zum Wissen. Sexualität und Wahrheit I, Frankfurt a. M. 1977.
FOUCAULT, Michel, Die Maschen der Macht, in: DERS., Analytik der Macht, hrsg. v. Daniel DEFERT/François EWALD, Frankfurt a. M. 2005, S. 220–239.
FOUCAULT, Michel, Die Ordnung des Diskurses, Inauguralvorlesung am Collège de France, 2. Dezember 1970, in: DERS., Die Ordnung des Diskurses, Frankfurt a. M. 1991.
FOUCAULT, Michel, Sicherheit, Territorium, Bevölkerung. Geschichte der Gouvernementalität I, Frankfurt a. M. 2006.
FOUCAULT, Michel, Staatsphobie, in: Ulrich BRÖCKLING/Susanne KRASMANN/Thomas LEMKE (Hrsg.), Gouvernementalität der Gegenwart. Studien zur Ökonomisierung des Sozialen, Frankfurt a. M. 2000, S. 68–71.
FOUCAULT, Michel, Subjekt und Macht, in: DERS., Analytik der Macht, hrsg. v. Daniel DEFERT/François EWALD, Frankfurt a. M. 2005, S. 240–263.
FOUCAULT, Michel, Überwachen und Strafen. Die Geburt des Gefängnisses, Frankfurt a. M. 2007.
FOUCAULT, Michel, Von anderen Räumen, in: Jörg DÜNNE/Stephan GÜNZEL (Hrsg.), Raumtheorie. Grundlagentexte aus Philosophie und Kulturwissenschaften, Frankfurt a. M. 2006, S. 317–329.
FOUCAULT, Michel, Wahnsinn, eine Frage der Macht, in: DERS., Analytik der Macht, hrsg. v. Daniel DEFERT/François EWALD, Frankfurt a. M. 2005, S. 69–73.
FRAGOSO, João, „Elites econômicas" em finais do século XVIII: mercado e política no centro-sul da América lusa. Notas de uma pesquisa, in: István JANCSÓ (Hrsg.), Independência: História e historiografia, São Paulo 2005, S. 849–880.
FRAGOSO, João/Manolo FLORENTINO, História Econômica, in: Ciro CARDOSO/Ronaldo VAINFAS (HRSG.), Domínios da História, Rio de Janeiro 1997, S. 27–43.
FRAGOSO, João/Maria de Fátima Silva GOUVÊA, Nas rotas da governação portuguesa: Rio de Janeiro e Costa da Mina, séculos XVII e XVIII, in: João FRAGOSO/Luís RIBEIRO/ Manolo FLORENTINO (Hrsg.), Nas rotas do império. Eixos mercantis, tráfico e relações sociais no mundo português, Vitória 2006, S. 25–72.
FRAGOSO, João/Maria Fátima Silva GOUVÊA/Maria Fernanda Baptista BICALHO, Uma Leitura do Brasil Colonial. Bases da materialidade e da governabilidade no Império, in: Penélope 23, 2000, S. 67–88.
Fragoso, João Luís Ribeiro, Homens de grossa aventura: Acumulação e hierarquia na praça mercantil do Rio de Janeiro (1790–1830), Rio de Janeiro 1992.
FRAGOSO, João Luís Ribeiro, Para que serve a história econômica? Notas sobre a história da exclusão social no Brasil, in: Estudos históricos (Rio de Janeiro) 29, 2002, S. 3–28.

FRAGOSO, João Luís Ribeiro/Manolo FLORENTINO, O arcaísmo como projeto. Mercado Atlântico, Sociedade Agrária e Elite Mercantil no Rio de Janeiro (1790–1840), Rio de Janeiro 1993.
FRANCO, Graça, A Censura à imprensa (1820–1974), Lissabon 1993.
FREIRE, Américo, O Tema da transferência da Corte portuguesa nos livros didáticos: notas de pesquisa, in: RIHGB 168/436, 2007, S. 29–43.
FREIST, Dagmar, Absolutismus, Darmstadt 2008.
FREYRE, Gilberto, Casa Grande & Senzala. Formação da família brasileira sob o regime de economia patriarchal, Rio de Janeiro 1933.
FREYRE, Gilberto, Ingleses no Brasil: Aspectos da Influência Britânica sobre a Vida, a Paisagem e a Cultura do Brasil, Rio de Janeiro 1948.
FREYRE, Gilberto, Social Life in Brazil in the Middle of the Nineteenth Century, in: HAHR 5/4, 1922, S. 597–630.
FURTADO, Celso, Formação econômica do Brasil, São Paulo 2007 [zuerst 1959].
FURTADO, Celso, Uma economia dependente, Rio de Janeiro 1956.
GARCÍA, Lúcia/João BASTO, Rio & Lisboa. Construções de um Império [Ausstellungskatalog], Lissabon 2008.
GAUER, Ruth Maria Chittó, A contribuição portuguesa para a construção da sociedade brasileira, in: Agora: Revista do Departamento de História e Geografia 5/1, 1999, S. 7–31.
GEBHARDT, Hans/Paul REUBER/Günter WOLKERSDORFER, Kulturgeographie – Leitlinien und Perspektiven, in: DIES. (Hrsg.), Kulturgeographie. Aktuelle Ansätze und Entwicklungen, Heidelberg/Berlin 2003, S. 1–30.
GERTEL, Jörg, Globalisierung, Entankerung und Mobilität: Analytische Perspektiven einer gegenwartsbezogenen geographischen Nomadismusforschung, in: Mitteilungen des SFB „Differenz und Integration" 1, 2002, S. 57–88.
GIDDENS, Anthony, The Constitution of Society. Outline of the Theory of Structuration, Oxford 1995 [zuerst: Cambridge 1984].
GIDDENS, Anthony, Die Konstitution der Gesellschaft. Grundzüge einer Theorie der Strukturierung, Frankfurt/New York 1997.
GIL NOVALES, Alberto, Betrachtungen über den spanischen Liberalismus, in: Comparativ 12/4, 2002, S. 14–37.
GLOVER, Michael, The Peninsular War, 1807–1814. A Concise Military History, London 2001.
GODFREY, Brian J., Modernizing the Brazilian City, in: Geographical Review 81/1, 1991, 18–34.
GODINHO, Vitorino Magalhães, Mito e Mercadoria, Utopia e Prática de Navegar, Séculos XIII–XVIII, Lissabon 1990.
GODINHO, Vitorino Magalhães, Prix e Monnaie au Portugal 1750–1850, Paris 1955.

GOMES, Flávio, Experiências transatlânticas e significados locais: idéias, temores e narrativas em torno do Haiti no Brasil Escravista, in: Tempo 7/13, 2002, S. 209–246.

GÓMEZ, Julio Sánchez, El otro año 8, in: MARRONI DE ABREU (Hrsg.), Las invasiones napoleónicas y el mundo iberoamericano, Madrid et al. 2006, S. 105–121.

GONÇALVES, Paulo Frederico F., Os deputados brasileiros e a assinatura da Constituição de 1822, in: Revista de ciências históricas 13, 1998, S. 293–321.

GORENSTEIN, Riva, Comércio e Política: O enraizamento de interesses mercantis portugueses no Rio de Janeiro (1808–1830), in: Lenira Menezes MARTINHO/Riva GORENSTEIN, Negociantes e Caixeiros na Sociedade da Independência, Rio de Janeiro 1993, S. 125–255.

GORENSTEIN, Riva, Probidade, previdência, tranqüilidade: as companhias de seguros do Rio de Janeiro no contexto da crise financeira (1808–1822), in: Anais do Museu Paulista 29, 1979, S. 217–225.

GOTTERI, Nicole, Napoléon et le Portugal, Paris 2004.

GOUVÊA, Maria de Fátima Silva, O Senado da Câmara do Rio de Janeiro no Contexto das Cerimônias de Aclamação de D. João VI, in: Vera Lúcia Bottrel Tostes/José Neves Bittencourt (Hrsg.), D. João VI: Um Rei Aclamado na America, Rio de Janeiro 2000, S. 246–259.

GOUVÊA, Maria Fátima, Poder, autoridade e o Senado da Câmera do Rio de Janeiro, ca. 1780–1820, in: Tempo 7/13, 2002, S. 111–155.

GOUVÊA, Maria Fátima Silva, As bases institucionais da construção da unidade. Dos poderes do Rio de Janeiro joanino: administração e governabilidade no Império luso-brasileiro, in: István JANCSÓ (Hrsg.), Independência: História e historiografia, São Paulo 2005, S. 707–754.

GRAHAM, Richard, Commentary to MANCHESTER, Alan K., The Transfer of the Portuguese Court to Brazil, in: Henry H. KEITH/S. F. EDWARDS (Hrsg.), Conflict and Continuity in Brazilian Society, Columbia 1969, S. 184–189.

GRAHAM, Richard, Construindo uma nação no Brasil do século XIX: visões novas e antigas sobre classe, cultura e Estado, in: Diálogos: revista do Departamento de História da Univ. Estadual de Maringá 5/1, 2001, S. 11–47.

GRAHAM, Richard, Independence in Latin America. A Comparative Approach, New York/St. Louis/San Francisco 1994.

GRAHAM, Richard, Sepoys and Imperialists: Techniques of British Power in Nineteenth-Century Brazil, Inter-American Economic Affairs 23, 1969, S. 23–37.

GRAHAM, Thomas Richard, The Jesuit Antonio Vieira and his Plans for the Economic Rehabilitation of Seventeenth-Century Portugal, São Paulo 1978.

GRANZIERA, Rui Guilherme, Riqueza e Tradição na Independência, in: Tamás SZMRECXÁNYI/José Roberto do Amaral LAPA (Hrsg.), História económica da Independência e do Império, São Paulo 2002, S. 47–58.

GREENE, Jack P., Transatlantic Colonization and the Redefinition of Empire in the Early Modern Era, in: Christine DANIELS/Micheal V. KENNEDY (Hrsg.), Negotiated Empires. Centers and Peripheries in the Americas, 1500–1820, New York/London 2002, S. 267–282.

GUENTHER, Louise H., British Merchants in Nineteenth-Century Brazil. Business, Culture and Identity in Bahia 1808–50, Oxford 2004.

GUERRA, François-Xavier, Modernidad e Independencias. Ensayos sobre las revoluciones hispánicas, Madrid 1992.

GUERRA, François-Xavier, „Voces del pueblo". Redes de comunicación y orígenes de la opinión en el mundo hispánico (1808–1814), in: Revista de Indias 62/225, 2002, S. 357–384.

GUIMARÃES, Lucia Maria Paschoal, A Historiografia e a Transferência da Corte portuguesa para o Brasil, in: RIHGB 168/436, 2007, S. 15–28.

GUIMARÃES, Lucia Maria Paschoal, Debaixo da imediata proteção de Sua Majestade Imperial: o Instituto Histórico e Geográfico Brasileiro, São Paulo 1994.

GUIMARÃES, Lucia Maria Paschoal, Francisco Adolfo de Varnhagen. História Geral do Brasil, in: Lourenço Dantas MOTA (Hrsg.), Introdução ao Brasil Bd. 2: Um Banquete no trópico, São Paulo 2001, S. 75–96.

HABER, Stephen H./Herbert S. KLEIN, Consecuencias económicas de la independencia brasileña, in: Leandro Prados de la Escosura/Samuel Amaral (Hrsg.), La independencia americana. Consecuencias económicas, Madrid 1993, S. 147–163.

HAMNETT, Brian R., Process and Pattern: A Re-Examination of the Ibero-American Independence Movements, 1808–1826, in: JLAS 29/2, 1997, S. 279–328.

HARVEY, David, Between Space and Time. Reflections on the Geographical Imagination, in: Annals of the Association of American Geographers 80/3, 1990, S. 418–434.

HÄUßERMANN, Hartmut/Walter SIEBEL, Stadtsoziologie, Frankfurt/New York 2004.

HEINZ, Marco/Stefan NEUMANN, Volk, Nation, Ethnie. Über den Umgang mit diffusen Begriffen, in: Wulf KÖPKE/Bernd SCHMELZ (Hrsg.), Das gemeinsame Haus Europa. Handbuch zur europäischen Kulturgeschichte, München 1999, S. 140–146.

HENSEL, Silke, Was There an Age of Revolution in Latin America? New Literature on Latin American Independence, in: LARR 38/3, 2003, S. 237–249.

HENSEL, Silke, Zur Bedeutung von Ritualen für die politische Ordnung. Die Proklamation der Verfassung von Cádiz in Oaxaca, Mexiko, 1814 und 1820, in: ZHF 36/4, 2009, S. 597–627.

HENTSCHKE, Jens, La independencia de Brasil, 1817–22, in: Manfred KOSSOK (Hrsg.), Historia del Ciclo de las Revoluciones de España y America Latina (1790–1917), La Habana 1990, S. 41–45.

HENTSCHKE, Jens R., Sklavenfrage und Staatsfrage im Brasilien des 19. Jahrhunderts, in: Walther L. BERNECKER (Hrsg.), Lateinamerika-Studien 32: Amerikaner wider Willen, Frankfurt a. M. 1994, S. 231–260.

HERMANN, Jacqueline, The King of America. Notes on the late acclamation of D. João VI in Brazil, in: Topoi 3, 2007, S. 1–26.

HERZOG, Tamar, Identidades modernas: Estado, comunidade e nação no império hispânico, in: István JANCSÓ (Hrsg.), Brasil: Formação do Estado e da Nação, São Paulo 2003, S. 109–122.

HESPANHA, António Manuel, An Introduction to 19th-Century Portuguese Constitutional and State History, in: e-JPH 2/2, 2004.

HESPANHA, António Manuel, Centro e periferia nas estruturas administrativas do antigo regime, in: Ler história 8, 1986, S. 35–60.

HESPANHA, António Manuel de/Maria Catarina SANTOS, Os poderes num império oceânico, in: António Manuel de HESPANHA (Hrsg.), História de Portugal, Bd. 4: O Antigo Regime (1620–1807), S. 395–414.

HOBSBAWM, Eric J., The Age of Revolution, 1789–1846, New York 1964.

HOLANDA, Sérgio Buarque de, Visão do paraíso. Os motivos edênicos no descobrimento e colonização do Brasil, Rio de Janeiro ⁴1985.

HOLLOWAY, Thomas Halsey, „A Healthy Terror". Police Repression of Capoeiras in Nineteenth-Century Rio de Janeiro, in: HAHR 4/69, 1989, S. 637–676.

HOLLOWAY, Thomas Halsey, Policing Rio de Janeiro. Repression and Resistance in a 19th-Century City, Stanford 1993.

HOPKINS, Anthony G., Back to the Future. From National History to Imperial History, in: Past & Present 164, 1999, S. 198–243.

HOPKINS, Anthony G., Informal Empire in Argentina: An Alternative View, in: JLAS 26/2, 1994, S. 469–484.

IMHOF, Kurt/Peter SCHULZ, Einleitung: Kommunikation und Revolution, in: DIES. (Hrsg.), Kommunikation und Revolution, Zürich 1998, S. 9–14.

INNIS, Harold A., Empire and Communications, Victoria/Toronto 1986 [zuerst 1950].

IPANEMA, Cybele de, A Imprensa no Tempo de D. João, in: Vera Lúcia Bottrel TOSTES/ José Neves BITTENCOURT (Hrsg.), D. João VI: Um Rei Aclamado na America, Rio de Janeiro 2000, S. 235–245.

JACOBS, Jane, Edge of Empire. Postcolonialism and the City, London/New York 1996.

JANCSÓ, Istvan, A construção dos estados nacionais na América Latina. Apontamentos para o estudo do Império como projeto, in: Tamás SZMRECXÁNYI/José Roberto do Amaral LAPA (Hrsg.), História económica da Independência e do Império, São Paulo 2002, S. 3–26.

JANCSÓ, István, Brasil e brasileiros – Notas sobre modelagem de significados políticos na crise do Antigo Regime português na América, in: Estudos Avançados 22/62, 2008, S. 257–274.

JANCSÓ, István/João Paulo Garrido PIMENTA, Peças de um mosaico ou apontamentos para o estudo da emergência da identidade nacional brasileira, in: Revista de história das ideias 21: História e literatura Coimbra 21, 2000, S. 389–440.

JELAVICH, Peter, Methode? Welche Methode? Bekenntnisse eines gescheiterten Strukturalisten, in: Christoph CONRAD/Martina KESSEL (Hrsg.), Kultur & Geschichte. Neue Einblicke in eine alte Beziehung, Stuttgart 1998, S. 141–159.

JOHNSON, Lyman L./Susan Migden SOCOLOW, Colonial Centers, Colonial Peripheries, and the Economic Agency of the Spanish State, in: Christine DANIELS/Micheal V. KENNEDY (Hrsg.), Negotiated Empires. Centers and Peripheries in the Americas, 1500–1820, New York/London 2002, S. 59–78.

KARASCH, Mary C. Slave Life in Rio de Janeiro 1808–1850, Princeton 1987.

KEITH, Henry Hunt, Independent America Through Luso-Brazilian Eyes: The „Gazeta de Lisboa" (1778–1779) and the „Correio braziliense" (1808–1822) of London, in: Studies in Honor of the Bicentennial of American Independence, Lissabon 1978, S. 15–52.

KERN, Arno Alvarez, Nas Fronteiras do Brasil Meridional: Jesuítas, Bandeirantes e Guaranis, in: Oceanos 40, 1999, S. 112–126.

KLEIN, Herbert, The Middle Passage. Comparative Studies in the Atlantic Slave Trade, Princeton 1978.

KNIGHT, Alan, Britain and Latin America, in: Andrew PORTER (Hrsg.), The Oxford History of the British Empire, Bd. 3: The Nineteenth Century, Oxford 1999, S. 122–143.

KNIGHT, Alan, Rethinking British Informal Empire in Latin America (Especially Argentina), in: Bulletin of Latin American Research, 27 Supp. 1, 2008, S. 23–48.

KOCKA, Jürgen, Sozialgeschichte und Globalgeschichte, in: Matthias MIDDELL (Hrsg.), Dimensionen der Kultur- und Gesellschaftsgeschichte, Leipzig 2007, S. 90–101.

KOPF, Elias, Abhängige Wirtschaft, Politik und Korruption. Die erste kubanische Republik 1909–1925, Frankfurt a. M. 1998.

KOSELLECK, Reinhart, Einleitung zum Artikel „Volk, Nation, Nationalismus, Masse", in: Otto Brunner/Werner Conze/Reinhart Koselleck (Hrsg.), Geschichtliche Grundbegriffe. Historisches Lexikon zur politisch-sozialen Sprache in Deutschland, Bd. 4, Stuttgart 1978, S. 141–151.

KOSSOK, Manfred, Alternativen gesellschaftlicher Transformation in Lateinamerika: Die Unabhängigkeitsrevolutionen von 1790 bis 1830. Eine Problemskizze, in: Comparativ 2, 1991, S. 9–25.

KOSSOK, Manfred, Der iberische Revolutionszyklus 1789–1830, in: DERS., Ausgewählte Schriften, Bd. 2, hg. v. Matthias MIDDELL, Leipzig 2000, S. 1–20.

KOSSOK, Manfred, El Virreinato del Rio de la Plata. Su Estructura económica-social, Buenos Aires 1972.

KRAAY, Hendrik, A visão estrangeira: a Independência do Brasil (1780–1850) na historiografia européia e norte-americana, in: István Jancsó (Hrsg.), Independência: História e historiografia, São Paulo 2005, S. 119–178.

KUBITSCHEK, Juscelino, [Vorwort], in: Pedro CALMON, Sesquicentenário da abertura dos portos 1808–1958. O príncipe, o Economista e os Documentos, Rio de Janeiro 1958.

LANDWEHR, Achim, Das gezählte Volk. „Bevölkerung" als Gegenstand einer Kulturgeschichte des Politischen, in: Barbara STOLLBERG-RILINGER (Hrsg.), Was heißt Kulturgeschichte des Politischen?, Berlin 2005, S. 207–224.

LANDWEHR, Achim, Das Sichtbare sichtbar machen. Annäherungen an ‚Wissen' als Kategorie historischer Forschung, in: DERS. (Hrsg.), Geschichte(n) der Wirklichkeit. Beiträge zur Sozial- und Kulturgeschichte des Wissens, Augsburg 2002, S. 61–89.

LANDWEHR, Achim, Die Erschaffung Venedigs. Raum, Bevölkerung, Mythos, Paderborn 2007.

LANDWEHR, Achim, Die Rhetorik der „guten Policey", in: Zeitschrift für Historische Forschung 30, 2003, S. 251–287.

LANDWEHR, Achim, Diskurs – Macht – Wissen. Perspektiven einer Kulturgeschichte des Politischen, in: Archiv für Kulturgeschichte 85, 2003, S. 71–117.

LANDWEHR, Achim, Einleitung: Geschichte(n) der Wirklichkeit, in: DERS. (Hrsg.), Geschichte(n) der Wirklichkeit. Beiträge zur Sozial- und Kulturgeschichte des Wissens, Augsburg 2002, S. 9–27.

LANDWEHR, Achim, Geschichte des Sagbaren. Einführung in die historische Diskursanalyse, Tübingen 2001.

LANDWEHR, Achim, „Normdurchsetzung" in der Frühen Neuzeit? Kritik eines Begriffs, in: Zeitschrift für Geschichtswissenschaft 48, 2000, S. 146–162.

LANDWEHR, Achim, Policey im Alltag: die Implementation frühneuzeitlicher Policeyordnungen in Leonberg, Frankfurt a. M. 2000.

LANGFUR, Hal, Uncertain Refuge: Frontier Formation and the Origins of the Botocudo War in Late Colonial Brazil, in: HAHR 82/2, 2002, S. 215–256.

LEHMKUHL, Ursula, Diplomatiegeschichte als internationale Kulturgeschichte: Theoretische Ansätze und empirische Forschung zwischen Historischer Kulturwissenschaft und Soziologischem Institutionalismus, in: Geschichte und Gesellschaft 27, 2001, S. 394–423.

LEHMKUHL, Ursula, Regieren im kolonialen Amerika. *Colonial Governance* und koloniale *Gouvernementalité* in französischen und englischen Siedlungskolonien, in: Thomas RISSE/Ursula LEHMKUHL (Hrsg.), Regieren ohne Staat? Governance in Räumen begrenzter Staatlichkeit, Baden-Baden 2007, S. 111–133.

LEITE, Glacyra Lazzari, Hierarquia militar e poder político em Pernambuco: antecedentes do movimento rebelde de 1817, in: Anais de História 8, 1976, S. 121–133.

LEMKE, Thomas, Eine Kritik der politischen Vernunft. Foucaults Analyse der modernen Gouvernementalität, Hamburg 1997.

LEMKE, Thomas/Susanne KRASMANN/Ulrich BRÖCKLING, Gouvernementalität, Neoliberalismus und Selbsttechnologien. Eine Einleitung, in: DIES. (Hrsg.), Gouvernementalität. Studien zur Ökonomisierung des Sozialen, Frankfurt a. M. 2000, S. 7–40.

Lemos, Esther de, Sobre o D. João VI de Oliveira Lima, in: Panorama 4/2, 1962, S. 11–17.
Levi, Giovani, Das immaterielle Erbe. Eine bäuerliche Welt an der Schwelle zur Moderne, Berlin 1986.
Light, Kenneth, A Viagem da Família Real para o Brasil, 1807–1808, in: Vera Lúcia Bottrel Tostes/José Neves Bittencourt (Hrsg.), D. João VI: Um Rei Aclamado na America, Rio de Janeiro 2000, S. 108–112.
Light, Kenneth H. (Hrsg.), The Migration of the Royal Family of Portugal to Brazil in 1807–1808, Rio de Janeiro 1995.
Lima, Manoel de Oliveira, D. João VI. no Brasil, Rio de Janeiro ⁴2006 [zuerst 1908].
Lima, Manuel de Oliveira, O movimento de Independência 1821–1822, São Paulo 1997 [zuerst: 1922].
Little, Richard, Reconfiguring International Political Space, in: Yale H. Ferguson/Barry Jones (Hrsg.), Political Space. Frontiers of change and governance in a globalizing world, Albany 2002, S. 45–60.
Lousada, Maria Alexandre, A cidade vigiada. A polícia e a cidade de Lisboa no início do século XIX, in: Cadernos de Geografia 17, 1997, S. 227–232.
Lousada, Maria Alexandre, Espaços de sociabilidade em Lisboa finais do século XVIII a 1834, Lissabon 1995.
Lousada, Maria Alexandre, Public Space and Popular Sociability in Lisbon in the Early Nineteenth Century, in: Santa Barbara Portuguese Studies 4, 1997, S. 219–232.
Lousada, Maria Alexandre, The Police and the Uses of Urban Space: Lisbon, 1780–1830, Lissabon 2003.
Löw, Martina, Raumsoziologie, Frankfurt a. M. 2001.
Lüdtke, Alf, „Gemeinwohl", Polizei und „Festungspraxis". Innere Verwaltung und staatliche Gewaltsamkeit in Preußen, 1815–50, Göttingen 1982.
Lüdtke, Alf, Herrschaft als soziale Praxis, in: Ders. (Hrsg.), Herrschaft als soziale Praxis. Historische und sozial-anthropologische Studien, Göttingen 1991, S. 9–63.
Lustosa, Isabel, Insultos Impressos. A Guerra dos Jornalistas na Independência (1821–1823), São Paulo 2000.
Lustosa, Isabel/Théo Lobarinhas Piñeiro, Pátria e Comércio. Negociantes portugueses no Rio de Janeiro, Rio de Janeiro 2008.
Lynch, John, As origens da independência da América espanhola, in: Leslie Bethell (Hrsg.), História da América Latina Vol. 3: Da independência até 1870, São Paulo 2001, S. 19–72.
Lyra, Maria de Lourdes Viana, A transferência da Corte, o Reino-Unido luso-brasileiro e a ruptura de 1822, in: RIHGB 168/436, 2007, S. 45–73.
Lyra, Maria de Lourdes Viana, A utopia do poderoso império: Portugal e Brasil: Bastidores da política 1798–1822, Rio de Janeiro 1994.
Macaulay, Neill, Dom Pedro: The Struggle for Liberty in Brazil and Portugal, Durham 1986.

MACEDO, Jorge Borges de, A sociedade portuguesa no tempo de Camões, in: Diário de Notícias, Caderno 2, Domingo, 22. Dezember 1991, S. 2–3.
MACEDO, Jorge Borges de, História diplomática portuguesa. Constantes e linhas de força, Lissabon 1987.
MACEDO, Roberto, Paulo Fernandes Viana. Administração do Primeiro Intendente-Geral da Polícia, Rio de Janeiro 1956.
MACHADO, José Pedro, O elogio de Francisco Adolfo Varnhagen por Oliveira Lima, in: Revista de Portugal Ser. A 29/222, 1964, S. 121–156.
MACIEL, Alejandro, Diários de um rei exilado. A saga da fuga para o Brasil da família real portuguesa nos diários de D. Jão VI, São Paulo/Landmark 2005.
MÄDER, Maria Elisa/João FERES JÚNIOR, América – Americanos, in: Ler História 55, 2008, S. 23–34.
MADUREIRA, Nuno Luís, Mercado e privilégios. A indústria portuguesa entre 1750 e 1834, Lissabon 1997.
MAGALHÃES, Joaquim Antero Romero, As descrições geográficas de Portugal 1500–1650. Esboço de problemas, in: Revista de história económica e social 5, 1980, S. 15–56.
MAGALHÃES, Roberto Anderson de Miranda, Alterações Urbanas na Área Central do Rio de Janeiro a partir da Chegada da Corte de D. João VI, in: Vera Lúcia Bottrel Tostes/José Neves BITTENCOURT (Hrsg.), D. João VI: Um Rei Aclamado na America, Rio de Janeiro 2000, S. 324–329.
MAGNOLI, Demétrio, O corpo da pátria: imaginação geográfica e política externa no Brasil (1808–1912), São Paulo 1997.
MAIER, Charles S., Transformations of Territoriality, 1600–2000, in: Gunilla BUDDE/Sebastian CONRAD et al. (Hrsg.), Geschichte Transnational. Themen, Tendenzen und Theorien, Göttingen 2006, S. 32–55.
MALERBA, Jurandir, A Corte no Exílio: Civilização e Poder no Brasil às Vésperas da Independência (1808–1821), São Paulo 2000.
MALERBA, Jurandir (Hrsg.), A Independência do Brasil. Novas dimensões. Rio de Janeiro 2006.
MALERBA, Jurandir, As independências do Brasil: ponderações teóricas em perspectiva historiográfica, in: História (São Paulo) 24/1, 2005, S. 99–126.
MALERBA, Jurandir, Esboço crítico da recente historiografía sobre a independência do Brasil (c. 1980–2002), in: DERS. (Hrsg.), A Independência do Brasil. Novas Dimensões, Rio de Janeiro 2006, S. 19–52.
MALERBA, Jurandir, Instituições da monarquia portuguesa decisivas na fundação do Império brasileiro, in: Luso-Brazilian review 36/1, 1999, S. 33–48.
MALERBA, Jurandir, Os brancos da lei: liberalismo, escravidão e mentalidade patriarcal no Império do Brasil, Maringá 1994.
MANCHESTER, Alan K., British Preëminence in Brazil: Its Rise and Decline, New York 1972 [zuerst: Chapel Hill 1933].

MANCHESTER, Alan K., The Growth of Bureaucracy in Brazil, 1808–1821, in: JLAS 4/1, 1972, 77–83.
MANCHESTER, Alan K., The Paradoxical Pedro, First Emperor of Brazil, in: HAHR 12/2, 1932, S. 176–197.
MANCHESTER, Alan K., The Recognition of Brazilian Independence, in: HAHR 31/1, 1951, S. 80–96.
MANCHESTER, Alan K., The Transfer of the Portuguese Court to Brazil, in: Henry H. KEITH/S. F. EDWARDS (Hrsg.), Conflict and Continuity in Brazilian Society, Columbia 1969, S. 148–190.
MANN, Michael, Geschichte der Macht, Frankfurt a. M./New York 1998.
MANNING, Patrick, Navigating World History. Historians Create a Global Past, New York/Basingstoke 2003.
MARIZ, Vasco, A música no Rio de Janeiro no tempo de D. João VI, Rio de Janeiro 2008.
MARQUES, António Henrique de Oliveira, Geschichte Portugals und des portugiesischen Weltreiches, Stuttgart 2001.
MARQUES, António Henrique de Oliveira, História de Portugal desde os tempos mais antigos até o governo de Sr. Pinheiro de Azevedo, Bd. 1, Lissabon ⁸1978.
MARQUES, João Pedro, The Sounds of Silence. Nineteenth-Century Portugal and the Abolition of the Slave Trade, New York/Oxford 2006.
MARQUESE, Rafael de Bivar, Escravismo e Independência: a ideologia da escravidão no Brasil, em Cuba e nos Estados Unidos nas décadas de 1810 e 1820, in: István JANCSÓ (Hrsg.), Independência: História e historiografia, São Paulo 2005, S. 809–828.
MARTINHEIRA, José Joaquim Sintra, Catálogo dos códices do Fundo do Conselho Ultramarino relativos ao Brasil existentes no Arquivo Histórico Ultramarino, Rio de Janeiro 2001.
MARTINS, Ana Isabel Canas Delgado, Governação e Arquivos: D. João VI no Brasil, Lissabon 2007.
MARTINS, Ana Isabel Canas Delgado, The Archives of the Portuguese Government During the Residency of the Court in Brazil, 1808–1822, Dissertation University of London 2004.
MARX, Karl/Friedrich ENGELS, A revolução espanhola, Rio de Janeiro 1966.
MATA, Maria Eugénia, Do Political Conditions Matter? Nineteenth-Century Lisbon: A Case Study, in: Portuguese Studies Review 10/1, 2002, S. 12–25.
MATHIAS, Herculano Gomes, Comércio. 173 anos de desenvolvimento: história da Asociação Comercial do Rio de Janeiro (1820–1993), Rio de Janeiro 1993.
MATOS, Odilon Nogueira de, A política econômica de D. João VI: suas linhas gerais, in: Kriterion 7/29–30, 1954, S. 430–447.
MATOS, Sérgio Campos, Nação, in: Ler História 55, 2008, S. 111–124.
MATTISEK, Annika/Paul REUBER, Die Diskursanalyse als Methode in der Geographie – Ansätze und Potentiale, in: Geographische Zeitschrift 92/4, 2004, S. 227–242.

Mattos, Izabel Missagia de, Civilização e revolta. Os Botocudos e a catequese na província de Minas, Bauru 2004.
Mauro, Frédéric, A Conjuntura Atlântica e a Independência do Brasil, in: Carlos Guilherme Mota (Hrsg.), 1822: Dimensões, São Paulo 1972, S. 38–47.
Maxwell, Kenneth, Conflicts and Conspiracies: Brazil and Portugal, 1750–1808, Cambridge 1973.
Maxwell, Kenneth, Ideias imperiais, in: Francisco Bethencourt/Kirti Chaudhuri, História da expansão portuguesa, Bd. 3: O Brasil na balança do império (1697–1808), Lissabon 1998, S. 410–419.
Maxwell, Kenneth, Motins, in: Francisco Bethencourt/Kirti Chaudhuri, História da expansão portuguesa, Bd. 3: O Brasil na balança do império (1697–1808), Lissabon 1998, S. 399–409.
Maxwell, Kenneth, Pombal and the Nationalization of the Luso-Brazilian Economy, in: HAHR 48/4, 1968, S. 608–631.
Maxwell, Kenneth, Por que o Brasil foi diferente? O contexto da Independência, in: Carlos Guilherme MOTA (Hrsg.), Viagem incompleta. 1500–2000. A experiência brasileira. Formação: histórias, São Paulo 2000, S. 177–195.
Maxwell, Kenneth, The Generation of the 1790s and the Idea of a Luso-Brazilian Empire, in: Dauril Alden (Hrsg.), Colonial Roots of Modern Brazil, Berkeley 1973, S. 107–146.
Maxwell, Kenneth, Why was Brazil Different? The Contexts of Independence, in: Ders., Naked tropics. Essays on empire and other rogues, New York/London 2003, S. 145–171.
Maxwell, Kenneth/Maria Beatriz Nizza da Silva, A Política, in: Maria Beatriz Nizza da Silva/Joel Serrão (Hrsg.), O império luso–brasileiro 1750–1822, Lissabon 1986, S. 333–441.
Maxwell, Kenneth R., A devassa da devassa: a Inconfidência Mineira: Brasil–Portugal, 1750–1808, Rio de Janeiro 1978.
Meirelles, Juliana Gesuelli, Imprensa e poder na corte joanina. A Gazeta do Rio de Janeiro (1808–1821), Rio de Janeiro 2008.
Meissner, Jochen/Ulrich Mücke/Klaus Weber, Schwarzes Amerika. Eine Geschichte der Sklaverei, München 2008.
Mello, José Octávio de Arruda, D. João VI no Brasil: mitos e revisões na independência, in: RIHGB 161/407, 2000, S. 173–186.
Mello Barreto, João Paulo de [filho]/Hermeto Lima, História da polícia do Rio de Janeiro. Aspectos da Cidade e da Vida Carioca, Bd. 1: 1565–1831, Rio de Janeiro 1939.
Mendes, Claudinei Magno Magre, A coroa portuguesa e a colonização do Brasil: aspectos da atuação do Estado na constituição da Colônia, in: História 16, 1997, S. 233–253.

MENEZES, Lená Medeiros de, Relações Internacionais: mudanças dos dois lados do Atlântico (1801–1821), in: RIHGB 168/436, 2007, S. 109–126.

MIDDELL, Matthias, Der Spatial Turn und das Interesse an der Globalisierung in der Geschichtswissenschaft, in: Jörg DÖRING (Hrsg.), Spatial Turn. Das Raumparadigma in den Kultur- und Sozialwissenschaften, Bielefeld 2008, S. 103–123.

MIDDELL, Matthias, Kulturtransfer und transnationale Geschichte, in: DERS. (Hrsg.), Dimensionen der Kultur- und Gesellschaftsgeschichte, Leipzig 2007, S. 49–72.

MILLER, Rory, Britain and Latin America in the Nineteenth and Twentieth Century, London 1993.

MILLER, Rory, Informal Empire in Latin America, in: Robin W. WINKS (Hrsg.), The Oxford History of the British Empire vol. V: Historiography, Oxford, S. 437–449.

MILLER, Wilbur R., Cops and Bobbies. Police Authority in London and New York 1830–1870, Columbus 1977.

MIRANDA, Ana Paula/Lana LAGE, Da polícia do rei à polícia do cidadão, in: Revista de História da Biblioteca Nacional 10, 2007, S. 44–47.

MONTEIRO, Nuno G., Nobreza, revolução e liberalismo em Portugal: Portugal no contexto da Península Ibérica, in: Silvana CASMIRRI/Manuel Suárez CORTINA (Hrsg.), La Europa del sur en laépoca liberal. España, Italia y Portugal. Una perspectiva comparada, Cassino 1998.

MONTEIRO, Nuno Gonçalo, Elites e Poder. Entre o Antigo Regime e o Liberalismo, Lissabon 2003.

MONTEIRO, Nuno Gonçalo, Optima pars: Elites ibero-americanas do Antigo Regime, Lissabon 2005.

MONTEIRO, Tobias, História do Império: A Elaboração da Independência, Rio de Janeiro 1927.

MOREIRA, Rafael, A Capital como Modelo: A Circulação Mundial das Formas, in: Dulce REIS (Hrsg.), Pavilhão de Portugal, Lissabon 1998, S. 191–200.

MOREL, Marco, Independência no papel: a imprensa periódica, in: István JANCSÓ (Hrsg.), Independência: História e historiografia, São Paulo 2005, S. 617–636.

MOREL, Marco, La génesis de la opinión pública moderna y el proceso de independencia (Rio de Janeiro, 1820–1840), in: François-Xavier GUERRA/Annik LEMPÉRIÈRE et al. (Hrsg.), Los espacios públicos en Iberoamérica. Ambigüedades y problemas. Siglos XVIII–XIX, Mexiko–Stadt 1998, S. 300–320.MOSHER, Jeffrey, Political Struggle, Ideology, and State Building. Pernambuco and the Construction of Brazil, 1817–1850, Lincoln 2008.

MOTA, Carlos Guilherme, Atitudes e Inovação no Brasil: 1789–1801, Lissabon 1970.

MOTA, Carlos Guilherme, Europeus no Brasil à época da independência, in: DERS. (Hrsg.), 1822: Dimensões, Rio de Janeiro 1972, S. 56–73.

MÜCKE, Ulrich, Der atlantische Sklavenhandel: Globalisierung durch Zwang, in: Friedrich EDELMAYER/Erich LANDSTEINER/Renate PIEPER (Hrsg.), Die Geschichte des europäischen Welthandels und der wirtschaftliche Globalisierungsprozeß, Wien/ München 2001, S. 77–103.

MÜCKE, Ulrich, José da Silva Lisboa. Conservatism and Liberalism Between Europe and America, in: Renate PIEPER/Peer SCHMIDT (Hrsg.), Latin America and the Atlantic World, Köln/Weimar/Wien 2005, S. 177–194.

MUIR, Rory, Britain and the Defeat of Napoleon 1807–1815, New Haven, Conn. et al. 1996.

MURARO, Valmir Francisco, O Brasil de António Vieira. Cenário do Quinto Império, in: Brotéria: cristianismo e cultura 156/4, 2003, S. 351–365.

NEEDELL, Jeffrey D., Brasilien 1830–1889, in: Walther BERNECKER (Hrsg.), Lateinamerika 1760–1900, Stuttgart 1992, S. 441–497.

NEPOMUCENO, Rosa, O Jardim de D. João, Rio de Janeiro 2008.

NEVES, José Acúrsio das, História geral da invasão dos franceses em Portugal, e da restauração d'este reino, 5 Bde., Lissabon: Officina de Simão Thaddeo Ferreira, 1810–1811.

NEVES, Lúcia Maria Bastos P., Cidadania e participação política na época da independência do Brasil, in: Cadernos Cedes 22/58, 2002, S. 47–64.

NEVES, Lúcia Maria Bastos P., O Privado e o Público nas Relações culturais do Brasil com França e Espanha no Governo Joanino (1808–1821), in: Vera Lúcia Bottrel TOSTES/ José Neves BITTENCOURT (Hrsg.), D. João VI: Um Rei Aclamado na America, Rio de Janeiro 2000, S. 189–200.

NEVES, Lúcia Maria Bastos Pereira das, A „guerra de penas": os impressos políticos e a independência do Brasil, in: Tempo 8/4, 1999, S. 41–66.

NEVES, Lúcia Maria Bastos Pereira das, Corcundas e constitucionais: a cultura política da independência (1820–1822), Rio de Janeiro 2003.

NEVES, Lúcia Maria Bastos Pereira das, Napoleón Bonaparte y Brasil: política e imaginario (1808–1822), in: Fernando José Marroni de ABREU (Hrsg.), Las invasiones napoleónicas y el mundo iberoamericano, Madrid 2008.

NEVES, Lúcia Maria Bastos Pereira das, O império Luso-Brasileiro redefinido: o debate político da independência (1820–1822), in: RIHGB 156/387, 1995, S. 297–307.

NEVES, Lúcia Maria Bastos Pereira das, Os panfletos políticos e a cultura política da independência do Brasil, in: István JANCSÓ (Hrsg.), Independência: História e historiografia, São Paulo 2005, S. 637–675.

NEVES, Lúcia Maria Bastos Pereira das/Humberto Fernandes MACHADO, O império do Brasil, Rio de Janeiro 1999.

NEWITT, Malyn, Lord Beresford and the Gomes Freire Conspiracy, in: Malyn NEWITT/Martin ROBSON (Hrsg.), Lord Beresford and British Intervention in Portugal (1807–1820), Lissabon 2004, S. 111–142.

NEWITT, Malyn, Lord Beresford and the Governadores of Portugal, in: Malyn NEWITT/Martin ROBSON (Hrsg.), Lord Beresford and British Intervention in Portugal (1807–1820), Lissabon 2004, S. 89–110.

NEWITT, Malyn D., A History of Portuguese overseas expansion, 1400–1668, London et al. 2005.
NEWMAN, David, Boundaries, in: John AGNEW/Katharyne MITCHELL/Gerard TOAL (Hrsg.), A Companion to Political Geography, Malden, Mass./Oxford/Melbourne 2003, S. 123–137.
NEWMAN, David, Geopolitics Renaissant: Territory, Sovereignty and the World Political Map, in: DERS. (Hrsg.), Boundaries, Territory, and Postmodernity, London 2002, S. 1–16.
NISHIDA, Mieko, Manumission and Ethnicity in Urban Slavery: Salvador, Brazil, 1808–1888, in: HAHR 73/3, 1993, S. 361–392.
NORONHA, Eduardo de, Pina Manique. O intendente de antes quebrar; costumes, banditismo e polícia no fim do século XVIII, princípios do século XIX, Porto 1940.
NORTON, Joseph J., Pina Manique: o fundador da Casa Pia, Chiado 2004.
NOVAIS, Fernando, Portugal e Brasil na crise do antigo sistema colonial (1777–1808), São Paulo 1979.
NOVAIS, Fernando A., As Dimensões da Independência, in: Carlos Guilherme MOTA (Hrsg.), 1822: dimensões, São Paulo 1972, S. 15–26.
OLIVEIRA, Luís Valente de, Apresentação, in: Luís Valente de Oliveira/Rubens Ricupero (Hrsg.), A Abertura dos Portos, São Paulo 2007, S. 8–14.
OLIVEIRA, Maria Lêda, Aquele imenso Portugal: a transferência da Corte para o Brasil (séculos XVII–XVIII), in: Luís Valente de OLIVEIRA/Rubens RICUPERO (Hrsg.), A Abertura dos Portos, São Paulo 2007, S. 284–305.
OLIVEIRA MARTINS, Joaquim Pedro, O Brasil e as colônias portuguesas, Lissabon: Bertrand 1880.
OSTERHAMMEL, Jürgen, Die Verwandlung der Welt. Eine Geschichte des 19. Jahrhunderts, München 2009.
OSTERHAMMEL, Jürgen, Imperialgeschichte, in: Christoph CORNELISSEN (Hrsg.), Geschichtswissenschaften. Eine Einführung, Frankfurt a. M. ⁴2004, S. 221–232.
OSTERHAMMEL, Jürgen, Imperien, in: Gunilla BUDDE/Sebastian CONRAD u.a. (Hrsg.), Geschichte Transnational. Themen, Tendenzen und Theorien, Göttingen 2006, S. 56–67.
OSTERHAMMEL, Jürgen, Kolonialismus. Geschichte – Formen – Folgen, München ⁴2003.
OSTERHAMMEL, Jürgen, Liberalismus als kulturelle Revolution. Die widersprüchliche Weltwirkung einer europäischen Idee, Stuttgart 2004.
OSTERHAMMEL, Jürgen/Niels P. PETERSSON, Geschichte der Globalisierung. Dimensionen, Prozesse, Epochen, München 2003.
PAASI, Anssi, Boundaries as Social Processes: Territoriality in the World of Flows, in: Geopolitics 3/1, 2004, S. 69–88.
PAASI, Anssi, Territory, in: John AGNEW/Katharyne MITCHELL/Gerard TOAL (Hrsg.), A Companion to Political Geography, Malden, Mass./Oxford/Melbourne 2003, S. 109–122.

PAGDEN, Anthony, Identity Formation in Spanish America, in: Nicholas CANNY/Anthony PAGDEN (Hrsg.), Colonial Identity in the Atlantic World, Princeton 1987, S. 51–94.
PAIM, Antônio, Cairu e o liberalismo econômico, Rio de Janeiro 1968.
PANTELÃO, Olga, A presença inglesa, in: Sérgio Buarque de HOLANDA, (Hrsg.), História geral da civilização brasileira 2/1, São Paulo 1962, S. 64–99.
PAULA, Sergio Goes de, Introdução, in: DERS., (Hrsg.), Hipólito da Costa, São Paulo 2001.
PEDREIRA, Jorge, Diplomacia, manufacturas e desenvolvimento económico. Em torno do mito de Methuen, in: José Luís CARDOSO/Isabel CLUNY/Fernado Dores COSTA et al. (Hrsg.), O Tratado de Methuen (1703). Diplomacia, guerra, política e economia, Lissabon 2003, S. 131–156.
PEDREIRA, Jorge M., From Growth to Collapse: Portugal, Brazil, and the Breakdown of the Old Colonial System (1760–1830), in: HAHR 80/4, 2000, S. 839–864.
PEDREIRA, Jorge M., Negócio e capitalismo, riqueza e acumulação. Os negociantes de Lisboa (1750–1820), in: Tempo 8/15, 2003, S. 37–69.
PEDREIRA, Jorge M., The Internationalization of Portuguese Historiography and its Discontents, in: e-JPH 1/2, 2003, S. 1–3.
PEDREIRA, Jorge Miguel Viana, Economia e política na explicação da independência do Brasil, in: Jurandir MALERBA (HRSG.), A Independência do Brasil. Novas Dimensões, Rio de Janeiro 2006, S. 55–97.
PEDREIRA, Jorge Miguel Viana, Estrutura industrial e mercado colonial. Portugal e Brasil (1780–1830), Lissabon 1994.
Pedreira, Jorge Miguel Viana/Fernando Dores Costa, D. João VI: um príncipe entre dois continentes, São Paulo 2008.
PEREIRA, Ângelo, D. João VI Príncipe e Rei, Bd. 1: A retirada da família Real para o Brasil 1807; revelação de documentos secretos e inéditos sobre o grande acontecímento, Lissabon 1953.
PEREIRA, Ângelo, D. João VI Príncipe e Rei, Bd. 3: A independência do Brasil, Lissabon 1956.
PEREIRA, José Flávio/Lupércio Antônio PEREIRA, Instituições jurídicas, propriedade fundiária e desenvolvimento econômico no pensamento de José Da Silva Lisboa (1829), in: História 25/2, 2006, S. 192–213.
PEREIRA, Miriam Halpern, Absolutismo reformista e nacionalismo: as negociações para substituir o tratado de 1810 entre Portugal e a Inglaterra em 1824–1826, in: Ler história 12, 1988, S. 23–46.
PEREIRA, Paulo Roberto, Inconfidência Mineira: Derrota da utopia liberal, in: RIHGB 156/387, 1995, S. 331–341.
PESAVENTO, Sandra, Muito além do espaço. Por uma história cultural do urbano, in: Estudos Históricos 8/16, 1995, S. 279–290.

PETSCHAR, Hans, Nation? Volk? Rasse? Antwort auf die Frage: Wie man Kollektive (Identifikationen) schafft, in: DERS., Identität und Kulturtransfer. Semiotische Aspekte von Einheit und Wandel sozialer Körper, Wien/Köln/Weimar 1993, S. 223–250.

PIEPER, Marianne/Encarnación GUTIÉRREZ RODRÍGUEZ, Einleitung, in: DIES. (Hrsg.), Gouvernementalität. Ein sozialwissenschaftliches Konzept in Anschluss an Foucault, Frankfurt/New York 2003, S. 7–21.

PIMENTA, João Paulo Garrido, A Independência do Brasil e o Liberalismo português: um balanço da produção acadêmica, in: Revista de Historia Iberoamericana 1, 2008, S. 66–103.

PIMENTA, João Paulo Garrido, A política hispano-americana e o império português (1810–1817): vocabulário político e conjuntura, in: István JANCSÓ (Hrsg.), Brasil: Formação do Estado e da Nação, São Paulo 2003, S. 123–139.

PIMENTA, João Paulo Garrido, Brasil y las independencias de Hispanoamérica, Castelló de la Plana 2007.

PIMENTA, João Paulo Garrido, O Brasil e a América espanhola (1808–1822), São Paulo 2003.

PIMENTA, João Paulo Garrido, O Brasil e a „experiência cisplatina" (1817–1828), in: István JANCSÓ (Hrsg.), Independência: História e historiografia, São Paulo 2005, S. 755–790.

PIÑEIRO, Théo Lobarinhas, Negociantes, independência e o primeiro Banco do Brasil: uma trajetória de poder e de grandes negócios, in: Tempo 8/15, 2003, S. 71–91.

PINHEIRO, J. C. Fernandes, Paulo Fernandes e a Policia de seu Tempo. Memoria apresentada ao Instituto Historico Geographico Brasileiro, in: RIHGB 39/2, 1876, S. 65–77.

PINTO, António Costa, The Internationalization of Portuguese Historiography, in: e-JPH 1/2, 2003, S. 1–2.

PINTO, Francisco de Paulo Leite, A saída da família real portuguesa para o Brasil a 29 de Novembro de 1807, Lissabon 1992.

PONDÉ, Francisco de Paula Azevedo, D. João VI e a emancipação intelectual do Brasil, in: RIHGB 279, 1968, S. 114–135.

POPKIN, Jeremy, Revolutionary News: the Press in France 1789–1799, Durham et al. 1990.

PORTILLO VALDÉS, José M., Crisis Atlántica. Autonomía e independencia en la crisis de la monarquía hispana, Madrid 2006.

PRADO JÚNIOR, Caio, Evolução política do Brasil e outros estudos, São Paulo ^{7}1971.

PRADO JÚNIOR, Caio, Formação do Brasil contemporâneo: colônia, São Paulo ^{26}2001 [zuerst 1943].

PRADO JÚNIOR, Caio, História econômica do Brasil, São Paulo 2000.

PRATT, Mary Louise, Imperial Eyes. Travel Writing and Transculturation, London/New York 1992.

Proença, Maria Cândida, A independencia do Brasil. Relações externas portuguesas, 1808–1825, Lissabon 1999.

Reckwitz, Andreas, Die Entwicklung des Vokabulars der Handlungstheorien: Von den zweck- und normorienteriten Modellen zu den Kultur- und Praxistheorien, in: Manfred Gabriel (Hrsg.), Paradigmen der akteurszentrierten Soziologie, Wiesbaden 2004, S. 303–328.

Reckwitz, Andreas, Die Politik der Moderne aus kulturtheoretischer Perspektive: Vorpolitische Sinnhorizonte des Politischen, symbolische Antagonismen und das Regime der Gouvernementalität, in: Birgit Schwelling (Hrsg.), Politikwissenschaft als Kulturwissenschaft. Theorien – Methoden – Forschungsperspektiven, Wiesbaden 2004, S. 22–56.

Reinhard, Wolfgang, Geschichte der Staatsgewalt. Eine vergleichende Verfassungsgeschichte Europas von den Anfängen bis zur Gegenwart, München 1999.

Reinhard, Wolfgang, No Statebuilding from Below! A Critical Commentary, in: Wim Blockmans/André Holenstein/Jon Mathieu (Hrsg.), Empowering Interactions. Political Cultures and the Emergence of the State in Europe 1400–1900, Farnham/Burlington 2009, S. 299–304.

Reis, Arthur César Ferreira, D. João e os primórdios da Modernidade Brasileira, in: Ocidente. Nova série 80/396, 1971, S. 277–288.

Reis, Arthur Cézar Ferreira, D. João VI e o início da modernização do Brasil, in: Revista brasileira de cultura 2/4, 1970, S. 95–107.

Reis, José Carlos, As identidades do Brasil: de Varnhagen a FHC, Rio de Janeiro 1999.

Requate, Jörg, Medien und Öffentlichkeitsstrukturen in revolutionären Umbrüchen. Konstanten und Veränderungen zwischen der Französischen Revolution und dem Umbruch von 1989, in: Kurt Imhof/Peter Schulz (Hrsg.), Kommunikation und Revolution, Zürich 1998, S. 17–34.

Ribeiro, Gladys Sabina, A liberdade em construção: identidade nacional e conflitos antilusitanos no Primeiro Reinado, Rio de Janeiro 2002.

Ribeiro, Gladys Sabina, Desenlances no Brasil pós-colonial: a construção de uma identidade nacional e a Comissão Mista Brasil-Portugal para o reconhecimento da Independência, in: Convergência Lusíada 20, 2003, S. 79–95.

Ricupero, Rubens, O problema da Abertura dos Portos, in: Luís Valente de Oliveira/Rubens Ricupero (Hrsg.), A Abertura dos Portos, São Paulo 2007, S. 16–59.

Ridings, Eugene, Business Interest Groups in Nineteenth-Century Brazil, Cambridge/New York/Melbourne 1994.

Riekenberg, Michael, „Aniquilar hasta su exterminio a estos indios…" Un ensayo para repensar la frontera bonaerense (1770–1830), in: Ibero-Americana Pragensia 30, 1996, S. 61–75.

Riekenberg, Michael, Ethnische Kriege in Lateinamerika im 19. Jahrhundert, Stuttgart 1997.

Riekenberg, Michael, Gewaltmarkt, Staat und Kreolisation des Staates in der Provinz Buenos Aires, 1775–1850, in: Wolfgang Reinhard (Hrsg.), Verstaatlichung der Welt? Europäische Staatsmodelle und außereuropäische Machtprozesse, München 1999, S. 19–36.

Riekenberg, Michael, Nachlassende Staatsbildung: Das städtische Polizeiwesen in Guatemala im 19. Jahrhundert, in: Ibero-Amerikanisches Archiv 23/3–4, 1997, S. 243–262.

Riekenberg, Michael, Nationbildung. Sozialer Wandel und Geschichtsbewußtsein am Rio de la Plata (1810–1916), Frankfurt a. M. 1995.

Rieu-Millan, Marie Laure, Los Diputados americanos en las Cortes de Cadiz, Madrid 1990.

Ringrose, David R., Capital Cities and their Hinterlands: Europe and the Colonial Dimension, in: Peter Clark/Bernard Lepetit (Hrsg.), Capital Cities and their Hinterlands in Early Modern Europe, Aldershot et al. 1996, S. 217–240.

Rinke, Stefan, Revolutionen in Lateinamerika. Wege in die Unabhängigkeit 1760–1830, München 2010.

Robson, Martin, The Royal Navy and Lisbon, 1807–1808, in: Malyn Newitt/Martin Robson (Hrsg.), Lord Beresford and British intervention in Portugal (1807–1820), Lissabon 2004, S. 23–47.

Rocha, João Luís de Moraes, O essencial sobre a imprensa em Portugal, Lissabon 1998.

Rocha-Trinidade, Maria Beatriz, Portuguese Migration to Brazil in the Nineteenth Centuries: An International Cultural Exchange, in: David Higgs (Hrsg.), Portuguese Migration in Global Perspective, Toronto 1990.

Rodrigues, Paulo Miguel Fagundes de Freitas/António Ventura, A política e as questões militares na Madeira: o período das guerras napoleónicas, Funchal 1999.

Russell-Wood, A. J. R., Centers and Peripheries in the Luso-Brazilian World, 1500–1808, in: Christine Daniels/Micheal V. Kennedy (Hrsg.), Negotiated Empires. Centers and Peripheries in the Americas, 1500–1820, New York/London 2002, S. 105–142.

Russell-Wood, A. J. R., Colonial Roots of Independence, in: John Lynch (Hrsg.), Latin American Revolutions 1808–1826. Old and New World Origins, Norman/London 1994, S. 331–343.

Russell-Wood, A. J. R. (Hrsg.), From Colony to Nation: Essays on the Independence of Brazil, Baltimore 1975.

Russell-Wood, A. J. R., Fronteiras no Brasil Colonial, in: Oceanos 40, 1999, S. 8–20.

Russell-Wood, A. J. R., Frontiers in Colonial Brazil: Reality, Myth, and Metaphor, in: Paula Covington (Hrsg.), Latin American Frontiers, Borders and Hinterlands, Albuquerque 1990, S. 26–61.

Russell-Wood, A. J. R., Introduction, in: Ders. (Hrsg.), Local Government in European Overseas Empires, 1450–1800, Bd. 23/1, Aldershot 1999, S. xix–lxxxi.

Russell-Wood, A. J. R., Ports of Colonial Brazil, in: F. W. Knight/P. K. Liss, Atlantic Port Cities: Economy, Culture and Society in the Atlantic World, 1690–1850, Knoxville 1991, S. 196–239.
Sack, Robert D., Human Territoriality. Its Theory and History, Cambridge 1986.
Ságvári, Ágnes, Stadien der europäischen Hauptstadtentwicklung und die Rolle der Hauptstädte als Nationalrepräsentanten, in: Theodor Schieder/Gerhard Brunn (Hrsg.), Hauptstädte in europäischen Nationalstaaten, München/Wien 1983, S. 165–180.
Said, Edward, Orientalism, New York 1978.
Sampaio, Antonio Carlos Jucá de, Comércio, riqueza e nobreza: elites mercantis e hierarquização social no Antigo Regime português, in: João Fragoso/Luís Ribeiro/Manolo Florentino (Hrsg.), Nas rotas do império. Eixos mercantis, tráfico e relações sociais no mundo português, Vitória 2006, S. 73–96.
Santos, Afonso Carlos Marques dos, A Fundação de uma Europa Possível, in: Vera Lúcia Bottrel Tostes/José Neves Bittencourt (Hrsg.), D. João VI: Um Rei Aclamado na America, Rio de Janeiro 2000, S. 9–17.
Santos, Beatriz Catão Cruz/Bernardo Ferreira, Cidadão – Vizinho, in: Ler História 55, 2008, S. 35–48.
Santos, Catarina Madeira, Goa Quinhentista. A Cidade e a Capital, in: Dulce Reis (Hrsg.), Pavilhão de Portugal, Lissabon 1998, S. 93–114.
Santos, Célia G. Quirino, As sociedades secretas e a formação do pensamento liberal, in: Anais do Museu Paulista XIX, 1965, S. 51–70.
Saraiva, José Hermano, História concisa de Portugal, Mem Martins 1993.
Sarasin, Philipp, Geschichtswissenschaft und Diskursanalyse, Frankfurt a. M. 2003.
Sardica, José Miguel, Guerra Peninsular. O curso político–militar, in: História (Lisboa) XXI/19, 1999, S. 40–49.
Sassen, Saskia, Das Paradox des Nationalen: Territorium, Autorität und Rechte im globalen Zeitalter, Frankfurt a. M. 2008.
Sassen, Saskia, Territory, Authority, Rights. From Medieval to Global Assemblages, Princeton 2006.
Sassen, Saskia, The Global City. New York, London, Tokyo, Princeton/New York et al. 2001.
Scandellari, Simonetta, Da Bayonne a Cadice. Il processo di trasformazione costituzionale in Spagna, 1808–1812, Messina 2009.
Schenk, Frithjof Benjamin, Mental Maps. Die Konstruktion von geographischen Räumen in Europa seit der Aufklärung, in: Geschichte und Gesellschaft 28, 2002, S. 493–514.
Schlögl, Rüdiger, Politik beobachten. Öffentlichkeit und Medien in der Frühen Neuzeit, in: Zeitschrift für Historische Forschung 35/4, 2008, S. 581–616.
Schmidt, Daniel, „Volk" und Bevölkerungsstatistik, in: Comparativ 13/3, 2003, S. 49–64.

SCHMIEDER, Ulrike, Die Sklaverei von Afrikanern in Brasilien, in: Comparativ 13/2, 2003, S. 26–43.
SCHRÖTER, Bernd, Nationwerdung im Widerstreit von Zentralismus und Föderalismus. Zu Wurzeln und Wirkung des Artiguismus am Río de la Plata, in: Leipziger Beiträge zur Revolutionsforschung 14, Leipzig 1986, S. 47–64.
SCHULTZ, Kirsten, Royal Authority, Empire and the Critique of Colonialism: Political Discourses in Rio de Janeiro (1808–1821), in: Luso-Brazilian Review 37, 2000, S. 7–31.
SCHULTZ, Kirsten, The Crisis of Empire and the Problem of Slavery. Portugal and Brazil, c. 1700–c. 1820, in: Common Knowledge 11/2, 2005, S. 264–282.
SCHULTZ, Kirsten, Tropical Versailles: Empire, Monarchy, and the Portuguese Royal Court in Rio de Janeiro, 1808–1821, New York 2001.
SCHWARCZ, Lilia Moritz, A Longa Viagem da Biblioteca dos Reis: Do Terremoto de Lisboa à Independência do Brasil, São Paulo 2002.
SCHWARCZ, Lília Moritz, O sol do Brasil: Nicolas-Antoine Taunay e as desventuras dos artistas franceses na corte de D. João, São Paulo 2008.
Schwarcz, Lilia Moritz, Um Debate com Richard Graham ou „com Estado mas sem Nação: O modelo imperial Brasileiro de Fazer Política", in: Diálogos. Revista do Departamento de História da Universidade Estadual de Maringá 5/1, 2001, S. 53–74.
SCHWARCZ, Lilia Moritz/SPACCA, D. João Carioca. A corte portuguesa chega ao Brasil (1808–1821), São Paulo 2007.
SCHWARTZ, Stuart B., The Economy of the Portuguese Empire, in: Francisco BETHENCOURT/Diogo Ramada CURTO (Hrsg.), Portuguese Oceanic Expansion, 1400–1800, Cambridge 2007, S. 19–48.
SCOTT, James C., Seeing Like a State. How Certain Schemes to Improve the Human Condition Have Failed, New Haven et al. 1998.
SECCO, Lincoln, A „Revolução Liberal". O Império português da Abertura dos Portos à Regeneração (1808–1851), in: Luís Valente de OLIVEIRA/Rubens RICUPERO (Hrsg.), A Abertura dos Portos, São Paulo 2007, S. 196–219.
SECKINGER, Ron L., Interpreting Brazilian Independence, in: LARR 12/1, 1977, S. 228–231.
SEELAENDER, Airton L. Cerqueira-Leite, Polizei, Ökonomie und Gesetzgebungslehre. Ein Beitrag zur Analyse der portugiesischen Rechtswissenschaft am Ende des 18. Jahrhunderts, Frankfurt a. M. 2003.
SERRÃO, Joel, Art. „Regeneração", in: Dicionário da História de Portugal, Bd. 3, Lissabon 1968, Sp. 552–558.
SERRÃO, Joel, Os Remoinhos Portugueses da Independência do Brasil, in: Carlos Guilherme MOTA (Hrsg.), 1822: Dimensões, São Paulo 1972, S. 48–55.
SHAPIRO, Michael J., Nation-States, in: John AGNEW/Katharyne MITCHELL/Gerard TOAL (Hrsg.), A Companion to Political Geography, Malden, Mass./Oxford/Melbourne 2003, S. 271–288.

SHAW, Leslie M. E., The Anglo-Portuguese Alliance and the English Merchants in Portugal 1654–1810, Aldershot/Brookfield/Singapore/Sydney 1998.
SIDERI, Sandro, Trade and Power. Informal Colonialism in Anglo-Portuguese Relations, Rotterdam 1970.
SILBERT, Albert, Do Portugal de antigo regime ao Portugal oitocentista, Lissabon 1972.
SILBERT, Albert, Le problème agraire portugais au temps des première Cortès libérales (1821–1823), Paris 1968.
SILVA, Ana Rosa Cloclet da, Inventando a Nação. Intelectuais Ilustrados e Estadistas Luso-brasileiros na Crise do Antigo Regime Português: 1750–1822, São Paulo 2006.
SILVA, Inácio Accioli de Cerqueira e Silva, Memórias históricas e políticas da Província da Bahia, Bd. 3, Salvador 1931.
SILVA, Manoel Vieira da/Domingos Riveiro dos Guimarães PEIXOTO (Hrsg.), A Saúde Pública no Rio de Janeiro, Rio de Janeiro 2008.
SILVA, Maria Beatriz Nizza da, A Corte no Rio de Janeiro: o perigo francês, o perigo espanhol e o poderio inglês, unveröffentlichtes Manuskript, Dezember 2008.
SILVA, Maria Beatriz Nizza da, A Gazeta do Rio de Janeiro (1808–1822): Cultura e Sociedade, Rio de Janeiro 2007.
SILVA, Maria Beatriz Nizza da, A Intendência-Geral da Polícia: 1808–1821, in: Acervo 1/2, 1986, S. 187–204.
SILVA, Maria Beatriz Nizza da, A primeira gazeta da Bahia: Idade d'ouro do Brasil, São Paulo/Brasília 1978.
SILVA, Maria Beatriz Nizza da, A saga dos sertanistas, in: Oceano 40, 1999, 148–158.
SILVA, Maria Beatriz Nizza da, Análise de estratificação social. O Rio de Janeiro de 1808 a 1821, São Paulo 1975.
SILVA, Maria Beatriz Nizza da (Hrsg.), Brasil: colonização e escravidão, Rio de Janeiro 1999.
SILVA, Maria Beatriz Nizza da, Cultura e sociedade no Rio de Janeiro (1808–1821), Brasília/São Paulo 1977.
SILVA, Maria Beatriz Nizza da, Cultura no Brasil colônia, Petrópolis 1981.
SILVA, Maria Beatriz Nizza da, D. João no Brasil, in: Ana Maria RODRIGUES/Joaquim Soeiro de BRITO (Hrsg.), D. João e o seu Tempo, Lissabon 1999, S. 374–391.SILVA, Maria Beatriz Nizza da, D. João. Príncipe e Rei no Brasil, Lissabon 2008.
SILVA, Maria Beatriz Nizza da, Fazer a América. Franceses no Brasil (1815–1822), in: Revista de ciências históricas 10, 1995, S. 299–316.
SILVA, Maria Beatriz Nizza da, Formas de representação política na época da independência 1820–1823, Brasília 1988.
SILVA, Maria Beatriz Nizza da, Liberalismo e separatismo no Brasil (1821–1823), in: Cultura, história e filosofia 5, 1986, S. 155–177.
SILVA, Maria Beatriz Nizza da, Livro e sociedade no Rio de Janeiro (1808–1821), in: Revista de História (São Paulo) 24/46, 1973, S. 441–457.

Silva, Maria Beatriz Nizza da, Movimento constitucional e separatismo no Brasil (1821–1823), Lissabon 1988.
Silva, Maria Beatriz Nizza da, O comércio de livros de Portugal para o Brasil e a censura, in: RIHGB 164/419, 2003, S. 195–211.
Silva, Maria Beatriz Nizza da, O papel das academias no Brasil colonial, in: Revista da Sociedade Brasileira de Pesquisa Histórica. São Paulo 1, 1983, S. 1–16.
Silva, Maria Beatriz Nizza da, O pensamento científico no Brasil na segunda metade do século XVIII, in: Ciência e cultura 40/9, 1988, S. 859–868.
Silva, Maria Beatriz Nizza da, Produção, distribuição e consumo de livros e folhetos no Brasil colonial, in: RIHGB 314, 1977, S. 78–94.
Silva, Maria Beatriz Nizza da, The Portuguese Royal Court in Brazil and Napoleon's Black Legend, University of Berkeley, California, Paper 080218, 2008 [Paper presented at the conference on The End of the Old Regime in the Iberian World sponsored by the Spanish Studies Program and the Portuguese Studies Program of UC Berkeley on February 8–9, 2008].
Silva, Maria Beatriz Nizza da, Transmissão, conservação e difusão da cultura no Rio de Janeiro (1808–1821), in: Revista de história 48/97, 1974, S. 137–159.
Silva, Maria Beatriz Nizza da, Vida privada e quotidiano no Brasil: na época de D. Maria I. e D. João VI., Lissabon 1993.
Silva, Mozart Linhares da, O Significado da Expansão ultramarina Lusitana para a Modernidade, in: Ágora 5/1, 1999, S. 33–58.
Silva, Raquel Henriques da, A Cidade, in: Ana Maria Rodrigues/Joaquim Soeiro de Brito (Hrsg.), D. João e o seu Tempo, Lissabon 1999, S. 53–58.
Slemian, Andréa/João Paulo Garrido Pimenta, O „nascimento político" do Brasil. As origens do Estado e da nação (1808–1825), Rio de Janeiro 2003.
Souza, Candice Vidal e, A pátria geográfica. Sertão e litoral no pensamento social brasileiro, Goiânia 1997.
Souza, Iara Lis Carvalho, D. João VI no Rio de Janeiro. Entre festas e representações, in: Vera Lúcia Bottrel Tostes/José Neves Bittencourt (Hrsg.), D. João VI: Um Rei Aclamado na America, Rio de Janeiro 2000, S. 50–63.
Souza, Iara Lis Carvalho, Pátria Coroada: O Brasil como Corpo Político Autônomo 1780–1831, São Paulo 1998.
Stein, Stanley J., The Historiography of Brazil 1808–1889, in: HAHR 40/2, 1960, S. 234–278.
Stollberg-Rilinger, Barbara, Was heißt Kulturgeschichte des Politischen?, in: Dies. (Hrsg.), Was heißt Kulturgeschichte des Politischen?, Berlin 2005, S. 9–24.
Subtil, José, Os poderes do centro. Governo e administração, in: António Manuel Hespanha (Hrsg.), História de Portugal: O Antigo Regime, Bd. 4, Lissabon 1993, S. 157–271.
Szmrecxányi, Tamás/José Roberto do Amaral Lapa, Apresentação, in: Dies. (Hrsg.), História económica da Independência e do Império, São Paulo 2002, S. vii–xii.

TANTNER, Anton, Die Hausnummer. Eine Geschichte von Ordnung und Unordnung. Marburg 2007.

TAVARES, Adérito, A faceta progressista do Intendente Pina Manique, in: História (Lissabon) 25, 1980, S. 22–34.

TAVARES, Marcelo dos Reis, Oliveira Lima e a fundação da nacionalidade brasileira por Dom João VI, Franca, SP 2003.

TENGARRINHA, José, A crise do final do Antigo Regime, in: Sérgio Campos MATOS (Hrsg.), Crises em Portugal nos séculos XIX e XX, Lissabon 2002, S. 25–32.

TENGARRINHA, José, E o povo, onde está? Política popular, contra-Revolução e reforma em Portugal, Lissabon 2008.

TERENAS, Gabriela Gândara, O Portugal da Guerra Peninsular, A visão dos militares britânicos (1808–1812), Lissabon 2000.

TIMMERMANN, Andreas, Die „gemäßigte Monarchie" in der Verfassung von Cádiz (1812) und das frühe liberale Verfassungsdenken in Spanien, Münster 2007.

TOBLER, Hans Werner, Die Entwicklung des mexikanischen Staates im 19. und 20. Jahrhundert, in: Wolfgang REINHARD (Hrsg.), Verstaatlichung der Welt? Europäische Staatsmodelle und außereuropäische Machtprozesse, München 1999, S. 37–52.

TOMAZ, Fernando, Brasileiros nas Cortes Constituintes de 1821–1822, in: Carlos Guilherme MOTA (Hrsg.), 1822: Dimensões, São Paulo 1972, S. 74–101.

URIBE-URAN, Victor M., Introduction – Beating a Dead Horse?, in: DERS. (Hrsg.), State and Society in Spanish America during the Age of Revolution, Wilmington 2001, S. xi–xxi.

URIBE-URAN, Victor M., The Birth of a Public Sphere in Latin America, in: Comparative Studies in Society and History 42/2, 2000, S. 425–457.

URIBE-URAN, Victor M., The Great Transformation of Law and Legal Culture: „The Public" and „the Private" in the Transition from Empire to Nation in Mexico, Colombia, and Brazil, in: Joseph W. ESHERICK (Hrsg.), Empire to Nation. Historical Perpectives on the Making of the Modern World, Lanham/Boulder/New York et al. 2006, S. 68–105.

VALENTE, Vasco Pulido, Ir prò maneta. A Revolta contra os Franceses (1808), Lissabon 2007.

VAN YOUNG, Eric, Was there an Age of Revolution in Spanish America?, in: Victor M. URIBE-URAN (Hrsg.), State and Society in Spanish America, Wilmigton, Del. 2001, S. 219–246.

VARGUES, Isabel Nobre, A Revolução de 1820. Notas para o estudo do liberalismo português e da sua correlação peninsular, in: Estudios de Historia Social 36–37, 1986, S. 203–210.

VARGUES, Isabel Nobre, O processo de formação do primeiro movimento liberal: a Revolução de 1820, in: José MATTOSO (Hrsg.), História de Portugal, Bd. 5: O Liberalismo, Lissabon 1993, S. 45–63.

Varnhagen, Francisco Adolfo de, História da independência do Brasil: até ao reconhecimento pela antiga metrópole, compreendo, separadamente, a dos sucessos ocorridos em algumas províncias até essa data, Rio de Janeiro 1972 [zuerst 1916].

Varnhagen, Francisco Adolfo de, História Geral do Brasil (5 Bde.), São Paulo 1975 [zuerst: Rio de Janeiro 1853–1857].

Ventura, António, As guerras liberais 1820–1834, Matosinhos 2008.

Vianna, Hélio, Um famoso panfleto de 1821: „le roi et la famille royale de Bragance doivent-ils, ..., retourner en Portugal ou bien rester au Brésil?", in: Revista do livro 7/26, 1964, S. 9–38.

Vicente, António Pedro, Beresford, in: João Medina (Hrsg.), História de Portugal dos tempos Pré-históricos aos nossos dias, Bd. 8: Portugal liberal, Barcelona 1995, S. 87–91.

Vicente, António Pedro, El príncipe regente en Brasil, causas y consecuencias de una decisión estratégica, in: Fernando José Marroni de Abreu (Hrsg.), Las invasiones napoleónicas y el mundo iberoamericano, Madrid 2008, S. 75–103.

Vicente, António Pedro, Gomes Freire de Andrade, in: João Medina (Hrsg.), História de Portugal dos tempos Pré-históricos aos nossos dias, Bd. 8: Portugal liberal, Barcelona 1995, S. 91–96.

Vicente, António Pedro, Panfletos anti-napoleónicos durante a guerra peninsular, in: Revista de História das Ideias 20, 1999, S. 101–130.

Vilaboy, Sergio Guerra, Os fundadores da historiografia marxista na América Latina, in: Jurandir Malerba/Carlos Aguirre Rojas (Hrsg.), Historiografia contemporânea em perspectiva crítica, S. 315–349.

Villalta, Luis Carlos, 1789–1808: o império luso-brasileiro e os Brasis, São Paulo 2000.

Villalta, Luiz Carlos, Pernambuco, 1817, „encruzilhada de desencontros" do Império luso-brasileiro: notas sobre as idéias de pátria, país e nação, in: Revista USP 58, 2003, S. 58–91.

Vinhosa, Francisco, Brasil Sede da Monarquia. Brasil Reino (2a. Parte), Brasilia 1984.

Waldmann, Peter, Nachahmung mit begrenztem Erfolg. Zur Transformation des europäischen Staatsmodells in Lateinamerika, in: Wolfgang Reinhard (Hrsg.), Verstaatlichung der Welt? Europäische Staatsmodelle und außereuropäische Machtprozesse, München 1999, S. 53–68.

Waldmann, Peter/Carola Schmid, Der Rechtsstaat im Alltag. Die lateinamerikanische Polizei, Ebenhausen 1996.

Wehling, Arno, A Monarquia Dual Luso-Brasileira. Crise Colonial, Inspiração hispânica e criação do Reino Unido, in: Vera Lúcia Bottrel Tostes/José Neves Bittencourt (Hrsg.), D. João VI: Um Rei Aclamado na America, Rio de Janeiro 2000, S. 338–347.

Wehling, Arno, Administração Portuguesa no Brasil de Pombal a D. João (1777–1808), Brasília 1986.

Wehling, Arno, Estado, história, memória: Varnhagen e a construção da identidade nacional, Rio de Janeiro 1999.

Wehling, Arno, Ruptura e continuidade no Estado brasileiro, 1750–1850, in: Carta mensal: problemas nacionais 49, 587, 2004, S. 45–67.

Weinstein, Barbara, Slavery, Citizenship, and National Identity in Brazil and in the U.S. South, in: Don H. Doyle/Marco A. Pamplona (Hrsg.), Nationalism in the New World, Athens/London 2006, S. 248–271.

White, Hayden, The Historical Text as Literary Artifact, in: Ders., Tropics of Discourse, Baltimore 1978, S. 81–100.

Wilcken, Patrick, A Colony of a Colony. The Portuguese Royal Court in Brazil, in: Common Knowledge 11/2, 2005, S. 249–263.

Wilcken, Patrick, Império à deriva. A corte portuguesa no Rio de Janeiro, 1808–1821, Rio de Janeiro 2005.

Wink, Georg, Warum ist Brasilien anders? Neue Thesen zu einer alten Frage, in: Tópicos 2, 2010, S. 41–43.

Wolfe, Patrick, History and Imperialism. A Century of Theory, from Marx to Postcolonialism, in: The American Historical Review 102/2, 1997, S. 388–420.

Zeuske, Michael, Einleitung. Liberale aller Länder, vereinigt Euch!, in: Comparativ 12/4, 2002, S. 7–13.

Zeuske, Michael, Sklaven und Globalisierungen. Umrisse einer Geschichte der atlantischen Sklaverei in globaler Perspektive, in: Comparativ 13/2, 2003, S. 7–25.

Zoller, Rüdiger, Präsidenten – Diktatoren – Erlöser: Das lange 20. Jahrhundert, in: Walter L. Bernecker/Horst Pietschmann/Rüdiger Zoller, Eine kleine Geschichte Brasiliens, Frankfurt a. M. 2000, S. 213–319.

Register

abertura (Öffnung der brasilianischen Häfen), 24, 33, 49, 72–88, 99, 100, 107, 117, 123, 210, 217, 219, 228, 232, 325–329, 387
Abolition, 76, 177, 178, 199, 200–206, 225, 381, 382, 391, 393, 395
„Absolutismus", Anti-Konstitutionalismus, 36, 64, 116, 233, 361, 385, 395
Adel, 77
 – in Portugal, 100, 105, 241–243, 262, 263, 279, 314, 326, 381
 – in Brasilien, 76, 93, 207, 241
Afrika, 18, 76, 96, 113, 121, 142, 176, 178, 190, 202, 327
agency, 86, 209, 387
Alagoas, 200
Alexander I (1777–1825), 264
Almeida, Francisco de (ca. 1450–1510), 51
Angola, 62, 153, 203
Anthropophagie, 191, 192
Araújo e Azevedo, António (Conde da Barca) (1754–1817), 63, 64, 65, 80, 94, 147
Artigas, José Gervasio (1764–1850), 203
Atlantikküste, 81, 82, 121, 127, 129, 142, 165, 176
atlantische Revolutionen (siehe auch Revolution), 18, 123
Ausländer, 54, 75, 81, 83, 84, 138, 142, 143, 154, 158, 159, 161–164, 168, 172–174, 219, 220, 222, 244, 270, 291, 293–301, 321, 338, 373, 387
autos de embarcação (Akten der Schiffsvisitationen), 82–85
Bahia, 53, 57, 114, 117, 161–163, 197, 200

 – Wirtschaft Bahias, 74–79, 86–87, 210, 217, 234, 323
bandeirantes, 127
Barbosa de Magalhães, João de Matos e Vasconcelos, 285, 290, 355 und passim
Beresford, William Carr (1768–1854), 95, 102
Besteuerung, 75, 83–85, 138, 198, 214, 261, 324–326, 337–339, 343, 361
Bittschriften (*requerimentos*), 169, 201, 285, 292, 297, 300, 308, 340–342, 389
Bordeaux, 161
Botocudos, 191, 192
Braamcamp, Geraldo Venceslão (1752–1828), 331, 332, 334
bridgeheads, 209
Briten
 – britische Regierung, 94, 95, 298
 – Allianz („Freundschaft") Portugals mit Großbritannien, 63, 65, 66, 83, 84–86, 288, 334, 336
 – britischer „Einfluss" auf luso-brasilianische Politik, 38, 62, 95, 102, 177, 178, 248, 315, 323–325, 388
 – Abhängigkeit von Großbritannien, britischer „imperialistischer Druck", 36, 73, 79–81, 98, 206–240, 273, 386, 387
 – militärisches Intervention in Portugal, 243, 255, 264, 265, 267
 – Ausweisung von Briten aus Portugal, 256, 257
 – Angriffe auf Briten, anti-britische Einstellung, 272, 274, 275, 306, 317, 318, 344, 353, 357

- Wirtschaft, 17, 18
- britischer Handel, britische Kaufleute, 85, 87, 165, 166, 206–240, 335
- britische Handelsschiffe 288–290

Buenos Aires, 131, 150, 158, 164, 165, 169, 170, 172, 202, 210, 211, 212, 229–233, 237–240, 278–280, 385, 388

caixeiros, 224, 228, 296

calabouço (siehe Sklavengefängnis)

Câmara municipal, Senado da Câmara, 106, 110, 236, 244, 245, 347

Camões, Luís Vaz (1524–1580), 52

Campeão ou o Amigo do Rei e do Povo 152

Canning, George (1770–1827), 63, 66, 156

capitães do mato, 183, 185

Capoeira, 182, 187, 205

Carvalho e Mello, Sebastião José de (siehe Pombal)

Ceará, 116, 200

Cisneros y la Torre, Baltasar Hidalgo de (1758–1829), 229

Code Napoleon, 266

Coimbra, 101, 262
— Universität, 58, 78, 139, 351

Companhia Geral das Vinhas do Alto Douro, 335–337

Conde da Barca (siehe Araújo e Azevedo, António)

Conde da Ponte (1773–1809), 74, 75

Conde das Galvêas (João de Almeida de Mello e Castro) (1756–1814), 63

Conde de Cairu (siehe Lisboa, José da Silva), 73, 78, 79, 86, 147, 148, 216, 235, 387

Conde de Funchal (siehe Coutinho, Domingos de Sousa)

Conde de Linhares (siehe Coutinho, Rodrigo de Sousa)

Conde de Palmela (Pedro de Souza Holstein) (1781–1850), 94, 95, 105, 150, 369, 370

Conde dos Arcos (Marcos de Noronha e Brito) (1771–1828), 82, 200

Conquista, 126

consulados, 231, 233, 234, 236

Correio Braziliense, 97, 148, 151, 216, 217, 317, 353–355, 358, 360, 364

Cortes (Parlament)
— in Portugal, 88, 103–109, 111–118, 334, 346, 347, 357, 362, 378, 386
— in Spanien, 346, 349, 361, 382

Costa, Hipólito da (1774–1823), 97, 98, 148, 151, 216, 353, 358

Coutinho, Domingos de Sousa (1760–1833), 64, 66, 94, 156, 213, 215, 274, 316

Coutinho, Rodrigo de Sousa (Conde de Linhares) (1755–1812), 40, 55, 60, 64, 65, 68, 80, 140, 147–150, 152, 157, 162, 163, 166, 195, 215, 217, 220, 222–225, 313, 336

Crato, António von (1531–1595), 51

Cunha, Luís da (1662–1749), 54, 67

Damão, 152

Debret, Jean-Baptiste (1768–1848), 105, 142, 181

„Dekadenz" (wirtschaftlicher Niedergang) Portugals, 35, 324, 326, 327, 338, 370

Desintegration (Bruch der luso-brasilianischen Einheit), 22, 25, 69, 88, 96, 106–124, 329, 381

Diskurs
— transatlantischer, 121
— Diskurstheorie, 128, 171, 178, 349

Diu, 152

Druckpresse, Druckerei, 58, 78, 147, 148
engenho (Zuckerrohrfarm), 76, 204
„Engländer" (siehe auch Briten), 85, 94, 207, 219, 220, 222, 224, 225, 231, 232, 272, 273
Europaportugiesen, 39, 88, 96, 97, 107–109, 113, 115, 121–123, 189, 198, 199, 213, 342
Exil
– in Rio de Janeiro, 136, 153, 157
– in London, 148, 316, 361
Exilpresse in London (siehe Presse)
Expectador Portuguêz, 364
Ferdinand VII (1784–1833), 62, 237
Ferreira, Silvestre Pinheiro (1769–1846), 92
Fico, 110, 111
Fleischhandel, 84, 223, 224
framing, 61, 62, 387
Frankreich (siehe Franzosen)
Franzosen, 146, 153, 160–163, 166, 167, 255, 258–260, 262–275, 289–296, 394
– französische Invasionen, 35, 66, 67, 69, 98, 241, 252, 255–258, 261, 263, 264, 266, 267, 274, 276, 277, 279, 281, 285, 287, 298, 308, 309, 318, 322, 327, 351, 352
– *afrancesados*, pro-französische Einstellung, 64, 65, 255, 306, 307, 310, 312, 313, 315, 317
– „Parteigänger" der Franzosen (siehe auch Subversion), 146, 153, 160, 162, 270, 273, 297, 299, 304–306, 351
– französische „Gefahr", anti-französische Einstellung, Angriffe auf Franzosen (siehe auch Subversion, „Spione", „Jakobiner"), 145–147, 156, 160–163, 167, 173, 174,
258–260, 262, 264, 265, 267–273, 275, 291–306, 308, 313, 315, 321, 343, 381
– französische „kulturelle Mission" in Rio, 41
Französische Revolution (siehe Revolution)
Frauen
– subversive, „gefährliche", 188, 290, 315, 390
– Polizierung von Frauen, 389
– Sklavinnen, 187
– Sklavenbesitzerin, 204
Freihandel (siehe auch Liberalismus), 24, 33, 49, 72, 73, 76, 78, 79, 81, 86, 117, 118, 142, 209, 216, 231, 232, 328, 338, 387
Freimaurer, 100, 101, 151, 231, 238, 246, 312–314, 358, 386
Freundschafts- und Handelsvertrag mit Großbritannien (1810), 177, 214, 215, 217, 232, 238, 325, 334
Gaceta de Sevilla, 346
Gazeta de Buenos Aires, 231
Gazeta de Lisboa, 255, 277, 315, 352, 367, 368
Gazeta do Rio de Janeiro, 148, 149–151, 153, 225
Gefängnis, Gefängnisstrafe, 140, 143, 154, 159, 160, 166, 169, 187, 188, 190, 202, 203, 222, 223, 268, 270, 271, 289, 296, 308, 317
Geheimdienst, *inteligência* (der Polizei), 161, 196
Geheimer Staatsvertrag zwischen Großbritannien und Portugal (1807), 66, 80
Geheimgesellschaften (siehe auch Freimaurer), 238, 313
Geine, Francisco Calhé de, 104

Genua, 295, 297, 299
George III (1738–1820), 66
Gewalt
- (potestas), 28, 127, 138, 192, 195, 200, 204, 287, 303,
- Polizeigewalt, 184, 190
- (violentia), 111, 113, 127, 162, 253
- verübt gegen Sklaven, 181, 223
- verübt von Sklaven, 182, 185, 195
- verübt gegen Briten, 220, 227, 275
- verübt von Briten, 273
- gegen Franzosen, 272
- verübt vom „Volk", 281, 311
„globale Krise", 18, 20, 392, 394, 396, 397, 398
„Globalisierung", 16, 17, 31, 32, 127, 157, 206, 383, 390, 393, 397
Goa, 40, 51
Gomes Freire (Verschwörung des Gomes Freire de Andrade) (1757–1817), 357–358
Gouvernementalität, 29, 30, 125–135, 138, 147, 155, 157, 172, 173, 179, 201, 244, 255, 258, 284, 314, 329, 341, 345, 375, 394–396
Governadores do Reino, 89–91, 93, 95, 97, 105, 136, 248–250, 252, 253, 255, 263, 265, 266, 274, 277, 280, 281, 303, 310, 312–317, 319–330
Grenzen
- Portugals, 50, 52, 284, 367, 370, 371, 374, 392
- Brasiliens, 81, 82, 222, 224, 392
- Grenzkontrollen, 81, 158, 161, 167, 168, 284, 391, 392
- Theorie, 16, 29, 30, 125–127, 171, 392
- soziale, 190, 191, 232, 262, 268, 272, 280

Großbritannien (siehe Briten)
Großgrundbesitzer, 38, 39, 75–78, 109, 198, 215, 262, 263, 339, 387
Guarda Real da Polícia (siehe auch Polizei), 140, 141, 164, 184, 247–249, 259, 267, 269, 270, 289
Guimarães, 262, 366, 367
„gute Ordnung", 132, 138, 144, 158, 182, 193, 201, 206, 212, 219, 226, 239, 245, 248–250, 258, 259, 267, 285, 286, 351, 359, 370, 371, 380, 381, 386
„gute Policey" (siehe auch Polizei), 137, 193, 244
Hafenstädte
- in Brasilien, 130, 217
- in Portugal, 99, 130
- Theorie, 81, 130, 131
Haiti, 197, 206
Haitianische Revolution (siehe Revolution)
Handelsnetzwerke (siehe merkantile Elite und Netzwerke)
Hauptstadt (Theorie), 128–132
Hautfarbe, 180, 190, 191, 194, 201
Herrschaft (Theorie) (siehe auch imperiale Herrschaft), 26–32
Hispanoamerika (siehe Spanisch-Amerika)
Ilha Terceira, 312, 314
imperiale Herrschaft, 29, 30, 131, 237, 389
Imperialgeschichte, 15, 17, 22, 132, 145, 388
Imperium (siehe Raum, imperialer)
Inconfidência Mineira (1789), 59
Indigene (siehe auch *Botocudos*), 183, 191–193
informal empire (siehe auch Briten), 206, 214, 215

Infrastruktur, 127, 134, 137, 138, 174, 241
Institution (Theorie), 230
Intendência Geral da Polícia (siehe auch Polizei)
- in Brasilien, 138–143 und passim
- in Portugal, 244–250 und passim
internationaler Handel, 85, 99
Investigador Portuguêz, 96, 151, 217, 322, 355, 360–364, 380
„Jakobiner", 163, 246, 247, 268, 272, 275, 301, 303, 304, 307, 312, 315, 321, 343, 392, 393
João (VI) (1767–1826), 11–13, 20, 24, 26, 34–37, 41, 43, 45, 46, 53–55, 62, 65–67, 68, 69, 71, 74, 75, 78, 82, 86, 88–98, 104–106, 108–111, 123, 136–139, 141, 145, 147, 149, 150, 154, 161, 169, 173, 191, 235, 237, 243, 249, 250, 253, 255, 256, 261, 267, 268, 285, 288, 289, 292, 294, 299, 300, 332, 336, 337, 346, 347, 357, 362, 363, 372, 377 und passim
João IV (1604–1656), 53
José I (1714–1777), 319
judge conservator, 226
Junot, Andoche (1771–1813), 11, 98, 161, 255–261, 283, 292, 305, 306, 309, 313, 326
Junta da Impressão Régia, 265, 351
Junta do Comércio, 93, 219, 334, 339
Kaffeehäuser (in Buenos Aires), 231, 238
Kameralismus, 134, 244
Karl IV (1748–1819), 62, 237
Kategorisierung (der Bevölkerung), 29, 30, 189–191, 194, 203, 272, 276, 298, 303, 394
Klerus
- in Brasilien, 93, 109, 110, 198
- in Portugal, 54, 68, 262, 263, 279, 295, 314
Kinder
- „streunende", 324, 389
- Waisenhaus, 246
klientelistische Politik, 27, 45, 234
„Kolonialpakt", 24, 72, 78, 99, 108, 387
Kolonie
- Status einer Kolonie, Verhältnis Metropole und Kolonie, 12, 23, 34, 37, 41, 55, 56, 64, 69, 92, 95, 96, 104, 105, 109, 110, 115, 323, 328, 337, 360, 377, 388
Konstitutionalismus, 35, 92, 121, 369, 381, 391, 392
Konstitutionelle Monarchie, konstitutionelles System, 18, 104–106, 108, 114, 116, 151, 349, 383, 395
Kontinentalsperre, 62, 79
Krise (siehe auch „globale Krise")
- des Imperiums, 123, 156, 157
- des Systems der Sklaverei, 179, 194, 197, 204–206
- in Brasilien, 172, 203
- in Portugal, 99, 241, 246, 249, 252, 270, 281, 298, 301, 309, 313, 321–368
- Krisenbewusstsein, 123, 202
Krönung, Akklamation (Joãos), 41, 46, 97, 139, 237
Kulturgeschichte, 19, 26, 28, 33, 41, 42, 44, 377, 396
Lagarde, Pierre (1768–1848), 261, 309
Leopoldine (1797–1826), 105
Liberale Revolution (1820) (siehe Revolution)
Liberalismus
- politischer, 44, 76, 77, 92, 93, 100, 247, 369, 394

- ökonomischer (siehe auch Freihandel), 76, 77
Lima, 233
Lisboa, Josá da Silva (1756–1835) (siehe Conde de Cairu)
Literarische Gesellschaft Rio de Janeiros, 59
Lobo, Jeronymo Francisco, 313, 317, 319 und passim
Macau, 40, 52, 152
Machado, António Carlos Andrade (1773–1845), 111
Madeira, 62, 66, 161
Manuel I (1495–1521), 284
Maranhão, 59, 116, 234, 235, 323
Maria I (1734–1816), 55, 68, 82, 173, 187, 319
Marquês de Fronteira e de Alorna (1802–1881), 55, 104, 314
Marquês de Loulé (1780–1824), 290
Mawe, John, 141
Medienereignis, 122, 358, 373
Mello, José de Carvalho e (1699–1782) (siehe Pombal)
Melo e Castro, Martinho de (1716–1795), 55
merkantile Elite, 58, 78, 79, 99, 108, 110, 112, 119, 176, 198, 215–217, 228, 231, 234, 235, 330–334, 371, 381, 385, 386
merkantiler Nationalismus, 118, 381
Merkantilismus, 60, 133, 134, 324
Methuen-Verträge, 80, 206, 208
„Metropolisierung", 41, 137
Migration, 142, 156, 284, 291, 326, 331, 332, 386
- Theorie, 333
Mikrophysik der Macht, 383, 389
Militärs, 101, 103, 105, 198, 199, 201, 222, 235, 243, 259, 264, 273, 314, 386

Minas Gerais, 43, 55, 81, 109, 114, 191, 208, 236
- *Inconfidência Mineira*, 127, 59
Moçambique, 152
Monopolhandel (siehe auch „Kolonialpakt"), 72, 77–79, 81, 85, 87, 99, 229, 232, 335
Montevideo, 84, 116, 150, 169, 170, 203, 205, 206
Napoleon (1769–1821), 62, 65, 90, 101, 162, 237, 256, 260, 264, 276
- napoleonische Invasionen, napoleonische Truppen (siehe Franzosen, französische Invasionen)
- anti-napoleonische Einstellung, anti-napoleonische Propaganda, 151, 157, 264
- Aufstand gegen (siehe Franzosen)
Nation (Theorie) (siehe auch „Volk", „Plebs"), 277–281
nationale Bewegungen, 22, 23, 226, 377, 383
Nationalisierung, 141, 158–168, 173, 212, 219, 281–304, 338, 339, 390–392, 395
Nationalismus (siehe auch merkantiler Nationalismus), 21, 119, 276, 277, 278, 280, 345, 390
Nationalität, nationale Zugehörigkeit (siehe auch Staatsangehörigkeit und „Naturalisierung"), 160, 166, 167, 290, 292, 301, 302
„Naturalisierung" (von Ausländern in Portugal), 257, 298–303
negociantes (siehe merkantile Elite)
Netzwerke
- familiäre, 332
- ökonomische, 168, 386
- merkantile, 198
- klientelistische, 27

- britische, 208
Neves, José Acúrsio das (1766–1834), 35, 62
Nordosten (*nordeste*), 76, 86, 116, 148, 153, 197, 199
O Portuguêz, 151, 358, 359
Öffentlichkeit, öffentliche Sphäre, 93, 108, 110, 120, 122, 130, 143, 153, 162, 230, 231, 238, 269–272, 275, 286, 344, 348, 352, 364
- öffentliche Meinung, öffentlicher „Geist", 44, 101, 157, 158, 251, 252, 265, 271, 280, 281, 293, 297, 299, 309–312, 318, 321, 335, 344, 345, 355, 358–359, 363–365, 366, 367–371, 381
- „öffentliche Ruhe", „öffentliche Sicherheit", „öffentliche Ordnung" 138, 154–158, 161, 168, 182, 183, 185, 201, 203, 247–251, 267, 272, 283, 285, 286, 291, 293, 296, 309, 315, 318–320, 348, 363, 367, 368, 373
- „öffentliche Gewalt", 195
- Theorie, 364, 365
- öffentlicher Raum (siehe Raum)
Oper, 221
Ourem, 366
Pará, 116, 234
Paraíba, 200
Parlament (siehe *Cortes*)
Passangelegenheiten (Passierscheine), 138, 143, 159–161, 166, 167, 170, 186, 222, 223, 241, 275, 282, 316, 331, 373
Patriotismus, 151, 264–266, 269, 270, 272, 276, 301, 304, 341, 352, 361, 363, 380
Pedro (I) (1798–1834), 11, 34, 63, 105, 106, 107, 108, 109, 111, 112, 113, 114, 115, 116, 117, 121, 123, 235

Penafiel, 275
Peninsularkrieg, 17, 88, 241, 264, 273, 275, 325, 328, 341
Pernambucanische Revolution (1817) (siehe Revolution)
Pernambuco, 76, 148, 153, 164, 207, 323
Philipp II (1527–1598), 51, 267
Piauí, 116, 200
Pina Manique, Diogo Inácio de (1733–1805), 246, 247, 312
„Plebs" (siehe auch „Volk", Nation), 258, 259, 262, 263, 267, 273, 279, 343, 381, 382
politische Kultur, 42, 50, 108, 120, 178, 229, 232, 239, 334, 344, 385, 387, 388
Polizei (siehe auch *Intendência Geral da Policia*)
- frühneuzeitliche Policey (Theorie), 132–135, 137
- Polizeiverordnungen, Polizeinormen, 154–156, 194, 221, 224, 256, 282, 287–289
- Polizeiakten, 132, 141, 143–145, 157, 160, 167, 172, 185, 190, 192, 205, 212, 223, 226, 227, 239, 243, 250–255, 157, 259, 261, 274, 278, 289, 380, 389, 390
Polizeiliche Repression, 137, 172, 181, 186, 245, 311, 382, 391, 396
Polizierung, 132, 167, 197, 201, 206, 219, 249, 313, 381
Pombal (1699–1782), 54, 58, 59, 138, 234, 246, 335, 348
Populäre Erhebungen, 106, 261–263, 265, 268, 269, 271, 273, 275
Porto, 88, 98, 99, 101, 103, 112, 162, 236, 242, 249, 262, 263, 265, 274, 275, 285–288, 335, 337, 353–355, 366, 371, 373, 392

Portugiesisch-Amerika, 32, 125, 126, 191, 213
Presse und Zeitungen
- in Portugal, 264, 265, 350, 354, 358, 362, 371
- in Brasilien, 58, 121, 147–158, 201, 216
- *Impressão Régia*, 147, 148
- in Spanien, 264, 346, 347
- in Buenos Aires, 230, 238
- Pressefreiheit, 120, 122, 355, 356
- transatlantische Zirkulation von Zeitungsinhalten, 354
- Exilpresse (portugiesisch-sprachige Presse in London), 96, 151, 152, 216, 217, 315, 316, 322, 335, 344, 345, 353, 358, 363–365, 380

quilombos, 184, 185

Raum
- imperialer, 15, 20, 23, 26, 31, 85, 108, 239
- atlantischer, 19, 157
- politischer, 46, 51, 52, 61, 74, 81, 100, 106, 119, 122, 124, 151, 167, 197, 382, 383, 390, 391, 393
- Wirtschaftsraum, 24, 73, 81, 88, 100, 117, 123, 241, 326
- Kulturraum, 52
- räumliche Ordnung, 25, 47, 49, 55, 60, 61, 69, 72, 88, 103, 106, 116, 123, 210, 329, 342, 386–388, 392
- urbaner, 31, 137, 140, 144, 171, 181, 184, 186, 192, 196, 244, 246, 250–252, 313, 389
- geographischer, 139
- öffentlicher Raum, 137, 173, 181, 186, 187, 201, 260, 349, 377
- Theorie, 16, 17, 125–136

Real Junta do Comércio, 93, 213, 219, 334, 339

Rebelo, José Maria, 141
Regierungskorrespondenzen (siehe transatlantische Kommunikation)
Registrierung (von Ausländern), 167, 244, 284, 288
Reino Unido (*Vereinigtes Königreich Portugal, Brasilien und Algarve*), 95, 96, 106, 107, 327, 336, 337
Reisende, 158, 167, 170, 174, 179, 181, 223, 253, 282–284
Religion, 60, 148, 153, 198, 267, 314, 362, 363
Religionsfreiheit, 214
republikanische Bewegungen und Ideale, Republik, 11, 19, 106, 114, 146, 150–152, 199, 202, 382
requerimentos (siehe Bittbriefe)
„Restauration" (Portugals), 35, 265, 267, 268, 277, 281, 295, 304, 340
Revolution
- Französische Revolution, 18, 246, 247, 284, 285, 327, 344, 381, 394, 397
- Amerikanische Revolution, 17
- Haitianische Revolution (1791), 179, 197, 200, 205, 382, 393
- Mairevolution in Buenos Aires (1810), 210, 231
- Pernambucanische Revolution (1817), 148, 149, 152, 197–206, 358, 382, 393
- Liberale Revolution in Portugal (1820), 11, 17, 24, 35, 88, 98–107, 116, 117, 243, 244, 334, 344, 357, 369–375, 378, 381, 386
- Liberale Revolution in Spanien (1820), 101, 102, 243, 351, 354, 356, 369, 370, 374

Revolutionäre Bewegungen, revolutionäre „Gefahr", 92, 123, 145–175, 202,

205, 234, 246, 247, 284, 304, 358, 359, 363, 380–383, 397, 398
Rio da Prata bzw. Río de la Plata, 146, 163–165, 169, 172, 208, 210, 211, 213, 229, 231, 237, 381
Rio Grande do Norte, 200
Rocha, Tibúrcio José da, 149
Saldanha, António (1778–1839), 95
Salvador da Bahia, 57, 59, 72, 78, 79, 81, 85–87, 113, 116, 161, 207, 217, 234, 235
Salvador, Vicente do (1564–1635), 53
Sampayo, Henrique Teixeira de (1774–1833), 332
Santa Catarina, 80
Santo Domingo bzw. Saint Domingue, 197, 299
Santos, Luís Gonçalves dos („Padre Perereca") (1767–1844), 146
São Paulo, 38, 43, 109–111, 114, 236
Schauprozesse, 312
Schmuggelhandel, 81, 82, 139, 326
schöne Literatur, 154, 353
Senado da Câmara (siehe *Câmara Municipal*)
separationistische Bestrebungen (siehe auch Desintegration), 23, 111, 113, 123, 131, 229, 329, 380
setembrizada, 300, 314–316
Setúbal, 161, 283, 288, 294, 316, 373
Silva, José Bonifácio Andrada (1763–1838), 111, 113, 114
Silva, Lucas Seabra da, 256, 263, 273, 275, 282, 283, 288, 293, 297, 299, 300, 304, 306, 309, 313, 353 und passim
Sinédrio, 101–103
Sklaven, 76, 77, 142, 143, 180, 181, 225, 393
– Disziplinierung, 182, 184, 204, 226

– Flucht, 182, 194, 195
– Aufstand, Widerstand, 196, 199, 202
– als „Gefahr", 174–205, 382, 393, 394
– Sklavengefängnis (*calabouço*), 180, 187, 201
– Sklavenhandel, 177–179
– Sklaverei (Institution) (siehe auch Krise des Sklavereisystems), 179, 193, 197
– Polizierung und Kontrolle der Sklaven, 139, 184–186, 194, 196, 206, 381
– Gewalt gegen Sklaven, 181, 223
– Gewalt von Sklaven, 182, 185, 195
Smith, Adam (1723–1790), 78, 86, 231, 289
„Sonderfall" Brasilien, 20
Souveränitätspanik, 172, 203, 321, 343, 382, 383, 390, 391, 393, 394, 398
Spanien, 11, 53, 55, 72, 93, 101, 102, 123, 150, 229, 233, 237, 242, 246, 263, 264, 274, 284, 286, 292, 294, 305, 307, 338, 346, 347, 348, 349, 350, 361, 365, 369, 370–374
Spanisch-Amerika bzw. Hispanoamerika, 13, 23, 33, 34, 45, 72, 96, 106, 123, 145–150, 163–165, 214, 229, 233, 234, 280, 286, 377, 385, 387
„Spione" (der Franzosen), 146, 153, 160, 161, 162, 174, 260, 289, 293, 294, 301, 304, 308, 312
Staatsangehörigkeit, 160, 166, 257, 282, 298, 392
Strangford (1780–1855), 63, 95, 159, 215, 218, 219, 220, 222, 336
„Subversion" (subversives Gedankengut, subversive Kräfte), 152, 172, 185, 247, 289, 314, 321, 353, 355, 365, 373, 382, 389
Telleyrand (1754–1838), 62, 95

Tentugal, 366
Territorialisierung, 158–168, 173, 247, 281–304, 390, 391, 392
Territorialität, 31, 125–128, 284, 303, 390
Theater, 46, 138, 188, 189, 222, 246, 251
Tomás, Manuel Fernandes (1771–1822), 102, 121
Trancoso, 372
transatlantische Kommunikation (der Regierung), 44, 91, 121, 122, 123, 263, 294, 304, 341, 347, 354, 389
Überseehandel, 99, 227, 233, 242, 328
Überseehändler (siehe auch merkantile Elite), 45, 109, 235, 242, 314, 334, 386
„Unordnung" (*desordem*), 145, 146, 184, 187, 188, 195, 221, 222, 245, 248, 249, 257–260, 270, 287, 304, 347, 366, 381, 382
vadio, 164
Valença, 367
Valongo (Sklavenmarkt), 225
Vereinigte Staaten von Amerika, 84, 149, 166, 167
Verfassung von Cádiz (1812), 101–103, 235, 382
Vergemeinschaftung (*sociabilidade*), 42, 251
Viana, 262, 366
Vianna, Paulo Fernandes (1758–1821), 139, 140–143, 145, 146, 150, 153–156, 159–175, 183, 184, 186, 187, 188, 189, 193, 195, 196, 201–205, 219, 220–226 und passim
Vieira, António (1608–1697), 53, 117
Vigilanz, 138, 139, 146, 159, 163, 173, 174, 179, 181, 186, 187, 194, 222, 245, 247–250, 269, 270, 310, 311, 358, 373, 381

Villa Real, 275, 366, 372
Villanova Portugal, Tomás Antônio de (1755–1839), 104, 105, 109, 203, 370 und passim
Viscount Beresford (siehe Beresford, William Carr)
Viscount Strangford (siehe Strangford)
Visitationen (auf Schiffen), 156, 284–286, 289
„Volk" (siehe auch Nation und „Plebs"), 110, 121, 152, 198, 201, 255, 259–263, 267–273, 275, 276, 292, 293, 298, 301, 303, 304, 306, 308, 309, 311, 312, 317–319, 321, 343–345, 347, 351, 359, 362, 363, 366, 369, 370, 374, 381, 382, 390, 391
– Theorie, 277–281
Volkssouveränität, 347, 362, 363, 380, 392
Wellesley, Sir Arthur (siehe Wellington) (1769–1852), 265
Wellington (Sir Arthur Wellesley) (1769–1852), 265, 315, 325
Weltbild, 171
Wiener Kongress, 36, 88, 89, 160, 173, 177, 362
Zeitalter der Revolutionen (siehe auch atlantische Revolutionen), 18–20
Zeitungen (siehe Presse)
Zensur
– in Brasilien, 42, 43, 59, 147–158, 173, 201, 223
– in Portugal, 59, 265, 348–350, 352, 353, 355, 360, 363–364, 382, 383, 391
– Zensurbehörde (*Tribunal da Mesa Censória*), 59
Zollamt (*alfândega*), 75, 79, 82, 83, 84, 85, 154
Zollbeamte, 83, 84, 85, 155, 387

SILKE HENSEL, HUBERT WOLF (HG.)
DIE KATHOLISCHE KIRCHE UND GEWALT
EUROPA UND LATEINAMERIKA IM 20. JAHRHUNDERT

Religion und Gewalt: Dieses Thema ist spätestens seit dem 11. September 2001 in den Fokus der öffentlichen Aufmerksamkeit gerückt. Die katholische Kirche hat im 20. Jahrhundert zur Gewaltfrage in Wort und Tat immer wieder Stellung bezogen, zum Beispiel während der Bürgerkriege in Spanien und Mexiko sowie durch ihr Verhalten gegenüber dem Sowjetregime, dem italienischen Faschismus, dem Nationalsozialismus und südamerikanischen Militärdiktaturen. Aber auch Befreiungstheologen diskutierten den Einsatz von Gewalt als Mittel im Kampf gegen strukturelle Ungerechtigkeit. Renommierte Historiker und Theologen aus Lateinamerika und Europa zeigen in diesem Band mithilfe neu zugänglicher Quellen, wie sich verschiedene Gruppen innerhalb der katholischen Kirche zur Gewaltausübung und gegenüber gewalttätigen Akteuren verhielten und wie sie Gewalt legitimierten oder delegitimierten. Diskutiert wird auch, ob das Zweite Vatikanische Konzil (1962 bis 1965) einen Wendepunkt darstellte.

2013. 340 S. 3 S/W-ABB. GB. 155 X 230 MM. | ISBN 978-3-412-21079-3

BÖHLAU VERLAG, URSULAPLATZ 1, D-50668 KÖLN, T:+49 221 913 90-0
INFO@BOEHLAU-VERLAG.COM, WWW.BOEHLAU-VERLAG.COM | WIEN KÖLN WEIMAR

böhlau

JAHRBUCH FÜR GESCHICHTE LATEINAMERIKAS – ANUARIO DE HISTORIA DE AMERICA LATINA

HERAUSGEGEBEN VON THOMAS DUVE, SILKE HENSEL, ULRICH MÜCKE, RENATE PIEPER, BARBARA POTTHAST

Als erste Fachzeitschrift zur lateinamerikanischen Geschichte in Europa, die nach dem Zweiten Weltkrieg außerhalb Spaniens und Portugals erschienen ist, hat das „Jahrbuch" anerkannte Pionierarbeit geleistet. Fachwissenschaftler des deutschsprachigen Raums, aus den übrigen westeuropäischen Staaten, aus Nord- und Lateinamerika sowie aus den Ländern des ehemaligen Ostblocks kommen darin zu Wort. So übt das „Jahrbuch" mit seinen in Spanisch, Portugiesisch, Englisch, Französisch oder Deutsch publizierten Beiträgen eine Brückenfunktion aus, die fruchtbaren geistigen Austausch fördert. Das Jahrbuch 35/1998 erscheint in neuer Gestaltung und mit einer neuen Sektion „Forum", die dem kritischen Dialog gewidmet ist.

BAND 49 (2012)
THOMAS DUVE, SILKE HENSEL, ULRICH MÜCKE, RENATE PIEPER, BARBARA POTTHAST (HG.)
2012. 364 S. 19 TAB. UND GRAFIKEN. GB.
ISBN 978-3-412-21078-6

BAND 48 (2011)
RENATE PIEPER (HG.)
2011. VIII, 388 S. ZAHLR. GRAFIKEN. GB.
ISBN 978-3-412-20678-9

BAND 47 (2010)
SILKE HENSEL, ULRICH MÜCKE, RENATE PIEPER, BARBARA POTTHAST (HG.)
2010. XV, 381 S. GB.
ISBN 978-3-412-20486-0

ERSCHEINUNGSWEISE: JÄHRLICH
ISSN 1438-4752
JAHRGANG: AUF ANFRAGE
ERSCHEINT SEIT: 1964

BÖHLAU VERLAG, URSULAPLATZ 1, D-50668 KÖLN, T:+49 221 913 90-0
INFO@BOEHLAU-VERLAG.COM, WWW.BOEHLAU-VERLAG.COM | WIEN KÖLN WEIMAR